● 本书获中国社会科学院出版基金资助

中国社会科学院文库·中国哲学社会科学 30 年丛书

总主编　王伟光

中国经济发展 30 年

(1978-2008)

THIRTY YEARS OF STUDIES ON
ECONOMIC DEVELOPMENT IN CHINA

汪海波　著

中国社会科学出版社

图书在版编目（CIP）数据

中国经济发展 30 年：1978～2008/汪海波著 . —北京：中国社会科学出版社，2008.10

（中国哲学社会科学 30 年丛书）

ISBN 978 – 7 – 5004 – 7222 – 3

Ⅰ. 中…　Ⅱ. 汪…　Ⅲ. 经济发展—研究—中国—1978～2008　Ⅳ. F124

中国版本图书馆 CIP 数据核字（2008）第 145711 号

选题策划　卢小生（E – mail：georgelu@ vip. sina. com/georgelu99@ yahoo. cn）
责任编辑　卢小生
责任校对　石春梅
封面设计　孙元明
技术编辑　李　建

出版发行　中国社会科学出版社
社　　址　北京鼓楼西大街甲 158 号　　邮　编　100720
电　　话　010 – 84029450（邮购）
网　　址　http：//www. csspw. cn
经　　销　新华书店
印刷装订　北京一二零一印刷厂
版　　次　2008 年 10 月第 1 版　　印　次　2008 年 10 月第 1 次印刷
开　　本　710×1000　1/16　　插　页　2
印　　张　31. 25
字　　数　523 千字
定　　价　53. 00 元

总　序

改革开放
是发展中国特色社会主义的强大动力

王伟光[*]

　　我国 30 年的改革开放既是我们党领导的一场新的伟大革命，又是社会主义制度的自我完善和发展。通过这场伟大革命，中华民族大踏步地赶上了时代潮流，社会主义中国走在了时代前列，我们党成为时代先锋。

　　党的十一届三中全会开启了我国社会主义改革开放的序幕。党的十二大、十三大、十四大、十五大、十六大都对改革开放作了重要阐述，指导和推动了改革开放。党的十七大集中论述了改革开放的历史进程和经验，提出了我国改革开放"十个结合"的宝贵经验，进一步推进了改革开放。总结 30 年改革开放的历史经验，对于我们在新的历史条件下继续推进改革开放，发展中国特色社会主义，有着重大现实意义和深远历史意义。

　　改革开放是发展中国特色社会主义的强大动力。改革开放 30 年的历史经验启示我们：发展中国特色社会主义，必须坚持解放思想，进一步改革开放。

**　　一、我国改革开放有着深厚的国际国内背景，面临世界社会主义运动和我国社会主义建设的严重困难，面对发达资本主义国家快速发展的严峻挑战，中国共产党人着力回答社会主义与马克思主义的历史命运时代课题**

　　一方面，从国际背景来看，西方发达资本主义国家实现快速发展，世界社会主义遇到严重困难和挑战。第二次世界大战结束后，形成了社会主义和资本主义两大阵营。建立在经济文化落后基础上的社会主义各国，在

---

* 中国社会科学院常务副院长，哲学教授，博士生导师。

发展初期取得了多方面的重大成就，但后来由于没有创造性地坚持和发展马克思主义，体制和机制逐步僵化，导致发展速度缓慢甚至停滞，至20世纪70年代初，世界社会主义面临严重的困难。而在此同时，世界范围内蓬勃兴起的新科技革命推动世界经济以更快的速度向前发展，发达资本主义国家抓住新技术革命兴起的机遇，大力发展社会生产力，不断调整自己的体制和政策，缓解社会矛盾，表现出稳定和快速发展的势头。

另一方面，从国内背景来看，我国社会主义建设事业也遭遇了极大的挫折。我们党在领导人民建立新中国和社会主义制度后，极大地发展了经济社会等项事业，但也走了弯路，甚至发生"文化大革命"这样全局性的失误，使我国社会主义建设一度停滞，经济实力、科技实力与国际先进水平的差距明显拉大，面临着巨大的国际性挑战和压力。

在这样的国际国内历史背景下，肩负着复兴中华民族和发展社会主义双重使命的中国共产党人，开始深刻思考为什么社会主义在发展的进程中面临如此巨大的挑战和困难，而资本主义为什么在发展进程中又起死回生，表现出新的发展势头，中国社会主义事业怎样才能克服困难和挫折，发展起来，并最终战胜资本主义。这一重大现实问题引出如何认识当代资本主义、如何认识当代社会主义的时代课题，引出了中国共产党人毅然决然走改革开放之路，发展中国特色社会主义的必然抉择。

对于我国社会主义改革开放的实践者们来说，推进改革开放，建设和发展社会主义，必须正确认识和把握当代社会主义的发展规律，这就必须首先回答在经济文化比较落后的中国，"什么是社会主义，怎样建设社会主义"这个首要的基本问题，又要依次回答"建设一个什么样的执政党，怎样建设执政党"，"实现什么样的发展，怎样发展"问题。而上述三个问题最终归于"什么是马克思主义，怎样坚持和发展马克思主义"这一根本性问题。这事关马克思主义政党的长期执政，中国特色社会主义的发展和社会主义事业的兴衰成败，归结起来，就是社会主义和马克思主义的历史命运问题。这些问题在改革开放过程中依次提出，而又依次得到回答，并随着中国特色社会主义新的实践，又不断地得到新的解决。历史实践已经证明，我们党在改革开放的历程中，已经创造性地并将进一步深入地回答这一系列重大历史性课题。

"什么是社会主义，怎样建设社会主义"，这是改革开放，发展中国特色社会主义的首要的基本问题。邓小平科学地破解了这个课题，邓小平理论是中国特色社会主义理论体系的开篇。第二个问题是"建设一个什么样的执政党，怎样建设执政党"。邓小平在80年代初就提出了"执政党应该是一个什么样的党，执政党的党员应该怎样才合格，党怎样才叫善于领导"的问题。以江泽民为代表的第三代党的领导集体在进一步回答"什么是社会主义，怎样建设社会主义"问题的同时，创造性地回答了这一问题，提出了"三个代表"重要思想，这是中国特色社会主义理论体系的第二篇答卷。在新世纪新阶段"实现什么样的发展，怎样发展"，这是要回答的第三个问题。以胡锦涛为总书记的党中央提出科学发展观，成为中国特色社会主义理论体系的第三篇答卷。对三大问题的依次回答，使我们党创造并不断丰富和发展了中国特色社会主义理论体系，推进了马克思主义中国化的不断创新，这就不间断地回答了"什么是马克思主义，怎样坚持和发展马克思主义"这一根本性问题。因此，中国特色社会主义理论体系既是中国社会主义改革开放的理论产物，又是中国社会主义改革开放的指导思想。

二、改革开放30年，深刻的思想解放运动带动了中国特色社会主义实践和理论的伟大飞跃

中国共产党人担负着通过改革开放，使社会主义从困境中走出来，开创社会主义现代化建设新局面的历史重任，而要完成这一历史重任，首要的是回答在经济文化比较落后的中国，"什么是社会主义，怎样建设社会主义"。邓小平说："我们之所以走了20年的弯路，根本原因就是在'什么是社会主义，怎样建设社会主义'这个问题上不清楚。"而要解决这个首要问题，就要抛弃禁锢头脑的思想束缚，抛弃沉重的历史包袱和思想包袱，彻底解放思想。改革开放30年来，围绕着"什么是社会主义，怎样建设社会主义"这一首要的基本问题，中国共产党人展开了深刻的、持续的思想解放运动。思想解放在我国改革开放历程中起到了思想动力的巨大作用，思想解放带动了改革开放新时期中国特色社会主义实践和理论的伟大飞跃。

关于实践是检验真理唯一标准的大讨论是率先发动的思想解放运动。

粉碎江青反革命集团之后，中国共产党人面临两个问题需要回答和解决。第一个问题就是回答"文化大革命"和社会主义建设道路是否一度走错了，错在哪里，也就是要实现拨乱反正的任务，确立正确的思想路线。第二个问题是回答社会主义建设正确的道路是什么，怎样走出一条新路，也就是实现改革开放的任务，确定符合中国国情的社会主义建设道路。

从1978年十一届三中全会到80年代末90年代初，是我国改革开放和中国特色社会主义事业发展的第一个阶段。这个阶段是以邓小平在十一届三中全会上的重要讲话《解放思想，实事求是，团结一致向前看》作为标志的，党的十五大把这篇重要讲话概括为我国社会主义改革开放和现代化建设进程中的第一篇政治宣言书。

中国共产党历史上曾经有过两次重大转折：一次是遵义会议，一次是党的十一届三中全会。十一届三中全会是我们党在社会主义正处于生死存亡的关键时刻召开的一次极其重要的会议。党的十一届三中全会以前的20多年间，尤其是十年动乱期间，正是"以阶级斗争为纲"的"左"的政治路线和作为这条政治路线的思想理论基础的主观唯心主义、教条主义、个人崇拜等错误思想路线的指导，导致了我党在社会主义建设的实际工作中的长期重大失误和"文化大革命"的空前浩劫。粉碎江青反革命集团以后，广大群众强烈要求纠正过去"左"的思想路线和政治路线，但是，当时主持中央工作的领导同志却提出了"两个凡是"（即"凡是毛主席的决策，都坚决拥护；凡是毛主席的指示，都始终不渝地遵循"）的错误主张，严重地束缚了人们的思想，压制了人民群众要求拨乱反正的积极性。1976年粉碎江青反革命集团到1978年，我国社会主义建设正处于徘徊时期。因为当时是按照"两个凡是"的错误主张指导工作的。所谓"两个凡是"，实质上就是仍然坚持"文化大革命"所奉行的"左"的理论和路线不变。1976年，我国已经被江青反革命集团破坏到近于崩溃的边缘，又经过两年的徘徊，我国经济社会发展更是雪上加霜，处于危机状态。而恰恰在这个时期，世界上发生了翻天覆地的变化，亚洲"四小龙"已经腾飞，资本主义世界已经进入现代资本主义发展的新阶段。在这样的历史背景下，究竟什么是检验真理的标准，是实践，还是"最高指示"？如此重大的问题必然要反映到理论上，反映到思想上，并集中通过作为世界观方法论的哲学问题而反映出来。当时，如果不彻底搞清这个问题，就无法实现思想上的大解放，就无法从思想理论上同"左"的思想政治路线相决裂。于是，一场不可避免的思想理论大决战就开始了。在这个重要的历史转折关头，邓小平提出了"解放思想、实事求是，团结一致向前看"的正确主张，发动了"实践是检验真理的唯一标准"的大讨论，解放了人们被束缚已久的思想，恢复了实事求是的思想路线，进行了理论上和路线上的拨乱反正，确定了以经济建设为中心，坚持改革开放，坚持四项基本原则的正确路线。邓小平的第一篇政治宣言书，起到了在历史转折关头力挽狂澜的巨大历史作用。实践标准的大讨论，为我们党重新确立一条实事求是的思想路线和正确的马克思主义政治路线、组织路线，为十一届三中全会以来全面拨乱反正，纠正"文化大革命"极"左"的错误，为冲破长期以来禁锢人们的思想枷锁，并为以后实行改革开放，开创社会主义现代化建设的崭新局面开辟了道路。正是在正确的思想路线和政治路线的指引下，在事实上形成了以邓小平为核心的党的第二代领导集体。党领导全国人民按照邓小平开创的改革开放新思路和新格局，把社会主义经济建设作为首要任务，同时加强社会主义民主法制建设和精神文明建设，开启改革开放新时期。农村改革成功启动，对外开放迈出坚实步伐，城市改革进入攻坚阶段，各项改革全面展开，中国特色社会主义现代化建设取得了重大成就。

我国改革开放和中国特色社会主义事业发展的第一个阶段，也正是中国特色社会主义理论体系的开篇之作——邓小平理论逐步系统化的阶段。党的十二大正式提出"走自己的道路，建设有中国特色社会主义"，标志着我们党确立了中国特色社会主义的主题。党的十三大全面阐述了社会主义初级阶段理论，确定了党在社会主义初级阶段的基本路线，制定了分"三步走"的经济发展战略，中国特色社会主义理论体系逐步形成轮廓，标志着我们党实现了马克思主义与中国实际相结合的第二次历史性的飞跃。

关于生产力标准的大讨论是深入展开的思想解放运动。

20 世纪 90 年代初到 20 世纪末是改革开放和中国特色社会主义事业发展的第二个阶段，20 世纪 80 年代末 90 年代初正是该阶段的历史转折关头。80 年代末 90 年代初，国内发生严重的政治风波，国际发生了苏东剧变，列宁亲手创建的社会主义苏联崩溃了，东欧社会主义阵营不复存在了，社会主义在苏联和东欧暂时失败了，社会主义遭遇到前所未有的挑战。当时，我们党面临着国际国内复杂严峻的形势，面对着来自"左"和右两方面的干扰。"左"的干扰认为改革开放是错误的，以经济建设为中心也是错误的，应该回到"以阶级斗争为纲"路线的老路上去。右的干扰则鼓吹完全"西化"，完全私有化，完全资本主义化，要求走到资本主义的邪路上去。中国特色社会主义究竟向何处去？成为世界瞩目的焦点。在这个关键的历史时刻，邓小平明确指出，坚持党的基本路线一百年不动摇。不坚持社会主义,不改革开放,不改善人民生活,只有死路一条。谁要改变十一届三中全会以来的路线、方针、政策,老百姓不答应,谁就会被打倒。这就是说,十一届三中全会以来的路线是完全正确的,要坚定不移地沿着十一届三中全会确定的路线走下去。南方谈话正是在这样大的历史背景下,经过邓小平深思熟虑而形成的,它是我们党在改革开放至关重要的历史关头的第二篇"解放思想、实事求是"的政治宣言书。南方谈话进一步解放了思想,极大地推动了改革开放,大大加快了中国特色社会主义发展进程。

南方谈话是对十一届三中全会以来我们党领导的社会主义改革开放新鲜经验的高度总结,是对世界各国社会主义建设历史经验教训的高度总结,是对国际共产主义运动及其发展经验教训的高度总结。南方谈话抓住了我国社会主义建设实践中长期困扰人们的根本性问题,抓住了中国特色社会主义建设进程中一系列重大问题,从理论上全面地、系统地、科学地回答了"什么是社会主义,怎样建设社会主义"的问题,对发展中国特色社会主义具有战略性、前瞻性和全局性的指导意义。如果说邓小平的《解放思想,实事求是,团结一致向前看》的重要讲话起到了拨乱反正、开辟中国特色社会主义建设正确航道的重要历史作用,那么南方谈话则起到了全面肯定十一届三中全会以来的理论、路线和实践,坚定不移地沿着社会主义改革开放的正确道路走下去,开拓社会主义改革开放新局面,掀起中国特色社会主义现代化建设新高潮的伟大历史作用。党的十四大对南方谈话的深远历史意义和伟大现实意义作出了高度的评价:"以邓小平同志的谈话和今年三月中央政治局全体会议为标志,我国改革开放和现代化建设事业进入了一个新的阶段。"南方谈话在改革开放和中国特色社会主义发展的历史上,具有划时代的历史意义和现实意义。南方谈话朴实无华,道理深刻,既对前十年我国改革开放事业作了肯定和总结,又对推进改革开放第二个十年起到了巨大的推动作用。改革开放的伟大实践,充分证明了南方谈话所具有的强大的理论生命力。南方谈话标志着邓小平理论达到了成熟的高峰,标志着我国改革开放进入一个新的发展阶段。

南方谈话提出了判断"姓'社'姓'资'"的"三个有利于"判断标准,说到底,就是生产力标准,掀起了进一步的思想解放运动。邓小平指出:"改革开放迈不开步子,不敢闯,说来说去就是怕资本主义的东西多了,走了资本主义道路。要害是姓'资'还是姓'社'的问题,判断的标准，应该主要看是否有利于发展社会主义社会的生产力，是否有利于增强社会主义国家的综合国力，是否有利于提高人民的生活水平。"增强国力和提高人民生活水平，关键和基础是发展生产力，在三个"有利于"判断标准中，最根本的还是生产力的标准。生产力标准是实践标准的深化和具体化。实践标准主要是针对两个"凡是"的观点，恢复和重新确立了马克思主义的思想路线，划清了辩证唯物主义和主观唯心主义的界限，是伟大的思想解放运动。生产力标准主要是针对"生产关系决定论"、"僵化的社会主义模式论"，判断姓"社"姓"资"的僵化固定的思维模式，恢复和坚持历史唯物主义原理，划清社会主义和种种空想社会主义的界限，形成了深入的思想解放运动。从实践标准到生产力标准的大讨论是思想解放的进一步深入，是以邓小平为代表的中国共产党人对马克思主义在新的历史条件下的再阐发。从实践标准到生产力标准，是十一届三中全会以来，坚持实事求是的思想路线，对"什么是社会主义，怎样建设社会主义"不断深入认识的必然结果，是进一步解放思想、大胆改革开放的必然结果。

依据实践标准，在建设有中国特色社会主义问题上，就必须一切从实际出发，从中国具体国情，尤其是从中国的生产力现实状况出发，制定出正确的马克思主义政治路线。那么，基于什么样的理论来制定正确的政治路线呢？根据马克思主义的生产力理论和生产力标准，就必须把是否有利于社会主义社会生产力的发展，作为制定正确的政治路线的根本着眼点和落脚点。必须从生产力标准出发，才能科学地回答"什么是社会主义，怎样建设社会主义"的问题。正是从这个根本标准出发，邓小平全面提出了社会主义本质论、社会主义市场经济论等一系列关于"什么是社会主义，怎样建设社会主义"的基本观点。这样，对生产力标准的学习、研究、讨论和落实，就成为进一步解放思想、解放生产力的关键环节。生产力标准正是在改革开放不断深入的新的历史条件下，为了进一步端正思想路线，加快改革开放步伐，集中力量发展中国特色社会主义的需要而提出来的。在十几年的改革和建设实践中，我们党每一项改革措施的提出、试验和推广，都贯彻了实事求是的思想路线和以经济建设为中心的指导方针。然而，在改革开放的实践过程中，我们每走一步，都涉及到进一步检验十一届三中全会以来思想政治路线的正确性，都涉及到衡量改革举措的必要性的客观标准问题。坚持客观的判断标准，克服来自右和"左"两个方面，特别是"左"的方面的干扰，是改革开放能否取得胜利的关键。到底以什么标准来看待改革开放十多年的成绩，要不要始终不渝地坚持党的基本路线，这在政治路线方面，在改革开放的实际举措方面就提出了一个衡量的客观标准问题，这个客观标准就是生产力标准。

应该说，在改革开放的根本方向、根本道路、大政方针乃至具体举措上，问一下姓"社"还是姓"资"，是应该也是必要的。然而，这里的关键是以什么样的标准来判断姓"社"还是姓"资"。生产力标准的观点告诉我们，既然生产力是一切社会发展的最终决定性力量，是判断社会进步的根本标准，是判断社会主体的认识和实践是否正确的最终尺度，那么离开生产力的发展来判断什么是资本主义和社会主义，就是用空想的原则、抽象的教条来裁剪火热的现实生活，就会在思想上陷入唯心史观的泥潭，在政治上导致或右或"左"的路线，在实践上阻碍生产力的发展。在这里，关键在于科学地掌握判断姓"社"与姓"资"的标准，只要用生产力这个根本标准来分析，关于"什么是社会主义，怎样建设社会主义"的许多疑惑不解就会一扫而光。在改革开放中，生产力标准是根本性的判断标准，如果离开这个标准，也就离开了社会主义的根本方向，离开了"什么是社会主义，怎样建设社会主义"的正确认识，就没有什么是非曲直可言，就会陷入主观随意性，甚至可能会重犯历史性的错误。一旦我们解决了这个根本标准的认识问题，那么我们就可以抛掉沉重的思想包袱，冲破思想牢笼，就会在改革开放实践中大胆地想、大胆地闯、大胆地试、大胆地干。

邓小平南方谈话和党的十四大，标志着中国改革开放和中国特色社会主义发展进入新阶段。党的十四大确定了经济体制改革的目标是建立社会主义市场经济体制。十四大以来，我们党坚定不移地以中国特色社会主义理论为指导，坚持党在社会主义初级阶段的基本路线，紧紧围绕"抓住机遇、深化改革、扩大开放、促进发展、保持稳定"的大局，努力推进社会主义市场经济体制改革，积极实施党的建设新的伟大工程，改革开放全面深入，现代化建设步伐明显加快。

三、世纪之交和新世纪新阶段，中国共产党人在回答"什么是社会主义，怎样建设社会主义"的同时，创造性地回答了"建设什么样的执政党，怎样建设执政党"，"实现什么样的发展，怎样发展"，继续解放思想，坚持改革开放，极大地推进了中国特色社会主义伟大事业和党的建设新的伟大工程

世纪之交和进入新世纪以来，是改革开放和中国特色社会主义发展的新阶段。世纪之交正是该阶段的历史关键时刻。回顾 20 世纪最后十年，对中国社会主义现代化进程发展影响最大的有两个重大政治事件。第一个重大政治事件是 80 年代末 90 年代初，在我国发生的"六四"政治风波和苏东剧变。

我国发生的"六四"政治风波和苏东剧变，是两件密切相连构成一个整体的带有世界性影响的历史事件。中国共产党在 1989 年"六四"政治风波中，在 1992 年苏东的剧变过程中，经受了巨大的政治考验。邓小平在《第三代领导集体的当务之急》这篇重要讲话中严肃地指出："常委会的同志要聚精会神地抓党的建设，这个党该抓了，不抓不行了。"这是邓小平对"六四"政治风波深刻思考的科学结论。"六四"政治风波也好，苏东剧变也好，这些问题集中到一点，其根本原因就在于党自身。国际国内的政治事件警醒我们：如果党的建设不抓好，最后会出大问题。江泽民精辟地指出，"中国的事情关键在党"，"要把中国的事情办好，关键取决于我们的党"。以江泽民为核心的第三代党中央领导集体按照邓小平的政治交代，认真思索怎样加强党的建设问题。

江泽民在深刻分析国内外的新情况、新变化时认为，有几件事值得深思：第一件事是 1989 年动乱，第二件事是苏东剧变，第三件事是法轮功事件，第四件事是台湾国民党下台。深思这四件事，特别是联系我们党内的腐败问题，使人们感到形势严峻。所有问题集中在一点，归结起来就是：一定要解决"建设一个什么样的党，怎样建设党"的问题。按照邓小平的指示，以江泽民为代表的第三代党中央领导集体致力于聚精会神地解决党的建设问题。在十三届四中全会上强调要大力加强党的建设；十四届四中全会就加强党的建设几个重大问题又做了专门决定；十五大提出了继续推进党的建设新的伟大工程的总目标。总之，我们党的一系列思考和措施，都是要集中解决党的建设问题。

第二个重大政治大事是 1997 年 2 月 19 日邓小平去世。邓小平是中国改革开放的总设计师，是中国特色社会主义现代化建设的开篇者。邓小平去世以后，世纪之交的中国共产党人还能不能继续高举邓小平理论伟大旗帜，坚持党的基本理论、基本路线，把建设中国特色社会主义事业进行到底。党的十五大高举邓小平理论伟大旗帜，在阐述社会主义初级阶段理论的基础上，规定了党在社会主义初级阶段的基本纲领和社会主义初级阶段的基本经济制度，提出依法治国、建设社会主义法治国家的基本方略，确定了跨世纪发展的奋斗目标和任务，并郑重地把"邓小平理论"作为我们党长期的指导思想写进党章。在这之后，我们党领导全国人民战胜特大自然灾害，成功地应对了亚洲金融危机的考验，提前实现"三步走"经济发展战略目标的前两步。

世纪之交，我们党面临着三大方面的考验：一是世界大变化的考验。整个世界呈现大动荡、大变化、大改组的局面。特别是随着高科技的发展，信息时代、知识经济时代的到来，世界发生了巨大的变化。如何应对世界性的大变化，对我们党是一个重大考验。二是执政的考验。党在夺取政权后，先后经过过渡时期、建设时期、"文化大革命"的挫折时期和改革开放新时期的发展，经受住了执政的考验。特别是在 1989 年的政治风波和 1992 年苏东剧变后，我们党经受住了执政的考验。还能不能继续经受住执政的考验，这又是一个重大课题。三是改革开放、市场经济的考验。在发展社会主义市场经济的过程中，一方面经济上去了，但另一方面党的干部队伍的腐败现象越来越严重，一些大案要案情况已经到了触目惊心的地步。说明党在改革开放、市场经济中面临着新形势下的新的考验。能否经得住市场经济的考验，这对我们党来说，也是一个严峻问题。

从历史来看，我们党经历了"两大转折"，从领导革命夺取政权到执政搞建设，从计划经济条件下的执政到市场经济条件下的执政，情况发生了很大变化。在新的历史条件下，党要着重解决"两个水平、两个能力"这两大历史性课题。"两个水平"，一是执政水平，一是领导水平；"两个能力"，一是防御风险的能力，一是拒腐防变的能力。因此，"建设一个什么样的执政党，怎样建设执政党"，这是摆在全党面前最重大最迫切的现实和理论问题。以江泽民为核心的党的第三代中央领导集体，在坚持邓小平理论，经受住国内国际的严峻考验，稳住改革开放大局的基础上，继续解放思想，不断改革开放，开拓创新，把中国特色社会主义的伟大实践成功地推向新世纪新阶段。

进入新世纪，以江泽民为代表的中国共产党人，着眼于我们党所处的历史方位，从党长期执政的战略高度，在继续回答"什么是社会主义，怎样建设社会主义"的同时，进一步回答了"建设什么样的执政党，怎样建设执政党"的问题，形成了"三个代表"重要思想，为中国特色社会主义理论体系增添了新的内容。"三个代表"重要思想，从最直接的意义来说，是解决党的建设问题，创造性地回答了"建设什么样的执政党，怎样建设执政党"，集中解决了党的先进性和执政能力问题。但是，它又不仅仅是解决党的建设问题，不仅仅是党的建设的全面纲领，它还进一步回答了"什么是社会主义，怎样建设社会主义"，是建设有中国特色社会主义事业的强大思想理论武器，是全面实现小康社会宏伟目标的根本指针。党的十六大全面总结党领导人民建设中国特色社会主义的基本经验，把"三个代表"重要思想确立为党的指导思想，确定了全面建设小康社会的伟大任务，对党的建设提出全面的要求，顺利实现了中央领导集体的整体性交接，开创了中国特色社会主义的新局面。

党的十六大以来，以胡锦涛同志为总书记的党中央以邓小平理论、"三个代表"重要思想为指导，提出了科学发展观、加强党的执政能力建设和先进性建设、构建社会主义和谐社会、建设社会主义新农村等一系列重大战略思想，创造性地回答了"实现什么样的发展，怎样发展"问题，进一步回答了社会主义建设和执政党建设等问题，这些思想是马克思主义中国化的理论创新成果。党的十七大，对科学发展观的重要地位、产生的实践基础和背景、科学内涵、精神实质以及如何贯彻落实进行了全面系统论述。对科学发展观在我们党的指导思想上的重要地位作了科学定位，把科学发展观确立为党的指导思想，作为继续解放思想，深入改革开放，发展中国特色社会主义必须遵循的基本原则和指导方针。总之，进入新世纪新阶段以来，以胡锦涛为总书记的党中央按照十一届三中全会以来确定的基本理论、基本路线、基本纲领、基本经验，进一步完善社会主义市场经济体制，努力推进中国特色社会主义的"科学发展、和谐发展、和平发展"，继续致力于党的自身建设，加强党的执政能力建设和先进性建设，大大推进了改革开放的历史进程，马克思主义中国化取得新的进展，中国特色社会主义道路探索实现新的突破，执政党的建设迈出新的步伐。

四、近代以来，中国实现了两次伟大革命，改革开放是第二次伟大革命，成功地开创和实践了中国特色社会主义道路，取得了经济的持续快速增长和社会全面发展的伟大成就

中国共产党成立以来，中国实现了两次革命，第一次是共产党领导的、先是新民主主义接着是社会主义的伟大革命。这次革命改变了制约中国生产力发展的半殖民地半封建的经济政治制度，建立了社会主义制度，极大地解放和发展了社会生产力。

　　鸦片战争以来，中国开始沦为半殖民地半封建国家。如何振兴中华？如何使中华民族再创辉煌？这是中华民族一切有志之士共同的理想和奋斗目标。在中国近代历史进程中，涌现出了一系列有作为的人物，为了中华民族的振兴，他们作出了不懈的努力，提出了种种救国方案，譬如太平天国运动、禁烟运动、洋务运动、义和团运动、戊戌变法、辛亥革命等等。然而在近代中国历史上，旨在救国救民的斗争和探索，每一次都在一定的历史条件下推动了中国的进步，但一次又一次总是归于失败。究其原因，除了一些旧式农民起义的方案外，主要是很多民族复兴的方案，其主要学习对象是西方的资本主义文明，主要是发展资本主义的经济、政治和文化，跳不出建立资本主义国家的窠臼。为什么这些救国方案和实践屡屡碰壁呢？这是由国内外的客观条件决定的。国内外条件不允许中国建立独立富强的资产阶级民主共和国。帝国主义列强从自身利益考虑，绝不会让中国变成一个强大的资产阶级民主共和国，必须要维持和强化半殖民地半封建制度。为了维持旧制度，封建势力和官僚资本主义势力也需要与帝国主义列强勾结，不允许中国民族资产阶级强大起来，不允许在中国进行资产阶级民主革命。同时，中国民族资产阶级是一个软弱的、两重性的阶级，担当不起革命的领导力量，资产阶级旧式民主革命注定是救不了中国的。

　　历史告诉我们，不触动封建根基的自强运动和改良主义、旧式农民战争、旧的民主主义革命，照抄照搬西方文明，这些方案都不能改变中国半殖民地半封建的社会性质和中国人民的悲惨命运。在帝国主义和封建势力打击下，这些方案和运动瞬息即逝。毛泽东同志讲，十月革命一声炮响，给我们送来了马克思主义，送来了社会主义。只有社会主义才能救中国，只有马克思主义才能救中国。只有中国工人阶级及其政党登上政治舞台，坚持马克思主义、举社会主义旗、走社会主义道路，才能解救中国。于是，产生了 1919 年的"五四"运动和 1921 年中国共产党的成立，中国进入新民主主义革命新的发展阶段。中国只有在马克思主义理论指导下，把马克思主义与中国实际相结合，进行共产党领导下的彻底的革命，才能振兴中华。中国共产党领导下的中国革命分两步走，第一步，进行共产党领导的，不同于孙中山所领导的旧民主主义革命的新民主主义革命。第二步，新民主主义革命成功以后，不间断地进行社会主义革命。以毛泽东为代表的第一代的党中央领导集体带领中国人民取得了新民主主义革命和社会主义革命的胜利，建立了社会主义制度，进入全面社会主义建设时期。

虽然经过了曲折的过程，但新中国初步建立了社会主义的工业体系，实现了农业合作化，社会主义建设取得了伟大成就。

改革开放是我们党领导的第二次革命。从新中国成立到党的十七大召开，党在全国执政的历史和社会主义建设的历史，以十一届三中全会为界，可以划分为前后两个时期。第一个时期是社会主义道路的探索时期，我们党确立了社会主义基本制度，建立了独立的比较完整的工业体系和国民经济体系，积累了丰富的正反两方面经验。第二个时期是改革开放新时期。在这个时期，我们党坚持改革开放，始终以经济建设为中心，中国特色社会主义事业取得了一系列巨大成就。

改革开放成果丰硕。农村改革和城市各项改革取得重大进展，确立了以公有制为主体、多种所有制经济共同发展的基本经济制度，初步建立起社会主义市场经济体制。实施"引进来"与"走出去"的对外开放战略，加入世界贸易组织，抓住机遇，积极投身于全球化浪潮，共享世界文明的先进成果，大大加快了我国现代化建设的步伐。

经济发展持续高速。国民经济长时间快速稳定增长，1978—2007 年，国民生产总值年均增速高于 9.7%，远远超过同期世界经济 3% 左右的平均增长速度。目前，经济总量居世界第四位，外贸进出口总额居世界第三位，外汇储备突破 1.8 万亿美元大关、居世界第一位，钢铁、煤炭、水泥等主要工业品产量居世界第一位。农村生产力得到极大的解放和发展，亿万农民的生活得到极大的改善，农村发生了历史巨变。

政治建设稳步推进。人民代表大会制度和共产党领导的多党合作、政治协商制度以及民族区域自治制度，进一步健全和完善。政治文明建设不断加强，民主向制度化、规范化方向发展。政府职能明显转变，依法行政与公正司法取得很大进展。基层民主不断扩大，农村普遍实行了村民自治。以宪法为核心、与社会主义市场经济体制相适应的中国特色社会主义法律体系初步形成，依法治国基本方略得到贯彻落实。广大人民享受到空前的自由民主权利。

文化建设成绩卓越。人民群众思想观念发生了深刻变化，公民意识、竞争意识、法制观念等现代意识显著增强。不断丰富发展马克思主义，初步构建起社会主义的核心价值体系，民族精神与良好的道德风尚得以弘扬。科教兴国、人才强国战略正在实施，具备了建设创新型国家的重要基础和良好条件。教育、科学、文化、艺术、新闻、出版、体育事业欣欣向荣，人民日益增长的精神文化需要不断得到满足。

社会建设成效显著。人民生活显著改善，十三亿人达到了总体小康。扶贫攻坚计划顺利实施，稳定地解决了十三亿人口的吃饭问题，反贫困事业成效显著。医疗、卫生事业不断发展。社会保险制度覆盖了大多数城镇从业人员和退休人员，城市普遍建立了居民最低生活保障制度，农村积极推进社会保障制度建设，与社会主义市场经济体制相适应的劳动和社会保障制度已初步建立。社会建设日益朝着全面和谐方向迈进。

国防建设成就巨大。指导思想实现了战略性转变，贯彻积极防御的军事战略方针，注重质量与法制建设，依靠科技强军，走中国特色的精兵之路，人民解放军的革命化、现代化、正规化建设全面展开，国防总体实力和防卫作战能力不断提高。

祖国统一取得历史性胜利。顺利恢复对香港和澳门行使主权，洗雪了中华民族的百年屈辱。积极贯彻"一国两制"的基本方针，保持香港和澳门特别行政区的繁荣稳定。祖国大陆同台湾的经贸关系空前发展，教育、文化、社会等方面的交流与合作不断加强，政党交流打开新的局面。反台独、反分裂斗争不断取得胜利。

对外关系迈上新台阶。高举和平、发展、合作的旗帜，坚持独立自主的和平外交政策，倡导建立和谐世界。与主要大国建立起不同形式的合作关系，加强了与广大发展中国家及周边国家的合作，积极参与处理国际和地区热点问题，树立起负责任大国的新形象。中国国际地位与国际影响力与日俱增。

党的建设全面加强。实施党的建设新的伟大工程，加强执政能力建设与先进性建设，党的领导水平和抵御风险的能力不断提高。廉政建设与反腐败斗争深入开展，党内民主向制度化、规范化方向迈出新步伐。

回顾 30 年改革开放走过的历史进程，我们在工作中也曾发生过失误和偏差，当前还面临着很多困难和问题，人民群众还有诸多不满意的地方。但是，从党在全国执政的历史、我国近代以来的历史以及社会主义运动史等多方面的视角来看，这 30 年是中国特色社会主义理论和体制创新最多的 30 年，是经济发展速度最快和人民生活水平提高幅度最大的 30 年，是社会政治最为稳定和民主法制建设成就最大的 30 年，是综合国力和国际地位提升最快的 30 年。我们走出了一条全新的中国特色社会主义发展道路，用短短 30 年的时间走过了许多国家上百年甚至几百年的发展历程，使中华民族以前所未有的姿态屹立于世界民族之林。

五、30 年改革开放的伟大实践积累了十分宝贵的历史经验，奠定了中国特色社会主义理论体系的实践基础和经验依据，对于继续改革开放，发展中国特色社会主义，具有重要的指导意义

全面总结改革开放的历史经验，并把它上升为系统的理论，对于进一步推进改革开放，发展中国特色社会主义，丰富中国特色社会主义理论体系，是十分重要且必要的。

1. 始终坚持解放思想、实事求是的思想路线，坚持马克思主义基本原理与推进马克思主义中国化相结合

解放思想，实事求是，坚持马克思主义基本原理的普遍性与中国实际的特殊性具体的历史的统一，是改革开放伟大实践的首要经验。在改革开放的全过程，必须坚持马克思主义老祖宗不能丢，同时必须坚持马克思主义不断创新。马克思主义的不断创新，说到底，就是要把马克思主义的普遍原理与中国建设和发展的实际结合起来、与时代特征结合起来，不断推进马克思主义的当代化、中国化，创造出中国化的马克思主义。30 年前，中国改革开放的总设计师邓小平作出的改革开放的历史性决策，正是基于马克思主义的基本原理同中国具体实际的结合所得出的必然结论。一部改革开放的实践发展史，也是一部马克思主义中国化的理论探索史。30 年来，我们党始终坚持以科学的态度对待马克思主义，不断根据变化了的实践推进马克思主义中国化，赋予马克思主义基本原理以时代的和民族的内涵，形成了中国特色社会主义理论体系这一马克思主义中国化的最新成果，并成功地运用于指导改革开放的实践，成功地开辟出中国特色社会主义发展道路，取得了改革开放和现代化建设的辉煌成就。

解放思想是发展中国特色社会主义的一大法宝。坚持马克思主义基本原理与推进马克思主义中国化相结合，用发展着的中国化的马克思主义指导不断发展的改革开放和现代化建设实践，必须始终坚持党的解放思想、实事求是、与时俱进的思想路线，不断推进理论创新。30 年的实践证明，改革开放和社会主义现代化建设的每一次重大推进，都以解放思想为前提，以思想理论的创新和观念的变革为发端和先导。解放思想、实事求是，带来了马克思主义中国化理论成果的不断创新并被正确运用，带来了改革开放和现代化建设实践突破性进展。

2. 始终坚持社会主义初级阶段的基本国情和"一个中心，两个基本

点"的基本路线，坚持四项基本原则与改革开放相结合

始终坚持"一个中心，两个基本点"的基本路线不动摇，是改革开放取得成功的基本经验。十一届三中全会以来，我们党在坚持以经济建设为中心的同时，始终正确认识和处理坚持四项基本原则和坚持改革开放的辩证统一关系。四项基本原则是立国之本，这个"本"是我们党和中国生存发展的政治基石，是以经济建设为中心的坚强保障，是改革开放正确方向的根本保证。改革开放是强国之路，这条"路"是发展中国特色社会主义、实现现代化的必由之路，是我们党和国家发展进步的活力源泉。改革开放的实践证明，无论是坚持四项基本原则，还是坚持改革开放，都必须基于两者的统一，一旦将坚持四项基本原则与坚持改革开放割裂或对立起来，中国特色社会主义必然会偏离正确的方向，中国特色社会主义建设事业就会陷入停顿或倒退。

坚持党在社会主义初级阶段的基本路线，必须始终坚持一切从中国的实际国情出发，把改革开放和现代化建设的大政方针建立在对国情的清醒和正确的认识上。一切从实际出发，最根本的，就是一切从中国处于并将长期处于社会主义初级阶段这个最大的实际、最基本的国情出发。党的基本纲领是党的基本路线的展开和具体化，坚持从初级阶段的基本国情出发，就要坚持和完善以公有制为主体、多种所有制经济共同发展的基本经济制度，就要坚持和完善以按劳分配为主体、多种分配方式并存的分配制度，就要坚持和完善共产党领导的多党合作和政治协商制度。

坚持党的基本路线，必须始终坚持在中国共产党的领导下，坚持工人阶级的领导，建立巩固的工农联盟，巩固和发展最广泛的爱国统一战线，积极争取和团结在改革开放中新产生的各社会阶层，团结一切可以团结的力量，发挥他们作为中国特色社会主义建设者的积极作用。

3. 始终坚持把人民利益作为改革开放的出发点和落脚点，坚持人民当家作主、尊重人民首创精神与加强和改善党的领导相结合

始终坚持以人为本的基本原则，把人民的根本利益作为改革开放的出发点和落脚点，尊重人民的首创精神，让人民共享改革发展成果，最终走共同富裕的道路，这是改革开放取得成功的重要经验。人民群众是历史的创造者和推动历史前进的力量，是改革开放各项事业发展的依靠力量和推动力量。中国农民最先揭开了我国改革的序幕。无论是家庭联产承包制还是乡镇企业，以及城市改革、全面改革，都是中国人民自己的独特创造。

离开人民群众的积极性和首创精神，改革开放则一事无成。推进改革开放，一定要充分尊重人民的首创精神，从人民的伟大创造中汲取经验，形成政策，付诸实践。

改革开放以来，我们党始终坚持把党的领导和依靠人民、由人民当家作主、尊重人民群众的首创精神有机地结合起来，积极调动最广大人民群众投身改革开放伟大实践的积极性、主动性和创造性，把实现好、维护好、发展好最广大人民的根本利益作为加强和改善党的领导的奋斗目标和检验标准，切实做到改革发展为了人民、改革发展依靠人民、改革发展成果由人民共享。实现党的领导，最重要的是党所制定的改革开放政策要符合人民的愿望、执行过程要维护人民的利益、实施结果要满足人民的需要。在改革开放过程中，我们党始终以人民满意不满意、高兴不高兴、赞成不赞成、拥护不拥护作为衡量改革开放成败与否的标准。正因为这样，我们党才通过改革开放，得到了人民的真心拥护。正是在改革开放的过程中，在一切为了人民、一切依靠人民的过程中，党的领导才得到了切实的加强和改善。

4. 始终坚持社会主义公有制为主体的根本方向和社会主义市场经济的改革取向，坚持社会主义基本制度与发展市场经济相结合

我国的改革开放是社会主义方向的改革开放，是社会主义市场经济的改革取向。社会主义与市场经济结合具有蓬勃的生机和活力，在实行社会主义市场经济体制改革的同时，始终坚持社会主义方向、坚持社会主义基本制度，实现社会主义制度与市场经济的有机结合，这是改革开放的成功经验。

提出社会主义市场经济理论，进行社会主义市场经济体制改革，是我们党的一个伟大创举。近30年改革开放所取得的巨大成就，已经初步显示出这一创举的强大威力。坚持社会主义基本制度，关键是坚持社会主义公有制为主体。在坚持社会主义市场经济体制改革的过程中，我们党始终坚持公有制经济为主体、多种所有制经济共同发展的基本经济制度，不断探索社会主义市场经济不同于其他市场经济运行的特殊规律和特殊运行方式，始终坚持在发挥市场配置资源的基础性作用的同时，不断加强和改善宏观调控，既发挥市场经济的优势，也发挥社会主义制度的优越性，促进社会主义制度与市场经济的有机结合，逐步完善社会主义市场经济体制。

5. 始终坚持社会主义制度的自我完善和发展，坚持推动经济基础变革

同推动上层建筑改革相结合

我国改革开放的实质是社会主义制度的自我完善和发展。努力通过经济基础和上层建筑的调整和变革,构建适合中国现阶段社会发展和生产力发展状况的社会体制,坚持社会主义制度的自我完善和发展,也是改革开放的一个成功经验。改革开放以来,在推动经济基础变革的同时,政治、文化和社会等上层建筑各个领域的体制改革也在稳步推进。与社会主义初级阶段相适应的经济体制、政治体制、文化体制和社会诸体制的逐步完善,是 30 年来我国经济社会健康发展的基础和保证。推进经济基础和上层建筑具体体制的改革,实现社会主义制度的自我完善和发展,实质上就是不断推进社会主义的制度创新。改革初期,家庭联产承包责任制的实行与人民公社体制的废除,掀开了社会主义生产关系体制改革和上层建筑体制改革、社会主义制度创新的序幕,极大地促进了农村生产力的发展。当前,我国正处于以贯彻落实科学发展观为中心内容的全面制度创新阶段,加大社会主义经济基础和上层建筑各个领域的制度文明的建设力度,必将极大推动改革开放的深入发展,推进社会主义制度的自我完善和发展。

6. 始终坚持我国经济社会的全面协调可持续的科学发展,坚持发展社会生产力同提高全民族文明素质相结合

必须始终坚持在大力发展生产力的同时,坚持以人为本,推进我国经济社会的全面协调可持续的科学发展,这是进一步改革开放必须坚持的重要经验。我国改革开放的社会主义性质不仅决定了发展不只是物质文明的单兵突进,还是物质文明、政治文明、精神文明和生态文明的共同发展,不仅是经济建设的单一推动,还是政治建设、文化建设、社会建设和生态建设的全面推进,不仅以发展生产力实现全体人民的共同富裕为目的,还要以提高全民族文明素质,实现人的全面发展为最终目标和落脚点。只有坚持通过改革开放,实现全民族的物质和文化生活水平和全民族的文化素质的不断提高,坚持全面发展、协调发展、和谐发展、可持续发展,把中国特色社会主义建设和发展逐步纳入科学发展的轨道,才能最终把我国建设成为富强民主文明和谐的社会主义现代化国家。

7. 始终坚持构建社会主义和谐社会,坚持提高效率同促进社会公平相结合

我国改革开放得到人民肯定的一条必须坚持的经验,就是构建社会主义和谐社会,坚持提高效率与促进社会公平相结合。社会主义和谐社会建

设是中国特色社会主义的本质要求，是发展中国特色社会主义的长期的历史任务。构建社会主义和谐社会，就要实现社会公平正义。改革开放以来，由当时我国的基本国情和具体的历史条件所决定，"效率优先，兼顾公平"曾作为改革开放一段时期内的方针。改革开放发展到今天，在坚持效率优先的前提下，我们党又把实现社会公平正义提到了更加突出的地位加以解决，提出了构建社会主义和谐社会的重大战略思想，将实现社会公平正义作为发展中国特色社会主义的一项重大任务。我国的改革是一个寓效率与公平于其中的总体性概念，我们党始终反对人为地将效率与公平二元化、对立起来的观点和做法，着力解决广大人民群众最关心、最直接、最现实的利益问题，切实把追求效率与实现公平辩证统一于改革开放的全过程。只有这样，才能不断取得人民对改革开放的支持，才能取得改革开放的成功。

8. 始终坚持统顾国内和国际两个大局，坚持独立自主与参与经济全球化、对内改革和对外开放相结合

统筹兼顾国内国际两个大局，着眼于两个大局，制定和实施对内改革和对外开放的政策和措施，坚持在与世界经济相联系和相互竞争中，自力更生地提升综合国力的开放战略，把社会主义市场经济的国内改革和与世界经济相联系的对外开放相结合，是改革开放30年的成功经验。经济全球化的发展，离不开市场化，国内市场发展，又离不开国际化。中国特色社会主义发展离不开市场经济的发展，离不开与世界的联系。在我国这样生产力水平还不发达，经济相对落后的国家进行社会主义建设，必须始终坚持"引进来"和"走出去"相结合的对外开放战略，积极参与到经济全球化之中，不断拓展对外开放的广度和深度，有效利用国外资金、技术和先进管理经验等外部条件发展自己，在全球竞争中趋利避害，努力实现互利、普惠、共赢。

坚持独立自主是参与经济全球化的前提和基础，坚持独立自主必须同参与经济全球化相结合。对中国这样一个发展中国家来说，要在经济全球化竞争中生存和发展，必须始终保持足够的清醒，始终在总体上保持发展的自主性，主要依靠自己的力量发展经济等各项事业。一定要在保持独立自主的前提下，积极扩大对外开放，参与全球经济合作，才能实现跨越式发展。

坚持改革与开放相结合，必须创造良好的外部环境，这就必须始终坚

持独立自主的和平外交政策，走和平发展道路，推动建设持久和平、共同繁荣的和谐世界，以维护国家发展利益和安全利益为最高准则，永远不称霸，维护世界和平与促进各国共同发展，为改革开放和现代化建设争取和平稳定的国际环境。

9. 始终坚持"三个有利于"的判断标准和渐进式改革策略，坚持促进改革发展同保持社会稳定相结合

我们党始终把"三个有利于"，即是否有利于发展社会主义社会的生产力，是否有利于增强社会主义国家的综合国力，是否有利于提高人民的生活水平，作为判断改革得失成败的根本标准。"三个有利于"最根本的是有利于生产力的发展，只有紧紧扭住经济建设这个中心不动摇，作为执政兴国的第一要务，才能迅速摆脱生产力不发达状态，早日实现国富民强，这是我国改革开放成功的根本经验。

在改革过程中，我们党时刻注意正确地处理好改革、发展、稳定三者的关系，使之相互协调、相互促进，把改革、发展的紧迫感同科学求实的精神结合起来，把实现当前目标和追求长远目标统一起来，把改革的力度、发展的速度和社会可承受程度统一起来，把握准改革举措出台的时机、力度和节奏，这也是我国改革开放的一条可行经验。改革是动力，发展是目标，稳定是前提。没有改革，就无法最大限度地解放和发展生产力，就不可能走出一条适合自己国情的正确的发展道路；没有发展，尤其是生产力的发展，中国就不可能实现现代化，也就不可能保持国家的长治久安；没有稳定，改革和发展都无从进行。三者关系处理得当，就能保证改革开放的健康平稳运行，否则，就会吃苦头，付代价，甚至给社会带来灾难。在改革开放过程中，我们党统筹改革，综合谋划，把不断改善人民生活作为处理改革发展稳定关系的重要结合点，把构建和谐社会作为协调改革发展稳定关系的长远目标，以改革促进和谐、以发展巩固和谐、以稳定保障和谐，努力实现社会稳定，为改革发展提供和谐的环境和氛围。

我国的改革开放，是前无古人的创举，走的是一条"摸着石头过河"的循序渐进的道路——这是中国取得巨大成功的一条举世公认的经验。改革开放近 30 年来，党始终坚持"渐进式"的改革策略，没有采取"休克疗法"、"硬着陆"等激进的方案，坚持试点先行，在取得试点经验的基础上再加以推广。在改革开放中，采取的是先农村后城市、先沿海后内地、先经济后政治、先发展后规范、先体制外后体制内、先易后难的改革策

略。在改革开放中，保持制度变革的连续性和渐进性，保证改革开放的顺利推进。坚持重点突破和整体推进相结合的改革战略。渐进式改革方案既避免了由于举措不当而出现的经济严重衰退、社会矛盾激化和社会剧烈动荡，又使中国社会充满活力、和谐稳定。

10. 始终坚持以改革创新的精神加强党的建设，坚持中国特色社会主义伟大事业与推进党的建设新的伟大工程相结合

始终坚持以改革创新的精神加强党的建设，改善党的领导，提高党的执政能力和水平，增强党的先进性，不断增强拒腐防变和抵御风险的能力，为改革开放和现代化建设提供坚强有力的政治保证，是改革开放取得伟大成就的政治经验。

我们党是中国特色社会主义事业的领导力量，中国共产党的自身状况与中国特色社会主义事业的发展休戚相关。我国的改革开放既给我们党注入了巨大的活力，也带来了许多前所未有的新课题、新考验。中国特色社会主义事业是改革创新的事业，中国共产党要站在时代前列带领中国人民开创事业发展新局面，必须坚持以改革创新精神加强自身建设。在30年改革开放的历史进程中，我们党从世情、国情和党情的发展变化出发，深入探索共产党执政的特殊规律，坚持把党建设成中国工人阶级的先锋队，同时是中国人民和中华民族的先锋队。坚持始终代表最广大人民根本利益的马克思主义立场，立党为公、执政为民。不断改革和完善党的领导方式和执政方式，坚持科学执政、民主执政、依法执政。不断巩固党的阶级基础，扩大党的群众基础，保持和发展党同人民群众的血肉联系。不断加强党的先进性建设和执政能力建设，积极推进党内民主建设，旗帜鲜明地反对腐败。总之，坚持改革开放，必须坚持把中国特色社会主义伟大事业与推进党的建设新的伟大工程相结合。

六、进一步改革开放，必须始终不渝地坚持和发展中国特色社会主义理论体系，坚定不移地以中国特色社会主义理论体系为思想指南

改革开放之所以是一场新的伟大革命，之所以发挥了中国特色社会主义强大动力的作用，之所以取得伟大成功，最重要的就在于走出了正确的道路，形成了正确的理论指南。这条正确的道路就是中国特色社会主义道路，这个正确的理论指南就是中国特色社会主义理论体系。

中国特色社会主义理论体系是改革开放新时期的实践产物，是马克思主义科学社会主义原理同中国具体实际相结合的产物，是党的几代领导集

体带领全党共同努力的结果，是马克思主义中国化的最新成果，是全国各族人民团结奋斗的共同思想基础。中国特色社会主义理论体系的前提和基础是毛泽东同志关于中国社会主义建设道路的理论和实践的初步探索，是经过党的几代领导集体的共同努力的全党智慧的结晶，中国特色社会主义理论体系是包括邓小平理论、"三个代表"重要思想、科学发展观等重大战略思想的完整统一体，是既一脉相承、又与时俱进的马克思主义中国化的科学的理论体系。

中国特色社会主义理论体系是由一系列紧密联系、相互贯通的新思想、新观点、新论断所构成的完整的系统的科学理论体系，该体系博大精深，内容十分丰富。它的哲学基础和精神实质是解放思想、实事求是的观点和生产力标准的观点；回答的主题是中国特色社会主义；解决的主要问题是中国的发展与改革；两个重要理论基础是改革观和发展观。这就构成了马克思主义中国化最新成果一以贯之的共同的时代主题、哲学依据和理论基础。解放思想、实事求是和生产力标准的观点，科学发展观和正确改革观是中国特色社会主义理论体系的重要内容。坚持解放思想、实事求是和生产力标准的观点，坚持科学发展观和正确改革观也就是坚持中国特色社会主义理论体系。

中国特色社会主义理论体系的哲学依据最主要的是两个基本支撑点，一是解放思想、实事求是的观点，一是生产力标准的观点。邓小平提出解放思想、实事求是的观点，奠定了中国特色社会主义理论的思想路线基础。江泽民把解放思想、实事求是的观点概括为与时俱进这一马克思主义的理论品质，进一步丰富和发展了党的思想路线。胡锦涛继承了解放思想、实事求是、与时俱进的思想路线，特别强调解放思想是党的思想路线的本质要求，是中国特色社会主义的一大法宝，继承了党的思想路线的真谛。我们党从邓小平、江泽民到胡锦涛，之所以不断把中国特色社会主义理论体系发扬光大，就是因为不断地在实践中继承和发扬党的解放思想、实事求是的思想路线。

生产力标准是马克思主义唯物史观的最基本的观点。正是根据生产力标准的观点，邓小平提出了一系列改革开放的重大决策，形成了党的基本路线和基本理论，并在改革开放的关键时刻，就如何判断改革成败的问题，如何判断姓"社"姓"资"的问题，提出了"三个有利于"的判断标准，"三个有利于"的判断标准实质上就是生产力标准。"三个代表"重要思想，把代表先进生产力作为第一个代表，同时提出代表先进文化、代表人民根本利益。这是对生产力标准和"三个有利于"标准的丰富和发展。解放思想、实事求是观点是辩证唯物主义的基本问题，生产力观点是历史唯物主义的基本问题。辩证唯物主义和历史唯物主义是我们党全部理论的哲学基础，解放思想、实事求是和生产力标准则构成了中国特色社会主义理论体系的基本哲学依据。

中国特色社会主义理论体系是围绕中国特色社会主义这一主题展开的，回答的主要问题是中国特色社会主义如何发展，而解决发展的问题，必须解决改革的问题。解决改革和发展问题，其重要理论根据一是发展观，一是改革观。科学发展观和正确改革观是中国特色社会主义理论体系的两个重要内容。

邓小平发展思想是邓小平理论的重要内容。邓小平十分强调发展、首先是发展生产力的重要意义。为什么中国特色社会主义理论体系那样强调发展问题？这是由中国特色社会主义现阶段，即初级阶段的基本国情和历史方位决定的。邓小平指出，我国目前还处于社会主义初级阶段，考虑一切问题都要从这个基本国情出发。我国社会主义初级阶段的主要矛盾是人民群众日益增长的物质文化需求和生产力不能满足这种需求的矛盾，解决这个矛盾就必须大力发展生产力。发展生产力是社会主义的根本任务，经济建设是中心任务。因此中国特色社会主义建设的主要问题可以归结为发展。当然，发展首先是发展生产力。

邓小平不仅强调发展生产力，还拟定了中国发展分三步走的发展战略，提出了实现小康社会的宏伟目标。邓小平指出，发展的第一步第二步，到20世纪末国内生产总值比1980年翻两番，基本实现温饱，奔向小康。发展的第三步，到21世纪中叶，人均国民生产总值达到中等发达国家水平，基本实现现代化。

在1992年南方谈话中，邓小平总结了多年的发展思想，提出了"发展是硬道理"的科学论断。并强调发展需要一定的速度和数量，但不单是速度和数量。要实现速度与效益、质量与数量的统一。这些构成了邓小平关于发展的基本思想。

江泽民提出"三个代表"重要思想，第一个代表就是代表先进生产力，也就是要不断地解放和发展生产力，并把它提高到了党的性质、党的建设的高度来认识，把发展生产力同党的执政理念、党的先进性建设和执政能力建设联系在一起，进一步丰富和发展了邓小平发展思想。江泽民提出了"发展是执政兴国的第一要务"，并且十分强调要全面理解发展问题。提出要正确处理社会主义现代化建设中的若干重大关系，把握好发展、稳定和改革的关系，处理好建设与效益、数量与质量的关系。提出关键要更新发展思路，要实现增长方式的转变，由粗放型转变到集约型。这不仅从理论上丰富了邓小平发展思想，而且对中国特色社会主义的发展思路作了战略调整。

以胡锦涛为总书记的党中央，在总结国际国内发展经验的基础上，针对我国在新世纪新阶段发展的新问题、新要求和新任务，提出了以人为本、全面协调、可持续的科学发展观，提出"科学发展、和谐发展、和平发展"的发展新理念，把中国特色社会主义发展理论推向一个新的高度。科学发展观站在历史和时代的高度，总结国内外在发展问题上的经验教训，吸收人类文明进步的新成果，进一步解决了新世纪新阶段我国"为什么发展，怎样发展和发展什么"等一系列发展中国特色社会主义的重大问题。在新的实践基础上，进一步回答了社会主义的本质及其主要特征，拓宽了对"什么是社会主义，怎样建设社会主义"的社会主义发展规律的认识视野；进一步明确了社会主义建设的指导思想，拓宽了对中国特色社会主义建设和发展规律的认识视野；进一步论述了共产党的执政任务，拓宽了对"建设什么样的执政党，怎样建设执政党"的共产党执政规律的认识视野。正是在进一步回答"什么是社会主义，怎样建设社会主义"，"建设什么样的执政党，怎样加强执政党建设"，"什么是马克思主义，怎样坚持和发展马克思主义"的意义上来说，科学发展观是对邓小平理论和"三个代表"重要思想的继承、丰富和发展，同邓小平理论和"三个代表"重要思想一样，也是马克思主义中国化的最新成果，是与时俱进的马克思主义发展观，是正确指导发展的马克思主义世界观和方法论的集中体现，是我们党对社会主义现代化建设理论和指导思想的新发展，开拓了中国特色社会主义的理论创新和实践创新的新境界。

关于改革的思想也是邓小平理论的重要内容。改革是中国特色社会主义理论体系的重要内容。社会主义的根本任务是解放和发展生产力，要解放和发展生产力，就必须不断改革。这是因为社会主义基本矛盾特点决定了必须要进行改革。社会主义制度建立后，我国的社会基本矛盾是适应前提下的不适应，也就是存在体制上的不适应：一是以往形成的僵化的经济政治体制，严重阻碍了生产力的发展；二是社会主义不是一成不变的，即使适合的体制也要随着经济社会的发展，也需要不断地进行体制创新，以适应经济发展的需要。因此，邓小平率先提出"革命是解放生产力，改革也是解放生产力，改革是第二次革命"。只有破除旧的体制，才能解放和发展生产力。改革是社会主义不断向前发展的动力。这就是邓小平改革思想立论的根据。邓小平改革思想在马克思主义发展史上是一个创新。

经济体制要改革，改革的方向是什么呢？邓小平经过长时间的反复思考，总结社会主义建设和我国实践的经验，提出以市场经济为取向的社会主义市场经济体制改革思路。社会主义市场经济的创新提法在理论上是一大突破，使人们从市场经济等于资本主义的陈旧观念中解放出来，在实践中为我国经济体制改革开辟了广阔的前景。在提出社会主义市场经济体制改革的同时，邓小平提出了政治体制改革的必要性、重要性，提出了政治体制改革的基本要求和战略任务，提出了建设社会主义民主政治的政治体制改革目标，提出了总体改革的重要思想。邓小平是中国社会主义改革开放的总设计师。

邓小平改革思想是极其丰富的，主要观点是："自我完善"的改革观，确定了改革的基本性质，即改革是"社会主义制度的自我完善"；"革命"的改革观，确定了改革的基本定位，即"改革是中国的第二次革命"；"全面"的改革观，确定了改革的全面性，即"改革是全面的改革，不仅经济、政治，还包括科技、教育等各行各业"；"贯穿发展全过程"的改革观，确定了改革的战略，即"改革开放要贯穿中国整个发展过程"；"三个有利于"的改革观，确定了改革成败的判断标准，即"是否有利于发展社会主义生产力，是否有利于增强社会主义国家的综合国力，是否有利于提高人民的生活水平"；"群众"的改革观，确定了改革的主体，即一定要把实现人民的根本利益，把依靠人民、尊重人民的首创精神，把人民"拥护不拥护"、"赞成不赞成"、"高兴不高兴"、"答应不答应"，作为改革的出发点和归宿。

以江泽民为核心的党的第三代领导集体丰富和充实了邓小平改革思想，明确提出建立社会主义市场经济体制的改革目标。他指出，"在坚持公有制和按劳分配为主体，其他经济成分和分配方式为补充的基础上，建立和完善社会主义市场经济体制"。强调把社会主义市场经济同社会主义基本经济制度结合在一起，建立这种经济体制就是要使其在国家宏观调控下对资源配置起基础性作用。为实现这个目标，必须坚持以公有制为主体，各种经济成分共同发展的方针，必须进一步转换国有企业制度，建立现代企业制度。江泽民勾画了社会主义市场经济体制的基本框架，规定了国有企业改革的方向。在党的十五大上，江泽民又就社会主义初级阶段的所有制结构和公有制实现形式问题作了论述，进一步从理论上加以突破。他指出，我国经济成分可以多样化，公有制实现形式可以多样化；公有制为主体主要体现在控制力上；非公有制经济是社会主义市场经济的重要组成部分；股份制是现代企业的一种资本组织形式，资本主义可以用，社会主义也可以用。这些论述为我国的经济体制改革进一步扫清了道路。

在改革发展的新阶段，胡锦涛为总书记的党中央提出了科学发展观，破解了"发展什么，怎么发展"这个发展中国特色社会主义伟大事业的根本性问题。继续改革开放，必须全面落实科学发展观。推进科学发展，必须进一步改革开放，集中破解影响科学发展的体制和机制性障碍。在今天，能不能理解和贯彻科学发展观的问题，就是能不能坚持改革开放，能不能坚持发展中国特色社会主义的问题。以胡锦涛为总书记的党中央，突出强调体制创新，强调改革问题上的创新，把体制改革创新和落实科学发展观结合起来。胡锦涛强调："推进体制创新，是解决经济社会诸多矛盾和问题的必由之路，也是贯彻和落实科学发展观的必然要求。必须通过深化改革，努力形成一套有利于科学发展的体制机制。"他要求，第一，以转变政府职能为重点推进行政管理体制改革；第二，继续深化国有企业体制改革；第三，鼓励、支持和引导非公有制经济发展；第四，进一步破除垄断，加强现代市场经济体制建设；第五，提高对外开放水平。这些论述为我国推进改革开放、全面建设小康社会提供了坚实的理论基础，充实和丰富了中国特色社会主义理论体系的改革观。

胡锦涛同志指出，"改革开放是发展中国特色社会主义的强大动力"。"改革开放是决定当代中国命运的关键抉择，是发展中国特色社会主义、实现中华民族伟大复兴的必由之路；只有社会主义才能救中国，只有改革开放才能发展中国、发展社会主义、发展马克思主义。"我国改革开放的实践证明，能不能解放思想，实事求是，坚持解放和发展生产力，坚持发展和改革，关系到我们事业的兴衰成败。可以说，坚持解放思想、实事求是，坚持解放和发展生产力，坚持发展和改革，也就是坚持了中国特色社会主义、坚持了中国特色社会主义理论体系的指导。进一步改革开放，发展中国特色社会主义,最重要的是坚持中国特色社会主义理论体系的指导。只有坚持中国特色社会主义理论体系的指导,并在实践中不断创新这个理论体系,指导创新实践,才能不断地解放思想、改革开放,发展中国特色社会主义。

前　言

展现改革开放30年
中国哲学社会科学创新的历程

赵剑英[*]

当代中国改革开放伟大事业，至今已经走过了30年不平凡的历程。30年来，从南疆到北国，从农村到城市，从经济领域到其他各个领域，在当代中国大地上发生了翻天覆地的变化。我们的发展成就举世瞩目，我们的发展道路超迈前人。事实雄辩地证明，改革开放是决定当代中国命运的关键抉择，是发展中国特色社会主义、实现中华民族伟大复兴的必由之路；只有社会主义才能救中国，只有改革开放才能发展中国、发展社会主义、发展马克思主义。

伟大的事业，需要伟大的理论支撑。改革开放新时期以来，中国共产党把马克思主义基本原理与当代中国实际紧密结合起来，高举中国特色社会主义伟大旗帜，创造性地形成了中国特色社会主义理论体系，走出了一条符合中国国情的独特的中国特色社会主义道路。在中国特色社会主义理论的指引下，中国的综合国力和国际地位不断提升，人民生活水平不断提高，"改革发展"的中国特色、中国风格、中国经验日益吸引着世界的目光，当代中国以更加磅礴的发展态势巍然屹立于世界东方。

改革开放新时期的30年，对于中国哲学社会科学来讲也具有特别重要的意义。马克思曾经深刻地指出，每个原理都有其出现的世纪。任何一个时代条件下崭新的社会实践，总是强烈地吁求和催生着思想的变革和理论的创新。而任何真正符合科学精神的理论，总是深深地凝结和表征着人们在时代探索与实践活动中的思考知识和冀望。从这一意义上讲，改革开

---

[*] 中国社会科学出版社总编辑、编审。

放新时期的 30 年，是中国社会现代化理论创新的 30 年，是中国人民的理论思维水平和民族智慧不断迸发喷薄的 30 年，也是具有中国特色、中国风格和中国气派的哲学社会科学成长创新，立足中国、面向世界、走向未来的 30 年。

只有正确地总结历史，才能更好地把握未来。中国社会科学出版社在我国改革开放和中国特色哲学社会科学正逢 30 年发展历程之际，组织出版《中国哲学社会科学 30 年》丛书，正是为了深入反思、科学总结 30 年来哲学社会科学发展创新的宝贵经验，认真研究新的历史条件下哲学社会科学研究的内在逻辑与规律，努力提炼、概括哲学社会科学中具有普遍性、规律性、指导性的重要教益和启示，引导和推动中国哲学社会科学研究进一步创新发展。这一学术工作，对坚持和发展中国特色社会主义理论体系，更好更快地繁荣发展哲学社会科学，为中华民族伟大复兴提供源源不绝的智力支持、精神动力和文化支撑，具有极为重要的理论价值和现实意义。

总的来看，《中国哲学社会科学 30 年》丛书具有以下三个鲜明的特征：

第一，这套丛书深刻地反映了中国特色社会主义理论体系的不断创新、丰富、发展与中国哲学社会科学繁荣发展之间的辩证关系。

胡锦涛同志在党的十七大报告中深刻指出，中国特色社会主义理论体系，就是包括邓小平理论、"三个代表"重要思想以及科学发展观等重大战略思想在内的科学理论体系。这个理论体系，坚持和发展了马克思列宁主义、毛泽东思想，凝结了几代中国共产党人带领人民不懈探索实践的智慧和心血，是马克思主义中国化的最新成果，是党最可宝贵的政治和精神财富，是全国各族人民团结奋斗的共同思想基础。中国特色社会主义理论体系是不断发展的开放的理论体系。《共产党宣言》发表以来一百六十年的实践证明，马克思主义只有与本国国情相结合、与时代发展同进步、与人民群众同命运，才能焕发出强大的生命力、创造力、感召力。在当代中国，坚持中国特色社会主义理论体系，就是真正坚持马克思主义。

繁荣发展哲学社会科学，最首要的就是坚持马克思主义为指导，坚持中国特色社会主义理论体系为指导，在马克思主义基本原理与当代中国具体实际的紧密结合中推进哲学社会科学理论与方法的创新。马克思主义不是终结了其他学科探索世界的独特路径和选择，而是给其他学科的探索提供了科学的立场和方法；马克思主义没有穷尽世界的真理，而是为人们更加深刻地认识世界和更加有效地改造世界提供了方法论武器。这就要求哲学社会科学工作者，一方面必须旗帜鲜明地坚持马克思主义的指导地位，坚持马克思主义的立场、观点、方法，在马克思主义指导下，为历史发展和社会进步提供智慧。另一方面，必须旗帜鲜明地坚持解放思想、实事求是、与时俱进，不断深化学习中国特色社会主义理论体系研究，勇于探索真理，勇于追求真理。这两个方面并不是对立的，而是坚持马克思主义和发展马克思主义的关系，是一体两面辩证统一的关系。看不到时代的变化，不能以发展的眼光对待马克思主义，故步自封，不思进取，本身就不是彻底的唯物主义者。我们的研究必须立足于时代条件的新变化，面向新问题，提出新见解，创制新理论。在当前新的时代境遇中，当代中国学人必须以紧迫的时代责任感和高度的理论自觉性，不断提升马克思主义对现实的解释力，在坚持马克思主义基本原理的前提下，立足中国国情，把握时代变迁，在理论和实践的双重探索中，努力概括、提炼出新的学术理念、学术话语、研究范式和学科体系。

30年来中国哲学社会科学的发展历程充分证明了这一点。各个学科和各个研究领域之所以能够取得突破性进展，之所以能够呈现出敏锐的时代特色和鲜明的实践特征，之所以能够系统反映、深刻概括和努力指导当代中国包括生产方式、生活方式、交往方式、价值观念、审美情趣、道德理想等方面在内的整个社会生活，就在于它们一方面旗帜鲜明地坚持马克思主义的指导地位，运用马克思主义的基本理论、立场、方法来研究新情况，解决新问题；另一方面坚持不懈地从各个学科、各个领域、各个角度进行富有问题意识的研究，不断丰富、补充、完善马克思主义对世界的根本判断和科学理解。这套丛书有助于人们深刻领悟30年来中国的巨变、中国特色社会主义的创新发展之于中国哲学社会科学研究、之于中国文化在承传中创新的重要价值。

第二，这套丛书全面地展示了30年来中国哲学社会科学发展的基本脉络和丰富内容。

改革开放30年来，伴随着当代中国经济社会发展的巨大成就，中国哲学社会科学研究也取得了历史性成就。在30年改革开放和中国特色社会主义现代化建设的宏阔舞台上，中国哲学社会科学研究承接中华学术源远流长、博大精深的优秀传统，立足当代中国丰富多彩、色彩斑斓的生活实践，放眼世界学术研究呈现出来的新问题域和新问题群，在学科建制、基础理论、问题研究、学派形成、学术史梳理等各个方面都获得了长足进步。当前对于我们来说，全面而科学地展示中国哲学社会科学 30 年来的发展历程，将中国哲学社会科学整体作为一门科学来研究，察其理据、审其现状、究其得失、明其路向，不仅是学术史回顾之必须，而且是学术进一步深化拓展之亟待。

事实上，任何一个时代的学术进步和理论创新都是"站在巨人的肩膀上"，深刻地解决和回答前人所未能解决的重大理论和现实问题所取得的。而当前中国哲学社会科学界，还没有如此全面、如此系统、如此具有自觉意识地对我们 30 年来的发展历程和主要进展作出梳理。正是基于对这一现状的敏锐自觉，《中国哲学社会科学 30 年》丛书回顾梳理了 30 年来中国哲学社会成长发展的历史进程和内在逻辑，分疏概括了各学科研究的基础研究、学术热点、前沿问题、重大理论突破、学术争论等，深入反思了各学科研究中存在的问题，站在学科制高点上展望了今后中国哲学社会科学的发展路向和路径择取。也正是由于上述理论自觉，这套丛书没有严格地依据一级学科、二级学科等学科界限筹划撰写，而是突出问题意识，凸显理论创新，不仅包括中国化马克思主义理论创新、中国哲学、中国宗教学、经济学、法学、社会学、民族学、历史学、世界史研究、文学等重要学科，而且还包括改革开放 30 年之经济发展、中国社会价值观变迁、中国新闻传媒、中美关系 30 年等重要问题研究。

从某种意义上说，《中国哲学社会科学 30 年》丛书填补了国内研究的空白，以其宏大的学术视野、深邃的历史反思意识和深入的学术梳理以及强烈的现实关切，站在了中国哲学社会科学承前启后、继往开来的关节点上。在这套丛书中，我们也愿意深刻地贯穿和呈现我们的学术理念，这就是：只有深刻地把握住时代与学术的相互映照、现实与理论的交织互动、历史与逻辑的辩证统一，我们才有可能破译当代中国哲学社会科学的成长密码，找到当代中国哲学社会科学据以安身立命、薪火承传的思想家园。

第三，这套丛书的作者编者均为当前我国哲学社会科学各学科的学术带头人，研究阵容强大，使丛书能够达到较高的学术质量和学术水准。

《中国哲学社会科学 30 年》丛书意义重大，为了顺利圆满地完成这一重大课题研究，我们从中国社会科学院、北京大学、中国人民大学、北京师范大学等科研院所约请相关专家共襄盛举。这些专家学者均是目前我国哲学社会科学主要学科的著名学术带头人，学术视野宽阔，理论功底扎实，在哲学社会科学界享有良好的声誉和广泛的影响力。其中，来自中国社会科学院的多位学者还是中国社会科学院学部委员和荣誉学部委员。

受邀参与撰写的专家学者充分肯定了这套丛书的选题意义和学术价值，高度重视课题研究和写作任务。在近两年的研究中，这些专家学者都投入了大量的精力和时间，从各个不同领域不同学术主题和写作方式，展现了 30 年来中国哲学社会科学研究的宏伟历程和思想景观。我们有理由这样说，《中国哲学社会科学 30 年》这套丛书承载的是一部精粹的当代中国学术思想史。这就是这套丛书的基本学术价值之所在。因此，在这套丛书付梓出版之际，我们谨对这些专家学者表示诚挚的谢意！

同时，我们还要十分感谢中国社会科学院常务副院长王伟光同志对编辑出版《中国哲学社会科学 30 年》丛书所给予的指导和帮助，他在百忙中欣然为丛书作序。衷心感谢院科研局李汉林局长、王正副局长等同志所给予的鼎力支持！

目　　录

第四篇　政府经济职能

序　言

　　1978 年 12 月召开的党的十一届三中全会，揭开了社会主义建设新时期的序幕，成为这个新时期的伟大起点。全会结束了 1976 年 10 月到 1978 年年底党的工作在徘徊中前进的局面，开始全面地、认真地纠正"文化大革命"中及其以前的"左"倾错误。全会坚决地批判了"两个凡是"的错误方针，充分肯定了必须完整地、准确地掌握毛泽东思想的科学体系；高度评价了关于真理标准问题的讨论，确定了解放思想、开动脑筋、实事求是、团结一致向前看的指导方针。全会果断地停止使用"以阶级斗争为纲"这个不适用于社会主义社会的口号，做出了把工作重点转移到社会主义现代化建设上来的战略决策。全会围绕实现社会主义建设新时期总任务这个中心，依据新中国成立以来经验教训的总结，做出了一系列的重大决策。主要是：正确处理社会主义社会的阶级斗争，从而维护社会主义现代化建设所需要的安定团结的政治局面；对经济管理体制进行改革，并在自力更生的基础上积极发展同世界各国平等互利的经济合作，努力采用世界的先进技术；要解决国民经济重大比例关系的严重失调，集中主要精力尽快把农业搞上去，要大力加强科学和教育工作；要在发展生产的基础上逐步改善人民生活；要着重健全社会主义民主和法制建设等①。这样，党的十一届三中全会标志着党的路线重新回到了马克思主义的正确轨道上来，开辟了社会主义建设新时期，宣告了改革开放时代的到来。

　　在党的十一届三中全会召开以来的 30 年，我国社会主义建设经历了世界历史上前所未见的伟大征程，取得了中外旷古未闻的辉煌成就，在实现中国社会主义现代化建设和中华民族复兴的宏伟事业中迈出了坚实而又重

---

　　① 《中国共产党第十一届中央委员会第三次全体会议公报》，《中国经济年鉴》（1981），第Ⅱ—20—22 页，经济管理杂志社。

要的一步。回顾这30年的历史，展现在人们面前的是一幅十分诱人、令人倾倒的美丽画卷，是一首震撼人心、催人奋进的壮丽诗篇！

胡锦涛同志在党的十七大报告中就改革开放以来取得的一切成就（包括上述成就）的原因做了全面、深刻、高度、精辟的总结。他指出："改革开放以来我们取得一切成绩和进步的根本原因，归结起来就是：开辟了中国特色社会主义道路，形成了中国特色社会主义理论体系。高举中国特色社会主义伟大旗帜，最根本的就是要坚持这条道路和这个理论体系。

中国特色社会主义道路，就是在中国共产党领导下，立足基本国情，以经济建设为中心，坚持四项基本原则，坚持改革开放，解放和发展社会生产力，巩固和完善社会主义制度，建设社会主义市场经济、社会主义民主政治、社会主义先进文化、社会主义和谐社会，建设富强民主文明和谐的社会主义现代化国家。中国特色社会主义道路之所以完全正确、之所以能够引领中国发展进步，关键在于我们既坚持了科学社会主义的基本原则，又根据我国实际和时代特征赋予其鲜明的中国特色。在当代中国，坚持中国特色社会主义道路，就是真正坚持社会主义。

中国特色社会主义理论体系，就是包括邓小平理论、"三个代表"重要思想以及科学发展观等重大战略思想在内的科学理论体系。这个理论体系，坚持和发展了马克思列宁主义、毛泽东思想，凝结了几代中国共产党人带领人民不懈探索实践的智慧和心血，是马克思主义中国化最新成果，是党最宝贵的政治和精神财富，是全国各族人民团结奋斗的共同思想基础。中国特色社会主义理论体系是不断发展的开放的理论体系。《共产党宣言》发表以来近一百六十年的实践证明，马克思主义只有与本国国情相结合、与时代发展同进步、与人民群众共命运，才能焕发出强大的生命力、创造力、感召力。在当代中国，坚持中国特色社会主义理论体系，就是真正坚持马克思主义。

实践永无止境，创新永无止境。全党同志要倍加珍惜、长期坚持和不断发展党历经艰辛开创的中国特色社会主义道路和中国特色社会主义理论体系，坚持解放思想、实事求是、与时俱进，勇于变革、勇于创新，永不僵化、永不停滞，不为任何风险所惧，不被任何干扰所惑，使中国特色社会主义道路越走越宽广，让当代中国马克思主义放射出更加灿烂的真理光芒。①

---

① 《中国共产党第十七次全国代表大会文件汇编》，第10—12页，人民出版社2007年版。

但就这 30 年经济发展成就最直接、最重要的原因来说，要算是这期间实行了正确的经济发展战略和经济体制改革。正是基于这样的考虑，本书第一、二、三篇依次分别分析了这 30 年经济发展的过程和成就、经济发展战略和经济体制改革。还考虑到正确认识政府经济职能是实现经济发展战略和经济体制改革的一个最重要保证，故在第四篇分析了政府经济职能。

作者试图将本书写成理论紧密结合实际的著作。在理论和实践两方面都做了一些新的探索。在这个过程中力图在马克思主义指导下，较多地采用实证方法。这就是需要运用大量统计资料。为此，除了在正文中有所体现以外，还在书后附有反映经济发展全局的统计资料，以弥补正文分析之不足。

本书涵盖的范围很广，在叙述中易于发生重要遗漏和详简不一的情况。对有的问题的分析也不一定妥当。所有这些均希望得到读者的指正。

本书出版得到了中国社会科学出版社社长孟昭宇同志、总编辑赵剑英同志和编审卢小生同志的大力支持。国家发改委宏观经济研究院投资研究所刘立峰为本书计算了很多数字资料。周燕女士承担了本书的全部打印工作。我的夫人刘海英承担了全部家务，使我能集中精力撰写本书。在此一并表示感谢！

汪海波

2008 年 4 月 3 日

第 一 篇

改革开放30年经济发展的过程和成就

第 一 章

改革开放 30 年经济发展的
伟大历史进程

1978 年以来 30 年的中国，在经济方面的主要特征就是实现社会主义现代化建设三步走的战略目标和实行经济改革，后者是前者的根本动力。据此，本章以经济改革和社会主义现代化建设作为划分标准，并依据这两方面的进展情况（见本书第四、六章）将这 30 年划分为四个阶段（即本章四节），以前者作为正标题、后者作为副标题，以显示各个阶段的特征。

第一节 市场取向改革起步阶段的经济发展过程
——以实现经济总量翻两番、人民生活达到小康水平为战略目标的社会主义建设新时期的经济发展过程（一）（1979—1984 年）

为了贯彻党的十一届三中全会的决议，1979 年 4 月，党中央召开了工作会议。会议全面分析了我国经济建设的现状，决定集中几年的时间，搞好国民经济的调整工作，提出了对整个国民经济实行调整、改革、整顿、提高的方针，坚决纠正前两年经济工作中的失误，认真清理过去在这方面长期存在的"左"倾错误影响。调整，就是要针对林彪、"四人帮"长期干扰破坏所造成的国民经济严重失调的状况，自觉调整比例关系，使农、轻、重和工业各部门能够比较协调地发展，使积累和消费之间保持合理的比例。

改革，就是要对现行的经济管理体制坚决地有步骤地实行全面改革。整顿，就是要把现有企业特别是一部分管理混乱的企业坚决整顿好。提高，就是要大力提高生产水平、技术水平和经营管理水平。调整、改革、整顿、提高四方面的任务是互相联系、互相促进的，但是调整是目前国民经济全局的关键。1982年9月召开的党的十二大提出，在"六五"期间，要继续坚定不移地贯彻执行调整、改革、整顿、提高的方针①。因此，1976—1985年，我国经济发展的主旋律，就是以实现20世纪末经济发展战略目标为中心，贯彻执行调整、改革、整顿、提高的方针。旨在促进经济发展的调整、改革、整顿，提高的方针中，调整是关键。从这个意义上说，这期间经济调整过程就是经济发展过程。调整主要又是调整农轻重严重失衡的关系。所以，我们在下面对这期间经济发展过程的分析，主要就是分析经济调整过程。在这方面主要又是分析对工业的调整。同时也要分析对农业的调整。

一、工业的调整

（一）1979—1980年，工业的初步调整

1. 工业调整的措施及其成效。1979年4月中央工作会议之后，即开始了对国民经济的全面调整。根据调整进展情况，1979—1980年还只是初步调整。这两年中，在工业经济调整方面，主要是降低了工业发展速度，削减了一部分基本建设项目，调整了轻重工业之间的比例关系以及重工业内部的比例关系。

第一，降低了工业生产的发展速度。根据中央工作会议精神，在国务院主持下，国家计委对原定的1979年计划作了重大修改。工业总产值的增长速度从原计划增长10%—12%调整为8%。实际上，1979年工业总产值达到4681亿元，比上年增长8.8%；1980年为5154亿元，比上年增长9.3%（详见附表16）。

第二，遏制了投资的增长势头，并压缩了一批在建项目。1979年国有单位的固定资产投资、基本建设投资和工业基本建设投资分别为699.36亿元、523.48亿元和256.85亿元；1980年这三项数字分别为745.9亿元、558.89亿元和275.61亿元。其中，只有1979年工业基本建设投资略低于

---

① 《中国共产党第十二次全国代表大会文件汇编》，第14—28页，人民出版社1982年版。

1978 年，其余各项数字均高于 1978 年；但增长幅度均大大低于 1978 年[①]。此外，1979 年，停建、缓建大中型项目 295 个；1980 年，又减少大中型项目 283 个。

第三，加快发展了轻工业，调整了轻工业和重工业的比例关系。从 1979 年开始，国家有计划地放慢了重工业的发展速度，采取一系列积极发展轻工业的政策措施。首先在投资分配上，提高了对轻工业的投资比重。用于轻工业的投资占工业总投资的比例 1978 年为 9.3%，1979 年为 10.8%，1980 年上升到 14.9%。1980 年国务院决定对轻纺工业实行六个优先的原则，即原材料、燃料、电力供应优先；挖潜、革新、改造的措施优先；基本建设优先；银行贷款优先；外汇和引进技术优先；交通运输优先。这样，1979 年轻工业总产值比 1978 年增长 10.0%，超过了重工业增长 8.0% 的速度；1980 年轻工业又比 1979 年增长 18.9%，大大超过重工业增长 1.90% 的速度。通过两年的调整，在工业总产值中，轻工业和重工业之间的比例发生了变化。轻工业产值在工业总产值中的比重 1978 年为 43.1%，1980 年上升到 47.2%（详见附表 16）。

第四，调整了重工业的服务方向及其内部结构。1979 年和 1980 年，重工业的增长速度不仅比过去有所放慢，重工业的服务方向和结构也开始发生变化。在这两年中，对长线产品的生产进行了控制，增产了一批适销对路的产品，关停并转了一批消耗高、质量差、货不对路、长期亏损的企业。

冶金工业过去主要是为重工业自身服务，因而人民生活急需的产品，在品种、数量和质量上都满足不了要求。如生产自行车用的带钢，做罐头用的镀锡薄板，民用建筑用的线材等，都成了短线产品，部分或大部分要靠进口。另一方面，由于基建规模缩小，重轨、车轮、大型材、中厚板等出现滞销，成了长线产品。在调整过程中，冶金工业部门着重调整了产品结构，把为轻纺工业服务作为重要任务。

化学工业在调整中停、缓建了一些大中型的建设项目，关停并转了一批消耗高、产品质量低、销路差的小厂。对布点分散、重复生产的厂或产品，进行了适当集中和分工。对长线产品进行了压缩或转产。化学工业的发展方向，开始转向主要为解决衣、食、住、用、行服务，重点放在为轻

---

① 《中国固定资产投资统计资料》（1950—1985），第 243 页，中国统计出版社；《中国工业经济统计资料》（1949—1984），第 75 页，中国统计出版社。

工、纺织、电子、建材等工业提供配套的原料、材料，为农业提供化肥、农药等各种支农产品，同时根据人民群众生活的需要，提供一些直接投放市场的化工最终产品。

机械工业着重调整了服务方向，扩大了服务领域，改善了机械产品结构。在为重工业、基本建设服务的同时，积极为轻纺工业、人民生活、城市建设、老企业技术改造和扩大机电产品出口提供设备。

建材工业一直是国民经济中的一个薄弱环节。调整工作开始以后，党中央、国务院明确指出，建材工业和煤、电、油、交通运输一样，是国民经济的先行，要在国民经济调整中加快发展。1979 年、1980 年，建材工业生产稳步增长，其中水泥产量 1979 年和 1980 年分别比上年增长 13.3% 和 8.1%，平板玻璃产量分别比上年增长 16.2% 和 18.9%。

第五，调整了原油和原煤的生产，加强了石油的地质勘探和煤矿的掘进，并大力开展了能源的节约活动。

为了改变原油和原煤采储、采掘比例失调的状况，1979 年、1980 年有计划地稳定和减少了原油和原煤的产量。

石油开采企业在努力稳定产量的同时，积极采取措施，降低了油田的综合能耗。炼油企业调整了生产方案，重点抓了提高回收率、提高质量、降低能耗，以适应国民经济发展的需要。

在煤炭的开发方面，采取了以下措施：（1）加强了现有矿井的掘进和剥离，使采掘失调的矿井尽快补上掘进和剥离的欠账。（2）采取措施减轻煤矿职工的劳动强度，加强劳动保护和安全措施。（3）提高了煤矿简单再生产的费用，加强了对现有煤矿的挖潜改造。（4）通过国家基本建设投资、银行贷款和利用外资，使煤矿建井保持一定的规模。（5）调整勘探布局，压缩了江南地区和一些资源条件较差的省、自治区的勘探规模，加强了山西、河南、黑龙江、安徽、山东等重点产煤地区的勘探力量，加快了勘探速度。

国家在能源政策上采取了开发与节约并重，近期内把节约放在优先地位的方针，以此来保持工业生产有一定的增长速度。具体措施是：（1）逐步改变产业结构和产品结构。（2）加强能源管理，搞好热力平衡，降低单位产品能耗。（3）改造耗能大的老设备和落后工艺，发展集中供热、热电结合。（4）逐步更新耗能高的动力机具。（5）严格控制烧油，积极推行以煤炭代替石油作燃料。通过采取以上各种措施，虽然 1979 年能源产量只增长 2.8%，1980 年比上年还下降了 1.3%，但依然保证了这两年工业总产值高得多的增长速度[①]。

总之，1979 年和 1980 年两年的调整工作，取得了很大成效。

2. 工业调整中的主要问题。1979—1980 年调整是有成效的，但并没有解决这次调整所要解决的重要问题。即基本建设投资规模还没有切实地压缩下来。1979 年国家预算内直接安排的基本建设投资，调整后的计划为 360 亿元，比上年减少了 36 亿元；执行结果达到 395 亿元，实际上比 1978 年只减少 1 亿元。这说明 1979 年基本建设投资实际上并没有减下来。1980 年国家预算内的投资计划安排 241 亿元，实际完成 281 亿元，比上年压缩了 28.9%。但是，预算外地方、部门、企业各类自筹投资比上年增长 56.2%。这样，全年预算内外实际完成的投资总额达 539 亿元，比 1979 年又增加了 7.8%，成为新中国成立以后到 1980 年的 30 年中投资规模最大的一年。其中用于工业基本建设的投资（包括预算外的）仍然高达 292.04 亿元，相当于 1978 年的工业投资水平，比 1979 年还增加了 10.28 亿元。

过大的基本建设投资规模没有压缩下来的原因主要有三点：（1）对一些应该停建、缓建的重大项目没有及早下决心停缓下来；1980 年在建的大中型项目个数虽然减少了 283 个，但由于新开工的大中型项目有的规模较大。因此，总的建设规模没有压缩下来。（2）由于一些地区片面理解发挥优势的方针，缺乏国家计划指导和综合平衡，重复建设现象严重。如全国 1979 年年底已有棉纺锭 1663 万锭，开足生产尚缺棉 2000 万担，而 1980 年建成和在建的又有 260 多万锭。各地的小烟厂、小酒厂、小丝厂等盲目建设问题则更为突出。据统计，1980 年全国关停并转了几千个企业，但又新建投产了 2 万多个企业，年底比年初净增加 2.2 万个工业企业。（3）预算外各类资金用来搞基本建设的渠道越来越多，又没有相应地加强管理和综合平衡，致使这方面的基本建设规模失去控制。1980 年，仅企业的挖潜、革新、改造资金和人民银行的中短期设备贷款中，有 40% 以上搞了基本建设性质的新建项目。

（二）1981 年，工业的决定性调整

1. 在经济上实行进一步调整重大决策的提出。由于基本建设规模过大，超过了国家财力物力的可能，不得不靠庞大的财政赤字来维持基本建设，

[①] 《中国统计年鉴》（1981），第 230 页，中国统计出版社。

加剧了国家财政、信贷、物资和外汇的不平衡。1979年国家出现135.41亿元的财政赤字，1980年仍有68.9亿元的赤字（详见附表12）。这种情况表明：如果不迅速采取坚决措施，对经济实行进一步的调整，1981年的财政仍然会出现较大的赤字，物价将会继续上涨，整个经济将难以稳定，党的十一届三中全会以后人民群众在经济上得到的好处就有丧失的危险，影响到政治稳定。

但是，总的来看，当时全国的经济形势是好的。主要表现是：工农业生产有了很大增长，人民生活有了显著改善。这同20世纪60年代初的那一次调整时工农业生产和人民生活大幅度下降的情况大不相同。正因为如此，许多干部对这次调整中所遇到的困难的严重性以及潜伏的危险认识不足，在许多问题上调整的步子迈得不大，态度不坚决。因此，虽然经过近两年的调整，国民经济重大比例失调的状况尚未从根本上得到扭转，经济工作的被动局面还没有彻底改变过来。

鉴于上述情况，在1980年12月召开的中央工作会议上，党中央决定从1981年起在前两年调整的基础上，对国民经济实行进一步调整。党中央认为，只有这样做，才能克服困难，消除潜在危险，保证经济全局的稳定，逐步地使我们的经济工作由被动转为主动。在经济上实行进一步调整的总的要求和主要任务，概括起来就是稳定经济、调整结构、挖掘潜力、提高效益。稳定经济，就是做到财政收支平衡，消灭赤字，在这个基础上实现信贷收支平衡，不再搞财政性的货币发行，把市场物价基本稳定下来，使人民生活不受到损失。调整结构，着重解决消费品供不应求和燃料动力供应不足的问题。挖掘潜力，主要是充分发挥现有企业的作用，特别是把几千个大中型骨干工业企业办好，使它们发挥更大的作用。提高效益，就是要从根本上改变过去那种高积累、高速度、高浪费、低效益、低消费的状况，走出一条投入少、产出多、效益高的新路子，从而保证社会生产的稳定增长，保证财政收入的稳定增加，保证人民生活水平逐步提高，使整个经济走上良性循环的轨道。

为了搞好经济上的进一步调整，克服困难，避免发生混乱，中央工作会议强调，在扭转国民经济被动状况的重大调整措施上必须高度集中统一，服从中央统一指挥。为此，（1）对于中央决定的调整方针、政策和重大措施不能三心二意，不能阳奉阴违，不能顶着不办。（2）各种渠道用于基本建设的资金，要由国家计划委员会统管起来，综合平衡。（3）财政税收制度和重大财政措施要集中统一。（4）任何地方、部门和企业都必须严格遵守信贷管理制度和现金管理制度。（5）国家规定的重要物资的调拨计划，包括重要的农副产品和原材料，各地方、各部门、各企业必须坚决完成，不能打折扣。（6）严格控制物价，整顿议价，任何地方、部门和企业都不得违反。（7）统一规定发放奖金的条件，严格检查监督制度，坚决制止滥发奖金。（8）加强外贸和外汇管理，加强内部协调，统一对外，联合对外，防止互相拆台。

中央工作会议认为，搞好调整，稳定经济，安定人民生活是大局，是全党、全国各族人民的根本利益所在。对地方的利益、部门的利益、企业的利益，应当兼顾，不能忽视，但必须服从整体的利益，服从大局。

这次中央工作会议，标志党在经济工作中坚决纠正"左"的错误，在国民经济调整问题上进一步统一认识，对于保证调整工作沿着正确的轨道健康发展，起了重大作用。

2. 工业进一步调整的措施。从 1981 年开始，在经济上实行了进一步调整的方针。就工业来说，决定性调整措施有以下六项。

第一，进一步调低了工业增长速度。1979 年、1980 年两年工业增长速度比 1978 年已经有了大幅度下降。但就当时情况来看，下降还没有到位。1981 年继续在这方面采取了措施，使这年工业增长仅达到 4.3%（详见附表 16）。

第二，切实压缩了基本建设投资规模。为了严格地控制投资规模，1981 年 3 月，国家计委、国家建委、财政部联合发出《关于制止盲目建设、重复建设的几项规定》①，不准搞资源不清的项目；不准搞工程地质、水文地质不清的项目；不准搞工艺不过关的项目；不准搞工艺技术十分落后、消耗原材料、燃料、动力过高的项目；不准搞协作配套条件不落实的项目；不准搞污染环境而无治理方案的项目；不准搞"长线"产品项目；不准搞重复建设的项目；不准搞"大而全"、"小而全"的项目；不准搞同现有企业争原料的项目；不准盲目引进项目；不准搞楼堂馆所。由于采取了加强集中统一管理等一系列措施，使压缩和控制基本建设规模的决策真见成效。1981 年，国有单位的固定资产投资、基本建设投资、工业基本建设投资分别为 667.51 亿元、442.91 亿元、216.01 亿元；以上三项数字分别比上年减

---

① 《中国经济年鉴》（1982），第Ⅲ—19 页，经济管理杂志社。

少 78.39 亿元、115.98 亿元、59.6 亿元；以上三项数字分别比上年减少
10.5%、20.8%、21.6%①。1981 年全部停建、缓建的大中型项目 151 个、
小型项目 1100 多个，压缩停缓建项目未完工程投资 436 亿元，占 1979—
1981 年三年调整压缩投资 650 亿元的 2/3。这一年基本建设规模的压缩，对
调整积累和消费的比例关系，特别是对当年财政收支达到基本平衡，稳定
经济形势，消除潜在危险，争取全局主动，起了极为重要的作用。

第三，把发展消费品生产放在重要地位，促使轻工业高速增长。1981
年年初，国务院依据中央工作会议精神，提出要大力发展消费品生产，各
行各业都要围绕发展消费品生产来进行安排，并继续对轻工业实行六个优
先的政策。1981 年进一步调整了轻重工业的投资比例，使用于轻工业的基
本建设投资占总投资比重由上年的 8.1% 上升到 11.4%，迅速扩大了生产能
力。其次，各行各业大力支援轻工业生产。重工业部门采取重转轻、军转
民、长转短等形式，调整了产品结构，扩大了服务领域。农业、冶金、化
工部门积极扩大轻工业所需原材料的生产。所有这些措施，都有力地促进
了轻工业的发展。1981 年，轻工业总产值为 2781 亿元，比上年增长
14.3%；占全部工业总产值的比重从 1980 年的 47.2% 上升到 51.5%，超过
了重工业（详见附表 16）。

第四，调整重工业的增长速度和服务方向，适应经济进一步调整的需
要。1981 年，重工业的产值比上年下降了 4.7%。下降的原因：（1）在调
整过程中，一批重工业企业停止了能源消耗很高、积压严重的长线产品的
生产，腾出能源用来保证轻工业生产的需要，这种下降是合理的。（2）有
相当一批重工业企业，过去长期主要为基本建设服务，由于 1981 年大幅度
压缩基本建设投资规模，设备和其他生产资料的订货相应减少，以致生产
下降，促使重工业内部调整服务方向和产品结构。（3）由于一些同志对于
调整重工业服务方向和产品结构的必然性认识不足，行动迟缓，应该早转
产的转晚了，造成一些重工业的生产不该下降的也下降了。可见，就这年
重工业下降的主要原因［即（1）、（2）］来说，或者是服从于经济调整的
需要，或者是经济调整的结果。同时，这年重工业开始改变了过去过多地
为本身服务的状况，转到为农业、轻工业和人民生活提供更多产品的方向

---

① 《中国固定资产投资统计资料》（1950—1985），第 9、43 页，中国统计出版社；《中国工业
经济统计资料》（1949—1984），第 75 页，中国统计出版社。

上来。

第五，实行能源开发与节约并重的方针，在能源开发和节约两方面取得显著成效。在能源开发方面，1981 年，在工业基本建设投资总额比上年减少 21.6% 的情况下，用于能源工业投资的比例仍然保持了上年的水平。

在煤炭工业建设中，（1）抓了老矿的挖潜改造、填平补齐和成龙配套工作，使煤炭生产中严重失调的比例关系逐步趋于协调，统配煤矿中采掘、掘进失调的矿井逐步恢复了正常。（2）新的矿井和煤炭基地的建设得到了加强。（3）在煤炭开发中，地方煤矿贯彻了"国家、集体、个人一起上，大中小煤矿一起搞"的方针，因此地方煤矿产量大幅度增长，大大缓解了煤炭供应紧张的局面。

石油工业在加强地质勘探，努力增加新的地质储量的同时，抓紧了对老油田的综合调整。在地质储量增加不多、油井自然递减率较高的情况下，采取一系列技术措施，基本上保持了注采平衡，使综合递减率控制在 9% 以下，保证了 1 亿吨原油年产量的持续稳产，并略有增长。石油工业确定了以提高经济效益和油田采收率为中心，合理调整了老油田的开发速度，加强增产措施，提高单井产量，使占全国原油产量 2/3 的主要油田都保持了稳产。

在能源的节约方面，（1）调整了能源消费结构。根据我国煤炭资源十分丰富的特点，国家确定在今后相当长的一段时间内，以煤炭作为主要能源，采取措施支持各地把烧油改为烧煤炭。（2）通过调整工业结构和产品结构，采取促进节能的政策措施，整顿企业，加强能源管理，推广节能新技术，进行以节能为中心的技术改造，使节能工作比较广泛地开展起来。1981 年能源生产比上年下降 0.8%，能源消费下降 1.4%[①]，但却保证了工业总产值比上年增长 4.1% 的速度。这说明 1981 年工业生产增长所需要的能源主要是依靠节能来解决的。这一年共节能 2700 万吨标准煤，其中因改变工业结构少用标准煤 1916 万吨，占 71%；改变产品结构少用标准煤 413 万吨，占 15%；加强能源管理，进行技术改造节约的标准煤 371 万吨，占 14%。每亿元工业总产值的能耗比上年下降 6%。

第六，对工业企业进行了改造、调整和改组。1981 年国有单位的更新改造和其他措施投资由 1980 年的 187.01 亿元增加到 224.6 亿元，占固定资

---

① 《中国统计年鉴》（1993），第 492 页，中国统计出版社。

产投资的比重由 25.1% 上升到 33.6%①。调整和改组的主要措施有：（1）对于经营管理不好、物质消耗高、产品质量差又不适销对路、长期亏损的企业，根据不同情况，分别进行了整顿提高和关停并转。1981 年，重工业企业减少了 4400 个，其中冶金工业减少 367 个，化肥和农药工业减少 458 个，机械工业减少 3172 个；农村社队工业企业减少 1034 个。减少的主要是那些消耗高、质量差、技术落后、亏损严重的小机械厂、小氮肥厂、小钢铁厂、小炼油厂、小油漆厂、小酒厂、小针织厂、小造纸厂等。经过关停并转，整顿提高，保留下来的小厂的经济技术指标普遍有所提高。例如，小氮肥厂，1981 年共关停并转了 409 个，同调整前的 1978 年相比，吨氨煤耗由 3.2 吨降到 2.2 吨，电耗由 1800 千瓦时降到 1467 千瓦时，企业亏损额由 6 亿元降到 4000 万元，有 11 个省、直辖市的小氮肥厂已扭亏为盈。中小钢铁企业，1979 年亏损 2.9 亿元，1981 年盈利约 4 亿元。没有关停的小型企业，通过整顿改造，各项技术经济指标也有了明显的提高。（2）针对产品重复、工艺重复和"大而全"、"小而全"的状况，在工业比较集中的省和中心城市，对现有企业按照产品和零部件专业化的原则进行了改组。对于适合按行业统一管理的企业，先后组建了一批全国性的工业公司，主要有：石油化工、有色金属工业、船舶工业、汽车工业、丝绸工业、盐业、烟草、包装等全国性的公司。许多地区也组建了一批地区或城市范围的工业公司。这些公司对于统一规划、协调本行业所属企业的生产和建设，避免盲目发展、重复生产、合理利用资源、提高经济效益起了一定的作用。（3）一些工业城市积极发展热处理、电镀、铸造、锻压、机修等工艺专业化，组建了一批协作中心和专业厂，提高了设备利用率，节约了能源，降低了成本，改进了产品质量，减轻了对环境的污染。（4）围绕综合利用资源和能源，提高经济效益，组织不同部门的重点企业搞联合。例如，继上海高桥地区的炼油、化工、轻工、电力等 7 个企业联合组成石油化学工业公司之后，又组建了上海造船工业公司、南京金陵石油化学总公司和辽宁抚顺石油化工公司，打破了部门、地区的界限，发展了横向的经济联系。（5）在加工企业和原材料产地之间，生产企业和科研单位、大专院校之间，生产技术比较先进和比较后进的企业之间，沿海和内地之间，国有企业和集体企业之间，各种形式的经济联合，包括联营、合营，或者在资金、物资、

---

① 《中国固定资产投资统计资料》（1950—1985），第 216 页，中国统计出版社。

技术等方面的联合，都不断发展。这些广泛的、自愿互利的、又是有领导有计划的经济联合，有利于互相支援、扬长避短、合理利用资金和物资，避免盲目发展，使经济进一步活跃，也有利于内地和后进企业生产、技术和管理水平的提高。

通过以上六项重要措施，1981年我国包括工业在内的国民经济调整取得了决定性的成就。因此，这一年也成为调整的决定性阶段。就工业调整来说，其主要表现为：工业的增长速度、投资规模和轻重工业的比例关系大体上都调整到了合理区间。当然，长期积累下来的经济比例关系严重失调问题，不可能在这一年解决，还需要通过相当长的时期继续调整进一步解决。

（三）1982—1984年，工业的继续调整

1. 经济继续调整的决策。1981年召开的五届全国人大四次会议的政府工作报告提出："一年来的经济调整，虽然取得很大成绩，但是也要看到，国民经济中的潜在危险还没有完全清除。今年财政收支基本平衡主要是在紧缩支出的条件下实现的，是不巩固的。要继续保持财政和信贷的基本平衡，做到消费品生产的增长同社会购买力的增长相适应，保持市场物价的基本稳定，并在此基础上使国民经济协调发展，实现财政经济状况的根本好转，还需要经过相当长的时间和作出艰苦的努力。认真贯彻执行调整、改革、整顿、提高的方针，是一个全局性的、关系到国家长远利益的问题。""随着实践的发展，我们对于这一方针的认识也进一步深化。就调整来说，既要调整工业和农业、轻工业和重工业、积累和消费的比例关系，又要对产品结构、技术结构、企业结构、组织结构等进行调整，实行结构合理化，因而经济调整的内容比原来设想的要广泛得多。至于经济管理体制的全面改革，更需要较长的时间。因此，国务院认为，有必要从今年起再用五年或者更多一点的时间，继续贯彻执行调整、改革、整顿、提高的方针，这样才能真正站稳脚跟，打好基础，更好地前进。"[①]

2. 工业继续调整的措施及其进展和问题。总体上说，1982—1984年，工业继续调整的措施，主要就是1981年实行过的措施。但与1981年不同的是：只是一部分调整措施得到贯彻，取得进展；另一部分调整措施并未真正得到落实，以致包括工业在内的国民经济回升过猛，并在1984年再次走

---

① 《中国经济年鉴》（1982），第Ⅱ—8页，经济管理杂志社。

向经济过热。其具体情况如下：

第一，调低工业增长速度的目标没有实现。在1981年工业增长速度由1980年8.8%下降到4.3%的情况下，1982年12月通过的"六五"计划规定：1981—1985年，工业总产值平均每年递增4%，在执行中争取达到5%①。工业增长速度规定为"保四争五"，当时主要是考虑到工业调整的任务还很艰巨复杂，在近期内能源产量不可能有较大增加，交通运输的紧张状况也不可能有根本的改变，主要农作物产量也不可能迅速大幅度增长，以及计划指标留有余地原则等因素，因此把工业发展的速度规定得低一些。

但实际执行结果，工业总产值的增长速度，1982年、1983年、1984年三年分别达到了7.8%、11.2%和16.3%，逐年以更大幅度超过了计划指标（详见附表16）。当然，1982—1984年工业生产迅速增长有一系列的客观原因。（1）在经济工作中切实贯彻了中央提出的进一步调整的方针，各种经济比例关系日趋协调，能在更大程度上保证工业再生产过程的顺利进行。（2）由于农村经济体制改革的成功，极大地调动了广大农民的积极性，农业连年丰收，为工业提供了更多的农副产品和更广阔的市场。（3）由于固定资产投资规模的扩大，对工业生产资料的需求大大增加，刺激了重工业的发展，同时，新增固定资产又进一步新增了工业的生产能力。（4）由于从1982年以来能源产量稳步增长，为工业的高速增长提供了条件。（5）城市经济体制改革的深入发展，进一步调动了企业职工的积极性，使工业劳动生产率大幅度提高。（6）由于企业技术改造和技术引进的步伐加快，使企业的技术素质有了提高。（7）进出口贸易的扩大，一方面推动了出口工业产品的生产；另一方面进口的原材料增加，弥补了国内工业原材料的不足。所以，从这些客观原因来看，"六五"计划规定的工业和整个经济的增长速度都是偏低的。

但是，从这几年工业高速增长加剧能源、原材料供应和交通运输的紧张、生产资料的市场价格大幅度上升等方面的情况来看，工业增长速度确实回升过快，并于1984年走向过热。

第二，重点建设得到加强，但基本建设规模没有得到有效控制。为了加强能源交通等重点建设，1982年年初，有关部门从在建的几百个大中型

---

① 《中华人民共和国第五届全国人民代表大会第五次会议文件》，第67页，人民出版社1983年版。

项目中，选出对国民经济发展有重要意义、具备了较好建设条件的 50 个项目，按合理工期组织建设，在财力、物力上给予优先保证。这批项目中，能源、建材、交通、轻纺等部门的项目占绝大部分，所需投资约占当年在建大中型项目投资的 1/3 以上，1982 年，这些重点项目取得了较好的进展。

但是，从总体来看，1982 年又出现了基本建设增长过快的问题。这一年，全社会固定资产投资、国有单位固定资产投资、基本建设投资、工业基本建设投资分别达到了 1230.4 亿元、845.3 亿元、555.53 亿元、260.6 亿元；分别比 1981 年增加 269.4 亿元、177.79 亿元、112.62 亿元、44.59 亿元[①]。于是上年较缓和的一些建设物资又出现供应紧张的局面，挤了生产维修、更新改造和市场消费。这种状况 1983 年上半年仍有发展。

为了刹住基本建设投资增长过猛的势头，1983 年 6 月，党中央、国务院召集各省、自治区、直辖市和中央国家机关各部委的负责同志开了一次工作会议，决定要集中财力、物力保证以能源、交通为中心的重点建设。国务院于 1983 年 7 月 9 日发出了《关于严格控制基本建设规模、清理在建项目的紧急通知》[②]，要求各地区、各部门迅速把超过国家下达的基本建设计划的部分压缩下来，特别是用自筹资金和银行贷款安排的建设规模，必须压缩到计划指标以内。超过的部分，银行停止拨款。凡是计划外项目一律停下来。计划内的项目，凡是矿产资源和工程地质不清、工艺不过关、能耗过高、产品无销路的项目，也要停下来。由于采取了上述紧急措施，到 1983 年 9 月底，全国共停建缓建基本建设项目 5360 个，其中计划外工程 3086 个，计划内项目 2274 个。这些措施使得 1983 年基本建设规模在较短的时间里得到了一定的控制，加快了以能源、交通为中心的重点建设。

1983 年投资增长势头虽然得到遏制，仍然增长过快。这年全社会固定资产投资、国有单位固定资产投资、基本建设投资和工业基本建设投资又分别上升到 1430.1 亿元、951.96 亿元、594.13 亿元、282.28 亿元；分别比 1982 年增加了 199.7 亿元、106.66 亿元、38.6 亿元、21.68 亿元[③]。

---

① 《中国固定资产投资统计资料》（1950—1985），第 9、43 页，中国统计出版社；《中国工业经济统计资料》（1949—1984），第 75 页，中国统计出版社；《中国统计年鉴》（1997），第 150 页，中国统计出版社。

② 《中国经济年鉴》（1984），第 IX—42 页，经济管理杂志社。

③ 《中国固定资产投资统计资料》（1950—1985），第 9、43 页，中国统计出版社。《中国工业经济统计资料》（1949—1984），第 75 页，中国统计出版社；《中国统计年鉴》（1997），第 150 页，中国统计出版社。

1984年，国家重点建设进一步加强。一批重点煤矿、电站、油井、建材企业和铁路新线的建成投产，有利于克服国民经济中的薄弱环节，有利于为生产的持续增长准备后劲。但是，1984年投资增长速度更猛。这一年，全社会固定资产投资、国有单位固定资产投资、基本建设投资、工业基本建设投资分别达到1832.9亿元、1185.18亿元、743.15亿元、341.59亿元；绝对额分别比上年增加402.8亿元、233.22亿元、149.02亿元、59.31亿元；增幅分别比上年上升28.2%、24.5%、25.1%、21%[①]。这就大大超过这年钢材、木材、水泥生产分别增长9.7%、5.1%和11.8%的速度。因而主要基建物资供应十分紧张，市场价格上涨幅度较大。

第三，继续把发展消费品放在重要地位，促进轻工业持续增长。1982—1984年，在组织工业生产中，继续坚持把发展消费品工业放在优先地位的方针，从能源和原材料供应、挖潜革新改造措施、安排基本建设力量、银行贷款、使用外汇和引进技术、交通运输等方面，给予优先照顾和大力扶持，使轻工业持续增长。1982年、1983年和1984年三年，轻工业总产值分别比上年增长5.8%、9.3%和16.1%[②]。

在轻工业产值大幅度增长的过程中，轻工业内部的比例关系也有了进一步改善。在轻纺产品的原料结构方面，以工业品为原料的产品在轻工业总产值中的比重继续上升，特别是合成纤维产量的增长远远超过了棉布的产量；轻工业的产品结构发生了变化，在吃、穿、用三类消费品中，用的比重上升；在耐用消费品中，高档消费品的比重上升，特别是电视机、录音机、电冰箱、照相机等产品的产量大幅度增长。

随着经济的发展和人民生活水平的提高，城乡居民的消费需求和消费构成呈现新的变化。即在吃的商品方面，对经过加工的副食品的需求比重迅速上升；对穿着的需求向中高档发展，农民的穿着需求开始向城市看齐；对耐用消费品购买量稳步增长，彩色电视机、电冰箱等高档耐用消费品生产虽然增长很快，但仍然供不应求。这种消费需求的变化和扩大，进一步推动了我国轻工业的发展。

轻工业的持续发展，促进了全国城乡市场的繁荣。过去消费品匮乏的

---

①　《中国固定资产投资统计资料》（1950—1985），第9、43、83页，中国统计出版社；《中国统计年鉴》（1997），第150页，中国统计出版社。

②　《中国统计年鉴》（1993），第59页，中国统计出版社。

状况有了很大改变，市场货源比较充裕，大多数日用工业品已敞开供应，部分商品已开始由"卖方市场"转变为"买方市场"，轻工市场已从过去量的矛盾很突出、长期供不应求的局面，开始转变为质的矛盾比较突出，消费者对商品的选择更严格了，出现了"持币待购"和"储币选购"的现象。

第四，继续调整重工业的产品结构和服务方向，但重工业生产回升过快。重工业生产在迅速增长的过程中，不断调整服务方向和内部结构，大力生产社会需求量大的产品，开始改变了长期存在的重工业主要是自我服务的现象，直接为农业、轻工业和人民生活需要提供的产品越来越多。钢铁工业以提高经济效益为中心，工作重点放在提高质量、增加品种、节能降耗、治理环境上，大力推进五个转变，即把产品质量逐步转到国际先进水平上来，品种转到适应国民经济技术进步的需要上来，高能耗结构转到低能耗结构上来，生产转到新技术上来，企业各项工作转到提高经济效益的轨道上来。机械工业以上质量、上品种、上水平、提高经济效益为中心，进一步调整了产品结构。能源开发和交通运输设备普遍增长较快，并且做到保质、保量、按时和成套供应，保证了国家重点建设工程的需要。小型农具、饲养和经济作物机械、新兴行业装备和关键基础件，以及城乡物质文化生活所需要的机电产品，都得到了较快的增长。

从1982年开始，重工业由回升走向高速增长。1982年、1983年、1984年三年，重工业分别比上年增长9.9%、13.1%、16.5%[①]。这也有许多原因：（1）由于这几年能源生产较快，为冶金工业、建材工业、化学工业和机械工业的发展提供了较多的能源。（2）由于固定资产投资规模的扩大和农村对农业生产资料的需求量增加，促进了重工业特别是机械制造工业、建筑材料工业的增长。（3）由于轻工业的迅速发展，对工业原材料和轻工设备的需求不断增加，进一步扩大了重工业的市场。

但是，这三年重工业毕竟回升过快，是导致1984年经济过热的一个重要因素。

第五，继续推行能源开发与节约并重的方针，并在能源增产与节约两方面取得显著成效。1982年、1983年、1984年三年，能源分别比上年增产5.6%、6.7%和9.2%，而能源生产弹性系数和消费弹性系数分别为0.66、

---

① 《中国统计年鉴》（1993），第59页，中国统计出版社。

0.63、0.77、0.63、0.51、0.63①。这说明作为能源生产部门和主要消费部门的工业，在这三年中，无论在能源生产或节约方面都有了重要进展。但由于这三年工业回升过快，特别1984年工业增速过高，能源供求紧张状况又加剧了。

第六，进一步加强了对工业企业的改造、调整和改组。1982年1月，国务院颁发了《关于对现有企业有重点、有步骤地进行技术改造的决定》②。决定指出，必须改变过去以新建企业作为扩大再生产主要手段的做法，实行以技术改造作为扩大再生产主要手段的方针。决定规定了对现有企业进行技术改造应当遵循的原则：（1）技术改造必须从我国的实际情况出发，应该采用适合我国资源条件、科技水平和管理水平，又能带来良好经济效益的先进技术，不能统统要求最新技术，片面求新、求洋。（2）技术改造需以提高社会经济效益为目标，不仅需考虑本企业、本行业、本部门的效益，而且主要应当考虑国民经济全局的效益，坚决改变那种追求形式，不讲实效的做法。（3）必须充分发挥科学技术的重要作用，加强研究工作，组织好科学技术从实验室向生产的转移，单纯军用向军民兼用转移，沿海向内地转移，国外向国内转移。（4）要从我国技术改造的迫切需要出发，积极利用外资，引进适合我国情况的先进技术和自己还不能制造的某些关键设备、仪器仪表，包括少量局部生产过程的系列设备。尽量少引进甚至不引进成套设备，切记不要重复引进。引进技术后，自己能制造的设备，就不要再引进，以保护我国工业的发展。（5）技术改造是一项长期任务，必须全面规划，有重点有步骤地进行，防止不做调查研究，不讲经济效果，一哄而起，盲目上马的偏向。

国务院的决定，推动了技术改造的开展。1982年、1983年、1984年三年完成的技术改造和其他措施投资分别增加到289.78亿元、357.83亿元、442.03亿元；占固定资产投资的比重分别上升到34.3%、37.6%、37.3%③。技术改造的开展，对提高产品质量、增加短线产品产量、节约能源和原材料发挥了重要作用。棉纺、石油、炼钢、化肥、水泥、机制糖等行业，新增的生产能力有1/3—2/3是靠更新改造获得的。总之，这期间我

---

① 《中国统计年鉴》（1993），第492页，中国统计出版社。
② 《中国经济年鉴》（1983），第Ⅷ—19页，经济管理杂志社。
③ 《中国固定资产投资统计资料》（1950—1985），第216页，中国统计出版社。

国工业技术改造工作已从作为发展生产的具体措施，转为振兴企业，繁荣经济，增强后劲的重大战略措施；从注重国内封闭式的技术攻关，逐步转为开放式的既抓国内的协同攻关，又抓国外先进技术的引进、消化和吸收；从着重抓单项的一个一个企业的改造，转到在统筹规划下的整体的、全行业的综合改造。

但这期间，工业企业技术改造也存在不少问题。主要是：企业技术改造资金不足；企业在使用技术改造资金时，存在着片面追求扩大老产品生产能力、忽视提高质量和增加品种的倾向；技术引进的宏观管理方面还缺乏有效、完善的措施，出现了多头对外、重复引进过多的问题。

在这期间，继续对企业进行了调整和改组，并在组织专业化协作和企业联合等方面也都取得了进展。但在工业企业的调整和改组方面也存在不少问题。（1）由于受部门所有、地区所有等体制上的限制，企业调整与改组的进展还比较慢，"大而全"、"小而全"的问题并未得到根本性的改变。（2）许多部门和地区在企业改组过程中，组建了一大批行政性的公司，截留了应当放给企业的权限，公司束缚了企业的手脚。（3）1984 年以来一些地方工艺技术落后、"小而全"的企业又重新出现，产生了与大工业争原料、争能源的矛盾，也影响整个宏观经济效益的提高。

总的来说，1982—1984 年的继续调整在许多重要方面都取得了进展，但就速度和投资等这些最重要指标来看，回升太快，以致 1984 年第四季度又出现经济过热。这主要是由于过去长期存在的、片面追求增长速度的传统经济发展战略在实际工作中的深厚影响，内含投资膨胀机制的传统计划经济体制没有得到根本改革，以及市场取向改革起步以后经济开始搞活，但配套的宏观调控一时难以跟上，以致出现某些失控。

二、农业的调整

从调整国民经济的角度看，这里说的调整农业主要是采取各种措施促进农业的加快发展，以解决农业发展滞后于工业发展的问题。就 1979—1984 年的情况来看，这些措施主要就是推进农村经济的各项改革和调整农业的各项发展政策。

第一，废除农村人民公社制度，建立以家庭承包经营为基础的与集体经营相结合的双层经营制度。这个问题将在本书第七章叙述。

第二，提高农产品价格。从 1953 年开始，中国先后对粮棉油实行统购制度，对生猪等重要农产品实行派购制度。这些制度对于积累工业化资金起了重要作用，但都严重损害了农民的利益。据测算，"剪刀差"的相对量1952年是12%，1957年是18.7%，1965年升至28%，改革前夕的1978年为28.1%[①]。20多年来，农业通过"剪刀差"向工业提供的资本积累高达6000多亿元，相当于1982年全部国有企业的固定资产原值。这种不等价的工农产品交换必然使得农民和农村经济组织陷于贫困境地。据计算，1978年，每个人民公社的财产仅有543万元（不包括土地）；每个生产大队的集体积累不到1万元；农户家庭平均拥有的财产估值不超过550元；农业人口的年平均收入只有70多元，其中1/4生产队社员年收入在50元以下。因此，从提高农产品价格入手，完全正确，而且迅速见效。据此，政府于1979年3月开始对18种主要农副产品的收购价格进行了调整，提价的平均幅度为24.8%；对粮油的超购部分，在提高的统购价基础上将加价幅度由原来的30%提高到50%；棉花以1976—1978年平均收购量为基数，超购部分加价30%，并对北方棉区另加5%的价外补贴。[②]1979年以后，农产品的购价又有过几次提高。至1984年，全国农副产品收购价格总水平比1978年提高了53.6%，而同期农用工业品零售价格水平的上升幅度为7.8%，"剪刀差"缩小了29.9%。提高农产品价格对这期间农业发展起了很重要的作用。据专家估计，提高农产品价格对1978—1984年农业总产值增长的贡献为15.9%[③]。

第三，调整农村商品流通体制。这包括四方面：

一是缩小农产品统购范围和比重。到1984年年底，属于统派购的农副产品由1978年的170多种减少到38种（其中24种是中药材），共计减少了77.6%。农产品出售总额中，国家按计划价格收购的比重由1978年的82%下降到了73%[④]。

二是恢复和发展集体商业。包括：①恢复供销合作社的合作商业性质。供销合作社是20世纪50年代初，由农民集资、在国家扶持下创办和组织起来的，是沟通城乡商品流通中的一支重要力量。长期在"左"的思想影响

---

①　农业部经济政策研究中心编：《中国农村政策研究备忘录》，第41页，中国农业出版社1989年版。

②　郭书田主编：《变革中的农村与农业》，第294页，中国财政经济出版社1993年版。

③　张卓元等主编：《20年经济改革回顾与展望》，第81—82页，中国计划出版社1998年版。

④　董辅礽主编：《中华人民共和国经济史》下卷，第41页，经济科学出版社1999年版。

下，同国有商业时分时合，进而成了国有商业的组成部分，失去了合作经济原有的自主经营特点，不能适应商品经济的要求。因此，1981 年，全国农村工作会议提出供销合作社要逐步进行体制改革，恢复其原有性质。经过几年改革，供销社不仅在扩大农民股金、建立民主管理制度上有了很大进展，而且在经营方式、内容上也发生了巨大变化，促进了城乡商品经济的发展。②贯彻落实对老集体商业（即合作商店）的政策，并支持新集体商业（即 1978 年以后城乡创办的集体商业）的发展。1978—1984 年，供销合作社以外的集体商业人员、网点和零售额分别由 199.6 万人增加到 611.8 万人，62.3 万个增加到 77.9 万个，115.3 亿元增加到 594.6 亿元。

三是支持个体商业的发展。1956 年社会主义改造完成以后，个体商业所剩不多。由于"大跃进"和"文化大革命"的破坏，到 1975 年大约只有 8 万人。改革开放以后，政府对发展个体商业逐步放宽政策，使得个体商业有了迅速的发展。1985 年，个体商业的网点达到 870.3 万个，人员 1221.8 万人，零售额 661 亿元，三者分别比 1978 年增加 47.8 倍，6.8 倍，21.5 倍①。

四是大力恢复和发展城乡集市贸易。集市贸易是中国农民之间、城乡之间进行商品交换的一种传统形式。农业合作化以后，在"左"的指导思想影响下，农村集市贸易受到限制，在"大跃进"期间，特别在"文化大革命"期间，更是遭到严重摧残。"大跃进"时期，农村集市几乎全部关闭，所剩无几，但从 1960 年冬开始，农村集市贸易逐步恢复，集市数量一度达到 41000 个，接近公社化运动前的数量。但由于"文化大革命"的破坏，到 1976 年年底，全国农村集市只有 29227 个，成交额仅 102 亿元。

从 1978 年起，开始恢复农村和城市的集市贸易。1979—1984 年，全国农村集市贸易由 36767 个增加到 50365 个，成交额由 171 亿元增加到 390 亿元；城市集市贸易由 2226 个增加到 6144 个，成交额由 12 亿元增加到 80.3 亿元②。

第四，调整农村金融体制。一是恢复农村信用合作社的原有的集体经济性质及其经营特点。要求恢复和加强信用合作社组织上的群众性、管理

---

① 《当代中国商业》上，第 154—156 页，中国社会科学出版社 1988 年版。
② 同上书，第 160—161 页。

上的民主性、经营上的灵活性，在国家方针、政策指导下，实行独立经营、独立核算、自负盈亏，充分发挥民间信贷的作用。经过改革，从1979—1984年，全国已有6万多个信用社和33万多个信用服务网点、75万多人；信用社股金达到36亿元，盈利16亿元，自有资金167亿元；各项存款余额达到1397.63亿元；发放贷款5726亿元。二是恢复中国农业银行，统一管理支农资金，集中办理农村信贷，领导农村信用合作社，发展农村金融事业。

第五，在发展支农工业和加强对农业的物资投入的同时（已见前述），增加政府对农业的投资，并减轻农村的税负。政府原来打算从1979年起，在三五年内把农业投资占整个基本建设投资的比重由11%左右提高到18%左右，把农业事业费和财政支农资金占政府财政总支出的比例逐步提高到8%左右。实际上，只有1979年的农业投资有所增长，由11%增加到13.7%。1980年以后，农业形势不断好转，政府对农业的投资也逐年减少。但即使这样，政府投资对农业发展还是起了促进作用。

当时政府还决定对部分低产缺粮地区免征农业税，一年免征47亿斤税粮。这项政策对促进农业发展虽然起了作用，但作用并不很大。

第六，促进多种经营，调整农村产业结构。1978年，在我国农业总产值中，种植业占80%，林、牧、渔业合计只占20%；在种植业生产中，粮食作物播种面积占到80.3%，经济作物仅占9.6%，其他作物占10.1%。这是长期以来片面强调"以粮为纲"方针的后果。党的十一届三中全会否定了这一方针，确定了积极开展多种经营的方针。经过几年调整，种植业内部结构发生重大变化，粮食作物、经济作物和其他作物的播种面积比重由1978年的80.3∶9.6∶10.1调整到1984年的78.3∶13.4∶8.3。尽管粮食播种面积减少了6.4%，但单产提高了42.8%，因此总产量增长了33.6%，达到40731万吨的超历史纪录。在种植业发展同时，其他各业发展更快。1984年林牧渔业合计所占农业产值比重，由1978年的20%上升到25.9%，种植业由80%下降到74.1%（详见附表15）。在调整农业结构的同时，包括第一、二、三产业在内的农村整个产业结构也发生了显著的变化。这主要表现在由社队企业经营的第二、三产业的迅速发展上。

第七，发挥区位优势，开发农村区域经济。1978年以后，党和政府依据各地区的资源禀赋和地理位置特点以及生产力发展水平，制定了各有区别的区域发展方针，使沿海发达地区、中部地区和贫困地区的优势都能发挥，促进全国农村经济的发展。这包括三方面：（1）推动沿海发达地区发展外向型农村经济。这些地区地理位置好，原有生产力水平高，乡镇企业发展快，对外开放早，具有发展外向型农村经济的条件。（2）大力建设中部地区的农业商品生产基地。这些地区介于东部发达地区和西部不发达地区之间，人口和土地均占全国的大部分，是中国粮食、棉花等大宗农产品的主要产区，林、牧、渔业的资源都很丰富，具有很大的发展农业商品经济的潜力。（3）扶持贫困地区发展经济。贫困地区是指温饱尚未完全解决的地区，主要分布在西北、西南和东部的一些老革命根据地、偏远山区、少数民族地区和边境地区。这些地区由于社会、经济、历史、自然等因素的作用，长期处于贫困状态。改革以前，主要靠政府发救济粮、款和衣物等扶贫，但贫困状况并未得到明显改善，甚至继续恶化。直到 1978 年，全国农村仍然约有 2.5 亿贫困人口。其中，宁夏西海固、甘肃中部等 12 片贫困地区，这年社员集体分配收入人均只有 55.1 元。据此，中共中央和国务院决定，组织有关部门统筹规划和组织力量，从财政、物资和技术上给这些地区以重点扶持，帮助他们发展生产，摆脱贫困。经过努力，初见成效。据上述 12 片贫困地区按 1978 年统一口径计算。1981 年社员集体分配收入提高到 82.6 元，比 1978 年增加了 50%[①]。当然，扶贫工作是一个长期的任务。

第八，积极推行各项增产措施。包括选育、引进和推广良种，增加化肥、农药、农用塑料和除草剂的使用，推行机械化和开垦荒地等。

上述各项措施有力地促进了这期间农业的发展。

总的来说，在 1979—2004 年期间，主要通过贯彻调整、改革、整顿、提高的方针，在实现社会主义现代化建设三步走的战略目标方面前进了一大步。1978—1984 年，国内生产总值由 3645.2 亿元增加到 7208.1 亿元；按可比价格计算，增长了 70.0%，年均增长 9.2%。在这期间，全体居民、农村居民和城镇居民的消费水平分别由 184 元提高到 361 元，由 138 元提高到 287 元，由 405 元提高到 618 元；按可比价格计算，三者分别提高了 63.3%、72.5% 和 27.1%，年均提高 8.5%、9.5% 和 4.1%（详见附表 1.3.7）。

① 参见《当代中国的农业》，第 355、357、361 页，当代中国出版社 1992 年版。

第二节 市场取向改革全面展开阶段的经济发展过程
——以实现经济总量翻两番、人民生活达到小康水平为战略目标的社会主义建设新时期的经济发展过程（二）（1985—1992 年）

一、1985—1988 年，经济在乏力的调控中从过热走向过热

（一）1985 年上半年超高速增长，下半年急速回落

由于传统的经济体制和发展战略的影响，以及体制和战略转轨时期各种特有矛盾的作用，导致 1984 年第四季度工业超高速增长。其具体过程是：1984 年下半年在酝酿全面开展经济体制改革时，国务院决定要给银行以信贷自主权。有关部门确定的办法，是以 1984 年的贷款总额作为 1985 年的贷款限额。但由于没有考虑到银行吃惯了"大锅饭"，还没有自主管理信贷的经验。于是，银行为扩大 1985 年的信贷限额，10 月份起放手发放固定资产贷款，由此造成投资失控。同时，国务院还决定要使国有企业职工工资总额同本企业经济效益挂钩浮动。有关部门在研究具体办法时，设想以 1984 年的工资总额作为 1985 年的工资总额基数，企业职工工资可以按此基数同经济效益挂钩浮动。但也由于没有考虑到国有企业吃惯了"大锅饭"，还没有做到自负盈亏，这个办法刚刚风传下去，企业就突击提工资，竞发奖金，以扩大本企业的工资总额基数。由此造成消费基金增长失控。这两个失控又造成货币发行失控。这年第四季度货币发行量比上年同期增加了 164%；全年合计，年末货币流通总量比上年末增加 49.5%。投资和消费过度膨胀又导致工业超高速增长。1984 年第一至第三季度工业增长速度达到 12.5%，已属不低；第四季度又骤然增长到 17.9%。[①] 由此造成消费品特别是投资品（主要又是能源、交通和原材料）供应紧张，物价大幅度上扬，进口物资剧增和外汇储备大幅下跌。显然，工业的这种超高速增长不仅不可能持久，而且会对经济改革和发展造成严重后果。

为此，国务院于 1984 年 11 月中旬发出严格控制银行信贷和发放职工奖金的紧急通知。但由于失控来势很猛，失控现象仍在继续发展，工业过热

---

① 《中国经济年鉴》（1989），经济管理出版社，第 Ⅱ—25 页。

势头也在发展。以致 1985 年第一季度工业生产比上年同期增长 22.97%，第二季度增长 23.4%。

这种形势迫使人们不得不加大经济调整的力度。1985 年 2—10 月，国务院先后召开 4 次省长会议，以期在制止工业和整个经济过热方面统一思想。这年还在这方面采取了一系列经济的、法律的和行政的措施。

在控制信贷失控方面，采取了紧缩银根的方针。重要措施有：实行"统一计划、划分资金、实贷实存、相互融通"的信贷资金管理办法；先后两次提高城乡居民定期存款利率和贷款利率；中国人民银行总行对所属分行和各专业银行总行的信贷计划、信贷差额、现金投放和回笼计划，按季进行控制和检查，乡镇企业和专业户向农业银行和信用社贷款一般要有 50% 的自有资金；加强对低息贷款的管理。

在控制投资过度膨胀方面，采取了以下重要措施：重申严格按计划办事，实行行政首长负责制；各级银行不准发放计划外固定资产贷款；各地区、各部门不准用银行贷款以自筹资金名义擅自扩大基本建设规模；除建设银行外，其他银行不得办理自筹基本建设的存款和贷款。

控制消费基金过快增长的主要措施有：严格征收奖金税；下达 1985 年国有单位工资总额计划指标，从总量上控制工资总额的增长；对实行工资与经济效益挂钩浮动的国有企业开征工资调节税，对国有事业单位也开征奖金税；要求各级政府和事业单位削减行政经费，控制社会集团购买力。

控制外汇收支的主要措施有：坚持实行额度管理，严禁非法倒卖外汇，加强贸易外汇的管理，实行计划控制。对地方、部门使用自有外汇进口，实行严格的计划控制；由国家下达的进口计划用汇指标，各地区、各部门不得突破；对出口商品收汇，实行全额比例留成。一般出口商品收汇留成，按 25% 留给地方、部门和企业；利用税收调节外汇收支。对进出口产品征、退产品税或增值税，对若干进口商品开征进口调节税。为控制盲目引进和多头对外，对进出口商品实行许可证制度。

在控制物价上涨方面，实行的主要措施有：重大的价格改革措施和重要商品调价，必须按国务院统一部署进行；凡属国家定价的生活资料和工业生产资料，都必须严格执行国家规定的价格；重要生产资料的供应业务和紧缺耐用消费品的批发业务，都应掌握在国有商业、供销社、物资供销部门和生产这种产品的生产单位手中；对实行市场调节的农副产品，国有商业和供销社要积极参与市场调节，平抑市价；服务、饮食行业不得乱涨价、乱收费。

上述各项措施是在经济体制转轨时期采用的，因而相对过去来说，已经包含了较多的经济、立法等间接手段，但行政手段还很突出。而且，为了适应调整经济的需要，还不得不恢复部分的行政管理手段。这样，与行政手段相联系的弊病（如"一刀切"的调整）就不可避免。

但这些措施有效地制止了工业和整个国民经济的过热。由于各项调控措施到位并发生作用，从1985年第三季度起，基本建设投资和工业生产的增长都趋于下降。与上年同期相比，基本建设投资的增长速度，7月略减，为50.2%，8月降到28.6%，9月降到23.7%，10—12月略有回升；工业生产的增长速度，7月开始下降到20.4%，8月下降到17.5%，9月下降到14.5%，10月下降到11.7%，11月下降到8.8%，12月略有回升，为10.2%。社会商品零售物价指数第一至第三季度分别为5.6%、8.8%、10.1%，但10月份达到高峰后，物价上升势头也开始放缓①。

正因为上述各项措施到下半年才到位和发生作用，因而从1985年全年看，工业和整个国民经济仍然过热。这年工业总产值和国内生产总值分别比上年增长了21.4%和13.5%；全社会固定资产投资、国有单位的固定资产投资、基本建设投资、工业基本建设投资分别增长了38.8%、41.8%、44.6%和30.7%；社会总需求大于总供给的差率为25.2%；现金流通量增长了24.7%；社会商品零售价格增长了8.8%②。这里需要说明：这年物价上升不完全是由于社会总需求大于总供给引起的，同放开副食品价格的价格改革也有很大关系。

上述各项措施虽然没有改变1985年工业和国民经济的过热状态，但却有利于1986年进一步缓解这种过热状态。

（二）1986—1987年"软着陆"未实现

1985年9月，中国共产党全国代表会议《关于制定"七五"计划建议的说明》指出："'七五'期间，大体可分为两个阶段。前两年要控制社会总需求，解决经济增长速度过快、固定定资产投资规模过大和消费基金增长过猛的问题，在保持1985年固定资产投资总规模的条件下，做一些小的

---

① 《中国经济年鉴》（1986），第Ⅱ—2—3页，经济管理出版社。

② 《中国统计年鉴》（1997），第42、150、155、160、267、413页，中国统计出版社；《中国经济年鉴》（1989），第Ⅱ—7页，经济管理出版社。

调整，改善投资结构，加强重点建设。这样用两年多的时间逐步解决当前存在的问题，比在今年下半年集中解决效果好些，可以避免由于刹车过急而造成的损失和震动。但分散两年解决，不易引起大家的重视，搞不好也可能控制不住。这一点需要各级领导特别加以注意。'七五'后三年，再根据情况，适当增加投资。但对建设总规模仍需进行必要的控制，这是多年来的重要历史经验。"[1] 这里虽然未用"软着陆"这个词，但就其内容来说，针对1984年第四季度以来发生的工业和整个国民经济过热问题实际上提出了"软着陆"的方针，分析了"软着陆"政策的好处及其可能发生的危险（即"软着陆"不成功）。

依据这个政策精神，由国务院提出的、并经1986年3月六届全国人大四次会议通过的国民经济和社会发展计划规定：这年工业总产值比上年增长8.8%，大大低于上年的增长速度；国有单位固定资产投资为1570亿元，大体上维持在上年实际水平[2]。这些主要指标集中体现了紧缩的财政、货币政策。

但是，1986年第一季度工业产值与上年同期相比仅增长了4.4%。于是，经济"滑坡"的呼声四起。但实际上这是工业从高速增长回落到正常增长的必经过程，其结果也不会造成经济"滑坡"。这年第一季度工业增长4.4%，是以上年第一季度超高速增长（其增幅为22.97%）为基数的。而且1985年下半年工业增幅是逐季回落的。所以，只要1986年能够保持正常的发展势头，这年工业增长速度仍然可以达到计划规定的8.8%。但经济"滑坡"的呼声，不仅是由于对1986年第一季度工业增长4.4%的误解，更深层的原因是片面追求经济增长战略在实际经济工作中的影响。由于顶不住这种呼声的压力和这种战略的影响，从1986年第二季度起，又开始放松了财政、货币的双紧政策；于是，又导致这年第二至第四季度工业增幅逐季上升，第二季度为5.3%，第三季度为9%，第四季度又高达15.8%[3]。

但总的说来，1986年还是执行了财政、金融的双紧政策，因而1985年出现的工业和整个国民经济的过热状态有所缓解。这年工业总产值和国内生产总值分别比上年增长了11.7%和8.8%；全社会固定资产投资、国有单

---

① 《中国经济年鉴》(1986)，第 I—20—21 页，经济管理出版社。

② 《中国经济年鉴》(1986)，第 I—76 页，经济管理出版社。

③ 《中国经济年鉴》(1987)，第 II—1 页，经济管理出版社；《中国经济年鉴》(1988)，序，经济管理出版社。

位的固定资产投资、基本建设投资和工业基本建设投资分别增长了 22.7%、23.7%、9.5% 和 19.1%；社会总需求大于社会总供给的差率为 13.45%；现金流通量增长了 23.3%；社会商品零售价格增长了 6%①。这年工业和国内生产总值的增长速度比上年有了大幅度下降。全社会的和国有单位的固定资产投资的增幅比上年略有下降，但即使扣除了价格上涨因素，仍然大大超过工业、国民经济的增长率和 1985 年的投资规模。社会总需求大于总供给的差率比 1985 年还有扩大。现金流通量增幅比上年稍有下降，但显著超过经济增长率和物价上涨率之和。物价上涨率虽然低于上年，但这年不仅没有大的价格措施出台，而且加强了物价的行政指令管制。所以，这些数据表明，1984 年第四季度和 1985 年上半年出现的经济过热，只是在 1986 年得到了缓解，但远未消除。

鉴于 1986 年只是初步抑制了 1984 年年末和 1985 年的工业和国民经济的过热状态，1987 年 3 月由国务院提出并经六届全国人大五次会议通过的国民经济和社会发展计划，仍然按照"七五"计划头两年的部署，把 1987 年工业总产值的增长速度定为 7%；把国有单位的固定资产投资定为 1950 亿元，大体上维持在 1986 年的水平。并且针对 1986 年计划外投资、非生产性建设投资和非重点建设投资增长过快的情况，提出了"三保三压"的方针，即保计划内建设，压计划外建设；保生产性建设，压非生产性建设；保国家重点建设，压非国家重点建设。显然，这些规定也体现了紧缩的财政、货币政策。

由于这些政策的贯彻执行，这年工业总产值和国内生产总值分别比上年增长了 17.69% 和 11.6%；全社会固定资产投资、国有单位的固定资产投资、基本建设投资和工业基本建设投资分别比上年增长了 21.5%、17.8%、14.2% 和 28.4%；社会总需求大于总供给的差率为 13.6%；现金流通量增长了 19.4%；社会商品零售价格上升了 7.3%②。上述各项指标，同 1985 年相比，除了社会总需求大于总供给的差率有所扩大以外，工业和国内生产总值增长率、投资增长率、现金流通量增长率和社会商品零售价格上涨率均显著降低。但同 1986 年相比，除了投资增长率和现金流通量增长率下降

---

① 《中国统计年鉴》(1997)，第 42、150、155、160、267、413 页，中国统计出版社；《中国经济年鉴》(1989)，第Ⅱ—7 页，经济管理出版社。

② 同上。

以外，工业和国内生产总值增长率、社会总需求大于总供给的差率以及社会商品零售价格上涨率均有上升。所以，同 1985 年相比，可以说工业和国民经济过热状态在 1987 年得到了进一步缓解；同 1986 年相比，工业和国民经济的过热状态又有回升。总之，1985 年 9 月确定的"七五"计划头两年实现经济"软着陆"的方针，并未在 1987 年得到实现。

（三）1988 年再次过热

鉴于上述情况，1988 年 3 月由国务院提出并经七届全国人大一次会议通过的国民经济和社会发展计划规定：1988 年经济工作的基本方针，是进一步解放思想，进一步稳定经济，进一步深化改革，以改革总揽全局。依此方针，确定 1988 年工业和国民生产总值的增长率分别为 8% 和 7.5%；全社会固定资产投资总规模为 3300 亿元，其中国有单位固定资产投资 2060 亿元，略低于上年的实际水平①。可以认为，这些主要经济指标是体现了进一步稳定经济方针的要求的。

但不久，又对 1987 年的经济调整工作作了过于乐观的估计，认为这年经济增长速度比较高，也比较正常健康，我国经济生活中开始出现了增长和稳定相统一的新情况。还提出了加快沿海地区经济发展的全国性战略。从根本上说来，这种估计和战略都是同急于求成的传统的经济发展战略相联系的。这样，就导致在实际上完全放弃了稳定经济的方针和紧缩的财政、货币政策，取而代之以高经济增长方针和扩张的财政、货币政策。

于是，从 1988 年第一季度起，工业和国民经济急剧升温。1988 年第一季度工业比上年同期增长 16.9%，第二季度 17.5%，第三季度 18.1%，第四季度 18.8%。这年 1 月份社会商品零售价格比上年同期上升 9.5%；在 1—9 月间，每月以 1—4 个百分点的增幅上升，到 9 月份上升为 25.4%；10 月份以后物价上升势头趋缓，12 月份仍上升为 26.7%②。于是，这年 8 月中下旬，全国许多城市爆发了居民争提存款，抢购商品的风潮。

在工业和国民经济过热的形势下，1988 年 9 月中共中央召开的十三届三中全会，提出了治理经济环境、整顿经济秩序、全面深化改革的方针。由于这个方针的贯彻执行，从 1988 年第四季度起，工业和国民经济的过热

①　《中国经济年鉴》（1988），第 1—46 页，经济管理出版社。

②　《中国经济年鉴》（1988），第 II—3、IV—43 页，经济管理出版社。

状态就开始降温。

但从 1988 年全年来看，这年工业和国民经济仍然是过热的。这年工业总产值和国内生产总值分别比上年增长了 20.8% 和 11.3%；全社会固定资产投资、国有单位的固定资产投资、基本建设投资和工业基本建设投资分别增长了 25.4%、23.3%、17.2% 和 19%；社会总需求大于社会总供给的差率为 16.2%；现金流通量增长了 46.7%；社会商品零售物价上升了 18.5%[①]。上述各项指标均大大超过了处于经济降温阶段的 1986 年和 1987 年；而且除了工业、国内生产总值和全社会固定资产投资的增幅低于经济过热的 1985 年以外，社会总需求大于总供给的差率、现金流通量增长率和社会商品零售价格的增幅均大大超过了 1985 年。可以认为，1988 年工业和国民经济过热状态超过了 1985 年。这种过热状态的形成原因，除了上述的经济体制、经济战略和转轨时期各种特有矛盾以外，还由于它是 1984 年年底以来工业、国民经济过热的持续发展及其作用的叠加。就物价涨幅过高的原因来说，除了主要由于多年积累的、过大的社会总需求大于总供给的差率以外，还同经济秩序混乱相联系的乱涨价有关，也同推进价格改革时机的选择不当有关。1988 年上半年，物价涨幅已经很高，更大的物价涨势已经成为群众的消费预期。在这种情况下，党和政府在 6 月份还提出价格改革要"闯关"，接着又提出要在五年内理顺价格。这无疑对价格涨势起了火上浇油的作用。

与工业和国民经济再次过热相联系，工业、整个产业结构失衡和地区结构趋同状态更加严重，技术升级缓慢，市场秩序更加混乱。1985—1988 年，工业与农业产值增长速度之比由 1∶0.22 扩大为 1∶0.15；电力、成品钢材和运输量的弹性系数（以工业产值增长率为 1）分别由 0.58 缩小为 0.52，由 0.56 缩小为 0.40，由 0.22 缩小为 0.10[②]。这样，工业和国民经济的再次调整就成为势在必行的事。

但需要着重指出：尽管就工业和国民经济的运行来说，1985—1988 年从过热走向过热，但这期间我国工业和国民经济获得了高速增长，我国经济上了一个大台阶（详见附表 3.16）。这是必须充分肯定的。

---

① 《中国经济年鉴》(1989)，第Ⅱ—7 页，经济管理出版社；《中国统计年鉴》(1997)，第 42、150、155、160、267、413 页，中国统计出版社。

② 《中国经济年鉴》(1989)，第Ⅱ—4 页，经济管理出版社。

二、1989—1991 年，经济在治理整顿中发展

（一）治理整顿方针的提出

前述的 1988 年工业和国民经济的过热与结构失衡，以及经济秩序的混乱，就是提出治理整顿方针最重要的历史背景。

1988 年 9 月召开的党的十三届三中全会提出了治理经济环境、整顿经济秩序、全面深化改革的方针。李鹏总理依据党中央决定在 1989 年 3 月召开的七届全国人大二次会议上作了题为《坚决贯彻治理整顿和深化改革的方针》的报告。1989 年 11 月召开的党的十三届五中全会又作了《关于进一步治理整顿和深化改革的决定》。该决定就治理整顿的任务、主要目标、必须抓住的重要环节以及必须实行的基本政策措施等一系列问题，作了明确规定①。

从 1989 年起，用三年或者更长一些时间完成治理整顿的基本任务，即努力缓解社会总需求超过总供给的矛盾，逐步减小通货膨胀，使国民经济基本转上持续稳定协调发展的轨道，为 20 世纪末实现国民生产总值翻两番的战略目标打下良好的基础。

具体说来，（1）坚决控制社会总需求，是治理整顿的首要任务。为此，要压缩投资总规模，坚决调整投资结构，切实控制消费需求的过快增长，坚持实行从紧的财政信贷政策。（2）加强农业等基础产业，调整经济结构。要集中力量办好农业；努力保持能源和重要原材料生产的稳定增长，大力提高运输效率；大力调整加工工业，克服盲目发展现象。（3）认真整顿经济秩序特别是流通秩序。要进一步治理整顿公司特别是流通领域的公司，逐步消除流通领域秩序混乱的状态；坚决整顿市场秩序；逐步解决生产资料价格"双轨制"问题；下大力量加强市场管理和物价管理；坚决制止和纠正乱收费、乱摊派、乱罚款现象。（4）千方百计提高经济效益。要坚定不移地把经济工作转到以提高经济效益为中心的轨道上来；提高经济效益必须依靠科技进步；强化企业管理，提高管理水平；认真抓紧抓好扭亏增盈工作；扎扎实实地全面深入开展"双增双节"运动。（5）继续深化改革和扩大对外开放。

可见，这次治理整顿的主要目标，不但有压缩需求、解决总量失衡的

---

① 详见《中共中央关于进一步治理整顿和深化改革的决定》，人民出版社 1989 年版。

要求，而且有调整结构、解决结构失衡的要求，还有深化经济体制改革、解决总量和结构失衡机制的要求，以期为经济持续、稳定、协调发展打下良好基础。

因此，如果不说这次治理整顿所包括的深化经济改革的要求，那么，它在实际上就是一次经济调整。这里主要着重叙述这期间同总量控制和结构调整相关的历史过程。

（二）1989 年治理整顿的起步

在党中央、国务院治理整顿方针的指引下，1989 年治理整顿迈出了重要一步。

1. 工业和国民经济的超高速增长有了急剧的改变。1989 年计划规定，工业产值比上年增长 8%，国民生产总值增长 7.5%。执行的结果是，工业实际增长 8.5%，国民生产总值增长 4.2%。① 前者略超计划，后者显著低于计划；前者比 1988 年增幅回落了 12.3 个百分点，后者回落了 7.1 个百分点。这年下半年工业生产还出现了逐季逐月下滑过多的局面。与上年相比，1989 年第一季度工业增长 10.4%，第二季度增长 11.1%，第三季度增长 5.4%，第四季度增长 0.7%。按月计，7 月份增长 9.6%，8 月份增长 6.1%，9 月份增长 0.9%，10 月份下降 2.1%，11 月份增长 0.9%，12 月份增长 3.4%②。为了制止工业下滑的势头，这年政府在增拨流动资金和保证能源生产等方面，先后采取了一系列措施。

2. 社会总需求得到有效控制。首先是大幅度压缩了投资需求。这是压缩社会总需求和调整经济结构的决定性措施。1989 年计划安排，全社会固定资产投资 3300 亿元，比上年预计完成的 4220 亿元压缩 920 亿元，下降 21.8%。其中，国有单位的固定资产投资 2100 亿元，压缩 510 亿元，下降 19%③。为此，不仅砍掉了一批包括楼堂馆所在内的非生产性项目，而且停建、缓建了一批一般的生产性项目，特别是加工工业项目。据统计，这年国有单位的基本建设和更新改造项目，比上年减少 4.3 万个，压缩了 26%；当年新开工项目比上年减少 4.1 万个，压缩了 53%④。这样，执行结果，这

---

① 《中国经济年鉴》（1989），第Ⅰ—18 页，经济管理出版社；《中国统计年鉴》（1997），第 42、413 页，中国统计出版社。

② 《中国经济年鉴》（1990），第Ⅱ—16 页，经济管理出版社。

③ 《中国经济年鉴》（1989），第Ⅰ—18 页，经济管理出版社。

④ 《中国经济年鉴》（1990），第Ⅱ—1 页，经济管理出版社。

年全社会固定资产投资实际为 4410.4 亿元，比上年实际完成数减少了 7.2%；国有单位的固定资产投资为 2808.2 亿元，减少了 7%；国有单位的基本建设投资为 1551.74 亿元，减少了 1.6%；国有单位工业基本建设投资为 822.22 亿元，增加了 1.2%。虽然没有完成原定的投资计划，但全社会和国有单位的固定资产投资下降幅度还是很大的。再考虑到价格上升因素，下降幅度就更大了。扣除价格上升因素，国有单位的全部基本建设投资和工业基本建设投资也都是大幅下降的。在压缩投资规模的同时，还调整了投资结构。1989 年国有单位基本建设投资中，生产性建设投资比重由上年的 65.9% 上升到 68.6%；能源工业和运输邮电业的投资比重分别由 24.7% 上升到 28.8%，由 14.4% 上升到 15.1%。其次是压缩了消费需求。1989 年全国居民消费水平比上年实际下降了 0.5%；其中，农业居民下降了 0.8%，非农业居民下降了 1.6%；这年社会集团购买力为 693 亿元，比上年下降了 12%①。

3. 工业和整个产业的结构有了初步调整。依据治理整顿的要求，在压缩投资规模的同时又调整了投资结构，再加上其他的调整结构的措施，就使得农业、能源、原材料和交通运输的增长速度都加快了，加工工业的发展速度受到了抑制，使工业和整个产业的结构有了一定程度的调整。工业与农业产值、能源总量、主要原材料、铁路货运量的增长速度的对比关系，分别由 1988 年 1:0.15 上升为 1:0.25，由 1:0.29 上升为 1:0.54，由 1:0.35 上升为 1:0.53，由 1:0.15 上升为 1:0.53②。

4. 物价涨势回落。由于大幅度压缩了社会总需求，并通过经济增长（特别是农业丰收）和结构调整增加了有效供给，使社会总需求大于总供给的差率由上年的 16.9% 下降为 1989 年的 8%。还由于实行紧缩的财政政策特别是紧缩的信贷政策，再加上两次提高居民储蓄存款利息率，并实行保值储蓄，使现金流通量的增长率由上年的 46.7% 下降到 9.8%。这样，物价涨势逐月回落。与 1988 年同期相比，1 月、2 月份的物价上涨 27% 和 27.9%，以后逐月下降，到 10 月、11 月、12 月份为 8.7%、7.1%、6.4%；全年物价上涨 17.8%，比上年的 18.5% 下降了 0.7 个百分点。但其中的新

---

① 《中国统计年鉴》（1997），第 150、155、160、292 页，中国统计出版社；《中国经济年鉴》（1990），第 Ⅱ—2—9 页，经济管理出版社。

② 《中国经济年鉴》（1990），第 Ⅱ—16—17 页，经济管理出版社。

涨价因素只有 6.4 个百分点，明显低于上年的 15.9 个百分点[①]。

可见，1989 年虽然是治理整顿的开端，但取得了明显进展。

但是，经济的总量和结构失衡、经济效益低下以及通货膨胀等原来存在的老问题并没有根本解决，而且工业速度滑坡和市场销售疲软等新问题又发生了。在治理整顿期间，工业增幅在一定范围内下降，是治理整顿的一个主要要求。但下降过多，特别是 1989 年 9—11 月出现的接近零增长甚至负增长，就很不正常。这年工业速度滑坡是同市场疲软相联系的。1989 年 8 月以后社会商品零售总额也出现负增长，全年累计增长 8.9%，扣除物价上升因素，实际下降 7.6%。这年物资系统的生产资料销售额名义下降 0.8%，实际下降 18.2%[②]。在经济体制和经济战略的转轨时期，是一种"速度效益型"经济。这样，随着工业速度的滑坡，工业经济效益又进一步下滑了。1989 年国有独立核算工业企业资金利税率由上年的 20.6% 下降到 17.2%；亏损企业亏损总额由 81.92 亿元猛增到 180.192 亿元[③]。与工业速度滑坡、市场疲软相联系，工业企业的产成品资金、企业之间的相互拖欠货款的"三角债"、工厂的停工和半停工、潜在的失业和待业工人都大大增长了。凡此种种都是治理整顿需要进一步解决的问题。

（三）1990 年治理整顿的进展

1990 年，党中央和国务院决定继续推进治理整顿，并采取了坚持总量控制、适时调整紧缩力度和积极调整结构等一系列措施，在治理整顿方面继续取得了进展。

1. 保持了工业和国民经济的一定速度增长。1990 年计划规定，工业和国内生产总值分别比上年增长 6% 和 5%。执行结果，二者实际分别增长了 7.8% 和 3.8%[④]。前者超过计划，后者低于计划；前者比上年低 0.7 个百分点，后者比上年下降 0.3 个百分点。这年年初工业生产继续呈现从上年第四季度开始的下滑局面，但从第二季度开始回升。这年头两个月工业负增长，3 月份开始正增长，第一季度比上年同期仅增长 0.3%；第二季度增长 4.1%；第三季度增长 5%；第四季度增长 14.2%，其中最后两个月达到

---

①　《中国统计年鉴》（1997），第 267 页，中国统计出版社；《中国经济年鉴》（1990），第Ⅱ—2 页，经济管理出版社。

②　《中国经济年鉴》（1990），第Ⅱ—2 页，经济管理出版社。

③　《中国统计年鉴》（1993），第 430、437 页，中国统计出版社。

④　《中国统计年鉴》（1997），第 42、413 页，中国统计出版社。

15% 左右①。为了扭转与市场销售疲软相联系的年初工业生产滑坡的局面，这年采取了一系列刺激需求和改善工业生产条件的措施。主要是在坚持财政、货币双紧政策的前提下，适度增加了固定资产投资和流动资金贷款；放松了对社会集团购买力的限制；3 月和 8 月两次调低存款利率 2.34 个百分点；继 1989 年 12 月下调人民币对美元汇率 21.1% 之后，1990 年再次下调 9.6%；恢复托收承付的结算方式和大力清理企业之间"三角债"；加快价格的结构性调整；对煤炭实行"四统一"（即统一分配、统一订货、统一运输和统一调度）；对部分重点骨干企业实行"双保"（国家保企业的基本生产条件，企业保完成国家的计划任务和上缴税利）；建立国务院生产委员会，以加强对工业、交通生产的领导。

2. 继续控制了社会总需求的增长。首先是控制固定资产投资规模，并调整投资结构。1990 年计划规定，全社会固定资产投资 4100 亿元；其中，国有单位固定资产投资为 2510 亿元，二者均低于 1989 年实际完成数。执行的结果是，全社会固定资产投资为 4517 亿元，比上年增长 2.4%；国有单位固定资产投资、基本建设投资和工业基本建设投资分别为 2986.3 亿元、1703.81 亿元和 852.6 亿元，分别比上年增长 6.3%、9.8% 和 4%②。虽然都超过了计划指标，但扣除价格上升因素，实际低于上年或比上年略有增加。同时，调整了投资结构。1990 年，在国有单位基本建设投资中，农林水利投资比重由上年的 3.3% 上升到 4.1%，能源工业投资由 28.8% 上升到 32%，运输邮电业投资由 15.1% 上升到 15.9%；生产性投资比重由 68.6% 上升到 72.2%，非生产性投资由 31.4% 下降到 27.8%③。这样，基础工业和基础设施的建设得到了加强，一般加工工业和非生产性的建设受到了控制。

其次是控制消费需求的增长。1990 年全国居民消费水平、农业居民和非农业居民的消费水平分别比上年增长了 3.4%、0.3% 和 7.5%④。前两个指标增幅都不高，第三个指标增幅高一些，但也显著低于 1988 年；而且三者都是在 1989 年负增长的基础上提高的。但社会集团消费增幅稍大一些。

①　《中国经济年鉴》（1991），第Ⅱ—2 页，经济管理出版社。
②　《中国统计年鉴》（1997），第 150、155、160 页，中国统计出版社。
③　《中国经济年鉴》（1990），第Ⅱ—8 页，经济管理出版社。
④　《中国统计年鉴》（1997），第 292 页，中国统计出版社。

这年社会集团消费零售总额比上年增长4.3%[①]。

3. 进一步调整了工业和整个产业的结构。这年基础工业有了加强，加工工业受到控制。1990年，基础工业比上年增长6.5%，加工工业增长4.1%；前者占工业总产值的比重由上年的21.2%上升到21.5%，后者由46.9%下降到46.4%[②]。

4. 进一步控制了物价涨势。由于继续控制了社会总需求，并在保持工业和国民经济适度增长的条件下调整了工业和国民经济结构，特别是由于农业连续两年丰收，有效供给进一步增长，于是社会总需求大于总供给的差率由上年的8%下降为1990年的4%，回到了正常区间。诚然，这年财政货币双紧政策有所松动，现金流通量增幅为12.8%，高于上年的98%[③]。但由于上年3月开始的物价增幅下降势头的惯性作用，1990年前三季度各项物价指数仍呈逐季下降趋势，第四季度稍有回升，还低于前两个季度。全年社会商品零售物价比上年上升2.1%，比上年回落了15.7个百分点；生产资料价格涨幅为3.1%，比上年回落了18.4%个百分点[④]。而且，这年物价涨幅回落是在改革以来价格调整迈出最大步伐的条件下取得的。这年先后调高了10多项工农业基础产品和民用燃料、生活消费品以及20多项服务项目的价格，其出台项目之多，调价幅度之大，调价金额之巨，都超过以往各年。

可见，1990年治理整顿取得了重大进展。

但是，由于这年货币流通量增长幅度超过经济增长和物价的增幅，潜在的通货膨胀压力增大。至于工业和整个产业结构失衡、市场销售疲软、工业产成品积压、企业互欠货款以及经济效益低下的问题，都还没有解决或没有根本解决。比如，社会商品零售总额直到这年6月份才开始正增长，并逐月回升，1—5月平均下降2.6%，6—8月平均增长1.5%，9—10月平均增长5.5%，11—12月平均增长10.3%，全年仅比上年增长1.9%，扣除物价因素，实际有所下降[⑤]。再如，国有独立核算工业企业资金利税率由1989年的17.2%下降到1990年的12.4%，亏损企业的亏损总额由180.19

---

① 《中国经济年鉴》(1991)，第Ⅱ—3页，经济管理出版社。

② 《中国经济年鉴》(1991)，第Ⅱ—15页，经济管理出版社。

③ 《中国经济年鉴》(1991)，第Ⅱ—4页，经济管理出版社。

④ 《中国经济年鉴》(1991)，第Ⅱ—1—2页，经济管理出版社。

⑤ 《中国经济年鉴》(1991)，第Ⅱ—3页，经济管理出版社。

亿元增加到 348. 76 亿元①。

（四）1991 年治理整顿的基本完成

1991 年是"八五"（1991—1995 年）计划的第一年，也是治理整顿的第三年。这年继续推进了治理整顿，并基本完成了治理整顿的主要任务。

1. 继续推进工业和国民经济的适度增长。1991 年计划规定，工业和国内生产总值分别比上年增长 6% 和 4.5%。执行结果，二者实际分别增长了 14.8% 和 9.2%②，都大大超过了原定计划和上年的增长速度，速度都偏高，特别是工业的增长速度偏高。为了促进工业的增长，这年除了继续深化改革和扩大开放，增加投资总量和调整投资结构、继续增补流动资金和新产品开发基金、治理"三乱"，继续整顿经济秩序特别是流通秩序，以及开展"质量、品种、效益年"活动，提高企业管理水平以外，还着重抓了以下两项工作：（1）促进市场销售，改变前两年市场销售疲软的局面。1991 年，全国社会商品零售总额达到 9397. 7 亿元，比上年增长了 13.2%，扣除物价上升因素，实际增长 10%。这年生产资料销售额达到 3129. 1 亿元，比上年增长 24.5%。（2）清理"三角债"和限产压库取得明显成效。这年全国"三角债"估计约 2500 亿元。其形成原因主要是：固定资产投资有缺口；企业亏损；产品积压；商品交易秩序混乱，结算纪律松弛。从 1991 年 9 月起，在国务院统一领导下，在全国范围内开展了从固定资产项目拖欠源头入手清理"三角债"，截至 12 月末，国家注入银行贷款 306 亿元，地方政府和企业自筹 24 亿元，共清理"三角债"1360 亿元，超额完成全年清理 1000 亿元的计划目标，取得了投入 1 元资金清理 4 元的效果。据中国工商银行对 40000 户国有工业企业统计，1991 年年末产成品资金占用额为 1096 亿元，比 6 月末减少 229 亿元，超额完成全年压缩产成品资金占用 200 亿元的计划目标③。

2. 继续控制固定资产投资规模，进一步改善投资结构。1991 年计划规定，全社会固定资产投资总规模为 5000 亿元；其中，国有单位的固定资产投资为 3245 亿元。按现价计算，二者均高于 1990 年完成数。执行结果，全社会固定资产投资达到 5594. 5 亿元，比上年增长 21.6%；国有单位的固定

① 《中国统计年鉴》（1993），第 430、437 页，中国统计出版社。
② 《中国统计年鉴》（1997），第 42、413 页，中国统计出版社。
③ 《中国经济年鉴》（1992），第 59 页，经济管理出版社。

资产投资、基本建设投资和工业基本建设投资分别达 3713.8 亿元、2115.8 亿元和 1147.21 亿元，分别比上年增长 24.4%、24.2% 和 34.6%①。这 4 项指标均超过了计划，即使扣除物价因素，也都有大幅度增长。同时，调整了投资结构，进一步加强了基础工业和基础设施建设。1991 年国有单位基本建设投资中，农林水利投资增长了 31.2%，原材料工业投资增长了 24%，运输邮电业投资增长了 40.1%②。

3.1991 年原计划继续调整工业和整个产业结构，但在执行过程中，尽管基础工业和基础产业都有发展，但由于工业的增长速度偏高，远没有达到预期的目的。这年农业、能源总量和货运总量分别比上年增长了 3.7%、0.9% 和 1.8%，与工业增长速度的比例关系分别为 1：0.25、1：0.06 和 1：0.11③。

4. 继续实现了物价的基本稳定。这年社会总供给和总需求都有较大幅度的增长，因而前者大于后者的差率仅比上年略有提高，约为 5% 以上，还是居于正常区间。与此相联系，1991 年社会商品零售价格比上年提高 2.9%，生产资料销售价格总水平与上年持平④。还要提到，这年物价基本稳定也是在价格调整和改革迈出较大步伐条件下实现的。1991 年先后提高了原油、钢铁、铁路货运和粮油的销售价格，放开了部分工业消费品价格，并对部分工业原材料双轨价格进行了并轨。

因此，到 1991 年为止，治理调整的主要任务已经基本完成。但是，供需总量基本平衡的基础仍很脆弱，通货膨胀的压力在加大，工业和整个产业结构失衡以及经济效益低下状态并未根本改变。国有独立核算工业企业资金利税率由 1990 年的 12.4% 下降到 1991 年的 11.8%，亏损企业的亏损总额由 348.76 亿元增加到 367 亿元⑤。但就治理整顿的主要目标来说，基本上是实现了的。

三、1992 年，经济又迅速步入过热

1992 年是基本完成治理整顿主要任务后的第一年，也是"八五"计划

---

① 《中国统计年鉴》（1997），第 150、155、156 页，中国统计出版社。
② 《中国经济年鉴》（1992），第 51 页，经济管理出版社。
③ 《中国统计年鉴》（1997），第 215、369、413、514 页，中国统计出版社。
④ 《中国经济年鉴》（1992），第 52 页，经济管理出版社。
⑤ 《中国统计年鉴》（1993），第 430、437 页，中国统计出版社。

的第二年。依据邓小平 1992 年年初南方谈话和 3 月中共中央政治局会议的精神，国务院提出了抓住有利时机，加快经济发展的方针。

为了促进工业和国民经济在提高经济效益的前提下加快发展，除了深化改革和扩大开放，加强农业、水利、交通运输、邮电等基础产业和基础设施建设，调整第一、二、三产业结构和地区经济布局以外，主要采取了以下两项措施。

1. 加快调整工业结构，提高工业经济效益。其主要要求是：（1）继续保持能源和重要原材料等基础工业的稳定增长。（2）按照市场需求组织生产，限制供大于求、不适销不对路产品的生产，不再造成新的积压。（3）调整产品结构和企业组织结构，关停并转一部分生产能力过大、产品无销路和扭亏无望的企业。（4）大力抓好资源、能源的节约和综合利用。（5）努力提高产品质量，加速资金周转，降低消耗，减少亏损，增加实现利税。

为此，主要采取了以下办法：（1）从 1992 年起，把工业总产值只作为一般统计指标，建立工业增加值指标，以完善工业经济效益评价考核指标[①]。（2）从贷款、税收、物资供应和运力等方面支持适销对路产品、名优产品、高新技术产品和其他要鼓励发展的产品的生产。（3）公布对主要产品停产、限产和鼓励生产的目录，及时发布市场信息。（4）实行压缩不合理库存与技术改造、流动资金贷款双挂钩，推进限产压库工作。（5）为了促进工业资金循环，继续 1991 年开始的清理"三角债"的做法，从解决"三角债"源头入手。重点对固定资产投资项目拖欠这个源头进行了清理，1991—1992 年全国共注入资金 540 亿元（其中包括银行贷款 505 亿元，地方和企业自筹 34.3 亿元），清理拖欠项目 14121 个（其中，基本建设项目 5420 个，技术改造项目 8701 个），连环清理 1838 亿元。同时还组织重点行业、重点企业清理流动资金 325 亿元。这样，除少数项目外，全国基本建设和技术改造项目在 1991 年以前形成的拖欠已经基本清理完毕。这两年共清理拖欠款 2163 亿元（其中，1991 年清理 1360 亿元，1992 年清理 803 亿元），实现了注入 1 元资金清理拖欠 4 元的效果[②]。（6）继续开展"质量、品种、效益年"活动，同时严厉打击制造和贩卖假冒伪劣产品的违法行为。（7）大力开拓国内外市场，促进工业品的销售。

---

① 《中国经济年鉴》（1993），第 628 页，经济管理出版社。

② 《中国经济年鉴》（1993），第 65 页，经济管理出版社。

2. 合理安排工业固定资产投资的规模和结构。工业基本建设投资的使用，主要是继续加强能源、原材料建设，支持高新技术发展。加工工业主要搞技术改造，原则上不再铺新摊子。技术改造投资的使用，重点是大力降低能源、原材料消耗；提高产品质量和档次，开发新产品，增加短线产品的生产能力；搞好引进技术的消化吸收，增加出口创汇产品的生产。采取措施防止不必要的重复建设、重复引进。1992 年固定资产投资达到 8080.1 亿元，比上年增长 44.4%。其中，国有单位的固定资产投资、基本建设投资、工业基本建设投资和工业技术改造投资分别为 5498.7 亿元、3012.65 亿元、1458.31 亿元、1076.68 亿元，分别比上年增长 48.1%、42.4%、27.1%、36.3%。在国有单位工业基本建设投资中，能源和原材料工业的投资增长了 28.4%，加工工业增长了 25.4%[1]。

上述各项重要措施促进了 1992 年工业和国民经济的发展。这年工业总产值比上年增长了 24.7%，比上年增长速度提高了近 10 个百分点。这年国内生产总值比上年增长了 14.2%，增幅比上年高出 5 个百分点[2]。1992 年工业和国民经济的高速增长有多方面原因：（1）1989—1991 年的治理整顿期间，相对来说，增长速度是比较低的。因而，1992 年高速增长带有一定的恢复性增长。（2）这三年的治理整顿，为高速增长形成了相对宽松的总供需环境，并积累了一定的物质条件。如 1989—1991 年钢材供给大于使用 1223 万吨，到 1991 年年末，钢材库存达到 1581 万吨，为当年消费量的 45%[3]。（3）在邓小平 1992 年年初南方谈话精神的鼓舞下，经济改革有了很大的发展，为经济发展创造了许多条件。如直接融资在资金筹集中的作用明显上升。（4）就经济周期看，1992 年是周期的上升阶段。

但是，这年工业及国民经济毕竟发展过快了，又步入了过热状态，由此带来了一系列问题。（1）基础产业和基础设施的"瓶颈"制约作用再次突出，交通运力不足，能源供应紧张。（2）货币流通量增长过大。1992 年现金流通量比 1991 年增长了 36.4%[4]，大大超过了经济增幅和货币化程度提高的需要。（3）全年物价涨幅明显加大，逐季呈上升趋势。1992 商品零

① 《中国统计年鉴》（1997），第 150、155、160、174 页，中国统计出版社。

② 《中国统计年鉴》（1997），第 413 页，中国统计出版社。

③ 《中国经济年鉴》（1993），第 72 页，中国统计出版社。

④ 《中国统计年鉴》（1993），第 664 页，中国统计出版社。

售价格比上年上升了 5.4%，大大超过了 1991 年 2.9% 的增幅①；其中，上半年增幅为 4.9%，到 12 月份为 6.8%。生产资料价格也呈上升势头，第一季度上升 4.5%，上半年上升 6.4%，全年上升 9.3%。当然，这年物价上涨，同价格改革有很大关系。在商品零售价格上升的 5.4% 中，属于国家计划调整和放开价格的部分约占 4 个百分点，属于市场调节自发上涨的部分约占 1.4 个百分点②。(4) 金融秩序混乱和股票热、房地产热、开发区热等泡沫经济已经开始出现。如有的金融机构以高利率向系统外拆出资金，这些资金大量用于炒股票、炒房地产和投资开发区。(5) 工业经济效益低下状况并无改变。国有独立核算工业企业资金利税率由 1991 年的 11.8% 下降到 1992 年的 9.7%，亏损企业亏损总额由 367 亿元增加到 369.27 亿元。③

形成工业和国民经济发展速度过快的原因，从认识上说，是片面理解了邓小平在 1992 年年初南方谈话中提到的"抓住时机，发展自己，关键是发展经济"的精神，忽视了他同时提到的"不是鼓励不切实际的高速度，还是要扎扎实实，讲求效益，稳步协调地发展"的精神④。当然，从根本上说，还是传统的经济体制和经济战略的影响，以及体制和战略转轨时期特殊矛盾的作用。比如，在 1992 年基本建设投资总额中，国家预算内的投资只占 12.4%，而国内贷款和自筹资金则分别占了 27.4% 和 40.3%；在更新改造投资总额中，这三方面投资比重分别为 1.4%、40.7% 和 49.6%⑤。显然，这种状况是同投资主体多元化带来的盲目性，以及缺乏有力的企业自我约束机制和宏观调控机制相联系的。

概括起来，1985—1992 年在实现社会主义现代化建设三步走的战略目标方面又迈出了重要的一步。1984—1992 年，国内生产总值由 7208.1 亿元增长到 26923.5 亿元；按可比价格计算，增长了 106.7%，年均增长 9.5%。在这期间，全体居民、农村居民和城镇居民的消费水平分别由 361 元提高到 1116 元，由 287 元提高到 688 元，由 618 元提高到 2262 元；按可比价格计算，三者分别提高了 72.8%、42.7%、92.8%，年均提高 7.1%、4.5%、8.6%（详见附表 1、附表 3 和附表 7）。

---

① 《中国统计年鉴》(1997)，第 267 页，中国统计出版社。

② 《中国经济年鉴》(1993)，第 104—105 页，经济管理出版社。

③ 《中国统计年鉴》(1993)，第 430、437 页，中国统计出版社。

④ 《邓小平文选》第三卷，第 375 页，人民出版社 1993 年版。

⑤ 《中国经济年鉴》(1993)，第 75—76 页，经济管理出版社。

第三节　市场取向改革制度初步建立阶段的经济发展过程
——以实现经济总量（或人均国民生产总值）翻两番、人民生活达到小康水平为战略目标的社会主义建设新时期的经济发展过程（三）（1993—2000 年）

一、1993—1997 年，经济由过热到实现"软着陆"

（一）1993 年上半年，经济过热与加强宏观调控方针的提出和实施

1993 年上半年，在邓小平南方谈话和党的十四大精神鼓舞下，改革开放不断取得新进展，生产、建设、流通和对外经济技术交流全面发展。但是，我国经济在继续前进中，也出现了一些新的问题，某些方面的情况还比较严峻，主要是从 1992 年开始的整个国民经济过热状态有了进一步的加剧。（1）货币过量投放，金融秩序混乱。截至 1993 年 6 月 23 日，全国货币净投放 585 亿元，比上年同期多投放 532 亿元。由于乱集资、乱拆借的影响，居民储蓄增长缓慢，大量资金体外循环，银行正常贷款不能完全保证，有些基层银行出现支付困难。1993 年 1—5 月城乡居民储蓄存款增加 912 亿元，比上年同期少增加 226 亿元。（2）投资需求和消费需求都出现膨胀的趋势。1993 年上半年国有单位固定资产投资比上年同期增长 70.6%，银行工资性现金支出和对个人其他现金支出增长 36.7%，行政企事业管理费现金支出增长 90%，都大大超过经济增长的幅度。（3）财政困难状况加剧。1—5 月，国内财政收入比上年同期下降 2.2%，而财政支出比上年同期增长 15.9%，收支相抵仅结余 11 亿元，比上年同期少结余 206 亿元。（4）工业增长速度越来越快，基础设施和基础工业的"瓶颈"制约进一步强化。1993 年 6 月份工业增幅达到 30.2%。交通运输特别是铁路运输十分紧张，一些干线限制口的通过能力仅能满足需求的 30%—40%。电力、油品供需缺口越来越大，有的地方又出现"停三开四"现象。钢材、水泥、木材等建筑材料由于供需矛盾突出，价格上涨较猛。（5）出口增长乏力，进口增长过快，国家外汇结存下降较多。据海关统计，1—5 月出口总额比上年同期增长 8.2%，进口总额增长 26.9%。截至 6 月 10 日，国家外汇结存 193 亿美元，比上年同期减少 56 亿美元。（6）物价上涨越来越快，通货膨胀呈

现加速之势。从 1992 年 10 月开始，物价上涨幅度逐月加快，到 1993 年 1 月上涨幅度达到 8.4%，3 月份开始突破两位数，为 10.2%，6 月份达到 13.9%。加上服务项目涨价较快，6 月份全国居民生活费用价格指数上涨幅度已达 16.6%。1993 年上半年生产资料价格指数比上年同期上升 44.7%。上述情况表明，如果不抓住时机，进一步深化改革，抓紧实施宏观调控措施，势必导致社会供需总量严重失衡，通货膨胀进一步加剧，甚至会引起经济大的波动，影响社会安定。

党中央、国务院高度重视这些问题。1993 年年初以来，党中央、国务院多次指出，要认真对待，抓紧解决，并相继采取了稳定和加强农业、制止乱集资、违章拆借和规范股票市场，以及加强房地产投资和交易管理、清理整顿开发区等一系列措施。6 月 24 日，中共中央、国务院发出了《关于当前经济情况和加强宏观调控的意见》，做出了加强宏观调控的重大决策①。

党中央、国务院强调指出：为了保持经济发展的良好势头，现在必须下决心，解决经济中的突出问题。在解决问题时，需要注意把握以下三点：

（1）统一思想认识。由于对工业速度是否过快、投资规模是否过大、货币供应量是否过多、通货膨胀是否在加剧等问题的看法不完全一致，影响了宏观调控措施的贯彻落实。为了解决当前经济中的突出问题，首先必须进一步统一思想认识，特别是各级领导干部对当前经济形势要有正确的、清醒的认识。要按照中央的要求，积极、正确、全面地领会邓小平同志谈话和党的十四大精神，把解放思想和实事求是统一起来，切实贯彻"在经济工作中要抓住机遇，加快发展。同时要注意稳妥，避免损失，特别要避免大的损失"的重要指导思想，把加快发展的注意力集中到深化改革、转换机制、优化结构、提高效益上来。

（2）着眼于加快改革步伐。当前经济中出现的问题，从根本上讲在于原有体制的弊端没有消除，社会主义市场经济体制尚未形成，那种盲目扩张投资、竞相攀比速度、缺乏有效约束机制等问题没有得到根本解决。在这种情况下，解决当前的问题必须采用新思路、新办法，从加快新旧体制转换中找出路，把改进和加强宏观调控、解决经济中的突出问题，变成加快改革、建立社会主义市场经济体制的动力。

---

① 《中国经济年鉴》（1994），第 45—46 页，中国经济年鉴社。

（3）主要运用经济办法，也要采取必要的行政手段和组织措施。要强化间接调控，更多地采取经济手段、经济政策和经济立法。通过加强宏观调控，既能有效解决当前经济问题，又有利于继续增强微观经济活力和市场机制作用的充分发挥。对那些主要是由于行政行为导致经济秩序混乱的问题，也要采取必要的行政手段加以解决。特别是在当前经济运行机制不健全的情况下，行政手段更不可缺少。

针对 1993 年经济生活中存在的问题，党中央、国务院决定采取以下加强和改善宏观调控的措施：

（1）严格控制货币发行，稳定金融形势。全年货币发行量要控制在 1500 亿元，这是作为 1993 年宏观调控的首要目标。首先要把住基础货币投放这个闸门，严格控制社会需求的过快增长，认真整顿金融秩序，切实加强现金管理。

（2）坚决纠正违章拆借资金。

（3）灵活运用利率杠杆，大力增加储蓄存款。5 月 15 日提高储蓄存款利率以来，已经收到一些积极效果，但力度还不够；7 月上旬再次提高银行存、贷款利率。同时，对 3 年、5 年和 8 年期定期储蓄存款实行保值。

（4）坚决制止各种乱集资。

（5）严格控制信贷总规模。强化中央银行对全社会信贷总规模的宏观控制，各家银行和非银行金融机构要严格按照中国人民银行总行下达的年度信贷计划执行，未经批准不得突破，并按季监控，按月考核。银行贷款首先要支持农业生产和农副产品收购；支持产品在国内外市场有销路、效益好的国有工业企业的流动资金需要，对于产品无销路、效益不好或挪用资金参与乱集资、炒房地产、炒股票的企业要减少以致停止贷款；积极支持外贸出口的贷款需要，对囤积外汇或不按规定及时结汇的外贸公司，要从严控制贷款发放；固定资产投资贷款要集中用于国家计划内的农业、交通、通信、能源、重要原材料、水利等国家重点建设项目，特别是铁路建设和 1993 年内可以竣工投产的建设项目。

（6）专业银行要保证对储蓄存款的支付。各专业银行和商业银行要建立存款支付责任制，大力组织存款，压缩一般贷款，清理收回不合理贷款和拆借资金，以增强银行的支付能力。

（7）加快金融改革步伐，强化中央银行的金融宏观调控能力。中国人民银行要通过深化改革，真正成为对全国信贷、货币进行宏观调控和统一管理各类金融机构的中央银行。贷款规模的调剂权集中到中国人民银行总行，取消中国人民银行省级分行 7% 的贷款规模调剂权。

（8）投资体制改革要与金融体制改革相结合。从改革投资体制入手，尽快建立政策性银行，逐步实现政策性金融与商业性金融相分离。组建国家长期开发信用银行、进出口信贷银行等政策性银行，专门承担政策性投融资和贷款任务。当前，各专业银行也可先采取过渡办法，在内部分设账户、分别管理，实行政策性和商业性业务分开。过渡期间的财务核算办法，实行单独记账，统负盈亏。

（9）限期完成国库券发行任务。1993 年发行国库券的利率，随着银行再次提高利率而相应提高。各地区、各部门必须在 1993 年 7 月 15 日以前完成国库券发行任务。

（10）进一步完善有价证券发行和规范市场管理。

（11）改进外汇管理办法，稳定外汇市场价格。

（12）加强房地产市场的宏观管理，促进房地产业的健康发展。

（13）强化税收征管，堵住减免税漏洞。

（14）对在建项目进行审核排队，严格控制新开工项目。对不符合国家产业政策、资金来源不落实、建设条件不具备、市场前景不明的项目，特别是高档宾馆、写字楼、度假村等，要下决心停缓建，腾出资金保国家重点建设项目，保 1993 年计划内项目。各级政府和财政、银行部门，要加强建设资金的调度，保证国家预算内建设资金和银行投资贷款按资金的正常需要比例到位。所有新开工项目，必须是有正当资金来源、产品有市场销路和经济效益好的项目。新开工基本建设大中型项目，必须经国务院批准后方能开工。对于基本建设小型项目，除农业、水利、交通、能源、学校、医院、粮棉仓储设施、城市公用设施、职工住宅以及合同已经生效的利用外资项目外，其他项目 1993 年内也要严格控制新开工。借用国外商业贷款，要严格按国家计划执行，不得任意突破，特别是不准用商业贷款倒换人民币来扩大建设规模。

（15）积极稳妥地推进物价改革，抑制物价总水平过快上涨。1993 年内，除按原计划再出台提高铁路货运价和整顿电价外，各地方都不要再出台新的调价项目（包括服务收费项目）。受国家调价影响较大的后续产品，价格调整也要从严掌握。对 1992 年下半年以来一些地区和部门未经国家批准越权决定出台的提价项目和行政性收费要进行清理，并严格按价格管理条例进行查处。对已经放开的重要商品价格要加强监测，通过立法规范企业价格行为。已经放开粮价的地区，要进一步发挥国有粮食部门稳定市场、稳定粮价的作用。严格执行农业生产资料最高限价。

（16）严格控制社会集团购买力的过快增长。

在实施上述措施过程中，必须继续高度重视农业问题；要大力开展增产节约、增收节支活动，反对铺张浪费；继续抓好《全民所有制工业企业转换经营机制条例》的落实，进一步强化企业内部经营管理，推进企业的技术进步和扭亏增盈工作；要坚持"两手抓"，抓住一些大案要案，坚决果断处理，推动纠正各种不正之风，反对贪污腐败，改变社会不良风气，使中央的宏观调控措施得到人民群众的拥护和支持。

党中央、国务院关于加强宏观调控措施的实施取得了积极成效。主要表现在：制止并收回了大部分违章拆借的资金，初步控制住了乱集资，金融秩序得到整顿，居民储蓄存款回升，货币投放得到有效控制，1993年全年货币发行量基本实现了预期的控制目标，金融形势趋于好转；外汇调剂市场上人民币对美元的汇价下半年迅速回落并稳定在基本正常的水平；过高的经济和工业速度开始得到控制，开发区热、房地产热开始降温；财政收入进度加快，全年财政赤字控制在年初预算目标之内；投资品价格猛涨的势头有所控制；重点建设和技术改造得到加强等。

但是，由于加强宏观调控措施的政策效应充分显现出来需要一个过程，深层次的体制性、结构性矛盾还有待于通过深化改革和结构调整逐步地加以解决，1993年工业和国民经济的发展还存在诸多重大问题。

1. 全社会固定资产投资规模过大，投资结构不合理。1993年全社会固定资产投资达到13072.3亿元，比上年增长了61.8%（详见附表9）。这些数字表明，国民经济投资增长速度过快，规模过大。而且在投资总额中，基础产业占的比重过小，非基础产业占的比重过大；基本建设投资占的比重过大，更新改造投资占的比重过小。但是，这年工业重点建设和技术改造还是有了加强。

2. 国内生产总值增长速度过快，结构不合理状况没有根本改变。1993年，国内生产总值达到了35333.9亿元比上年增长了14%。这年重工业比重略有上升，轻工业比重略有下降，二者分别为53.5%和46.5%（详见附表1、附表3和附表16）。

3. 物价涨幅过高。这首先是同货币增加过多相联系的。到1993年年末，货币供应量 M0（流通中现金），狭义货币供应量 M1（M0 + 活期存款），广义货币供应量 M2（M1 + 定期存款 + 储蓄存款等）分别达到 5864.7 亿元、16280.4 亿元、34879.8 亿元，分别增长 35%、39%、27%。1993 年，居民消费价格、工业品出厂价格、主要原料燃料和动力购进价格、固定资产投资价格分别比上年提高了 14.7%、24%、35.1%、26.6%（详见附表 10 和附表 14）。

可见，党中央、国务院加强宏观调控方针的贯彻执行，虽然在 1993 年取得了重大成就，但在消除 1992—1993 年上半年形成的经济过热方面，仅仅是开了一个好头，更艰巨的任务还在后面。但后来的实践证明，这个方针在制止经济进一步过热并避免经济的大落，实现经济"软着陆"方面起了决定性的作用。

（二）1994 年"软着陆"起步

依据国内外各种条件的分析，1994 年国民经济和社会发展计划确定的宏观调控最主要目标是：国内生产总值比上年增长 9%，商品零售价格涨幅控制在 10% 以内[①]。

但是，由于各种因素的制约（其中包括经济增长以及物价上升的惯性作用），这年计划确定的经济总量目标并未完全实现，只能看做是"软着陆"的起步。这年经济运行的基本结果如下：

1. 经济总量的增长速度比上年虽有了下降，但降幅不大，仍处于过热状态。1994 年国内生产总值达到 48197.9 亿元，比上年增长了 13.1%。这年轻工业和重工业产值在工业总产值中的比重，分别由上年的 46.5% 下降到 46.3%，由 53.5% 上升到 53.7%（详见附表 1、附表 3 和附表 16）。这年某些基础产业"瓶颈"制约状况未见好转。

2. 全社会的固定投资规模增幅比上年有了大幅下降，但规模仍然偏大，结构也有不合理之处。1994 年全社会固定资产投资达到 17042.1 亿元，比上年增长了 30.4%（详见附表 8）。这年就绝对量增长来说，基础产业和非基础产业的建设，特别是基础产业的重点建设都有加强；基本建设和更新改造也都有加强。但是，就比重来说，这年基础产业投资有所加强，非基础产业投资有所削弱；基本建设投资有所加强，更新改造投资有所削弱。前一点表明投资结构优化，后一点表明投资结构不合理状况有了进一步

① 《中国经济年鉴》（1994），第 28 页，中国经济年鉴社。

发展。

3. 物价指数以比上年更大的幅度上升。1994年，居民消费价格、工业品出厂价格、主要原料燃料动力价格、固定资产投资价格分别比上年提高了24.1%、19.5%、18.2%和10.4%（详见附表10）。这是改革以来物价涨幅最高的一年，是多种因素综合作用的结果。（1）1992年以来经济持续过热，投资和消费基金持续膨胀，货币供应持续过快增长。到1994年年底，M0、M1、M2分别达到7288.6亿元、20540.7亿元、46923.5亿元，分别又比上年增长了24.3%、26.1%、34.5%。1991—1994年，M0、M1和M2分别年均增长29%、28.7%和29.9%，分别比GDP年均增长11.7%与物价年均增长10.4%之和高出6.3、6.0和7.2个百分点。① 显然，货币供应过多，是物价大幅上升的根本原因。（2）农业基础相对脆弱，在盲目追求工业高速增长的过程中又在一定程度上忽视了农业生产，致使农产品供应不足，成为推动物价上涨的一个最重要的因素。1994年，与农业生产直接相关的食品价格的上涨因素，大约占了零售价格上涨21.7%中的13个百分点，即占了60%②。（3）各项经济改革，特别是价格改革，也在一定程度上推动了物价总水平的上升。（4）对物价管理有所放松，法制不健全，市场交易不规范，流通秩序比较混乱，乱涨价现象比较普遍。这些在物价上涨方面也起了推波助澜的作用。

总的来说，1994年在实现经济"软着陆"方面已经取得了重要进展，但远未实现"软着陆"，只是实现"软着陆"的起步。

（三）1995年"软着陆"迈出重大步伐

由于党中央、国务院关于改革和发展一系列政策更进一步贯彻，以及宏观调控力度加大等方面的原因，1995年在实现经济"软着陆"方面迈出了重大步伐。这年经济运行的结果如下：

1. 1995年，经济增幅在上年下降的基础上，又以更大的幅度下降；但结构调整进展迟缓。1995年国内生产总值达到60793.7亿元比上年增长10.9%，增幅比上年下降2.9个百分点。这里还要着重提到：到1995年，我国已经提前5年实现了原定的国民生产总值翻两番的目标。1995年，轻

---

① 《中国经济年鉴》（1995），第76页，中国经济年鉴社；《中国经济年鉴》（1996），第127页，中国经济年鉴社。

② 《中国经济年鉴》（1995），第4页，中国经济年鉴社。

工业产值占工业总产值的比重由上年的 46.3% 上升到 47.3%，重工业比重由 53.7% 下降到 52.7%（详见附表 1、附表 3 和附表 16）。基础产业"瓶颈"制约作用仍未见缓解。

2. 这年全社会的固定资产投资在上年大幅度下降的基础上，又有大幅下降，投资产业结构未见改善。1995 年全社会固定资产投资达到 20019.3 亿元，比上年增长了 14.7%（详见附表 9）。

3. 价格指数大幅下降。1995 年居民消费价格，工业品出厂价格，主要原料、燃料、动力购进价格和固定资产投资价格涨幅分别为 17.1%，14.9%、15.3%、5.9%。尽管这年价格指数仍然很高，但比 1994 年涨幅已有大幅度下降（详见附表 10）。这是由于贯彻了党中央、国务院一系列政策的结果，特别是实行适度从紧的货币政策的成效。到 1995 年年底，流通中现金（M0）为 7885 亿元，比上年增长 8.2%，比上年增幅下降 16.1 个百分点。全年净投放现金 600 亿元，比计划少投放 900 亿元，比上年少投放 820 多亿元；M1 为 23987 亿元，比上年增长 16.8%，比上年增幅下降 9.4 个百分点；M2 为 60751 亿元，比上年增长 29.5%，比上年增幅下降 5.0 个百分点。1995 年 M0 和 M1 分别比同年经济增长率与物价增幅之和低 16.8 和 8.2 个百分点，M2 年增长率仍高出同年经济增长率与物价增幅之和，但高出幅度减少（由 1991—1994 年年均高出 7.2 个百分点下降到 1995 年高出 4.5 个百分点）。货币供应量增幅下降，促进物价涨幅明显回落[1]。

基于国民经济总量增幅以及物价增幅大幅下降这样两个最重要情况，可以认为，1995 年在实现"软着陆"方面已经迈出了重大步伐。当然，还没有完成实现"软着陆"的任务。

（四）1996 年进一步走向"软着陆"

由于上述政策的贯彻执行，使得经济进一步走向"软着陆"。这年经济运行的结果如下：

1. 这年经济增幅进一步下降，结构有所改善。1996 年国内生产总值达到了 71176.6 亿元，比上年增长了 10.0%。1996 年，轻工业产值占工业总产值的比重由上年的 47.3% 上升到 48.1%，重工业比重由 52.7% 下降到 51.9%（详见附表 1、附表 3 和附表 16）。

2. 这年全社会的固定资产投资又有大幅度下降，投资的产业结构也有

---

[1]　《中国经济年鉴》（1996），第 128 页，中国经济年鉴社。

改善。1996 年，全社会固定资产投资达到了 22913 亿元，比上年增长了 14.8%（详见附表9）。

3. 价格指数又有大幅度下降。1996 年，居民消费价格，工业品出厂价格，主要原料、燃料、动力价格和固定资产投资价格分别比上年增长了 8.3%、2.9%、3.9% 和 4%（详见附表 10）。其中，居民消费价格涨幅偏高。但包括居民消费价格在内，所有价格涨幅均低于国内生产总值的增长率。这同坚持贯彻适度从紧的货币政策是相联系的。"八五"时期，我国货币供应量增长过高，流通中现金（M0）、狭义货币（M1）和广义货币（M2）年均增长 24.4%、26% 和 29.7%，大大高于同期经济增长与物价涨幅之和。1996 年，货币发行得到有效控制，货币供应量增幅回落。1996 年末，流通中现金（M0）为 8802 亿元，比上年增长 11.6%；狭义货币（M1）为 28515 亿元，增长 18.9%；广义货币（M2）为 76095 亿元，增长 25.3%①。

1996 年经济增长率进一步下降，物价上涨率也显著低于经济增长率。因此，可以认为，1996 年实现了进一步走向"软着陆"。当然，结构调整以及提高经济质量和效益的任务还远没有完成。

（五）1997 年成功实现"软着陆"

继续实施适度从紧的财政政策和货币政策，注意掌握调控力度，1997 年终于成功地实现了经济"软着陆"。这年经济运行的结果如下：

1. 1997 年经济总量增幅继续回落到合理增长区间。这年国内生产总值达到了 78973.0 亿元比上年增长了 9.3%（详见附表 1 和附表 3）。

2. 这年全社会的固定资产投资的增幅比上年又进一步回落。1997 年全社会固定资产投资达到 24941.1 亿元，比上年增长了 8.8%（详见附表 9）。这年各项投资都有增长，但就比重来说，基础产业投资得到了加强，更新改造有了削弱。

3. 开始形成买方市场②，价格指数进一步下降。总体上看，1997 年消费品市场、生产资料市场和投资品市场都开始呈现出买方市场的基本格局。据对 613 种主要商品供求情况的调查分析，1997 年上半年供求基本平衡的商品的比例为 89.0%，供不应求和供过于求的各为 5.5%。到下半年，供求

---

① 《中国经济年鉴》（1997），第 100 页，中国经济年鉴社。

② 本书所说的买方市场，是指供求基本平衡和供略大于求的市场。

基本平衡的商品的比例变为 66.6%，比上半年下降 22.4 个百分点；供过于求的占 31.8%，上升了 26.3 个百分点；供不应求的仅占 1.6%，下降了 3.9 个百分点。1997 年居民消费价格增长了 2.8%，工业品出厂价格下降了 0.3%，主要原料、燃料、动力价格和固定资产投资价格分别比上年上升了 1.3% 和 1.7%（详见附表 10）。这一点，同继续执行适度从紧的货币政策是相关的。1997 年，现金流通量（M0）10178 亿元，全年投放 1376 亿元，比上年增长 15.6%；狭义货币（M1）34826 亿元，比上年增加 5032 亿元，增长 16.5%；广义货币（M2）90995 亿元，比上年增加 14132 亿元，增长 17.3%[①]。

依据上述情况，可以认为 1997 年由于执行党中央、国务院的一系列方针政策，在坚持适度从紧的货币政策的同时，注意了适度微调，终于成功实现"软着陆"。需要着重指出：这在我国经济史上是第一次。这年形成的高增长、低通胀的局面，是过去多年没有的。这年基础产业和基础设施的"瓶颈"制约作用也明显缓解。这年初步形成的买方市场，又是一个具有重大历史意义的根本性转变。这些成就是在亚洲一些国家 1997 年 7 月开始发生的金融危机，并对我国经济发生重大影响的条件下取得的。所以，1997 年经济发展的成果，是极其伟大的成就！当然，调整结构和提高经济质量等问题还没有根本解决。

二、1998—2000 年，在反过冷、反通缩中实现经济的持续快速发展

（一）1998—1999 年，在反过冷、反通缩中遏制了经济下滑趋势

依据党的十五大精神和 1998 年的情况（如有效需求不足和市场销售不旺，亚洲一些国家金融危机的深化及其对我国经济发展负面影响的加大等），还要实行适度从紧的货币政策。按照宏观经济发展目标的要求，计划确定 1998 年广义货币（M2）增长 16%—18%，与上年实际增幅持平；狭义货币（M1）增长 17% 左右，略高于上年；现金投放 1500 亿元，现金流通量（M0）达到 11678 亿元，增长 14.7%，低于上年[②]。

1998 年在发展经济方面采取了以下政策措施：

1. 适度扩大投资需求，增加基础设施、高新技术产业和企业技术改造

---

① 《中国经济年鉴》（1998），第 117 页，中国经济年鉴社。

② 《中国经济年鉴》（1998），第 120—121 页，中国经济年鉴社。

的投入。增加投资仍是经济增长、刺激内需的重要措施，1998年全社会固定资产投资预定增长10%以上。把投资重点放在农林水利建设，铁路、公路、通信、环保等基础设施建设，普通居民住宅建设以及高新技术产业和企业技术改造方面。在加快投资的同时，注意保护好国内企业，防止亚洲一些国家利用货币贬值，将大量廉价的钢材、水泥等基建材料流入国内市场，确保新增加的固定资产投资能够主要转化为国内需求而不是进口需求。同时，切实防止单纯扩大生产规模和盲目重复建设，充分发挥现有企业的潜力，不再盲目铺新摊子，集中力量加快有市场前景、效益好的在建项目建设。

2. 积极开拓国内市场特别是农村市场，促进消费需求的适度增长，扩大工业品的市场空间。（1）工业企业主动适应市场需求的变化，及时调整产品结构，不断推出市场前景好、效益高的拳头产品，提高生产企业开拓市场的能力。（2）加强对市场变化的分析研究，发挥市场信息引导作用，搞好产销衔接。（3）大力开拓市场，改善城乡居民消费环境和消费条件，促进消费需求的增长。（4）加大普通居民住宅建设和市政基础设施投资力度，积极培育新的经济增长点。

3. 积极扩大出口，保持合理进口，坚决打击非法进口与走私。（1）进一步推进以质取胜和市场多元化战略。优化出口商品结构，提高出口商品的质量和档次，大力开拓独联体和东欧、非洲、拉美等潜力较大的新市场。（2）深化外贸体制改革，积极推进大中型生产企业实行自营出口；对国家确定的重点企业，赋予进出口经营权，尽快由审批制改为登记备案制，商品出口配额要更多地向生产企业倾斜。（3）在还贷有保证的条件下，扩大进出口银行和其他商业银行的出口信贷规模，支持成套设备出口和工程承包。（4）继续完善出口退税政策，根据国家财力可能，提高某些重要出口商品的出口退税率。（5）鼓励有条件的企业向上述市场潜力较大的地区销售产品，特别是利用当地的市场和资源投资办厂，转移国内过剩生产能力。（6）加强对进口的宏观调控，严禁成品油和新闻纸等商品过度进口冲击国内市场。进一步加强打击走私、逃税骗税和反倾销的工作力度，防止非法进口和不正当竞争对国内市场的冲击。

4. 加快结构调整，大力发展高新技术产业，加快利用高新产业改造传统产业。（1）加快重点产品的升级步伐，在机电、化工、汽车、能源、通信、重要原材料、信息、生物等重点产业中，抓一批有高附加值、高技术含量和成本有优势、市场有前景的重点产品，带动产品结构合理化和提高产品竞争力。（2）重点促进电子、信息及自动化技术的发展，积极探索建立符合我国国情的高新技术风险投资机制，促进科技成果的转化，并有重点地引进一批高新技术，组织好消化吸收。对市场前景好、拥有自主知识产权的高新技术项目，予以重点扶持，尽快实现产业化。加快采用高新技术改造传统产业。重点是应用生物技术等改造我国传统的农业，发展高效、优质和高产农业；应用集成电路技术、光纤通信技术、计算机技术、先进制造技术等改造我国的机械、电子、汽车、石油化工和建筑等国民经济支柱产业；应用高速铁路运输技术、内河航运技术、电子技术、煤炭洁净利用技术等发展我国的公路、铁路、水运、航空、电力、煤炭等基础设施和基础工业。

5. 促进乡镇企业和中小企业的发展。主要是采取有效措施，遏制近几年乡镇企业增长速度大幅度下滑的趋势。（1）加快乡镇企业改革，进一步发挥其机制灵活的优势。（2）把发展乡镇企业与推进农业产业化和建设农村社会化服务体系结合起来，使之相互促进。（3）积极鼓励东部地区同中西部地区合作发展乡镇企业，在产品开发和市场开拓上进一步加强联合。（4）清理整顿乡镇企业税外收费，减轻乡镇企业负担。在巩固和强化大型企业和企业集团在国民经济中地位的同时，积极扶持和推进中小型企业的发展。引导中小型企业向"小而精"、"小而专"、"小而特"的方向发展。信贷投放要注意支持那些产品有市场、有效益和开发应用新技术的中小型企业。各有关方面要在市场信息、新技术推广、人员培训、市场开拓、国际合作等方面，加强对中小型企业的指导和服务。

上述政策措施的实施，使 1998 年上半年经济的运行取得了以下结果。

1. 经济平稳增长。这年上半年国内生产总值达到 34731 亿元，比上年同期增长 7%。

2. 全社会固定资产投资持续增长，投资结构继续改善。上半年，国有单位固定资产投资 5828 亿元，同比增长 13.8%。农业和交通邮电通信业投资分别比上年同期增长 16.1% 和 32.4%[①]。

3. 买方市场进一步发展，市场价格低位运行。全国商品零售价格同比下降 2.1%，居民消费价格下降 0.3%，工业品出厂价格下降了 5%。据对

---

① 《人民日报》1998 年 7 月 18 日第 1 版。

601 种主要商品的调查，上半年供过于求的占 74.2%，供求基本平衡的占 25.8%，已无供不应求的商品①。

上述数据表明，党和政府一系列政策的贯彻执行，特别是 1998 年年初实施的扩大内需、刺激经济增长的措施已经初见成效。这主要表现在三方面：（1）各层次货币供应量增速与经济增长及物价回落状况基本适应，尤其是金融机构贷款呈逐月加快态势。1998 年 6 月末，反映社会总需求变化的货币指标广义货币 M2 余额为 94656.4 亿元，比上年同期增长 14%；反映企业资金松紧的货币指标狭义货币 M1 余额为 33776.3 亿元，比上年同期增长 8.7%；市场现金流通量 M0 为 9720 亿元，比上年同期增长 6.6%。前 6 个月，金融机构贷款尤其是国有独资商业银行贷款呈逐月加快态势。6 月末，金融机构各项贷款余额为 78797.6 亿元，比上年同期增长 15.6%②。（2）固定资产投资增长速度逐月加快，第一季度同比增长 10.3%，上半年同比增长 13.8%③。（3）投资品生产增长速度较快。以上三项先行指标加速回升态势表明，政府扩大内需、刺激经济的措施正在落实。

但 1998 年上半年经济增长率并没有达到 8%。其主要原因有：（1）亚洲金融危机不仅没有减弱，还在继续发展，使我国第二季度出口增幅明显放慢，第一季度出口增幅 13.2%，第二季度仅增长 7.6%，回落 5.6 个百分点。这必然影响到中国经济的增长。（2）上半年十几个省出现严重的水灾，使我国夏粮减产 11%，第二季度农业增长速度明显放慢。根据测算，这使 GDP 增长速度减少 0.4 个百分点。此外，水灾还对有关省份的工业、投资、交通运输业也造成影响④。（3）经济增速下降具有惯性。（4）扩大内需等项政策实施力度难以把握，其完全落实也需要一个过程。

然而，实现 1998 年经济增长目标的困难，不仅由于亚洲一些国家金融危机的继续深化，以及上半年的自然灾害，而且由于 7 月份以来我国长江中下游和嫩江、松花江流域发生了历史罕见的特大水灾。这不仅给人民的生命财产造成了严重的损失，也给实现 1998 年增长目标带来了更大困难。还由于上半年以来，通货紧缩的形势开始进一步显露出来。作为通货紧缩主

---

①《人民日报》1998 年 7 月 18 日第 1 版；《光明日报》1998 年 7 月 24 日第 6 版；《经济日报》1998 年 7 月 25 日第 1 版。

②《人民日报》1998 年 7 月 14 日第 1 版。

③《光明日报》1998 年 7 月 18 日第 1 版。

④ 同上。

要指标的产品价格指数全面持续回落。1998 年上半年，商品零售价格指数比去年同期下降了 2.1%，居民消费价格指数下降了 0.3%，作为最主要的农副产品的粮食和猪肉的价格指数分别下降了 11.2% 和 12%，生产资料市场价格指数下降了 4.3%。

还要提到，1998 年 1—7 月，消费品零售总额同比实际增长 9.2%，增幅比去年同期回落 1 个多百分点；出口增长 6.9%，增幅回落 19.2 个百分点；固定资产投资（不包括集体和个体）增长 15.6%，但外商、集体和个人投资比去年下降。根据 1998 年上半年情况估计：消费和净出口在推动 1998 年经济增长中的作用下降。这个缺口需要由增加投资来弥补。在这种情况下，在进一步拓展国内外市场的同时，增加投资就显得非常重要了。

但自 1998 年以来，在货币政策方面采取了多种力度相当大的措施。这些政策措施对促进上半年的经济增长起了一定的积极作用。但是，货币政策尽管有财政政策不可替代的积极作用，但像任何事物一样，它也有局限性。一般说来，它在经济扩张时期遏止经济过热方面的作用较大，在经济紧缩时期制止经济下滑方面的作用较小，而且时滞长、见效慢。在中国当前金融企业和工商企业财务约束作用较大、大部分工业生产能力过剩、初级买方市场已经形成、市场竞争趋于剧烈、资金供应相对宽裕，特别是在金融改革滞后、货币传导机制不灵等条件下，在促进经济增长目标实现方面，单是依靠货币政策，很难及时充分奏效。但是，财政政策有货币政策不可替代的优点。在许多情况下（不是在一切场合）紧缩时期在促进经济增长方面的作用较大，而且时滞短、见效快。这样，在推行货币政策的同时，着重加大财政政策的实现力度，就显得尤其重要。

正是在这种情况下，1998 年 6—7 月，中共中央、国务院又转发了国家发展计划委员会《关于今年上半年经济运行情况和下半年工作建议》，并决定实施积极的财政政策，增发 1000 亿元财政债券，并配套增加 1000 亿元银行贷款，用于增加基础设施建设投资。这是必要的，及时的。据有关单位当时测算，这笔国债的使用，大约可以带动银行增加配套贷款 1000 亿元。这 2000 亿元的投资可形成的最终需求，约可推动国内生产总值增长两个多百分点。当然，形成这种需求也有一个过程。但 1998 年即使按一半收效计算，也可使增长率提高一个多百分点，从而可以有力促进 8% 经济增长目标的实现。但这笔巨额投入的意义并不仅仅限于这一点。它对于改变基础设施发展滞后、中西部地区落后于东部地区的状况，调整产业结构和缓解就业矛盾，以及对于改善人民生活，也都有重要作用。当然，要使这批投入真正发挥推动经济增长的作用，还必须使投资用于基础设施建设，不能用于一般的加工项目，更不能用于盲目重复建设；要用于建设周期短、投资见效快的项目；要引入竞争机制，按照投资体制改革的要求，实行项目公开招标制、项目法人责任制和工程监理制；要警惕由于行政权力的加强导致某些旧体制复归；要切实保证建设工程质量。

1998 年 7 月，朱镕基总理依据中央决策再次重申："在当前通货紧缩的形势下，中央决定采取更加积极的财政政策，筹集更多的资金，进一步加大基础设施建设，这是扩大内需的最有力措施。"① 紧接着以实行积极财政政策，扩大基础设施为核心的扩大内需的一系列重大政策相继出台。

至此，可以认为，一个确保经济增长目标实现的，以扩大内需为主的，以实行积极财政政策扩大基础设施建设为核心的宏观调控政策体系，已经最终形成。

在上述宏观调控政策体系指导下，1998 年经过反过冷反通缩，终于制止了经济增速的过度下滑，继续保持了经济的持续快速增长；同时也抑制了通货紧缩趋势，把物价下降的幅度控制在很小的幅度内。1998 年，国内生产总值比上年增长了 7.8%，仅比上年增幅下降了 1.5 个百分点；居民消费价格、工业品出厂价格、主要原料燃料动力购进价格和固定资产投资价格分别比上年下降了 0.8、4.1、4.2 和 0.2 个百分点（详见附表 3、附表 10）。在这方面，上述的宏观调控政策体系，特别是积极的财政政策起了至关重要的作用。有关部门事后计算，1998 年国债投资拉动经济增长 1.5 个百分点②。这就意味着如果 1998 年不推行积极的财政政策，1998 年经济增长率就只能达到 6.3%，下滑到现阶段经济适度增长合理区间的下限 7% 以下。

在上述政策推动下，1999 年第一季度还保持了良好的经济发展态势。但第二季度又出现了固定资产投资增长放缓，消费需求不振，外贸出口下降，物价持续走低，经济增速下滑的态势。这年第一季度国内生产总值比上年同期增长了 8.3%，第二季度和第三季度经济增长率分别下降到 7.6% 和 7.4%。在这个关键时刻，党中央、国务院又做出法策：加大实施积极的

---

① 《人民日报》1999 年 1 月 14 日第 2 版。
② 《经济日报》2001 年 3 月 19 日第 3 版。

财政政策力度，增发国债，增加居民收入，以进一步扩大内需，并综合运用各种宏观调控手段，促进投资、消费和出口，以拉动经济增长。这年下半年，在年初确定的国债发行规模的基础上，由财政部再向商业银行增发600 亿长期国债。同时较大幅度增加了城镇中低收入者的收入，国家财政增加支出 540 亿元①。这些又遏制了经济增长速度下滑和通货紧缩的趋势。1999 年，国内生产总值比上年增长了 7.6%，增幅仅比上年下降了 0.2 个百分点；居民消费价格、工业品出厂价格、主要原料、燃料动力价格和固定资产投资价格分别比上年下降了 1.4、2.4、3.3 和 0.4 个百分点（详见附表3 和附表 10）。在这方面，上述的宏观政策调控体系，特别是积极的财政政策又发挥了十分重要的作用。据有关部门事后计算，单是 1999 年的国债投资就拉动了经济增长两个百分点②。因此，如果不推行这项政策，这年经济增长率就只能达到 5.1%。

（二）2000 年在反过冷、反通缩中实现经济回暖

鉴于 1999 年经济增速下滑以及通货紧缩趋势并没有得到根本遏制，2000 年继续推行了上述的以确保经济增长目标实现的，以扩大内需为主的，以实行积极财政政策为核心的宏观调控政策体系。问题在于：发展是硬道理，是解决我们面临问题的关键。只有在提高效益的前提下保持经济较快增长，才有利于缓解企业生产经营困难，减轻就业压力，促进结构调整和深化改革，也才能增加财政收入，防范金融风险，保持社会稳定。为此，必须坚定不移地贯彻执行扩大内需的方针，以及相应的宏观经济政策。

继续实施积极的财政政策，这是当时扩大内需最直接和有效的手段。两年来坚持实施积极的财政政策同时努力发挥货币政策的作用，综合运用多种手段调节经济运行，并不断充实和完善这些政策措施。既向银行增发国债用以扩大投资，又增加居民收入以促进消费；既加强基础设施建设，又支持企业技术改造；既努力扩大国内需求，又积极鼓励增加出口。实践证明，实行积极财政政策是完全正确的，取得的成效是明显的。所有这些，不仅有力地促进了当前经济增长，而且为经济的长远发展打下了更好的基础。

---

① 《中国经济年鉴》（2000），第 316 页，中国经济年鉴社。
② 《经济日报》2001 年 3 月 19 日第 3 版。

2000 年继续实行积极财政政策的主要内容，包括以下几个方面：（1）发行 1000 亿元长期国债，重点投向水利、交通、通信等基础设施建设，科技和教育设施建设，环境整治与生态建设和企业技术改造，并向中西部地区倾斜。（2）继续贯彻落实 1999 年出台的调整收入分配的各项政策措施，保障城镇中低收入居民的收入稳定增长。企业也应在提高经济效益的基础上适当增加职工工资。（3）进一步运用税收、价格等手段，并继续清理某些限制消费的政策和法规，鼓励投资，促进消费，增加出口。

进一步发挥货币政策的作用。金融系统要正确处理支持经济增长与防范金融风险的关系，在坚持稳健经营的原则下，从多方面加大对经济发展的支持力度。中国人民银行要运用多种货币政策工具，及时调控货币供应总量。国有银行应加强内部资金调度，合理划分贷款审批权限，及时发放与国债投资项目配套的固定资产贷款，保证有市场、有效益、守信用企业特别是科技型企业的贷款。努力解决农民贷款难问题。对重复建设、产品积压和需要压缩生产能力的企业，应当停止或压缩贷款。大力发展住房、助学和大件商品的消费信贷，改进办法，简化手续，提高审贷效率。进一步规范和发展证券市场，增加企业直接融资比重。完善股票发行上市制度，支持国有大型企业和高新技术企业上市融资。依法严格审批保险企业，积极拓展保险业务。

2000 年，除继续保持国债投资规模外，相应增加银行固定资产投资贷款和鼓励企业自筹投资，同时引导集体、私营、个体经济增加投资，并改善投资环境，吸引更多的外商直接投资；提高改革措施的透明度，改善居民的心理预期，促使居民增加即期消费。

由于上述政策的贯彻实行，2000 年扭转了 1993 年以来经济增长速度连续七年下降的局面，出现了经济回升。这年国内生产总值比上年增长了 8.4%，增幅比上年提高了 1.2 个百分点；居民消费价格、工业品出厂价格、主要原料燃料动力购进价格和固定资产投资价格分别比上年上升了 0.4、2.8、5.1 和 1.1 个百分点。2000 年居民消费价格扭转了 1998 年以来连续两年下降的局面，有了小幅回升；工业品出厂价格扭转了 1997 年以来连续三年下滑的局面，而且由于受到国际市场上石油价格大幅上升的影响，回升的幅度并不小；主要原料燃料动力购进价格和固定资产投资价格也都扭转了连续两年下滑的局面（详见附表 3 和附表 10）。在这方面，上述的宏观调控政策仍然功不可没。据有关部门事后计算，这年积极的财政政策推动经济增长 1.7 个百分点①。可见，如果不继续实行积极的财政政策，这年经济增速也只能达到 6.7%，仍处于我国现阶段适度经济增长率的下限（7%）以下。

总结以上所述，1993—1997 年实现了由经济过热到"软着陆"，接着在 1998—2000 年又在反过冷、反通缩中保持了经济的稳定、持续、快速增长。这样，在实现社会主义现代化建设三步走的战略目标方面又迈出了更大的步伐。

1992—2000 年国内生产总值由 26923.5 亿元增加到 99214.6 亿元；按可比价格计算，2000 年比 1992 年增长了 116.24%，年均增长 10.1%。在这期间，全体居民、农村居民和城镇居民的消费水平分别由 1116 元提高到 3632 元，由 688 元提高到 1860 元，由 2262 元提高到 6850 元；按可比价格计算，三者分别提高了 74.1%、50.7%、59.5%，年均提高 7.2%、5.3%、6.0%（详见附表 1、附表 3 和附表 7）。

第四节　市场取向改革制度完善阶段的经济发展过程
——以实现全面建设小康社会为战略目标的社会主义建设新时期的经济发展过程（四）（2001—2007 年）②

一、2001—2002 年经济稳步上升

2000 年，我国已经实现了从总体上建设小康社会的任务，整个经济形势是很好的。但 2001—2002 年的经济发展也存在不少困难。除了完善社会主义市场经济体制和调整经济结构这些艰难任务以外，一是内需不足局面有待继续扭转。其中，民间投资不旺和消费需求不足尤为突出。二是在这两年里，占世界经济总量 70% 以上的美、日、欧三大经济体同时陷入低潮，世界经济和贸易出现十年来最缓慢的增长。在上述情况下，在这两年中，需要继续贯彻 1998 年开始实行的扩大内需政策，以及与之相联系的积极的财政政策和稳健的货币政策。

---

① 《经济日报》2001 年 3 月 1 日第 6 版。
② 实现全面建设小康社会要到 2020 年，但本书只写到 2007 年。

就 2001 年来说，在继续实施积极的财政政策方面，一是发行 1500 亿元国债用于基础设施建设，重点用于在建项目和启动重大西部大开发项目。建设国债资金的投入，不仅保证了青藏铁路、西电东送等西部开发重大项目的及时启动和建设，而且促进了一批重大在建项目的完成。二是积极支持企业技术改造。2001 年，国家安排国债技改贴息资金 70.4 亿元，其中转贷 30 亿元。技改贴息资金的投入，促进了国有企业技术升级和生产效率的提高。三是继续实施调整收入分配改革。两次增加包括离退休人员在内的机关事业单位人员的工资待遇，提高了三条生活保障线标准，增加居民收入。这些举措从投资和需求两方面拉动了经济增长。其中国债投资拉动当年经济增长约 1.8 个百分点。

2001 年在继续执行稳健的货币政策方面，一是扩大公开市场操作，适时调节基础货币供应和商业银行流动性。2001 年共进行公开市场操作 54 次，全年交易总额为 16781 亿元，累计净回笼基础货币 276 亿元。此外，人民银行继续增加外汇公开市场操作，全年外汇占款增加 3813 亿元，对增加基础货币投放发挥了重要作用。公开市场操作促进了基础货币适度增长和金融机构流动性充足。2001 年年底，基础货币余额为 4 万亿元，同比增长 11.9%。基础货币投放增多，为实现全年货币政策调控目标、满足金融机构流动性需要奠定了基础。年末金融机构超额准备金率平均为 7.6%。金融体系整体流动性充足，金融机构支付能力正常。二是充分发挥利率杠杆的作用，合理确定本外币利率水平。2001 年，中国人民银行根据我国经济金融运行的实际情况，保持人民币利率政策基本稳定，同时对利率结构进行了微调。通过公开市场操作引导货币市场利率走低，2001 年年末银行间同业拆借加权平均利率为 2.48%，比年初下降 0.14 个百分点；债券回购加权平均利率为 2.15%，比年初下降 0.37 个百分点。为改变不合理的利率结构，促进贴现和再贴现业务及票据市场的规范发展，2001 年 9 月 11 日将再贴现利率由 2.16% 提高到 2.27%。针对 2001 年美国连续 11 次降低联邦基金利率和再贴现率，兼顾国内基金发展需要，9 次下调境内美元等外币小额存款利率，1 年期美元存款利率由年初的 5% 下调至 1.25%，全年共下调了 3.75 个百分点。这对改善我国国际收支、保持人民币币值稳定、促进商业银行增加外汇贷款起到了积极作用。三是加强信贷政策指导，优化信贷结构，促进经济结构调整。（1）在防范金融风险的前提下，积极发展个人住房、助学、汽车等消费信贷业务。截至 2001 年年末，各类消费贷款余额达到

6990 亿元，比年初增加 2755 亿元，同比多增 260 亿元，其中，个人住房贷款余额 5598 亿元，比年初增加 2282 亿元，同比多增 353 亿元；助学贷款余额 25 亿元，比年初增加 14 亿元。这对拉动消费和投资发挥了重要作用。（2）调整农村信用社贷款政策，进一步加大支农力度。全年增加农村信用社再贷款 312 亿元，同比多增 150 亿元，主要保证用于农村信用社增加农户贷款。积极吸收符合条件的农村信用社进入拆借市场，拓宽农村信用社的融资渠道。（3）进一步改进对中小企业的金融服务，支持中小企业发展。（4）积极支持扩大出口。上述措施使得稳健货币政策取得明显成效，货币供应量增长与经济增长基本相适应。2001 年年末，广义货币 M2 余额为 15.8 万亿元，同比增长 14.4%；狭义货币 M1 余额为 5.9 万亿元，同比增长 12.7%；流通中现金 M0 余额为 1.6 万亿元，增长 7.1%。全年现金净投放 1036 亿元，控制在 1500 亿元的调控目标之内。总体来看，货币供应总量充足，适应了经济增长对货币的需求。①

2001 年继续实行积极的财政政策与稳健的货币政策，拉动了投资和消费需求的增长。这年全社会固定资产总额达到 37213.5 亿元，比上年增长 12.6%；全国居民消费水平达到 3869 元，比上半年提高 6.5%。这年还加大了对外开放的步伐，促进了外贸增长。这年进出口总额达到 5096.5 亿美元，比上年增长 7.5%（详见附表 7、附表 9 和附表 24）。这样，就从投资、消费和外贸三方面需求促进了经济增长。

2001 年还通过深化改革，调整结构，实施西部大开发、科教兴国和可持续发展战略等途径，从增加供给总量和改善供给结构以及提高经济效益方面，促进了经济增长。

由于实行了上述各项政策措施，这年国内生产总值比上年增长了 8.3%。需要说明的是，2001 年经济增速虽然比 2000 年下降了 0.1 个百分点，但与 1999 年增速下降不同。1999 年增速由作为波峰年 1992 年的 14.2% 下降到 7.6%，是波谷年。而 2001 年是经济上升阶段增速略有曲折变化的一年。即由 2000 年 8.4% 转为 2001 年 8.3%，再转为 2002 年的上升②。

---

① 详见《中国经济年鉴》（2002），第 38、40—41 页，中国经济年鉴社。
② 详见拙著《我国"九五"、"十五"宏观经济分析》，第 96—100 页，经济管理出版社 2002 年版。

就 2002 年来说，坚持实施积极的财政政策，继续发行 1500 亿元长期建设国债。国债资金的使用，首先是确保长江中下游干堤加固、农村电网改造、城市基础设施、中央直属储备粮库等在建国债项目尽快建成投入使用，发挥效益。其次，继续向中西部地区倾斜，安排好已开工的西部开发项目，新开工一批必要的项目，包括"西气东输"、涩北气田、格尔木机场、"西电东送"北通道、西部国道主干线和省际公路重要路段等。再次，加快现有企业的技术改造，适当开工建设列入规划的重大项目，加大教育、卫生、文化、公检法司的投入力度。同时，通过改进服务、拓展渠道、开放领域，积极鼓励和引导非公有制经济投向基础设施和公益事业。

这年继续实行稳健的货币政策。金融机构在防范和化解金融风险的同时，积极支持经济发展。为此，银行调整了信贷结构，重点支持国债投资项目、农业结构调整、企业技术改造、中小企业特别是科技型中小企业的发展，尽量满足有市场、有效益、有信用的企业流动资金贷款需求，发展个人住房、助学贷款等消费信贷业务。银行还通过存贷款利率调整和市场化改革，公开市场业务操作，信贷政策以及再贷款与再贴现，促使了稳健的货币政策的实施，使得货币供应量增长与经济增长大体相适应。到 2002 年年末，广义货币 M2 余额为 18.5 万亿元，比上年增长 16.78%；狭义货币 M1 余额为 7.1 万亿元，增长 16.82%；流通中现金 M0 余额 1.73 万亿元，增长 10.13%，全年累计净投放现金 1589 亿元，比上年多投放 553 亿元[①]。

这年还适应入世新形势，提高了对外开放水平，促进了外资的发展。首先，依据入世的要求，做了大量的工作。先是清理了全国性的相关法规、规章，废止和修改、制定了一批法律法规。并从 2002 年 1 月 1 日起，将我国关税总水平由 15.3% 降到 12%，涉及 5300 多个税目。再进一步以增强国际竞争力为核心，重点抓好了以下四个方面工作。一是按照法制统一、非歧视、公开透明的原则，抓紧完善既符合世界贸易组织规则，又符合我国国情的涉外经济法律法规体系，确保执法公正与效率。二是按照加入世界贸易组织的承诺，有步骤地扩大开放领域。同时，加快制定和修订质量、卫生、防疫、环保、安全等方面的市场准入标准。三是认真研究、掌握和充分行使我国作为世界贸易组织成员享有的各项权利，积极推动和参与区

---

① 参见《中国经济年鉴》(2002)，第 4、5、12 页；《中国经济年鉴》(2003)，第 60—61 页，中国经济年鉴社。

域经济合作。四是组织世界贸易组织有关知识和规则的学习、宣传和培训。分期分批对国家公务员特别是县（处）级以上领导干部和大中型企业管理人员进行普遍培训。加快培养熟悉世界贸易组织规则和国际经济贸易的各类专业人才。同时，认真做了对外贸易工作。主要有：一是继续实施市场多元化战略和科技兴贸战略，加快国有外贸企业的改革，实行外贸经营主体多元化，以及实行走出去战略。二是落实鼓励外贸出口的政策措施。优先保证出口创汇多、信誉好的重点企业及时足额退税。抓紧改革和完善出口退税机制，对生产企业自营或委托外贸企业代理出口的自产商品，全面实行"免、抵、退"税办法。扩大出口信贷和信用保险，加大对出口的支持。海关深化改革，进一步提高通关效率和监管水平。[①]

以上工作从投资、消费和外贸三方面需求拉动了 2002 年的经济增长。这年全社会固定资产投资总额达到 43499.5 亿元，同比增长 16.7%；全国居民消费水平达到 4106 元，增长 6.1%；进出口总额达到 6207.7 亿美元，增长 21.8%（详见附表 7、附表 9 和附表 24）。

2002 年还把扩大内需同经济结构的战略性调整，深化经济体制改革，增加就业，改善人民生活，可持续发展结合起来。这样，还从增加和改善供给以及提高经济增长质量和效益方面促进了经济发展。

以上各项政策措施的实行，使得 2002 年经济增长率达 9.1%，比 2001 年高出 0.8 个百分点（详见附表 3），呈现出稳步上升的态势。

二、2003—2007 年经济趋于偏热[②]

从 2003 年开始，我国经济已经进入了新一轮经济周期上升阶段的波峰年份，经济趋于偏热这一点在 2003 年年初已经表现出来。这年第一季度我国国内生产总值比上年增长 9.9%，出现了多年同期未有的高增长。

但这年春天突如其来的非典（非典型性肺炎）疫情在很大程度上打断了这个进程。这年春天，我国内地有 24 个省、市、区先后发生了"非典"疫情，累计报告病例 5327 例，死亡 349 例。这次疫情严重危害人民健康和生命，并对部分行业造成较大冲击，影响了经济发展。这年二季度经济增

---

① 参见《中国经济年鉴》（2002），第 6—7 页，中国经济年鉴社。
② 这里为什么只提"偏热"，其原因将在本篇第二章进行分析。

长率下降到 6.7%①。

　　面对突如其来的"非典"疫情，党中央、国务院高度重视，果断决策，出台了一系列防治"非典"、应对影响的政策措施。主要是：（1）迅速建立突发公共卫生事件应急机制。国务院成立全国防治非典型肺炎指挥部，各地区、各部门通力合作，全力做好防治"非典"的各项工作。颁布实施《突发公共卫生事件应急条例》，将"非典"列入法定传染病依法进行管理。建立健全"非典"疫情报告系统，严格执行公开透明的疫情报告和信息发布制度，坚持日报告制度和零报告制度。迅速整合医疗资源，建立完善"非典"预防控制和应急救治体系。组织开展疫病预防诊治科研攻关，积极开展国际合作。（2）全面加强预防，控制疫情蔓延。采取各种措施，对公共交通工具、重点部位以及出入境口岸，实行严格检疫和防范。在全社会广泛宣传预防知识，增强公民自我防护的意识和能力，做到群防群治。对疫情较重的单位和场所，依法采取预防隔离措施。特别强调各级政府要把农民工防治"非典"工作纳入统一的防治工作中，就地发现、就地隔离、就地治疗，严格控制"非典"疫情向农村扩散。（3）调集财力、物力、人力，保证"非典"防治工作需要。中央拨出 20 亿元财政专款设立"非典"防治经费，还安排了上百亿元的"非典"防治经费；同时各地区加强协作，有效地形成了紧缺物资、药品、医疗器械以及医护人员应急调剂机制，保证疫区急需医疗和防治用品的供应。及时调整国债资金结构，紧急安排 8 亿多元，重点支持疫情严重和比较严重地区"非典"定点就治医院和农村县级医疗机构发热门诊、隔离观察室的改建及购置急需的医疗设备，支持疫区口岸隔离室建设及设备购置，有害垃圾、医疗污水应急处理设施建设及专用垃圾运输车购置等，为"非典"防治提供了有力的物质保证。做好港澳地区防治"非典"物品的援助工作。（4）加强市场监测和调控，有效保障市场重要商品供给。针对部分疫区出现的集中购买一些商品、物价上涨等现象，紧急组织生产运输，加强市场监测和物价检查，严惩哄抬物价等不法行为，维护市场稳定，保障日常生活必需品的供给。（5）及时出台政策措施，减轻"非典"对经济发展的影响。对疫情地区和部分困难行业在限定时段内减免部分税收、行政事业性收费和政府性资金，以及实行贷款贴息等，帮助旅游、餐饮、民航、旅店、出租车等行业和企业尽快克服困

---

① 《经济日报》2003 年 10 月 18 日第 1 版。

难，恢复生产，渡过难关。要求农民工用工企业不得随意解雇农民工，并改善农民工生产生活条件。加强对外宣传和增信释疑工作，鼓励采取电子商务等方式加强对外经贸联系，努力减少出口订单流失。

经过全国上下共同努力，疫情迅速得到控制。6 月 24 日，世界卫生组织撤销对北京的旅行警告，标志着我国已经有效地控制了"非典"疫情，抗击"非典"取得阶段性重大胜利。上述工作同时还大大减轻了"非典"对经济增长的负面影响。据专家测算，"非典"对全年经济增长率综合负面影响大约只有 0.8 个百分点①。

但在"非典"过后，经济偏热的情况又迅速再次显露出来。其突出表现就是不少地方兴起的"政绩工程"、"形象工程"、"开发区热"和"房地产热"等。还要提到：经济偏热情况在 2003—2007 年间并没有根本改变，甚至还有一定程度的加剧。当然在这期间也并没有形成经济过热。

但需要说明的是：2003—2007 年我国经济持续偏热，并不是偶然发生的现象，而是有某种的必然性。这主要是由以下因素决定的：经济全球化条件下深化改革和扩大开放效应；知识经济时代科技进步效应；当前工业化阶段效应；积累了适应现代市场经济发展要求的全过程的、多方面的宏观调控效应；发展中大国的正面效应；享有一个较长时期的稳定社会政治局面和国际和平环境（详见本篇第二章）。此外，2000 年北京市申办奥运成功，2001 年正式加入世界贸易组织，2002 年党的十六大召开，2003 年政府换届，也起了促进作用。

在 2003—2007 年间，为了遏制经济偏热，并防止其向过热的转变，在深化改革，调整经济结构，转变经济增长方式的同时，不断加强和完善了宏观调控政策和措施。主要是：

第一，注意把宏观经济调控的重点放在继续治理经济偏热，并防止由偏热变成过热。其根据是：（1）就改革前后中国经济发展的历史看，在经济周期上升阶段经常发生偏热和过热。（2）就当前现实看，推动中国经济偏热并可能走向过热的主要因素的投资率过高，而且继续走高的压力很大。拉动经济增长的另一个重要因素出口增长总体说来仍很强劲。（3）就形成的机制和要素来说，当前由地方政府利益主导的、并由各类企业（包括公

---

① 参见《中国经济年鉴》（2004），第 52—53 页，中国经济年鉴社；《经济日报》2003 年 10 月 18 日第 1 版。

有、私有和股份制企业以及工商、金融和出口企业）利益和部门利益形成的投资膨胀机制并无多少改变。就拉动中国经济增加另一个重要因素出口来说，加工贸易约占我国外贸一半的情况，一时还难以有大的改变。这是其一。其二，近几年世界经济增长和贸易增长较快。这样，世界市场对我国产品的需求量仍然很大。需要说明：强调当前要把治理经济偏热作为重点，并不是不要警惕经济发生偏冷的可能性。在这方面，当前有两点值得注意：一是国内消费品和投资品的产能和产品都有过剩的情况。二是我国外贸（特别是石油）对外依存度都很大，而这方面不确定因素又很多。

第二，把治理经济偏热并防止过热的重点，主要在控制投资率。把控制投资率的重点又在于治理以地方政府为主导的、并由各类企业和部门的利益形成的投资膨胀机制。还要着力推进要素价格改革，以改变当前要素价格低带来的低成本、高利润、高投资的倾向。同时，要转换贸易增长方式，提高外贸质量，优化进出口产品结构，缩小外贸顺差。为此，还要进一步降低出口退税率，并适当增强人民币汇率的变动弹性。

第三，调整和完善了货币财政和规划三大宏观经济调控的政策，并加强了其实施的力度。

在货币政策方面，虽然在 2003—2007 年实行的还是稳健的货币政策，但在 2004 年就明确提出稳健货币的取向是适度从紧。这一点在 2007 年有了特别突出的表现。这年中国人民银行 10 次提高存款准备金率，前 9 次每次提高 0.5 个百分点，第十次为 1 个百分点，使存款准备金率达到 14.5% 的高度；6 次提高利率，使一年期的个人存款基准利率由 2002 年 2 月的 1.98% 提高到 2007 年 12 月的 4.14%，创 1998 年 7 月以来的新高；还多次进行了公开市场操作，回收流动性过剩。这一年，央行在使用这三大货币政策工具方面，其频率之高、力度之大和配合之紧密，实属罕见。所以，如果不看这年货币量和贷款量的过多增长，仅就这三大政策工具使用的情况来看，简直就是紧缩的货币政策，而不是稳健的货币政策。但即使这样，经济偏热和物价增长偏快的情况，并没有得到有效的遏制，以致 2007 年 11 月中央经济工作会议明确提出了要实行从紧的货币政策。

在财政政策方面，2005 年明确提出要将原来实行的积极的财政政策调整为稳健的财政政策。2003—2007 年，长期建设国债由 1400 亿元减少到 500 亿元（计划数），财政赤字由 3149 亿元减少到 2450 亿元（计划数）。特别是 2007 年财政部还发行了 1.55 亿元的特别国债，用以购买 2000 亿美元，作为中国投资有限公司的资本金,大大缓解了流动性过剩加剧的状况,有力地配合了稳中取紧的货币政策的实施。

在规划方面,其突出例证就是《中共中央关于制定国民经济和社会发展第十一个五年规划的建议》提出:在"十一五"期间(2006—2010 年),要求资源效率显著提高,单位国内生产总值能源消耗比"十五"期末降低 20% 左右,主要污染物排放总量减少 10%[①]。这个建议已经在 2006 年十届全国人大四次会议审议通过,具有法令性质。这个节能的约束性指标,不论对于节能降耗和保护环境,或者对于防止经济由偏热向过热的转变,都具有重要意义。

第四,加大了经济、法律和行政三大手段的宏观调控的力度。总的说来,适应社会主义市场经济发展的要求,在实行这三大手段方面,要逐步实现以经济和立法手段为主、行政手段为辅的转变。但在当前,由于众多条件的限制,有些经济手段难以充分发挥作用。比如,利率是货币政策赖以调控经济的最重要杠杆。但当前利率远没有市场化,这表明其本身作用就很有限。这是其一。其二,由于地方政府和国有企业的财务软约束,以及地方政府在招商引资中给企业(包括国内外的私有企业)的诸多优惠条件,导致企业利润很高。这样,即使利率市场化了,其作用在很大程度上也被麻痹了。至于对那些数量并不很少的因商业行贿而获得暴利的企业,利率在根本上就不起作用。再比如,由国际收支顺差过大而导致的央行基础货币大量发放,由此引发的宽货币,并促使高投资,更是利率作用所不能及的。在这种情况下,适当重视法律和行政手段的作用是很有必要的。之所以要强调法律手段的作用,首先是因为当前相当普遍地存在执法不严的情况。但更重要的原因还是当前商业行贿和政府部分官员的贪污腐败行为相当普遍而又严重。在这里,法律不仅是在一般意义上作为调控经济的手段,而且在特殊意义上作为惩治行贿和贪污、从而为贯彻宏观经济调控政策扫清道路的强有力工具。之所以强调行政手段的作用,也不只因为它是一般意义上的宏观调控的手段,而且因为当前主要由地方政府推动的投资膨胀在许多方面都是行政行为。这样,中央政府对地方政府以及上一级地方政府对下一级地方政府采用行政手段,就有特殊重要的作用。当然,

---

① 《〈中共中央关于制定国民经济和社会发展第十一个五年规划的建议〉辅导读本》,第 7 页,人民出版社 2005 年版。

采用行政手段要尽可能减少其负面影响，并注意要为逐步实现居于主要地位的经济和法律手段的作用创造条件。

第五，从资金、土地和市场准入三大源头上进一步加大了宏观调控的力度。同治理 1992 年经济过热相比较，从治理 2003 年经济偏热开始，就提高了土地这一基本生产要素在调控中的战略地位，明确提出不仅要把住信贷这个闸门，还要把住土地这个闸门。这项政策的提出和完善在治理这几年来经济偏热并制止其向经济过热转变方面起了重要的积极作用。在当前我国城镇化提速和建筑业作为支柱产业地位上升的条件下，土地作为基本生产要素的作用也在增强。这是其一。其二，我国土地少，相对资金的供求矛盾来说，土地更为紧缺。其三，出卖土地的收入是当前地方政府预算外收入的一项极重要来源。据报道，仅是 2004 年这一年作为地方政府小金库主要组成部分的卖地收入就达到了 6150 亿元，相当于见诸统计的地方预算外收入 4348.49 亿元的 1.41 倍[①]。2006 年全国共出让土地面积 23.25 万公顷，出让价款 7676.89 亿元，同比分别增长 40.4% 和 30.5%[②]。从这方面说，把住了土地闸门，就是在很大程度把住了资金闸门。还要进一步指出：在当前把住土地闸门同时又是把住国有和公有资产流失的最重要闸门。回顾改革开放以来的历史，有三次大的寻租活动以及与之相应的三次国有资产的大流失。第一次是在 1980 年代，与产品价格方面计划价与市场价并存相联系，诱发了第一次大的寻租活动以及由此带来的国有资产大流失。第二次是在 1990 年代，与国有小企业出卖和大中型企业的公司化改造的不规范相联系，诱发了第二次大的寻租活动，以及由此带来的第二次国有资产的大流失。可以毫不夸张地说，与 21 世纪初国有和集体土地出卖相联系，又一次诱发了大的寻租活动，以及由此带来的国有和集体资产的大流失。2003 年以来，加强了土地管理的法制建设和司法力度。如 2004 年通过了修改过的《中华人民共和国土地管理法》，11 月国务院又做出了《关于深化改革严格土地管理的决定》。并依法广泛开展了以开发区为重点的全国土地市场的治理整顿。仅至 2004 年 7 月，全国共清理出各类开发区 6866 个，规划用地面积 3.86 万平方公里。对各类违规设立的开发区加大清理整改力度，据不完全统计，全国已撤销各类开发区 4813 个，占开发区总数的 70.1%；

---

① 《文摘报》2006 年 11 月 5 日；《中国统计年鉴》(2006)，第 299 页，中国统计出版社。
② 《北京日报》2006 年 6 月 30 日。

核减开发区规划用地面积 2.49 万平方公里，占原有规划面积的 64.5%①。2005—2007 年还不断强化了对严格土地政策的司法力度。比如，2007 年 9 月中旬以来，国土资源部专门部署开展了全国土地执法"百日行动"，严肃清理查处了"以租代征"、擅自设区扩区和未批先用三类土地违规违法行为。截至 2007 年下半年，共发现"以租代征"违规违法行为 1.9 万余宗，涉及土地面积约 37 万亩；擅自扩大或者设立各种工业园区违规违法行为 420 余宗，涉及土地面积 87 万亩；未批先用违规违法行为 11800 多宗，涉及土地面积 220 万亩。突出抓住了全国 12 个重点地区、40 多个典型案件，做到了既查处事又查处人、让违法者付出高成本，有力地震慑和打击了三类土地违规违法行为，效果显著。"百日行动"雷厉风行，取得立竿见影的效果，表明土地"闸门"在贯彻宏观调控，遏制固定资产投资过快增长、促进产业结构优化、维护国家粮食安全等方面，发挥着越来越大的积极作用，成为推动各地发展理念与发展模式转变的有力政策杠杆之一。据统计，2007 年，我国进一步优化新增建设用地结构和布局，报国务院批准的城市建设用地核减面积占报批面积的 36.1%②。2005 年，国务院还提出：制定严格的技术、能耗、质量、环保、规模、安全等标准，提高市场准入门槛。

第六，2003 年以来，在实现宏观经济调控方面，针对经济偏热而不是过热的特征，采取了多次微调的办法。实践已经证明：这种调控办法，尽管见效不是很快，但可以把调控的负面影响控制在尽可能小的限度。

第七，2003 年以来，就严重程度而言，经济只是偏热，而不是过热；就部分和整体而言，只是局部过热，而不是全面过热；就各个经济领域而言，既有局部领域存在偏热或过热，还有部分领域存在偏冷或过冷。针对这种情况，采取了区别对待，有保有压的政策。比如，2003 年以后，煤电油运供应紧张，成为经济增长的突出"瓶颈"，着力加强了对这些行业增长的支持力度。2005 年以来，房地产投资快速增长成为整个固定资产投资膨胀的一个突出因素，着力加强了对这方面投资的调控。在这期间，就促进发展滞后的领域（即保的方面）来说，最重要的就是加强农业。就当时情况来说，要促进农业发展，最根本的就是要增加农民收入。为此，2003 年 12 月 31 日中共中央国务院发布了《关于促进农民增加收入若干政策的意

---

① 《经济日报》2004 年 8 月 20 日第 5 版，12 月 11 日第 3 版。
② 《经济日报》2007 年 12 月 27 日第 3 版。

见》，并在 2004 年推出了一系列首创的加强农业的措施。概括起来就是：一是对种粮农民实行普遍的直接补贴。全国共安排粮食直补资金 116 亿元。二是明确提出在全国范围取消农业税的目标。三是在全国放开粮食购销和价格。四是启动了国家优质粮食产业工程规划。集中力量建设一批国家优质专用粮食生产基地。五是明确将部分土地出让金用于农业土地开发。规定市、县将不低于土地出让金平均纯收益的 15% 用于农业土地开发，增辟了农业资金来源。六是在全国范围内清欠农民工工资和征地补偿金。在此基础上，着手建立确保如期兑现的制度①。这六个"首次"，给 9 亿农民带来的实惠，调动了农民积极性，大大促进了农业的发展。2004 年农业增加值达到 20744 亿元，比上年增加了 6.3%，是 1990 年以后增速最高的一年。其中，作为最重要农产品的粮食产量达到 46974 万吨，比上年增长 9%，扭转了 1999 年以来增速连续五年下滑的局面②。还要提到：2004—2007 年，中共中央连续发布了 4 个一号文件，围绕建设社会主义新农村这个目标，就加强农业基地位，实现农业现代化，增强农业综合生产能力，加强农业基础设施和促进农民持续增收等方面做了一系列规定，并且大规模、大幅度持续增加了国家财政对农村的投入，并且取得了显著成效。2004—2007 年，粮食实现了连续性增产，2007 年达到 5015 亿吨。农村居民家庭人均纯收入也实现了持续大幅的增长，由 2003 年同比增长 4.3%，提高到 2007 年同比增长 9.5%③。

需要着重指出的是，2003 年以来，我国经济发展正处于新一轮经济周期上升阶段的波峰年份，极易发生经济过热。但由于实施了上述政策，硬是将经济增长限制在经济偏热的范围内，防止了经济增速的大起。这在新中国经济史上也是第一次，其经济、政治、社会和理论方面的意义十分重大。2003—2007 年，国内生产总值分别增长 10.0%、10.1%、10.4%、11.1% 和 11.4%（详见附表 3），均处于经济偏热区间，并未发生过热。

当然，上述成就的取得，并不只是调控经济总量方面政策的成功，同其他方面的宏观调控政策的实行和改革的进展，也是直接相关的。近几年来，依据经济结构和经济发展与社会发展的严重失衡，以及环境、资源和

---

① 详见《经济日报》2004 年 2 月 9 日第 6 版，2005 年 1 月 8 日第 7 版。
② 《人民日报》2005 年 1 月 26 日第 1 版。
③ 国家统计局网，2008 年 2 月 28 日。

就业压力加大等方面的情况，在这次调控中，在调整城乡关系方面提出了发展现代农业和推进社会主义新农村建设的方针，在调整地区经济方面提出了开发大西部，振兴东北地区等老工业基地，促进中部崛起，鼓励东部率先发展的完整的区域经济协调发展战略；在调整第一、二、三产业结构方面，提出了重点大力发展服务业的方针；在调整投资和消费关系方面，提出了重点扩大消费需求的方针；在节约资源和保护环境方面，提出了建设资源节约型和环境友好型社会目标；在发展社会事业方面，提出了要加快发展就业、住房、医疗、教育和社会保障的要求。但从根本上并集中起来说，就是提出和实践了科学发展和和谐发展两大全局性的发展理念；并适应这种理念，推进了经济体制、政治体制、文化体制和社会体制的改革，提高了对外开放的水平。近几年来，在贯彻这些政策方面都迈出了前所未有的重大步伐，取得了显著成就。

但同时必须清醒地看到：2003—2007 年，我国经济偏热趋于加剧的状态。而且流动性过剩问题加剧，银行贷款增速过快，固定资产投资过高、外贸顺差增长过快，通胀、环境和资源的压力都在加大。这些情况充分证明：2003 年以来的宏观调控在一定程度上存在力度不足的情况。如果把这次宏观调控与 1993 年开始的那次宏观调控做一下对比，还可以更清楚地看到这一点。那次宏观调控面临的是经济过热，但仅用了 5 年（1993—1997 年）时间就实现了经济软着陆。这次宏观调控面临的是经济偏热，但已经用了 5 年时间，经济偏热不仅没有改变，而且还有加剧的趋势，弄得不好，还有可能向经济过热转变。

宏观调控力度不足主要表现为：（1）2003 年已经发生了经济局部过热，但 1998 年提出的、旨在制止经济增速过度下滑趋势的积极的（扩张性）财政政策，直到 2005 年才宣布转变为稳健的（中性）财政政策。而且在这以后，尽管财政赤字和长期建设国债在逐年减少，但总额仍然不小。所以，这期间稳健的财政政策的执行实际上在一定程度上是从松的。（2）2003 年以后，继续实行了稳健的（中性）货币政策，而且依据经济偏热的发展，适度向从紧的方向微调。但在实际上 2003 年以来，M0、M1 和 M2 的增长都超过了经济增长的需要。从这方面来看，实际上在一定程度上也是执行偏松的。作为基本货币政策工具的利率的作用也发挥得很不够。（3）近几年来，许多地方政府通过出卖国有土地和廉价收购集体土地，大搞城市建设的形象工程、招商引资和开发区，成为推动经济偏热的一个最有力的因素。

这些情况说明：在执行土地政策方面，也有力度不够的地方。（4）当前，从某种共同意义上说，我国无论在对外贸易方面，或在引进外资方面，都面临着由数量扩张型到质量提高型的转变。但 2003 年以来，在这些方面并无显著改变，甚至数量扩张型的对外经贸关系还有所发展。特别是 1998 年以后制定的旨在鼓励出口的出口退税政策，也未得到及时、有效的转变。这些就成为 2005 年以来流动性过剩急剧增长的一个十分重要的因素，也突出反映了对外经贸政策执行中的问题。当然，上述各种问题不止是政策执行本身的问题，它是由多种原因造成的。比如，当前外贸顺差继续扩大来说，不只是外贸和引进政策执行中的问题，也不只是由于国内经济失衡和有关部门、出口企业的利益趋动，同体现美国利益的美元世界储备货币地位及其对外经济政策也是直接相联系的。据此，美国可以把许多低端的产业和生产环节转移到我国，并通过发行美元大量购买我国的产品。

还要提到：在经济总量方面偏热情况的发展，还反映了经济结构调整政策的执行力度不够。其主要表现是：（1）2003 年以来，原本已经滞后的第三产业，其增加值在国内生产总值中的比重不升反降；重工业增速又大大超过轻工业；许多行业的产能过剩和产品过剩，以及低水平的重复建设都有进一步增长。凡此种种都表明：在产业政策的执行方面，力度也较弱。（2）2003 年以来，原本已经严重失衡的投资和消费的关系，消费率不升反降。这里可能有消费率低估的因素，但即使考虑到这一点，消费率下降也是一个不争的事实。（3）几年来，各种收入差别还在扩大。其中，城乡收入和东西部收入的增长率差别已经开始下降，但比重和绝对量方面的差距仍在扩大。当然，这在一定时期内是不可避免的。

从根本上说来，经济偏热情况的发展，反映了经济、政治体制改革的推进不力。这特别表现在以地方政府为主的投资膨胀机制的作用还很强，而民主监督机制的作用又很弱。

但从认识上来说，由上述宏观经济调控各项政策执行不力，导致的在经济偏热方面的治理不力，同对这一轮经济周期上升阶段波峰年份经济运行的特点把握不够，也是明显相关的。

但总的来说，2001—2007 年在实现社会主义现代化建设三步走的战略目标方面取得了很大成功。2007 年国内生产总值由 2000 年的 99214.6 亿元增加到 246619 亿元；按可比价格计算，增长了 95.5%，年均增长 10.1%。2001—2006 年，全体居民、农村居民和城镇居民的消费水平分别由 3632 元提高到 6111 元，由 1860 元提高到 2848 元，由 6850 元提高到 10359 元；按可比价格计算，三者分别提高了 51.9%、33.3% 和 38.3%，分别年均提高7.2%、4.9% 和 5.6%（详见附表 1、附表 3 和附表 7）。2007 年，农村居民人均纯收入 4140 元，城镇居民人均可支配收入 13786 元；二者分别实际增长 9.5% 和 12.2%[①]。

① 国家统计局网，2008 年 2 月 28 日。

第 二 章

改革开放 30 年经济发展的辉煌成就

第一节　宏观经济指标全线飘红

一、在经济增长方面，破天荒地实现了长期、持续、快速、平稳增长

（一）经济长期、持续、快速、平稳增长的表现

经济长期、持续、快速、平稳增长，是实现社会主义现代化建设三步走战略目标的决定性步骤。而改革开放以来，我国确实破天荒地做到了这一点。

经济长期、持续、快速增长，其表现是很清楚的，只需做简要的论述，需要着重说明的是经济的平稳增长。

1979—2007 年，我国国内生产总值由 4062.6 亿元增加到 246619 亿元，按可比价格计算，比 1978 年增长了 14.04 倍，年均增长 9.8%；在基数大大提高的情况下，比 1953—1978 年年均增速 6.1% 要高出 3.7 个百分点，年均增速提高了 60%（详见附表 1 和附表 3）。据国外有的学者计算，20 世纪 50 年代以来，有 11 个国家和地区在长达 25 年的时间内，年均经济增速达到 7%。而我国实行经济改革以来，已有 29 年实现了年均增速 9.8%。看来，中国经济增速达到 9% 左右，还要延续一段时间。所以，我国经济长期持续增长，在中外经济发展历史上都是绝无仅有的。

改革开放以来，我国经济不仅实现了长期、持续、快速增长，而且实现了平稳增长。这里所说的经济平稳增长，主要就是指的经济周期实现了

由强波周期到轻波周期转变。为了清楚地说明这一点，需要对经济周期的历史演变做一简要的分析。

1. 经济周期的历史发展

（1）资本主义市场经济条件下的经济周期

资本主义市场经济经历了两个阶段：古典的、自由放任的市场经济和现代的、有国家干预的市场经济。与此相适应，其经济周期也已经历了各具特点的两个阶段。

第一阶段：古典的市场经济条件下的经济周期。

在古典的市场经济条件下，周期性经济危机仍然存在，并发生了质的变化。历史经验表明：在以机械化生产作为物质技术基础的、发达的商品经济条件下，作为社会生产资源配置方式的市场经济比计划经济具有巨大优越性。但私人企业主的生产目的旨在追求利润的最大化。这种经济的内在机制必然造成两方面的结果：一方面社会生产有无限扩张的趋势；另一方面，主要由劳动者消费构成的、作为最终需求的社会购买力，走向相对狭小。同时，作为各个独立的市场主体总是具有一定盲目性。这样，就会引起周期性的、以相对生产过剩为主要特征的经济危机。

在古典的市场经济条件下，从总的走势看，经济危机是趋于加剧的。其主要表现是：第一，经济周期趋于缩短。1836 年，作为市场经济发展最早的英国发生了第一次经济危机。1847—1848 年发生了第一次世界性的资本主义经济危机。其后在 1857 年、1866 年、1873 年、1882 年、1890 年和 1907 年又相继发生过经济危机。大约每 8—12 年发生一次危机。但在两次世界大战之间就发生过 3 次经济危机，即 1920—1921 年、1931—1933 年和 1937—1938 年各一次，平均每六年发生一次。第二，周期过程中高涨阶段的消失。即在危机、萧条和复苏之后，不出现高涨阶段，又步入下一次危机。比如，到 1937 年，世界资本主义工业仅恢复到 1929 年的 95%—96%，但在美、英、法等国又发生了危机。而德、意、日等法西斯国家仅仅因为把经济推向军事化轨道，才避免了这次危机。第三，危机波及经济生活的各个领域。在大机器工业占主要地位以后，近代的农业、建筑业、运输业、商业和金融业等均作为独立的产业有大发展。这样，每次相对生产过剩的经济危机都会袭击这些产业；而这些产业发生的危机，也会加剧工业和整个经济的危机。第四，与上述各种情况相联系，特别是与生产过剩趋于严重的情况相联系，危机对社会生产力的破坏趋于严重。比如，在市场经济最发展的美国，其加工工业的产值在 1907—1908 年危机时下降 16.4%，在 1920—1921 年危机时下降 23%，而在 1929—1933 年危机时下降 47.1%。第五，资本主义经济危机的发展，在很大范围内先后导致了颠覆资本主义制度的政治危机。历史表明：正是经济危机的尖锐化，再加上帝国主义制度固有的其他矛盾（主要是帝国主义国家之间的矛盾以及帝国主义与殖民地的矛盾）的发展，导致部分国家发生严重政治危机，以致第一次世界大战后有社会主义苏联以及第二次世界大战后有欧亚多个社会主义国家的出现。

第二阶段：现代市场经济条件下的经济周期。

我们在下面以美国为例，考察 20 世纪 50 年代以后现代市场经济条件下经济周期的发展。

如果把经济周期进程中增速下降到 0% 至 1% 的年份看做是衰退阶段的低谷年，把负增长最多的年份看做是危机阶段的低谷年，那么，美国在 1950—2006 年发生的经济衰退或经济危机的情况如下：（1）经济增速从 1951 年的 10.8% 下降到 1954 年 -1.3%。这是一次经济危机，波峰年和波谷年的增速落差为 12.1 个百分点。（2）从 1955 年的 8.8% 下降到 1958 年的 0%。这是一次衰退，其落差为 8.8 个百分点。（3）从 1959 年的 6.3% 下降到 1961 年的 0%。这又是一次衰退，其落差为 6.3 个百分点。（4）从 1962 年 7.2% 经过曲折变化下降到 1970 年的 0%。这又是一次衰退，其落差为 7.2 个百分点。（5）从 1972 年的 5.8% 下降到 1975 年的 -1%。这是一次危机，其落差为 6.8 个百分点。（6）从 1976 年的 4.8% 经过曲折变化下降到 1982 年的 -3.2%。这是一次危机，其落差为 8 个百分点。（7）从 1984 年的 6.3% 下降到 1991 年的 -1%，其落差为 7.3 个百分点。这又是一次危机。（8）从 1998 年的 4.3%，下降到 2001 年的 0.5%。这是一次衰退，其落差为 3.8 个百分点。（9）2002—2007 年经济均为正增长，这六年依次分别为 2.2%、3.1%、4.4%、3.2%、3.3% 和 2.5%（详见附表 27）。但这个经济周期还没有完结。

第二次世界大战以后，主要市场经济国家发生的经济衰退或经济危机，并不都是同步的，差别较大。但这并不妨碍我们从总的发展趋势上，并从共同意义上，就上述美国情况概括出第二次世界大战以后现代市场经济条件下经济周期发生的重大变化。第一，尽管衰退或危机仍较频繁，但已由两次世界大战期间平均 6 年发生一次，延长到平均大约 7 年一次。第二，更重要的是：如果说 1937—1938 年那次危机竟然没有出现高涨阶段，那么第二次世界大战以后美国发生的 4 次衰退中，已经看不到危机阶段。第三，如果可以把经济周期中的波峰年和波谷年在经济增速方面的落差超过 10 个百分点的称为强波周期，把 5—10 个百分点的称做中波周期，5 个百分点以下称做轻波周期，那么，1950 年以后美国发生的 8 次衰退和危机中，只有第 1 次可以称做强波周期，后续的 6 次为中波周期，最后 1 次为轻波周期。还要提到：1992—2007 年，美国经济已经实现了持续 16 年的正增长。这就根本改变了第二次世界大战以前（特别是两次世界大战期间）呈现出的强波周期的状况。这同时意味着经济周期对经济增长的负面影响已经大大减轻了。

决定上述经济周期变化的根本因素，是有国家干预的、现代市场经济的形成。当然，也还有其他多种因素。举其要者有：（1）第二次世界大战以后，经济全球化获得了空前未见的大发展，各种国际经济组织（特别是关贸总协定和世界贸易组织）纷纷建立和蓬勃发展。（2）掌握了世界生产和贸易大部分的跨国公司的大发展，由此带来的生产集中度的提高，内部计划性的加强以及经营战略的变化。（3）中间阶层在社会各阶层中比重的上升。（4）公共财政的建立、发展及其国内生产总值中的比重增加。（5）社会福利政策的实施。（6）经济信息化的发展。（7）宏观经济学以及经济预测科学的发展和技术手段的现代化。（8）在政治民主化的条件下，选民意向（如要求低失业和低通胀，反对衰退等）和政治家偏好（如追求政绩、争取连任等）在这方面也起着越来越大的作用。以上各项因素虽然没有从根本上消除产生危机的机制，但却在越来越大的程度上缓解了生产和消费的矛盾以及生产上的盲目性。

在现代市场经济条件下，虽然在经济周期方面发生了积极变化，但这只是问题的一方面。另一方面就是强化了多种经济风险。这一点特别突出表现在金融方面。在现代经济条件下，随着金融的深化，特别是金融衍生工具的发展，金融不仅作为独立的产业获得了进一步的发展，而且上升到社会经济体系中的中枢地位；同时，各种金融风险也异乎寻常地加大了。这样，随着金融风险的积累，再加上其他因素的作用，就会引发金融危机，并对其他领域的危机发生重大影响，甚至能起决定性的作用。

但是，随着古典市场经济向现代市场经济的过渡，作为市场经济条件下危机基本形态的相对生产过剩的经济危机是大大缓解了。而且可以设想，随着各种条件的变化，尽管经济的周期发展在市场经济条件下是不可避免的，但作为周期的一个阶段的危机是可以消除的。美国从 1992—2007 年长达 16 年的实践已经开始证明了这一点。

这些情况表明：在基本经济制度已不适应社会生产力发展的条件下，根本变革它，可以大大促进了生产的发展；作为社会生产资源配置方式的经济体制的大变革，也可以在发展生产方面发生重大的促进作用。对后一方面的巨大作用，仍需进一步做充分的估计。

上述历史可以给人们以重要启示。第一，经济危机在经济、政治和社会等方面都会造成很大的破坏，必须认真对待。第二，现代市场经济体制在缓解经济危机方面具有巨大的作用，必须充分重视这种体制的作用。这一点对我们认识新一轮经济周期的运行特点，很有启示作用。

（2）新中国成立后经济周期的历史演变

以经济增长波峰年为标志，新中国成立以后已经经历了八次经济周期。

第一周期。"一五计划"时期开始时，计划经济体制虽然没有完全建立起来，但在国民经济中已占据了主导地位。而这种经济体制内含着投资膨胀的机制。于是，作为经济增速第一推动力的投资急剧膨胀，因而 1953 年经济增速达到了 15.6%，成为新中国成立以后第一个经济周期的波峰年。但是，主要由投资带动的经济增速的急剧上升，必然遇到投资品以及作为基础产业的农业产品的供给的强烈制约，在客观上迫使经济增速急促下降。而且，这时政府也主动运用行政命令手段对投资进行了调整。于是，1954年经济增速下降到 4.2%。这次周期波动幅度达到 11.4 个百分点，是一次强波周期。

第二周期。1956 年，计划经济体制的阵地得到了进一步扩大。由于毛泽东"左"的思想的开始发展，从 1955 年下半年起先后发动了对社会主义改造和建设速度方面的所谓"右倾"思想的批判。于是 1956 年经济增速又猛增到 15%，成为第二周期的波峰年。但由于周恩来和陈云等领导人的努力，1957 年及时进行了调整，使得这年增速下降到了 5.1%，才没有酿成1958 年"大跃进"那样的大灾难。这次周期经济增速波动幅度达到了 9.9个百分点，又是一个近乎强波周期。

第三周期。1958 年，我国计划经济体制得到进一步强化。特别是由于毛泽东在经济建设方面急于求成、片面追求经济增长速度的"左"的路线占了上风。于是，1958 年经济增长跃进到 21.3%，成为第三周期的波峰年。在 1959 年上半年虽然进行了一定程度的调整，但由于毛泽东"左"的阶级斗争理论的发展，1959 年夏季的庐山会议后，在全国范围内掀起了批判

"右倾机会主义"运动，把"大跃进"延伸到 1960 年，致使 1961 年经济负增长 27.3%。与 1958 年增速相比，落差达到 48.6 个百分点。这样，不仅成为新中国成立后第一个超强波周期，而且第一次形成了由危机阶段构成的经济周期。但这是一次由经济因素和政治因素作用叠加而形成的周期。

第四周期。由于传统体制和战略的作用，1970 年经济增速又迅速上升为 19.4%，是第四个波峰年。其后，由于"文化大革命"的破坏，1976 年竟然出现负增长 1.6%，落差为 21 个百分点，成为第二个超强波周期和第二次经济危机。但这是一次政治性的经济周期。

第五周期。也是由于传统体制和战略的作用，1978 年经济增速又上升到 17.7%，成为第五个波峰年，史称"洋跃进"。由于陈云和李先念等领导人的努力，及时进行调整，到 1981 年，经济增速下降到 5.2%，落差为 12.5 个百分点，也是一次强波周期。

第六周期。由于传统体制和战略的作用，以及转轨时期的特殊矛盾（如新旧体制并存引发的问题），1984 年经济增速又上升到 15.2%，成为第六个波峰年。接着进行调整，到 1986 年经济下降到 8.8%。当时国务院主要领导人曾经提出实行"软着陆"，但由于传统体制和战略的强大作用，也由于错误地对 1986 年的经济形势做了乐观的估计，于是 1987 年又一次陷于经济过热。但这个周期的波峰年与波谷年的落差为 6.4 个百分点，是中国经济第一次进入中波周期。

第七周期。1987 年是第 7 个波峰年，经济增速达到 11.6%。接着进行调整，由于力度过大，形成了"硬着陆"，致使 1990 年经济增速下降为 3.8%，接近衰退。这个周期的落差为 7.8 个百分点，也是中波周期。

第八周期。1992 年经济增速上升到 14.2%，是第 8 个波峰年。由于宏观调控得当，到 1997 年，增速下降到 9.3%，达到我国现阶段潜在经济增速区间的上限①，实现了"软着陆"。到作为这个经济周期低谷年的 1999 年，经济增速下降到 7.6%。这样，其落差为 6.6 个百分点，也是一个中波

① 依据我国现阶段的情况，潜在经济增长率可以定为在既定的技术和资源条件下，在就业率适度增长和不引发加速通货膨胀的情况下，可能达到的可持续的最高经济增长率。计算这种增长率可以采取简便而又较为可靠的办法，就是运用长时间的年均增长率。我国改革开始以后的 1979—2007 年的年均增长率为 9.8%，这可以看做是潜在增长率。但它有一个合理的增长区间，其下限可以定为 7%—8%，中限可以定为 8%—9%，上限可以定为 9%—10%，合理的增长区间为 7%—10%。

周期。

总结以上八个周期的发展，可以看出它们之间的基本共同点，也可以看出其中的某些特殊性。

第一，就其发生的原因看，前五个周期都是由于计划经济体制占主导地位及其完全形成和强化，以及强速战略和非均衡战略形成的。就后三个周期而言，上述各项因素的作用虽有不同程度的削弱，但还顽强地发生作用。同时转轨经济时期的特有矛盾也起了重要作用。

第二，就其运动形态看，主要由行政手段推动投资急剧膨胀，导致经济强速增长，因而必然引起投资品以及农产品的供给严重不足的制约，又导致经济急速下降。但在物价方面，由于计划经济体制下是抑制型物价，因而通胀并不明显。但在进入转轨时期以后，产品价格逐步放开，因而在波峰阶段通胀也明显和尖锐起来。

第三，与高度集中的计划经济体制相联系，是高度集权的政治体制。这样，政治因素对经济增长的作用就很强烈，以致在某些周期竟然能发生以经济总量水平下降为特征的危机，成为政治性的周期。

第四，与计划经济占主导地位、完全形成和强化，以及进入改革阶段后逐步弱化这样三个时期相适应，在波动幅度方面，也经历了由强波周期到超强波周期、再到强波周期、中波周期的演变。

2. 新一轮经济周期的运行特征

如果我们以作为低谷年的 1999 年（这年经济增长 7.6%）为起点考察新一轮经济周期的运行，就可以看到以下几个特点。

第一，就周期的构成阶段看，不仅不会出现由经济因素和政治因素相结合而形成 1961 年那种危机阶段（这年经济增长 -27.3%），也不会出现由政治因素形成的 1976 年那样的危机阶段（这年经济增长 -1.6%），而且也不会出现 1990 年那样的近乎衰退的阶段（这年经济增长 3.8%），仅仅由经济增长在合理的区间（7%—10%）或略超过这个区间运行的上升和下降两个阶段构成。

第二，在经济上升阶段，不仅在上升时间上是新中国成立以后各个周期的最多年份，更是在合理增长区间上限线内运行的最多年份。在以前 8 个周期，上升阶段的上升年份（包括波峰年份）最多为 3 年，最少为 1 年；在合理增长区间的上升年份更少，最多为 1 年，最少为 0 年。而在新一轮周期，这两个数字均为 8 年。这是到 2007 年为止的数字。但依据目前的情况看，在合理增长区间上限线内运行的年份至少还可以延续到 2010 年。

第三，在这个周期的下降阶段，也将在经济增长合理区间下限线内运行（年增长 7%—8%）。

第四，就经济增速波峰年份和波谷年份的波动幅度看，不仅不会是已往周期多次发生的超强波周期（波幅在 20 个百分点以上）、强波周期（波幅在 10 个百分点以上），也不会是中波周期（波幅在 5—10 个百分点），而是首次出现的轻波周期（波幅在 5 个百分点以内）。

将上述四个特点概括起来可以清楚看出：新一轮经济周期运行的总体特点是既快又平稳。这在新中国成立以后是第一次。

但在说到新一轮经济周期运行的平稳特点时，有一个问题是必须要专门探讨的。即 2003—2007 年，经济增速都达到和超过了 10%，是否已经发生经济过热，能否算是经济平稳发展。

这里涉及潜在经济增长率在衡量经济冷热方面的作用以及对潜在经济增长率的估算这样两方面的问题，需做些简要说明。首先要明确经济冷热是一个经济全局概念，而不是经济局部概念。因为经济冷热是指的社会总需求小于或大于社会总供给；其冷热程度就是前者小于或大于后者的程度。因此，从总体上反映经济冷热的指标，必须是反映经济全局的指标，而不能是反映经济局部的指标。在社会总需求小于社会总供给的条件下，社会的生产潜力就没有得到充分发挥，这表明现实经济增长率低于潜在经济增长率。反之，在社会总需求大于社会总供给的条件下，就表明现实经济增长率高于潜在经济增长率。从上述相互联系的意义上，也可以说经济冷热就是现实经济增长率小于或大于潜在经济增长率，经济冷热的程度就是现实经济增长率小于或大于潜在经济增长率的程度。正是这一点，使得经济增长率成为从总体上衡量经济冷热的唯一的、无可替代的反映经济全局的指标。

对潜在的经济增长率简单的估算方法，就是按改革以来 1979—2007 年年均经济增长率计算。依次计算，潜在的经济增长率为 9.8%。但潜在的经济增长率的高低主要决定于社会生产力发展的程度。因而它是动态的概念，而不是静态的概念。这样，潜在经济增长率不仅在改革以来的一个长时期内比改革以前大大提高了（1953—1978 年国内生产总值年均增长率仅为 6.1%），而且在我国当前社会生产力快速发展的年代，新一轮经济周期的潜在增长率也会有一定程度的提高。新一轮经济周期运行特点可以大体上说明这一点。与新中国成立后历次经济周期相比较，其上升阶段的年限要长得多，其下降阶段的增速要高得多。新一轮经济周期年均社会劳动生产率可以更为准确地说明这一点。1953—1978 年社会劳动生产率年均提高 2.6%，1979—1999 年年均提高 6.8%；2000—2006 年年均提高 8.6%（详见附表8）。据此分析，可以将新一轮经济周期潜在经济增长率比前面设想的 9.8% 还要高一些，比如大致估算为 10%[①]。

如果以上估算是适当的，那么，这一轮经济周期上升阶段的波峰年份，只能看做经济偏热。我国改革以来经济增长历史表明：年经济增长率超过潜在增长率两个百分点左右，就造成经济过热。1978 年、1984 年、1987 年和 1992 年四个波峰年份的经济增长率分别为 11.7%、15.2%、11.6% 和 14.2%；分别高于潜在增长率的 2.1 个、5.7 个、2 个和 4.6 个百分点。经济增长率超过潜在增长率 1 个百分点左右，就形成经济偏热。2003—2007 年经济增长率分别为 10%、10.1%、10.4%、10.7% 和 11.4%。根据这些历史经验，可以认为新一轮经济周期上升阶段波峰年份在经济增速方面的特点，是处于潜在经济增长率的顶峰；或在 1 个百分点左右的范围内超过潜在经济增长率，形成经济偏热。当然，如果宏观经济调控失当，或有其他确定因素发生，也很可能转变为经济过热。

所以，总体说来，改革以来不仅根本改变了改革前多次发生的强波周期和超强波周期，而且实现了改革以后发生的强波周期和中波周期到轻波的转变，实现经济的平稳增长。

（二）经济长期、持续、快速、平稳增长的条件

改革以前，由于计划经济体制的束缚，业已存在的巨大经济潜力并没有发挥出来。就是改革以来这种情况仍然在不同程度上存在着。这些潜力主要表现在：第一，一方面有大量的闲置劳动力，另一方面又有大量的闲置生产设备和货币资本，不能结合成为现实有效的生产能力。第二，一方面全国城乡有数以亿计的显性和隐性失业人口，另一方面又有数以几千万计的待开发的就业领域，特别是其中的社区服务业和家政服务业。第三，一方面人才（特别是高级人才）很缺乏，另一方面又有大量人才流向国外。

---

① 这里需要说明：当前我国资源和环境对于经济发展的承受能力已经达到了极限，甚至超过了极限。在这种情况下，是否需要将资源和环境方面的指标列入确定经济过热的考察范围，是一个值得研究的、具有重大意义的问题。但这个问题很复杂，也很缺乏数据。我们在上面的分析中，将这一点舍去了。如果将资源、环境因素列入考察的范围，本书计算的潜在经济增长率需适当下调。

第四，一方面许多工业行业生产能力利用率很低，另一方面过多的低水平的重复建设并未得到有效遏制。第五，一方面资金很短缺，另一方面，浪费损失也很严重。第六，一方面，银行存贷款差额达到了巨大规模，另一方面，小企业贷款又很困难。第七，一方面内需不足成为多年来制约中国经济发展的关键因素；另一方面，在促进内需增长方面具有重要作用的住宅和汽车等产业又因为体制和政策等方面的限制而没有得到应有的发展。第八，一方面不少城市大量商品房闲置；另一方面又有许多缺房户和无房户。第九，一方面，总体上说，消费品生产过剩情况严重；另一方面又迟迟不能有效地形成市场退出机制。第十，一方面，中国经济发展越来越严重地受到自然资源和环境的制约；另一方面，自然资源的浪费损失却很严重，环境恶化的趋势并没有得到根本扭转。以上说的主要是显性经济。如果再考虑到隐性经济，潜力就更大了。据有关学者预测，中国隐性经济规模大约相当于国内生产总值的 15% —20% [1]。

还要提到：中国在历史上是经济大国，在当代面临着特有的巨大发展空间。为了说明这一点，需要做一点历史的和当代的国际比较。依据麦迪森教授按 1990 年国际元计算的资料，1820 年，中国、美国和日本的国内生产总值分别为 2286 亿元、126 亿元、209 亿元；占世界国内生产总值的比重分别为 32.4%、1.8%、3%；分别居世界第一位、第六位和第五位。这样，中国经济 30 年来虽然已经获得了长足发展，但尔后的发展空间仍然是很大的。当然，同历史的中国相比，当代中国发生了巨大变化，有众多不可比因素。但像任何事物的发展一样，中国经济的现实发展和历史也有某种联系，有某种共同点（如人口大国和优秀科学文化传统等）。这样，中国在历史上曾经做到的事情，在有各种有利条件的配合下，再经过长期艰苦努力，

---

① 隐性经济是指那些处在政府管理监督之外或者背着政府进行的各种经济活动，它们不在国家的正式统计之内，是不合法的。中国的隐性经济由"灰色经济"和"黑色经济"两部分组成。其中"灰色经济"占了大头。"灰色经济"主要指没有纳税的收入，一部分是在国家监控之外的非法经营，另一部分是在职职工的非工资性收入。分配领域内的偷、漏税情况十分普遍。粗略估算，50% 的国有企业、80% 的乡镇企业、60% 的合资企业、95% 的个体户都存在偷、漏税的现象。其中最突出的是高收入者的纳税问题，这些人的收入中 50.2% 来自工资性收入，其余一半几乎无法控制。"黑色经济"是指贪污受贿、侵吞国有财产、走私贩毒、卖淫、制假卖假等。全国"黑色经济"的规模到底有多大？单是全国的"三陪"人员就有大约 500 万人左右，如果按每个人带动三个人的就业（如出租车、美容、美发等）来计算的话，约达 2000 万人（《北京青年报》2003 年 1 月 28 日）。

当代中国也是可能在某种程度上做到的。这就能够解释：为什么国际上许多权威机构都预测：中国在 2020 年以后，经济总量可以超过日本，2050 年以后可以超过美国。当然，即使达到了这个水平，人均国内生产总值与它们的差距还是很大的。从这方面来说，发展空间就更大了。

当然，无论是把上述经济增长潜力发挥出来，或者是把这个巨大发展空间变成现实，都需要一系列的条件。而经济改革以来，中国在这方面又确实具有越来越有利的条件。主要是：

第一，经济全球化条件下改革开放效应。改革开放 30 多年来，我国已经初步建成了社会主义市场经济体制的基本框架，形成了全方位、宽领域、多层次的对外开放的总体格局，并成为这期间经济持续快速发展的最根本动力。但这是否可以成为"中国改革开放在释放生产能力方面已经走到尽头"的观点的论据呢？不能。这种说法既不符合国际经验，也不符合中国实际。就国际经验来说，如果以市场经济发展较早的英国算起（英国在 17 世纪下半叶完成了资产阶级革命，在 18 世纪下半叶实现了产业革命），作为社会生产资源主要配置方式的市场经济已经经历了二三百年的时间。而且，在可以预见的将来，还看不到这种市场经济制度在释放生产力方面已经走到尽头。为什么中国市场取向改革才进行了 30 年，就达到了这一步呢？就我国当前实际状况来看，更不能这样说。实际上，中国的改革开放在释放生产力方面还有巨大的潜力。这主要表现在以下几个方面：一是中国已有改革还远远没有到位；二是改革发展很不平衡；三是改革处于攻坚阶段，其难度更大，但作用也往往更大；四是伴随改革的进展，进一步深化改革的条件更成熟，方法更完善。这就使得改革仍将在一个长期内成为中国经济发展的根本动力。比如，从 2003 年启动文化体制改革以来，文化活力大大增强，发展加快。2006 年文化产业增加值达到 5123 亿元，占国内生产总值的比重已达到 2.45%①。

在论到中国经济改革在促进中国经济增长中的作用时，还不能不着重提到：中国转轨时期特有的激烈竞争所激发的强大经济活力。竞争是市场经济共有本质。但在中国由传统计划经济向社会主义市场经济转变的时期，存在着一种特有的激烈竞争。决定这一点的主要因素有：

（1）当代经济发达国家经过一二百年至二三百年的发展，资本早已越

---

① 《经济日报》2008 年 2 月 26 日第 3 版。

过了原始资本积累阶段，人民生活早已解决了温饱问题，已经步入经济发达和生活富裕的阶段。这时当然还存在竞争，而且在有些领域仍很激烈。但总的说来，与资本主义初期那种资本为原始积累，人民为生存而展开的竞争比较起来要缓和得多。而中国在改革初期，非公有经济在国内生产总值中的比重还不到 1%，全国还有 2.5 亿贫困人口。这样，对非公有经济的发展来说，势必重新为积累原始资本而开展竞争；对广大贫困人口来说，势必存在为生存而开展的竞争。事实表明：这个阶段上的竞争比经济发达阶段上的竞争要激烈得多。这是就竞争的发展阶段来说。

（2）就竞争的主体来说，在经济发达国家，除了存在少量的国有企业不说以外，主要是私人企业之间的竞争。而在中国现阶段，不仅存在国有企业与集体企业之间的竞争，也不仅存在居于主导地位的公有企业与私有企业之间的竞争，还存在处于城乡二元体制下企业之间的竞争，以及拥有众多优惠条件的外资企业与中资企业之间的竞争，还存在拥有或实际上拥有大量生产资源的地方政府之间的竞争。这种数量极多的、优势劣势同在的、复杂的市场主体，使得竞争变得激烈起来。

（3）就竞争的目的看，在经济发达国家，伴随健全的市场体系、社会信用制度和法律制度的建立和完善，以及与之相联系的平等竞争的有序进行和充分展开，利润趋于平均化。当然，同时存在争取超额利润的竞争，对垄断企业来说还有争取垄断利润的竞争。但在中国现阶段，市场交易混乱，社会信用缺失，法制不健全，平等竞争并未充分展开。许多可以获得巨额利润的行业还有待发展。由于计划体制和市场经济体制的长期并存，存在巨大的寻租空间。在这些条件下，许多企业不仅不满足于获取中等水平的利润，也不满足于获得超额利润和垄断利润，而是热衷于追逐水平高得多的暴利。正是这种行为，促使竞争的激烈化。也正是这种行为在较短时期内促使社会财富迅速向少数人手中集中，甚至催生了一大批暴发户①。这种财富集中"示范"效应，又反过来进一步促进竞争的激烈化。

（4）从生产要素市场的情况看，中国本来劳动力就多，潜在失业人口（特别是农村潜在失业人口）数以亿计。伴随改革进展，从公有企业中还要

---

① "中国 500 富豪榜"榜单由《世界企业家》杂志制作，包括中国内地、中国台湾、中国香港、中国澳门的富豪。据该榜统计，2007 年中国千万富翁有 44 万人，亿万富翁超过 1.8 万，百万富翁约占总人数的 3%。（《羊城晚报》2007 年 12 月 30 日）

释放出数以千万计的多余劳动力。伴随技术进步和产业结构优化，就业弹性系数显著下降。这一切都会激化劳动力市场上的竞争。中国人均土地面积也少，伴随城镇化和作为支柱产业的房地产业的发展，土地市场的供求矛盾更加尖锐起来。在资金方面，尽管国有或国家控股的银行存贷差在扩大，但中小企业、农村和边远地区需要的资金又远远得不到满足，以致利率高得多的民间借贷迅速发展。所有这些都使得包括劳动力、土地和资金等要素市场上的竞争变得激烈起来。

（5）在中国计划经济体制下，地区之间重复建设和重复生产的问题就很严重。改革以来，由于全国统一的开放的市场并未真正形成，这种低水平的重复建设和重复生产甚至有所发展。这也是加剧竞争的一个重要因素。

（6）总的说来，中国在国际分工中，处于产业链条的低端地位，高科技产品的比重不大，具有自主知识产权的产品也不多，出口产品也多是集中在以劳动成本低为特征的相关产品上。这种低水平的、雷同的出口产品结构也使得相关企业面临着激烈竞争。从积极的主导方面说，正是上述的由市场取向改革激发的激烈竞争，使得现阶段经济充满活力，把各种生产潜力越来越充分地发挥出来，从而在一个很长的时期内推动中国经济的快速发展。但从消极方面说，这种激烈的竞争，对经济发展也有不利作用，甚至破坏作用。但这是问题的次要方面。

第二，知识经济时代科技进步效应。在这个时代，科学技术已经成为第一生产力。事实上，在当代科技进步已经成为推动经济发达国家增长的主要力量，科技进步对经济增长率的贡献已经达到 60%—80%。不仅如此，它还成为改变经济周期形态（即延长经济高涨阶段和缩短经济下降和复苏阶段）、实现经济持续增长的最重要因素。以美国为例，在 1992—2007 年实现了近 16 年的经济持续高增长（详见附表 27），并伴有劳动生产率的持续提高以及低通货膨胀率和低失业率，以致被有的西方经济学者誉为"新经济"。其原因当然是多方面的。比如，美国把国家的宏观调控和市场经济在配置社会生产资源的基础作用结合得较为恰当，既较好地发挥了这两方面的积极作用，又较好地限制了这两方面的消极作用。美国不仅是引进货币资本最多的国家，而且是引进人力资本最多的国家。据统计，当前美国聚积了世界 1/2 的研究生、1/3 的本科生、1/4 的科技人才。但美国在高科技方面居于世界领先地位，显然是一个主要原因。而科技进步也正越来越成为中国经济发展的重要推动力量。据统计，1998—2000 年，中国高技术工业产值由 1.31 万亿元增长到 1.91 万亿元，年均增长 20.75%。2006 年高技术工业产值又上升到 4.13 万亿元，是 2002 年的 2.7 倍，年均增长 27%；占制造业产值比重上升到 16%①。如果再联系到其他方面，科技进步在中国经济增长中的作用就更大了。比如，据测算，多年来，由著名科学家袁隆平发明的杂交水稻在我国水稻的增产中占了 1/3—1/2。还要着重指出：科技进步在中国经济发展中的作用正在迅速增长。

第三，中国当前工业化的阶段效应。这里首先需要说明中国当前工业化所处的阶段。国际上划分工业化阶段，一般用人均国内生产总值、产值结构、就业结构和城市化水平四个指标来衡量。综合这四个指标来看，可以认为中国工业化已处于中后期阶段。但由于当前已处于知识经济开始到来和经济全球化的时代，我国知识经济已经有了一定的发展，并正在迅猛增长。因而我国工业化虽然处于中后期阶段，但已经与知识经济有了一定程度而且越来越大程度的结合。

这个工业化的阶段特征为我国经济的持续快速发展提供了三个极重要契机。

其一是实现跨越式发展。就是说，经济发达国家工业化在经历了初期阶段、中期阶段和完成阶段之后，再进入知识经济化时代；而中国在工业化中后期阶段就开始了与知识经济相结合的过程，在实现工业化的中期阶段和完成阶段的同时就可以在很大程度上甚至基本上实现知识经济化。如果撇开跨越式发展的具体内容不说，跨越式发展历来是经济发展后进国家赶上和超过先进国家的捷径。对中国来说也是如此。这种跨越式发展在生产技术上主要表现为两个方面：（1）由高新技术应用而直接形成的高新技术产业。比如，信息产业。（2）用高技术改造传统产业。比如，现在世界上有的高级轿车的高科技含量已经占到其总值的 70% 以上。这样，作为传统产业的汽车业也就可以逐步演变为高新技术产业。上述两方面都会成为加速经济发展强有力的杠杆。但需着重指出：在中国工业化尚未完成以前的一个长时期内，传统产业还是高技术应用的主要载体。

其二是加速产业结构的优化和升级。在中国当前工业化阶段上，人均国内生产总值已经达到一定水平。这样，消费结构变化很快，由此带动产业结构变化也很快。以此为契机，带动经济高速增长。据测算，城市居民

---

① 《经济日报》2001 年 8 月 23 日第 1 版；新华网，2007 年 12 月 23 日。

消费从千元级到万元级、十万元级消费，即从电视机、电冰箱和洗衣机的消费到电脑、轿车和住房的消费，需要 7—10 年积累期。当前中国城市居民消费正处于这样的积累期。由此必然带动作为支柱产业的住宅和汽车业以及作为高技术产业的信息业的发展。伴随经济发展和人民生活水平提高，还会有许多其他产业特别是新的产业在迅速发展。比如，物流产业（特别是现代第三方物流产业）、文化产业、休闲产业、银发产业、绿色产业和环保产业等。在中国工业化现阶段，产业结构之所以变化快，除了人民生活水平达到一定高度以外，还由于中国经济总量已经达到相当大的规模，积累了巨额的物资资本、货币资本和人力资本。这是产业结构优化升级的极重要物质基础。

其三是制造业将进一步成为促进经济增长的十分重要的产业部门。中国工业现阶段的一个重要特点就是拥有比较强大的制造业，它在发展中国经济方面的重要作用是：（1）强大的制造业本身，特别是其中的汽车等支柱产业已经成为中国当前的强有力推进经济增长的因素，还有许多行业将成为中国经济增长新亮点。比如，轨道交通目前在经济增长中异军突起，将成为中国经济增长的新亮点。国外研究机构预计，未来十年内，全球轨道交通 3/4 的投资将集中在中国。而且，其产业带动性很大。北京城市地铁的大规模扩建、京沪高速铁路的建设，还有 13 个城市提出修建城市地铁，这些都是中国成为全球轨道交通建设第一国的主要因素。而这些是以轨道交通制造业的发展为基础的。（2）强大的制造业是中国实现产业结构优化和升级的物质技术基础。（3）在经济全球化条件下，中国强大的制造业以其本身具有的优势（如在制造能力、技术和价格等方面均具有比较优势），在许多国家（特别是发展中国家）拥有广泛的市场，并至少在某种程度和范围内（比如首先在东亚地区）成为（或即将成为）制造业中心。这样，中国大陆的制造业就有可能成为东亚区域经济一体化的杠杆。在 2001 年 11 月金边会议上，东盟和中国领导人签署了东盟十国与中国的 10＋1 框架协议，建立中国和东盟十国的贸易自由区，预计未来世界将形成北美、欧盟、东亚三大经济板块。可以预计，中国强大的制造业在建立东亚这一经济板块中将发挥重要的作用。

此外，还要提到：在我国工业化中后期阶段，还有其他促进经济发展的重要契机。诸如重化工业的加速发展；工业反哺农业；城镇化提速；区域经济协调发展；社会中等收入人群比重的提高等。这些因素就会从需求

（包括消费、投资和出口）和供给两方面拉动经济增长。

第四，积累了适应现代市场经济发展要求的、全过程的、多方面的宏观调控经验。这里，首先需要明确两个理论观点：一是与古典的市场经济不同，现代的市场经济反对对企业实行自由放任政策，主张实行国家对经济干预。当然，现代市场经济与古典市场经济都主张以市场作为配置社会生产资源的主要方式。国际经验表明：有国家干预的现代市场经济，对于熨平经济周期波动、保持经济持续快速发展具有极重要的意义。二是在过去的一个长时期内中国学术界普遍认为，经济周期只是资本主义经济的特有现象。实际上，中国的历史经验表明：不仅计划经济体制下发生过多次经济周期波动，市场取向改革以来也多次发生过这种状况。这样，在一定阶段上和一定条件下，经济热胀（即经济增速过快，通货膨胀）或经济冷缩（即经济增速下滑过大甚至负增长，通货紧缩），就是难以避免的。因此，健全的宏观调控就成为经济持续快速平稳发展的一个基本条件。

而中国正是在这方面积累了全过程的、多方面的经验。这里所说的全过程包括以下三个阶段：（1）1992—1997 年积累了经济"软着陆"的经验。这期间经济增长率由 14.2% 缓慢地下降到 9.3%，处于中国现阶段经济增长合理区间的上限以内。（2）1998—1999 年又积累了制止经济增速过度下滑的经验。这两年经济增长率分别下降到 7.8% 和 7.6%，仍然处于我国现阶段经济增长合理区间下限以上。（3）2000—2002 年积累了经济缓慢回升的经验。这三年经济增长率分别为 8.4%、8.3% 和 9.1%，均高于 1999 年。而且 2001 年经济增速小幅下降，在很大程度上是由于美国、日本、欧盟三大经济实体增速下降以及随之而来的东南亚地区经济下滑和世界贸易额大幅下挫造成的。2001 年世界商品贸易和服务贸易分别下降了 4% 和 1%，分别只有 6.16 万亿美元和 1.44 万亿美元[①]。（4）2003—2007 年，又积累了治理局部过热，避免经济大起的经验。这五年经济增长率分别为 10.0%、10.1%、10.4%、10.7% 和 11.4%（详见附表 3）。

这里所说的多方面就是在上述的每一个阶段都积累了比较全面系统的经验。在第一阶段形成了这样比较完整的宏观调控政策体系：宏观调控政策各项目标之间的协调；控制总需求各项政策措施之间的协调；优化结构增加供给各项政策措施之间的协调；物价调控各项措施之间的协调。在第

[①]　《经济日报》2002 年 5 月 3 日第 1 版。

二、三阶段又形成了以下较为完整的政策体系：经济发展的目标与扩大内需的经济发展战略相配合；扩大内需战略与调整投资计划相配合；积极的财政政策与稳健的货币政策相配合；扩大投资需求与扩大消费需求相配合；扩大内需与加强外贸工作力度相配合；扩大需求与增加供给、调整结构相配合。在第四阶段，又形成了稳健的财政政策和稳健的货币政策相结合，严把资金闸门与严把土地闸门相配合；有保有压相结合；微调与频调相结合（如前所述）。

当然，上述经验还只是初步的，需要发展与完善。但在中国历史上是空前未有的，在国际上也不多见。它是知识形态上的一笔巨额的、宝贵的资本，是中国经济持续快速平稳发展的重要保证。

第五，人口大国和经济大国的正面效应。中国作为一个发展中大国的某些优势，也是实现经济持续快速平稳发展的一个重要因素。这种大国地位虽然会给中国经济发展带来诸多困难，但同时在加速经济发展方面也具有许多优势。（1）国内市场容量大，而且伴随经济高速增长，这种容量会迅速扩大。这给经济发展会带来多方面的利好因素。一是为实行内需为主和扩大内需为主的方针提供了客观条件；二是许多其他国家在吸引外资方面所不具有的、诱人的优越条件；三是在发展对外经济贸易方面的回旋余地大，大大增强了抵御国际经济风险（包括金融风险）的能力。（2）劳动力多，成本低，可以在某些领域内形成一定的国际竞争比较优势。（3）储蓄率高，人口多，储蓄总量大。（4）物资、人力和货币资本绝对量大，可以集中力量发展某些重要的高科技产业。

这里需要进一步指出：中国作为发展中大国在经济上的含义已经发生了一个根本性的变化，成为经济大国（详见后述）。它虽然还没有从根本上摆脱发展中国家的地位，但其发展程度远非是改革前所能比拟的。由此在某种程度上形成了中国人说的"越富越富"的良性循环效应。就近几年的情况来看，其突出表现是：在2000—2002年间，先后相继取得了"申奥"、"入世"和"申博"的成功。这些成功反过来又成为促进中国经济发展的重要因素。据有关单位预测，"入世"可以提高中国经济增长率0.5个百分点，与奥运有关的经济可以提高经济增速0.2个百分点，与世博有关的经济可以拉动经济增长0.3个百分点。诚然，取得这些成功的因素包括另一方面的内容。比如，中国一贯奉行独立自主的和平外交政策，在国际上赢得了越来越多的国家的认同和赞赏，国际地位和威望有了空前未有的提高。但不可否认的事实是：中国经济的大发展为这些成功奠定了重要的经济基础。但从整体上的长远发展来说，这种经济大国地位一方面使得我国在国内拥有更大的强势资源加速经济发展；另一方面，使得我国在世界经济中形成一定优势，为扩大利用国外市场和资源创造了更有利的条件。

第六，中国仍然可以赢得一个较长时期的稳定的社会政治局面。诚然，当前存在诸多影响稳定的因素。如就业压力增大；农民收入增加缓慢，收入水平低；部分行政官员和国有企业领导人的贪污腐败；以及地区之间和行业之间收入差别扩大等。中国能否实现稳定，是当前人们关注的一个极重要问题，也是中国能否实现经济持续快速发展的一个基本前提。这些问题的根本解决，需要创造一系列条件，并要经历很长的过程。但实践已经证明：只要措施得当，是可以把它控制在社会能够承受的限度，以维护社会的稳定。

第七，就当前的国际形势看，中国仍然可以赢得一个相当长的国际和平环境。这无疑是中国实现经济持续快速平稳发展所必需的国际环境。必须肯定，1991 年苏联解体以后，就由原来存在的美苏两个超级大国争霸的冷战局面走向世界多极化。这一点进一步使得和平与发展成为世界的主流。同时要着重指出：在世界多极化这个主流存在的同时，还存在一股一极化的逆流，即美国顽固推行的霸权主义。因为只有正确地认识这股逆流，并有效地同它进行斗争，才能有效地维护世界和平。必须清醒看到：苏联解体并没有也不可能在世界范围内从根本上消除霸权主义的制度根源。而且，世界多极化只是一种主流发展趋势。它像任何主流一样，必然存在作为其阻滞因素的逆流，而且不排除这一逆流在某些时限内和某些问题上占上风。20 世纪 90 年代先后发生的海湾战争和科索沃战争就是一极化在军事上的突出表现。这两次战争是由多种因素引起的，而且战争的一方是以北大西洋公约军事集团面貌出现的。但在实际上，主要是由当前最强大的一极美国发动的。但美国推行的霸权主义并不只是限于军事上，还表现在政治上和经济上；也并不只是针对发展中国家，同时还针对转型国家、新兴工业化国家乃至其他经济发达国家。

这种一极化主要是由"两个不平衡"引起的。一是社会主义国家的力量与资本主义国家的力量发展不平衡。一方面，1991 年苏联解体使社会主义力量遭到了前所未有的极大削弱；另一方面，资本主义力量（主要是美国）有了很大的增强。二是经济发达国家内部各国力量发展不平衡。20 世纪90年代以来，美国经济有了迅速的发展，这是一方面；另一方面欧盟经济低增长，特别是日本，在20世纪90年代初经济泡沫破裂以后，经济一蹶不振，长期处于低迷状态。但在商品经济条件下，不仅在市场竞争方面凭实力，在政治、军事上也是凭实力的。

值得注意的是：这两个不平衡发展还会持续一段时间。因为美国经济和科技在世界上的领先地位一时还难以改变。美国经济发展也会遇到一些挫折，但不致影响这种领先地位。比如，2001年发生的信息产业"泡沫"的破灭，2007年美国发生"次级贷款"危机，虽然对美国经济也会发生一定的冲击，但不会从根本上改变它的发展态势。这是其一。其二，如果说美国在20世纪50年代的朝鲜战争和60年代的越南战争失败以后，其霸权主义的嚣张气焰有所收敛，但20世纪90年代的海湾战争和科索沃战争以及2002年的阿富汗战争，从整体上说，它都是得手的。因而其气焰更为嚣张。其三，现在国际社会正在出现某种"绥靖主义"思潮，对美国推行的霸权主义缺乏有力的斗争，在客观上也助长了其气焰。这里需要指出：从2002年下半年以来，这种"绥靖主义"思潮开始有所转变，出现了可喜的变化。但是，对美国推行的霸权主义，我们仍须保持高度警惕，并做出相应准备；否则，就可能吃大亏。

但同时也要看到：美国推行的霸权主义，不可能从根本上改变世界多极化趋势，也不可能从根本上改变和平与发展是世界的主流。因而中国仍然能够争取到一个长时期的国际和平环境。

第八，在党的十一届三中全会重新确立的实事求是的马克思主义思想路线的指引下，党在经济、社会、政治和文化等方面的发展、改革路线，实现了与时俱进，不断发展和完善。这是中国经济实现持续增速平稳发展的一个根本保证。

总之，中国有许多有利条件发挥生产潜力，实现经济的持续快速平稳发展。对此，必须树立坚定的信心。当然，中国经济发展也存在许多困难（其中有些是严重的）和风险（其中有的是巨大的）。但历史经验表明：人类社会的巨大变革和发展都是在大风大浪中前进的。当然，必须高度重视这些困难和风险，认真加以解决。否则，也不利于实现经济的持续快速发展。

这里还需简要提到：改革以来，我国不仅实体经济得到了迅速发展，虚拟经济也呈现出相同的态势。1993—2006年，股票市价总值由3531.01

亿元增加到 89403.89 亿元，其中股票流通市值由 861.62 亿元增加到
25003.64 亿元，二者分别增加了 24.3 倍和 28.0 倍；国债发行额由 381.31
亿元增加到 8883.3 亿元，增长了 22.3 倍；企业债券发行额由 235.84 亿元
增加到 3938.30 亿元，增长了 15.7 倍；证券投资基金规模由 120 亿元增加
到 6020.67 亿元，增长了 49.2 倍；期货总成交额由 5521.99 亿元增加到
210063.37 亿元，增长了 37.0 倍①。

二、在物价方面，实现了经济高增长条件下的低通胀

如果说，经济的长期、持续、快速、平稳增长是实现社会主义现代化
建设三步走战略目标的决定性因素，那么，实现经济高增长条件下低通胀
又是实现这个目标的极其重要条件。当然，低通胀的意义并不只是在于这
一点。它具有多方面的意义。其中最重要最根本的就是：低通胀是发挥市
场经济优化社会生产资源配置这一基础作用的根本条件。而在我国伴随经
济改革的发展，终于在 2003—2007 年实现了经济高增长条件下的低通胀。
这在我国经济发展史上，是一件具有非常重要意义的事。

我们在下面就来详细地分析从 2003 年开始的经济高增长条件下的低
通胀。

（一）新一轮经济周期波峰年份②物价③运行的特征及其成因

为了分析这个问题，先对这个问题涉及的两个前提做些说明：

第一，经济冷热的概念和衡量经济冷热的总体指标。这个指标就是现
实经济增长率与潜在经济增长率的差距，它可以比较准确地从整体上衡量
经济的冷热。这一点已见前述，不再重复。

第二，就新中国成立后的历史经验和现状来看，可以设想按经济增速
和消费价格指数的升降幅度，分别设立四个相对应的档次。经济增速方面
的 4 个档次是：（1）经济过热：经济增速超过潜在经济增长率约两个百分
点。（2）经济高位增长：经济增速在潜在经济增长率的上限区间运行。为

---

① 《中国证券期货统计年鉴》（2004），百家出版社；《中国统计年鉴》（有关各年），中国统
计出版社。注：证券投资基金规模从 1997 年开始统计。

② 这里说的新一轮经济周期的波峰年份是指的 2003—2007 年。但从当前情况来看，就是到
2007 年，这个波峰年份也没有完，还会延续一段时间。

③ 从比较完整的意义上说，价格（含产品和服务价格）指数包括国内生产总值矫正指数、生
产价格指数和消费价格指数。但为简略计，本书不拟涉及前两种价格指数，只涉及后一种价格指
数。

了简化问题，并便于和消费价格指数有关档次相对应，大体上可以将经济偏热（即经济增速超过潜在经济增长率 1 个百分点左右）归入这个档次。（3）经济中位增长：经济增速在潜在经济增长率中位区间运行。（4）经济低位增长：经济增长在潜在经济增长率低位区间乃至更低的速度运行。与上述 4 个档次相对应，消费价格指数 4 个档次是：（1）高度通胀：消费价格指数上升幅度 10 个百分点以上。（2）中度通胀：消费价格指数上升幅度 10 个百分点以内。（3）低度通胀：消费价格指数上升幅度在 5 个百分点以内。（4）通货紧缩：消费价格指数为负数。

在对这些前提做了说明以后，再依据新中国成立后经济发展的实际来说明新一轮经济周期波峰年份物价运行的特征。为此，需要将新中国成立后历次经济周期波峰年份的物价运行状况做一简要比较。如果只从 1956 年这个波峰年份算起，那么新中国成立以后，波峰年份共有 8 次，其经济增速和与之相对应的物价价格指数如下：1956 年二者分别为 115.0 和 99.9；1958 年为 121.3 和 98.9；1970 年为 119.4 和 100.0；1978 年为 111.7 和 100.7；1984 年和 1985 年这两年分别为 115.2 和 102.7，113.5 和 109.3；1987 年和 1988 年这两年分别为 111.6 和 107.3，111.3 和 118.8；1992 年、1993 年和 1994 年这三年分别为 114.2 和 106.4，114.0 和 114.7，113.1 和 124.1；2003—2007 年这五年分别为 110.0 和 101.2，110.1 和 103.9，110.4 和 101.8，111.1 和 101.0，111.4 和 104.8（详见附表 3 和附表 10）。这些数据表明：第一，前四次波峰年份物价指数运行的特点是：经济过热条件下的通缩（1956 年和 1958 年）或临近通缩（1970 年和 1978 年）。显然，这主要是适应赶超战略和优先发展重工业战略要求的政府行政指令计划价格体制形成的抑制型通胀。诚然，1978 年我国经济体制改革已经开始。但物价主要由政府行政指令决定到主要由市场调节的转变，还是经历了一个很长的过程。仅就产品价格体制改革来说，在社会消费品零售总额、农副产品收购总额和生产资料销售总额中，政府指令定价占的比重 1978 年分别为 97.0%、92.2% 和 100%（余下的为政府指导价和市场调节价，下同），1985 年分别为 47.0%、37% 和 60%，1992 年分别为 5.9%、12.5% 和 18.7%，2006 年分别为 2.8%、1.2% 和 5.6%（详见附表 21）。至于服务价格的改革，总体上说来，还要滞后一些。可见，即使在 1978 年以后，政府指令定价仍在不同程度上抑制了物价的上升。第二，第五、六、七这三次波峰年份物价运行的特点是：经济过热条件下低度通胀（1984 年）、中度通胀（1985 年、1987 年和 1992 年）或高度通胀（1988 年、1993 年和 1994 年）。这主要是同物价逐步调整和放开（这是经济改革的重要进展）、经济逐年过热以及通胀预期积累和攀升相联系的。第三，第八次波峰年份（2003—2007 年）物价运行的特点是：经济偏热条件下的低通胀。

形成经济偏热条件下的低通胀的原因，包括两方面：一方面是经济偏热。如前所述，在我国现阶段具有经济快速增长的诸多有利条件。但需着重说明：这些有利条件只是为这一轮新的经济周期上升阶段波峰年份在潜在经济增长率顶峰运行，并在一定限度内越过这个顶峰提供了可能性。其所以必然会越过顶峰，形成经济偏热甚至过热，主要是由于经济、政治体制改革还未到位，特别是由于存在以地方政府为主导的、并与企业盲目性相结合的投资膨胀体制，各生产要素价格改革远未到位和民主监督机制不健全。

这里需要着重分析的是问题的另一方面：低通胀的原因。主要是：

第一，与 1978 年、1984 年、1987 年和 1992 年这些波峰年份发生的经济过热不同，这一轮经济周期波峰年份只是发生了经济偏热（数据已见前述）。这表明作为决定物价根本因素的社会总需求超过社会总供给的程度后者比前者小得多。其表现：后者的国内生产总值的矫正指数比前者要小得多。诚然，1978 年这项指数也只有 1.3%。但这主要是由指令计划价格体制引致的抑制型通胀造成的。1984 年这项指数也只有 4.9%，主要也是同价格没有完全放开相联系的。这两年与本轮经济周期波峰年份具有显著的不可比因素，且不说它。1987 年这项指数虽是 5.2%，但接着的 1988 年和 1989 年分别高达 12.0% 和 8.5%。1992 年这项指数高达 8.2%，接着的 1993—1995 年分别上升到 15.1%、20.6% 和 13.7%。而 2003—2007 年这项指数分别只有 2.6%、6.9%、4.2%、3.2% 和 5.6%（详见附表 10）。

第二，前一点是从经济增速的差异方面分析了社会总需求超过社会总供给较小的原因。但增速方面的计算，舍弃了对外贸易的因素。如果把这个因素纳入考察的视线内，那么，我们可以清楚地看到：总需求结构的变化，对于形成低通胀的格局也起了重要的作用。为了排除价格体制等因素的影响，以便有更大的可比性，我们在下面仅将 1993—1995 年与 2003—2006 年的有关情况做一比较。前三年的国内生产总值矫正指数分别为 15.1%、20.6% 和 13.6%；净进口率为 1.9%，净出口率为 1.3% 和 1.6%。后 4 年国内生产总值矫正指数分别为 2.6%、6.9%、4.2% 和 2.5%；净出口率分别为 2.2%、2.5%、5.5% 和 7.6%（详见附表 10）。上述两组数据清楚地表明：作为总需求组成部分的净出口率增长是形成 2003—2006 年低通胀的一个重要因素。但在这里需要说明两点：一是这期间净出口率的大幅急剧上升虽有某种必然性，但从主要方面来说是国内经济严重失衡在对外经济关系方面的反映。二是这种上升虽然在形成低通胀方面起了重要作用（这是主要方面），但由它导致的外贸顺差和国际收支顺差的大幅急剧上升，又形成了一种倒逼机制，迫使央行大量发放基础货币。尽管央行多年来采取多种对冲手段，但也只是在一定期限内缓和了这种发放，并没有从根本上改变这种局面。因而，净出口率的大幅急剧上升，也只是在一定限度内促进了国内低通胀局面的形成。但它同时又有加剧通胀的负面作用。而且随着外贸顺差的扩大，以致成为央行增发基础货币的主要动因，这方面的副作用还会进一步增长，很值得重视。

以上两点都是着重从需求侧面来分析低通胀的形成原因。以下四点（第三至第六）将从供给侧面来进一步分析其原因。

第三，在 20 世纪末，我国已经实现了由新中国成立后长期存在的卖方市场向买方市场的过渡，初步形成了买方市场。其后又有进一步的发展。当然，买方市场并不必然形成产品供给过剩。但相对短缺经济条件下的卖方市场来说，它很容易形成产品供给的过剩。这是其一。其二，当前我国许多消费品和投资品也确实都存在供大于求的情况。据调查，当前我国商品市场 70% 以上的工业品和 80% 以上消费品都是供过于求的，没有供不应求的商品①。另据统计，当前在 600 种消费品中，只有 5 种食品供应偏紧，其余都是供求平衡和供过于求的②。其三，当前我国工业（特别是其中的制造业）的产能过剩情况也比较严重。当前许多制造业设备利用率是很低的。其低的程度甚至超过了有的当代经济发达国家某些经济衰退时期。显然，这种产品供给状况会严重抑制物价的上扬。

第四，由于各种历史和现实因素的作用，劳动力价格低（其中尤以占到城市新增劳动力很大比重的农民工工资低为甚），资金价格低（当前是负利率），自然资源价格低（包括零价格），环境补偿价格低（包括更多零价格）和人民币价格低（汇率低）是当前我国经济发展的一大特色。这个特

---

① 转引自新华网，2007 年 8 月 21 日。
② 转引自新华网，2007 年 9 月 28 日。

色对我国以往经济发展起过重要的积极作用（这是主要方面），但同时也有负面影响，而且这种影响越来越大。就我们这里讨论的问题来说，由这种低价格导致的低成本，显然又是低通胀得以实现的一个重要因素。

第五，社会生产率的迅速提高，是产品价值得以较快降低的一个极重要基础。这又是对冲价格上升的重要因素，从而成为低通胀得以实现的另一个重要因素。

第六，如前所述，与中国转轨时期颇有特色的国内外环境相联系，这个时期存在一种特有的激烈竞争。这种竞争不仅极大地激发了中国经济发展的活力，而且成为低通胀格局得以形成的一个重要动力。这里有必要提出一种相关的观点进行商榷。前几年，处于上游的生产价格指数高，处于下游的消费指数低。我国学界相当流行的一种观点，把这种情况发生的原因归结为价格传导机制不灵。这种说法有一定的道理，但并不全面。实际上，在 20 世纪末，我国已经初步建立了社会主义市场机制。其后，又有进一步发展和完善。在这种情况下，尽管还存在经济垄断、自然垄断和行政垄断，但在产品价格竞争方面还是相当充分的。甚至国内市场和出口的某些方面还存在过度竞争。那么，为什么前几年存在上游产品价格指数高、下游产品价格指数低的情况呢？这除了价格传导机制和时滞等方面的因素以外，主要是由于要素价格低（从而成本低）和社会生产率提高快（从而价值下降快），下游企业消化上游企业价格上升的空间较大；而上述的特有的激烈竞争又以强大的压力迫使生产下游产品的企业比较充分地去挤占这个空间。这才是前几年上游产品价格指数高、下游产品价格指数低得以发生和存在的主要原因。

第七，这几年宏观经济调控政策在实现低通胀方面也起了重要的作用。这些政策的主要内容已在前述。这些政策的实施，已经取得了显著的成效。主要是：2003 年以来，我国经济发展正处于新一轮经济周期上升阶段的波峰年份，极易发生经济过热。但由于实施了上述政策，硬是将经济增长限制在经济偏热的范围内，从需求侧控制了社会总需求与社会总供给的失衡，为实现低通胀提供了一个基本保证。当然，上述成就的取得，并不只是调控经济总量方面政策的成功，同结构调整、经济发展方式转变和改革进展，也是直接相关的。

第八，通胀起点低以及与之相联系的通胀心理预期比较平稳，也是低通胀得以实现的一个重要条件。下列数据可以说明这一点。1998 年和 1999

年，我国经济处于通缩状态。无论是国内生产总值矫正指数、居民消费价格指数和原料、燃料、动力购进价格指数均为负增长。在 2000—2006 年间，国内生产总值矫正指数除了 2004 年达到中位通胀和 2005 年达到低位通胀的上限以外，其余各年均处于低位通胀的下限；居民消费价格指数 2001 年和 2004 年达到了低位通胀的上限，2000 年、2003 年、2005 年和 2006 年均处于低通胀的下限，2002 年还出现了负增长（详见附表 10）。这种多年通胀的情况，使得居民的通胀心理预期也较低。

上面对高增长条件下低通胀的表现和原因的分析，说明了这一点确实是新一轮经济周期物价运行波峰年份的特点。但并不意味着这是我国转轨时期的特有现象。从一定意义上说，在一定时限内经济高速增长与低通胀并存，是 20 世纪 50 年代以来经济发达国家相当普遍存在的一种趋势。现以经济最发达的美国为例说明如下。1951—2006 年，美国国内生产总值年平均增长 3.2%。据此可以设想，将经济增长 3.2% 以下（包括负增长）称为低增长，3.2%—4.2% 称为中增长，4.2% 以上称为高增长。还可以设想，将美国居民消费价格指数增长 3% 以下（包括负增长）为低通胀，将 3%—5% 称为中通胀，5% 以上为高通胀。如果这个设想是可以的，那么在 1951—2006 年期间，共有 19 个经济高增长年。其中经济高增长条件下的低通胀为 8 年（即 1953 年、1955 年、1959 年、1962 年、1964 年、1966 年、1998 年和 2004 年），经济高增长条件下的中通胀为 6 年（即 1968 年、1972 年、1984 年、1985 年、1987 年和 1988 年），经济高增长条件下的高通胀为 5 年（即 1951 年、1973 年、1976 年、1977 年和 1978 年）。还要说明：在这 5 年中，有 4 年的高通胀（1973 年、1976 年、1977 年和 1978 年）是由 20 世纪 70 年代石油危机导致的成本大幅上升推动的。如果扣除这 4 年，那么，在这 19 年中经济高增长条件下低通胀，约可占到一半以上（详见附表 27）。

就我们这里讨论的问题来说，美国与我国无疑存在重大的差别（如美国由高工资形成的高成本）和根本性差别（如美国的基本经济制度）。但在下述两个关键点上又在不同程度上存在着相似之处。一是有国家调控的现代市场经济体制；二是由社会劳动生产率的迅速提高引起产品价值的下降。而且，在这两个关键点上，美国具有比我国更有利的条件。就前一点来说，美国具有发达的、包括产品和要素在内的市场体系和价格机制，其货币政策对宏观经济的调节作用是很强的。就后一点来说，美国依托其先进的科学技术和强大的人力资本优势，社会劳动生产率的增速也是很快的。美国经验进一步证明：在具备上述有关的条件下，实现经济高增长条件下的低通胀是完全可能的。

（二）2007 年物价运行的新态势及其治理

我们在前面的分析，从总体上说来，对 2007 年的物价运行态势基本上也是适用的。但同时也要看到，2007 年以来物价运行又出现了一些新的特征。分析这个特征，并采取相应的对策，具有重要的实践意义。

这个特征就是：作为最重要的价格指数——居民消费价格指数将由 2003—2006 年在低通胀下限区间（2002 年、2005 年和 2006 年）和中位区间（2003 年）运行向上限区间运行转变。2007 年居民消费价格指数上升 4.8%。这就达到了低通胀的上限区间，与此同时，国内生产总值矫正指数也从 2006 年的 3.2% 上升到 2007 年的 5.6%（详见附表 10）。

推动价格指数上升的因素，主要是：第一，社会总需求超过总供给的因素的积累和上升。如前所述，2003—2007 年经济连续五年都是偏热的，现实经济增长率都是超过潜在经济增长率的。诚然，这些社会总需求大于社会总供给的差额，在连续五年价格指数的上升中已经消除了一部分。但仅就这五年居民消费价格指数增幅小于国内生产总值矫正指数的情况来看（详见附表 10），这个差额并未完全消化。这表明：社会总需求大于社会总供给的差额已有五年的积累。第二，2007 年消费、投资和净出口的三大需求的增长情况可以进一步证明第一点的分析。2007 年，社会消费品零售总额达到 89210 亿元，同比上升 16.8%；全社会固定资产投资达到 137239 亿元，同比上升 24.8%；外贸顺差 2622 亿美元，增长 847 亿美元。第三，货币投放偏多和信贷增长偏快拉大了社会总需求的较快增长。2007 年年末，广义货币供应量（M2）余额为 40.3 万亿元，同比增长 16.7%；狭义货币供应量（M1）余额为 15.3 亿元，同比增长 21.1%；市场货币流通量（M0）余额为 3.0 万亿元，同比增长 12.2%；金融机构本外币各项贷款余额为 27.8 万亿元，同比增长 16.4%[①]。第四，成本上升的推动，也是价格上升的一个重要因素。这有两方面的原因。一是国内工资、地价和环保费用的增长；二是国际市场上的原油、有色金属、粮食和海运价格的上升。第五，伴随五年多的价格上升和成本上升压力的加大，由劳动生产率提高带来的利润空间被逐渐压缩，企业对价格上升的消化能力在降低。因而上下游行

---

① 国家统计局网，2008 年 2 月 28 日。

业之间的价格传导明显增强。据调查，2007 年第 3 季度上下游行业间原材料扩放散指数分别高达 40.8% 和 36.9%，比二季度分别提高 5.9 个和 6.3 个百分点，创下 2006 年以来的新高。第六，伴随物价上升，原来存在的通胀预期比较平稳的状态在迅速上升。据央行 2007 年 8 月中下旬对城镇居民的调查，有 61.8% 的人预期四季度物价会上升，其比重比二季度提高 11.1 个百分点[①]。可见，2007 年以来物价趋于上升，不是短期的、偶然的因素作用的结果，而是长达五年时间多种因素造成的。

在这方面，有两种观点值得提出商榷。一种观点认为，2007 年以来物价上涨主要是由猪肉等农副产品价格上升这样一些局部的、短期的因素引起的。诚然，如果把问题的分析范围仅仅局限在居民消费价格指数构成因素方面，这种说法是有道理的。但问题在于：这次物价上升是上述的由需求和供给、国内和国际等多种因素作用的结果。所以，这种说法似有以偏概全之嫌。这是其一。其二，按照这种说法，在猪肉涨价等短期的因素消失以后，物价就会出现明显回落。看来未必。在猪肉涨价等短期因素消失以后，物价可能出现一定程度的回落。但在上述导致物价上升各种因素消失以前，在短期内要使物价回到低通胀的下限区间，就很困难。其三，在分析物价问题时，仅仅局限在消费价格指数（尽管这是国际上使用最广泛的价格指数），而忽略生产价格指数和国内生产总值矫正指数的上升，看来也欠妥。其四，这种观点可能会把对物价监管的注意力引导到对短期因素的治理，而忽视上述的有关物价上升的各种问题的解决。

还有一种观点认为，现阶段推动物价上涨的主导因素是成本提高。应该肯定，成本上升确实是导致当前物价上升的重要因素。但由于我国各项要素价格改革刚刚起步，远没有达到成为物价上升主导因素的地步。这是其一。其二，在我国现阶段，社会劳动生产率的提高是很快的。由此导致产品价值的下降，会成为成本上升的一种对冲力量。其三，我国原来由于各项生产要素价格都低，企业利润率较高，由成本上升而带来的利润压缩还有空间。据对经济发展程度不同的甘肃、山西、黑龙江、重庆、山东和广东 6 个省市的各行业平均利润率的测算，工业为 5%—13%，交通运输业为 9%—14%，批发商业为 4%—7%，零售商业为 4%—9%，建筑业为

---

① 转引自新华网，2007 年 9 月 28 日。

6%—15%，服务业为 9%—15%，娱乐业为 15%—25%①。其四，当前我国产品销售无论在国内市场或者在国际市场上都存在激烈的竞争。这种竞争会成为由成本增加导致的价格上升的一种很强的制约力量。其五，这种观点也可能会把对物价监管的注意力引导到成本上升的治理上，而忽视对需求等方面问题的解决。

当前我国宏观经济形势总体很好，并会继续向好的方面发展。但也存在诸多棘手的重大难题。诸如，要控制经济增速由偏热转向过热，控制失业率的反弹，控制国际收支顺差的扩大等。但控制物价上涨也是事关我国经济发展和社会稳定的一个极重要问题。这是因为，第一，价格机制是市场机制的核心。物价上涨就会使价格信号失真。这就从一个根本方面限制了作为当前经济发展根本动力的市场经济体制在优化资源配置中的作用。第二，物价是收入再分配的强有力工具。价格上涨必然改变收入在企业和居民、政府和居民以及低收入阶层和高收入阶层之间的分配，由此会进一步加剧我国已经存在的经济失衡和扩大居民收入的差别。其主要表现是：（1）物价上涨很容易形成、并且事实上已经造成负利率。这就意味着一方面会提高企业（包括金融企业和工商企业）利润，另一方面就会降低居民（特别是中低收入阶层）收入。而利润正是企业投资的源泉，收入是居民消费的源泉。所以，物价上涨必然会进一步加剧我国长期以来存在的积累和消费比例关系（这是国民经济中最基本的比例关系之一）严重失衡状况。1982—2006 年，我国投资率由 31.9% 上升到 42.5%；消费率由 66.5% 下降到 49.9%（详见附表 4）。（2）货币是国家金融机构发行的。所以，物价上升意味着政府对居民实行加税。这又会进一步加剧我国多年以来存在的政府消费支出与居民消费支出的比例失衡的状况。1988—2006 年，在最终消费支出中，政府消费支出占的比重由 20% 上升到 27.4%，居民消费支出的比例由 80% 下降到 72.6%（详见附表 5）。需要说明：在这期间，政府消费支出（就政府必须提供的公共产品和服务而言）的适当提高是有必要的，问题是提得过高。但更大的问题还在于：政府行政费用的比重提得过高了。（3）如前所述，物价上涨有利于企业利润的增长。在这些企业中居于最重要地位的是国有垄断企业，民营企业占的比重也很大。一般说来，这些企业人员的收入水平都是很高的。这样，物价上涨必然进一步拉大我国居民

---

① 《经济日报》2007 年 9 月 23 日第 1 版。

收入已经很大的差别。1978 年我国基尼系数为 0.317，2006 年上升到 0.496①。因此，当前必须十分注意控制物价的上涨，把物价水平控制在低通胀的上限区间以内（居民消费价格指数上升幅度控制在 5% 以内），防止其转变为中位通胀（5% 以上），并力争逐步把它降到低通胀的中位区间（3% 左右）。简言之，就是要防止物价由增长偏快转变为增长过快。

但需要着重指出的是，前述实现低通胀的条件仍然是存在的。实现低通胀仍然是可能的。为此，需要采取一系列的措施。依据上述的 2007 年以来物价上升原因的分析，降低物价重点还是适度控制社会总需求的偏快增长，以缩小现实经济增长率与潜在经济增长率的差距。为此，主要是控制投资需求和净出口需求的过快增长，因为 2003 年以来社会总需求的偏快增长，主要是由投资和净出口的需求拉动的。与 2002 年相比，2006 年投资率由 37.9% 上升到 42.5%，净出口由 2.5% 上升到 7.6%，消费率由 59.6% 下降到 49.9%（详见附表 4）。2007 年仍然会延续过去 4 年投资率和净出口双双上升、消费率下降的格局。这 5 年真可谓投资和出口的主导型的经济增长。

为了控制投资和出口需求的过快增长，第一，需要把稳中从紧的货币政策的调整为从紧的货币政策。应该看到，2007 年以来，各项货币政策（包括提高存款准备金率、提高利率和公开市场操作三个主要方面）的运用，其频率之高，幅度之大，配合之紧密，三者综合力度之大，达到了前所少有的程度。这对于制止通胀由偏快增长向过快增长的转变，显然起了重要的作用。如果仅仅就这三方面而言，而不看货币流通量和银行贷款量的迅速增长，简直可以说是紧缩的货币政策，而不是稳健的货币政策。但问题在于：当前通胀偏快增长的态势并未得到显著遏制。因此，还必须实现向从紧的货币政策的转变。第二，在财政政策方面，要实现由 1998 年实行的积极（扩张）财政政策到稳健（中性）财政政策的彻底转变。2007 年计划安排的财政赤字和长期建设国债分别仍有 2450 亿元和 500 亿元。这比过去几年虽有大幅下降，但在 2006 年财政收入高达 38760.2 亿元，比 1998 年增长 28884.3 亿元的情况下，财政不打赤字和取消长期建设国债是完全可能的（详见附表 12）。而在经济增速偏热、通胀偏高的情况下，也有必要这样做。更重要的，尽管 2007 年计划安排的财政赤字和长期建设国债的规模

---

① 《经济日报》2007 年 10 月 4 日第 2 版。

都不大，但二者毕竟是带有扩张性的宏观经济政策信号。当然同时也应看到，财政部在 2007 年发行了 2000 亿美元的特别国债，作为中国投资有限公司的资本金，已经发出了适度从紧的信号，起了积极作用。但财政政策还必须更紧密地配合从紧的货币政策的实施。第三，在我国工业化和城镇化加速的形势下，作为最紧缺的资源的土地在发展经济中的作用显著上升。而作为当前投资膨胀机制主导因素的地方政府，不仅依托土地获取巨额的收入，而且以此作为信贷的担保招商引资，成为经济偏热、通胀偏高的一个最重要因素。当然，同时也有中外工商企业依托低地价形成的高利润的投资冲动，以及金融企业依托高利差形成的贷款冲动。从这些方面来说，在继续严把资金关的同时，严把土地关，不仅卡住了土地源头，而且在很大程度上也卡住了资金源头。当然，还要依据环境保护、节约资源、技术进步和安全生产等方面的要求，在这四个方面提高市场准入标准，以遏制投资的过快增长。第四，要加大产业政策执行的力度。经济偏热和通胀偏高的发展，还反映了经济结构调整政策的执行力度不够。其主要表现是：2003 年以来，原本已经滞后的第三产业，其增加值在国内生产总值中的比重不升反降；重工业增速又大大超过轻工业；许多行业的产能过剩和产品过剩，以及低水平的重复建设都有进一步增长。这种执行力度不够的情况，不仅没有显著改变经济结构失衡的状况，而且成为促进经济偏热和通胀偏高的一个重要因素。第五，当前，从某种共同意义上说，我国无论在对外贸易方面，或在引进外资方面，都面临着由数量扩张型到质量提高型的转变。但 2003 年以来，在这些方面并无显著改变。1998 年以后制定的旨在鼓励出口的出口退税政策，也未得到及时、有效的转变。这些就成为流动性过剩急剧增长的一个重要的因素，也突出反映了对外经贸政策执行中的问题。当然，上述各种问题不只是政策执行本身的问题，它是由多种原因造成的。比如，就当前外贸顺差继续扩大来说，就不只是外贸和引进外资政策执行中的问题，也不只是由于国内经济失衡和有关部门、出口企业的利益驱动，同体现美国利益的美元世界储备货币地位及其对外经济政策也是直接相联系的。据此，美国可以把许多低端的产业和生产环节转移到我国，并通过发行美元大量购买我国的产品。

　　要降低投资率和净出口率，就需提高消费率。投资率偏高是国内经济失衡的主要表现，净出口率过高是经济内外关系失衡的主要表现。这些失衡归根结底都是同消费率过低相联系的。从这方面来说，提高消费率是当

前解决国内经济失衡和经济内外失衡的关键。当前提高消费率，最重要的
是提劳动报酬标准，以提高收入水平；要大力发展社会保障、医疗保险、
义务教育和住房保障（包括廉租房建设和经济适用房建设），以提高即期消
费和消费预期；要缩小收入水平的差别，以提高消费倾向。

　　要降低投资率和净出口率并提高消费率，最重要、最根本的是要大力
推进各项生产要素价格的改革。总体上说来，在 20 世纪 90 年代初，我国产
品价格已经基本放开。当时以为价格改革已经基本完成。但从理论上说，
这只是价格改革的第一步，还必须有第二步，就是各项生产要素价格的改
革。这是价格改革更重要也更艰难的一步。因为只有完成了这项改革，才
能从根本上改变计划经济体制下长期形成的价格扭曲的状况，也才能从根
本上发挥市场机制在优化生产资源配置中的作用。如果只是进行了产品价
格改革，而没进行要素价格的改革，那不仅没有全面地完成价格改革，就
是产品价格的扭曲状况，也难以从根本上得到比较彻底的改变。就实践上
说，积极推行这项改革，是当前防止经济增长由偏热转向过热、通胀由偏
高转向过高的迫切需要。

　　为此，第一，进一步推进汇率改革。诚然，从 2005 年汇改以来，到
2008 年 3 月，人民币对美元大约升值了 14% 以上。但这没有从根本上改变
人民币对美元汇率的偏低状况。其原因有二：一是如果按购买力平价计算，
原来就存在人民币低估状况；二是在国内市场上美元供给大大超过需求。
于是，人民币汇率偏低更加凸显，人民币升值压力加大。正是由于人民币
对美元的汇率偏低，升值预期上升，再加上其他多种因素的作用，使得
2003 年以来，经常项目和资本项目双顺差大幅扩大，导致我国外汇储备急
剧增长。2003—2006 年，我国外汇储备分别依次为 4032.51 亿美元、
6099.32 亿美元、8188.72 亿美元、10663.40 亿美元，2007 年 9 月末达到
14336 亿美元。由此形成了倒逼机制，迫使央行大量发放基础货币。在上述
五个时限内，央行发放的基础货币分别依次为 5.3 万亿元、5.9 亿万元、
6.4 亿万元、7.8 亿万元、8.8 亿万元。这样，2003 年央行发行的基础货币
约为当年末流通中的现金余额的 2.69 倍。在这样一个很高的基础上，到
2007 年 9 月末，又上升到约 3.71 倍。而且，货币乘数已达到 5 倍左右①。

---

　　① 《中国统计年鉴》（有关各年）；《中国人民银行货币政策执行报告》（有关各年）；《经济日
报》2007 年 10 月 13 日。

可见，当前流通性过剩的最重要原因，就是外汇储备的大幅急剧增长。而这一点，又正是近年来促使物价上升的最重要因素。因此，为了遏制物价上升，必须从源头上解决问题，必须进一步推行汇率改革。这已经成为当前无法回避的客观趋势。当然，在汇改方面，必须运用和发展中国整个经济改革的渐进式的成功经验，必须充分考虑并创造条件防范各种可能发生的风险，切实做到步伐既积极又稳妥。当前首先要在 2005 年确定的汇率机制的框架内①，加大汇率的弹性，以降低人民币的升值预期。然后还要根据条件逐步推进汇率改革，在一个较长时间内实现由供求关系调节汇率。当然，任何时候都要加强和完善政府对汇率的调控。同时还要在其他方面推进外汇管理体制的改革，进一步推行存汇和用汇主体的多元化，以及用汇渠道的多元化（包括国内和对外两方面）。同时，为了从源头上减少外汇的流入，还要在外贸和外资两方面进一步做出重大的政策调整。总的政策取向似乎应该是：从共同意义上说，就是要实现由数量扩张型向质量提高型的转变。分别说来，外贸要实现由过去多年实行的奖出限进转变为少奖出少限进，同时要实现外贸增长方式的转变；外资要从过去多年实行的奖进限出转变为少奖进少限出，同时要从主要是单一的引进来，向引进来的同时实现加快走出去的转变。

　　第二，进一步推进利率改革。多年来，我国这方面改革已取得重要进展，但远没有到位。这突出表现在当前我国经济生活中存在的一个反差上。一方面，企业利润多年大幅上升。据统计，1999—2006 年，我国工业企业累计实现利润总额为 71773 亿元，年均增长 38.7%。2007 年前三季度，占工业企业利润的 40% 以上的国有和国有控股企业实现利润同比又增长了32.1%②。但另一方面，2007 年以来，作为金融机构贷款来源的存款却处于负利率的状态。形成这种反差的一个最重要原因就是利率市场化改革的进展不力。就我们讨论的问题来说，需要强调：前一方面的状况，正是当前投资膨胀最重要的经济根源。因为企业的高利润不仅为企业投资提供了强烈冲动，而且为此提供了巨额的资金来源。这就从一个方面说明，2007 年央行虽然采取多项紧缩措施，但却显得乏力的一个重要原因。所以，如果说推进汇率改革，是解决当前流动性过剩问题的一个关键，那么，推进利

---

① 详见本书第七章。
② 《经济日报》2007 年 11 月 3 日第 5 版，11 月 14 日第 5 版。

率改革，就是解决当前投资膨胀问题的一个关键。当前在这方面有一种观点值得提出商榷。这种观点认为，当前提高利率会加剧人民币升值压力，推动更多热钱的流入，加剧流动性过剩，促进物价上升。因而主张央行从主要运用利率政策工具转而主要运用汇率政策工具。这里不拟全面评论这种观点。但需指出一点：如果这种观点仅仅局限在是否加剧流动性过剩而言，无疑是有道理的。但是，如果就经济全局而言，利率作为最重要生产要素的资金价格，它在优化全社会生产资源配置中的作用，无论从当前或从长期来看，都是其他价格信号的作用所不及的。因而这种观点有以偏概全之嫌。

第三，建立和健全加速提高作为劳动力价格的劳动报酬水平的机制。改革以来，劳动报酬水平有了空前未有的大提高。但是，并没有得到应有的提高。据有的学者计算，劳动报酬占国内生产总值比重的下降与消费率的下降是高度吻合的，其相关系数高达 0.854①。所以，改革以来消费率的下降大体上可以看做是劳动报酬比重的下降。消费率由 1978 年的 62.1% 下降到 2002 年的 59.6%，再下降到 2006 年的 49.9%②。这是劳动报酬水平没有得到提高的主要表现。

需要着重指出：由劳动力价格低（再加上其他生产要素价格低）形成的低成本，正是高投资和高出口的极重要条件。高投资和高出口必然促进物价的上升。所以，即使只就抑制物价上涨来说，也必须建立和健全加速提高劳动报酬水平的机制。更何况与劳动报酬水平低相联系的投资和消费比例关系失衡是国内经济失衡和内外经济失衡的最重要原因。

那么，是什么原因造成改革以来劳动报酬水平没有得到应有的提高呢？如果仅仅就市场经济本身来说，决定劳动力价格的因素主要有两个。一个是劳动力价值。它是由劳动者的生存、发展和享受的需要以及延续劳动力再生产的需要决定。伴随社会经济的发展，这种需要是上升的。在社会主义国家，尤其是这样。当然，随着社会劳动生产率的提高，包括与劳动力价值相关的产品价值是会降低的。但总的说来，劳动力价值是上升的。这个一般规律在当代经济发达国家已经充分表现出来。随着资本主义经济的发展，剩余价值率的变化，经历了三个阶段：在主要依靠手工劳动的简单

---

① 中国人民大学书报资料中心：《国民经济管理》2007 年第 9 期，第 101 页。
② 《中国统计年鉴》（2007），第 72 页，中国统计出版社。

协作和工场手工业时代，主要依靠提高绝对剩余价值率；在机器大工业时代，主要依靠提高相对剩余价值率；在工业化完成以后的现代化时代，出现了这两种剩余价值率双双下降的现象。当然，只要存在资本主义经济制度，剩余价值率总会存在的①。诚然，在社会主义国家，从主导方面来说，反映资本剥削的经济范畴—剩余价值率已经不存在了。但作为市场经济一般范畴的剩余产品价值率还是存在的。当前我国正处于工业化中后期阶段，又在一定程度上实现了同现代化相结合，更重要的是我国是社会主义国家，在正常情况下也可能和必须进入绝对和相对剩余产品价值率双双下降的阶段。相对剩余价值率的下降，不仅意味着劳动力价值绝对量的上升，而且意味着它的相对量的上升。所以，我国劳动力价格没有得到应有的提高，不仅不是劳动力价值规律作用的结果，而宁可说是在很大程度上违反了这个规律的要求。

劳动力价格没有应有的提高，是同与此有关的另一个因素即劳动力供求关系这个因素有关的。因为尽管从长期发展趋势看，劳动力价格是由劳动力价值决定的，但在一定时期内会受到劳动力供求关系的影响，甚至成为决定性的因素。但人们在谈到这一点时，往往只提到我国当前劳动力供给大大超过了劳动力需求，而忽视了其中的一个特点，就是作为剩余劳动力主体的农民与城市居民的收入差别是很大的。正是这种大量的、又是收入水平很低的剩余劳动力，严重地制约了劳动力价格的应有提高。

上述情况表明：单靠市场机制的自发作用，是不能解决劳动力价格应有提高的问题；即使能解决也要经过一个很长的时期。其实，这一点正是市场经济的局限性在我国特殊的突出表现。但人们谈到市场经济的局限性时又往往忽略这一点。

在政府调控的现代市场经济条件下，市场的局限性正是政府调控经济的职能所在。但人们在谈到政府职能时，又往往忽视了它在我国现阶段在这方面的极其重要的作用。实际上政府在这方面是大有可为的。这种大有可为并不是要回到计划经济体制下由政府给企业下达提高工资的指令，而是适应社会主义市场经济的要求，依法采取多种有效手段。依据我国多年来的经验，以下办法是有效的：（1）千方百计地扩大就业，从缓解劳动力

---

① 详见拙著《论中国经济社会的持续快速全面发展》（2001—2020），第 104—105 页，经济管理出版社 2006 年版。

供求关系方面促进劳动力价格的提高。为此，要进一步大力发展民营企业、小型企业和微型企业、劳动密集型产业、第三产业和小城镇。还要在户籍、税收、奖金和住房等方面为城乡劳动者通过创业实现就业创造条件。目前，仅私营企业和个体工商户就解决了1.1亿人就业，吸纳就业人口总数占全国城镇就业总数的70%和新增就业总数的90%以上。2007年预计乡镇企业就业人数也将达到1.5亿人。目前小城镇已为58%的农村劳动力在本镇域范围内实现了由农业向非农产业的转移①。（2）要从我国现阶段社会生产力发展水平的实际情况出发，兼顾企业的承受能力和劳动者的生活需要，依法确定最低工资标准，并定期调整。这是带有社会保障性的措施，是社会主义市场经济条件下政府提供公共服务的一个重要方面。但这项措施的作用又不限于保障劳动者的最低生活，而且可以通过确定起点和定期调高起点以促进整个劳动报酬水平的提高。（3）要切实普及九年制的义务教育，在有条件的地区还可以率先实行十二年制义务教育，要大力发展职业教育，积极发展高等教育，并加强在职培训，以提高劳动者的文化技术素质，从提高劳动力价值方面推动劳动力价格的上升。（4）要在中外企业普遍建立和健全工会组织，并发挥我国工会维护职工权益的优良传统，增加劳方在同资方博弈中的力量。（5）要在中外企业中普遍建立由资方、劳方和工会组成的工资协商机制，为劳方在确定工资方面争取话语权。（6）要加快公共财政建设的步伐，按照政府提供基本公共服务均等化的原则，在农村进一步加快义务教育、基本医疗、社会保障以及生产和生活方面的基础设施建设，以便从缩小城乡生活水平差别方面减轻农民工流入城市的压力，并促进劳动力价格的提高。（7）要通过加快社会主义新农村建设，在提高农业劳动生产率的基础上大幅提高农民收入的水平。这就可以形成一种倒逼机制，迫使资方提高农民工的工资；否则，他们就不能及时招聘到需要的劳动力。这一点近年来在沿海的一些地区已经开始显出了端倪。多年来，在这些地区劳动的农民工工资得不到提高。但近几年来，随着各项惠农政策的实施，农民收入有了显著提高。于是部分地区发生了农民工的倒流，在这些地区出现了民工荒，迫使资方不得不提高农民工工资。这个经验启示人们：这种倒逼机制是一种经济力量，在促使劳动力价格提高方面的作

---

① 《中华工商时报》2007年8月8日；《人民政协报》2007年11月19日；《经济日报》2007年11月26日。

用，是不容忽视的。而且完全可以预期，随着社会主义新农村建设的发展，这种"水涨船高"的效应还会进一步发挥出来。（8）在维护劳动者工资权益方面进一步加强执法力度，并加强这方面舆论监督作用，使已有的维护劳动者工资的法规能够真正落到实处。从目前情况来看，这一点比进一步完善有关法规也许更重要。

第四，要逐步地但要大幅度地提高资源价格和环境补偿费用。如前所述，这是当前形成低成本的一个重要因素，从而也是形成高投资和高出口的一个因素。因此，为了控制社会总需求的过快增长，就必须进行这方面的价格改革。

但在这里，需做三点说明：第一，我们在前面着重分析了进一步推进价格改革在抑制社会总需求，从而在防止通胀由偏快转向过快中的作用。但并不否定其他方面的改革以及调整经济结构和转变经济发展方式在这方面的重要作用。比如，进一步深化国有企业改革，完善治理结构，推进垄断行业改革，就会进一步强化价格机制作用的微观基础，就是促进价格下降的一个重要因素。第二，在前面着重分析了通过价格改革以抑制社会总需求的过快增长，从而防止通胀由偏快转向过快，也并不否定改善供给在这方面也有一定的作用。但如果像有的观点那样，认为制止当前通胀的根本办法，"在于增加有效供给"。这就值得商榷。当前我国确实存在部分的有效供给不足，从而引发物价上涨。但如前所述，物价上升的主要原因并不在于这一点，而是社会总需求超过了社会总供给。第三，在前面着重分析了当前存在由社会总需求增长过快导致物价上升由偏快转向过快的态势。但并不否定同时也确实存在许多行业的产能过剩和产品过剩，因而存在潜在的通缩风险。但如果像有的观点那样，认为当前"对宏观调控来说，应当准备应付的也不是过热，而是过剩"。这也值得商榷。显然，经济由偏热向过热转变以及物价由偏快向过快转变，是现实的主要危险，而过剩和通缩只是潜在的风险，二者是不能混淆的。

但是，总的说来，通过上述措施，把物价首先控制在低通胀的上限区间，然后再进一步下降到中位区间，是完全可能的。因而，纵观改革以来经济发展的全过程，完全可以说，到 2003—2007 年实现了经济高增长条件下的低通胀。如果以 1988 年和 1995 年这两个波峰年份为起点来考察这期间的经济发展，还可以说，实现了由经济过热条件的高通胀到经济高增长条件下的低通胀。但同时需要清醒地看到：2007 年的经济增速和物价涨幅表明：我国经济由偏热转向过热以及物价由增长偏快转向过快的危险性大大增加了。因此，2008 年的宏观经济调控必须着力抓住这一点。但基于前面已经说过的理由，只要宏观经济调控得当，又不发生重大意外事件，在实现经济高增长条件下，把物价控制在低度通胀的上限或中度通胀的下限，仍然是完全可能的。

三、在就业方面，实现了历史性的突破

在当代，无论在何种经济类型国家，就业都是一个事关民生改善，社会稳定和经济发展的极为重要的社会问题。在我们社会主义国家，这个问题显得尤为重要。

但是，在改革以前的计划经济体制和城乡二元社会体制下，曾经形成了数以亿计的潜在失业大军。而且，我国每年新的劳动力也是数以千万计。还有，伴随改革的进展，国有企业和集体企业不仅不能新增加就业人员，还要释放出数以千万计的冗员。这样，在改革以后，就业势必成为一个极为尖锐的社会问题。

但改革开放以来，我国在这个问题上取得了历史性的突破。第一，就业总量几乎成倍增长。1953—1978 年的 26 年，全国从业人员由 21364 万人增加到 40152 万人，增长了 87.9%，年均增长 2.4%；而在 1979—2006 年的 28 年间，由 41024 万增加到 76400 万人，增长了 86.2%，年均增长也是 2.3%（详见附表 8）。但作为后 28 年起点的 1979 年从业人数为前 26 年起点的 1953 年人口数的 1.9 倍。后 28 年的社会劳动生产率年均增速为 7.2%，是前 26 年年均增速 2.6% 的 2.7 倍（详见附表 8）。这又意味着改革以来的 28 年资本有机构成大大提高了，从而就业弹性系数大大降低了。可见，改革 28 年以来就业总量年均增速基本保持了改革以前 26 年的年均增速，是在就业人数总量和技术水平大大提高以及就业弹性系数大幅下降这些不利条件下实现的，是来之不易的一个重要成就！

第二，在农村大量潜在失业人口实现就业，公有企业大量释放冗员，城乡新增劳动力大量增加和就业弹性系数大幅下降等极为不利的条件下，从总的趋势看，不仅控制城镇登记失业率的上升，而且在 2003—2007 年连续 5 年实现了失业率的下降。1978 年城镇登记失业率为 5.3%，2003 年下降到 4.3%，2007 年下降到 4.0%（详见附表 8）。

第三，更为重要的是：长期以来，人们最为忧心的一个重要问题，就

是在中国社会主义现代化过程中如何实现数以亿计的农村富余劳动力向非农产业的转移。并且原来设想实现这种转移需要经历一个很长的时间。但改革开放以来，实践已经为这种转移打下了牢固的基础，并缩短了比人们原来预想的时间，使人们清楚地看到了完成转移的前景。这就意味着我国非农产业的劳动力供给，在较短的时间内就可以实现由过去长期存在的大量供过于求的状态转变到供求基本平衡。这是一个历史上的转折。据有学者估算，改革开放以来农村需要转移到非农产业的劳动力约有 3 亿人左右。到目前为止，有 1.2 亿人已转移到乡镇企业，有 1.1 亿人已进城务工，还要转移的约 7000 万人左右。依据这个情况，再考虑到城乡新增劳动力的增加，以及由城乡劳动生产率的上升引致的就业弹性系数的下降等因素的影响，基本实现这种转移，大约还要 10 年左右的时间，即到 2015 年前后。

上述三方面的情况表明：就我国具体情况而言，在解决就业这个极重要而又极困难的问题上，改革开放以来，已经实现了历史性突破。当然，今后这方面的任务还是很艰巨、很繁重的。

四、在国际收支方面，实现了跳跃式的增长

在经济全球化的条件下，一个国家的国际收支状况，是经济综合实力、国际竞争力和抵制国际经济风险能力的反映，是宏观经济的重要指标。

但在经济改革以前，在计划经济体制下，部分地由于实行封闭、半封闭政策的影响，部分地由于当时国际形势的限制，我国国际收支不仅规模很小，增长速度也很慢。1952 年年末，外汇结存只有 2.94 亿美元，到 1978 年也只有 8.68 亿美元；按美元当年价格计算，26 年间只增长了 1.95 倍，年均增长 4.2% 。

改革开放以来，在经济迅速增长的条件下，由于开放型经济的发展，国际收支顺差呈现出跳跃式的增长。由 1982 年的 62.91 亿美元增加到 2006 年的 2470.25 亿美元；按当年美元价格计算，24 年增长了 38.3 倍，年均增长 16.5% （详见附表11）。

我国国际收支顺差的迅速增长，既是我国对外开放和经济发展的重要成果，反过来，又成为促进经济改革和经济发展的重要因素。当然，当前也面临着合理控制国际收支顺差规模和增长速度问题。

第二节　人民物质文化生活水平全面提升

第一，居民收入水平的迅速提高。这是居民消费水平提高的来源。1978—2007年，城镇居民家庭人均可支配收入由343.4元增加到13786元，农村居民家庭人均纯收入由133.6元增加到4140元；二者分别增加了6.4和6.2倍。[1]但需要说明的是：这些收入并不是居民的全部收入，它只是包括了工薪收入、经营净收入、财产性收入和转移性收入，并没有包括各单位对居民的补贴和居民的其他合法收入，更没有包括数量相当大的灰色收入和黑色收入。所以我国居民收入水平在一定程度上是被低估了。

还要提到的是，个人所得税起征点的提高，实际上也提高了居民收入。1989年我国开始征收个人所得税，起征点为800元，2006年调高为1600元，2008年再调高为2000元[2]。

第二，居民消费水平迅速提高。1978年，全体居民消费水平由1952年的91元增加到184元；其中，农村居民由65元增加到138元，城镇居民由154元增加到405元。按可比价格计数，这期间三者年均增速分别为2.3%、1.8%和3.0%。但2006年居民消费水平由1978年的184元迅速增加到6111元，其中农村居民由138元增加到2848元，城镇居民由405元增加到10359元。这期间，三者年均增速分别为7.5%、5.9%和6.3%；三者平均增速比前一个时期分别高出2.26倍、2.28倍和1.1倍（详见附表7）。

这里需要说明：与上述的我国居民收入水平被低估相联系，居民消费水平也在一定程度上是被低估了。

还要着重提到：1978—2007年，我国农村贫困人口已由2.5亿下降到1479万人。

第三，恩格尔系数（即食品消费支出占家庭消费支出的比重）的提高，是居民物质生活提高的重要指标。1978—2007年，农村居民家庭恩格尔系数由67.7%下降到43.1%，城镇居民家庭由57.5%下降到36.3%；二者分别下降了24.6个百分点和21.2个百分点（详见附表7）。

第四，住宅水平的提高，是人民物质生活提高的极重要标志。1978—

---

① 《中国统计年鉴》（2007），第345页，中国统计出版社；国家统计局网2008年2月28日。

② 《经济日报》2007年12月24日第8版。

2006 年，城镇人均建筑面积由 6.7 平方米增长到 27.0 平方米，农村人均居住面积由 8.1 平方米增长到 30.7 平方米；二者分别增长到了 3.0 倍和 2.8 倍。2007 年，城镇人均建筑面积又上升到 28 平方米，比上年上升了 1.0 平方米（详见附表 7）。

第五，现代交通通讯的广泛运用以及交通通讯支出在消费支出中比重的提高，是居民生活走向现代化的重要方面。比如，到 2006 年，城镇居民家庭平均每百户拥有移动电话达到了 152.88 部；农村也达到了 62.05 部。到 2007 年，我国宽带用户数已达 1.22 亿户，居世界首位[1]。与此相联系，2006 年城镇居民家庭交通通讯支出在人均消费支出中的比重由 1990 年的 1.20% 提高到 13.19%，农村由 2.24% 提高到 11.95%[2]。

第六，高等学校毕业生人数的增长，是人民文化生活提高的最重要标志之一。1978—2007 年，普通高等学校毕业生由 16.5 万人增加到 448 万人；研究生毕业人数由 9 万人增长到 31 万人；二者分别增长了 26.1 倍和 34443.4 倍。人民文化生活水平的提高在城乡居民家庭消费支出构成中也明显地反映出来。1990—2006 年，城镇居民家庭教育文化娱乐支出占人均消费支出的比重由 11.12% 上升到 13.83%，农村由 8.36% 提高到 12.63%[3]。

上述第一点是人民物质生活水平提高的重要标志。第六点是文化生活水平提高的重要标志。旅游是物质文化生活和健身的复合载体，闲暇时间是物质文化生活和人的全面发展的重要条件；而且二者都是改革开放以来人民物质文化达到相当高的基础上方出现的新事物。所以在谈到改革开放以来人民物质文化生活提高时，还必须提到这两点。

第七，国内旅游的蓬勃发展。1994—2006 年，仅国内旅游就由 524 万人次增加到 1394 万人次，其中城镇居民由 205 万人次增加到 576 万人次，农村居民由 319 万人次增加到 818 万人次；三者分别增长了 1.66 倍、1.81 倍和 1.56 倍。在这期间，人均旅游花费由 195.3 元增加到 446.9 元，其中，城镇居民由 414.7 元增加到 766.4 元，农村居民由 54.9 元增加到 221.9 元；三者分别增长了 1.29 倍、0.85 倍和 3.04 倍[4]。

---

[1]　《科技日报》2007 年 12 月 24 日。

[2]　《中国统计年鉴》(2007)，第 347、351、371、375 页，中国统计出版社。

[3]　《中国统计年鉴》(2007)，第 347、371、390 页，中国统计出版社；国家统计局网，2008 年 2 月 28 日。

[4]　《中国统计年鉴》(2007)，第 765 页，中国统计出版社。

第八，闲暇时间不断大幅增加。改革开放以来，我国开始实行由改革前的单休日改为双休日。后来又实行"五一"节、国庆节和春节三个长假（每节放假三天）。从 2008 年 1 月 1 日起，又调整和增加了假日。即取消了前两个长假，但增加了富有历史文化内涵的清明节、端午节和中秋节（每节一天假日）。这样，我国法定节假日和周末休息日再加上职工带薪年休假，一年中平均休假时间就超过了一年的 1/3 的时间①。

第九，人口预期寿命的增长，是人民物质文化生活水平提高的一个综合指标。1978—2006 年，我国人口预期寿命由 68 岁提高到 72.4 岁②。

总之，改革开放以来，我国人民物质文化生活水平得到了前所未有的、迅速的、全面的提升。当然，在一个长时期内我国还处于社会主义初级阶段，还是发展中国家，与当代经济发达国家相比较，总体上说来，我国人民的生活水平还是比较低的。

第三节　经济大国地位总体确立

第一，2006 年，我国国内生产总值达到 26452 亿美元；居世界位次由 1978 年的第 10 位上升到 2005 年、2006 年和 2007 年的世界第 4 位，居美国、日本、德国之后。与此相联系，中国经济总量的增长对世界经济增长的贡献率也在增长。2003—2005 年中国经济增长对世界经济增长的贡献率达到为 13.8%，在这期间均居世界第二位。

第二，作为主要农产品的谷物、肉类和籽棉产量 1978 年分别居世界的第 2 位、第 3 位和第 2 位，1990 年以后三者均居世界第 1 位。

第三，作为主要原材料的钢和水泥产量 1978 年分别居世界第 5 位和第 4 位，2000 年以后一直居世界第 1 位。

作为主要能源的煤、原油和发电量 1978 年分别居世界第 3 位、第 8 位和第 7 位。其中，煤在 1990 年以后一直居世界第 1 位，原油在 1990 年以后上升到第 5 位或第 6 位，发电量在 2000 年以后一直居世界的第 2 位③。

目前制造业规模已居世界的第 4 位。其中，高技术制造业规模已居世界

---

① 详见《经济日报》2007 年 12 月 17 日第 2 版。
② 《光明日报》2008 年 1 月 8 日第 5 版。
③ 《中国统计年鉴》（2007），第 1024 页，中国统计出版社；新华网，2008 年 1 月 5 日。

第 2 位。

第四，2007 年我国普通高校在校生达到 1855 万人，受过高等教育的人口超过 7000 万人[①]。我国已成为高等教育大国和人力资源大国。

第五，依据 2007 年 9 月科技部发布的"中国科技实例研究"项目成果，当前，我国科技人力资源总量约为 3500 万人，居世界第 1 位；2006 年我国研究开发人员总量为 142 万人，居世界第 2 位。此其一；其二，2006年，全社会科技支出经费总额 4500 亿元，全社会研究开发支出总额 3003.1亿元，居世界第 5 位；研究开发投入强度达到 1.42%。其三，目前专利申请受理总量突破 400 万件，国内发明专利申请量连续三年超过国外申请量，2006 年达到 53.4%，我国发明专利申请量居世界第 4 位[②]。

第六，我国进出口贸易额，2007 年由 1978 年的 206.4 亿美元增加到21738.0 亿元，按当年美元价格计算，增长了 105.3 倍（详见附表 24）。我国进出口贸易总额的世界位次，1978 年为 27 位，2004 年以后一直居世界第3 位[③]。另据 2007 年 8 月韩国贸易协会国际贸易院最新发布的报告称，中国有 958 种产品在世界市场上的占有率排名第一，是拥有占有率位居第一的商品种类最多的国家[④]。

第七，我国实际利用外资总额由 1979—1980 年的 181.87 亿美元增加到2006 年的 735 亿美元（详见附表 25）。多年来均居世界前列。

第八，我国的外汇储备由 1978 年的 1.67 亿美元增加到 2007 年的 15282亿美元，按当年美元价格计算，增长了 9149.9 倍[⑤]，居世界第 1 位。

第九，据国外有的单位测算，2006 年我国消费额占世界消费额的5.4%，居世界第 5 位[⑥]。

但在这里也需说明：

第一，上述的中国经济大国地位的确立，是从总体上说的。这就意味着：一方面中国在有些领域（比如第三产业的某些领域）还没有成为经济大国；另一方面中国在某些领域已经不只是经济大国，还是经济强国。其

① 《经济日报》2007 年 12 月 24 日第 3 版；国家统计局网，2008 年 2 月 28 日。

② 《人民日报·海外版》2007 年 9 月 26 日；《经济日报》2008 年 1 月 8 日第 4 版。

③ 《中国统计年鉴》（2007），第 1024 页，中国统计出版社。

④ 《法制晚报》2007 年 8 月 21 日。

⑤ 《中国统计年鉴》（2007），第 774 页，中国统计出版社；国家统计局网 2008 年 2 月 28 日。

⑥ 《十七大报告（辅导读本）》，第 93 页，人民出版社 2007 年版。

突出表现就是继人造卫星上天、航天飞船发射成功之后，2007 年又实现了嫦娥一号探月工程，这是中国航天事业发展的第三个里程碑。它表明中国在这个领域已经处于强国地位。又如，按照"2007 世界体育强国排行榜"的资料，中国以 132 块金牌排名世界第二，美国、俄罗斯分别以 214 块和 128 块金牌排名第一、第三位。在奖牌总数上，美国以 608 块奖牌列第一，俄罗斯 359 块列第二，中国 280 块列第三[①]。

第二，如果对衡量经济大国地位的指标做更全面的比较，中国经济居世界的位次就没有那么高。比如，一国经济总量包括其国内生产总值和其在海外投资的产值。按国内生产总值计算，中国在 2005 年列世界第四。如果按经济总量算，2005 年中国累计海外投资仅为 517 亿美元，中国的经济总量是 22867 亿美元；当年美国、日本、德国、英国、法国的经济总量分别为 145039 亿美元、49418 亿美元、36309 亿美元、35796 亿美元、27910 亿美元，中国经济总量在世界排位不是第四，而是第六。又如，2005 年中国对外贸易总额达 14221 亿美元，居世界第 3 位。但综合考虑外资对外贸的贡献等因素，2005 年中国实际外贸总额为 8741 亿美元。而当年德、日、法、英的外贸总额分别为 17448 亿美元、11119 亿美元、9550 亿美元、8781 亿美元，都比中国多。再如，2006 年年底，中国外汇储备达到 10663 亿美元，居世界第一，但综合考量各种相关因素，中国在世界位次也要后移。首先，中国外债负担较重。西方发达国家一般没有外债，多数还向其他国家放债。其次，西方国家民间外汇储备量比中国多得多。如日本民间外汇有 3 万多亿美元，而中国民间外汇只有 1600 亿美元左右。再次，黄金储备美国、德国、法国分别拥有 8135 吨、3440 吨、3025 吨，中国仅 600 吨[②]。

但即使考虑上述各项因素，中国经济大国地位的总体确立，仍然是肯定无疑的。

概括以上所述，宏观经济指标全线飘红，人民生活水平全面提升和经济大国地位总体确立，是改革开放 30 年在经济发展方面取得的辉煌成就。

当然，像任何事物都具有二重性一样，我国经济发展也面临着诸多困

① "世界体育强国排行榜"由法国汉威士体育公司制作完成，以 2006 年 11 月 15 日至 2007 年 11 月 15 日间 114 个国家和地区的运动员在 52 个体育大项的世界性比赛结果为基础，所有奖牌数据由各国际单项体育联合会提供，从而最大限度保证了数据的真实性和权威性。（《北京日报》2008 年 1 月 19 日）

② 《中国经济时报》2007 年 6 月 15 日。

难和问题。正如党的十七大所总结的，突出的是：经济增长的资源环境代价过大；城乡、区域、经济社会发展仍然不平衡；农业稳定发展和农民持续增收难度加大；劳动就业、社会保障、收入分配、教育卫生、居民住房、安全生产、司法和社会治安等方面关系群众切身利益的问题仍然较多，部分低收入群众生活比较困难；思想道德建设有待加强；党的执政能力同新形势新任务不完全适应，对改革发展稳定一些重大实际问题的调查研究不够深入；一些基层党组织软弱涣散；少数党员干部作风不正，形式主义、官僚主义问题比较突出，奢侈浪费、贪污腐败现象仍然比较严重。我们要高度重视这些问题，继续认真加以解决①。

---

①　《中国共产党第十七次全国代表大会文件汇编》，第 5—6 页，人民出版社 2007 年版。

第 二 篇

经济发展战略

第 三 章

经济发展战略的基础理念：
科学发展观

第一节 科学发展观形成的条件

纵观经济理论发展的历史，任何一个重大理论的提出，都有它赖以形成的经济思想来源，经济发展的历史经验以及现实经济发展环境的需要等方面的条件。科学发展观这一重大理论的提出亦复如此。

一、继承了马克思主义

把经济发展作为无产阶级夺取政权以后的首要任务，是马克思主义以一贯之的一个基本观点。马克思恩格斯在 1948 年发表的《共产党宣言》中早已指出：在无产阶级夺取政权以后，要剥夺全部资本，"并且尽可能快地增加生产力的总量。"① 列宁在十月革命以后不久也曾指出：无产阶级在取得政权以后，应当解决双重的任务。一是领导被剥削劳动群众粉碎资产阶级的反抗；二是组织社会主义的大生产。列宁强调第二个任务比第一个任务"更困难"，也"更重要"。因为归根结底，"只有用社会主义大生产代替资本主义生产和小资产阶级生产，才能是战胜资产阶级所必需的力量的最

---

① 《马克思恩格斯选集》第一卷，第 272 页，人民出版社 1972 年版。

大源泉，才能是这种胜利牢不可破的唯一保证。"① 这是第一。第二，可以毫不夸张地说：马克思主义从它产生的第一天起，就把人的全面发展作为共产主义社会发展生产的根本目的。恩格斯在 1847 年撰写的、作为《共产党宣言》初稿的《共产主义原理》中写道：在共产主义社会，"把生产发展到能够满足全体成员需要的规模"，"使社会全体成员的才能能得到全面的发展"②。第三，马克思对共产主义社会的经济按比例发展规律做过这样的表述："如果共同生产已成为前提，时间的规定当然仍有重要意义。社会为生产小麦、牲畜等等所需要的时间越少，它所赢得的从事其他生产，物质的或精神的生产的时间就越多，正象单个人的情况一样，社会发展、社会享用和社会活动的全面性，都取决于时间的节省。一切节约归根到底都是时间的节约。正象单个人必须正确地分配自己的时间，才能以适当的比例获得知识或满足对他的活动所提出的各种要求，社会必须合理地分配自己的时间，才能实现符合社会全部需要的生产。因此，时间的节约，以及劳动时间在不同生产部门之间有计划的分配，在共同生产的基础上仍然是首要的经济规律。这甚至在更加高得多的程度上成为规律。"③ 可见，恩格斯在这里既论证了节约劳动时间规律，又论述了按比例发展规律。但是如果现在据此来论证计划经济体制存在的必要性，那就十分不妥。这不仅违反了马克思主义的方法论，也根本脱离了中国社会主义初级阶段的实际。以上三点说明：科学发展观具有多么深远的思想渊源。

科学发展观，不仅是继承了马克思主义，还继承了中国化的马克思主义。

毛泽东在新民主主义革命即将在全国取得胜利的 1949 年 3 月曾经着重提出："从接管城市的第一天起，就要把生产建设作为中心任务，城市的其他工作都是为这个中心工作服务的。"④ 在这个时期，他还强调："新民主主义国民经济的指导方针，必须紧紧地伴随着发展生产、繁荣经济、公私兼顾、劳资两利这个总目标。一切离开这个总目标的方针、政策、办法，都是错误的。"⑤ 在这里，既指出了发展生产、繁荣经济的重要性，又指出了

---

① 《列宁选集》第 4 卷，第 13 页，人民出版社 1972 年版。
② 《马克思恩格斯选集》第一卷，第 223—224 页，人民出版社 1972 年版。
③ 《马克思恩格斯全集》第 46 卷，第 120 页，人民出版社 1972 年版。
④ 《毛泽东选集》第四卷，第 1428 页，人民出版社 1991 年版。
⑤ 《毛泽东选集》第三卷，第 1256 页，人民出版社 1991 年版。

公私兼顾、劳资两利的重要性。在体现了毛泽东思想的《中国人民政治协商会议共同纲领》中，这些思想又得到了进一步的发展。《共同纲领》规定："中华人民共和国经济建设的根本方针，是以公私兼顾、劳资两利、城乡互助、内外交流的政策，达到发展生产、繁荣经济之目的。"①

到了社会主义革命时期，毛泽东在其名著《论十大关系》和《关于正确处理人民内部矛盾的问题》中全面地分析了"为把我国建设成为一个强大的社会主义国家"的经济、政治、社会以及国内和国外的关系，并明确提出了"统筹兼顾、适当安排"的方针，在这些方面做了种种探索。

诚然，无论是在新民主主义革命，或者社会主义革命时期，毛泽东的上述思想都带有时代的特点，都有特定的内涵，并有某种局限性（比如没有摆脱计划经济体制的框框），而且由于各种因素的作用，其中有些思想并没有得到完全实现。但从方法论的角度，这些思想对形成科学发展观无疑是起了指导作用。

邓小平依据"大跃进"和"文化大革命"两次"左"的错误的教训，深刻地指出："社会主义的首要任务是发展生产力，逐步提高人民的物质和文化生活水平，从一九五八年到一九七八年这二十年的经验告诉我们：贫穷不是社会主义，社会主义要消灭贫穷。不发展生产力，不提高人民的生活水平，不能说是符合社会主义要求的。"他强调："中国还有个台湾问题要解决。中国最终要统一。能否真正顺利地实现大陆和台湾的统一，一要看香港实行'一国两制'的结果，二要看我们经济能不能真正发展。中国解决所有问题的关键是要靠自己的发展。"他还发出过铿锵有力、震撼人心的名言："发展才是硬道理。"②

还要指出，在发展问题上，邓小平还提出了许多极为重要的指导思想。诸如，在速度和比例、效益的关系问题上，他提出："我国的经济发展，总要力争隔几年上一个台阶。当然，不是鼓励不切实际的高速度，还是要扎扎实实，讲求效益，稳步协调地发展。""现在，我们国内条件具备，国际环境有利，再加上发挥社会主义制度能够集中力量办大事的优势，在今后的现代化建设的过程中，出现若干个发展速度比较快、效益比较好的阶段，是必要的，也是能够办到的。"在经济发展与科学、教育的关系上，他提

---

① 中国人民大学编：《中国人民政治协商会议文件选辑》，第44页，1952年。
② 《邓小平文选》第三卷，第116、265、377页，人民出版社1993年版。

出："经济发展得快一点，必须依靠科技和教育。我说科学技术是第一生产力。"①"教育是一个民族最根本的事业。"②

但在发展问题上，从根本上和整体上来说，还在于：在党的十一届三中全会以后，以邓小平为核心的第二代中央领导集体制定了一个中心、两个基本点的党在社会主义初级阶段的基本路线，提出了社会主义现代化建设三步走的战略目标，开辟了中国特色的社会主义道路，为中国特色的社会主义理论体系奠定了最重要的基础。

可见，处于改革开放时代，并作为改革开放总设计师的邓小平的理论，对形成科学发展观起了极为重要的指导作用。

继第一代和第二代党的中央领导集体之后，以江泽民为核心的第三代党的中央领导集体在形成科学发展观方面做出了更为直接的贡献。摘其要者有：进一步提出了把发展作为党执政兴国的第一要务，要坚持用发展解决前进中的问题，要建立完善的社会主义市场体制，要实施科教兴国战略、可持续发展战略和西部大开发战略，要坚持依法治国和以德治国相结合，要坚持不断推进社会主义的物质文明、政治文明和精神文明建设，以促进社会的全面进步和人的全面发展等。总之，是坚持并发展了党在社会主义初级阶段的基本理论、基本路线、基本纲领和基本经验，进一步拓展了建设中国特色的社会主义道路和中国特色的社会主义理论体系。

二、借鉴了国外的适合我国情况的有益经验

如果把第二次世界大战前后经济发达国家的经济发展情况做一下对比，就可以清楚地看到这期间发生的重大变化。主要是：在经济周期方面，实现了由战前多次发生的强波周期到战后向轻波周期的转变；在提高剥削率方面，实现了由战前先后相继发生的以提高绝对剩余价值率为主和以提高相对剩余价值率为主，到战后的这两种剩余价值率的双双下降；在城乡关系方面，实现了由战前的城乡对立到战后的城乡差别的逐步消失，甚至在一定范围内发生了"逆城市化"；在社会保障方面，实现了由战前很薄弱的基础到战后的相当完善社会保障体系的建立；在环境方面，由战前的严重

①　《邓小平文选》第三卷，第 375、274、377 页。
②　中央财经领导小组办公室编：《邓小平经济理论》（摘编），第 258 页，中国经济出版社 1997 年版。

破坏到战后的逐步恢复；在科技教育方面，继续发展在这方面的优势，支撑了其在经济方面的优势。这些重大变化就导致了经济发达国家在战后实现了长达60多年的经济持续发展。①

这些变化并不是偶然的，主要是由下列条件决定的。第一，战前长期进行的激烈的阶级斗争，已经发生了极重要深远影响。这些影响除了战后在欧亚两洲出现了一大批社会主义国家以及帝国主义殖民体系瓦解以外，就是迫使经济发达国家在资本主义基本经济、政治制度的范围内，有限度地放松剥削和发展民主。第二，经济发达国家普遍实行了在维护资本主义基本经济制度的前提下的经济体制的变革，实现了由古典的自由放任的市场经济到现代的有国家干预的市场经济的转变。这是资本主义经济条件下经济周期发生重大变化和经济获得持续发展的主要原因。第三，战后多次发生的新的科技革命，极大地推动了社会生产力的发展。这样，在"蛋糕"做大的条件下，为经济发达国家在某种限度下放松剥削、发展社会保障和环境保护事业提供了极重要的物质基础，先进的信息技术也是推动资产阶级民主的一个重要手段。总之，上述重大变化是战后资本主义物质文明、政治文明和精神文明发展的结果。

因此，这些变化绝不意味着资本主义的基本经济、政治制度及其本质有什么根本变化，不过是这些制度和本质在新的历史条件下的一种特殊表现。

上面讲的只是战后国际经验的一个方面，与此同时存在的还有另一个方面。战后在帝国主义殖民体系瓦解的基础上，在亚洲、拉丁美洲和非洲产生了一大批新型工业化国家。其中有的国家在经济高速增长过程中，注意了各项社会事业的发展，社会都比较稳定，经济持续发展。而有的国家在经济高速增长过程中，贫富差别急剧扩大，导致政治、经济危机的发生，引起经济的停滞和倒退。

毫无疑问，我国基本的经济、政治制度，不论是与经济发达国家，或者是与新型工业化国家都是有本质区别的。但在发展现代市场经济和推进工业化、现代化等方面，又程度不同地存在某些共同点。因而这两类国家的经验和教训对我国都是有警示和启示作用的。事实上，这些经验和教训对科学发展观的形成也起到了有益的作用。

_____

① 以上各点，有的在本书第二章做过分析，有的留待第五章做分析。

三、吸收了我国优秀历史文化传统中的精华

在我国优秀历史文化中，以人为本或类似以人为本的思想屡见不鲜。诸如"民为邦本，本固邦宁"；"天地之间，莫贵于人"，等等，古已有之。

这里的问题是：按照唯物论的观点，任何思想都不是凭空产生的，都是有其根源的。那么，这种反映人民（主要是劳动人民）利益的思想为什么在古代社会（包括奴隶社会和封建社会）产生呢？按照作者的理解，最重要的原因有两个：一是物质资料的生产和再生产是人类社会存在和发展的基础；二是人的本身的生产和再生产，又是物质资料生产和再生产的主要要素。而这两点都是主要依靠人民（主要是劳动人民）。以人为本的思想正是这些客观情况在古代优秀思想家头脑中的反映。

但这些思想家是在脱离具体的社会经济条件的情况下提出以人为本的思想的，他们看不到（也不可能看到）与体现人类社会共同利益①的以人为本思想同时存在的还有阶级利益和体现阶级利益的思想。按照辩证法的观点，这种共同利益和阶级利益是一个矛盾统一体，既有矛盾的一面，又有统一的一面。而且在矛盾的两方面中，阶级利益是矛盾的主要方面，处于支配的地位。这样，在阶级社会中，以人为本的思想就不可能得到广泛的社会认同。不要说统治阶级不会认同这一点，就是在劳动人民中由于受到统治阶级思想的影响也很难被广泛认同。至于在阶级社会中以人为本思想的实施，从根本上和整体上说，是不可能的。当然，任何事情都不是绝对的。在特定情况下（比如在中国封建社会中，有贤明君主主政）也可能在一定的领域、时间和程度上实施。

这样，以人为本的思想不仅在古代社会的经济发展中也起过一定的积极作用，并且成为作为科学发展观核心的以人为本的思想的重要来源。

当然，科学发展观以人为本的思想与中国古代社会朴素的以人为本思想相比，发生了根本性的变化。第一，科学发展观以人为本的思想，是建立在历史唯物主义的基础上。历史唯物主义正确地阐述了人民群众是历史的主要创造者，是推动社会发展的决定性力量。第二，在社会主义初级阶段，不仅社会的共同利益，而且与社会主义基本经济、政治制度相联系的

---

① 从古至今，人类社会的共同利益主要表现为：物质资料的生产、人口的生产、抗御自然灾害和治理环境等。

根本利益，都要求实现以人为本，从根本上和整体上说来，二者是统一的。第三，在这个阶段，以人为本的思想是作为科学发展观核心的，是作为执政党的中国共产党的基本发展理念，是能够比较完全和充分实施的。

四、反映新中国成立以后社会主义建设的经验、社会主义初级阶段的客观实际和现阶段经济社会发展的迫切需要

从根本上说来，科学发展观的提出，全面地反映了新中国成立以后社会主义建设的经验、社会主义初级阶段的客观实际和现阶段经济社会发展的迫切需要。

科学发展观是新中国成立以后社会主义建设经验的全面、整体、高度的概括。这样，我们只要把科学发展观涵盖的内容与新中国成立以后经济社会发展的实际做一下对比，就不难看出：什么时候我国经济社会发展状况比较符合科学发展观的要求，其发展就比较顺利，成就也比较大；反之，就会遭受严重挫折，成就也比较小。

关于科学观真切地反映了社会主义初级阶段的客观实际和现阶段经济发展的迫切需要，党的十七大做了很深刻的分析。"科学发展观，是立足社会主义初级阶段基本国情，总结我国发展实践，借鉴国外发展经验，适应新的发展要求提出来的。进入新世纪新阶段，我国发展呈现一系列新的阶段性特征，主要是：经济实力显著增强，同时生产力水平总体上还不高，自主创新能力还不强，长期形成的结构性矛盾和粗放型增长方式尚未根本改变；社会主义市场经济体制初步建立，同时影响发展的体制机制障碍依然存在，改革攻坚面临深层次矛盾和问题；人民生活总体上达到小康水平，同时收入分配差距拉大趋势还未根本扭转，城乡贫困人口和低收入人口还有相当数量，统筹兼顾各方面利益难度加大；协调发展取得显著成绩，同时农业基础薄弱、农村发展滞后的局面尚未改变，缩小城乡、区域发展差距和促进经济社会协调发展任务艰巨；社会民主政治不断发展，依法治国方略扎实贯彻，同时社会主义民主法制建设与扩大人民民主和经济社会发展的要求还不完全适应，政治体制改革需要继续深化；社会主义文化更加繁荣，同时人民精神文化需求日趋旺盛，人们思想活动的独立性、选择性、多变性、差异性明显增强，对发展社会主义先进文化提出了更高要求；社会活力显著增强，同时社会结构、社会组织形式、社会利益格局发生深刻变化，社会建设和管理面临诸多新课题；对外开放日益扩大，同时面临的

国际竞争日趋激烈，发达国家在经济科技上占优势的压力长期存在，可以预见和难以预见的风险增多，统筹国内发展和对外开放要求更高。

这些情况说明，经过新中国成立以来特别是改革开放以来的不懈努力，我国取得了举世瞩目的发展成就，从生产力到生产关系、从经济基础到上层建筑都发生了意义深远的重大变化，但我国仍处于并将长期处于社会主义初级阶段的基本国情没有变，人民日益增长的物质文化需要同落后的社会生产之间的矛盾这一社会主要矛盾没有变。当前我国发展的阶段性特征，是社会主义初级阶段基本国情在新世纪新阶段的具体表现。"① 这里所说的两个"没有变"，正是科学发展观赖以提出的客观基础，同时也说明了正是中国现阶段经济社会发展的迫切需要。

第二节　科学发展观的内涵及其伟大意义

关于科学发展观的内涵，2005 年 11 月召开的党的十六届五中全会首次明确提出，并做过阐述。党的十七大对此做了更精辟的概括和阐述。

"科学发展观，第一要义是发展，核心是以人为本，基本要求是全面协调可持续，根本方法是统筹兼顾。

——必须坚持把发展作为党执政兴国的第一要务。发展，对于全面建设小康社会、加快推进社会主义现代化，具有决定性意义。要牢牢抓住经济建设这个中心，坚持聚精会神搞建设、一心一意谋发展，不断解放和发展社会生产力。更好实施科教兴国战略、人才强国战略、可持续发展战略，着力把握发展规律、创新发展理念、转变发展方式、破解发展难题，提高发展质量和效益，实现又好又快发展，为发展中国特色社会主义打下坚实基础。努力实现以人为本、全面协调可持续的科学发展，实现各方面事业有机统一、社会成员团结和睦的和谐发展，实现既通过维护世界和平发展自己、又通过自身发展维护世界和平的和平发展。

——必须坚持以人为本。全心全意为人民服务是党的根本宗旨，党的一切奋斗和工作都是为了造福人民。要始终把实现好、维护好、发展好最广大人民的根本利益作为党和国家一切工作的出发点和落脚点，尊重人民主体地位，发挥人民首创精神，保障人民各项利益，走共同富裕道路，促进人的全

---

① 《中国共产党第十七次全国代表大会文件汇编》，第 13—14 页，人民出版社 2007 年版。

面发展，做到发展为了人民、发展依靠人民、发展成果由人民共享。

——必须坚持全面协调可持续发展。要按照中国特色社会主义事业总体布局，全面推进经济建设、政治建设、文化建设、社会建设，促进现代化建设各个环节、各个方面相协调，促进生产关系与生产力、上层建筑与经济基础相协调。坚持生产发展、生活富裕、生态良好的文明发展道路，建设资源节约型、环境友好型社会，实现速度和结构质量效益相统一，经济发展与人口资源环境相协调，使人民在良好生态环境中生产生活，实现经济社会永续发展。

——必须坚持统筹兼顾。要正确认识和妥善处理中国特色社会主义事业中的重大关系，统筹城乡发展、区域发展、经济社会发展、人与自然和谐发展、国内发展和对外开放，统筹中央和地方关系，统筹个人利益和集体利益、局部利益和整体利益、当前利益和长远利益，充分调动各方面积极性。统筹国内国际两个大局，树立世界眼光，加强战略思维，善于从国际形势发展变化中把握发展机遇、应对风险挑战，营造良好国际环境。既要总揽全局、统筹规划，又要抓住牵动全局的主要工作、事关群众利益的突出问题，着力推进、重点突破。"①

科学发展观的伟大意义，主要包括两个方面：一是在理论方面，概括地说，"是马克思主义关于发展的世界观和方法论的集中体现"②。按照作者的认识，这个命题包括三层含义：（1）说它是马克思主义关于发展的世界观的集中体现，就在于它集中体现了作为唯物论的基本要求的实事求是，具体说来，就是反映了中国社会主义初级阶段的这个基本国情。（2）说它是马克思主义关于发展的方法论的集中体现，在于它集中地反映了作为辩证法的主要内容之一的主要矛盾，具体说来，就是反映了中国社会主义初级阶段的主要矛盾，即人民物质文化需要同落后的社会生产之间的矛盾。（3）说它是马克思主义关于发展的集中体现，在于它概括地回答了为什么发展，为谁发展，怎样发展，如何分配发展成果这样一些有关全局的问题。二是在实践方面，科学发展观是我国社会主义初级阶段关于经济社会发展的根本指导思想，是各项经济社会发展战略的基础理论和总纲。所以，科学发展观是马克思主义（包括中国化马克思主义）关于发展理论一个历史性的重大发展。

---

① 《中国共产党第十七次全国代表大会文件汇编》，第14—16页，人民出版社2007年版。
② 同上书，第12页，人民出版社2007年版。

第四章

经济发展战略的目标：
实现社会主义现代化建设
三步走的战略部署

第一节 社会主义现代化建设三步走战略
目标的形成及其实施的进展

一、社会主义现代化建设三步走战略目标的形成

中国在 1956 年年初就基本上完成了对生产资料私有制的社会主义改造。在这种形势下，1956 年 9 月召开的党的八大就把实现社会主义工业化作为党的主要任务提出来了。这次会议指出：我们国内的主要矛盾，已经是人民对于经济文化迅速发展的需要同当前经济文化不能满足人民需要的状况之间的矛盾。党和全国人民的当前的主要任务，就是要集中力量来解决这个矛盾，把中国尽快地从落后的农业国变为先进的工业国①。现代化是动态的、历史的概念。所以，可以把这里提出的工业化任务看做是提出现代化任务的开端。

但是，1958 年开始的连续三年的"大跃进"是一个严重的、全局性的"左"的错误，使得这个任务的实现受到了严重的挫折。经过 1961—1965

---

① 《中国共产党第八次全国代表大会文件》，第 79 页，人民出版社 1956 年版。

年经济调整，中国经济得到了比较迅速的恢复。

在 1964 年召开的全国三届人大会议上，周恩来代表党中央第一次明确提出了分两步实现社会主义现代化的目标。周恩来指出，从第三个五年计划开始，中国国民经济的发展，可以按两步来设想：第一步，用十五年时间，即在 1980 年以前，建成一个独立的比较完整的工业体系和国民经济体系；第二步，在本世纪内，全面实现农业、工业、国防和科学技术的现代化，使中国国民经济走在世界的前列①。

但在 1966 年开始的长达十年的"文化大革命"，使得中国的社会主义现代化建设事业，遭到了比"大跃进"更为严重的破坏。

1976 年粉碎"四人帮"以后，经过两年多的政治思想批判，实现拨乱反正。1978 年 12 月召开的党的十一届三中全会，重新确立了马克思主义的实事求是的思想路线，果断地停止使用"以阶级斗争为纲"的口号，恢复了党的八大关于社会主要矛盾和主要任务的提法，开始形成了一个中心（社会主义经济建设），两个基本点（坚持四项基本原则和坚持改革开放）的党在中国社会主义初级阶段的基本路线。

在这种形势下，作为中国党的第二代领导集体的核心，并以具有务实品格著称的邓小平，清醒地看到要按照原来预定的在 20 世纪实现社会主义现代化建设目标，已经不可能了。于是，他在党的十一届三中全会闭幕不久，从 1979 年开始就多次明确提出分阶段地实现社会主义现代化的目标。中国现代化建设分"三步走"的战略目标，就是根据邓小平提出的战略思想，经过党的十二大、十三大逐步形成的。党的十二大确定的奋斗目标是，从 1981 年到二十世纪末的二十年，力争使全国工农业的年总产量翻两番，人民生活达到小康水平②。在此基础上，党的十三大形成了"三步走"的战略目标：第一步，实现国民生产总值比 1980 年翻一番，解决人民温饱问题；第二步，到 20 世纪末，使国民生产总值再增长一倍，人民生活达到小康水平；第三步，到 21 世纪中叶，人均国民生产总值达到中等发达国家水平，人民生活比较富裕，基本实现现代化③。鉴于 1995 年就实现了经济总量翻两番的任务，党中央和国务院又在"九五"（1996—2000 年）计划中把这

---

① 周恩来：《政府工作报告》，第 6 页，人民出版社 1975 年版。
② 《中国共产党第十二次全国代表大会文件汇编》，第 15 页，人民出版社 1982 年版。
③ 《中国共产党第十三次全国代表大会文件汇编》，第 14—15 页，人民出版社 1987 年版。

个任务提高为到 2000 年实现人均国内生产总值翻两番。

至此，可以认为，中国社会主义现代化建设三步走的战略目标已经最终形成。当然，其中的第三步战略目标在以后还有进一步的发展。这一点，留待本章第二节进行分析。

二、社会主义现代化建设第一、二步战略目标的实现及其基本经验

中国社会主义现代化建设，经过 1981—2000 年的发展，已经顺利实现了第一、二步战略目标。到 2000 年，中国无论是国内生产总值或者是人均国内生产总值，都超额实现了翻两番的任务，人民生活从总体上已经达到了小康水平。

按当年价格计算，1981—2000 年，国内生产总值和人均国内生产总值分别由 4517.8 亿元增加到 89442.2 亿元，由 460 元增加到 7084 元。按可比价格计算，二者分别比 1980 年增长 5.29 倍和 3.95 倍；二者年均分别增长 9.6% 和 8.3%[①]。

从总体上达到小康水平，就其最基本的方面来说，可以用三个标准来衡量。

一是邓小平提出的标准。建设小康社会，最早是 1979 年由邓小平提出的，是他对中国社会主义现代化建设目标的一个简单通俗的描述。在 20 世纪 80 年代初，中国大约还有 2.5 亿人（约占当时全国总人口的 1/4）没有解决温饱问题。邓小平从这个实际出发，提出了一个低标准的小康社会。按照他的说法，所谓小康，就是人均国民生产总值达到 800 美元[②]。按照 2000 年现价和汇率计算，这年中国人均国内生产总值达到 854 美元。

二是联合国粮农组织提出衡量人民生活水平的标准。按照这个标准，恩格尔系数（即食品支出占家庭消费指出的比重）60% 以上为贫困，50%—59% 为温饱，40%—50% 为小康，20%—40% 为富裕，20% 以下为最富裕。中国城镇和乡村居民恩格尔系数 1980 年分别为 56.9% 和 61.8%；2000 年分别为 39.8% 和 49.1%[③]。

三是国家统计局等部门提出的小康社会的基本标准。1991 年国家统计

---

① 《中国经济年鉴》（2002），第 51、93 页，中国经济年鉴社。
② 《邓小平文选》第三卷，第 77 页，人民出版社 1993 年版。
③ 《经济日报》2002 年 12 月 23 日第 10 版。

局与计划、财政、卫生、教育等 12 个部门的研究人员组成了课题组，按照党中央、国务院提出的小康社会的内涵确定了 16 个基本监测指标和小康临界值。这个小康基本标准是：（1）人均国内生产总值 2500 元；（2）城镇人均可支配收入 2400 元；（3）农民人均纯收入 1200 元；（4）城镇住房人均使用面积 12 平方米；（5）农村钢木结构住房人均使用面积 15 平方米；（6）人均蛋白质日摄入量 75 克；（7）城市每人拥有辅路面积 8 平方米；（8）农村通公路行政村比重 85%；（9）恩格尔系数 50%；（10）成人识字率 85%；（11）人均预期寿命 70 岁；（12）婴儿死亡率 3.1‰；（13）教育娱乐支出比重 11%；（14）电视机普及率 100%；（15）森林覆盖率 15%；（16）农村初级卫生保健基本合格县比重 100%。用综合评分方法对这 16 个指标进行测算，2000 年全国小康实现程度为 96%。到 2000 年，尚有 3 个指标没有达到小康标准，即农民人均纯收入为 1066 元，实现 85%；人均蛋白质日摄入量为 73 克，实现 90%；农村初级卫生保健基本合格县比重实现 80%。这是就全国来说的。分地区来看，东部已经超过，中部实现 78%，西部实现 56%[①]。

依据上述三项标准，都可以认为，到 2000 年，中国已经从总体上达到小康水平。这里所说"总体上"包括以下三个重要含义：一是低水平。根据世界银行 1999 年的分类，人均国民生产总值 769 美元以下为低收入国家，769—3030 美元为中下收入国家，3031—9360 美元为中上收入国家，9361 美元以上为高收入国家。[②] 所以，2000 年中国达到 854 美元，也还是处于中下收入国家的水平。二是不平衡。其突出表现是：2000 年除了城市有数以千万计的贫民以外，农村还有约 3000 万人口尚未脱贫。三是不全面。偏重经济生活，在精神文明和政治文明两方面还有更大差距。

但就中国来说，这个小康社会却是全党和全国人民经过艰苦奋斗得来的伟大成就！是实现了由温饱到小康的历史性跨越！是中华民族复兴征途上一个具有伟大历史意义的里程碑！

在实现社会主义现代化建设第一、二步战略目标过程中，中国还在这方面积累了丰富的经验。2002 年召开的党的十六大全面地、着重地总结了

---

① 《经济日报》2000 年 12 月 4 日第 6 版；2002 年 11 月 22 日第 10 版；12 月 18 日第 9 版。这 16 项指标中的价值指标，是按照 1990 年价格计算的。

② 《经济日报》2002 年 12 月 23 日第 10 版。

全党和全国人民在 1989—2001 年期间建设中国特色社会主义的基本经验。显然，其中也凝结了中国实现由温饱到小康的基本经验。按照党的十六大的总结，这些基本经验是：（1）坚持以邓小平理论为指导，不断推进理论创新。（2）坚持以经济建设为中心，用发展的办法解决前进中的问题。（3）坚持改革开放，不断完善社会主义市场经济体制。（4）坚持四项基本原则，发展社会主义民主政治。（5）坚持物质文明和精神文明两手抓，实行依法治国和以德治国相结合。（6）坚持稳定压倒一切的方针，正确处理改革发展稳定的关系。（7）坚持党对军队的绝对领导，走中国特色的精兵之路。（8）坚持团结一切可以团结的力量，不断增强中华民族的凝聚力。（9）坚持独立自主的和平外交政策，维护世界和平与促进共同发展。（10）坚持加强和改善党的领导，全面推进党的建设新的伟大工程。以上十条，是党领导人民建设中国特色社会主义必须坚持的基本经验。这些经验，联系党成立以来的历史经验，归结起来就是，我们党必须始终代表中国先进生产力的发展要求，代表中国先进文化的前进方向，代表中国最广大人民的根本利益。这是坚持和发展社会主义的必然要求，是我们党艰辛探索和伟大实践的必然结论[①]。

这些基本经验对实现社会主义现代化建设第三步战略目标具有极其重要的指导意义。

第二节　实现社会主义现代化建设的第三步战略目标

一、社会主义现代化建设第三步战略目标的发展

1997 年，中国社会主义现代化建设第一、二步战略目标即将完全实现。这样，实现社会主义现代化第三步战略目标的任务，就摆到了全国人民的面前。但原定的实现第三步战略目标的时间是 50 年，时间跨度太大，需要将其分成若干阶段，以利于这个战略目标的实现。

正是在这种背景下，1997 年召开的党的十五大提出：展望下世纪，我们的目标是，第一个十年实现国民生产总值比 2000 年翻一番，使人民的小康生活更加宽裕，形成比较完善的社会主义市场经济体制；再经过十年的

---

① 《中国共产党第十六次全国代表大会文件汇编》，第 7—10 页，人民出版社 2002 年版。

努力，到建党一百年时，使国民经济更加发展，各项制度更加完善；到世纪中叶新中国成立一百年时，基本实现现代化，建成富强民主文明的社会主义国家[①]。

2002 年召开的党的十六大依据实践经验的发展又进一步提出：综观全局，21 世纪头二十年，对中国来说，是一个必须紧紧抓住并且可以大有作为的重要战略机遇期。根据十五大提出的到 2010 年、建党一百年和新中国成立一百年的发展目标，我们要在本世纪头二十年，集中力量，全面建设惠及十几亿人口的更高水平的小康社会，使经济更加发展、民主更加健全、科教更加进步、文化更加繁荣、社会更加和谐、人民生活更加殷实。这是实现现代化建设第三步战略目标必经的承上启下的发展阶段，也是完善社会主义市场经济体制和扩大对外开放的关键阶段。经过这个阶段的建设，再继续奋斗几十年，到本世纪中叶基本实现现代化，把中国建成富强民主文明的社会主义国家[②]。

可见，经过党的十五大和十六大，社会主义现代化建设第三步战略目标就具体化了。第一，2001—2020 年全面建设小康社会；第二，2021—2050 年基本实现现代化。当然，伴随社会主义现代化建设实践的发展及其经验的积累，2021—2050 年这个 30 还会进一步分成若干阶段。

二、全面建设小康社会的奋斗目标及其战略

由中国社会主义初级阶段社会生产力状况所决定的主要矛盾，是人民日益增长的物质文化需要同落后的社会生产之间的矛盾。而 2000 年实现的社会主义现代化建设第一、二步战略目标，尽管是一个伟大的历史性成就，但它并没有（也不可能）从根本上改变中国社会经济的落后面貌。中国的现实状况仍然是：社会生产力和科技、教育还比较落后，实现工业化和现代化还有很长的路要走；城乡二元经济结构还没有改变，地区差距扩大的趋势尚未扭转，贫困人口还为数不少；人口总量继续增加，老龄人口比重上升，就业和社会保障压力增大；生态环境、自然资源和经济社会发展的矛盾日益突出；我们仍然面临发达国家在经济科技等方面占优势的压力；经济体制和其他方面的管理体制还不够完善；民主法制建设和思想道德建

[①] 《中国共产党第十五次全国代表大会文件汇编》，第 4 页，人民出版社 1997 年版。

[②] 《中国共产党第十六次全国代表大会文件汇编》，第 18 页，人民出版社 2002 年版。

设等方面还存在一些不容忽视的问题。也正是这一点决定了已经达到的小康还是低水平的、不全面的、发展很不平衡的小康。因而，人民日益增长的物质文化需要同落后的社会生产之间的矛盾仍然是中国社会的主要矛盾。所以，巩固和提高已经达到的小康水平，还需要中国人民进行长期的艰苦奋斗。

据此，党的十六大提出的全面建设小康社会的目标是：

——在优化结构和提高效益的基础上，国内生产总值到 2020 年力争比 2000 年翻两番，综合国力和国际竞争力明显增强。基本实现工业化，建成完善的社会主义市场经济体制和更具活力、更加开放的经济体系。城镇人口的比重较大幅度提高，工农差别、城乡差别和地区差别扩大的趋势逐步扭转。社会保障体系比较健全，社会就业比较充分，家庭财产普遍增加，人民过上更加富足的生活。

——社会主义民主更加完善，社会主义法制更加完备，依法治国基本方略得到全面落实，人民的政治、经济和文化权益得到切实尊重和保障。基层民主更加健全，社会秩序良好，人民安居乐业。

——全民族的思想道德素质、科学文化素质和健康素质明显提高，形成比较完善的现代国民教育体系、科技和文化创新体系、全民健身和医疗卫生体系。人民享有接受良好教育的机会，基本普及高中阶段教育，消除文盲。形成全民学习、终身学习的学习型社会，促进人的全面发展。

——可持续发展能力不断增强，生态环境得到改善，资源利用效率显著提高，促进人与自然的和谐，推动整个社会走上生产发展、生活富裕、生态良好的文明发展道路[①]。

党的十七大适应国内外形势的新变化，顺应各族人民过上更好生活的新期待，把握经济社会发展趋势和规律，坚持中国特色社会主义经济建设、政治建设、文化建设、社会建设的基本目标和基本政策构成的基本纲领，在十六大确立的全面建设小康社会目标的基础上对我国发展提出新的更高要求。

——增强发展协调性，努力实现经济又好又快发展。转变发展方式取得重大进展，在优化结构、提高效益、降低消耗、保护环境的基础上，实现人均国内生产总值到 2020 年比 2000 年翻两番。社会主义市场经济体制更

---

① 《中国共产党第十六次全国代表大会文件汇编》，第 19 页，人民出版社 2002 年版。

加完善。自主创新能力显著提高，科技进步对经济增长的贡献率大幅上升，进入创新型国家行列。居民消费率稳步提高，形成消费、投资、出口协调拉动的增长格局。城乡、区域协调互动发展机制和主体功能区布局基本形成。社会主义新农村建设取得重大进展。城镇人口比重明显增加。

——扩大社会主义民主，更好保障人民权益和社会公平正义。公民政治参与有序扩大。依法治国基本方略深入落实，全社会法制观念进一步增强，法治政府建设取得新成效。基层民主制度更加完善。政府提供基本公共服务能力显著增强。

——加强文化建设，明显提高全民族文明素质。社会主义核心价值体系深入人心，良好思想道德风尚需进一步弘扬。覆盖全社会的公共文化服务体系基本建立，文化产业占国民经济比重明显提高、国际竞争力显著增强，适应人民需要的文化产品更加丰富。

——加快发展社会事业，全面改善人民生活。现代国民教育体系更加完善，终身教育体系基本形成，全民受教育程度和创新人才培养水平明显提高。社会就业更加充分。覆盖城乡居民的社会保障体系基本建立，人人享有基本生活保障。合理有序的收入分配格局基本形成，中等收入者占多数，绝对贫困现象基本消除。人人享有基本医疗卫生服务。社会管理体系更加健全。

——建设生态文明，基本形成节约能源资源和保护生态环境的产业结构、增长方式、消费模式。循环经济形成较大规模，可再生能源比重显著上升。主要污染物排放得到有效控制，生态环境质量明显改善。生态文明观念在全社会牢固树立。

到 2020 年全面建设小康社会目标实现之时，我们这个历史悠久的文明古国和发展中社会主义大国，将成为工业化基本实现、综合国力显著增强、国内市场总体规模位居世界前列的国家，成为人民富裕程度普遍提高、生活质量明显改善、生态环境良好的国家，成为人民享有更加充分民主权利、具有更高文明素质和精神追求的国家，成为各方面制度更加完善、社会更加充满活力而又安定团结的国家，成为对外更加开放、更加具有亲和力、为人类文明做出更大贡献的国家。[①]

实现全面建设小康社会，是一个极其艰巨的事业。但在这方面，我国

---

① 《中国共产党第十七次全国代表大会文件汇编》，第18—20页，人民出版社2007年版。

现阶段具有一系列有利条件。我们在本书第二章对这些条件做过分析。这里需要进一步指出的是：党的十六大和十七大不仅提出了全面建设小康社会的奋斗目标，而且提出了实现这一奋斗目标的一系列战略。这些战略是实现全面建设小康社会战略目标的一个最重要保证。

　　就经济方面说，党的十六大提出以下八项战略：一是走新型工业化道路，二是产业结构优化升级，三是全面繁荣农村经济，四是实施西部大开发，五是实施可持续发展，六是实施科教兴国，七是深化改革和扩大开放，八是促进就业，并不断改善人民生活。[①] 党的十七大依据发展了的新情况，进一步提出了八项战略：一是提高自主创新能力，建设创新型国家；二是加快转变经济发展方式，推动产业结构优化升级；三是统筹城乡发展，推进社会主义新农村建设；四是加强能源资源节约和生态环境保护，增强可持续发展能力；五是推动区域协调发展，优化国土开发格局；六是完善基本经济制度，健全现代市场体系；七是深化财税、金融等体制改革，完善宏观调控体系；八是拓展对外开放广度和深度，提高开放型经济水平[②]。

　　有关实现社会主义现代化第一二步目标的基本战略和经验，我们在前面已经做过分析。现在需要分析的是实现全面建设小康社会的战略。党的十六大、十七大在这方面提出的战略，包括经济发展和经济改革两个方面。本书拟在第五章分析其经济发展战略，经济改革战略留待第六、七章去做分析。

[①] 《中国共产党第十六次全国代表大会文件汇编》，第 21—29 页，人民出版社 2002 年版。
[②] 《中国共产党第十七次全国代表大会文件汇编》，第 21—27 页，人民出版社 2007 年版。

第 五 章

经济发展战略体系：
一个轴心和七个轮子

建设全面小康社会的经济发展战略所包括的内容极为丰富，涉及众多方面。但就其最重要方面来说，可以概括为一个轴心和七个轮子。本章第一节分析一个轴心，第二节至第八节分别分析七个轮子。

第一节　提高自主创新能力

一、当代国际经济社会发展经验的科学总结

党的十七大把"提高自主创新能力，建设创新型国家"作为"国家战略的核心"、"提高综合国力的关键"提出来，是依据当代国际经验和国内经验的科学总结。

与第二次世界大战以前相比较，第二次世界大战以后经济发达国家在这方面普遍出现了以下新特点。第一，一般来说，科技创新从来都是经济发达国家垄断组织旨在获取高额垄断利润的竞争的最重要手段。但在第二次世界大战以后，科技创新在这方面的作用是无限地增大了。这并不是偶然发生的现象，而是与这个时代特点相联系的特征。这里有两点值得提出：一是在 20 世纪下半期以后人类社会发展进入了以科学技术为第一生产力的知识经济时代。这就使得科技创新在国内外竞争中的作用异常强化了。二是第二次世界大战以前经济发达国家主要凭借对殖民地半殖民地的统治地

位获取高额垄断利润。当然，这时科技创新也有很重要的作用。但第二次世界大战以后，帝国主义殖民体系趋于瓦解。而经济发达国家仍然能够通过产品市场、要素市场和金融市场等中介从经济不发达国家获取巨额利润。在这方面，它们运用的最重要手段就是科技创新。正是这一点使得它们牢固地占据了产业链和产品链的高端地位。而这些产业和产品又都具有科技含量大、附加值高、利润大、物耗低和污染少等特点。

第二，第二次世界大战以后，经济发达国家的经济周期也普遍呈现出由第二次世界大战以前多次发生的强波周期到轻波周期的转变。其原因，最根本的是由于实现了由古典的、自由放任的市场经济到现代的、有国家干预的市场经济的转变（详见本书第二章）。但这一点与科技创新能力也有直接的联系。经济发达国家经济危机产生和加剧的直接原因是其基本经济制度固有的生产与消费的矛盾尖锐化。而科技创新能力的增强使得社会劳动生产率大大提高，使得绝对剩余价值率和相对剩余价值率双双下降成为可能。这样，就在不根本触动其基本经济制度的前提下，使得生产与消费的矛盾得到很大的缓解（详见本章第二节）。但这一点，不仅使得资本主义经济在一定时期内能够获得相对稳定的发展，而且成为其社会政治相对稳定的一个重要因素。

第三，从 18 世纪下半期开始的工业化以来，在一个很长时期内，经济发达国家是靠拼能源、资源的消耗和以环境污染为代价实现其经济发展的。这样，到 20 世纪下半期，这种经济发展方式的严重后果就明显地暴露出来，能源、资源供应短缺和环境污染向经济社会的可持续提出了严峻的挑战。正是这种客观现实迫使人们从传统的化石能源体系转向可持续发展的能源体系。即在继续节约、清洁利用化石能源的同时，着力发展先进、高效、安全、清洁的可再生能源（包括核能和其他替代能源）；迫使人们着力发展资源的节约技术、再利用技术和循环技术，并开发各种生物资源；迫使人们着力发展维护生态的监测、预报和降低排放和修复的技术。而这一切都离不开现代科技创新能力的提高。从这方面来说，科技创新能力成为衡量经济社会可持续发展能力的一个重要标尺。

第四，近半个世纪以来，由于各种社会、自然因素的作用，人们健康不仅受到各种传统的传染病新变异的危害，而且受到各种新的感染性疾病的危害。由于社会矛盾的激化和老龄社会的发展导致精神性疾病和老年通行性疾病也大大增加了。可见，当代人民健康也面临着巨大的挑战。要应对这个挑战，也离不开科技创新能力的提高。

如果视野不局限于经济发达国家，而是放眼全世界，那么，人类的生命也面临严重的挑战。据有的学者预测，到 21 世纪中叶，全世界人口可能达到 80 亿人。当然，如果由此做出悲观的结论，认为人类社会无法养活这么多人口，是根本错误的。但是，如果没有现代科学技术的创新，要解决这个问题，那将是很困难的。

上述情况表明：科技创新能力又成为维持作为社会主体的人的生活以及提高其健康水平的一个极其重要因素。

第五，如果仅从军事技术这个角度来看，从 20 世纪下半期以来，世界正在进入以现代化（特别是信息化）为特征的军事变革的新时代。本世纪初的几次局部战争的实践充分证明：信息、航空、航天、海洋以及机动能力和精确打击能力已经成为崭新的军事战略制高点和核心战斗力。这就意味着现代科技创新能力已经成为当代国家捍卫主权和安全的一个极最重要支柱。

综上所述，现代科技创新能力已经成为经济发达国家提高国际竞争力，经济的相对稳定发展能力，经济社会可持续发展能力和军事实力以及保障居民健康的一个核心要素，是其提高综合国力的一个核心因素。

当代经济发达国家实行的是有国家干预的现代市场经济。上述情况必然会而且已经在其国家经济发展战略中得到反映。事实上，各个经济发达国家都已经把提高科技自主创新能力作为其提高综合国力，以保障其经济发展和国家安全的战略基点。而且，在这方面已经取得了显著成效。据测算，经济发达国家科技进步对经济增长率的贡献度已经达到 60%—80%；美日两国技术对外依存度不到 5%[①]。这正是经济发达国家能执世界经济之牛耳的关键所在。

值得注意的是：当前经济发达国家还在进一步加强其科技创新战略。比如，2006 年 2 月，美国发布"美国竞争力计划"，大幅增加对研发、教育与创新的投入，促进科技进步，提供开发新技术所需的工具，以保障美国在各科技领域继续保持世界领先地位，保障美国的强大与安全。欧盟启动第七框架计划（2007—2013 年），投入规模比第六框架计划几乎翻番，通过集成优先研发领域，整合欧洲研发机构，强化研发基础设施，优先发展健

①　转引自新华网 2006 年 12 月 8 日。

康、生物、信息、纳米、能源、环境和气候、交通、社会经济科学、空间和安全等主题，应对全球竞争。日本自 2006 年 4 月起，组织实施"第三期科学技术五年计划"，突出"创造人类的智慧"、"创造国力的源泉"、"保护健康和安全"等理念，重点投资基础研究、生命科学、信息通信、环境、纳米和材料、能源、制造技术、社会基础技术、尖端技术 9 个领域[①]。

二、全面建设小康社会的客观需要

按照党的十七大提出的要求："在优化结构、提高效益、降低消耗、保护环境的基础上，实现人均国内生产总值到 2020 年比 2000 年翻两番。"[②]

要实现全面建设小康社会这一最重要的指标，有两个根本性的前提：一是社会主义市场经济体制更加完善，二是自主创新能力显著提高。前一方面的问题留待本书第七章去做分析，这里只分析后一方面的问题。

显然，在科学技术已经成为第一生产力的时代，经济发展主要依靠科学技术的进步。而在当代经济发达国家依托其科技优势，执世界经济牛耳的国际经济格局下，不显著提高自主创新能力，经济也难以有大的发展。

在这方面，应该看到，改革以后，我国自主创新能力依托经济改革激发出的强大活力和经济实力的巨大增长，比改革以前已经有了很大的提高。从总体上说，我国已建成世界上少数国家具备的、完整的科学技术体系，已经具备较强的科技实力。据测算，我国科技综合创新指标已相当于人均国内生产总值 5000—6000 美元国家的水平。在航天生物等一些重要领域研发能力居世界先进水平。2003 年 10 月，神舟五号载人飞船升空，实现了国人千年飞天梦想。2005 年 10 月，神舟六号飞船使中国人再度叩启苍穹，实现了从单人一天到两人多天的飞跃。2007 年 10 月，中国第一颗探月卫星嫦娥一号成功升空，把奔月的神话变成了现实。从 2003—2007 年，中国航天人用 4 年的时间完成了完美的"三级跳"，一次比一次高，一次比一次远。这是我国推进自主创新、建设创新型国家取得的一个标志性成果。2002 年年底，我国科学家绘制出水稻（籼稻）基因组"精细图"，这是全世界第一张农作物的基因精细图谱，为阐明水稻基本生物性状的遗传基因，识别、

---

① 《十七大报告辅导读本》，第 117 页，人民出版社 2007 年版。
② 《中国共产党第十七次全国代表大会文件汇编》，第 117 页，人民出版社 2007 年版。

筛选具有经济价值的遗传基因打下了坚实基础。2007 年 10 月，我国科学家宣布成功绘制完成第一个完整中国人基因图谱，也是第一个亚洲人全基因序列图谱——"炎黄一号"。这个成就在基因组科学领域具有里程碑意义，对于中国乃至亚洲人的 DNA、隐形疾病基因、流行病预测等领域的研究具有重要作用①。

但同时也应看到：当前我国自主创新能力还不高。这一点明显表现在下列两个方面：一是从总体上说，作为自主创新主体的企业在这方面的能力不强。依据国家统计局的数据，2005 年我国大中型工业企业的研究开发经费占工业增加值的比重仅为 2.6%，而美国为 8.3%（2000），德国为 7.4%（2000），日本为 8.6%（1998）。在我国 28567 家大中型企业中有科技机构的仅占 23.7%，有科技活动的仅占 38.7%。另据国家知识产权局的数据，当前我国企业拥有自主知识产权的企业只占 3‰，仅有 1.1% 的企业获得授权专利，其中仅 0.17% 的企业获得发明专利②。二是在引进国外先进技术方面消化吸收创新能力不强。有关研究表明：日本和韩国当年在引进国外先进技术时用于消化吸收创新的资金，相当于引进的 5 倍和 8 倍，而我国仅为 7%。致使创新能力得不到有效提高。在这方面，我国不少企业与日本、韩国的运行轨迹就很不相同，他们是引进消化吸收创新，我国是引进、再引进。

这些就使得我国在自主创新方面与经济发达国家还有很大的差距。有关研究表明，我国科技创新能力在全世界 49 个主要国家中位居第 28 位，不仅低于发达国家，也落在巴西、印度等发展中国家之后，处于中等偏下水平。目前，我国技术对外依存度在 50% 以上，而发达国家都低于 30%，美国和日本则在 5% 以下。③

显然，如果当前科技自主创新能力不高的状况不能及时有效的改变，就很难实现全面建设小康社会的目标。因此，为了提高我国产业的国际竞争力，在继续引进国外先进技术的同时，必须坚定不移地把立足点从主要依靠国外技术逐步转移到开放型自主创新的轨道上来。具体说来，就是要在某些关系国家安全的高技术和我国已有优势的产业，推进原始技术创新；

---

① 《经济日报》2008 年 2 月 21 日第 1 版。

② 《中国社会科学院院报》2008 年 2 月 5 日第 3 版。

③ 《中共中央关于制定国民经济和社会发展第十一个五年规划的建议》（辅导读本），第 136 页，人民出版社 2005 年版。

在已形成规模、市场需求大的产业进行集成自主创新；在与国外差距大而又可能引进的产业，实行引进、消化、吸收、再创新。

但在我国当前提高自主创新能力，不仅是全面建设小康社会的客观需要，而且具有众多有利的条件。主要是：经济、科技体制改革的深化，科技兴国战略的实施，企业研发能力的增强，特别是党和政府的高度重视。近年来，政府已把加强自主创新提高到国家战略的高度来推进。政府计划到 2020 年，把研发投入占国内生产总值的比重从现在 1.35% 提高到 2.5%，对国内生产总值的贡献率从现在的 39% 提高到 60%[①]。

三、着力提高自主创新能力

（一）深化科技体制改革，构建体制基础

像经济体制改革是经济发展的根本动力一样，科技体制改革也是科技发展（包括自主创新能力提高）的根本动力。

深化这方面的改革，主要是建立健全以市场为基础、以政府为主导的以及以企业为主体的产学研相结合的体制。

我国经济体制改革的目标是建立社会主义市场经济体制。这种体制的根本特点在于：市场经济与社会主义初级阶段的基本经济制度相结合。但这种体制也是有国家干预的现代市场经济（详见本书第六章的分析）。与此相适应，我国的科技体制改革的目标也必然是这样：科技资源的配置要以市场为基础，但同时需要有政府的宏观调控。即要实行以市场为基础、以政府为主导的体制。

从一定的意义上说，这种体制对于促进科学技术的发展更为重要。现代科学技术具有以下这些特点：一方面，科学技术发展速度很快，从科技发明到实际运用的过程比以往大大缩短了。而且对经济发展的作用又大大提高了。与此相联系，带来的附加值和利润也比过去高得无比。这些特点表明：现代科学技术的发展更需要而且更有可能依靠企业的积极性。因为以市场作为配置科技资源的主要方式，是最适合于调动企业的积极性的。另一方面，现代科学技术又具有综合性和某些方面较强的公益性等特点。因而需要体现社会整体利益并拥有雄厚货币资本和人力资本的政府来主导科技的发展。比如，其综合性的特点就要求政府组织多学科的联合攻关，

---

① 《中国社会科学院院报》2008 年 2 月 5 日第 3 版。

实现高科技研究的突破性进展。其公益性的特点更是需要公共财政的大力支持。

就我国当前的具体情况来说,发挥政府在这方面的主导作用,意义更为重大。因为,第一,当前我国拥有强大的国家科研机构。这是政府在这方面实现主导作用的一支最重要依靠力量。第二,随着公共财政的建立,以及国家财政收入的大幅巨额增长,政府还拥有很雄厚的财力。这样,政府就可以通过公共财政支出、税收优惠和政府采购等手段,有效地实现其主导作用。第三,我国政府在多次成功实现中长期科技发展规划的基础上,2006年又颁布了《国家中长期科学技术发展规划纲要(2006—2020年)》。该纲要突出了自主创新的重要地位,提出了明确目标,要求到2020年,力争科技进步贡献率达到60%以上,对外技术依存度降低到30%以下。该纲要还明确界定了国家创新体系的定义,即以政府为主导,充分发挥市场配置资源的基础性作用,各类科技创新主体紧密联系和有效互动的社会系统。还明确规定了现阶段国家创新体系的重点。即建设以企业为主体、产学研结合的技术创新体系;建设科学研究和高等学校有机结合的知识创新体系;建设军民结合、寓军于民的国防科技创新体系;建设各具特色和优秀的区域创新体系;建设社会化、网络化的科技中介服务体系①。显然,这些富有中国特色的规定,必将有利促进我国自主创新的发展。

但强调政府的主导作用,并不是要回到计划经济体制的老路,并不是否定市场取向改革的方向;恰恰相反,而是以这一点为前提的。为此,还必须在科技体制改革方面推行以企业为主体的产学研相结合的科技创新体系。显然,前面提到的以市场为基础,就是以企业作为最主要的市场主体为前提的。当然,要实行科技体制改革,仅有这一点是远远不够的。问题在于:在传统的计划经济下,不仅企业是国家行政机构的附属物,而且企业、高等院校和科研院所并不是以市场为纽带结合在一起的,而是处于由行政隶属关系形成的分割状态。诚然,改革开放以来,这方面的情况已经发生了很大的变化。但是,以企业为主体的产学研结合的创新体系并没有真正完全形成。因此,还需继续推行这方面的改革,使他们按市场经济的原则结合起来。就是说,要依据反映市场经济要求的贡献、责任、风险和收益相匹配的原则来处理企业和高等院校、科研院所之间的关系。但需说

---

① 参见《当代中国经济》第272—273页,中国人民大学出版社2007年版。

明，并不是要把高等院校和科研院所都改造成为企业。比如，就科研院所来说，要依据他们的不同情况，有的可以改造为企业或并入大的企业，有的可以实行企业化经营，有的则可以仍然是由公共财政支持的纯公益化单位。这些研究单位承担着研究有关国家安全、国民经济命脉和人民生命健康以及科技长远发展的项目，其地位仍然十分重要。当然，即使是这些单位也需要在保持公益性的前提下推行各项改革，并依据市场化原则与企业、高等院校、其他研究单位进行各种形式的合作。

在这方面还要提到：当前要加强国家工程中心建设和国家重点实验室的管理。从 20 世纪 90 年代初起，我国由公共财政支持建设了一批国家工程中心和国家重点实验室，开展了竞争前产业共性技术研发，成为技术创新链条中的一个重要环节，取得了重要成果，对技术创新起了重要作用。现在的问题是，要进一步加强国家工程中心建设和国家重点实验室的管理，健全由国家支持形成的工程中心和公共科技成果向社会开放的共享制度，吸收有关企业参与投资和研发，推动科研成果应用，发挥国家工程中心的效益。

在科技体制改革方面还要注意发挥中小企业的创新作用。经济发达国家发展高技术的经验表明：这些企业通常由技术精英带着创新技术的种子发起，他们的优势是创新精神和具有市场潜力的新技术，但缺资金和管理经验。因此，在政府支持下，可以在技术创新方面发挥重要作用。

当前我国也已经并正在涌现这样大批的企业。他们也需要政府在财税政策（包括创立创新基金、贷款贴息、税收优惠等）技术服务（包括技术咨询、技术转让等中介服务）方面提供积极支持，为此要在办好创业服务中心、大学科技园等各类企业孵化器，建立和完善适合中小型企业要求的知识产权信用担保制度等方面，为高新技术中小企业创造良好环境。在这方面，加快和加强创业板建设也很重要。创业板作为我国多层次资本市场体系的重要组成部分，将服务于创新型国家战略的实施，以成长型创业企业为主要服务对象，重点支持自主创新企业。国际经验表明：创业板市场的推出，有助于缓解中小企业，特别是中小高科技企业融资难的问题，有利于完善创业资本退出机制，促进创业投资的发展和企业创新机制的形成。

在科技体制改革方面，还要体现扩大开放的要求，充分利用国际技术创新资源。一是通过引进技术，经过消化吸收后创新。二是通过引进来和走出去，与国外企业联合开发新技术。三是借鉴国际上开发新技术的管理经验，以推动国内技术创新。

（二）推进科教兴国、教育优先战略，夯实理论基础和培养人才队伍

人类社会发展的历史表明：在 19 世纪中叶以前，技术进步主要是依靠生产经验的积累、传授、总结和提高，科学理论的发展又是主要依靠技术进步实践的总结。在这里，科学发展是处于技术进步之后的。如果仅从这方面来说，技术进步与科学发展是脱离的。

但在这方面，现代科学技术的发展却发生了根本性变化。即现代技术发展对于现代科学发展存在高度的依存性。这种依存性的根本点在于：现代技术进步完全是建立的现代科学理论基础上的，是先有科学理论的发展，后有现代技术的进步。当然，现代科学理论的发展也有赖于现代技术设施。对于这种依存性，邓小平做过一个很好的说明。他说："现代科学为生产技术的进步开辟道路，决定它的发展方向。许多新的生产工具，新的工艺，首先在科学实验室被创造出来。一系列新型的工业，如高分子合成工业、原子能工业、电子计算机工业、半导体工业、宇航工业、激光工业等，都是建立在新型科学基础上的。"[1]

这种依存性贯穿于现代科学发展和现代技术发展的各个方面。第一，现代科学发展的一个重要特点就是其发展的高速化。现代科学发展的速度是以往任何时代无法比拟的。但也正是这种高速化，决定了技术进步的高速化。正如邓小平所说的："当代的自然科学正以空前的规模和速度，应用于生产，使社会物质生产的各个领域面貌一新。"[2] 第二，科学知识的密集程度决定了技术进步的程度。这一点，当前特别明显地表现在高技术的发展上。如果仅就科学和技术的关系这个视角看，所谓高技术就是包含高度密集科学知识的技术。第三，现代科学的发展还出现了这样一个特点：各门学科相互交叉渗透的整体化趋势。也正是这一点决定了高技术都具有多个领域的技术相互融合的性质。第四，作为整体来说，科学技术是第一生产力。但上述关于依存性的各点表明：科学进步是源头，技术在发展生产上的巨大作用归根结底是由科学进步决定的。

以上分析虽然仅仅是从现代技术发展对现代科学发展的依存关系来说

---

[1] 《邓小平文选》第二卷，第 87 页，人民出版社 1994 年版。

[2] 同上。

的，但也足以说明要实现技术进步，提高自主创新，就必须依靠科学的发展。

但就科学和教育的关系来说，要发展科学就必须发展作为其基础的教育，实行教育优先，培养人才队伍。但这里所说的教育，不仅包括高等教育，还包括职业教育，以及作为以上两类教育发展基础的中小学教育，还包括终身教育。在这方面要切实树立人才资源是第一生产资源的观念。

总之，要提高自主创新能力，就必须坚决切实推进科教兴国、教育为先的战略，以奠定坚实的科学理论基础和培育人才队伍；否则，就是做不到的。诚然，如前所述，我国已经成为科技大国和教育大国。但同时必须看到：这方面的状况还远远不能适应全面建设小康社会和实现社会主义现代化建设的需要，还必须坚定地切实地推进科教兴国、教育优先的战略。

（三）营造自主创新的生态环境和构建自立创新的技术基础

像生物的茁壮成长需要良好的生态环境（包括阳光、空气、水和土壤等）一样，自主创新能力的健康成长，也需要良好的生态环境。就我国当前的实际需要和国际经验来看，这种生态环境除了上述的建立以市场为基础和以政府为主导以及以企业为主体的产学研结合的体制，实施科教兴国、教育优先的战略以外，还要包括：要建立和完善公平诚信的市场体系，促使并迫使产学研各类创新主体都自觉地成为自主创新的主体；要建立完善公共财政和包括直接融资和间接融资在内的融资体系，从财税和资金等方面支持自主创新；要建立和完善旨在鼓励和保护自主创新的法律体系（其中特别重要的是保护知识产权的法律），以法律规范自主创新主体的行为；要在奖励方面，建立和完善对自主创新的有效激励机制；要树立和弘扬创新为民、科学伦理和可持续发展的新理念，以道德规范引导创新主体的行为；要倡导创新文化，形成全社会都鼓励创新和尊重创新的氛围。实践已经证明：这些重要方面，都是不可或缺的。

按照《中共中央关于制定国民经济和社会发展第十一个五年规划的建议》的要求，要大力发展对经济社会发展具有重大带动作用的高新技术，支持开发重大产业技术，制定重要技术标准，构建自主创新的技术基础[①]。

---

　　① 《中共中央关于制定国民经济和社会发展第十一个五年规划的建议》（辅导读本），第 143 页，人民出版社 2005 年版。

第一，大力开发高新技术。高新技术处于当代技术发展的前沿，是提升国家竞争力的关键。诚然，改革以来，我国高技术产业发展迅速，已经成为国民经济的重要支柱产业。2007 年我国高新技术产业增加值达到 19120 亿元，占国内生产总值的比重已经提高到 7.8%，其产品出口达到了 3478 亿美元，占货物出口比重高达 28.6%[①]。但从整体上看，关键核心技术主要还是依靠引进，处在产业链的下端。为了实现自主创新，当前必须选择一批对我国经济社会发展具有重大带动作用的高技术，实现突破，掌握关键核心技术。当前这些技术主要包括信息技术、生物与医药技术、航空航天技术、新材料技术和先进能源技术。第二，支持开发重大产业技术。产业技术是决定产业竞争力的关键性因素。应该看到，我国产业技术也已经达到了一定水平。但最大薄弱环节就是技术难度高、研发投入大的重大成套装备的制造和系统集成技术。因而要以重大工程为依托，依据产业发展的重大装备需求，通过原始创新或在引进国外技术经消化吸收再创新，使我国高端装备制造业自主创新能力得到提升。当前要重点开发的重大关键装备，主要包括轿车生产设备、大型乙烯设备、集成电路生产设备、清洁高效发电设备、特高压输变电设备、高速轨道交通设备、大型船舶和海洋工程设备、先进控制系统和智能仪表以及大型科学仪器。第三，制定重要技术标准。技术标准原本就是对重复性的技术事项在一定范围内的统一规定。但在现代化生产条件下，技术标准的作用已经发生了根本变化。在传统产业中，技术更新慢，技术标准主要是为了保证产品的互换性和通用性。但在高技术迅速发展的当代，技术标准的制定者可以通过技术标准中技术要素和技术指标的确立，建立其市场准入和技术壁垒体系，从而获得最大的利益。可以毫不夸张地说，在当代，谁掌握了技术标准的制定权，谁就在一定程度上掌握了市场竞争的主动权。当然，我国当前已经建立起国家技术标准体系，近年来积极采用国际标准，在这方面的水平已有显著提高。但在知识经济化和经济全球化迅猛发展的时代，为了提高我国产业技术的国际竞争力，必须高度重视技术标准工作，争取有更多的中国技术标准成为国际标准，以保障和提高我国产业的核心竞争力。

---

① 国家统计局网，2008 年 2 月 28 日；《经济日报》2008 年 3 月 2 日第 2 版。

第二节　调整投资和消费的关系

一、当前这一轮经济周期波峰年份投资率和消费率的运行特征

当前这一轮经济周期是以1999年为起点的。1999—2002年是这个周期的上升阶段。这四年经济增速分别为7.6%、8.4%、8.3%和9.1%。2003—2007年为这个上升阶段的波峰年份。这五年经济增速分别为10.0%、10.1%、10.4%、11.1%和11.4%（详见附表3）。这里我们依据现有数据，把这一轮经济周期的波峰年份算到2007年。但依据当前有关情况来判断，这一轮经济周期波峰年份还会往后延伸一段时间。

这一轮经济周期的波峰年份在经济增速方面的特点就是趋于巅峰。与此相联系，这个波峰年份投资率和消费率的运行特点，就是前者趋于巅峰，后者跌入低谷。为了说明这一点，我们拟做以下两种比较。

（一）20世纪50年代以来，世界各国投资率与消费率的运行轨迹及其与我国这一轮经济周期波峰年份之比较

如果仅就20世纪50年代以来的情况来看，世界各国投资率与消费率运行轨迹具有以下特征：

第一，投资率经历了先升后降的过程，而消费率则经历了先降后升的过程。依据钱纳里等人的研究，1950—1970年期间，101个国家平均投资率由13.6%上升到23.4%，消费率由89.8%下降到76.5%。依据世界银行发展指数数据库的资料（以下简称"世界银行的资料"）1970—2002年期间，世界各国平均投资率由25.6%下降到19.9%；消费率由74.2%上升到79.6%。

决定这个特征的主要因素，是在上述期间世界各国都程度不同地经历了工业化和现代化的过程。就其与投资率与消费率的变化相联系的角度说，这个过程包括三重含义：一是在产业结构方面，先是第二产业比重较第一产业比重上升，后是第三产业比重较第二产业比重上升。二是在需求结构方面，先是对工业品需求的比重上升，后是对服务业产品需求的比重上升。而就对投资的需求来说，发展工业比发展农业所需要的投资多，发展第三产业需要的投资比发展工业要少。三是在储蓄率方面，伴随人均收入的提高，储蓄率也是由低走高的。而这一点正是投资率由低走高在资金方面的

基础。事实也正是这样。上述的 101 个国家在 1950—1970 年期间储蓄率由
10.3% 上升到 23.3%。与此相联系，投资率也由 13.6% 上升到 23.4%。但
在第二次世界大战以后，与现代化相伴随的是有国家调控的现代市场经济
的发展。这种体制在熨平经济周期波动方面的作用越来越明显，对投资的
推动作用趋于平稳。同时，在这种体制下社会公平的原则得到较好实现。
特别是伴随公共财政体制和社会保障制度的建立和健全，一方面从税收方
面遏制了企业主投资需求的增长；另一方面，增加了低收入阶层的实际收
入，提高了中等收入阶层的比重，从而消费倾向也随之提高。这些因素以
及其他相关因素的作用，又使得储蓄率在上升到一定阶段后又趋于平缓下
降。依据世界银行的资料，在 1970—2002 年期间，世界各国储蓄率由
25.8% 下降到 20.4%，在 22 年间下降了 5.4 个百分点。上述三点就从产业
结构、需求结构和储蓄率这三个极为重要方面决定了投资率由升趋降、消
费率由降趋升的过程。诚然，上述各点主要是就经济发达国家的情况来说
的。但正是这些国家在世界经济总量中占了大部分，从而主导了包括投资
率和消费率变化在内的经济发展趋势。

　　第二，以上是就世界各国投资率和消费率总体趋势说的。但是，在实
际上，低收入国家、中等收入国家和高收入国家（以上三类国家 2002 年的
人均国民总收入分别为 430 美元，1850 美元和 26490 美元）的投资率和消
费率的运行轨迹是有很大差别的。据世界银行的资料，其中低收入国家的
投资率由 1970 年的 15.7% 上升到 1995 年的 25.2%，再下降到 2002 年的
19.7%；中等收入国家由 1970 年的 22.9% 上升到 1980 年的 27.2%，再下
降到 2002 年的 23.4%；高收入国家由 1970 年的 26.5% 下降到 2002 年
19%。可见，在这 32 年中，低收入国家和中等收入国家的投资率都经历了
先升后降的过程（前者上升时间经历了 24 年，下降时间经历了 8 年，后者
分别为 10 年和 22 年），只有高收入国家是逐步下降的。与此相应的是这些
国家消费率的变化过程。这是其一。其二，上述数字同时表明：直到 2002
年，上述三类国家的投资率也还有很大差别，依次分别为 19.7%、23.4%
和 19%。其三，投资率由升到降、消费率由降到升的拐点，世界各国也有
很大的差异。就世界各国的平均投资率来看，这个拐点大约发生在人均收
入 1000 美元，但其中中等收入国家不到 1000 美元，低收入国家甚至不到
400 美元。

　　将上述世界各国投资率和消费率的运行轨迹与我国这一轮经济周期波

峰年份的有关情况做一下比较，就可以清楚看到：第一，我国投资率由
1952 年 22.2% 经过曲折变化上升到 2002 年 37.9% 以后（详见附表 4），在
这一轮经济周期波峰年份仍在继续上升。其中 2003—2006 年分别依次为
41.0%、43.1%、42.7%、42.5%（详见附表 4）。可见，这四年投资率均
在 40% 以上的高位运行。可见，我国投资率的上升时间，已经长达 54 年。
这个数字比上述世界各国平均投资率的上升时间长了 34 年，比其中低收入
国家长了 10 年，比中等收入国家长了 24 年。第二，2006 年的投资率比
2002 年世界各国平均投资率高 23.7 个百分点，比其中的低收入国家高 23.5
个百分点，比中等收入国家高 19.8 个百分点，比高收入国家高 24.2 个百分
点。第三，即使在 2007 年人均国民总收入已经超过 2500 美元[①]以后，投资
率也没有出现由升到降的拐点，还在继续上升。总之，与世界各国平均投
资率的运行轨迹相比较，我国投资率上升时间最长，当前投资率最高，出
现拐点的时间最迟。当然，其中有众多不可比因素，但这不会影响这个
结论。

（二）我国前八个经济周期波峰年份投资率和消费率运行轨迹与这一轮
经济周期波峰年份之比较

我国前八个经济周期的波峰年份分别依次为 1953 年、1956 年、1958
年、1970 年、1978 年、1984 年、1987 年和 1992 年。这八年的投资率和消
费率分别为 23.8% 和 77.2%、24.9% 和 74.7%、33.5% 和 66.0%、33.8%
和 66.1%、38.2% 和 62.1%、34.2% 和 65.8%、36.3% 和 63.6%、36.6%
和 62.4%。2003—2006 年平均为 42.4% 和 53.2%。可见，与以往八个经济
周期波峰年份相比较，2003—2006 年年均投资率是最高的，消费率是最低
的；投资率最多要高 18.6 个百分点，最少也要高 4.2 个百分点；消费率最
多要低 24 个百分点，最少也要低 8.9 个百分点（详见附表 4）。

资本形成总额包括固定资本形成总额和存货增加，消费包括居民消费
和政府消费。现在我们分析这二者的内部构成的变化，进一步说明这一轮
经济周期波峰年份投资率过高、消费率过低的严重程度。

如果考虑到 2003—2006 年年均固定资本形成比重上升，存货增加比重
下降的情况，那么，这期间实际形成的投资率比重比上述情况还要高一些。

　　[①]　转引自新华网 2008 年 2 月 14 日。说明：这里没有剔除不同年份美元价格的差异，但不致
影响结论。

这期间年均固定资本形成总额比重和存货增加比重分别为 95.4% 和 4.6%。前者比 1953 年要高 37.3 个百分点，比 1956 年要高 10.2 个百分点，比 1958 年要高 18.3 个百分点，比 1970 年要高 22.1 个百分点，比 1978 年要高 17.5 个百分点，比 1984 年要高 10 个百分点，比 1987 年要高 10.3 个百分点，比 1992 年要高 11 个百分点。可见，2003—2006 年，同以往八个波峰年份相比，固定资本形成比重是最高的，最多高出 37.3 个百分点，最低也要高出 10 个百分点（详见附表 6）。这些数字进一步说明了投资率过高的严重程度。

如果再考虑到 2003—2006 年年均政府消费比重上升和居民消费比重下降的情况，那就可以进一步看到居民消费率下降的严重程度。这期间年均居民消费比重为 73%，政府消费比重为 27%。居民消费比重比 1953 年下降了 9.1 个百分点，比 1956 年下降了 10.7 个百分点，比 1958 年下降了 11.9 个百分点，比 1970 年下降了 9.7 个百分点，比 1978 年下降了 5.6 个百分点，比 1984 年下降了 4.2 个百分点，比 1987 年下降了 5.5 个百分点，比 1992 年下降了 2.6 个百分点。可见，与以往八个波峰年份相比，2003—2006 年年均居民消费率是最低的，最多低 11.9 个百分点，最少也低 2.6 个百分点（详见附表 5）。

总之，与以往八个波峰年份相比较，2003—2006 年年均的投资率是趋于巅峰，特别是固定资本形成率更是如此；而消费率则跌入低谷，居民消费率尤其这样。

二、当前这一轮经济周期波峰年份高投资率低消费率的形成原因

这一轮经济周期波峰年份高投资率主要是由下列一些重要因素决定的。

第一，就形成投资率走高的经济机制来说，经济改革以前，国有经济（包括中央政府和地方政府以及国有企业）内含有投资膨胀机制。改革开放以来，随着政府职能的逐步转变和国有企业改革的逐步推行，在中央政府和改制已经到位的国有企业，投资膨胀机制已有很大的削弱。但由于这些改革均未到位，国有经济原来内含的投资膨胀机制并未根本消除，在改制尚未到位的国有企业是这样，在地方政府方面则表现得尤为明显。由政企分开、财税改革和干部制度改革不到位等因素而导致的地方政府投资膨胀机制还是明显存在的。

非国有企业在改革以后资金积累已有了很大增长。在法律和政策环境

逐步改善，市场准入和要素运用等方面限制逐步放宽的情况下，他们的拓展空间越来越大，经济增长提速。这些就使得他们的投资迅速增长，占全社会固定资产投资的比重迅速上升。2003—2006 年，非国有经济投资占全社会固定资产投资比重由 56.6% 上升到 70.0%（详见附表 9）。这种增长必然带有盲目性。

21 世纪初，经济发达国家为了发挥他们在众多高科技领域居领先地位的优势，维护其在国际分工的产业链条中的高端地位，继续将中低端产品的生产向发展中国家转移。而我国拥有市场容量大、劳动力数量多、要素价格便宜和社会稳定等方面的优势，从而成为跨国公司的投资热点，这种情况在 21 世纪初达到一个新的高点。外商直接投资由 2002 年的 535.05 亿元增加到 2006 年的 694.68 亿元，增长了 29.8%（详见附表 25）。

上述三方面投资机制都会促使这期间投资迅速增长。

第二，当前我国正处于工业化的中期阶段。就其与提高投资率的关系来说，有三点值得重视。一是在这个阶段，重工业发展较快，占的比重也较大。而这类工业是资金密集型工业，它的发展需要追加的投资较多。而就近几年的情况看，它的发展速度又过快了。致使重工业产值占工业总产值比重由 2002 年的 60.9% 迅速上升到 2006 年的 70.1%（详见附表 16）。这是促使投资率上升的重要因素。二是人均收入已经超过 1000 美元，这个阶段在经济上的重要特点之一就是消费结构变化很快，由此带动的生产结构变化也快，于是经济增长提速。而且，我国当前消费结构升级正处于由千元级向万元级、10 万元级过渡的阶段。其突出表现就是对住宅和汽车等的需求快速增长。尽管过去计划经济体制下形成的平均主义还远没有消除，但由于经济转轨时期各种特殊矛盾的作用，居民收入差别迅速扩大。在居民中已有部分人群的收入水平很高。这些人在全国人口中的比重很小，但由于我国人口多，这些人的绝对量也不小。他们对住宅和汽车等的需求量就很大。而这些产业的利润率又高，其本身发展的动力就很强。而且其产业关联度又大，由此也会带动经济增长提速，投资率上升。三是我国虽然处于工业化中期阶段，但由于处于知识经济已经开始到来的时代，因而在一定程度又是与现代化相结合的。而许多现代产业都是资金技术密集型产业。

第三，中国新一轮经济周期的特点，也是推动投资率上升的重要因素。其特点之一，就是波峰年份时间长，而且经济增速高。2003—2007 年五年年均经济增速达到10.6%（详见附表3）。显然，这个特点不仅是促使这期间投资率上升的重要因素，而且会使投资率在高位上稳定下来。

第四，当前我国经济发展方式的主要特点是粗放型的，经济发展主要依靠包括资金在内的要素投入。这样，经济增长提速必然带来的投资率的上升。

第五，区域发展战略的全面实施，也是投资率上升的重要因素。我国在2000年前后相继提出并实施了东部率先实现现代化，西部大开发，振兴东北等老工业基地，中部崛起等项区域经济发展战略。这就必然会带来投资率的上升。

第六，城乡居民储蓄的迅速攀升，是支撑投资率上升的资金基础。这种储蓄率的攀升是由居民收入提高和储蓄倾向上升两个因素决定的。但这期间储蓄倾向的上升，并不只是一般地由于居民收入的提高，还特殊地由于收入差别扩大导致储蓄倾向高得多的高收入人群的增加。

第七，金融体制改革滞后和金融机构功能不健全，对投资率的提高也有重要的影响。其突出表现有二：一是利率市场化改革还没有到位，大大限制了它在抑制投资需求上升方面的功能。二是金融机构单纯为生产服务的面貌改变并不大。2002—2006年，城乡居民储蓄占金融机构资金来源的比重由37.4%升至44.2%（详见附表13）。但在资金运用方面，用于城乡居民的消费信贷则很少。至于在证券市场筹集资金和运用方面的情况则更是如此。

总体说来，与投资率相对应的是消费率，因而投资率提高就意味着消费率的下降。但分别说来，正像上述一系列推动投资率上升的因素一样，也有一系列因素促使消费率下降。但在这里只是分析作为消费率主要组成部分的居民消费率下降的因素。

就这期间的情况来看，居民消费率下降，在一定程度上是同政府消费率上升相联系的。2002—2006年政府消费率在整个消费率中占的比重由26.7%上升到27.4%，居民消费率由73.3%下降到72.6%（详见附表5）。这一点是同政企、政事分开和行政体制改革不到位，以及由此必然造成的行政管理费大量增长相联系的。2002—2006年，行政管理费由4101.32亿元增加到7571.05亿元，占财政支出总额的比重由18.59%上升到18.72%。①

---

① 《中国统计年鉴》（有关各年），中国统计出版社。

但就居民消费率的下降来说，也还有与它本身直接相关一系列因素的作用。

第一，居民收入水平低。从总体上说，新中国成立以来，特别是改革开放以来，居民收入有了空前未有的大提高。但直到 2006 年，农村居民家庭人均纯收入仅有 3578 元，城镇居民家庭人均可支配收入也只有 11759.5 元。收入水平低是同收入水平的增速低于经济增速和和社会劳动生产率的增速直接相联系的。如果以 1978 年为 100，则 2006 年人均国内生产总值指数为 972.9，社会劳动生产率指数为 714.4，农村居民家庭人均纯收入指数为 670.7，城镇居民家庭人均可支配收入指数为 670.7①。这些数字不仅表明了居民收入水平低的原因，而且揭示了消费率低的关键所在。

农村居民的收入水平更低。其原因主要是由城镇化进程太慢，城乡二元体制改革滞后，农村税费改革前农民的税费负担重，以及农业资金和科技投入少等因素的作用而导致的农业劳动生产率太低。直到 2006 年，第一、二、三次产业的劳动生产率分别为 7597.1 元/人，55660.3 元/人和 31412.1 元/人。可见，这年农业劳动生产率只有第二产业的 13.6%，第三产业的 24.1%②。一般来说，在保持适当投资率的条件下，收入水平的提高主要依靠劳动生产率的提高。对占全国人口总数大部分的农村居民来说，尤其是这样。在农业劳动生产率还低于第二、三次产业的条件下，农村居民收入水平也一定较低。这是一条规律。当然，当前我国农村居民的收入低，同上述的诸如城镇化进程慢和城乡二元体制改革滞后等等因素的作用也有很大关系。但即使没有这些因素的作用，在农业劳动生产率较低的情况下，农村居民收入水平也会较低，只不过低的程度有很大差别。

城镇居民收入水平比农村居民水平要高得多，但也是低的。在城镇居民的低收入和中低收入群众中尤其如此。就整体上说，2006 年，城镇居民家庭人均可支配收入比农村居民家庭人均纯收入高出 2.27 倍。就城镇居民的低收入户和中低收入户来说，分别只高出 32.8% 和 1.2 倍③。

城镇居民收入低的主要原因：一是就业面没有获得应有的扩大。对城镇

---

① 《中国统计年鉴》（有关各年），中国统计出版社。

② 资料来源：《中国统计年鉴》（有关各年），中国统计出版社。

③ 《中国统计年鉴》（有关各年），中国统计出版社。

居民来说，扩大就业是提高他们的收入的基础性工程。诚然，当前我国存在数以亿计的富余劳动力，每年新增加的劳动力数量也很多，伴随国有和集体企业改革深化又要释放出大量劳动力。因此，在我国，扩大就业是一个十分重要而又极为艰巨的任务。但是，过去多年来，由于没有把扩大就业放在政府调控中的突出位置，就业容量大的劳动密集型产业、第三产业（尤其是其中的社区服务业）、手工业、中小企业和非公有经济没有得到应有的发展，在财税、信贷和法制等方面缺乏更有力的措施。当然，在这些方面近几年来有很大改进，但也没有完全到位。当然，做到这一点，也是付出了很大的努力，来之不易。但我国当前扩大就业仍有很大的拓展空间。这是增加城镇居民收入的一个重要因素。二是劳动力价格过低。应该肯定，改革以来城镇职工工资比改革以前有了前所未有的显著提高。1978—2006年，城镇职工平均货币工资由 615 元提高到 20856 元，平均实际工资提高了 5.04 倍。但是，劳动力价格仍然过低。这期间工业职工工资总额占工业增加值的比重也由 16.7% 下降到 8.9%。[①] 这些数字表明：尽管绝对工资是大大提高了，但相对工资（即工资指数相对工业增加值的指数）却大大下降了。如果再考虑到进城务工的农民工的工资状况，那工资更低。2006 年进城务工农民 1.3 亿人。2007 年前三季度城镇职工月均工资为 1839 元，而农民工仅为 1015 元。[②] 而且就是这样的低工资，又在许多情况下还不能按时拿到手。当然，这些方面的情况在近几年也有很大改进。但并没有根本改观。

劳动力价格过低，有历史原因，在计划经济时期，工资就很低。改革以后，由于长期存在劳动力市场供大于求的机制，在客观上会抑制劳动力价格的上升。再加以政府在逆市场供求机制作用而进行的调节方面还缺乏力度。这样，劳动力价格过低的状况就难以改变。

第二，消费倾向低。显然，居民消费率低，不仅取决于居民收入低，而且取决居民消费占居民收入中的比重（即消费倾向）。依据边际收入的边际消费倾向的递减规律，消费倾向又不仅决定于居民总体收入水平的高低，而且决定各类居民群体的收入差别的大小。

在这方面起作用的不只是城镇居民之间收入差别的扩大，也不只是农

---

① 资料来源：《中国统计年鉴》（有关各年），中国统计出版社。
② 《经济日报》2008 年 2 月 22 日第 8 版；转引自新华网 2008 年 2 月 22 日。

村居民之间收入差别的扩大，还有城乡之间、地区之间和行业之间的收入差别的扩大。比如，有调查数据显示，1978 年，国家统计局划分的 16 个大行业中，工资收入最高的"电力、煤气及水的生产和供应业"与最低的"社会服务业"人均工资之比仅为 2.17 倍；2006 年，工资收入最高的"信息传输、计算机服务和软件业"与最低的"农业"人均工资之比高达 4.69 倍，全国这一比值最大的省份已经接近 6 倍。

但消费倾向的下降，又不只是由于各类居民之间收入差别扩大，还有其他多种因素的作用。一是由于养老、失业和医疗保险制度和财税制度改革滞后，社会保障制度和公共财政制度还没有完全建立，各类保险面窄，水平低，甚至义务教育所需经费也未完全落实，再加上医疗和教育等方面的高收费甚至乱收费，不仅大大降低了居民的即期消费，而且恶化了消费预期。

二是在买方市场形成和需要巨额支出的众多现代消费品盛行的条件下，消费信贷需要相应的发展。而我国由于金融机构功能不健全、信用制度缺失和消费观念转变滞后等方面的原因，消费信贷并没有得到应有发展。这种情况限制了即期消费的提高。

三是当前我国消费品市场大部分商品是供求平衡的，甚至是供过于求，但也有相当一部分商品是供不应求的。这表明部分商品结构不适合消费者的需要，以致居民这部分消费需求不能实现。

四是与以往不同，众多的现代消费品的使用，都需要相应的基础设施。但人们常常只在考虑扩大生产投资时，考虑相应的基础设施投资，而对消费方面的基础设施则没有及时给予应有的注意。当然这种状况，现在已有很大改变，但这方面的问题并没有根本解决。这一点在农村的许多地区表现得仍很明显，以致许多现代消费品不能使用。

五是市场交易秩序混乱。诸如假冒伪劣商品、虚假广告、过度包装和价格欺诈等都很盛行。这些都降低了居民的消费欲望。

六是传统文化中的节约。它是一种美德，是建设节约型社会的宝贵资源。当前仍然应该大力发扬这种美德。但像任何观念形态一样，都需要随着时代的发展而不断提高扬弃不合时宜的方面，增加适合时宜的新内涵。但当前仍有一部分居民坚守改革以前那种低生活水平条件下的节约习惯。特别是在一部分离退休人员中，他们收入水平不低，住房、养老、医疗等方面都有保障，又无养老和育小的负担，本来可以有较高的消费倾向。但由于旧的节约习惯，致使消费倾向很低。当然，发生这种情况，也不只是由于旧的节约习惯，同银发产业的开发不足也有很大关系。诚然，这部分人在居民中占的比重很小，但绝对量也不会少。当然，这也只是一部分离退休人的情况。在大部分退休人员中，由于没有完全享受到社会经济发展的成果，收入水平很低，也是构成低消费率的因素。

三、降低投资率和提高消费率的重要性和紧迫性

在这方面，值得着重提出的有以下三点：

一是我国投资率长期趋高（当前是奇高）、消费率长期趋低（当前是奇低）的格局，不仅同我国社会主义初级阶段的社会经济性质很不适应，而且从一般意义上说，也落后于资本主义社会发展的某些现状。为了说明这一点，有必要对资本主义社会剩余价值生产发展的三个阶段做些很简要的说明。马克思在《资本论》中分析了资本主义社会生产发展的三个阶段，即简单协作、工场手工业和机器大工业。大体说来，在前两个阶段，资本家提高剩余价值率的主要手段是提高绝对剩余价值。即在必要劳动时间不变的条件下，通过延长劳动日和加强劳动强度提高绝对剩余价值。在第三阶段，则主要依靠提高相对剩余价值。即在劳动日长度不变条件下，主要通过提高劳动生产率，缩短必要劳动时间，相对延长剩余劳动时间，以提高相对剩余价值。但在马克思生前，由于时代的局限，他不可能看到剩余价值生产的发展的第四个阶段。这就是在 20 世纪 50 年代以后，在资本主义经济发达国家明显呈现出来的绝对剩余价值率和相对剩余价值率下降的阶段。前者主要是通过劳动日的进一步缩短和劳动强度的进一步下降实现的。后者主要是通过劳动生产率的大幅增长实现的。在劳动生产率大幅增长的条件下，劳动力再生产费用需要上升，创造劳动力价值的必要劳动时间会延长，剩余劳动时间会相对缩短。但在这种条件下，作为剩余劳动的凝结物的剩余产品仍然会大大增长。

上述绝对剩余价值率和相对剩余价值率双下降局面的出现，并不是偶然的现象，而是在以往年代无产者反对资产者的阶级斗争已经取得巨大成果的条件下，资本主义社会物质文明、政治文明和精神文明高度发展的必然产物。就物质文明的高度发展来说，在劳动生产率巨大增长的条件下，蛋糕可以做得很大。这样，相对过去来说，劳动者得到的多些，但资本家得到的蛋糕仍然会增加。而且在上述条件下，提高劳动力再生产费用又是

做大蛋糕的必要条件。从这方面来说，让劳动者相对多得一些，还是资产者的营业需要。就政治文明的高度发展来说，在政治民主化的条件下，作为选民的无产者意愿（如要求缩短工作时间和增加工资）对政府决策的影响会大大增加。与此相联系，政治家的偏好（如追求政绩和争取连任）也会促使他向劳动者的意愿倾斜。就精神文明的发展来说，资产者与劳动者也会由以往年代的对抗逐步走向一定的和谐。当然，只要资本主义制度存在，剩余价值总会存在，资本家和劳动者之间总还存在对立。

我国处于社会主义初级阶段，社会主义公有制占主要地位。这个基本经济制度是根本区别于资本主义的。因此，反映阶级剥削的剩余价值范畴从主要方面来说已经不存在了。但作为市场经济一般范畴的剩余价值（或剩余价值产品的价值，下同）还是存在的。但如前所述，1978—2006 年，农村居民家庭人均纯收入和城市居民家庭人均可支配收入的指数均低于国内生产总值和和社会劳动生产率的指数。这在某种程度上间接表明了当前我国还处于相对剩余价值生产的阶段。而上述的 1978—2006 年工业职工工资总额占工业增加值比重的下降，则更直接地尖锐地反映了这一点。而上述两组数字正是造成当前我国高投资率、低消费率的基本原因。从这种相互联系的意义上说，这一点正是相对剩余价值生产的反映。这样，我国这种高投资率、低消费率的状况，同社会主义初级阶段的性质就很不适应，甚至不及资本主义经济发达国家在第二次世界大战以后呈现出的绝对剩余价值和相对剩余价值双双下降的局面。当然，我国占主导地位的社会主义公有制是根本区别于资本主义制度的。但正因为如此，就更加显得不及。

二是我国高投资率、低消费率的格局，与以人为本的科学发展观也大相径庭。发展生产以提高人民生活为根本目的，是这种发展观的最重要内容。但在新中国成立以后，在计划经济时代，高投资率都成为每次经济过热的带头羊。1953 年、1956 年、1958 年和 1970 年的经济过热都是这样。改革以后，1978 年、1984 年、1987 年和 1993 年的经济过热和 2003 年下半年以来发生的经济偏热也是如此。从这种历史联系的角度考察，我们仍然可以从这次经济偏热中可以看到计划经济体制下那种重投资、轻消费的经济战略的历史影子。这当然不是说改革前后在这方面没有原则区别。在改革以前的一个长期内，由于执行重投资、轻消费的战略，既阻碍了社会生产的发展，又妨害了人民生活的改善。改革以来，虽然还没有改变重投资、轻消费的格局，但在这方面已经发生了原则性变化，取得了重大的历史性进步。1952—1978年，国内生产总值年均增长6.1%，居民平均消费水平年均提高2.3%，前者为后者的2.7倍；而在1979—2006年，二者分别提高了9.7%和7.4%，前者仅为后者的1.3倍（详见附表3和附表7）。这些数据表明：前后两个时期在这方面存在原则区别。即前一个时期几乎是为生产而生产；而后一个时期在发展生产的基础上兼顾了消费，使人民生活得到了空前未有的大提高。只是兼顾得很不够。而正是这个很不够，显示出历史影子。而且这个影子并不是孤立的现象，它同计划经济体制改革没到位有着最重要的直接联系。

三是高投资率、低消费率的长期格局孕育着严重后果。这种格局不仅已经导致了多次经济过热，而且成为2003年下半年以来发生的经济偏热迟迟难以退去的基本原因。长此以往，它还会导致由供给和需求两方面的"瓶颈"制约而导致的、更严重的经济危机。显然，一方面投资率过高，必然遇到因资源稀缺而发生的供给"瓶颈"制约。事实上，当前就存在这种制约，而且在有些投资品方面这种制约还很严重；另一方面消费率过低，消费品生产又必然会遇到需求的"瓶颈"制约。事实上，我国多年以来就存在部分消费品的产能过剩和产品供给过剩。当然，这种过剩同消费品生产结构与需求结构不相适应是有关的，但也不能说同消费率过低没有联系。而且这种过剩最终又会导致投资品过剩。因为投资需求最终是要受到作为最终需求的消费需求制约的。这样，如果投资率过高和消费率过低的局面长期得不到改变，那么，严重的经济危机就必然会发生。在这种情况下，如果主要采用行政手段，实现"硬着陆"，那就会把中国推向灾难的深渊，像1961年那样。如果主要用经济和法律手段，实现"软着陆"，那也根本无法阻止危机的发生，只是减轻危机的损失。还要提到：长期存在的高投资率、低消费率还会在经济改革和社会稳定方面造成严重的消极后果。因而这是一个事关发展、改革和稳定全局的大问题，是全面建设小康社会的一项根本战略。所以，我们绝不能因为当前我国总的经济形势很好，就忽视这种可能发生的严重后果。

四、降低投资率和提高消费率的对策

第一，要提高投资率和消费率预期指标在宏观调控中的战略地位。

马克思在《资本论》中提出了扩大再生产公式。这个公式揭示了对资

本主义社会和社会主义社会都适用的两条基本规律：一是生产资料生产和消费资料生产的对比关系，二是积累和消费的对比关系。当然，这一抽象理论在实际生活中的运用需要具体化。当前，前者可以具体化为第一、二、三次产业的对比关系，后者可以具体化为投资和消费的对比关系。当然，在对外开放的条件下，还要考虑进出口的因素。这是从理论上说的。就实践上来说，如前所述，改革前后我国多次发生投资膨胀，都成为每一次经济过热的带头羊。因此，很有必要将投资率与消费率一起列入国家宏观调控的最重要的预期目标。实际上，党的十七大也强调："促进经济增长由主要依靠投资、出口拉动向依靠消费、投资、出口协调拉动转变，由主要依靠第二产业带动向依靠第一、第二、第三产业协同带动转变，由主要依靠增加物质资源消耗向主要依靠科技进步、劳动者素质提高、管理创新转变。"① 可见，在这三个转变中，调整投资与消费是放在第一位。当然，第一个转变中还包括内需和外需的失衡问题。这一点留待本章第三节做分析。至于第二、三个转变也将在本章第三、四节做分析。

第二，要提高确定投资率和消费率预期指标的科学性。我国"六五"计划规定：到 1985 年，消费率达到 71% 左右，积累率为 29% 左右。但实际执行结果，到 1985 年积累率达到了 35%，消费率为 65%。"七五"计划规定：五年内平均每年消费率为 70%，平均每年积累率为 30%。但实际执行结果，前者只有 66.1%，后者达到 33.9%。"八五"计划规定：五年内，全社会固定资产投资每年增长 5.7%，全国居民平均消费水平每年增长 3%。但实际执行结果，前者高达 18.9%，后者也达到 8.2%。"九五"计划纲要规定：五年内，城镇居民人均生活费收入年均增长 5%，农民人均纯收入年均增长 4%；全社会固定资产投资年均增长 10%。而实际执行结果，五年内，城镇居民人均生活费收入年均增长 5.8%，农民人均纯收入年均增长 4.8%，全社会固定资产投资年均增长 9.1%。按照"十五"计划纲要提出的预计目标，"十五"期间要使居民消费率提高到 50% 左右，全社会固定资产投资率调控在 35% 左右。但在实际上，到 2005 年，居民消费率只有 35.3%；而投资率高达 62.3%②。

上述情况表明：在改革以来制定的五个五年计划（或五年计划纲要）

---

① 《中国共产党第十七次全国代表大会文件汇编》，第 22 页，人民出版社 2007 年版。
② 《中国经济年鉴》和《中国统计年鉴》（有关各年），中国经济年鉴社和中国统计出版社。

中，有关投资和消费指标的规定，只有"九五"计划比较切合实际。与计划规定预期目标相比较，其实际结果，城镇居民年均消费收入和农村居民人均可支配纯收入的年均增速只高 0.8 个百分点，而全社会固定资产投资率年均增速只低 0.9 个百分点。其余四个五年计划规定的指标（或预期目标）与实际执行结果都相距甚远。

诚然，由于各种不确定因素难以在制订计划时完全估计到，计划规定指标与实行执行结果发生差异是常有的事。而且，在我国现行体制下，为了削弱地方政府层层加码的消极作用，国家计划指标定得低一些，也有积极意义。但为了有效发挥计划（即使是指导性计划）的指导作用，总需力求提高计划指标的科学性。特别是像投资和消费这样的基本指标，它对国民经济其他指标有重要的制约作用。它的科学性如何，就会在很大程度上影响其他指标的科学性。

而且，在经济预测科学、经济信息和现代计算技术都很发达的条件下，把计划指标定得尽可能准确些，并不是什么苛求，而是大体上可以做到的事。上述的我国"九五"计划纲要的有关规定已经开始在某种程度上证明了这一点。在这方面，日本也提供了有益的经验。日本虽然是资本主义的经济发达国家，但也实行指导性计划，而且有些年份计划预测指标定得很准确。比如，日本企划厅对日本 1978 年、1979 年这两年的国内生产总值的计划预测数字为 5.7%、5.5%，实际完成数字为 4.9% 和 5.6%[1]，相差甚微。当然，这是对经济增长率的预测。但其道理对投资和消费的预测，是相通的。

第三，要建立实现投资率和消费率预期指标的保证体系。一是要建立长效实现机制。可以通过深化经济改革，转变经济增长方式，调整产业结构，建设节约型经济以及政策（包括财政、金融和收入分配等）、法律制定和实施等途径来形成这种机制。比如，通过进一步实现政企分开和深化财税体制改革，遏制地方政府的投资冲动。又如，通过法律规定不断调整工资指导线。二是要建立预警机制。为此，要制定预警指标体系。如全社会固定资产投资率、城镇居民人均可支配收入和农村居民人均纯收入，以及三者的增速与国内生产总值和社会劳动生产率的增速之间的对比关系；城乡之间、地区之间和行业之间的收入差别；储蓄率及投资信贷和消费信贷。

---

[1] 《国际统计年鉴》（1995），第 100 页，中国统计出版社。

要分别确定投资率和消费率的最高警戒线。还要依法授予国家有关单位（如国家统计局）定期发布预警信息。三是要强化监督机制。全国人大、常委会特别是财政委员会要着力加强全国人大讨论通过的有关投资率和消费率规定执行状况的监督。还要通过定期发布有关经济信息，加强舆论监督和群众监督。

第三节　调整第一、二、三产业的关系

第一、二、三产业之间的关系是国民经济中另一个基本比例关系。而长期以来，我国经济中这方面的失衡也是很严重的。这样，调整第一、二、三产业的关系，解决这方面的失衡，就成为全面建设小康社会的一项重要战略。

当前这方面失衡的突出表现有二：一是作为第一产业的农业基础薄弱；二是第三产业发展严重滞后。因此，要实现党的十七大提出的促进经济增长"由主要依靠第二产业带动向主要依靠第一、二、三产业协同带动转变。"[①] 就是要着力解决这两方面的问题。前一方面的问题留待本章第六节去做分析，这里只分析后一方面的问题。

一、我国第三产业变化发展轨迹及其现状的特征

为了说明这一点，首先需要简要地概括一下世界各国第三产业发展的共同特点。伴随工业化和现代化的发展，第三产业增加值在国内生产总值的比重逐步上升，先是超过农业，后是超过工业；其内部的传统服务业比重下降，现代服务的比重上升；其劳动生产率趋于上升；其在经济社会发展中的地位和作用逐步增大，以致服务业成为占主导地位的产业。这些特点可以看做是反映经济规律的第三产业发展的一般趋势。

各国经济发展的历史证明了这一点。依据世界银行的资料，在 1980 年、1990 年、2003 年这三个时点，低收入国家第三产业增加值占国内生产总值的比重分别为 32%、41%、49%；下中等收入国家分别为 42%、43%、52%；上中等收入国家分别为 44%、52%、59%；高收入国家分

---

① 《中国共产党第十七次全国代表大会文件汇编》，第 22 页，人民出版社 2007 年版。

别为61%、65%、71%①。上述数字表明：无论是纵向看（依四类国家经济发展的时序看），或者横向看（把四类国家放在同一个时点看），随着人均收入水平的提高，第三产业增加值在国内生产总值中的比重都是上升的。而且四类国家第三产业的比重，不仅都超过了农业，而且都超过了工业。

问题的本质在于：一般来说，在经济社会正常发展的情况下，随着社会生产力的发展，人均收入必然增加，由此必然导致消费的水平提高和结构升级。而消费升级是循着人的生存需要和人的全面发展需要依次梯度推进的。正是这种需求的变化发展从本质上决定了第三产业比重的提高。比如，在人均收入水平达到一定高度的情况下，人们对科学、教育、文化和卫生需求就会显著增长。这是其一。

其二，随着社会生产力发展，社会分工也会进一步细化。其中的一个重要方面，就是原来作为企业生产过程中的服务环节会独立成为一个服务的生产部门（如信息服务和流通服务，会独立发展为信息产业和第三方物流业）；原来作为家庭消费的服务也是可以发展成为独立的产业（如家政服务业）。

其三，随着社会生产力发展，政府不仅提供的公共产品会大大增长，而且提供的公共服务也会大大增长。这里需要提到：有一种观点认为只是在现代市场经济条件下，政府才有提供公共产品和公共服务的职能。但在实际上，在国家产生以后，政府就都有提供公共产品和公共服务的职能。只不过是在现代市场经济条件下，政府提供的公共产品和公共服务达到了空前未有的规模。如促进充分就业，熨平经济周期，防止通胀和通缩，平衡国际收支，维护市场秩序，反对垄断，保护消费者权益，促进社会公平，提供义务教育和社会保障，维护生态环境平衡，以及保障国家的经济安全、政治安全和军事安全等。正因为这样，随着古典市场经济向现代市场经济的转变，政府的财政支出在国内生产总值的比重大大上升。依据美国财政学家马斯格雷夫的计算，财政支出占国内生产总值中的比重，英国从1890年的8.9%上升到1955年的36.6%。美国从1880年的7.1%上升到1962年

---

① 《2005年世界发展指标》（有关各年），中国财政经济出版社。其中，低收入国家不含中国和印度。

的 44.1%。① 在当代经济发达国家，财政支出占国内生产总值的比重都达到了 50% 以上，有的还达到了 70%。

其四，在人类社会发展的各个阶段，起决定作用的生产要素是有变化的。在农业经济时代，土地就是这种生产要素。到了工业经济时代，机器就是这种生产要素。在知识经济时代，知识就成为这种生产要素。当然，在知识经济时代，知识经济也是以第一、二、三产业为载体的，其作用也是渗透到整个产业经济。但相对说来，知识经济更多地集中在第三产业。而知识经济的科技含量更高，创造的增加值更多。这样，第三产业增速更快。

正是上述各种重要因素的综合作用，使得第三产业比重上升成为工业化和现代化中的一条客观规律。

也正因为这样，从总的长期发展来看，这个趋势在任何社会制度下都会表现出来。就新中国成立以来长达半个多世纪的情况来说，也在一定程度上反映了这个趋势。1952—2007 年，我国第三产业增加值在国内生产总值中的比重由 28.6% 上升到了 39.1%（详见附表 2）。在这期间，第三产业内部结构优化和劳动生产率提高也都取得了一定的进展。国家统计局曾将我国第三产业划分为 4 个层次：第一层次是流通部门，包括交通运输、仓储业、邮电通信业、商贸业及餐饮业等；第二层次是为生产和生活服务的部门，包括金融业、保险业、房地产管理业、居民服务业、公用事业、旅游业、咨询信息服务业、综合技术服务业等；第三层次是为提高居民素质和

---

① 引自［美］斯蒂格利茨《美国为什么干预经济》，中国物资出版社 1998 年版，第 11—12 页。这里需要指出：在我国改革过程中学界曾经有过小政府大社会的说法。这种观点如果是针对计划经济体制下政府直接经营管理企业，管了许多不该管、也管不了的事，以致政府机构庞大，需要改革，是可以的，也有积极意义。但是，如果以为在社会主义市场经济条件下，政府职能少了，机构也可小，那就是一种误解。实际上，在社会主义市场经济条件下，减少的只是原来计划经济体制下政府直接经营管理企业的职能，而由市场经济带来的政府职能不仅减少，而是大大增加。正是这种片面观点，给 1979 年以来多次政府机构改革带来了某些失误。改革以来这方面的改革有时就出现这样的怪圈：政府机构改革以一次，虽然一时机构和人员减少了，但不久又膨胀了。其中的一个重要原因就是一方面忽视了企业和其他相关改革没有真正到位，原来计划经济体制下政府职能事实上还不可能减下来；另一方面也忽视了市场经济体制下新增加的职能。这两方面在客观上都迫使政府机构和人员的回归。这当然并不否定由于旧体制没根本改革、新体制不完善所产生的各种消极因素在这种回归中的作用；而是说要全面分析这种回归的原因。从而推进与计划经济体制相联系的政府职能的转变，并发展与社会主义市场经济体制相联系的政府职能，以便更切实有效地推进机构改革。更不否认当前行政机构庞大和重叠、职能交叉、行政人员过多、行政效率低下以及行政成本很高等弊病，因而不否定迫切需要进一步加快行政机构改革的必要。

科学文化水平服务的部门，包括科研、教育、广播、电视、文化、卫生、体育、社会福利业等；第四层次是为社会公共需要服务的部门，包括国家机关、社会团体、警察、军队。依据国家统计局的资料计算，在1991—2002年间，第一层次增加值在第三产业的比重由48.4%下降到41.3%，下降了7.1个百分点；第二层次比重由32.2%上升到38.4%，上升了6.2个百分点；第三层次比重由9.3%上升到11.5%，上升了2.2个百分点；第四层次比重由10.1%下降到8.7%，下降了1.4个百分点。由于这四个层次划分的依据主要是各种服务业的用途，而不是产业层次的高低，因而难以从整体看出第三产业内部结构的优化。但是，第二层次比重的大幅上升表明了第三产业内部生产服务和生活服务分工的发展，第三层次比重上升表明了由居民消费需求结构的上升而带来的第三产业内部结构优化。还要提到：按可比价格计算，1978—2005年，第三产业的劳动生产率提高了2.16倍[①]。

　　但是，必须着重指出：我国第三产业的正常发展过程被严重地扭曲了。就新中国成立以后各个经济发展时期来看，如果不说1949年10月—1952年的新民主主义社会时期[②]，那就还有以下三个时期：一是1953—1957年。这个时期是由新民主主义社会向社会主义社会过渡的时期。这个时期既是由占主导地位的国有经济和多种所有制并存向基本上单一的社会主义公有制过渡的时期，也是由计划调节与市场调节相结合向占主体地位的计划经济体制过渡的时期。在这个时期，第三产业的发展，虽不是很理想，但大体上正常。1952年，第三产业增加值占国内生产总值的比重为28.6%；1953—1957年，其比重是在29.3%—30.8%之间波动的，略有上升，基本体现了第三产业发展的一般趋势。二是1958—1978年。这个时期在社会主义基本经济制度和计划经济体制两方面都是进一步强化的时期。在这期间，第三产业增加值占国内生产总值由1957年的30.1%下降到1978年的24.2%。其中1976年还下降到21.7%，是新中国成立以来第三产业比重的最低点。这样，在这期间第三产业的正常发展过程就被大大扭曲了。三是1979—2007年。这个时期是单一的社会主义公有制向占主导地位的国有经济与多种所有制同时并存和共同发展、计划经济体制向社会主义市场经济体制转变的时期。在这期间，第三产业增加值占国内生产总值的比重由

---

①　资料来源：《中国统计年鉴》（有关各年），中国统计出版社。

②　由于缺乏这方面的统计资料，笔者把这个时期第三产业的变化状况舍弃了。

1978 年的 24.2% 上升到 2007 年的 39.1%。但需要指出：这在很大程度上只是一种恢复性上升。而且其间不正常的波动幅度也很大。如 1979 年第三产业增加值比重下降到 21.9%，比 1978 年下降了 2.3 个百分点，比 1976 年也仅高出 0.2 个百分点（详见附表 2）。所以，这个时期只是在一定程度上修复了此前第三产业发展被扭曲的状况，但这种状况并没有得到根本改变。

这种扭曲的直接后果，就是当前我国第三产业发展严重滞后。其主要表现是：第三产业增加值在国内生产总值的比重低，第三产业内部结构层次低，劳动生产率低。下列数据可以说明这些情况。如前所述，2007 年我国第三产值增加值在国内生产总值的比重为 39.1%；2003 年低收入国家为 49%，下中等收入国家为 52%，上中等收入国家为 59%，高收入国家为 71%。按当年汇价计算，2007 年我国人均国内生产总值约为 2500 美元，高于低收入国家，与下中等收入国家大体相当，低于上中等收入国家，更远远低于高收入国家。但 2007 年我国第三产业比重比 2003 年低收入国家还低 9.9 个百分点，比下中等收入国家低 12.9 个百分点，比上中等收入国家低 19.9 个百分点，比高收入国家低 31.9 个百分点。在这方面居于世界的后列。依据 2004 年第一次全国经济普查的资料，这年在第三产业 15 个子行业中，批发和零售业、交通运输业、仓储和邮政业、房地产业、公共组织和社会组织、金融和教育 7 个传统服务业，就占了第三产业增加值的 70%。按当年价格计算，1952 年，第二产业每个就业人员创造的增加值为 926 元，而第三产业为 1033 元。这样，如果以前者劳动生产率为 1，则二者劳动生产率之比为 1∶1.12。到 2005 年，前者每个就业人员创造的增加值上升到 48135 元，后者为 30696 元，二者劳动生产率之比为 1∶0.64。按可比价格计算，1952—1978 年，第二、三产业的劳动生产率分别增长了 2.94 倍和 0.97 倍，二者增速之比（以第三产业为 1）为 3.03∶1；1978—2005 年，第二、三产业的劳动生产率分别增长了 5.93 倍和 2.16 倍，二者增速之比（以第三产业为 1）为 2.7∶1[①]。可见，尽管在上述期间第三产业自身的绝对劳动生产率也大幅度上升了，但相对劳动生产率却大幅度下降了。这种趋势与发达的市场经济国家也是大相径庭的。在他们那里，第三产业劳动生产率的增长速度和水平都是高于第二产业的。

———————————

① 《中国统计年鉴》（有关各年），中国统计出版社。

二、我国第三产业发展严重滞后的原因

决定我国第三产业发展长期滞后的重要因素有：

第一，我国是一个发展中的人口大国。历史经验和理论分析均证明：第三产业增加值在国内生产总值中的比重与人均收入呈现很强的相关的关系。我国人口多，生产力发展水平低，人均收入少，制约了第三产业的发展。据有关单位按照改革后 20 多年的数据计算，人均国内生产总值的增长与服务业发展的相关系数为 65％。当然，仅用这个因素无法解释我国第三产业的严重滞后，尤其是不能说明我国第三产业比重为什么还低于低收入国家。但它毕竟是我国第三产业发展滞后的一个重要因素，相对于上中等收入国家和高收入国家来说，尤其是这样。

第二，长期推行强速战略，盲目追求经济的高增长。这主要是由于在计划经济体制下，从中央政府到地方政府（包括他们的各部门），到国有企业都存在投资膨胀机制。但在"一五"时期这种体制还在建立的过程中，投资膨胀机制的作用还有某种限制。因而"一五"时期这种倾向相对后续时期来说还不很明显。但从"二五"计划时期到"六五"计划时期（其中1961—1965 年的经济调整时期除外）这种倾向就很明显了。1981 年，党中央、国务院提出了以提高经济效益为中心的发展国民经济的方针，要求走出一条件速度比较实在、经济效益比较好、人民可以得到更多实惠的新路子①。以后，从中央政府制定的"六五"计划到"十一五"规划这个层面来看，由推行强速战略而导致的盲目追求经济增长速度的倾向已经基本上不存在了。总的来说，这六年五年计划（或规划）规定的经济增速指标都是低于甚至远远低于潜在增长率，以致实际的经济增长率都超过甚至大大超过了计划（或规划）指标。但由于强速战略的慢性作用，特别是由于中央政府各部门、地方政府及其各部门和企业都还程度不同地内含着投资膨胀机制，追求经济高速增长的势头仍然很强，以致改革以来多次发生过热（或偏热）。乍一看来，这种强速战略似乎同第三产业发展严重滞后是无关的。但在实际上，正是这种强速战略是第三产业发展严重滞后的一个最重要根源。问题在于：这种强速战略是片面地以工业（特别是重工业）为重点的强速战略，甚至可以说，就是工业（特别是重工业）的强速战略。其

---

① 详见《中国经济年鉴》（1982），第Ⅱ—9 页，经济管理杂志社。

长期推行必然导致包括第三产业在内的其他产业发展的滞后。历史事实也正是这样的。1953—1957年，国内生产总值和第一、二、三产业的年均增长速度分别为9.2%、3.8%、19.7%和9.6%；这期间第一、二、三产业占国内生产总值的比重，分别由1952年50.1%下降到1957年的40.6%，由20.8%上升到29.6%，由28.2%上升到29.8%。1958—1978年，国内生产总值和第一、二、三产业增加值的年均增速分别为5.4%、1.6%、9.1%和4.5%；这期间第一、二、三产业的比重分别由1957年40.6%下降到1978年的28.2%，由29.6%上升到47.9%，由29.8%下降到23.9%。1979—2007年，国内生产总值和第一、二、三产业增加值的年均增速分别为9.8%、4.6%、11.4%和10.7%；这期间第一、二、三产业的比重分别由1978年28.2%下降到11.7%，由47.9%上升到49.2%，由23.9%上升到39.1%（详见附表2.3）。上述数据表明：如果仅就上述三个时期第三产业本身增速的绝对水平来说都不算低，但问题在于第二产业增速过高，从而使第三产业相对增速偏低。这样，第三产业比重在第一时期的变化尽管还比较正常，但并没有得到应有的提高。特别是在第二时期比重甚至下降了，在第三时期也没有得到应有的提升，最终使得第三产业比重过低。可见，工业（特别是重工业）增速长期过高，是造成第三产业发展滞后的一个根本原因。

第三，计划经济体制的弊病，市场取向改革不到位以及经济社会体制改革和开放的非均衡的发展。计划经济体制内含的投资膨胀机制为推行强速战略提供了巨大需求，而由这种体制集中的资源又为推行这种战略提供了可靠供给。因此，这种体制是强速战略赖以建立和实施的基础。如前所述，正是这种强速战略从根本上导致了第三产业发展滞后。从这种相互联系的意义上说，计划经济体制是造成改革以前第三产业发展滞后的更为深层次的根本原因。

诚然，这种情况在经济改革后已经发生了重大变化。这主要就是经济改革在促进第三产业比重上升方面起了重要的积极作用。伴随经济改革的进展，市场在第一、二、三产业之间合理配置资源方面的积极作用逐步得到了一定程度的发挥。而且，这种改革又成为1979年以来经济高速增长和人均收入大幅攀升的根本动力。这样，就推动了第三产业比重的迅速恢复，并上升到了新中国成立以来从未达到的高水平。

但同时需要看到：由于经济改革不到位，以及经济社会体制改革和开放的非均衡性发展，仍是第三产业发展滞后根本性因素。就经济改革不到位来说，原来在计划经济体制内含的投资膨胀机制只是在中央政府层面和基本完成改革的国有企业基本上消除了。但在改革没到位的国有企业、政府部门特别地方政府并没有根本改变。这就是改革以后多次发生经济过热以及 2003—2007 年连续五年经济发生偏热的根本原因。其中主要又是重化工业增长过快。当然，当前我国正处于重化工业发展阶段，重化工业的发展可以而且必须快一些。问题是重化工业发展过快了。由此造成了第三产业发展的滞后。在经济改革不平衡方面，无论是存量改革还是增量改革，工业都是领先的，第三产业都是滞后的。到 2006 年为止，全国约有 80% 左右的国有中小企业已经完成了改制，由原来的国有企业改为股份制企业和民营企业等。在国有大企业中，当前国资委管理的约有 150 家，各省市自治区大约平均各有 30 家左右。其中相当大部分已经完成了股权多元化和公司治理结构的改造。当然，国有企业改革任务还很重，要真正完成国有企业改革的任务，大约还需要十年左右的时间。但相对来说，国有第三产业的改革则还要滞后得多。这一点当前突出表现在垄断行业、文化和社会保障事业的改革方面。这是就存量改革来说的。在增量改革方面，就对民营经济的开放来说，工业比第三产业要早得多，快得多。这当然是从总体上说的。在第三产业的某些方面（如商业）对民营经济的开放并不晚。但在一些具有决定意义的领域（如垄断行业和文化事业方面）则要晚得多。直到目前为止，这些领域对民营经济的开放仍然严重滞后，某些方面的开放程度甚至还不及对外资企业。当然，在第三产业的某些领域（如涉及国家安全和关键经济领域）是需要国有资本控股经营甚至独资经营的。但即使考虑到这些因素，仍然可以说，第三产业对民营的开放还是滞后的。当前这方面仍然存在很大的开放空间。在对外开放方面也存在某种类似的状况。无论是在外贸方面，或是吸引外资方面，也都是首先集中在工业方面。在对外贸易方面，1980—2005 年，工业制成品的出口由 90.05 亿美元增加到 7129.16 亿美元，增长了 78.2 倍，占货物出口的比重由 49.7% 上升到 93.6%；工业制成品进口由 130.58 亿美元增加到 5122.39 亿美元，增长了 38.2 倍，占进口货物的比重由 65.2% 上升到 77.6%。但在这期间服务业的进出口则不多。据报道，1982—2005 年，我国对外服务贸易由 43.4 亿美元增加到 1582 亿美元，增长了 35 倍。其增速也很高，但占外贸的比重很低，2005 年服务贸易仅为外贸总额的 11.1%。在吸引外资方面，以 2005 年为例，这年外商直接投资实际使用金额已经达到 6032469 万美元，其中第一、二、三产业分别为 71826 万美元、4469243 万美元（其中工业为 4420223 万美元）和 1491400 万美元，分别占总额的 1.2%、74.1%（其中工业为 73.3%）和 24.7%。这些数字表明：改革以来，通过发展对外经贸关系，从货物出口需求与投资品和资金的供给等方面大大促进了工业的增长。而对第三产业的发展来说，这方面作用则不大。当然，决定这一点的并不只是由于对外开放不平衡性，还是同体现国际资本利益的产业转移的特点相联系的。国际资本为了获得超额利润和垄断利润，利用我国廉价的生产要素（包括劳动力和土地等），只是把那些附加价值小、利润低的制造业的加工环节转移到我国，至于那些附加价值大、利润高的高端产业（其中包括第三产业）以及制造业中的研发和流通环节（即生产性服务业），仍然掌握在它们自己手中。这一点，在加工贸易占我国外贸中的比重明显地反映出来。1981 年，加工贸易的出口和进口分别为 11.31 亿美元和 15.04 亿美元；二者占出口总额和进口总额比重分别为 5.1% 和 6.8%。到 2005 年，上述两组数字分别为 4164.67 亿美元和 2740.12 亿美元；54.3% 和 41.5%[①]。就经济体制和社会体制的改革来说，第三产业也是滞后的。这突出表现在城乡二元体制、文化体制和社会保障体制的改革滞后上。比如，在 20 世纪末，我国已经初步建立了社会主义市场经济体制的基本框架，作为城乡二元体制最基本组成部分的户籍制度（城乡就业、工资和社会保障制度等都是附着在户籍制度上）当前还只是在某些省市破题。显然，经济体制和社会体制改革进展不平衡状况，又导致了工业和第三产业的不平衡发展，工业发展更快，第三产业较慢，使得第三产业发展滞后。

我们在前面分别分析了经济强速战略和传统经济体制在造成第三产业发展滞后方面的作用。但二者在这方面的作用并不只是限于这些方面，还通过由它们造成的经济结构失衡、经济增长方式转变缓慢和城镇化率低等方面，导致第三产业发展的滞后。我们在下面分别就这些方面做进一步分析。

第四，经济结构失衡。这包括以下四个重要方面：

（1）消费和投资之间的失衡。这方面的失衡情况已见本章第二节的分析。为了说明这里的问题只需指出：由强速战略推动的工业的快速增长，

---

① 《中国统计年鉴》（有关各年），中国统计出版社。

也会带动生产性服务业的发展。但我国原来生产技术水平低，特别是在企业组织方面长期实行"大而全"、"小而全"，因而生产性服务业并不发展。而且，在主要实行粗放型增长方式的条件下，技术升级和分工发展都比较慢。这样，工业的快速发展对生产性服务业发展的带动作用并不大。这是一方面；另一方面，消费率虽然逐年下降，但毕竟始终占了国内生产总值的大部分。而且相对生产性服务业来说，我国消费性服务业比较发展，占了服务业大部分。这样，消费率下降对消费性服务业的阻碍作用就要大于由投资率带动生产性服务业的作用，从而成为第三产业发展滞后的一个重要因素。根据国家统计局按照 2002 年全国投入产出表计算，消费率提高 1 个百分点，第三产业增加值可以提高 0.51 个百分点。这样，扩大消费对增加第三产业比重的作用，比增加投资要大得多。

（2）城乡之间的失衡。这方面失衡的具体情况留待本章第六节分析。这里也只需要指出：在全国人口中占有很大比重的农村居民收入低，对第三产业的发展有极为严重的不利影响。显然，农村居民对服务业的需求比城镇居民要小得多。比如，2005 年，城镇居民人均消费性支出为 7942.88 元，而农村居民则只有 2555.4 元，前者为后者的 3.1 倍；市、县在社会消费品零售总额中占的比重达到 78.3%，县以下只占 21.7%。而县以下还包括镇，考虑到这一点，农村居民在这方面占的比重还要小[①]。

（3）地区之间的失衡。这方面的失衡状况留待本章第八节分析。这里需要强调的是：地区之间的失衡是导致我国第三产业发展滞后的一个重要因素。据有的学者按照 2000 年可比价计算，1978 年，东部、中部和西部第三产业增加值占全国第三产业的比重分别为 54.75%、29.82% 和 15.43%，人均服务占有量分别为 381.46 元、209.38 元和 265.76 元。到 2000 年，这两组数据分别为 62.05%、24.89% 和 13.06%；4431.44 元、2052.9 元和 1660 元[②]。按当年价格计算，2004 年，东部、中部和西部地区生产总值占国内生产总值的比重分别为 59.4%、23.6% 和 17.0%；占全国第三产业增加值比重分别为 60.7%、22.1% 和 17.2%。2005 年，按当年价格计算，东部、中部、西部和东北地区生产总值占国内生产总值的比重分别为 55.6%、18.8%、16.9% 和 8.7%，这四个地区的人均地区生产总值分别为 23768 元、

---

① 《中国统计年鉴》（2006），第 345、678 页，中国统计出版社。

② 李江帆主编：《中国第三产业研究》，第 311 页，人民出版社 2005 年版。

10608 元、9338 元和 15982 元。与此相联系，这四个地区占全国第三产业增加值比重分别为 57.2%、17.5%、17.0% 和 8.3%[①]。这些数据表明：地区经济发展水平越高，对第三产业的需求就越大，其比重也越大；反之亦然。据有关单位分析，地区生产总值占国内生产总值的比重与该地区第三产业增加值占全国第三产业增加值比重的相关系数为 0.98。

（4）内需和外需之间的失衡。2003—2007 年这五年，我国货物进出口顺差分别为 254.7 亿美元、320.9 亿美元、1020 亿美元和 1775 亿美元和 2622 亿美元。这五年净出口对经济增长的贡献率分别为 1.0%、6.0%、24.1%、19.5% 和 21.5%（详见附表 24）。当然，就我国具体情况来说，净出口比重多少才算是适度的，还是需要研究的问题。但就 2003 年以来与出口顺差激增相联系的经济偏热，通胀压力加大，外贸风险增加，经济结构失衡加剧以及资源和环境压力加大等方面的情况来看，可以肯定内需和外需是失衡的。诚然，从本质上说，内需与外需失衡，是与战略和体制相关的国内经济结构失衡的反映。但如前所述，这一点同国际资本的产业转移特点也是直接相关的。并且同美元作为主要的世界货币地位以及美国的外贸和军事战略紧密相连。美国依靠美元的世界货币地位，多发钞票，用以大量购入我国的低价货物[②]，又依靠其在众多高技术的领先优势和垄断地位，在高技术的产品和服务的出口方面对我国严加限制。但需要着重指出的是，内需和外需之间的失衡，也是加剧我国国内经济失衡的一个重要因素。其中包括加剧了我国第三产业发展的滞后。如前所述，我国无论是出口还是进口，大部分都是工业品，服务业占的比重很小。这样，外贸在拉动工业增长方面的作用比服务业要大得多。

第五，经济发展方式转变缓慢。经济发展方式转变的最重要支撑点，就是技术进步和人力资本的增长。而技术进步和人力资本增长的来源是科技和教育事业的发展。所以，由经济发展方式转变缓慢必然导致作为第三产业重要组成部分的科技事业进展缓慢。还要指出：由此又进一步影响整个服务业的发展，特别是生产性服务业的发展。

第六，与强速战略相联系的城乡二元体制造成了城镇化率低，也导致

---

① 《中国区域经济年鉴》（2005）和《中国统计年鉴》（2006），中国统计出版社。

② 据有的学者计算，当前 60% 的美元是在国外流通的，50% 的美国国债是由国外人购买的（新华网，2007 年 2 月 18 日）。

了第三产业发展滞后。在 1952 年、1978 年和 2007 年这三个时点上，城镇人口占全国人口的比重分别为 12.5%、17.9% 和 44.9%。[1] 可见，尽管改革以来城镇化率有了很大提升，但并不高。当前我国城镇化率不仅大大低于经济发达国家平均 75% 的水平，也低于世界各国平均水平 50% 的水平，甚至还低于欠发达国家平均 45% 的水平。但我们在前面列举的数据表明：作为载体的城市在发展第三产业方面的作用比农村要大得多。

第七，众多与之相左的理论、思想和观念，也是导致第三产业发展滞后的一个重要因素。按照传统经济理论，只有投资品和消费品的生产才是生产部门，而服务业并不是生产部门。这就使得服务业在国家经济发展战略中，居于很次要的地位。受自然经济思想的影响，不仅企业搞"大而全"，"小而全"，而且办社会；也不仅是企业办社会，事业单位、党政机关和人民团体都办社会。这不仅不利于生产性服务业的发展，更不利消费性服务业的发展。某些"左"的思想也在这方面发生了消极作用。比如，新中国成立初期，还有少数高等院校设有家政服务专业，但在后来家政服务被当做"资产阶级生活方式"，这些专业随之也给取消了。节约原本是中华民族的传统美德，但并没有与时俱进，赋予它具有时代特点的新内涵，以致成为当前储蓄率过高的原因之一。我国消费观念转变滞后，也是当前消费信贷发展慢的原因之一。当然，这些因素都不是第三产业发展滞后的最重要原因。但它们确实又在一定程度上阻碍了服务业的发展。

三、优先发展第三产业是当前有关发展、改革和稳定的一个全局性问题

这样说的主要根据是：

第一，治理当前经济偏热，并防止向过热转变，是当前经济中一个最尖锐、最突出问题。为了解决这个问题，优先发展第三产业就是一个重要方面。这一点已为以 1999 年（波谷年）为起点的新一轮经济周期上升阶段经济增长经验所证明了。2000—2002 年，主要由工业构成的第二产业增加值年均增速为 9.2%，第三产业为 10.1%，国内生产总值为 8.6%。但到 2003—2007 年，这三个数据分别为 12.4%、11.0% 和 10.6%（详见附表 3）。可见，前三年第三产业增加值年均增速高于第二产业，但经济增长处于现阶段潜在增长率的限内，经济并不热。但在 2003—2007 年，第二产业

---

[1] 《中国统计年鉴》（有关各年），中国统计出版社；国家统计局网，2008 年 2 月 28 日。

增加值年均增速高于第三产业，连续 5 年发生经济偏热。如果仅就这三种增速变化的相互联系的而言，形成上述两种不同结果的原因是：在正常情况下，在工业化和现代化过程中，本来第三产业增速就可以而且必须高一些。更何况在 2000 年以前，我国第三产业的发展是滞后的，其增速就更应高一些。这样，如果第三产业本身增速恰当，并适度高于第二产业，经济增速就是正常的。2000—2002 年经济运行的情况就是这样。但是，如果第二产业本身的增速就很高，并且超过第三产业的增速，经济就会走向过热。如果宏观经济调控及时而又得力，那也只是可以避免经济过热，经济偏热仍不可避免。2003—2007 年经济运行的情况就是这样。这个近期历史经验表明：在现阶段，在整个经济增速恰当的情况下，适度加快第三产业的发展，并相应地抑制第二产业的增长，有利于经济增长在经济潜在增长率的限内正常运行，或者至少可以把经济增长限定在经济偏热的限内，而不致发生经济过热；而在发生偏热以后，也有利于经济偏热的治理，从而拉长经济周期的上升阶段。

需要进一步指出的是，适度优先发展第三产业不仅有利于治理当前经济偏热，还有利于熨平今后的经济周期波动。问题在于：一般来说，相对于发展工业而言，发展第三产业所需要的投资少，因而在经济周期的上升阶段，有利于阻滞经济走向过热；而在经济下降阶段，由于需要的投资少，特别是由于在对第三产业需求构成中消费需求的比重大，这种需求具有某种刚性，并不会因为经济增速下降而有过多的下降，从而有利于防止经济增速的过渡下滑。如果再考虑到我国第三产业发展滞后的情况，那就更是这样。

第二，经济结构失衡，是当前我国经济中一个深层次矛盾。优先发展第三产业有利于这个矛盾的逐步解决。因为当前在由第一、二、三产业结构之间失衡、投资与消费之间失衡、城乡之间失衡、区域之间失衡以及内需和外需之间失衡这五个方面构成的经济结构失衡中，产业结构失衡是最基本方面。而产业结构失衡当前突出表现为第三产业发展滞后。因此，优先发展第三产业不仅是解决产业结构失衡的一个最重要方面，而且有助于解决整个经济结构的失衡。

第三，经济发展方式转变缓慢，是当前我国经济中另一个深层次矛盾。优先发展第三产业在这方面具有不容忽视的重要作用。转变经济发展方式的决定性手段，是技术的进步和人力资本的增长。而在这些方面直接有赖于作为第三产业最重要组成部分的科技和教育的发展。

第四，市场趋向改革不到位，计划经济体制没有完全改革，社会主义市场经济体制没完全建立，是当前我国经济中的最深层次的矛盾。而优先发展第三产业可以在众多方面，特别是在扩大就业方面为深化改革创造重要条件。就国有经济改革来说，当前已经进入一个新的发展阶段。其重要特点有二：（1）国有中小企业改革大体已经基本完成，重点是在继续推进大企业的改革。而且这方面的改革也发生了一个重大变化：由过去剥离优质企业上市转变为整体上市。而整体上市的先决条件是剥离企业办社会和精简冗员。这方面的工作显得比过去更为重要。（2）由国有企业改革重点推向国有事业改革。而国有事业单位改革，也普遍地大量存在剥离办社会和精简冗员的问题。就发展非公有民营经济来说，当前已经取得巨大成就。改革以来，民营经济创造的增加值年均增速达到20%以上，超出同期国内生产总值增速一倍以上，当前约占总量的1/3左右①。但民营经济仍有很大的发展空间，而且我国经济社会的发展还确实需要民营经济进一步发展。但无论是深化国有企事业的改革，还是民营经济的进一步发展，在很大程度上都要以第三产业为依托的。因为第三产业吸纳就业的能力远远超过了第二产业。1979—2005年，第二产业增加值增长了17.02倍，就业人员增长了1.6倍，二者之比（以就业人员增速为1）为1∶10.63；第三产业增加值增加了15.4倍，就业人员增加了3.86倍，二者之比为1∶3.99②。

第五，物耗过大和环境污染严重已经成为当前我国经济可持续发展的两个最大"瓶颈"（详见本章第四、七节的分析）。优先发展第三产业在缓解这种瓶颈制约方面也具有重要作用。需要着重指出：高物耗、重污染的情况主要是工业（特别是重化工业）发展过快造成的。与工业相比较，第三产业发展所需的物耗要少得多，对环境污染也要轻得多。据有关单位测算，第三产业占国内生产总值比重上升一个百分点，工业相应下降一个百分点，单位国内生产总值能耗大约也可降一个百分点。

第六，扩大就业和建立适应我国社会生产力发展水平的、覆盖全国的社会保障体系，是实现社会稳定的主要措施，也是改革、发展得以顺利进行的根本前提。但在这方面也有赖于优先发展第三产业。其在扩大就业方

---

① 《经济日报》2007年2月12日第6版。

② 《中国统计年鉴》（2006），第60、136页，中国统计出版社。

面的作用已如前所述。就当前的情况来说，所谓优先发展第三产业，其中的一项重要内容，就是要加强社会保障制度的建设。

第七，从某种共同意义上说，我国当前无论在对外贸易方面，或者引进外资方面，都面临着由数量扩张向质量提高方面的转变。在质量提高方面的一个共同内容又都是调整结构。而调整结构的一个相同点，就是无论在外贸方面或者在引进外资方面，都要提高服务业的比重。从这方面来说，优先发展第三产业，对于扩大开放，特别是在提高开放的质量方面，具有很重要的意义。

第八，改革开放以来，我国已经实现了由人口大国到经济大国的转变（详见本书第二章）。这样，当前中国面临历史性的重大任务，就是要实现由经济大国到经济强国的转变。在这方面优先发展第三产业具有至关重要的作用。其主要原因有三：（1）如前所述，当代经济发达国家都是以服务业经济为主体的，而我国还是以第二产业为主体的。（2）在经济发达国家，现代服务业是服务业的主体，而我国服务业的主体还是传统服务业。（3）更重要的是，当代经济发达国家的服务业内部构成中，其最重要最核心的内容就是自主创新的先进科学技术，而我国自主创新技术的比重远远落后于经济发达国家。

四、抓住有利的战略机遇期，积极推进第三产业的优先发展

在 21 世纪初期一个相当长的时期内，我国经济发展面临着一个良好的战略机遇期。这里需要进一步指出：对发展第三产业来说，这是更好的战略机遇期。其根据主要有三：第一，当前第三产业发展严重滞后。这种滞后同时意味着第三产业发展潜力很大。第二，就当前的国内外环境来看，加快发展第三产业有着更多更好的有利条件，有可能把这种潜力比较充分地发挥出来。第三，由第三产业发展滞后引发和激发的各种经济社会矛盾，给加快发展第三产业带来了更强的动力和压力。因此，我国当前发展经济的一个很重要任务，就是要积极推进第三产业的优先发展。

这里首先要解决一个问题：今后有无可能做到第三产业的增速适度超过国内生产总值的增速，并由此逐步提高其在国内生产总值中的比重。为了说明这一点，需要回顾历史经验。新中国成立初期实施优先发展重工业方针，对建立社会主义工业化的初步基础起了决定性作用。但在 1958 年以后，长期推行优先发展重工业方针，却造成了严重后果。其中首先是轻重

工业的比例关系的严重失调。1952—1978 年，轻重工业在工业总产值的比重分别由 64.5% 下降到 43.1%，由 35.5% 上升到 56.9%。针对这种严重失衡情况，1980 年国务院决定对轻工业实行六个优先的原则，即原材料、燃料、电力供应优先；挖潜、革新、改造的措施优先；基本建设优先；银行贷款优先；外汇和引进先进技术优先；交通运输优先。这实际上就是实行优先发展轻工业的方针。这样，到 1981 年轻工业在工业总产值比重就上升到 51.5%，重工业下降到 48.5%。其后，一直到 1998 年，轻工业产值比重虽有波动，但都是在 46.3%—50.2% 的区间内运行的，轻重工业比例关系大体是正常的①。只是在这以后，特别是在 2003—2007 年经济发生偏热以后，由于重工业发展过快，二者又发生了失衡。这是一种相比拟的、间接的、可借鉴的经验，还有一种直接的可借鉴的经验。在 1953—2007 年的 55 年中，第三产业增加值增速低于国内生产总值增速的有 29 年，前者高于后者的有 26 年。上述两种经验均证明：在一定条件下，第三产业增加值增速超过国内生产总值增速，从而导致第三产业增加值比重上升，是完全可能做到的。更何况当前优先发展第三产业正面临着空前未有的良好机遇。

但要把这种转变成现实，还需要采取一系列措施。重要的有：

第一，要为第三产业的优先发展创造有利的宏观经济环境：经济的稳定发展。当前有的文章在论到加快第三产业的发展时，只是局限在第三产业本身的范围内，而不涉及宏观经济环境。其实，如果缺乏这种经济环境，要使第三产业持续优先发展，并在国民经济中的比重稳步上升，是不可能的。在这方面，仅改革以来，就已经有过两次教训。1992 年，中共中央、国务院发布了《关于加快发展第三产业的决定》。本来有望在这个决定的指导下，提高第三产业的增长速度及其在国内生产总值中的比重。但 1992 年开始的经济过热，使得 1992—1994 年经济增速大大超过经济潜在增长率，从而导致第三产业绝对增速下降，其在经济中的比重不升反降，由 1991 年的 33.9% 经过曲折变化，下降到 1994 年的 33.8%。2001 年颁布的"十五"计划也提出要加快发展服务业。2006 年颁布的"十一五"规划又提出要促进服务业的加快发展。人们有理由指望：在这些文件指导下，提高服务业的增长速度及其在经济中的比重。但在 2003—2007 年发生了经济偏热，使得第三产业绝对增长或相对增速（即与第二产业相比较的增速）下降。其

---

① 详见拙著《中国现代产业经济史》，第 626 页，山西人民出版社 2006 年版。

结果也是第三产业比重由 2002 年的 41.7% 下降到 2007 年的 39.1%。这里的关键问题在于：我国当前经济过热主要是由第二产业（特别是工业）推动的。这样，第二产业增速必然迅速上升，而第三产业增速必然绝对下降或相对下降。但是，为了给第三产业的加快发展创造良好的经济环境，就必须重点治理以地方政府为主的投资膨胀机制，并进一步清除强速战略在实际经济工作中的影响，还要治理各种基本经济比例关系的失衡。这里还要说明：我们在前面强调了经济稳定发展的重要性，并不否定经济高速增长（要在潜在增长率的限内）的必要。因为只有在经济高速增长的条件下，第三产业的优先增长及其在经济中的比重上升才有较大的空间；否则也是不可能的。

第二，要增加对第三产业的要素投入和提高其劳动生产率。这样，在坚持既定的计划生育政策的条件下，就可以较快地提高人均收入水平，从而为加速第三产业的发展和提高其比重奠定坚实的基础。有关单位依据改革后 20 多年来的数据研究，收入水平提高与第三产业发展的相关系数为 65%。

在投入劳动力方面，新中国成立以来，第三产业增加的绝对量是最多的，增速是最高的。1952—2005 年，第三产业就业人数由 1881 万人增加到 23771 万人，增加了 21890 万人，增长了 11.6 倍。但是，考虑到第三产业要加快发展，特别是劳动密集型占的比重较大，因而还必须大大增加劳动力投入。就解决当前十分尖锐的就业问题来说，也必须拓展第三产业这个容量最大的就业空间。来自劳动和社会保障部的资料显示，"十一五"期间，我国的就业工作仍然面临着十分严峻的形势，就业压力越来越大，主要表现为劳动力供求总量矛盾突出。到 2010 年，全国劳动力总量将达到 8.3 亿人，城镇新增劳动力供给 5000 万人，而劳动力就业需求岗位只能新增 4000 万个，劳动力供求缺口在 1000 万个左右[①]。

改革以来，第三产业增加的投资也是最多的。按当年价格计算，1981—2003 年，在国有经济投资中，第三产业投资占的比重由 38.4% 上升到 71.9%。1992—2004 年在全社会固定资产投资中，按当年价格计算，第三产业投资年均增长 21.9%，比第一、二产业的分别高出 4.9 个百分点和 3.4 个百分点。2004—2006 年，在城镇投资中，第三产业分别占了 60.2%、

---

① 《经济日报》2007 年 2 月 27 日第 1 版。

56.8%和56.3%。但投资远没有满足以行业众多为重要特点的第三产业发展对于资金的需要，其中的一个重要原因就是投资大部分集中在少数行业。据有关单位计算，2004年，仅是金融、租赁和商业服务业、房地产业、交通运输、仓储和邮政业这几个子行业资产就占服务业总资产的88%。当然，投资与资产还是有区别的。但这里列举资产集中的情况在很大程度上反映了投资的集中。这是其一。其二，要加快发展第三产业，即使资本有机构成不变，也需要在追加劳动力的同时增加投资。更何况在工业化和现代化的过程中，包括第三产业在内，技术都是不断进步的，资本有机构成是不断提高的。因而，相对说来，对资金的需求量更大。其三，相对说来，第三产业在行业结构方面的一个重要特点是：一方面有众多的技术落后的行业，另一方面又有许多技术先进并且技术进步很快的行业。但对实现社会主义现代化来说，无论是前者，或者后者，都要提高资本的有机构成。因此，要加快第三产业的发展，增加投资也是十分必要的。

劳动生产率从来都是发展生产的最重要因素。如前所述，新中国成立以来，第三产业劳动生产率发展较慢是其生产发展滞后的最重要的原因。因此，要加快第三产业的发展，最重要的也就是要提高第三产业的劳动生产率。在这方面，由于第三产业具有上述的行业特点，潜力也是很大的。

第三，要优化第三产业的内部结构和布局。像优化经济结构和布局可以推进经济发展一样，优化第三产业内部结构和布局也可以推进第三产业的发展。

就我国经济现阶段的具体情况来看，优化第三产业内部结构主要是要处理好以下六方面关系。（1）适应提高消费率和扩大就业的紧迫需求，要加快发展消费性服务业。但更要适应工业化和现代化发展的要求，首先要加快发展生产性服务业。（2）与第一点相联系，要加快发展传统服务业，首先要加快发展现代服务性。（3）与第一点相联系，要加快发展劳动密集型的服务业，首先要加快发展资金密集型和技术密集型的服务业发展。（4）要依据我国经济发展以内需为主的特点，首先要以主要力量加快发展内需型的服务业。同时要依据当前服务贸易在外贸中的比重很低，今后要进一步扩大开放，以及世界服务贸易增速大于货物贸易增速等方面的情况，加快外需型服务业的发展。（5）从总体上说，要加快服务业的发展，但无论是消费性服务业，还是生产性服务业，都要着力发展那些生产发展潜力大、经济增长亮点多的行业。（6）在所有的服务业中，都要在加快发展的同时，注意提高技术水平，实现技术升级。特别是对传统服务业，要用现代化的技术、经营方式和理念以及新型业态逐步进行改造。这些既是优化第三产业内结构的一项重要内容，也是加快发展第三产业的一个十分重要的因素。

在我国现阶段，要优化第三产业的地区布局，需要注意以下几点：

其一，要逐步改变各地区第三产业发展水平过于悬殊的状况。诚然，这种状况是由各地生产力发展水平决定的。但这种状况反过来也会加剧各地经济发展水平的差异，从而引发各种经济和社会矛盾。因此，逐步改变这种状况成为优化第三产业布局的重要内容。

其二，各地区要依据本地的经济发展水平，合理确定本地第三产业的发展目标。比如，在东部的一些沿海城市，第三产业增加值比重已经超过了地区生产总值的一半以上，就可以提出建立和完善现代服务经济的目标。而在经济欠发达的许多地区，当前在发展第三产业方面，主要还只能限定在交通运输和邮电通信等基础设施、科技教育以及具有地方特色的第三产业上。必须清醒地看到：人均收入水平决定第三产业水平，是一条客观规律。之所以强调这一点，是因为当前许多地方盛行着不顾当前经济发展水平，在发展包括第三产业的城市建设方面盲目攀比。这种做法是不符合这种客观规律要求的。

其三，要在资源禀赋和区位等方面发挥比较优势，使之成为竞争优势。按照市场经济的要求，只有这样，才能生存和发展；否则，就不可能有什么持久的生命力。比如，随着经济发展、居民收入提高和闲暇时间增多，旅游正在成为新的消费热点。而旅游业是依托地区旅游资源的服务业。中西部地区正好旅游资源丰富，可以依托此项优势，发展各地特色旅游。如陕、甘、宁和新疆等西部地区的干旱景观和丝绸之路旅游区，云、黔、桂的西南岩溶风光和民族习俗旅游区，青藏雪山高原和民族宗教旅游区，内蒙古北疆塞外草原景观旅游区，以及中原文化遗址和湖南、湖北和四川的名山峡谷旅游区。中西部地区可在这些自然资源基础上，加大旅游基础设施投资力度，改善旅游消费环境，大力加强旅游促销，提高区域旅游业的竞争力。要强调的是：在发展第三产业方面，当前也要特别注意防止各地千篇一律的做法，盲目地搞过多的重复生产和建设。

其四，要优化第三产业的布局，最根本的就是要形成以市场调控为主、地区合作和政府支持三者相结合的机制。显然，这是社会主义初级阶段基本经济制度和现代的有国家调控的市场经济的本质要求。但在政府支持欠发达地区发展第三产业方面，依据改革以来的经验和当前情况，值得提及以下几点：（1）发展是欠发达地区的第一要务。因此，要扶持欠发达地区整个经济发展，以促进其第三产业发展。（2）直接扶持这些地区发展第三产业，只能是以下行业：一是属于基础设施的交通运输业和邮电通信业；二是关系国民经济命脉的金融业；三是提供公共产品的教育、卫生和社会保障事业。（3）以经济杠杆优惠这些地区。主要有：一是对这些地区服务业适当降税和免税；二是适当调低银行贷款利率；三是财政补贴，仅限于公共服务业。（4）行政方式的扶持主要是继续实施扶贫战略，其内容要包括发展第三产业。

第四，要提高城镇化率。作为服务业载体的城市在发展第三产业方面的作用，比农村要大得多。有数据显示，当前第三产业增加值有70%来自城市。而且，当前，提高城镇化的有利条件很多，发展步伐会加快。据有的学者预测，到2020年，城镇化率将由2005年的47%上升到60%以上。但依据历史经验和当前情况，要使城镇化走上健康发展的道路，首先要在观念上实行一系列转变。主要是：要从片面追求数量扩张逐步向注重质量转变；要从单纯满足人的物质需求逐步向满足人的全面发展需求转变；要从单纯追求经济发展逐步向注重经济和社会的全面发展转变；要从高消费、高污染的粗放增长方式向节约型、环保型的集约增长方式转变。

第五，要加快推进第三产业的改革开放步伐。这是由当前第三产业发展、改革、开放三滞后的局面决定的。为了加快第三产业的改革开放，以下两点值得着重注意：

其一，要从思想上清醒认识到：当前我国改革开放已经进入了以加快第三产业步伐为重要特征的新阶段。就工业领域的改革来说，国有中小企业改制已基本实现；在大型企业中也有相当一部分实行了股份制的改造；现在剩下来较多的是垄断行业，其中很大的一部分是属于第三产业。就国有企业和国有事业的改革来说，后者要滞后得多，迫切需要加快改革步伐。而这些事业单位一般都属于第三产业。就开放来说，第三产业开放是滞后的。但到2006年12月，我国"入世"过渡期已经结束，面临着扩大开放服务业的形势。而且自20世纪90年代中期以来，在服务业方面的跨国投资，大约占到全世界跨国投资总量的60%，并正在全球渴求投资机遇。这样，扩大服务业开放必将成为新一轮扩大开放的重点。

其二，相对工业来说，第三产业包括的行业极为复杂，情况各异。因此，在这个领域扩大改革开放，必须特别要注意各行业的特点。比如，对垄断行业的改革来说，要区分是行政垄断、经济垄断和自然垄断。一般来说，对行政垄断要坚决破除，对经济垄断也要制止。对自然垄断则需注意：（1）随着科技进步，有些原来属于自然垄断的行业，也可以引入或部分引入市场竞争机制。（2）在多数自然垄断行业中，既有自然垄断业务，也存在非垄断业务。对后者也可以引入市场竞争机制。（3）对我国当前名为自然垄断实为行政垄断的行业，也需坚决破除，引入市场竞争（详见本书第七章）。再如，对科教文卫等事业的改革，则需区分是提供公共产品、准公共产品或半公共产品，还是非公共产品（私人产品）。对提供公共产品的事业单位，是可以由公共财政负担的，同时需要加强监管；对提供非公共产品的，则完全可以市场化；对提供准公共产品或半公共产品的，则可以在不同程度上引入市场竞争机制。

第四节　转变经济发展方式

就我国经济现阶段的情况来看，转变经济发展方式，包括多方面的内容。但其中最重要最根本的一点，就是优化生产要素的投入结构。即经济发展要由当前主要依靠物质资源和简单劳动的投入逐步转变为主要依靠科技进步、提高劳动者素质和管理创新。

一、生产要素投入结构不断优化，是人类社会经济发展的普遍规律

人类社会经济发展的历史表明：社会生产力的不断发展及其某些阶段上的飞跃发展，是一个客观的发展过程。在这方面，社会生产要素投入结构的不断优化，是一个决定因素。

在原始的采集经济和狩猎经济时代，生产要素主要是由单纯的体力劳动力，原始的生产工具和自然资源（包括土地和水等）构成的。这时只有劳动经验的积累在生产中发生作用。但作为揭示客观规律的科学还缺乏形成的社会条件，在生产中并不起作用。

到了古代社会（包括奴隶社会和封建社会），社会生产要素的投入结构已经开始有了明显的优化。劳动者拥有的生产经验和生产工具已有巨大进步。土地和水等自然资源参与社会生产的广度和深度也是过去无法比拟的。此外，像煤铁矿石等自然资源也在某些局部领域开始参与生产过程。与农

业在社会生产中占主要地位及其发展相适应，天文学和水利学以及医学等自然科学也开始产生和发展，并在某种范围内得到了运用。这一点，在中国封建社会表现得尤为明显。但这时的社会生产都是以家庭为单位，凭经验管理生产已经足够了。因而作为社会科学的管理学也就没有产生和运用的条件。但这个时期社会生产要素投入结构的优化，毕竟是当时社会生产力发展的极为重要因素。

到了以机器大工业作为社会主要物质生产基础的工业时代，社会生产要素投入结构就发生了质的飞跃。社会生产力也随之有了飞速的发展。在这个时代，具有一定文化程度的劳动者替代了原来的文盲，机器代替了手工工具，土地和水等自然资源在社会生产中的作用已经由原来仅主要局限于农业，扩展到工业和整个社会生产。而如煤、铁等原有的和新开发利用的自然资源在社会生产中的作用更是大得无比了，成为在社会生产中占主要地位的工业不可或缺的主要资源。大工业的发展呼唤近代科学的发展，并为以严格试验为基础的近代实证科学提供了有效的实验手段。这样，近代科学（包括数学、物理学和化学等）就应运而生了，并在整个生产中发挥了前所未有的巨大作用。在这个时期，劳动者文化水平的提高，自然资源的开发和利用，特别是在生产工具方面所发生的变革，都是同自然科学的运用紧密联系的，科学也就成为生产力。这里还要提到：社会化大生产也呼唤着管理科学的产生及其在企业管理的开始运用，并推动了社会生产的发展。

到了 20 世纪中叶以后，人类社会的发展又由工业化时代开始进入现代化的时代。随之，社会生产要素的投入结构又发生了一次质的飞跃。社会生产力的发展也超过了以往的所有时代。在这个时代，单纯的体力劳动者几乎在所有的经济领域都已绝迹了，代之而起的是体力劳动和脑力劳动在不同的层次上相结合的劳动者。自动化的生产体系代替了原来的机械化生产。原有的自然资源的利用程度大大提高，新开发利用的自然资源更是多得无比。这一切变化主要都是现代科学（如信息、材料和生命科学等）发展及其在生产中广泛运用的结果，科学也就成了第一生产力。当然，现代化生产也极大地推动了管理科学的发展及其运用。这也是社会生产要素投入结构的优化，是推动社会生产力不断发展的一个重要因素。

上述历史情况表明：生产要素投入结构优化，是推动生产力发展的一个极重要因素。是人类物质文明发展的一个显著标志。这是一条普遍规律。

二、我国当前优化投入要素结构势在必行

在我国社会主义初级阶段，经济发展也必须遵循上述的生产要素投入结构优化的规律。具体来说，就是要由当前主要依靠物质资源和劳动①的投入逐步转变为主要依靠科技进步、提高劳动者素质和管理创新。就我国当前情况来看，这一点，势在必行。

第一，我国的一个基本国情是：尽管众多资源总量很大，但人均占有量都很低。中国拥有 960 万平方公里陆地（包括内路水域）和 473 万平方公里海域，国土面积排在俄罗斯和加拿大之后，位列世界第 3 位；耕地面积 13004 万公顷，排在俄罗斯、美国和印度之后，位列世界第 4 位；水资源总量为 28124 亿立方米，排在巴西、俄罗斯、加拿大、美国和印度尼西亚之后，位列世界第 6 位②。但由于人口多，大多数资源的人均占有量都低于世界平均水平。人均耕地面积 1.50 亩，为世界人均的 1/3；人均森林 1.85 亩，为世界人均的 1/5；人均木材蓄积量 8.73 立方米，为世界人均的 13.7%；人均淡水量为世界人均量的 25.8%。中国有 45 种矿产资源人均量低于世界人均量的 50%，其中已探明的煤储存量仅为世界人均平均值的 1/2；原油储存量仅为世界人均平均值的 1/10；天然气储存量仅为世界人均平均值的 1/25；铁矿石为世界人均量的 42%；铜矿为世界人均量的 18%；铝矿为世界人均量的 7.3%③。

第二，尽管资源综合利用规模不断扩大，但综合利用效率较低。据统计，2005 年，中国矿产资源总回收率和共伴生矿产资源综合利用率分别达到 30% 和 35% 左右；黑色金属共伴生的 30 多种矿产中，有 20 多种得到了综合利用；有色金属共伴生矿产 70% 以上的成分得到了综合利用；煤矿矿井瓦斯抽放利用率为 33%。这年资源综合利用量为 7.7 亿吨，利用率达到 56.1%。其中，粉煤灰、煤矸石综合利用率分别达到 65%、60%。利用固体废气资源生产的新型墙体材料产量占我国墙体材料总量的 40%。这年，我国回收利用废钢铁 6909 万吨，废纸 3500 多万吨，废塑料 1096 万吨，钢、

① 我国当前改变主要依靠物质资源和简单劳动投入这两方面的情况都有必要，都很重要。但相对说来，前者显得比后者更为突出和紧迫。故这里主要分析前一方面。

② 《中国统计年鉴》（有关各年），中国统计出版社。

③ 中国循环经济发展论坛组委会秘书处：《循环经济在实践——中国循环经济高端论坛》，147—148 页，中国统计出版社 2006 年版。

有色金属、纸浆等产品近 1/3 左右的原料来自再生资源；50% 以上的钒、22% 以上的黄金、50% 以上的钯、镓、铟、锗等稀有金属来自于综合利用。但是，资源综合利用效率不高，比国外先进水平低 20 个百分点。我国木材综合利用率约 60%，而发达国家一般在 80% 以上。我国能源利用率也不高。每百万美元国内生产总值能耗，中国为 1274 吨标准煤，比世界平均水平高 2.4 倍，比美国高 2.5 倍，比欧盟高 4.9 倍，比日本高 8.7 倍，比印度高 0.43 倍。[①] 2005 年，我国国内生产总值按当年平均汇率计算为 2.26 万亿美元，约占世界生产总值的 5% 左右，但我国消费石油 3 亿吨、原煤 21.4 亿吨、粗钢 3.5 亿吨、水泥 10.5 亿吨和氧化铝 1561 万吨，分别约为世界消费量的 7.8%、39.6%、31.8%、47.7% 和 24.4%。即使考虑汇率因素，我国利用率不高，也是不争的事实[②]。

第三，改革开放 30 年来，尽管实现了经济的持续快速增长。但粗放的经济发展方式并没有根本改变，在生产要素投入结构方面，主要还是依靠物质资源的投入。进入 21 世纪以来，在某些方面甚至进一步强化。2006 年与 1978 年相比，国内生产总值增长了 12.34 倍，原煤产量、发电量和钢材产量分别增长了 2.84 倍、10.17 倍和 20.23 倍。如果以国内生产总值的增长速度为 1，则其与后三者增长速度之比分别为 1∶0.23、1∶0.82、1∶1.64。但 2006 年与 2000 年相比，国内生产总值增长了 0.75 倍，原煤产量、发电量和钢材产量分别增长了 0.83 倍、1.11 倍和 2.57 倍。国内生产总值与后三者增速之比分别为 1∶1.11、1∶1.48 和 1∶3.43[③]。当然，在这两个时限之间有某些不可比因素。但总的说来这方面的情况在趋于强化。

第四，在上述各种因素（特别是要素投入结构方面存在的问题）的作用下，已经产生了一系列严重后果。一是许多主要物资的供求矛盾加剧，使得经济的持续快增长难以为继。二是对自然资源的掠夺性开采，使得这些资源遭到严重破坏。三是生态环境恶化，环境污染严重。四是当代人的生活质量受到严重影响，并贻害子孙后代。五是许多主要物资（包括作为战略资源的石油）对外依存度大幅度提升，使得国家经济安全遭到严重挑

---

① 中国循环经济发展论坛组委会秘书处：《循环经济在实践——中国循环经济高端论坛》，148—149 页，中国统计出版社 2006 年版。

② 《中共中央关于制定国民经济和社会发展第十一个五年规划的建议》（辅导读本），第 133 页，人民出版社 2005 年版。

③ 《中国统计年鉴》（2007），第 60、552、555 页，中国统计出版社。

战。2006 年我国原油产量为 18476 万吨，净进口 13884 万吨，后者为前者的 75%[①]。

但在我国当前，优化投入要素结构不仅势在必行，而且具有诸多有利条件。主要是：第一，党和政府已经把节约资源确定为基本国策，并提出了科教兴国战略。这是优化投入要素结构的最重要保证。第二，我国已经初步建立并正在完善社会主义市场经济体制，可以从市场机制和宏观调控两方面推动要素投入结构的转变。第三，我国已经成为工业大国和科教大国，拥有技术手段和人力资本，实现要素投入结构的转变。

上述情况表明：优化生产要素投入结构，实现经济发展方式的转变，必然而且可能极大地推动全面建设小康社会的目标的实现。正因为这样，党的十七大强调：要"由主要依靠增加物质资源消耗向主要依靠科技进步、劳动者素质提高、管理创新转变。"[②] 这是切合我国当前具体情况的、推进全面建设小康社会的一项极重要的战略。

三、优化生产要素投入结构的重要环节

为了改变我国当前在生产要素投入结构方面主要依靠物质资源的情况，从总体上说来，就是要切实全面贯彻党和国家已经确定的建设资源节约型社会这一基本国策。

为此，最重要的是在明确界定自然资源所有权和使用权的基础上，着力建立自然资源市场和推行资源价格改革，切实做到自然资源有偿的开发和使用。如果说，改革以来，我国在建立产品市场和推行产品价格改革方面已经取得了决定性进度，那么，在建立自然资源市场和推行自然资源价格改革方面则显得严重滞后。要清醒看到：我国在资源利用方面与经济发达国家的巨大差距，固然涉及诸多复杂因素。但关键问题还在于：他们拥有先进的自然资源市场和合理的资源价格，真正发挥了市场机制在这方面的配置作用；而我国正是缺乏这些根本因素。因此，解决我国资源利用率过低的问题必须从这个根本点着手。所以，建立自然资源市场和推行自然资源价格，是政府实行其建立社会主义市场经济体制的职能（这方面的分析，详见本书第八章）的一个十分重要的方面。只有从这个根本点着手，

---

① 《中国统计年鉴》（2007），第 552、735、757 页，中国统计出版社。

② 《中国共产党第十七次全国代表大会文件汇编》，第 22 页，人民出版社 2007 年版。

才能切实有效地引导各类经济类型的市场主体有序的合理的开发利用自然资源，否则就很难奏效。

在自然资源价格的改革方面，可以设想：运用影子价格、机会成本、替代价格和补偿价格等方法给自然资源确定价格。影子价格法，是从资源利用的变化引起的产值或效益的变化推算出来的资源边际贡献，比较准确地反映一个单位资源生产率的价格。影子价格不仅包含了正常的经济效益和损失评价，更重要的是把一些不能用价格准确表示的社会效益和损失也纳入其中，既能反映该资源在整个经济运行中所起的作用，又能反映所耗费资源对生态系统的影响。机会成本是在成本—效益分析中，通过引入机会成本概念来确定某一自然资源的最优用途，从而达到综合评价该资源使用状况的目的。替代价格法，是针对不可再生性自然资源的有限性，参照开发和获得替代资源的费用，以确定某种自然资源价格。补偿价格法，是对于可再生性资源，以人为手段促使其恢复更新，由此就产生一笔"补偿费用"，将补偿费用计入自然资源的价格之中。资源有了价格以后，就会促使资源使用者节约使用稀缺资源，并用丰裕资源来代替稀缺资源，使自然资源得到合理和有效的利用。

我们在上面强调了市场机制在提高自然资源利用中的作用，丝毫都不否定政府在这方面的重要作用；相反，在我国转轨时期，政府在这方面是大有可为的。政府可以综合运用规划（包括其中体现的产业政策）、财政政策和货币政策三大政策，以及经济、立法和行政三大手段，促进资源节约使用。就我国当前情况来看，以下几点值得重视。

第一，要在规划和产业政策方面大力倡导发展循环经济。这是当前建设资源节约型社会的最重要途径。循环经济是对传统经济发展方式的创新。它的要义是要求以最少的资源消耗和环境代价实现最大的发展效益。其主要要求是：（1）减量化，即在生产、生活活动中尽量减少资源消耗和废弃物产生。（2）再利用，即产品多次循化使用和修复、翻新后继续使用，以延长产品寿命周期。（3）再循环，即将废弃物最大限度地重新变为资源。总之，是要把传统的线性物流模式（即资源—产品—废物排放），改造为物质循环模式（资源—产品—废弃物再生资源），以提高资源使用效率，拉长资源利用链条，减少废物排放，全面实现经济、环境和社会的效益。

要建设资源节约型社会，还要大力倡导全面推行节约型的发展方式，在节能、节材、节水、节地等各个领域全面展开；积极开发和推广节约资源的新技术和新工艺。

以上各点，是就政府规划及其体现的各项产业政策的导向来说的。

第二，要在财税、信贷和外贸等方面积极推行有利于节约资源（包括节能、节材、节地和节水等）的政策。还要加大公共财政对节约资源的支持力度，扩大节约资源产品的政府采购范围，建立健全资源开发与生态补偿机制。

第三，要建立健全促进资源节约的法律体系，要制定完善标准，对高消耗、高污染项目，依法实施严格的产业准入标准与整改要求。

第四，在政府行政管理方面要建立资源节约监督管理制度，并要完善相关的资源节约的经济评价体系和统计制度。在这方面，还须指出：为了加大节约资源的力度，还可以在必要的范围内规定一些具有行政指令性的指标。比如"十一五"规划就把单位国内生产总值能源消耗比"十五"期末降低 20％ 左右作为约束性指标规定下来，[①] 并同行政干部业绩的考核结合起来。实践已经证明，这是行之有效的。

第五，要加强宣传教育工作。让全社会充分认识到自然资源的重要性、有限性，自觉树立起节约自然资源的意识，不仅在生产方面建立起资源节约型的发展模式，而且要在生活方面形成资源节约型的消费模式。

优化社会生产要素投入结构，包括逐步改变当前主要依靠物质资源和简单劳动的投入，转变为主要依靠科技进步、提高劳动者素质和管理创新这样紧密结合的两方面。这两方面都离不开科教兴国战略的实施。在本章第一节已对这个战略做过分析。

第五节　产业结构优化升级

近代工业发展史表明：产业结构的优化和升级，既是工业化的结果，反过来又是推动工业化的两个重要轮子，并成为工业化程度的两个重要标志。

当前我国工业化正处在中期阶段。就整个工业化过程看，这个阶段产业结构优化和升级都是比较快的。经济全球化时代、知识经济时代和我国

---

① 《中共中央关于制定国民经济和社会发展第十一个五年规划的建议》（辅导读本），第 7 页，人民出版社 2005 年版。

改革开放也是推进产业结构优化和升级的三个重要因素。这样，优化产业结构，在全面建设小康社会方面，就有极重要作用。

但在工业化不同阶段和各种具体条件下，产业结构优化升级的具体内容是有差别的。因此，必须依据当前中国工业化所处的阶段特点及国内外有关条件的科学分析来确定其具体内容。在这方面党的十六大做出了如下战略部署，即"形成以高新技术产业为先导、基础产业和制造业为支撑、服务业全面发展的产业格局。"[1] 党的十七大发展了这一重要战略部署，提出"发展现代产业体系，大力推进信息化与工业化融合"，"振兴装备制造业"，"提升高新科技产业"，"发展现代服务业"，"加强基础产业基础设施建设"[2]。据此，可以认为，现阶段优化产业结构的内容主要包括以下五个方面：

第一，大力推进信息化与工业化的融合。首先，发展信息产业十分重要。当今世界，信息化是一个在农业、工业、服务业和科学技术等社会生产和社会生活各个方面应用现代信息技术，加速现代化的过程。信息技术在国民经济各个领域的普遍应用，极大地提高了劳动生产率，降低了资源消耗，减少了环境污染，已经成为社会生产力和人类文明进步的新的强大动力。信息技术及其产业正在成为国际经济竞争的制高点。而且信息化又为加速推进工业化提供了极有利条件。因此，大力推进信息化，以信息化带动工业化，是中国发挥后发优势，实现生产力跨越式发展、加速工业化和现代化的十分重要的契机。但是信息化是工业化发展到一定阶段的产物。信息基础设施的建设，信息技术的研究和开发，信息产业的发展，都是以工业化为基础的。工业化为信息化提供物质基础，对信息化发展提出了应用需求。因此，离开了信息的工业化，不是当代工业化，先工业化后信息化的道路，在当代并不可取。但是，离开了工业化的信息化，将缺乏必要的物质基础，片面发展信息化的道路也行不通。只有坚持以信息化带动工业化，以工业化促进信息化，使信息化与工业化逐步融为一体，才能真正有效加快工业化、现代化的进程。

为此，要加速发展微电子和软件产业，提高计算机及网络的普及应用程度，加强信息资源的开发和利用。政府行政管理、社会公共服务、企业

---

① 《中国共产党第十六次全国代表大会文件汇编》，第21页，人民出版社2002年版。
② 《中国共产党第十七次全国代表大会文件汇编》，第22页，人民出版社2007年版。

生产经营，都要运用数字化、网络化技术，加快信息化步伐；积极促进金融和财税领域信息化，发展电子商务；加强现代信息基础设施建设；重点推进超大规模集成电路、高性能计算机、大型系统软件、超高速网络系统等核心技术的产业化。要坚持面向国内市场需求，推进体制创新，努力实现信息产业的跨越式发展。

第二，装备制造业。首先，继续发展和提升作为国民经济支柱产业的整个制造业，是一个不容忽视的重要方面。中国目前仍处在工业化中期阶段，在一个相当长的时期内，传统产业中的制造业，仍然在国民经济中占有重要地位，并有广阔的发展前景。直到前几年，制造业直接创造国内生产总值的 1/3，占整个工业的 4/5，为国家财政提供 1/3 以上的财政收入，占出口总额的 90%，就业人员达 8000 多万人[①]。因此，运用高新技术和先进适用技术改造作为传统产业的制造业，增加科技含量，促进产品更新换代，提高产品质量和经济效益，是加快工业化和现代化的一项重要内容。诚然，多年来，中国运用高新技术和先进适用技术，改造和提升传统产业的工作力度加大，取得了显著进展。一批重点企业的技术创新能力大大提高，市场竞争力明显增强。但从总体上看，中国制造业摊子过大，产业集中度不高，工艺技术装备落后，资源利用率低，低水平生产能力过剩与高附加值产品短缺并存等问题仍很严重，改造和提升制造业的任务仍然十分艰巨。

现在需要进一步强调：振兴在制造业中居于骨干地位的装备制造业，在实现我国工业化、现代化中具有极其重要的作用。马克思曾经高度评价了机械性的劳动资料在社会经济发展中的作用。他说："各种经济时代的区别，不在于生产什么，而在于怎样生产，用什么劳动资料生产。劳动资料不仅是人类劳动力发展的测量器，而且是劳动者借以进行的社会关系的指示器。""在劳动资料中，机械性的劳动资料——比只是充当劳动对象的容器的劳动资料——更能显示一个社会生产时代的具有决定意义的特征。"[②]

就我国现阶段的情况来看，振兴装备制造业，是推进工业化、现代化建设的基础。显然，国民经济各行业生产技术水平和能力的高低，在很大程度上取决于制造业提供的技术装备的性能和水平；不用先进的技术设备

---

① 《经济日报》2002 年 2 月 28 日第 9、11 版。
② 《马克思恩格斯全集》第 23 卷，第 204 页，人民出版社 1972 年版。

武装、改造各个产业，提升它们生产技术水平，要实现国家的工业化和现代化，是不可能的。诚然，改革开放以来，通过技术引进、技术改造和自主创新，中国技术装备的设计和制造能力有了明显增强。但与发达国家比，中国装备制造业总体水平较低，质量及可靠性较差，在许多领域还缺乏提供先进成套技术装备的能力。据统计，直到前几年中国全社会固定资产投资中，设备投资的2/3依赖进口，其中光纤制造设备的100%，集成电路芯片制造设备的85%，石油化工装备的80%，轿车工业设备、数控机床、纺织机械、胶印设备的70%被进口产品挤占。① 因此，振兴中国装备制造业，要以数控机床、重要基础件为重点，增强重大装备的开发能力，推进机电一体化，提高装备工业智能化水平；要依托重点技术改造和重大工程项目，为各行各业提供先进的成套的技术装备；要加快老工业基地的调整和改造。

第三，除了加快发展信息产业以外，还要发展和提升整个高新技术产业（包括信息、生物、新材料、新能源、航空、航天和海洋等产业）。20世纪80年代以来，人类社会开始进入以知识为基础的经济时代，就是由高科技的应用而产生高新技术产业为先导的。一般来说，高新技术产业的主要特征是：知识和技术的密集度高、能源和资源消耗低、环境污染小、增值力高、渗透力强、应用力广，但对脑力劳动者的高科技知识和创新能力以及高研发投入依赖性强。

在当代，高新技术产业已经成为经济发达国家的主要支柱产业，经济发展的主要因素以及国际竞争的核心力量。

在我国当前发展和提升高新技术产业，对于保持经济的持续快速发展，实现经济发展方式的转变和产业结构优化升级，建设资源节约型社会和环境保护型社会，提高国际竞争力，总之，对于建设小康社会，都是最重要的手段。

诚然，如前所述，在改革开放的推动下，我国高新技术产业已经发展成为一个重要的支柱产业。但是，与经济发达国家相比，中国高新技术产业发展差距还很大，主要表现为产值比重低，产品质量不高，特别是技术创新能力不足，核心技术不多。今后必须奋起直追，迎头赶上，努力实现高新技术产业的跨越式发展，尽快使它成为国民经济的先导产业。有关这方面的发展途径，在本章第一节已做分析。

---

① 《经济日报》2002年2月28日第9、11版。

第四，加快发展现代服务业。这对于促进国民经济协调发展，提高经济效益，扩大劳动就业和内需，加快城镇化进程，改善人民生活，都有着重大的作用。这方面的内容，本章第三节已经做过分析。

第五，加强基础产业基础设施建设。进入20世纪90年代以来，中国明显加大了基础产业和基础设施建设的投资，多年来一直是经济发展"瓶颈"的基础产业，实现了历史性突破。能源、原材料基本上可以满足经济发展的需要，水利设施、交通运输状况大为改善。但今后中国工业化、现代化建设对基础产业基础设施的需求还十分巨大，随着经济总体规模的不断扩大和城乡建设水平的不断提高，基础产业基础设施建设也还必须继续加强。这里还要提到：2008年1—2月在我国南方部分地区发生历史罕见的严重的低温雨雪冰冻灾害，给这些地区生产和人民生活造成了巨大损失。这就充分暴露了我国基础产业基础设施在抗击严重自然灾害方面的能力还很脆弱。当然，也暴露了我国在应对严重自然灾害的管理体制方面存在薄弱环节。对于这一点应当有足够的估计。为此，要进一步加强水利、能源、原材料、交通、通信、环保等基础产业基础设施建设，使基础产业基础设施建设与国民经济持续发展相适应，增强发展后劲。

这里还要提到：作为国民经济基础的农业现代化，也是发展现代产业体系的一个重要方面。这方面的问题，留待本章第六节去做分析。

为了实现上述的产业结构优化升级，并仅从产业结构这个视角考察，当前中国必须从国情出发，扬长避短，趋利避害，正确处理以下三个关系：

第一，正确处理发展高新技术产业和发展传统产业的关系。如前所述，中国当前处于工业化的中期阶段，但又在一定程度上并在越来越大的程度上实现现代化的结合。因此，一方面要优先发展具有先导性的高新技术产业；另一方面又要积极发展作为支柱的传统产业。同时，还要切实做好二者的结合。一方面，传统产业的改造一定要充分运用高新技术，提高发展的起点；另一方面，高新技术产业要为传统产业改造提供有力的技术支持，在促进传统产业的提升和发展中，开辟自身发展的广阔空间。

第二，正确处理发展资金技术密集型产业和发展劳动密集型产业的关系。一般来说，重工业的资金技术密集程度较高；农业、轻工业、建筑业和第三产业中的商业、生活服务业等属于劳动密集型产业。工业化和现代化必须加快发展资金技术密集型产业。但由于中国尚处在工业化中期阶段，经济发展很不平衡，经济结构呈现多层次性，劳动密集型产业还有很大需求、发展潜力和前景。人力资源丰富，既形成了巨大的就业压力，也是中国的一个突出优势。中国拥有素质较高、数量巨大的人力资源，劳动力成本较低，是在国际经济竞争中的独特优势，应充分发挥人力资源的作用。从这一国情出发，在工业化进程中必须把发展资金技术密集型产业和劳动密集型产业恰当地结合起来。既要大力发展资金技术密集型产业，又要继续发展劳动密集型产业，在促进产业结构不断优化升级的同时，充分发挥我国劳动力资源丰富的优势，缓解就业压力。同时，各产业都要根据比较成本原则，在保证产品技术质量水平的前提下，如果用劳动代替技术和资本，成本更低，就不要盲目追求技术和资金密集，而是可以多使用劳动力。当然，在生产关键部位和工序要采用先进设备和技术，但在一般工序则可以采取人工操作。

第三，正确处理发展虚拟经济和发展实体经济的关系。虚拟经济是与实体经济相对应的概念，是虚拟资本的经济活动，是市场经济中信用制度发展的产物，包括股票、债券和金融衍生产品等。实体经济是指提供物质产品和服务的经济活动，包括农业、工业、建筑业、交通运输、商贸物流、服务业等。实体经济是虚拟经济的基础。因而虚拟经济虽然相对独立于实体经济之外，但又不能完全脱离实体经济。虚拟经济的发展，总体上对国民经济发展有积极作用。但发展不当，也会产生消极影响。虚拟经济过度膨胀，就会形成泡沫经济，甚至会出现金融危机和经济危机。日本20世纪80年代末，由于虚拟经济过度膨胀而导致房地产和股市泡沫破裂，致使经济在长达十年的时间陷入困境。1997年亚洲一些国家发生金融危机在很大程度上也是虚拟经济泡沫破裂所致。这些经验表明：虚拟经济发展应以实体经济发展为基础，并为实体经济发展服务；虚拟经济必须稳步适度发展，不可过度膨胀。因此，中国在加快工业化、现代化进程中，必须妥善处理发展虚拟经济与发展实体经济的关系，既要重视发展虚拟经济，但必须扎实发展实体经济；既要充分发挥虚拟经济对国民经济的积极促进作用，又要防止和化解其风险，趋利避害，保障国家经济安全和经济持续快速发展。这一点在我国当前虚拟经济已经达到相当大的规模，金融体系防范风险能力又比较脆弱，国内外还存在众多不确定因素的情况下，很值得注意。

第六节　统筹城乡发展

一、我国城乡关系发展的现状：成就和问题

新中国成立以来，特别是改革以来，我国农业生产有了很大的发展，农民生活也有很大的提高（详细数据见附表 1、附表 3 和附表 7）。但由于历史和现实等因素的作用，直到 21 世纪初，我国城乡关系还处于很不协调的状态。正是在这种历史背景下，2002 年召开的党的十六大报告提出："统筹城乡经济社会发展，建设现代农业，发展农村经济，增加农民收入，是全面建设小康社会的重大任务。"[①] 2003 年召开的党的十六届三中全会的决议，又把统筹城乡发展排在作为完善社会主义市场经济目标的"五统筹"的首位[②]。足见城乡发展不协调状态的严重性，为了说明这一点，有必要做些横向比较（国际比较）和纵向比较（本国各个时期的比较）。为了便于进行这种比较，先列四表如下。

表 5－1　　　　　　　　　各国城乡人口的比重　　　　　　单位：%

国家	年份	城市人口占总人口的比重	乡村人口占总人口的比重
低收入国家	1965	17	83
下中等收入国家	1965	40	60
上中等收入国家	1965	44	56
高收入国家	1965	71	29
全世界	1965	36	64
中国	2002	39.09	60.91

资料来源：世界银行：《1991 年世界发展报告》，第 264—265 页，中国财政经济出版社 1991 年版；《中国统计年鉴》(2003)，第 97 页，中国统计出版社。

---

① 《中国共产党第十六次全国代表大会文件汇编》，第 22 页，人民出版社 2002 年版。

② 《中共中央关于完善社会主义市场经济体制若干问题的决定》，第 12—13 页，人民出版社 2003 年版。

表 5 - 2 各国农业劳动力和产值在国民经济中的比重 单位:%

国家	年份	劳动力比重	产值比重
美国	1971	4	3
日本	1971	6	6
英国	1971	2	3
法国	1971	13	6
德国	1971	8	—
意大利	1971	—	8
中国	2002	50	15.4

资料来源:《国外城乡经济关系比较研究》,第 32—33 页,经济管理出版社 1993 年版;《中国统计年鉴》(2003),第 56、124 页,中国统计出版社。

表 5 - 3 中国第一产业和第二产业劳动生产率的比较 单位:元/人、年

年份	第一产业	第二产业	第二产业为第一产业的倍数
1952	198	926	4.68
1957	223	1480	6.64
1978	360	2513	6.98
2002	1760	16658	9.46

资料来源:《中国统计年鉴》(有关各年),中国统计出版社。按照中国的统计口径,第一产业包括农业,第二产业包括工业(是主要部分)和建筑业。

表 5 - 4 中国城乡居民消费水平的比较 单位:元/人、年

年份	农村居民	城镇居民	城镇居民为农村居民的倍数
1952	62	149	2.4
1957	79	205	2.6
1978	138	405	2.9
2002	2062	7387	3.6

资料来源:《中国统计年鉴》(有关各年),中国统计出版社。

就这里讨论的问题来说,我们列出表 5 - 1 和表 5 - 2 的目的,主要不在于说明中国工业化水平的落后(直到 2002 年,中国农业产值仍占国内生产总值的 15.4%,大大高于 1971 年经济发达国家所达到的 3%—8% 的水平),而是要突出说明中国城镇化远远滞后于工业化。就农业劳动力比重和农村

人口比重来说，中国直到 2002 年，仍然分别高达 50% 和 60.91%，农村人口比重比高收入国家 1965 年达到的 29% 的比重，要高出 31.91 个百分点，农村劳动力比重比经济发达国家 1971 年达到的 2%—13% 的比重，要高出 48—37 个百分点。这明显地反映了中国城乡关系的严重不协调。

但是，如果说横向比较还受到许多不可比因素的限制，还难以充分说明当前中国城乡关系不协调的状况，那么，纵向比较就可以更清楚地说明这种不协调的严重程度。表 5-3 的数字说明：1952 年第二产业劳动生产率等于第一产业的 4.68 倍。这大体上也就是新中国成立前的情况，差距已经够大了。而在此后的整整半个世纪这个差距仍然趋于扩大。到 1978 年扩大到 6.98 倍。改革以后，到 2002 年又扩大到 9.46 倍。但这里的问题并不在于第二产业劳动生产率提高过快，而在于第一产业劳动生产率提高过慢。诚然，在工业化过程中，这种差距在某种限度内的扩大是不可避免的，是正常的。但在中国具体条件下，这种差距扩大时间之长，扩大幅度之大，是很值得重视的。这正是城乡关系不协调的根本标志。由此引起的一个最重要后果，就是农村居民消费水平与城镇居民的收入水平和消费水平的扩大。表 5-4 的资料可以说明这一点。

表 5-4 反映的农村居民和城镇居民的消费水平的变化状况与表 5-3 所反映第一产业和第二产业的劳动生产率的变化状况完全吻合。1952 年城镇居民的消费水平为农村居民的 2.4 倍，差距也已经不小。在这以后长达 50 年的时间，这种差距的变化趋势也是扩大的。到 1978 年扩大到 2.9 倍，到 2002 年又扩大到 3.6 倍。如果再考虑城镇居民能够享受到农村居民所没有的许多福利待遇，那么，当前这种差距约为 5—6 倍。农村居民与城镇居民的消费水平差距扩大，正是当前城乡关系不协调的集中表现。

可见，无论是国际的横向比较，国内的纵向比较，都表明新世纪初我国城乡关系不协调状况已经达到了很严重的程度。

但在党的十六大确定的方针指导下，近五年来这方面的情况已经发生了显著变化。正如 2008 年中央一号文件（即《中共中央国务院关于切实加强农业基础建设、进一步促进农业发展农民增收的若干意见》）所总结的，"党的十六大以来，党中央国务院顺应时代要求，遵循发展规律，与时俱进加强三农工作，作出了一系列意义重大，影响深远的战略部署。坚持把解决好'三农'问题作为全党工作的重中之重，不断强化对农业和农村工作的领导；坚持统筹城乡发展，不断加大工业反哺农业、城市支持农村的力度；坚持多予少取放活，不断完善农业支持保护体系；坚持市场取向改革，不断解放和发展农村生产力；坚持改善民生，不断解决农民生产生活最迫切的实际问题。经过全党全国人民的共同努力，农业和农村发展呈现出难得的好局面。粮食连续四年增产，农业生产全面发展。农民收入持续较快增长，生活水平明显提高。农村基础设施加快改善，社会事业发展和扶贫开发迈出重大步伐。农村改革取得历史性突破，发展活力不断增强。农村党群干群关系明显改善，农村社会稳定和谐。农业和农村形势好，为改革发展稳定全局作出了重大贡献。实践证明，中央关于'三农'工作的方针政策是完全正确的。"①

来自财政部的资料显示，2003 年，中央财政用于"三农"的投入首次超过 2000 亿元，达到 2144 亿元。2007 年达到 4318 亿元，比 2003 年增加了 2174 亿元，增长了 101.4%。2003—2007 年，中央财政用于"三农"的资金投入累计达到 1.6 亿元。五年来，中央财政陆续出台了粮食直补、良种补贴、农机具购置补贴、农资综合直补等惠农补贴政策，使农民直接受益的程度大幅提高。2003—2007 年，仅中央财政安排的上述四项补贴资金就达到 1144.2 亿元。2003—2007 年，中央财政预算安排农村税费改革和农村综合改革的转移支付资金 3000 多亿元，主要用于支持地方做好农村税费改革试点、取消农（牧）业税和农业特产税、国有农场税费改革、减轻大湖区农民负担及化解农村义务教育"普九"债务等。过去五年，中央财政的投入领域由注重农业生产环节为主转向农业生产、农村社会事业发展并重，不断扩大公共财政覆盖农村的范围。随着 2006 年彻底取消农业税，中央对"三农"的方针由"多予、少取、放活"转变为"基本不取、多予与放活"并重；不断出台和强化强农惠农政策，逐步建立了"以工补农、以城带乡"的稳定的反哺农业投入机制，推动城乡协调发展。2003—2007 年，中央财政用于农村义务教育、科学和文化的投入超过 1300 亿元，年均增长 72.5%。此外，五年来，中央财政还安排新型农村合作医疗制度补助资金 169 亿元，推进新型农村合作医疗制度建设。同时在 2007 年安排 30 亿元资金对财政困难地区给予补助，推动农村建立最低生活保障制度。财政支农力度的不断加大，促进"三农"发展出现了可喜的变化。2004 年以来，我国连续四年粮食增产，2007 年粮食产量超过 1 万亿斤；农民人均纯收入连

---

① 《经济日报》2008 年 1 月 31 日第 1 版。

续四年增幅超过6%，首次突破4000元，跃上一个新的台阶；社会主义新农村建设稳步推进，农村面貌大大改善①。

但在短短的五年中，没有也不可能根本改变城乡关系的很不协调状态。2006年，第三产业的劳动生产率为7597（元/人、年），第二产业为53660（元/人、年），后者为前者的7.06倍；农村居民消费水平为2848元，城镇居民为10359元，后者为前者的3.7倍（详见附表1、附表7、附表8）。这些数据表明：尽管这五年我国在协调城乡关系方面已经取得显著成就，但这方面的形势仍很严峻。因此，2007年召开的党的十七大继续提出："统筹城乡发展，推进社会主义新农村建设。"并再次强调："解决农业、农村、农民问题，事关全面建设小康社会全局，必须始终作为全党工作的重中之重。"②

二、促进城乡协调发展是事关改革、发展和稳定的全局性问题

如前所述，当前我国城乡经济的关系不协调突出表现为农业劳动生产率过于落后第二产业，农村居民消费水平过于低于城镇居民。形成这些问题的重要原因之一，是由计划经济留下的城乡分割体制还未进行根本改革，这包括户籍、就业、居住、医疗和社会保障制度等方面；农村经济各项改革也有待继续推进，这包括在稳定家庭承包经营制的前提下实行土地使用权的流转，农业的产业化经营，农村的流通体制，农村金融制度以及农村税制等项改革。因此，从这种本质联系来说，所谓要促进城乡经济关系的协调发展，就是要大力推进这些改革。

全面建设小康社会，是21世纪头20年我国的主要发展目标。而促进城乡关系的协调发展，既是实现这个发展目标的一个主要内容，又是实现这个目标的根本条件。显然，中国全面建设小康社会的重点和难点都在农村。如果再考虑到农村贫困人口之巨，这个问题显得尤为突出。1978年改革开始时，农村贫困人口高达2.5亿人。到2007年，按农村绝对贫困人口标准低于785元测算，年末农村贫困人口为1479万人，比上年末减少669万人；按低收入人口标准786—1067元测算，年末农村低收入人口为2841万人，

减少 709 万人。① 这是一个伟大的历史性成就！但同时必须看到：不大大提高农民的生活，特别是其中贫困人口的生活，是不可能全面建设小康社会的。而且，纵观世界经济史，当代所有大国都是以内需为主的，我国更是如此。1997 年以来，我国成功地执行了扩大内需的方针，促进了经济的持续快速发展。但也遇到了农民收入低和农村市场容量有限的制约。国际经验还表明：在人均国内生产总值达到 3000 美元时才出现买方市场，而我国在 1997 年以后，在人均国内生产总值不到 1000 美元时就出现了买方市场。其中的一个重要原因就是占全国人口多数的农民收入低，农村市场不大。可见，促进城乡关系协调发展，大幅度提高农民收入，对于进一步贯彻扩大内需方针，全面建设小康社会，具有极其重要的意义。

按照唯物史观，就我国现状来说，要实现社会的长久稳定，最根本的就是要使改革和发展给全国多数人（特别是农民）带来物质利益。从这方面说，促进城乡关系协调发展，大大提高农民收入，是实现社会稳定的根本保证。在这方面，当代也是有国际教训的。第二次世界大战后，在帝国主义殖民体系瓦解的基础上产生了许多新兴工业化国家。其中有的国家在推行市场经济的过程中，由于诸多失误，致使收入差别过大（其中包括农民收入过低），在 20 世纪 90 年代下半期爆发了政治危机，并引发经济危机。

三、经济发达国家为促进城乡协调发展提供了可资借鉴的经验

在这里回顾一下经济发达国家在促进城乡协调发展方面的经验是有益的。

城乡差别扩大是与城乡经济关系协调发展相对应的概念。所以，在叙述这方面的经验时，首先要明确当前我国学术界似乎尚未解决的一个重要理论问题，即在资本主义制度下有无可能缩小乃至消除城乡差别。这一点，是论述这方面经验的一个前提。所以，我们拟就这个问题先做一些简要的分析。

如果把城乡差别的扩大看做是城乡经济关系不协调的结果。那么，早在资本主义生产方式（包括生产关系和生产力两方面，下同）的确立时期，这种不协调状态就已经发生了，并且一度达到很严重的地步。当时城市劳

---

① 国家统计局网，2008 年 2 月 28 日。

动者由于资本主义的残酷剥削致使生活陷于绝对贫困化的境地。在农村，由于资本主义生产方式发展的滞后，劳动者的生活境地更为悲惨。

正是在这种历史背景下，空想社会主义者在尖锐揭露资本主义制度弊病的同时，也猛烈抨击了城乡差别和对立带来的严重后果。因此，在他们所提倡的社会主义理想中是要消灭城乡差别和对立的。但这一点以及连同他们整个社会主义理想都是空想的。

后来，在这方面发展形成了两派：一派是民粹主义。他们认为，在资本主义制度下，由城乡差别和对立带来的各种严重社会问题，都是由资本主义制度下机械化大生产造成的。因此，他们认为解决这个问题的办法，不仅农村，而且城市也都要回到以小私有制和手工劳动为基础的小生产。这显然是逆历史潮流而动的空想。

另一派是马克思主义。马克思主义创始人依据他们建立的科学的唯物史观，始终把城乡差别和对立的产生和发展这一重大的社会经济问题从根本上归结为社会生产力发展的结果。他们科学地揭示了资本主义制度下形成和发展的城乡对立。并认为资本主义大工业的发展，又为城乡对立的消灭创造了条件。"城市和乡村的对立的消灭不仅是可能的。它已经成为工业生产本身的直接需要"。他们还认为，在消灭资本主义制度以后，要在社会生产力发展的基础上，才能消灭城乡差别，并把这一点作为建设共产主义社会的一个根本条件和共产主义社会的一个根本标志。[①] 所以，从最主要方面说，可以认为他们关于城乡差别和对立的理论，是科学社会主义的一个重要组成部分。

但在这方面，主要由于时代的局限性，也有不足之处。主要是：第一，他们忽略了市场经济体制（特别是与古典的自由放任的市场经济相区别的、现代的有国家干预的市场经济）在合理配置社会生产资源（包括社会生产资源在城市和乡村的分配）的巨大社会功能。[②] 第二，他们对作为与经济、政治、文化共同作用结果的城乡对立，会随着资本主义制度下物质文明和精神文明的重大发展而逐步发生巨大变化估计不足。第三，他们对近代（特别是现代）科学技术在农业中的运用在实现赶上甚至部分超过工业的重

---

① 参见《马克思恩格斯选集》第三卷，第 335、329—337 页，人民出版社 1972 年版。

② 为了说明这一点，需要引证恩格斯的论述。他说："只有按照统一的总计划协调安排自己的生产力的那种社会，才能允许工业按照最适合于它自己的发展和其他生产要素的保持或发展的原则分布全国"。但实际上，在实行现代市场经济体制的经济发达国家，也可以逐步做到这一点。

大作用也估计不充分。因此，他们所预计的城乡差别和对立的消灭只有消灭资本主义制度以后，在共产主义建设过程才能实现的事，并不符合后来经济发达国家的实践。

纵观世界经济发展史，经济发达国家城乡差别经历了下述变化过程：第一阶段，从18世纪下半期英国产业革命开始到19世纪上半期几个主要资本主义国家实现产业革命。这期间由于农业中的资本主义发展和技术革命滞后，城乡对立曾经发展到很严重的地步。第二阶段，从19世纪上半期到20世纪上半期，由于各主要资本主义国家实现了工业化和城镇化，农业中的资本主义和技术革命也有迅速发展，原有的城乡对立状况大大趋于缓解，城乡差别也开始趋于缩小。第三阶段，从20世纪下半期到现在，城乡差别显著缩小，城乡之间的界限越来越模糊。决定这一点的重要因素有：①第二次世界大战以后，现代市场经济在经济发达国家的普遍发展，使得社会生产资源得到了优化配置（其中包括生产资源在城乡之间的优化配置）。而且，在现代市场经济条件下，政府在财政、金融、技术、信息和出口等方面都给了农业以前所未有的巨大支持。②第二次世界大战后，经济发达国家在完成工业化的基础上进入了后工业化时代。即以现代科学技术的广泛运用作为主要特征的现代化时代。这一点极大地促进了农业生产的工业化。在这个过程中，农业的物资供应、生产和加工日益一体化，成为一条"生产线"。在现代化生产条件下，现代科学技术在农业中得到普遍运用，农业生产进一步集中，兼业农和农业综合企业有了很大发展。美国1950—1969年间，土地面积在500英亩以下的小农场由508.5万个下降到236.3万个，减少了54%；大农场由30.3万个增加到36.7万个，增加了21%。大农场虽然只占农场总数的13.4%，但它们占有的耕地和产量分别占到68.3%和65%[①]。兼业农和农业综合企业在不同程度上具有以下特征：它们的经营范围包括农用物资的加工和销售，以及农产品的生产、加工和销售。这样，就美国来说，农业不仅是占人口4%的农民的工作，而且也包括占人口20%—30%的其他行业的工作[②]。③在上述各种因素的作用下，农业劳动生产率和农民收入水平得到了巨大的提高。据日本学者计算，在日本工业化

---

① 〔法〕皮埃尔·莱昂主编：《世界经济与社会史》，第242—243页，上海译文出版社1985年版。

② 〔美〕埃弗里特·M. 罗吉斯等：《乡村社会变迁》，第29页，浙江人民出版社1988年版。

早期阶段（1885—1919 年）和中期阶段（1919—1964 年），日本农业人口收入和城市人口收入之比分别依次为 1∶1.3 和 1∶1.5。在这两个阶段，这个比例小于 1。但到了现代农业阶段（1964 年至今），这个比例变为大于 1[①]。

④在现代，经济发达国家甚至部分地发生了"逆城市化"的新趋势。其主要特征是部分城市人口向郊区和小城镇迁移。这并不是偶然发生的现象，而是由下列因素造成的。一是在现代化生产条件下，技术密集型的小型企业大大发展，于是就发生了这些小企业有由城市向农村分散的趋势。二是城乡居民收入差距缩小，甚至部分发生了农村居民收入水平高于城市居民收入水平的状况。三是在现代消费观念指导下，人们要求不断提高生活质量。其中一个重要方面，就是向往居住空气新鲜、环境安静、交通不拥挤的农村。四是高速公路网和现代信息技术的普遍发展，不仅使得城市工厂和居民向农村的转移成为很方便的事，而且也不妨碍他们的生产经营和生活水平的提高。

还需指出：经济发达国家城乡差别逐步消失的趋势并没有停止。完全可以预期：伴随现代市场经济体制的完善和现代科学技术的发展，这种趋势会以更强劲的势头向前发展。

总结经济发达国家的实践经验，我们可以得出以下结论：城乡差别消灭的社会条件，并不依赖于无产阶级革命，以及革命胜利以后的共产主义社会的建设，而是现代市场经济体制以及城镇化和现代科学技术的发展。现代市场经济体制可以使得社会生产资源在城乡之间得到合理的配置，是消灭城乡差别的体制条件。城镇化和现代科学技术可以大大提高农业劳动生产率，使得农民收入可以赶上甚至部分超过城市居民的收入，是消灭城乡差别的社会条件和技术条件。

经济发达国家的实践还启示我们：要消灭城乡差别，一是要在城乡统一实行市场经济体制；二是要大力推进城镇化；三是着力推进现代科学技术在农业中的运用；四是要实行农业规模经营；五是要推动兼业农和农业综合企业；[②] 六是政府要在财政、金融、外贸、技术指导和人员培训等方面给予农业支持，要实行工业反哺农业的政策。这些也就是经济发达国家在

---

① 〔日〕山田佑武郎：《农业和非农业的不平等》，载《农业经济译丛》1968 年第 2 期，第 223—234 页，农业出版社 1988 年版。

② 用当前我国学术界和经济界的流行术语说，大体上也就是实行农业产业化经营。

促进城乡经济协调发展方面提供的可资借鉴的经验。

四、大力推进城乡协调发展

推进城乡经济协调发展是一个涉及诸多方面的复杂问题，这里只拟提及其中的几个重要方面。

（一）大力贯彻统筹城乡经济社会发展的战略

在这方面，新中国成立以后，既有成功的经验，也有失败的教训。1949年10月至1952年国民经济恢复时期，在经济遭到严重破坏和十分困难的条件下，以短短的三年多时期就恢复了国民经济。仅就其中的工业来说，1952年比1936年（这是新中国成立前经济发展水平最高的年份）还增长了22.5%。取得这种巨大成就的原因，就经济政策来说，除了党中央和毛泽东提出的新民主主义社会的三大经济纲领以外，就是四面八方政策[①]。这样，就使得国民经济的各个方面（包括城乡关系）得到了比较协调的发展。在国民经济恢复时期，城市职工平均消费水平提高了35%以上，农民平均收入提高了30%以上。[②] 这是这期间城乡关系协调发展的集中表现。但在1953—1978年期间，除了其中的1961—1965年的经济调整时期以外，由于长期推行片面工业化战略，致使城乡关系发展到极不协调的地步。改革以来，在调整城乡关系方面取得了一些重要进展，其间1978—1985年在这方面的成就更为明显。但总的来说，并未发生根本性转折，以致当前城乡关系还处于很不协调的状态。如前所述，党的十六大报告提出："统筹城乡经济社会发展，建设现代农业，发展农村经济，增加农民收入，是全面建设小康社会的重大任务。"[③] 党的十七大又进一步提出城乡协调要"形成城乡经济社会发展一体化新格局"。[④] 这可以看做是由过去长期实行的片面的工业化战略向城乡协调发展战略转变，并趋于完善的根本标志。这既是借鉴了国际上城乡关系由对立走向协调的经验，也是我国城乡关系方面经验教训的总结，特别是新中国成立初期四面八方政策在新的历史条件下的创造

---

① 毛泽东说过："没收封建阶级的土地归农民所有，没收蒋介石、宋子文、孔祥熙、陈立夫为首的垄断资本归新民主主义国家所有，保护民族工商业。这就是新民主主义革命的三大经济纲领。"（《毛泽东选集》第四卷，第1253页，人民出版社1991年版）。四面八方政策见本书第三章第一节。

② 《伟大的十年》，第188页，人民出版社1959年版。

③ 《中国共产党第十六次全国代表大会文件汇编》，第22页，人民出版社2002年版。

④ 《中国共产党第十七次全国代表大会文件汇编》，第23页，人民出版社2007年版。

性的运用和发展。完全可以确信，推行这样一条城乡协调战略，是使我国城乡关系走向协调的根本保证。

（二）积极推进城镇化

理论分析和国内外经验表明：积极推进城镇化，是城乡关系协调发展的一个根本途径。但就中国当前具体情况而言，以下两点值得重视：

1. 实行大中小城市和小城镇并举

由于中国人口基数太大，地域辽阔，民族众多，不同地区的经济发展水平差异很大，各地区城市化水平不可能一样，中国城镇化只能而且必须实行大中小城市和小城镇并举的方针，形成分工合理、各具特色的城市体系，走出一条符合中国国情、大中小城市和小城镇协调发展的城镇化道路。在这方面，在大力发展乡镇企业的同时，积极推进小城镇建设，对于推进中国城镇化具有重要作用，因而是一项重要战略。为此，一要消除不利于城镇化发展的体制和政策障碍。推进户籍制度改革，加快城镇住房、就业、医疗、教育和社会保障制度改革，为进城农民提供必要的就业和生活环境。二是发展小城镇要以现有的县城和有条件的建制镇为基础，科学规划。在城镇数量布局、规模把握、功能定位上，需要规划，不能遍地开花，盲目铺摊子，搞低水平重复建设。要把小城镇建设的重点放到县城和部分基础条件好、发展潜力大的建镇制，使之尽快完善功能，集聚人口，并发挥农村地域性经济、文化中心的作用。三是发展小城镇的基础在于繁荣小城镇经济。为此，要以农产品加工业和农村服务业为重点，在小城镇形成符合当地特点的支柱产业。并把引导乡镇企业合理集聚、完善农村市场体系和社会化服务等与小城镇建设结合起来。四是要形成促进小城镇健康发展的机制。为此，要在政府引导下主要通过发挥市场机制作用，引导社会资金投入小城镇开发。要在保护耕地和保障农民合法权益的前提下，妥善解决城镇建设用地。还要改革小城镇管理体制，形成符合小城镇经济社会特点的行政管理体制。

2. 充分认识农民工在推进城镇化方面的重要性

当前跨地区打工的农民约有1.3亿多人。农民工进城务工经商是转移农村富余劳动力、推进城镇化的必经过程；是扩大农民就业和增加农民收入的重要渠道；是入世后发挥劳动力成本低的优势，增强工农业产品国际竞争力的重要因素；是发展城市第三产业、提高城市居民生活质量的重要条件；是现阶段城市文明辐射农村的一个现实途径。因此，要从国民经济和社会发展全局的高度看待农民工的重要性。为此，要按照"政策引导、有序流动、加强管理、改善服务"的方针，做好农民工的各方面工作。主要是：给农民工"减负"，减少各种收费，降低农民工进城打工的成本；搞好"服务"，包括建立劳务市场，提供就业信息，加强就业指导与培训，提供法律援助、劳动安全、子女教育等方面，为农民进城打工创造好的环境；给农民工"留退路"，不要急于收回承包地，农民工失去了工作还可以回乡种田，无后顾之忧。这既有利于降低农民进城务工的成本，也有利于社会稳定。

切实做到以上两点，就可以大大加快中国城镇化进程。但这方面的作用似乎还未给予足够的估计。比如，当前国内外有些预测机构在预测本世纪头 20 年中国城镇化速度时，大都认为每年可以提高 1 个百分点。这样，中国城镇化率就可以由 2000 年的 36.2% 提高到 2020 年的 56%。笔者认为，这种预测的速度可能低了一些。似乎并不完全符合某些国际经验，更不完全符合中国的具体情况。日本 1947—1975 年城镇化水平从 28% 提高到 75%，28 年提高了 47 个百分点，平均每年提高 1.67 个百分点。韩国 1960—1981 年城镇化水平从 28% 提高到 56%，21 年提高了 28 个百分点，平均每年提高 1.33 个百分点。中国在这方面的特点是：由于能够做到以上两点，因而城镇化速度有可能高一些，年均大约 1.5—2 个百分点左右。仅就农民工来说，数量很大，目前已有 1.3 亿人左右，还有增加的趋势。而且，他们具有由农民向城市工人过渡的特点。与城市工人相比较，由于城乡分割体制还未根本改变，他们享受不到城市工人享有的全部权益，文化素质也差些。但与农民相比，文化素质高些，也熟悉城市某些工种的业务。所以，农民工转变为城市工人比农民要容易得多。此外，还要考虑以下两种情况：一是在城市建设中已包进建成区的城中村；二是在市域范围内的乡村。这两点都是城市化最贴近转化的部分。在全国 660 多个城市中，城中村大约占城市人口的 10% 左右，在市域内的农民约 3 亿左右[①]。相对农村中的农民来说，这两部人转变为城市人口也要容易一些。还要指出：当前中国城镇化水平较低，可以提高的空间较大。而且，当前我国粮食综合生产能力已超过 5 亿吨，还有增长的空间；大部分工业消费品均处于供求平衡和供过于求的状态，许多工业部门生产能力利用率不到 60%。这为提高城镇

---

① 《中国建设报》2003 年 12 月 25 日第 1 版。

化水平提供了物质基础。总之，只要抓紧推进有关改革和建设，中国在本世纪头 20 年城镇化的速度有可能高一些。

（三）在发展现代农业繁荣农村经济和提高劳动生产率的基础上，提高农民收入水平

就当前中国情况而言，这也是城乡协调发展的另一个根本途径。为此，需要抓好以下三件工作：

1. 全面深化农村经济改革，进一步塑造农村市场主体。在这方面多年以来存在一种误解，以为在 20 世纪 80 年代上半期实现了家庭承包经营制以后，似乎农村市场主体问题就已经解决了。但后来的实践证明：由家庭承包经营制的实行所确立的农村市场主体虽然是最重要的方面，但远不是完整意义上的市场主体。正像生产资料所有制是生产关系的总和一样，市场主体也是市场经济关系的总和。从这方面来说，当前农村市场主体是存在多方面缺陷的。在已经确立的家庭承包经营制的条件下，农民拥有土地经营权的，而这种经营权常常受到破坏。这里且不说这一点。要着重提到的是：农民并不拥有土地经营权的流转权，在作为主要农产品的粮食销售、出卖劳动力、资金融通、税费负担乃至在教育、医疗和社会保障等方面均不拥有与城市居民相等的权利。因此，要塑造比较完整意义上的农村市场主体，就必须按照市场经济的要求以及给农村居民与城市居民同等的国民待遇的原则，逐步推行这些方面的改革。而这些改革正是推动当前农村经济发展的根本动力。

为此，必须推进农村综合改革。这些改革主要包括：

（1）在长期稳定土地家庭承包经营制度的基础上，推进农村经营体制创新。应该肯定，长期稳定土地家庭承包经营既是农业生产的特殊规律决定的，也是现阶段生产关系一定要适应生产力发展要求的规律决定的，而且以家庭经营为基础，是当代市场经济发达国家普遍实行的农业经营体制。这对于坚持农村市场取向改革，发展农业生产力，保持农村社会稳定，具有特别重大的意义。

但同时必须进行经营体制创新，主要包括以下两点：①在稳定家庭承包经营的基础上，有条件的地方可以按照市场经济要求和依法、自愿、有偿、适度的原则，进行土地承包经营权流转，逐步发展规模经营。这是社会主义现代化建设的必然趋势。但由于当前承包地承担着双重功能，既是农民的生产资料，也是农民的社会保障，因而土地流转，不能急于求成，

并要特别尊重农民意愿，维护农民利益，因势利导。②把家庭承包经营和农业产业化经营结合起来。发展农业产业化经营，通过公司＋农户（包括龙头企业＋农户，专业合作组织＋农户，行业协会＋农户等形式），实现千家万户与大市场的对接。龙头企业一头接连市场，一头接连农户，通过订单组织生产。公司主要发展加工、销售，提供种苗、技术、饲料等服务，带动农民搞区域化种植和规模化养殖。由此形成小农户、大基地的生产经营格局，实现区域化布局，规模化生产，标准化管理，社会化服务，产生新的规模经济，提高农业的现代化水平。

（2）继续粮食流通体制改革。到20世纪90年代，中国农产品流通的改革取得了重大进展，大部分农产品已经放开市场、放开价格。后又在深化粮食流通体制改革方面，取得了决定性进展。即在粮食主销区实行粮食购销市场化改革的基础上，粮食主产区也要在国家宏观调控下，实现粮食流通市场化。这是建立农产品市场体系的关键环节。现在要继续对粮食主产区农民实行重点保护，调整粮食补贴的范围和方式，把过去补在流通环节的费用，补在生产环节，补给粮食生产者。还要继续加强政府宏观调控，建立有效的吞吐调节机制，灵活运用进出口和国家储备等手段，稳定市场和价格；继续打破地方封锁，用市场经济的办法搞好粮食产销区的衔接。

（3）改革农村金融体制。当前农民、乡镇企业、农业产业化龙头企业贷款难和农村资金外流比较突出。解决问题的根本出路在于加快农村金融改革。改革要着眼于两个目标：一是加强和改善金融服务；二是防范和化解金融风险。据此，今后要在三方面推进农村农村金融改革：①构造符合社会主义市场经济体制要求、能够支持农村经济发展的农村金融体系，即商业金融、政策金融和合作金融共同发挥作用的农村金融体系。②加快农村信用社改革，重点是明确产权关系，完善法人治理结构，强化自我约束机制。农村信用社要坚持为"三农"服务的方向，发挥支持农业和农村经济发展的金融主力军作用。同时，国家要给农村信用社以必要的政策支持。③改善农村金融服务政策。通过贴息、减税等形式，鼓励金融机构向农村贷款。

（4）在巩固已经实现的农村税费改革的基础上，继续推进各项配套改革。在2000—2006年进行的农村税费改革，是新中国成立50年来农村继实行土地改革、家庭承包经营制度之后的又一项重大改革。这项改革按照减轻农民负担和转变政府职能、建立公共财政的要求，对现行农业和农村领域的税费制度进行改革。这项改革从分配上理顺和规范国家、集体、农民三者利益关系，将农村的分配制度进一步纳入法制轨道，是减轻农民负担的治本之策，也带动了农村机构改革，对农村上层建筑产生了深远影响。这项改革大大调动了农民的积极性，促进了农村的发展和稳定。这项改革结束了延续 2600 年农民交皇粮的历史。与这项改革进行的同时，还开始进行并继续进行各项配套改革。主要有：①改革农村义务教育管理体制，国家保障农村义务教育经费投入。②推进乡镇机构改革，转变职能，精简机构，压缩财政供养人员。③健全公共财政，调整财政支出结构，合理确定县乡政府事权和财权。④建立健全村级组织运转经费保障机制。

　　这里还要着重提到：当前还要大力发展农民专业合作组织，全面推行集体林权制度改革。

　　2. 在加强现代农业科学技术运用的同时，大力推进农业和农村经济结构的战略性调整。当前农民收入增长缓慢的一个根本原因是农业和农村经济结构不能适应全面建设小康社会的要求。必须适应新的形势，对农业和农村经济结构进行战略性调整，由满足温饱需求向满足建设小康社会的要求转变，注重农产品优质和多样；由主要追求产量转到在保持总量平衡的基础上，更加突出质量和效益；由自求平衡转向适应国内外市场，更加注重提高竞争能力。通过调整，逐步建立适应全面建设小康社会要求的农业和农村经济结构，为农民收入增长开辟新的来源。而且，适应"入世"以后的新形势，也必须对农业和农村经济结构进行全面升级。为此，要通过区域布局调整，发挥各地的比较优势，加快形成优势产区和产业带；通过产品结构调整，全面提高农产品质量安全水平，加快实现农产品由产量型向质量型、专用型和高附加值型发展；通过农村产业结构调整，加快发展农产品加工业，大幅度提高农产品附加值；通过调整农村就业结构，加快农村劳动力转移。

　　改革以来，特别是 20 世纪 90 年代下半期以来，中国在推进农业和农村经济结构调整中取得了明显成效。但是，农业结构调整成效还是初步的。农业结构不合理的状况还没有根本改变，需要进行长期努力。主要措施有：一是调整农产品结构，提高农产品质量安全水平。大力发展适销对路的优质专用农产品生产，加快农作物和畜禽良种更新换代，提高农产品的分级、包装、储藏、保鲜和加工水平，控制农业生产的外源污染和农业自身污染。二是调整种养业结构，加快发展畜牧业和渔业，特别是要发展优质安全的畜禽产品和奶类生产，把畜牧业发展成为一个大的支柱产业。三是调整农业布局结构，促进优势农产品区域化布局。选择在国际市场有竞争能力或国内市场前景广阔、生产基础好的农产品，在优势区域相对集中布局，加快发展。四是调整农村就业结构，大力发展农产品加工业，推动劳动力向第二、三产业转移。

为了迅速有效地推进农业结构调整，要推进农业产业化经营，面向市场，依靠科技，尊重农民的生产经营自主权，特别要高度重视提高粮食综合生产能力，确保主要农产品供求基本平衡，这是进行农业结构调整的前提。中国是人口大国，随着人口增加和生活水平提高，农产品包括粮食的需求还会逐步增加。而农业基础设施还较薄弱，还未摆脱靠天吃饭的局面，对此要有清醒认识。

3. 加大政府对农业的保护和支持力度。这一点，在当前既有特殊重要性，也有众多有利条件。一般来说，农业是国民经济的基础。同时，农业又是一个弱质产业。农业生产是自然再生产和经济再生产过程的统一，面临着自然和市场双重风险。当前，中国人多地少，人多水少，农业人均资源占有水平低；农户经营规模小，社会化程度低；农业的物质技术基础还较薄弱，抗御自然灾害的能力低。再加上自然环境相对恶劣，还有恶化的趋势。因此，必须加强对农业的保护和支持，保证农业持续稳定发展。而且，中国正处在加快工业化和城镇化的历史时期，农业在国民经济中占的份额逐步下降。但是，农业的基础地位并没有改变。为了协调工农业的发展，也必须加强对农业的保护和支持。还有，中国正处在深化市场取向的改革时期，市场在资源配置中日益起着基础性作用。但市场在配置资源时本身是有局限性的，农业处在比较效益低的情况下，市场不能自动调节社会资源加强农业，必须由政府进行必要的干预。尤其是加入世界贸易组织以后，面对日趋激烈的国际竞争和发达国家实力雄厚的农业补贴，为了增强农业竞争力，更需要加强对农业的保护和支持。还要看到：中国已经建立了完备的国民经济体系，2007年第二、三产业已经占到国内生产总值的88.3%以上，农业降到了11.7%，经济总量超过24万亿元，财政收入超过5万亿元。过去靠农业支持国家的工业化，现在到了加快实现工业反哺农业的阶段了。随着国家财力增加、政府职能转变和公共财政体制的建立，政府更有条件增加对农业、农村和农民的投入。

加大对农业的保护支持，要依据建立公共服务型政府和公共财政体制的要求以及世界贸易组织规则，"用好绿箱政策，用足黄箱政策"①。主要有：①增加农村基础设施投入。包括农田水利基础设施建设、生态环境建设和农村公共设施建设。②加大农业公共服务投入。包括建立和完善科技推广服务体系、信息服务体系、植物病虫害防治和动物检疫防疫体系。③增加对农民的直接补贴。包括生产环节和运输环节的补贴等。④加大扶贫开发力度。为此，要多渠道增加扶贫资金和扩大以工代赈的规模，动员全社会力量参与扶贫。坚持开发式扶贫的方针，改善贫困地区的生产生活条件和生态环境。⑤要依据条件逐步加快建立农村养老、医疗保险和最低生活保障制度。⑥加大对农村教育投入，切实做到义务教育由财政负担。这对减轻农民负担，培养农村人才，发展农村经济，实现农村小康具有重大意义。在这方面，还要着力培养有文化、懂技术、会经营的新型农民，以进一步发挥亿万农民在建设社会主义新农村中的主体作用。

第七节　统筹人与自然的和谐发展

统筹人与自然的和谐发展，要求实现经济社会与资源和环境的协调发展。资源问题已在本章第四节做过分析，故在本节只拟分析环境保护问题。

一、当前我国环境保护形势仍然十分严峻

党的十六大在论及全面建设小康社会的目标时，明确提出："可持续发展能力不断增强，生态环境得到改善，资源利用效率显著提高，促进人与

---

①　世界贸易组织规则允许政府对农业的补贴，主要有两类，一是"绿箱政策"，二是"黄箱政策"。"绿箱政策"是指基本不会对农产品的价格产生影响，从而不会扭曲农产品贸易的政府补贴。如政府对农业基础设施建设的投资，对农业科研和技术推广的投资，由政府负责的农产品市场信息的搜集、分析和发布的服务，对农作物和动物重大疫病的防治，由政府提供的对农民的技术培训服务等。总之，"绿箱政策"对农业的补贴，主要表现为政府对农业和农民所提供的公共服务。世界贸易组织的有关规则不限制"绿箱政策"对农业的补贴数额，因此，世界贸易组织的成员完全可以根据自己的实际情况，不断增加符合"绿箱政策"要求的对农业的支持和补贴。"黄箱政策"是指可能对农产品价格产生微小影响，从而可能对农产品贸易产生一定扭曲的政府补贴。因此，世界贸易组织规则对"黄箱政策"的补贴，规定有数量上的限制。总的原则是：发达国家用于"黄箱政策"的补贴，最高不得超过其农业增加值的5%，发展中国家的这一补贴，最高不得超过其农业增加值的10%。我国在加入世界贸易组织的谈判中，确定的"黄箱政策"的补贴率为不超过农业增加值的8.5%。因此，加入世界贸易组织后，并不是不允许政府对农业进行补贴，而是应当在世界贸易组织规则允许范围内进行补贴。

自然的和谐，推动整个社会走上生产发展、生活富裕、生态良好的文明发展道路。"① 在这个指导思想的指引下，我国大大加强了环境保护工作力度，并取得了积极进展。在2002—2006年间，环境污染治理投资总额由1367.2亿元增加到2566亿元，占国内生产总值的比重由1.14%增长到1.22%。2007年，仅中央财政安排的环境保护支出就达到1057.21亿元，比上年增长了31.4%②。这样，就在经济快速增长、人民消费水平显著提高的情况下，实现了全国环境质量基本稳定，部分地区环境质量有所改善，多数主要污染物排放总量得到控制，工业产品的污染排放强度下降，重点流域、区域环境治理不断推进，生态保护和治理得到加强。

但是，我国当前环境保护形势仍然十分严峻。其突出表现是：主要污染物排放量超过环境承载能力，流经城市的河段普遍受到污染，许多城市空气污染严重，酸雨污染加重，持久性有机污染物的危害开始显现，土壤污染面积扩大，近岸海域污染加剧，核与辐射环境安全存在隐患。生态破坏严重，水土流失量大面广，沙漠化、草原退化加剧，生物多样性减少，生态系统功能退化。下面两项反映人民赖以生存和发展的环境数据能够尖锐地说明当前我国环境问题的严重性。来自权威机构部门的资料显示，当前我国空气质量达不到国际标准的城市占了1/3左右，地表水能够满足饮用水供应的也不到一半③。这样，逐年因环境污染造成的直接经济损失就大幅度增长。2002—2006年，由环境污染造成的经济损失由4640.9万元增加到13471.1万元④。

我国环境污染的严重情况在当今世界也是很突出的。2008年1月，美国耶鲁大学环境法律和政策研究中心首次正式发布了《环境表现指标》。该指标涵盖碳和硫黄的排放量以及水的纯度等。该中心指标对世界149个国家和地区的环保状况进行了排名。其中瑞士居第1位，为95.3分，中国名列第120位，为60.3分，居于世界后列⑤。

---

① 《中国共产党第十六次全国代表大会文件汇编》，第19—20页，人民出版社2002年版。

② 《中国统计年鉴》（2007），第411页，中国统计出版社；《经济日报》2008年3月7日第2版。

③ 转引自新华网，2005年1月7日。

④ 《中国统计年鉴》（2007），第411页，中国统计出版社。

⑤ 转引自新华网，2005年2月1日。

二、我国环境问题的成因

流行的观点把我国当前环境严重性的原因仅仅简单地一般地归结为粗放的经济发展方式。从最重要最直接的方面来看，这种说法是有道理的。但似乎并不全面，也不具体，而且并不利于问题有效解决。实际上当前我国环境问题的严重性是由多种复杂原因造成的。

第一，长期以来，人们并未树立经济社会的可持续发展的观念。因而就谈不上提出要正确处理经济社会发展与人口、资源与环境关系的对策。这一点同人们长期忽略了马克思主义的有关原理是有联系的。马克思在其具有划时代意义的名著《资本论》中就曾明确指出："人在生产中只能象自然本身那样发挥作用，就是说，只能改变物质的形态。不仅如此，他在改变形态的劳动中，还要经常依靠自然力的帮助。因此，劳动并不是它所生产的使用价值即物质财富的唯一源泉。正象威廉·配第所说，劳动是财富之父，土地是财富之母。"① 由此做出的结论是：既然人类社会生产与自然环境存在密切的依存关系，因而不能以破坏自然环境为代价，而应该是在保护自然环境的状态中进行。恩格斯依据当时已有的历史经验（即由人类社会生产导致自然环境破坏而造成的严重后果）的总结，曾经发出过严重警告，他在其天才著作（尽管还是一部未完成的著作）《自然辩证法》中曾经尖锐地提出："我们不要过分陶醉于我们对自然界的胜利。对于每一次这样的胜利，自然界都报复了我们。""因此我们必须时时记住：我们统治自然界，决不像征服者统治异民族一样，决不像站在自然界以外的人一样，相反地，我们连同我们的肉、血和头脑都是属于自然界，存在于自然界的；我们对自然界的整个统治，是在于我们比其他一切动物强，能够认识和正确运用自然规律。"② 这里虽然没有明确提出经济社会的可持续发展的概念，但却包括了可持续发展的内容。非常可惜，人们却长期忽略了这一重要战略思想。当然，并不能据此把当前环境问题的严峻形势仅仅归结为认识问题。实际上，它有多种复杂深刻的社会根源。

第二，当前我国环境问题的严重性是同现阶段的某些国情有一定的联系。主要表现是：

---

① 《马克思恩格斯全集》第 23 卷，第 56—57 页，人民出版社 1972 年版。
② 《马克思恩格斯全集》第 20 卷，第 519 页，人民出版社 1972 年版。

（1）我国人口多，人均占有的自然资源少。这样，相对人口少、人均占有资源大的国家来说，由生产和消费而消耗的自然资源很容易超过自然环境的承载能力。

（2）我国当前经济发展很不平衡，既有很富裕的地区，也有很贫困的地区。甚至直到 2007 年农村还有绝对贫困人口 1479 万人[①]。在这方面且不可低估经济贫困对自然环境的严重破坏作用。改革以后，我国西部某些地方多次发生的滥伐林木和滥垦草地的现象，就是这方面的突出例证。而且其中的许多地方又地处长江、黄河的源头，其对生态环境的破坏作用真是达到了难以估计的程度。当然，这种情况的发生也有多方面的原因。比如，有与市场经济发展相联系的暴利驱动（这里仅就市场经济的消极作用而言，并不否定它的主要的积极作用）。但也绝不能忽视与贫困生活相联系的强烈的获取生存资料的需要，以及由此导致的生态环境的严重破坏。当然，这种情况并不只是中国所独有的。如果环顾一下世界就可以看得更清楚。我们从发达国家与发展中国家的环境比较中可以看出，贫困是造成环境退化的重要原因。在这方面，贫困人口的分布及其环境退化程度之间存在高度的相关性。即人均收入水平低的国家和地区的环境退化通常比人均收入水平高的严重，农村比城市严重。因为穷人比富人更依赖于自然资源，越是贫困地区，其对自然资源环境的依赖程度越高；由于贫穷，就希望通过多生育来增加劳动力，提高家庭收入。人口增长又只能通过强化使用有限资源来补充生活所需。特别是在一些生态脆弱地区，如热带森林、干旱和半干旱地区、高山地区，滥砍森林和过度放牧，都加速了环境退化。

（3）改革以后，尽管我国经济已经有了很大的发展，但大体上还处于工业化的中期阶段。当前我国环境污染的严峻形势，同这个发展阶段特点也有重要的联系。经济发达国家的经验，已经充分证明了这一点。在这方面已经呈现出一种规律性的现象。即在工业化前期，经济发展水平不高，生产和生活耗费的资源并不多，对环境的损害也不重。所以，在这个阶段尽管与以往农业为主的社会相比，环境污染已经趋于明显了，但与后续的阶段相比，环境污染问题并不严重。但随着工业化的发展，到了工业化的中后期，生产和生活耗费的自然资源急剧增长，对环境损害趋于严重。这样，环境污染就成为制约经济社会发展的严重问题。但到了现代化时期，

---

① 国家统计局网，2008 年 2 月 28 日。

伴随有国家干预的现代市场经济和公共财政体制建立，科学技术的进步、资金积累能力的增强和人们环保意识的提高，节能技术进步，产业结构优化升级，环保产业发展，环境又趋于改善。当然，也应看到：在这方面经济发达国家将污染严重的产业向发展中国家转移，也起了一定作用。

诚然，我国社会主义制度与经济发达国家是有根本区别的。但从一般的意义上，上述道理对我国社会主义初级阶段大体也是适用的。

这里有必要对一种与此相反的观点提出商榷意见。我国曾经流行过一种观点认为，社会主义的中国，可以不走资本主义国家"先污染、后治理"的道路。

实际上，这种观点暗含着四个错误。第一，把"先污染、后治理"仅仅归结为资本主义社会特有现象。但在实际上，从中国社会主义初级阶段已有的情况来看，尽管政府在治理环境上下了很大的工夫，并且取得了显著的成效，但环境污染也达到了很严重的程度。

第二，把"污染、治理"看做一次性过程。实际上，无论在资本主义社会，或在社会主义初级阶段，在工业化和现代化的过程中，都要经历多次"污染、治理"、"再污染、再治理"的过程。因为，在工业化和现代化过程中，不断地有新污染源出现，而对每一种污染源的认识以及它的解决办法的提出和消除污染条件的创造（如需要一定的资金和技术等），都需要经历一个过程。

第三，把"先污染、后治理"过程发生的原因，仅仅归结为一定的社会制度，这是不全面的。实际上这个过程的发生除了一定的社会制度这个重要因素以外，还有认识过程、技术发展水平和资金供应能力等客观条件的限制。此外，政府政策选择在这方面也能发生重大的正面影响或负面影响。比如，1958 年开始实施的"大跃进"这种"左"的路线就曾严重破坏了中国的生态环境。

第四，再进一步说，即使就制度根源而言，把"先污染、后治理"过程发生的原因，仅仅归结为资本主义制度，也是片面的。就中国社会主义初级阶段的具体情况而言，无论是国有企业和集体企业，或者是非公有制企业，都可以成为污染环境的制度根源。特别是在建立社会主义市场经济体制的过程中，由于各种特有矛盾的作用，尤其是地方保护主义在破坏环境方面的作用是很大的。农村某些集体企业和非公有制企业在满足生存需要的沉重压力下造成的环境污染也绝不可低估。

以上分析并不是否定社会主义制度在治理环境方面可以有更大的作为。实际上，社会主义制度可以凭借其本身的优越性，借鉴经济发达国家的经验，并发挥后发效应，可以在这方面发挥更大的作用。

以上的分析也不否定社会主义国家在治理环境方面具有更大的责任。实际上，第二次世界大战后，现代的市场经济（即有国家干预的市场经济）在全世界上普遍发展，其原因是多方面的，其中的一个因素就是治理环境污染的需要。现在，经济发达国家在这方面发挥的作用越来越大。社会主义国家更需要这样做，而且在同等条件（包括资金和技术等）下应该做得更好。

以上的分析更不否定社会主义初级阶段各种所有制企业在治理环境方面应该承担的社会责任和法律责任。企业固然是经济人，但同时又是社会人，应该而且必须承担社会责任。市场经济的重要特征就是法制经济，政府固然需要依法行政，企业也要依法（包括环境保护法）经营。

以上的分析是就环境污染的产生和发展总体过程而言的，它不仅不否定在我国现阶段政府必须严格依法禁止现有企业的超标排放，更不允许新建企业造成新的污染；恰恰相反，正是由于作为经济人的各种所有制（包括公有和私有）企业都有破坏环境的自发倾向，因而在这方面必须坚持长期严格执法。

但是，提出这个问题来讨论，有利于全面认识环境污染的原因，有利于认识治理环境任务的艰巨性和长期性。但也正因为这样，更是亟须依法加强环境治理，以实现经济和社会的可持续发展。

第三，当前我国环境问题的严重性，确实同粗放的经济发展方式有紧密的联系。但仅仅这样一般的提又显得不够，还必须对其特点做具体的分析。总的说来，在新中国成立以后长达半个多世纪的时期，主要依靠劳动和物资投入的粗放经济发展方式，虽然有某种程度的进步，但并没有发生根本性的变化。这里值得着重提出的是：在这个过程中，还多次发生过这种情况。即在实施的强度和范围上把粗放经济发展推到极端的地步，从而造成了对环境的严重破坏。在改革以前，主要由于传统的体制和战略的作用，曾经发生了从1958年开始的三年"大跃进"，由20世纪60年代中期开始的近十年的"三线建设"。在这个时期，在建立完整的工业体系和国民经济体系的思想的指导下，简单的、过多的重复生产和重复建设也达到很严重的地步。这样，改革开始时我国环境破坏就已经达到了很严重程度。改革以后这方面的情况虽有很大进步，但由于改革一时还难以到位，传统的体制和战略的影响还很大，新体制还很不完善。这样，环境恶化的趋势就仍在继续。在这个时期值得提及的有以下四件事：一是 20 世纪 80 年代乡镇企业遍地开花式的大发展。二是 90 年代以来基础设施和重化工业的过快发展。三是改革以来加工贸易和 21 世纪初高能耗、高污染的产品出口增长过快。四是简单的过多的重复生产和重复建设更是有增无减。诚然，从主要方面说，前三件事对加快我国社会主义现代化建设，无疑起了积极作用。但仅就对环境的恶化而言，这四件事又都起了火上浇油的作用。这样，就粗放的经济发展方式对环境恶化这个视角来看，就具有以下特点：一是在成因方面是由体制和战略这些根本性因素造成的。二是粗放经济增长方式对环境破坏的长期性，环境问题被长期地积累下来。三是多次发生环境的高强度和宽范围的破坏。四是从这期间的总体情况来看，不仅谈不上环境的有效保护，而且连自然环境本身具有的自我修复功能也被极大地抑制了。五是对环境的破坏程度被大大强化了，具有叠加性和倍增性的特点。

三、积极推进环境治理

第一，要提高环境保护在国家的经济社会发展中的战略地位。发展是执政的第一要务，发展又是可持续发展。而当前我国环境污染的形势又十分严峻。因此，为了加强环境治理，首先就必须要把它摆在更加重要的战略地位。关于这一点，2005 年 12 月 3 日发布的《国务院关于落实科学发展观加强环境保护的决定》做了很好的说明。该决定指出："加强环境保护是落实科学发展观的重要举措，是全面建设小康社会的内在要求，是坚持执政为民、提高执政能力的实际行动，是构建社会主义和谐社会的有力保障。加强环境保护，有利于促进经济结构调整和增长方式转变，实现更快更好地发展；有利于带动环保和相关产业发展，培育新的经济增长点和增加就业；有利于提高全社会的环境意识和道德素质，促进社会主义精神文明建设；有利于保障人民群众身体健康，提高生活质量和延长人均寿命；有利于维护中华民族的长远利益，为子孙后代留下良好的生存和发展空间。"[①]

第二，要在全社会倡导和树立生态文明的观念。党的十七大明确提出：

---

① 《人民日报》2006 年 2 月 15 日第 8 版。

建设生态文明，就要做到"生态文明观念在全社会牢固树立。"①

如果不是从社会经济形态的更替着眼，而仅从物质生产形态变化的视角看，那么，人类社会物质生产的发展已经经历了原始生产、农业生产、工业生产和现代化生产这样四个阶段。与此相适应，人类社会文明也经历了原始文明、农业文明、工业文明和生态文明这样四个阶段。但生态文明又不只是现代物质文明的产物，同时又是现代精神文明，特别是可持续发展观念的产物，是作为不可持续发展的生产模式和消费模式的对立物而产生的。

生态文明的最重要的特点是：以人与自然的和谐共生、相互适应、相互促进、良性循环、持续发展为根本宗旨，要求建立可持续发展的生产模式和消费模式。

显然，在全社会倡导和树立生态文明观念，是从根本上改变当前我国环境污染的一项基础性工程。

第三，要按照社会主义市场经济的要求，充分发挥政府在治理环境污染中的主导作用。这是在治理环境污染方面最重要、最适宜的制度安排。如果按照市场机制的自发要求，不仅不能治理环境的污染，而且会加重环境污染。这正是市场经济局限性的一个重要方面。但在这方面，又恰恰是政府干预的优越性的所在。

但政府干预又必须适应市场经济的要求，主要运用经济手段。在这方面，首先又是要通过建立健全的市场机制，发挥其杠杆作用，以有效地治理环境污染。国内外经验充分表明：在环境资源的使用方面，必须建立资源市场，明晰资源产权，让所有资源环境都得到合理定价，以价格来规范环境资源的使用。事实上，当代大多数的环境恶化都是由于市场机制的不健全、市场机制扭曲或市场不存在的情况造成的。因为在这种情况下，环境资源的使用者或破坏者没有支付应有代价，因而其行为也就没有得到应有的约束。但利用有效的价格机制来控制污染行为，就可以使环境资源的外部效应内在化。当前发达国家，已经探索出多种方法来解决环境问题。就其内容来看，主要是收费和补贴两类。

我国当前也必须依据社会主义市场经济的要求，按照"谁开发谁保护、谁破坏谁恢复、谁受益谁补偿"的原则，强化资源有偿使用和污染付费政

---

① 《中国共产党第十七次全国代表大会文件汇编》，第20页，人民出版社2007年版。

策，改变资源低价和环境无价的不合理现状，形成科学的资源环境的补偿机制、投入机制、产权和使用权交易等项机制，以便从根本上解决环境保护问题。为此，要建立合理的资源定价制度，使资源价格正确反映其市场供求关系和环境损害成本。还要扩大资源税征收范围，提高征收标准，改进计税方法，并适时开征生态环境保护税种，提高排污费征收标准。但从长远看，还要积极探索推行资源环境资产化管理和环境产权、使用权交易制度，建立公开、公平、竞争的资源初始产权配置机制和二级市场交易体系。

在经济手段方面，还要在建立健全公共财政的基础上，加大对环境治理的投入。

在融资方面，除了要在资金上大力支持环保以外，还要改革环境保护的投融资体制，重点在城市污水垃圾处理、集中供热供气等领域推行政府特许经营制度，引导并鼓励社会资本进入，促使企业成为环境保护的实施主体和投入主体，形成市场化运作的多方合力的投入格局。

在产业政策方面，在着力推行经济发展方式转变、发展循环经济的同时，大力发展环保产业，使之逐步发展成为国民经济的支柱产业。

在科技政策方面，要按照党的十七大报告的要求，"开发和推广节约、替代、循环利用和治理污染的先进适用技术，发展清洁能源和可再生能源，保护土地和水资源，建设科学合理的能源资源利用体系，提高能源资源利用效率。"[1]

在收入分配政策方面，要进一步加大扶贫的力度，保障和提高绝对贫困人口的生活水平。当前绝对贫困的人口几乎都居住在边远地带的山区，保证和提高他们的生活水平，是切断污染源和加强环境治理的一个重要方面。

在对外经济关系的政策方面，要继续严格限制原材料和粗加工产品，特别高能耗、高物耗、高污染产品的出口；在进口和引进外资方面也要着重防止这类产品和投资的进入。当然，在治理环境污染方面，同样也需要加强国际间的合作。在这方面，经济发达国家首先应该尽到自己的责任和义务。这除了限制向发展中国家输出废弃污染物以及将污染行业转移到发展中国家以外，还要帮助发展中国家发展经济，并提供有利于环境保护的

---

[1]　《中国共产党第十七次全国代表大会文件汇编》，第 23—24 页，人民出版社 2007 年版。

生产技术和改进环境的环保技术。这样做不仅有利于发展中国家，也有利于发达国家自身，是双赢的效果。

在着力运用经济手段的同时，还要加强法律手段和行政手段的运用。当前既要健全环境法律法规，又要严格执行环境法律法规，重点解决"违法成本低，守法成本高"的问题。按照《国务院关于落实科学发展观加强环境保护的决定》，要落实环境保护领导责任制。"地方各级人民政府要把思想统一到科学发展观上来，充分认识保护环境就是保护生产力，改善环境就是发展生产力，增强环境忧患意识和做好环保工作的责任意识，抓住制约环境保护的难点问题和影响群众健康的重点问题，一抓到底，抓出成效。地方人民政府主要领导和有关部门主要负责人是本行政区和本系统环境保护的第一责任人，政府和部门都要有一位领导分管环保工作，确保认识到位、责任到位、措施到位、投入到位。地方人民政府要定期听取汇报，研究部署环保工作，制定并组织实施环保规划，检查落实情况，及时解决问题，确保实现环境目标。各级人民政府要向同级人大、政协报告或通报环保工作，并接受监督。"①

第八节　统筹区域发展

就我国当前情况来看，区域发展总体战略就是统筹区域发展的总体战略。

一、我国区域发展格局的演变与区域发展总体战略的形成

1949 年新中国成立，在经济恢复以后，"一五"计划期间开始进行社会主义工业化建设。为了改变旧中国留下的工业布局不合理状况，同时也考虑到经济安全和国防安全，党和政府把工业地区布局战略重点放在内地。"二五"期间，也是考虑到经济安全和国防安全的需要，同时也由于受到自然经济思想的影响，先后提出了各大区（甚至各省）建立独立的工业体系（甚至国民经济体系）的战略。这样，投资的重点进一步向内地转移。在"三五"、"四五"计划期间，出于备战的需要（这部分地由于国际形势的紧张，部分地由于对国际形势做了过于严重的估计），在工业布局战略重点上

---

① 《人民日报》2006 年 2 月 15 日第 8 版。

进一步发生了重大变化，大大加强了"三线"地区的建设。据统计，1952—1978 年国有单位投资总额为 5663.1 亿元，其中，沿海地区占 40.3%，内地占 54.3%；主要分布在内地的三线，占投资总额的 39.8%。这样，工业地区布局也发生了重大变化。1952 年，东、中、西三个地区占全国工业总产值的比重分别为 69.08%、21.31% 和 9.61%；到 1978 年，三者分别变为 59.72%、27.04%、13.24%。

从上述各个时期情况我们可以看到：第一，尽管各个时期投资重点和范围有某些差别，但总的来说，投资重点都不是经济效率较高的东部地区，而是经济效率较低的内地，特别是西部地区。第二，它在改变不合理地区布局方面，各个时期有不同程度的积极作用，但也有不同程度的消极作用。而且总的来说都抑制了经济效率较高的东部地区的经济发展，最终也影响到全国经济的发展，从而并不能有效地缓解经济地区布局不合理的状况。

正是总结了这一历史经验，邓小平在 1978 年年底在实际上成为党的十一届三中全会主体报告的《解放思想，实事求是，团结一致向前看》中，郑重提出先富、先富带后富、实现共同富裕的战略思想。他说："在经济政策上，我认为要允许一部分地区、一部分企业、一部分工人农民，由于辛勤努力成绩大而收入先多一些，生活先好起来。一部分人生活先好起来，就必然产生极大的示范力量，影响左邻右舍，带动其他地区、其他单位的人们向他们学习。这样，就会使整个国民经济不断地波浪式地向前发展，使全国各族人民都能比较快地富裕起来。当然，在西北、西南和其他一些地区，那里的生产和群众生活还很困难，国家应当从各方面给以帮助，特别要从物质上给以有力的支持。这是一个大政策，一个能够影响和带动整个国民经济的政策"[①]。

这里值得注意几点：第一，邓小平这里提出的战略思想，是依据对计划经济体制下的平均主义实践所造成的不良后果所做的总结。而这里的平均主义实践，不仅包括个人之间的，也不仅包括企业之间的，而且包括地区之间的。必须明确：计划经济体制下的平均主义的大锅饭体制，是存在于个人之间、企业之间和地区之间的，而不只是存在于前两方面。第二，这个战略思想也包括这三方面。第三，这是一个大政策。

在上述战略思想指导下，政府在开放和其他有关政策方面对东部实行

---

① 《邓小平选集》第二卷，第 152 页，人民出版社 1994 年版。

了倾斜。这样，拥有多种优越条件的东部地区的经济，就比中西部得到了较快发展，实现了率先发展。有关单位的研究资料表明：1980—1998年，东部地区生产总值年均增长速度为12.1%，而西部地区仅为9.6%。在这期间，东部地区生产总值占全国国民生产总值的比重由52.1%上升到58.3%，西部地区由16.5%下降到14.0%。

这样，到了20世纪80年代末和90年代初，邓小平提出了"两个大局"的思想。1988年，他提出："沿海地区要加快对外开放，使这个拥有两亿人口的广大地带较快地先发展起来，从而带动内地更好地发展，这是一个事关大局的问题。内地要顾全这个大局。反过来，发展到一定的时候，又要求沿海拿出更多力量来帮助内地发展，这也是个大局。那时沿海也要服从这个大局。"1992年年初，他又提出："共同富裕的构想是这样提出的：一部分地区有条件先发展起来，一部分地区发展慢点，先发展起来的地区带动后发展的地区，最终达到共同富裕。如果富的愈来愈富，穷的愈来愈穷，两极分化就会产生，而社会主义制度就应该而且能够避免两极分化。解决的办法之一，就是先富起来的地区多交点利税，支持贫困地区的发展。当然，太早这样办也不行，现在不能削弱发达地区的活力，也不能鼓励吃'大锅饭'。什么时候突出地提出和解决这个问题，在什么基础上提出和解决这个问题，要研究。可以设想，在本世纪末达到小康水平的时候，就要突出地提出和解决这个问题。到那个时候，发达地区要继续发展，并通过多交利税和技术转让等方式大力支持不发达地区。不发达地区又大都是拥有丰富资源的地区，发展潜力是很大的。总之，就全国范围来说，我们一定能够逐步顺利解决沿海同内地贫富差距的问题。"[1] 依据上述邓小平理论和20世纪末中国经济（包括地区经济）发展的实际状况，1999年9月召开党的十五届四中全会正式提出："国家要实施西部大开发战略。"[2]

在西部大开发战略的推动下，西部地区经济得到了较快的发展。2000—2005年，西部地区经济呈现不断加快的态势。这六年经济增速分别为8.5%、8.7%、10.0%、11.3%、12.7%和12.7%；六年平均达到10.6%，超过了全国的经济增速[3]。

---

① 《邓小平选集》第三卷，第277—278、373—374页，人民出版社1994年版。
② 《中共中央十五届四中全会文件学习辅导》，第285页，中共党史出版社1999年版。
③ 《今日中国论坛》2007年第1期，第18页。

　　但在东部经济率先发展和西部经济加快发展的形势下，东北地区经济发展滞后的问题就更加凸显出来。有资料显示，东北三省工业总产值占全国工业总产值的比重由 1978 年 16.5% 下降到 2002 年的 8.6%。显然，这种情况对全国的改革发展和稳定都是不利的。

　　于是，2003 年中共中央十六届三中全会提出了"振兴东北地区等老工业基地"的任务。① 这年，中共中央、国务院发布了《关于实施东北地区等老工业基地振兴战略的若干意见》。在振兴东北地区等老工业基地战略的指导下，东北地区经济增速升温。来自振兴东北办公室的资料显示，2007 年东北三省地区生产总值比 2002 年翻了一番。② 这就意味着这五年该地区年均经济增速达到了 14.9%，大大超过了全国的经济增速。

　　在东部率先发展，西部和东北地区加速发展的态势下，中部"塌陷"现象就更明显暴露出来。1978 年以来，我国地区经济增长的态势一直是东快西慢、中部居中。但从 2001 年起，西部经济增速首次超过了中部，在 2001—2005 年这 5 年中，除了 2004 年西部经济增速略低于中部以外，其余 4 年都延续了西部超过中部的态势。据一项研究资料，2000—2005 年，中部经济增速依次分别为 8.80%、8.82%、9.63%、10.80%、12.80% 和 12.37%，西部为 8.7%、9.38%、10.23%、11.38%、12.46% 和 12.54%③。显然，这种情况也是不利于地区经济协调发展的。正是在这种情况下，2005 年中共十六届五中全会提出了"促进中部地区崛起"的任务。④ 接着在 2006 年中共中央国务院出台了《关于促进中部地区崛起的若干意见》。这样，就把促进中部崛起上升到国家地区经济发展战略的高度。

　　至此，可以认为，我国区域发展总体战略已经完全形成。2007 年召开的党的十七大进一步提出："要继续实施区域发展总体战略，深入推进西部大开发、全面振兴东北地区等老工业基地，大力促进中部崛起，积极支持东部地区率先发展。"⑤

---

　　① 《中共中央关于完善社会主义市场经济体制若干问题的决定》，第 22 页，人民出版社 2003 年版。

　　② 《经济日报》2008 年 3 月 12 日第 1 版。

　　③ 《湖北经济学院学报》2007 年第 1 期，第 83 页。

　　④ 《中共中央关于制定国民经济和社会发展第十一个五年规划的建议》（辅导读本），第 15 页，人民出版社 2005 年版。

　　⑤ 《中国共产党第十七次全国代表大会文件汇编》，第 24 页，人民出版社 2007 年版。

可见，我国区域经济发展总体战略的形成，是区域经济矛盾发展的结果，是客观经济规律的反映。

二、实现区域发展总体战略是一个长期艰巨任务

我们在本书第二章已经指出：从 1999 年开始逐步形成的区域发展总体战略及其实施，已经取得了重大成就，成为这期间我国经济持续快速发展的一个重要因素。

但是，实现区域发展总体战略还是一个艰巨的长期任务。这一点突出表现在实施西部大开发的战略上。问题在于：在当前西部和东部的经济差距还是很大的。为此，需要做一点国内比较和国际比较。

表 5 – 5　　　　　　　　　东中西部经济发展差距比较

指标	年份	东部	中部	西部
人均国内生产总值	2002	2.63	1.27	1
城镇居民人均可支配收入	2002	1.40	0.98	1
农村居民人均纯收入	2002	1.94	1.23	1
非农产业比重	2002	1.12	1.03	1
城乡居民人均文教娱乐支出	2001	1.79	1.15	1
城乡居民人均医疗保健支出	2001	1.72	1.08	1
科技人员人均经费支出	2001	1.63	0.81	1
外贸依存度	2002	7.37	0.89	1
加权平均	2002	2.46	1.06	1

资料来源：有关单位的研究报告、《经济研究》2004 年第 1 期和《中国工业发展报告》(2003)。

表 5 – 5 的数字表明：由人均国内生产总值和非农业产值比重等 8 项指标进行加权以后的平均数，如果以西部为 1，东部则为 2.46，差距很大。

表 5 – 6 的资料表明：中国 2002 年的加权变异系数为 0.55（这是国际上使用的一种显示地区之间经济差距的指标），为经济发达国家历史上地区差距最严重时期的 1.34—4.58 倍，足见中国当前地区经济差距的严重程度。

表 5 – 6　　　　　　中国与发达国家历史上的地区差距比较

国别	年份	加权变异系数
中国	2002	0.55
经济发达国家历史上地区差距最严重年份		
英国	1937	0.12
德国	1907	0.24
美国	1932	0.41

现在进一步分析形成这种巨大差距的因素。

第一，各地区国内生产总值增长率的差异。表 5 – 7 可以清楚反映这一点。

表 5 – 7　　　东中西部地区生产总值增长率比较（可比价、百分点）

地区	1981—1990 年	与东部差距	1991—2001 年	与东部差距
东部	9.98	—	12.94	—
中部	8.75	– 1.23	10.70	– 2.24
西部	9.12	– 0.86	9.63	– 3.31

第二，各地区固定资产投资的差异。表 5 – 8 能够明白表现这一点。

表 5 – 8　　　　东中西部固定资产投资的比较（当年价格，亿元）

年份	1980	1990	2000	2002
固定资产投资总额 投资相对比例（东部 = 100%）	911	4517	32918	43500
中部	61%	45%	38%	38.6%
西部	48%	34%	33%	35.2%

第三，各地区人力资本的差异。主要表现有三：①从业人员受教育程度的差异，详见表 5 – 9。

②专业技术人员和研究开发经费的差异。按专业技术人员在人口中的比例，东中西部地区间的分配还是相对平衡的。2001 年西部相当于东部的91%。但是按研发经费支出占国内生产总值的比例看，差距较大。在东部，

表 5 – 9 从业人员平均受教育年限（年）

地区	1996 年	1997 年	1998 年	1999 年
东部	7.64	7.89	7.92	8.10
中部	7.49	7.73	7.70	7.72
西部	6.64	6.77	6.81	6.90
西部与东部之差	1.00	1.12	1.11	1.20

2001 年研发经费占国内生产总值的 1.1%，而中西部分别只有 0.6%
和 0.8%。

③科技成果市场化的差异。表 5 – 10 的资料显示，这方面的差异很大，
而且呈现扩大的态势。

表 5 – 10 专业技术人员数平均的技术市场成交额（元/人）

地区	1995 年	2000 年
东部	2212	5883
中部	931	1827
西部	805	1696
西部与东部之比（%）	36.4	28.8

第四，各地区工业化和城镇化的差异。具体表现如下：

①区域工业化率。一个地区的工业化水平可以用区域工业化率表示。
地区工业化率等于地区工业增加值与地区生产总值的比值。西部地区工业
化率在我国三大经济地带中一直处于最低水平。2001 年东部地区的工业化
率为 42.9%，中部为 39.5%，而西部仅为 31.9%，与东部和中部分别相差
11 个和 7.6 个百分点。

在农村工业化方面，西部的发展程度远低于东部。以乡镇企业从业人
数占农村从业人数的比例衡量，2000 年东部平均为 36.8%，中部 24.2%，
西部只有 18.9%，东西部几乎相差一倍。

与西部工业化程度低相联系，农业现代化程度也低。2001 年东部地区
农业现代化程度达到 45.2%，中部为 30.2%，西部仅为 25%。

②城镇化率的差异。表 5 – 11 的资料表明：相对东部来说，西部不仅城镇化率低，而且提高的速度也慢。

表 5 – 11　　　　　　各地区城镇化率（城镇人口/总人口,%）

年份	1982 年	2000 年	变动
东部	24.1	46.1	22.0
中部	19.9	33.0	13.1
西部	16.6	28.7	12.1

第五，各地区结构因素的差异。2002 年第一、二、三次产业增加值构成，东部分别为 10.2%、48.9% 和 40.9%；中部分别为 17.7%、46.7% 和 35.7%；西部分别为 20%、41.5% 和 38.5%。

第六，工业布局与区位因素的差异。长期以来，我国的工业区域布局具有"南轻北重、东轻西重"的特征。东部地区以轻型或轻重混合型产业为主，中、西部地区则主要以重型产业为主。产业结构性差异往往会导致地区间经济产出水平的巨大差距。改革开放以来，我国经济发展水平较高的省份大多为轻型或混合型的工业结构类型。在渐进式的市场化改革中，国家先放开了消费品市场，消费品价格由市场决定，而对能源、原材料的价格实行严格控制。由于东部地区是我国主要的消费品生产基地、中西部地区是我国重要的能源和原材料输出基地，于是东部向中、西部高价输出制成品，而中、西部则向东部提供廉价的能源和原材料。这种产业布局和区位分工造成了中、西部与东部存在着不平等交换。由于东部企业的技术和资本优势，中、西部很难在制造业上与东部竞争。中、西部地区这种高投入低产出的被动地位，严重制约其经济的发展也是中、西部地区与东部地区经济发展差距拉大的重要原因之一。

第七，各地区市场化的差异。见表 5 – 12 从政府与市场的关系和非国有经济的发展等五个方面揭示了西部与东部在这方面的差距。

第八，各地区开放程度的差异。见表 5 – 13 和表 5 – 14 分别从出口的依存度和引进外商直接投资方面说明了西部与东部的差距。

第九，政策因素。从 20 世纪 70 年代末到 90 年代末，我国各项改革开放政策的出台基本上都采取了由沿海向内地逐步展开的梯度推进方式。这种推进方式给东部沿海地区带来了明显的先发优势。东部地区利用一系列

表 5 – 12　　　　　　　　各地区市场化指数的平均得分（分）

	政府与市场的关系	非国有经济的发展	产品市场的发育程度	要素市场的发育程度	市场中介组织和法律制度环境
平均	6.05	5.34	7.44	3.60	5.26
东部	7.52	7.73	8.80	5.64	6.44
中部	5.77	4.41	7.25	2.75	4.94
西部	4.78	3.63	6.21	2.19	4.31
东西差距	2.74	4.10	2.59	3.45	2.13

表 5 – 13　　　　　　　　各地区进出口依存度

地区	2002 年进出口依存度（%）	地区	2002 年出口依存度（%）
全国	50.2	全国	26.3
东部地区	69.9	东部地区	36.4
中部地区	7.3	中部地区	4.2
西部地区	8.6	西部地区	4.9

表 5 – 14　　　　　　　　外商直接投资

地区	2002 年外商直接投资（万美元）	地区	2002 年人均外商直接投资（美元）
全国	5247126	全国	41.2
东部地区	4545734	东部地区	94.6
中部地区	500865	中部地区	11.8
西部地区	200527	西部地区	5.5

倾斜的优惠政策，在短短20多年的时间内，就建起了一些具有国际水平的经济特区，开放了十多个沿海城市和一大批沿江、沿边中心城市。这些都大大地促进了东部地区的快速发展，但同时也拉大了与发展相对滞后的内陆地区的差距。

第十，自然地理因素。东部地区地处沿海，气候宜人，土壤肥沃，与国外联系较为便利，地区发展的潜在经济机会较多。相比之下，中、西部地区大多为内陆地区和不发达地区，土地贫瘠，生态环境恶劣，对外交往较少，经济发展的"先天"条件较差。

第十一，思想因素。思想观念引导着人们的行为方式，虽然它不是经济发展的直接原因，但它从深层次影响着经济发展。相对东部说来，西部地区思想观念保守落后。其突出表现：一是求平、求稳，安于现状的心态重，风险意识差；二是"等、靠、要"思想严重，创新意识差；三是对国家政策反应的灵敏度差，常常错过了发挥政策效益的好时机。

可见，实现西部大开发之所以是一个长期的艰巨的任务，不仅是因为西部与东部的经济差距大，而且因为形成这种差距的原因涉及多方面深层次的问题。显然，要解决这些问题，时间短了是做不到的。当然，这不是说要实现西部与东部绝对平衡的发展，而是要实现相对平衡的发展。而且，就当前情况来看，在最近一个时期首先还是要扭转这种差距继续扩大的趋势，然后才能谈得上逐步实际相对平衡的发展。还要说明，实现振兴东北地区等老工业基地和中部崛起的任务也是很艰巨的，没有较长时间也难实现。但相对实现西部大开发，还是容易一些。总之，实现区域发展的总体战略是一个长期的艰巨的任务。

三、大力推进区域发展总体战略的实施

尽管实施区域发展总体战略是一项长期的艰巨任务，但它们的实施，是拓展发展空间，优化资源配置，发挥各地比较优势，以实现经济持续快速发展的一个很重要因素，也是实现国家长治久安的一个重要条件。因此，必须积极推进区域发展总体战略的实施。

第一，完善社会主义市场经济体制。要高度重视和充分估计完善社会主义市场体制在实施区域发展总体战略中的重要作用。当代世界经济史证明：现代市场经济是实现社会生产资源优化配置（包括地区资源配置）的最有效方式，是推动经济发展（包括地区经济发展）的最重要动力。

在这方面当前值得注意的是：（1）要发展统一开放的、平等竞争的、有序的市场体系，打破地区封锁。同时，要积极推进生产要素（特别是资源）价格改革，改变当前生产要素（特别是资源）价格过低的状况。这不仅是实现地区经济协调发展的一般条件，而且是加快发展经济欠发达地区的特殊条件。因为生产要素（特别是资源）价格低，正是这些地区经济发展滞后的一个重要因素。当然，这是就其发展趋势而言的。具体操作起来，还需依据物价升降情况选择合适时机，并需适当掌握价格改革的力度。（2）要改变当前各个地区发展非公有制经济和实行对外开放的不平衡状态。因为这两方面的不平衡状态正是构成地区经济发展不平衡的两个因素。为此，从根本上说来，就是通过各项措施，在这些地区逐步形成相对良好的

投资环境，使得各种经济类型的资本（包括国内资本和国外资本）在这些地区投资也能获得它在发达地区投资大体相当的利润，或者有良好的长远回报预期；否则，就很难做到加快欠发达地区的经济发展。在这方面还要大力加快个体经济和小型企业的发展。

以上各点是就发挥市场在资源配置方面的基础作用说的。但政府干预同市场体制是社会主义市场经济体制不可分割的两个方面。政府干预在实现区域经济发展方面也有重要的作用。而且相对其他领域来说，其作用还更大些。因为在这个领域的许多方面都必须有公共财政的投入。就中国当前情况来说，更是如此。这里有三种特殊情况值得提出：一是如前所述，当前中国地区经济之间的失衡情况很突出，欠发达地区很需要政府的支持。二是无论改革前或者改革后的一个长时间内，政府在公共投入方面，是欠了经济欠发达地区的"债"的，现在需要逐步"偿还"。三是无论改革前后以至于当前，资源价格都偏低。这样，同资源生产相关的利润就有相当一部分过多地转移到政府和经济发达地区，这也是要补偿的。当前，政府加大对经济欠发达地区的公共投入，最重要的是四个方面：一是按照基本公共服务均等化的原则，加大公共服务的投入，包括教育、医疗和社会保障事业等方面。二是加大对生产和生活两方面的基础设施的投入。三是加大对生态产业和环保产业的投入。四是加大对富有地区特色的、有良好发展前景的产业的支持。

就社会主义市场经济体制而言，还有一个重要方面需要提及。这就是加强地区之间的经济合作。显然，这既是社会主义制度的本质要求，也是发展市场经济的重要条件。

第二，要构建并实施完整的四大区域的战略布局。关于这一点，《中共中央关于制定国民经济和社会发展第十一个五年规划的建议》做了明确规定。该建议提出："西部地区要加快改革开放步伐，加强基础设施建设和生态环境保护，加快科技教育发展和人才开发，充分发挥资源优势，大力发展特色产业，增强自我发展能力。东北地区要加快产业结构调整和国有企业改革改组改造，发展现代农业，着力振兴装备制造业，促进资源枯竭型城市经济转型，在改革开放中实现振兴。中部地区要抓好粮食主产区建设，发展有比较优势的能源和制造业，加强基础设施建设，加快建立现代市场体系，在发挥承东启西和产业发展优势中崛起。东部地区要努力提高自主创新能力，加快实现结构优化升级和增长方式转变，提高外向型经济水平，增强国际竞争力和可持续发展能力。"① 可见，这个建议不仅指明了西部、东北、中部和东部地区的总体战略布局，而且指明了各地区的发展重点及其实现的关键。这些规定是依据新中国成立后区域经济发展的经验教训以及当前各区域发展现状和特点提出的，明显体现了优化资源配置、发挥比较优势、加快发展的要求，更体现了加快经济欠发达地区经济发展，实现区域协调发展的要求。

第三，要按照功能区构建区域发展格局。在这方面，《中共中央关于制定国民经济和社会发展第十一个五年规划的建议》还做出了具有全新意义的规定。该建议指出："各地区要根据资源环境承载能力和发展潜力，按照优化开发、重点开发、适度开发和限制开发的不同要求，明确不同区域的功能定位，并制定相应的政策和评价指标，逐步形成各具特色的区域发展格局。"② 这是该建议在明确提出四大区域战略布局的基础上，进一步提出各地区要按照优化开发区域、重点开发区域、限制开发区域和禁止开发区域四类功能区的要求，构建的具体发展格局。这里所说的优化开发区域，是指国土开发密度已经较高、资源环境承载能力开始减弱的区域。在这一区域，要着力提高产业的技术水平，化解资源环境瓶颈制约，提升参与国际经济竞争的层次，使之成为带动全国经济社会发展的龙头和我国参与国际竞争的主体。重点开发区域，是指资源环境仍有一定的承载能力、经济和人口集聚条件较好的区域。在这一区域，要大力加强基础设施建设，增强吸纳资金、技术、产业和人口集聚的能力，加快工业化和城市化步伐，提升辐射功能，使之逐步成为经济发展和人口集聚新的重要载体。限制开发区域，是指生态环境脆弱、经济和人口集聚条件不够好的区域，如退耕还草地区、天然林保护地区、草原"三化"地区、重要水源保护地区、重要湿地、水资源严重短缺地区、自然灾害频发地区等。在这一区域，要实行保护优先、适度开发的方针，既要加强生态环境整治，因地制宜地发展本地生态环境可承载的特色产业，更要引导人口资源有序地向重点开发区域和优化开发区域转移，缓解人与自然关系紧张的状况。禁止开发区域，是指依法设立的各类自然保护区域。要依据法律法规规定实行强制性保护，

---

① 《中共中央关于制定国民经济和社会发展第十一个五年规划的建议》（辅导读本），第 15—16 页，人民出版社 2005 年版。

② 同上。

严禁不符合功能定位的开发活动。① 可见，按功能区构建区域发展格局，就意味着开始打破按行政区配置社会生产资源为主的格局，逐步转向按经济区域配置资源为主。这对于优化配置资源，无疑具有很重要、很深远的意义。这是其一。其二，它还意味着要实现经济布局、人口分布和资源环境三位一体的协调发展。这对于实现可持续发展也有很重要的意义。我们在下面还将对这一点做具体分析。

第三，把发展功能区与生态功能区的实施紧密结合起来，以促进地区经济与环境协调发展。《国务院关于落实科学发展观加强环境保护的决定》对这一点做了具体规定。该决定指出："各地区要根据资源禀赋、环境容量、生态状况、人口数量以及国家发展规划和产业政策，明确不同区域的功能定位和发展方向，将区域经济规划和环境保护目标有机结合起来。在环境容量有限、自然资源供给不足而经济相对发达的地区实行优化开发，坚持环境优先，大力发展高新技术，优化产业结构，加快产业和产品的升级换代，同时率先完成排污总量削减任务，再到增产减污。在环境仍有一定容量、资源较为丰富、发展潜力较大的地区实行重点开发，加快基础设施建设，科学合理利用环境承载能力，推进工业化和城镇化，同时严格控制污染物排放总量，做到增产不增污。在生态环境脆弱的地区和重要生态功能保护区实行限制开发，在坚持保护优先的前提下，合理选择发展方向，发展特色优势产业，确保生态功能的恢复与保护，逐步恢复生态平衡。在自然保护区和具有特殊保护价值的地区实行禁止开发，依法实施保护，严禁不符合规定的任何开发活动。要认真做好生态功能区划工作，确定不同地区的主导功能，形成各具特色的发展格局。必须依照国家规定对各类开发建设规划进行环境影响评价。对环境有重大影响的决策，应当进行环境论证。"② 显然，实施这些规定对于实现可持续发展，具有重要的现实意义。

第四，要实现区域发展总体战略，还需要完善区域经济发展的法律法规，要强化区域经济发展的管理机构，要健全体现区域经济协调发展的干部业绩的考核指标，要在全社会形成有利于区域经济协调发展的文化氛围。显然，这些也都是实现区域总体战略的必要条件。

---

① 《中共中央关于制定国民经济和社会发展第十一个五年规划的建议》（辅导读本），第209—230页，人民出版社2005年版。

② 《人民日报》2006年2月15日第8版。

第 三 篇

经济体制改革

第 六 章

经济体制改革目标：建立
社会主义市场经济体制

毛泽东在其名著《矛盾论》中对人类的认识规律以及矛盾的共性和个性问题曾经做过论述。他指出："这是两个认识的过程：一个由特殊到一般，一个由一般到特殊。人类的认识总是这样循环往复地进行的，而每一次的循环（只要是严格地按照科学的方法）都可能使人类的认识提高一步，使人类的认识不断地深化。"又说："其共性是矛盾存在于一切过程中，并贯穿于一切过程的始终……""所以它是共性，是绝对性。然而这种共性，即包含于一切个性之中……一切个性都是有条件地暂时地存在的，所以是相对的。"他强调说："这一共性个性，绝对相对的道理，是关于事物矛盾的问题的精髓，不懂得它，就等于抛弃了辩证法。"[①] 这是马克思主义经典作家关于人类认识规律以及矛盾共性和个性问题所做的最精辟的概括。实践已经反复证明，这些理论是完全正确的。

基于这些道理，我们在论述社会主义市场经济时，需要简要地分析一下资本主义条件下市场经济（以下简称"资本主义市场经济"）发展的历史，从中抽象出市场经济一般的原理。并运用市场经济一般原理，考察我国社会主义条件下市场经济（以下简称社会主义市场经济）的发展。当然，主要还是要从我国具体情况出发，分析中国社会主义市场经济的特殊性，以揭示其固有的客观发展规律。

---

① 《毛泽东选集》第一卷，第 310、319—320 页，人民出版社 1991 年版。

这样，我们在本章第一节先分析资本主义市场经济发展的历史，在第二节从市场经济一般的角度论述市场经济的基本内容，在第三节论述建立社会主义市场经济体制的必然性及其基本特征，第四节论述建立社会主义市场经济体制的主要任务及其主要特性，第五节论述建立社会主义市场经济体制的进程。

第一节　资本主义市场经济形成和发展的主要过程

一、资本主义生产方式的确立与市场经济的形成

从一般意义上来说，市场经济的本质是以市场作为配置社会生产资源的基本手段或主要方式。市场经济并不是伴随人类社会的产生而产生的，而是资本主义生产方式确立的产物。

当然，在资本主义社会以前，原始社会、奴隶社会和封建社会也有生产资源配置问题。这三个社会在生产力方面存在重大差别，生产关系也有根本不同，但有某种共同点，即都是自给自足的自然经济。这样，这些社会生产资源的配置就分别按照氏族社会首领、奴隶主和封建主的意志（这些意志分别体现了各该社会主体的根本经济利益）进行的。

诚然，在原始社会末期，由于社会生产力的发展，有了剩余产品，在原始公社之间出现了产品交换。但只是在人类社会生产相继发生了第一次社会分工（农业与畜牧业的分离）和第二次社会分工（农业与手工业的分离），并形成了生产资料私有制以后，才形成了与自然经济相区别的为交换而进行的商品生产（即商品经济）。这种商品生产是以私有制和个体劳动为基础的，是简单的商品生产。它在奴隶社会和封建社会都存在过。但这时的商品生产只是涵盖了社会生产的一小部分，在社会生产中居于主要地位的是自然经济，商品经济只是居于次要地位。甚至在 15—16 世纪，欧洲进入资本原始积累时期，即封建主义生产方式瓦解和资本主义生产方式形成的时期（由于欧洲是市场经济的发源地，这里从欧洲起论述），资本主义的简单协作和工场手工业虽然已经有了很大的发展，但商品生产仍然没有上升到社会生产的主要地位。显然，在上述的各个社会发展阶段，作为社会生产资源配置主要方式的市场经济是不可能形成的。

英国在 17 世纪下半期实现了资产阶级革命，18 世纪下半期又发生了以

机器大工业为标志的产业革命，于是资本主义生产方式在英国获得了统治地位。接着在 19 世纪，资本主义生产方式又先后在法国、德国和美国这些主要国家取得了统治地位。这样，资本主义市场经济也先后在这些国家形成起来。具体说来，资本主义生产方式的确立为市场经济的形成创造了一系列的条件。

第一，建立私人产权制度。要在市场上实现商品交换，必须有进行这种活动的市场主体—商品所有者。正如马克思所说："商品不能自己到市场上去，不能自己去交换。因此，我们必须找寻它的监护人，商品监护人。"但是，"为了使这些物作为商品彼此发生关系……他们必须彼此承认对方是私有者"①。因此，要发展市场经济就必须根本改革以人身依附为重要特征的封建主义经济制度，建立私人产权制度。这种制度正是资本主义生产方式准备过程中，特别是在资产阶级取得政权以后逐步建立和巩固起来。

第二，建立近代赋税制度。在封建主义制度瓦解、资本主义制度的准备时期，对新兴资产者的横征暴敛，仍然是封建主的政治特权。为了促进资本主义市场经济的发展，必须根本改变这种状况，必须建立促进资本积累的近代赋税制度。这项制度也是正在这个时期建立的。

第三，建立劳动力市场。在封建制度下，农民对封建地主存在人身依附关系，被紧紧束缚于土地上，不能自由流动。要建立资本主义市场经济必须实现作为基本生产要素的劳动力的自由流动，形成劳动力市场。为此，英国在 16 世纪开始掀起了旨在建立劳动力市场的、骇人听闻的、大规模的、极为残酷的"圈地运动"，被史书称为"羊吃人"的时代。

第四，建立和发展统一的国内市场。在欧洲中世纪，封建割据盛行，市场分割，各地关卡林立，税收壁垒森严，极不利于市场经济的发展。在欧洲封建制度的瓦解时期，新兴资产者联合并依靠王权击败了各地的封建领主，建立了统一的民族国家，消除了封建割据状态。资产阶级革命取得胜利后，这种统一的民族国家得到了进一步巩固。与此相联系，统一的国内市场也得到了进一步巩固和发展，为商品在国内市场的顺畅流通开拓了广阔的空间。

第五，建立近代信用制度。在欧洲中世纪，在商业比较发达的意大利，从 13 世纪开始，就出现以商业信用发展为基础的汇票和汇票结算的交易所。

---

① 《马克思恩格斯全集》第 23 卷，第 102 页，人民出版社 1972 年版。

在封建制度瓦解时期和资产阶级革命以后，商业信用和以商业信用为基础的银行信用制度得到了发展。1580 年，意大利建立了威尼斯银行。1694 年，英国建立了英格兰银行。这些近代信用制度的建立，是促进资本主义市场经济形成和发展的一个重要因素。

第六，建立近代法律制度。中世纪的法律制度是要维护封建的等级制度，不适合资本主义市场经济的要求。正如马克思所说，"商品是天生的平等派"。① 要维护和促进资本主义市场经济的发展，就必须建立近代法律制度。事实上，到 18 世纪下半期，英国伦敦的皇家法院在合伙协议、销售合同、汇票、保险、专利和商品交换的其他领域在执行商业法规方面已经广泛地开展了执法活动，积累了丰富的经验。这就保障和促进了市场经济的正常运行。

第七，形成了市场经济赖以运行的基本规律——价值规律。从根本上说，资本主义生产方式的确立，商品生产在社会生产中占了主要地位，价值规律的作用涵盖了整个社会生产的主要部分。而作为社会生产资源配置主要方式的市场，其作用的主要经济机制也就是作为价值规律表现形式的价格机制。

总之，资本主义生产方式的确立，使得市场经济得以最终形成。

二、古典的市场经济：自由放任的市场经济

从总体上说，资本主义市场经济的发展经历了两个大的历史阶段。第一阶段可以称作古典的市场经济。自由放任是这个时期市场经济的特征。第二阶段可以称作现代的市场经济。其特征是有国家干预的市场经济。大体上说来，第一阶段经历的时期是从 18 世纪下半期开始（以资本主义生产方式确立时间较早和最典型的英国的市场经济形成时间为起点）到 20 世纪 30 年代为止（以资本主义市场经济最发达的美国在 30 年代实行罗斯福新政，即有国家干预或政府干预的市场经济为终点），第二阶段是从 20 世纪 30 年代开始直到现在，这个阶段仍在向前发展。

在封建社会晚期，商业资本有了很大的发展。但当时他们的力量还比较弱，需要依赖中央集权的、统一的民族国家在打破封建割据和实行对外贸

---

① 《马克思恩格斯全集》第 23 卷，第 102 页，人民出版社 1972 年版。

易方面给予保护。而这时的封建王权在财政收入方面也需要依靠商业资本的支持。正是在这种历史背景下，作为商业资本代言人和原始国家干预主义的重商主义就产生了。从早期的重商主义到晚期的重商主义大致经历了15世纪到17世纪下半期两个多世纪的时间。总的说来，重商主义在政策上主张国家对经济生活实行严格的干预，特别是在国际贸易政策方面，重商主义强调实行贸易保护政策，运用关税、限额和补贴等手段，限制国外商品（特别是奢侈品）的进口和国内廉价原料的出口，鼓励国内商品的出口和国外廉价原料的进口，以实现贸易顺差，赚取金银货币，使国家致富。在当时历史条件下，重商主义对促进资本主义生产方式的确立起了重要的积极作用。

但是，对像英国这类资本主义国家，在资产阶级革命和产业革命相继取得胜利以后产业资本在政治上和经济上都变得强大起来。在这种情况下，国家对经济生活的干预不仅显得不必要，而且约束了资本主义企业的自由发展。于是，反对国家干预主张自由放任的市场经济，就成为当时资产阶级的强烈呼声。

英国古典经济学创始人亚当·斯密于1776年发表的《国民财富的性质和原因的研究》（以下简称《国富论》），正是集中地、综合地反映了这一呼声。《国富论》从增进国民财富，实现社会资源最优配置的要求出发，首次系统提出和分析了自由放任的市场经济理论。其要义是：①亚当·斯密把自由放任的市场经济理论建立在经济人分析的基础上。他认为，利己是人的本性，人们从事经济活动，无不以追求自己最大经济利益为动机；自由竞争的市场经济是符合人的利己本性的自然秩序。②亚当·斯密认为，在自由竞争的条件下，可以"使各色货币的数量，都能适应需求、供给和竞争各方面的变动情况"，调节社会产品供需之间的平衡。自由竞争还可以调节资本和劳动力等生产要素在部门之间的流动，实现社会生产资源的合理配置。"一种事业若对社会有益，就应当任其自由广泛竞争。竞争愈自由，愈普遍，那事业亦愈有利于社会"。③依据上述各点，亚当·斯密提出了著名的"看不见的手"理论。他认为，在符合人的利己本性的自然秩序下，每个人"由于他管理产业方式的目的在于使其生产物的价值能达到最大程度，他所盘算的也只是他自己的利益。在这场合，像在其他许多场合一样，他受着一只看不见的手的指导，去尽力达到一个并非他本意想要达到的目的。……他追求自己的利益，往往使他能比在真正出于本意的情况下更有效促进社会的利益"。① 亚当·斯密这里说的"看不见的手"就是指的由自由竞争形成的价格机制。在他看来，依靠这种机制的作用，就可以调节社会产品的供需平衡，可以实现社会生产资源的最优配置。

据此，亚当·斯密主张实行自由放任的市场经济，在国内外均实行自由贸易政策，并严厉地抨击了重商主义的国家干预政策。

亚当·斯密从主张实行旨在反对重商主义国家干预政策的、自由放任的市场经济出发，把国家的任务仅仅归结为以下三项：①"保护本国社会的安全，使之不受其他独立社会的暴行与侵略"。②"保护人民不使社会中任何人受其他人的欺侮或压迫"。③"建立并维持某些公共机关和公共工程"。②

亚当·斯密对市场配置社会生产资源的原理做了原则的说明，奠定了自由放任的市场经济理论的基础。继他之后，英国古典经济学另一主要代表人物大卫·李嘉图在 19 世纪 20 年代对这一理论做了重大发展。在 19 世纪 70 年代以后，由马歇尔、瓦尔拉、帕累托等人为代表的新古典经济学又对此做了更为精密的分析。

由亚当·斯密在 18 世纪下半期建立的市场配置社会生产资源的机理成为以后欧美许多资本主义国家在一个长时期内实行自由放任的市场经济体制的理论基础。当然，在这方面，各个国家，乃至一个国家的不同时期也存在差别。比如，资本主义发展较晚的德国在 19 世纪上半期对外贸易方面就实行过保护主义的政策。再如，在 1914—1917 年第一次世界大战期间，许多参战国还实行过战时统制经济。

以亚当·斯密理论为基础建立起来的市场经济体制在促进资本主义社会生产力发展方面起着重要的积极作用。正如马克思、恩格斯在 1848 年发表的《共产党宣言》中所指出的："资产阶级在它的不到一百年的统治中所创造的生产力，比过去一切时代创造的全部生产力还要多，还要大。"③ 当然，决定这一点的因素是多方面的，但作为社会生产资源配置主要方式的市场经济体制这样一种制度安排，显然起了很重要的作用。不仅如此，即

---

① ［英］亚当·斯密：《国民财富的性质和原因的研究》上卷，第 303 页，商务印书馆 1972 年版。

② ［英］亚当·斯密：《国民财富的性质和原因的研究》下卷，第 254、272、284 页，商务印书馆 1972 年版。

③ 《马克思恩格斯选集》第一卷，第 256 页，人民出版社 1972 年版。

使在现代的市场经济条件下，亚当·斯密的市场经济理论仍有重要的作用。[①]这是因为，现代市场经济虽然主张国家对经济生活的干预，但并没有从根本上否定市场是配置社会生产资源的主要方式。

三、现代的市场经济：国家干预的市场经济

按照亚当·斯密的主张，自由竞争的价格机制可以自动调节社会产品的供需平衡。19世纪法国经济学家萨伊还提出了一个所谓"萨伊定律"。这个定律的基本内容是：一种产品总是用另一种产品购买的，一种产品的出售就是对另一种产品的购买。据此，他提出：产品供给会自动创造需求。当然他不否认，现实经济生活中存在着与物物直接交换相区别的、以货币作为媒介的商品流通。也不否认市场上某些商品供过于求，某些商品求过于供。但他认为这种供求不平衡是暂时现象，价格调节可以恢复商品供需之间的平衡。他甚至认为，如果出现生产过剩的经济危机，也是由于"政府当局愚昧无知或贪得无厌"的结果。[②]

但是，马克思主义认为，资本主义生产过剩经济危机的根源在于：资本主义的基本矛盾（即生产的社会性和生产成果的私人资本主义占有之间的矛盾）的发展，以及由此决定的一系列矛盾，特别是其中的资本主义生产无限扩张的趋势和劳动人民购买力需求相对狭小之间的矛盾尖锐化的结果。这样，在资本主义制度下，周期性生产过剩的经济危机就是不可避免的。实际上，从19世纪20年代起，资本主义经济大约每隔十年左右的时间就发生一次生产过剩危机。特别是1929—1933年资本主义世界发生的大危机，从根本上震撼了西方整个资本主义制度。其中，尤以资本主义最发达的美国遭受的打击最为严重。1933年同1929年相比，西方各国的工业产值大约下降了45%，比第一次世界大战前的1913年还低16%，倒退到1908—1909年的水平。其中，美国工业产值下降了55%，倒退到1905—1906年的水平；德国倒退到1897年的水平；法国倒退到1911年的水平；日本下降了32.9%。在这期间，西方各国农产品销售收入也大幅度下降。其中，美国由1191300万美元下降到514300万美元，德国由102亿马克下降到65亿马克，

①　美国当代著名经济学家斯蒂格列茨在评论这一点时指出："自从亚当·斯密以来，经济学有着很大的进展，但是，他的基本论点在过去的两个世纪中仍然具有很大的吸引力。"（《经济学》上册，第13页，中国人民大学出版社1997年版）

②　[法]萨伊：《政治经济学概论》，第42—46页，商务印书馆1982年版。

降幅均在 50% 以上。在这期间，美、英、德等国商品批发价格指数下降了
1/3 左右，法国下降了 45.1%；西方各国商品销售额大约下降了 2/3，外贸
总额下降了 61.2%。在这期间，美国失业工人由 155 万人增加到 1283 万人。
在危机的最严重阶段，西方各国失业人数高达 5000 万人，失业率高达
30%—50%。在这期间，工人收入下降了 43%，农民经营农业的净收入下
降了 67%[1]。

这次大危机彻底宣告了古典经济学关于自由放任的市场经济可以自动
协调社会产品供求平衡的理论的破产，并强烈呼唤国家干预的市场经济的
政策和理论的诞生，以维系巩固和发展资本主义经济制度。

美国总统罗斯福 1933 年 3 月入主白宫后所推行的"新政"，就是有国
家干预的市场经济的政策最早、最著名、最主要代表。为了挽救面临崩溃
的美国经济，"新政"采取的主要措施有：①为了拯救银行金融业危机，政
府采取了清理银行、保障居民存款、发放巨额贷款给金融业界、实行货币
贬值等办法。②为了拯救农业危机，政府运用奖励和津贴的办法，缩小耕
地面积，限制农产品上市量，维持农产品价格，以缓解农业生产过剩和农
民收入下降。③为了拯救工业危机，政府采取限制竞争的办法，规定工业
的生产规模、价格水平、销售额和雇工条件等，以缓解工业生产过剩。④
为了拯救由严重的工人失业问题而引发的严重社会政治危机，政府还大力
举办公共工程，以增加就业和提高居民购买力。政府还直接救济失业工人，
并逐步建立了全国社会保险和公共福利制度。"新政"从 1933 年开始实施，
延续到 1938 年。"新政"没有也不可能从根本上解决美国资本主义生产过
剩经济危机问题，但确实缓解了经济危机，并促进了经济复苏，稳定了资
本主义制度。但"新政"更重要的意义还在于：从实践方面宣告了古典的
自由放任的市场经济时代的终结，并开创了现代的有国家干预的市场经济
这个新的时代。

英国宏观经济学创始人凯恩斯 1936 年发表的《就业、利息和货币通
论》（以下简称《通论》），则综合地、集中地、系统地反映了有国家干预的
市场经济诞生的强烈呼声，并从理论方面标志着古典的自由放任的市场经
济的终结和现代的有国家干预的市场经济的开端。

就业一般理论是《通论》的主要内容，也是凯恩斯宏观经济理论的核

---

① 晏智球主编：《西方市场经济下的政府干预》，第 85—87 页，中国计划出版社 1997 年版。

心。凯恩斯认为，有效需求（即有购买力的需求）是决定社会总就业量的关键因素，能否实现充分就业，就决定于有效需求的大小。因此，现实生活中经常存在的有效需求不足就是引发经济危机和严重失业的原因。所以，要解决失业和危机问题，必须依靠政府对经济的干预，刺激有效需求，以实现"充分就业均衡"。这样，在理论方面，凯恩斯就摒弃了新古典经济学关于资本主义社会能永远实现"充分就业均衡"的论断，提出存在非自愿失业和"低于充分就业均衡"，是资本主义社会的常态；摒弃了"供给会创造它本身需求"而不存在生产过剩经济危机的理论，提出了"经常存在的有效需要不足"是经济危机和严重失业的根源；摒弃了市场机制自动调节的理论，提出了国家干预市场经济的主张。在政策方面，既然凯恩斯认为有效需求不足是失业和经济危机的根源，因而把政府干预经济的重点放在总需求管理方面。其中心内容是：采取各种措施，增加社会（包括私人和政府）的货币总支出，扩大社会对消费资料和生产资料的需求，以消除经济危机，实现充分就业。主要包括：把实行扩张性的财政政策作为解救危机的主要手段，放在首位；实行扩张性的货币政策，但放在次要地位；实行鼓励消费、引导需求的政策；实行对外经济扩张的政策，以弥补国内有效需求的不足。这些情况表明：凯恩斯在分析方法上也摒弃了个量分析，采取了总量分析，侧重从宏观方面分析国民经济总过程，并由此奠定了宏观经济分析的基础。

后来，凯恩斯理论继承者以凯恩斯理论为基础，并依据第二次世界大战后资本主义国家新情况，进一步发展了凯恩斯主义，形成了作为西方政府进行宏观经济管理理论基础的宏观经济学。凯恩斯主义因此成为第二次世界大战后西方世界的主流经济学派。

需要指出的是：凯恩斯虽然摒弃了由亚当·斯密首先创立的自由放任的市场经济，提出了有国家干预的市场经济，但并没有从根本上否定市场经济（即以市场作为配置社会生产资源的主要方式）。正如凯恩斯自己所说，古典经济学提出的"私人为追求自己利益将决定生产何物，用何种方法（即何种生产要素之配合比例）生产，如何将最后产物之价值分配于各生产要素等等，仍无可非议。"①

第二次世界大战前，只有美国等少数几个国家实行过政府对经济的干

---

① ［英］凯恩斯：《就业、利息和货币通论》，第322页，商务印书馆1964年版。

预。第二次世界大战后，西方国家在恢复了经济之后，都以凯恩斯主义作为政策指导实行了有国家干预的市场经济。这种经济体制大大促进了战后西方国家经济的发展。

但是，由于凯恩斯主义没有也不可能解决资本主义的固有矛盾，由于长期推行凯恩斯主义负面影响的积累（比如，因多年推行扩张性财政政策导致通货膨胀），由于 1973 年和 1979 年两次石油危机的影响，西方国家在战后经历一段时间的经济繁荣之后，于 20 世纪 70 年代中期发生了经济滞胀。

经济滞胀局面使得凯恩斯主义遇到严峻的挑战、并受到新经济自由主义学派的批评。但是，正像凯恩斯没有根本否定亚当·斯密的自由放任的市场经济一样，这些不同学派也没有完全突破凯恩斯主义的基本信条。比如，曾在尼克松政府经济顾问委员会任职的摩赫伯特·斯坦就曾说过：对凯恩斯主义的批评是"凯恩斯主义范围之内的革命。"①

这是从理论上说的。从实践上说，经济自由主义的某些学派在某些年份对某些国家政策发生过重要作用。比如，供应学派对美国总统里根执政头两年（1981—1982 年）的政策发生过重要影响。但从第二次世界大战后整个时期总的情况来看，凯恩斯主义仍不失为西方国家进行宏观经济管理的理论基础。

第二次世界大战后，旨在实现充分就业和经济稳定发展的凯恩斯主义在西方国家的普遍采用，是促进现代的有国家干预的市场经济形成的最基本因素。但并不是唯一因素。除此以外，以下因素也起了重要作用：（1）第二次世界大战前和战后初期，社会主义国家实行计划管理和福利政策的影响。（2）社会民主主义的影响。这一点，在第二次世界大战后由社会民主党执政的那些国家表现得尤为明显。（3）第二次世界大战期间实行战时经济体制的影响。诚然，战时经济体制与有国家干预的市场经济是有原则区别的，而且，在战后都取消了。但这种体制也为实行有国家干预的市场经济提供了某些有利条件。这一点，在日本表现得很明显。（4）第二次世界大战后，资本集中程度进一步的提高，也为实行有国家干预的市场经济提供了有利的客观条件。（5）第二次世界大战后，垄断组织的进一步发展，妨碍经济效率的提高。（6）第二次世界大战后，资本主义国家贫富差别的

---

① 引自晏智球主编《西方市场经济下的政府干预》，第 164 页，中国计划出版社 1997 年版。

扩大，影响到社会的稳定。（7）第二次世界大战后，环境污染问题也更为尖锐起来。（8）第二次世界大战后，保护消费者权益问题也显得更加重要。（9）世界经济一体化和区域经济集团的发展，使得各国企业之间的竞争在许多情况下演变成国与国之间的竞争。（10）随着知识经济时代的到来，抢占高新技术制高点，往往成为增强国际竞争力和维护国家经济、政治安全的关键。上述（5）至（10）项在客观上也迫切要求国家加强对经济的干预。

有国家干预是现代市场经济与古典的自由放任市场经济相区别的根本点。由此产生了一系列特点。这里强调指出一点：现代市场经济更富有法制经济的特性。在封建经济制度下，存在着等级制度，虽然它也有立法和司法，但它的显著特征是人治。在古典市场经济中，市场主体之间的关系是平等的，因而需要法律来规范和维护这种关系。在现代市场经济条件下，不仅各种市场主体的关系更加发展和复杂化了，而且政府要干预经济。这样，为了发展这种市场经济，不仅需要更为健全和严格的法制来规范和制约各市场主体的行为，而且要依法规范和制约政府的行为。因而，法治经济就成为现代市场经济一个更为显著的特性。

第二次世界大战后，西方经济发达国家普遍推行了现代的有国家干预的市场经济。这是他们的共同点。但各国也有自己的特点。比如，美国虽然早在20世纪30年代罗斯福总统时代，政府就开始对经济实行干预，但相对其他经济发达国家来说，干预还是较少的，因而被称为竞争型市场经济模式。日本政府对经济干预较强，被称为政府主导型市场经济模式。法国在计划调控经济方面比较突出，被称为有计划的资本主义市场经济模式。联邦德国对经济干预在社会政策和社会公平方面比较明显，被称为社会市场经济模式。

战后西方经济发达国家普遍推行的现代市场经济大大促进了社会生产力的发展。可以毫不夸张地说，战后半个多世纪的时间社会生产力的发展，已经大大超过了以往的任何时代。当然，这种情况也是由多种因素决定的。比如，战后科学技术发展进程大大加快了，对社会生产的促进作用大大加强了。再如，战后虽然局部战争一直延绵不断，但并未发生世界大战。半个多世纪的和平环境，是经济稳定发展的一个重要因素。

战后现代市场经济的发展，是席卷世界的潮流。西方经济发达国家普遍推行现代市场经济是这股潮流的主体。此外，这股潮流还包括以下两个重要部分：（1）战后许多民族独立国家的现代市场经济有了不同程度的发展。在现代市场经济推动下，有些国家（如韩国）已发展成为新兴工业化国家，有的国家（如新加坡）甚至已经跨入准经济发达国家的行列。（2）20世纪70年代末期以来，许多社会主义国家先后开始了从计划经济向现代市场经济的过渡。从主要方面来说，大体上可以分为两类：一类是中国，由于在改革方面坚持了正确路线，在改革和发展两方面都取得了举世瞩目的伟大成就；另一类是苏联和东欧社会主义国家，由于改革方向和方法上的重大失误，不仅根本改变了原来社会主义制度的性质，而且使得经济长期处于衰退的境地，只是在近些年来出现了不同程度的复苏。当然，即使在这些国家，发展现代市场经济在促进生产方面的作用，也正在并日益明显地表现出来。

第二节　市场经济的基本内容

毫无疑问，社会主义经济制度与资本主义基本经济制度在性质上是有根本区别的。但是，市场经济本身并不是属于社会基本经济制度的范畴，而是属于社会经济运行方式和发展经济手段的范畴。因此，资本主义条件下的市场经济与社会主义条件下的市场经济并无本质区别。正如邓小平说过的："计划多一点还是市场多一点，不是社会主义与资本主义的本质区别。""计划和市场都是方法嘛。只要对发展生产力有好处，就可以利用。"[①]因此，本节阐述的市场经济一般理论的基本内容，不仅对资本主义条件下的市场经济是适用的，而且对社会主义条件下的市场经济也是有效的。

一、资源配置方式研究的重要性和市场经济的基本特征

我们先从社会生产资源配置方式在经济学研究中的重要地位说起。

人类社会要想得到生存和发展，就必须进行物质资料的生产，以便取得消费资料。但要进行生产，就必须具有基本的生产要素，如劳动力和生产资料等。不仅如此，还需要把劳动力和生产资料结合起来。正像马克思说过的："不论生产的社会形式如何，劳动者和生产资料始终是生产的因素。但是，二者在彼此分离的情况下只是在可能性上是生产因素。凡要进

---

① 《邓小平选集》第三卷，第373、203页，人民出版社1993年版。

行生产，就必须使它们结合起来。"

他还指出："实行这种结合的特殊方式和方法，使社会结构区分为各个不同的经济时期。"① 马克思依据这一点，把人类社会的基本经济制度区分为原始公社制度、奴隶社会制度、封建社会制度、资本主义社会制度和共产主义社会制度。马克思主义还依据他揭示的社会生产力决定社会生产关系这条决定人类社会发展的基本规律，阐明了人类社会基本经济制度变革的根源。这是马克思主义对经济学所做的最伟大、最重要的贡献。

还需指出：人类社会要进行生产，不仅需要基本的生产要素，也不仅需要在生产过程中结成一定的生产关系，而且需要合理的社会生产资源的配置方式。问题在于：人类生活需要是无限的，而资源却是有限的。因此，需要对资源在各个生产领域的配置做出合理的安排，以便取得最佳的经济效益。这种经济效益的提高，是人类社会生存和发展的最主要的物质基础。这种以最小的投入获得最大产出的经济运行过程，就是资源的合理配置过程。需要说明：资源的合理配置不只是一个自然属性问题，即由资源的自然特点决定的物理的、化学的或生物的运动过程，更重要的是经济运行方面的社会组织形式问题。经济学所要研究的就是这个经济运行方面的社会组织形式问题。因此，在经济学研究中，这个问题是一个仅次于社会生产关系（或社会基本经济制度）研究的基本问题。

应该肯定，马克思在《资本论》中最科学、最深刻、最系统地揭示了作为资本主义社会基本经济规律的剩余价值规律。以此为基础，又揭示了资本主义制度必然灭亡、社会主义制度必然胜利的规律。与此同时，马克思还从第一重意义上的价值规律及其转化形态的生产价格规律和第二重意义上的价值规律两个方面，系统地、深入地揭示了支配资本主义条件下社会生产资源配置的规律。但是，马克思并没有明确把社会生产资源配置方式作为一个独立的经济范畴提出来进行研究。

在这方面进行了独立、系统、深入研究的是现代西方经济学。按照现代西方经济学的定义，"经济学是研究人和社会如何进行选择，来使用稀缺的资源以便生产各种商品，并在现在和将来把商品分配给社会的各个成员

---

① 《马克思恩格斯全集》第24卷，第45页，人民出版社1972年版。

或集团以供消费之用"①。它要解决经济运行中四个基本问题：①"生产什么，产量有多少。"②"产品是怎样生产的。"③"产品为谁生产。"④"谁做出经济抉择，以什么程序做出决策。"②

在市场经济条件下，市场就是社会生产资源配置的基本方式，上述的经济运行中的四个基本问题就是由市场来调节的。这就是从一般意义上来讲的市场经济的基本特征（或本质）。正是这一点，把它在经济运行形态方面与自然经济和计划经济从根本上区分开来。

二、市场经济运行的基础和条件

（一）独立自主的企业制度

这里涉及市场主体问题。在市场上从事交易活动的组织和个人称为市场主体。

市场主体包括自然人和以一定组织形式出现的法人；包括营利性机构和非营利性机构。在一般情况下，市场主体包括企业、居民、政府和其他非营利性机构。

在这方面，企业是最重要、最基本的市场主体。因为作为资源配置基本方式的市场经济就是建立在作为发达商品经济细胞的、自主经营和自负盈亏的独立商品生产者的基础上；而且市场经济在配置资源方面作用的实现，也离不开这样的独立商品生产者。因此，企业是市场经济运行的基础。如果没有企业，市场经济就会成为空中楼阁。

但是，企业要成为这样的独立商品生产者需要一系列条件。（1）企业必须有明确的产权。因为市场上商品交易直观看起来是物品交易，实质上是产权交换。因此，马克思说："在这里，人们彼此只是作为商品的代表即商品所有者而存在。"③ 不仅在企业的商品交换过程中，而且在企业的生产和分配过程中也都要求有明确的产权；否则，企业就难以生存和发展。（2）企业与企业和其他交易者之间的地位必须是平等的。如果没有这种平等地位，企业不仅难以发展，甚至难以存在。（3）企业必须是经济上、法律上独立自主的实体，拥有自主经营发展必需的各种权力。当

---

① ［美］保罗·A.萨缪尔森、威廉·D.诺德豪斯：《经济学》（第 12 版），第 4 页，中国发展出版社 1992 年版。

② ［美］斯蒂格列茨：《经济学》上册，第 11—12 页，中国人民大学出版社 1997 年版。

③ 《马克思恩格斯全集》第 23 卷，第 102—103 页，人民出版社 1972 年版。

然，企业要接受政府的行政管理，但在经济上和法律上又是独立于政府之外的。企业如果没有这种独立地位，就会成为政府的附属物，企业就会名存实亡。

此外，在现代市场经济中，中介机构（如律师事务所和会计师事务所等）提供的与发展市场经济相关的各种服务，显得越来越重要。居民既提供劳动力、资本等生产要素，又是商品和服务的购买者。政府不只是经济运行的调控者，而且直接介入某些市场交易；又是国有资产的所有者，公共物品的提供者和一般商品和服务的购买者。非营利性机构（如学校和医院等）为社会提供服务，又是商品和服务的购买者。因而，这些组织和个人也都是市场主体。

（二）完善的市场体系

完善的市场体系是市场经济运行的另一个重要基础。

完善的市场体系，不仅要求有消费品和生产资料等商品市场，而且要求有资本市场、劳动力市场、技术市场、信息市场和房地产市场等生产要素市场。这既是企业实现自主经营的前提，也是市场实现资源配置的必要条件。

完善的市场体系，要求平等、有序的竞争较为充分地展开。如果出现竞争不足、过度竞争（如低价倾销的恶性竞争）和垄断，如果企业不重视商业信誉，进行广告欺骗宣传和推销假冒伪劣产品，就会限制市场在配置资源作用方面的充分、有效的发挥。

完善的市场体系，要求有全国统一的国内市场。如果全国市场被分割，市场经济的作用也难以发挥。

完善的市场体系，不仅要求市场对内开放，而且要求市场对外开放。因为产品和生产要素在国际市场之间的流动，也是发展市场经济的重要条件。这一点，在经济全球化和知识经济开始到来的时代，显得尤为突出。

完善的市场体系，最根本的要求是有既反映价值又反映供求关系的产品价格机制。因为所谓市场配置资源，从根本上说来，就是由以价格机制为核心的，并与竞争机制和供求机制相结合的市场机制来配置的。所以，如果没有合理的产品价格机制，市场配置资源就会成为一句空话。

按照马克思主义的观点，商品价格是价值的货币表现，是由价值决定的；而价值是由生产商品的社会必要劳动时间决定的。这就是马克思揭示的价值规律。所以，从本质上说来，所谓市场配置资源，就是价值规律调节经济。

完善的市场体系还要求生产要素价格合理化。其中，特别是资本价格（利息率）市场化和本币价格（汇率）合理化，对于建立和发展市场经济具有十分重要的意义。

（三）健全的宏观经济调控体系

对现代市场经济来说，宏观经济调控体系是它的必要内涵，是题中应有之义。

健全的宏观经济调控体系，要求必须以市场在资源配置中起基础性作用为前提。越过了这一点，就会削弱市场经济，甚至变成计划经济。健全的宏观调控体系要求以经济的和法律的间接手段为主，以行政的直接手段为辅。健全的宏观经济调控体系要求把调控范围主要限制在宏观经济领域。当然，政府管理经济也不可避免地涉及某些微观领域。比如，对企业某些经营项目颁发许可证，对企业某些出口产品实行配额。但从主要方面说来，政府不干预企业的经营活动。健全的宏观经济调控体系还要求严格地依法调控。

（四）严格的市场运行规则

市场经济原本具有契约经济和法治经济的特点。在现代市场经济条件下，这两个特点显得尤为突出。这样，作为法制化的市场竞争关系的市场运行规则，在保障市场经济有序发展方面的作用也变得更重要。

市场运行规则是有关机构（政府和立法机构等）按照市场运行的客观要求和法律、法规规定的市场主体各方必须共同遵守的行为准则。它要求：使各市场主体能够机会均等地进入市场，自主经营；使各市场主体能够平等地承担税收和其他社会责任；使各市场主体在法律和经济往来中处于平等地位。具体说来，市场运行规则大体上包括三方面：（1）市场进入规则。这是各市场主体进入市场必须遵循的法规和应该具备的条件。（2）市场竞争规则。这是各市场主体能够在平等的基础上充分展开竞争的行为准则。（3）市场交易规则。这是各市场主体之间交易行为的准则。

以上各点，就是市场经济运行的基础和条件的一些重要内容。

三、市场经济的作用

市场经济的作用主要有以下几个方面：

第一，传递经济信息。在商品生产条件下，产品能否销售得出去，对商品生产者是一个性命攸关的问题。因此，他们极为关心商品的供求状况。但对单个的商品生产者来说，这又是一个复杂的、难以解决的问题。然而，市场价格机制在解决这个问题上却起着至关重要的作用。价格以它自身变动的方向（上升或下降）和幅度（升降的多少）给商品生产者传递着简明的信息。在一般情况下，商品价格上升表示供不应求，给商品生产者传递增加生产的信号；价格下降，表示商品供过于求，给商品生产者传递减少生产的信号。企业可以依据这些信息，决定生产的增减和资本的投向。市场还通过利息、地价、工资和汇率等生产要素价格的变动，给企业生产经营提供不可或缺的、重要的、多方面的信息。

第二，提供经济发展的动力和压力。在商品生产条件下，决定市场价格的价值，不是决定于个别商品生产者的劳动消耗，而是决定于社会必要劳动时间。这样，那些个别劳动时间低于社会必要时间的企业就可以获得更多的利润；而那些个别劳动时间高于社会必要时间的企业，就会减少利润甚至亏本。这样，市场机制就在物质利益方面为企业改善生产经营管理提供了强大的动力。企业之间的竞争又会在这方面产生巨大压力。

第三，增进企业运营效益。在上述两种条件下，企业就会竭尽全力地改善经营管理，提高生产技术，开发人才资源，开拓营销市场，降低生产经营成本，提高经济效益，以保证资本的保值和增值，并避免在竞争中被淘汰的厄运。所以，市场是增进企业运营效益强有力的机制。

第四，提高社会生产资源配置效益。在市场经济条件下，价值规律已经转化成了生产价格规律。在这种情况下，如果一个部门产品价格在较长时间内高于生产价格，那么企业不仅可以获得平均利润，而且可以获得超额利润。这样，就会推动这个部门的企业增加投资，并吸引别的部门的企业的资本转向这个部门。这个部门的产品将会形成供过于求的局面，价格也会随之下降，超额利润就会减少以致消失。反之，如果一个部门产品价格在较长时间内低于生产价格，那么企业不仅得不到平均利润，甚至会亏本。这就会促使这个部门的企业减少投资，并把资本转移到别的有平均利润可图的部门。这个部门产品就会形成供不应求的局面，价格随之上升，可以获得平均利润。通过由竞争引起的价格围绕生产价格的上下波动，形成各生产部门合理的比例关系，实现了资源的合理配置，并提高这方面的效益。

市场经济作用的充分实现，是有一系列条件的。主要是，存在完全竞争；价格及时反映资源的供求状况；卖方与买方掌握的信息完全对称，等等。但在实际上，市场只能大体上具备这些条件，不可能完全具备这些条件。比如，一般来说，市场上不大可能存在完全竞争，但垄断竞争、寡头竞争等不完全竞争市场（即竞争性的市场）还是可能存在的。这样，市场经济作用的发挥就会受到一定的限制。

四、市场经济的局限性和政府干预经济的必要性

像世界上的许多事物一样，市场经济具有优越性，但也具有局限性。正是这种局限性使得国家干预经济成为必要的。

第一，市场经济具有自发的盲目性，市场调节是事后调节。这样，就会导致经济的周期波动。而且，作为市场最主要主体的企业，投资眼界相对狭隘，往往着眼于当前的短期利润，投资量相对较小，对于关系国民经济长期协调发展的重大建设项目则无心涉足或无力涉足。所以，要实现经济的总量平衡、部门协调和长期稳定发展，单靠市场经济是不够的，必须有政府对经济的干预。因为市场经济在这些方面的局限性，正是政府干预的优越性。

第二，竞争是市场经济的重要特征。竞争发展到一定阶段必然出现垄断，垄断必然走向腐朽，窒息竞争活力，阻碍科学技术进步和管理制度创新，降低生产效率。这样，作为市场经济发展的基本推动力量的竞争就走到了事情的反面。为了制止垄断，保持竞争性市场的局面，也需要政府的干预。比如，制定和实施反垄断法。

第三，在科学技术成为第一生产力的时代，重视基础科学研究，大力发展高新技术产业，保护重大技术发明者的权益，对于促进社会生产力的发展具有十分重要的意义。但这一点依靠旨在实现利润最大化的企业也是难以完全行得通的，必须依靠政府力量的支持。比如加大科技方面的投资，制定和实施专利法。

第四，社会消费的许多公共产品也不能或不能完全依靠市场经济的力量来提供。在这方面，重要的有国防事业和基础设施，还有学校和医院等这些公益性或半公益性的事业。这些产业和事业都不是或不完全是以营利为目的的。显然，不能依靠或不能完全依靠旨在实现利润最大化的企业来举办。在这些方面都需要政府的参与。

第五，优胜劣汰是市场竞争的必然结果。因此，如果单纯依靠市场经

济的力量，必然导致贫富差别的扩大，甚至两极分化。这样，社会就难以稳定。所以，必须借助政府的力量，通过财政收入（如实行累进所得税和遗产税）和支出（如建立包括养老、失业、工伤和医疗保险以及对社会贫困阶层发放最低生活费等项内容在内的社会保障制度），以缩小贫富差别和抑制两极分化，维持社会稳定。

第六，在当代，治理环境污染和保护生态平衡，已经成为决定经济社会可持续发展的一个重要因素。但如果单纯依靠市场经济力量，环境污染和生态破坏不仅难以得到治理，而且会进一步恶化。要根本解决这个问题，必须有政府在财力、人力、法律和政策等方面的支持。

第七，在当代，生产者与消费者在掌握信息方面不对称性的情况越来越突出，前者多，后者少。而伴随消费者文化素质的提高，维护消费者权益的呼声越来越高。解决这个问题，单靠市场力量显然是不够的。当然，在这方面，市场经济中的某些中介组织（如消费者协会）是有作用的，但并不能代替政府在这方面的重要作用，如颁布和执行消费者权益保护法。

当代美国著名经济学家保罗·A. 萨缪尔森对政府在市场经济中的作用做过精辟的概括，并对市场和政府的关系做了生动的描述。他把这种作用归结为"促进效率、平等和稳定"。他还指出："市场和政府这两个部分都是不可缺的。没有政府和市场的经济都是一个巴掌拍不响的经济。"[1]

政府对经济干预在市场经济中虽有重要作用，但它不仅不能代替市场在资源配置方面的基础性的作用，还要以这种作用为前提。因为在现阶段以至在一个可以预见的长时间内，市场经济在促进经济发展方面的积极作用还是主要的。而且，由于各市场主体之间的经济利益的矛盾和政府作为市场主体一方的利益局限，以及法制建设、公务员素质和信息等方面的限制，政府对经济干预的作用也有很大局限性，并且会发生诸多失误。因此，在实际经济工作中必须注意发挥市场在资源配置中的基础性作用；在决定采取行政办法还是市场办法时要谨慎地权衡利弊，并尽可能将二者结合起来。这样，才能有效地发挥政府干预经济的积极作用，并限制其消极作用。

但是必须明确：资本主义社会几百年的发展，为人类创造了巨大的物

---

[1]　［美］保罗·A. 萨缪尔森、威廉·D. 诺德豪斯：《经济学》第 12 版，第 87 页，中国发展出版社 1992 年版。

质文明、制度文明和精神文明。有政府干预的市场经济就是其中最重要的制度文明。历史经验已经充分证明：社会主义社会必须结合自身的具体情况有分析地继承这个制度文明；否则，就会给社会主义制度带来毁灭性的严重后果。

第三节　社会主义市场经济体制的基本特征及其建立的客观必然性

一、社会主义市场经济的概念及其基本特征

中国社会主义市场经济是一个复合的概念，它主要包括以下相互联系的四个方面内容：（1）以市场作为配置社会经济资源的主要方式。（2）现代的市场经济，即有国家干预的市场经济。（3）有更多的国家干预的市场经济。这是由中国国情决定的。诸如：工业化尚未实现，作为弱质产业的农业占国民经济的比重较大；西部经济大大落后于东部，但有丰富的资源，而且主要是少数民族居住地区。这样，实现工业、发展农业和开发西部就是一个长期的、具有重大经济和政治意义的、需要国家扶持的任务。但这种干预是以市场机制作为资源配置的主要方式为前提，以市场机制的作用为基础的。这就是问题的度，越过了这一点，就又回到了计划经济。（4）与社会主义初级阶段的基本经济制度相结合的。这个基本经济制度就是：以社会主义公有制为主体，多种所有制经济共同发展。

按照马克思主义的观点，事物的共性是寓于个性之中的。市场经济一般这个共性也是寓于资本主义市场经济和社会主义市场经济这些个性之中的。因此，从市场经济一般这个角度来说，这两种市场经济具有许多共同点。从一般意义上说，本章第二节阐述的市场经济的基本内容，就可以看做是二者的共同点。

但是，这两种市场经济又有重大原则区别。与资本主义市场经济相比较，中国社会主义市场经济的基本特点在于：

第一，它是与社会主义初级阶段的基本经济制度相结合的。在中国社会主义初级阶段，之所以必须实行以社会主义公有制为主体，多种所有制经济共同发展，归根结底，是由这个阶段的社会生产力发展水平及其多层次性决定的。而资本主义市场经济是与资本主义所有制这个基本经济制度

相结合的。

第二，社会主义市场经济发展的根本目的是实现全体人民的共同富裕。当前，我国由于各种因素的制约，在实现共同富裕方面还存在许多有违初衷的情况，远没有实现共同富裕的目标。但随着社会主义市场经济和民主法制的完善以及社会生产力的发展，这个目的是一定可以在将来实现的。在这方面，同资本主义市场经济也有原则性区别。尽管这种市场经济经过几百年的发展，社会生产力和居民生活水平有了空前未有的、迅速的提高，但它不仅没有（也不可能）解决共同富裕问题，甚至没有能够抑制贫富差别的扩大和两极分化的发展。当然，还要看到：社会主义市场经济条件下的共同富裕与计划经济条件下的共同富裕，无论在实现共同富裕的道路上，或者在结果上，都有重大区别。几十年的实践表明：在很大程度上，后者实现共同富裕的道路是同步富裕，其结果是共同守穷。而前者实现共同富裕的道路，是允许和鼓励一部分人和一部分地区通过诚实劳动和合法经营先富起来，然后再带动另一部分人和另一部分地区后富起来。先富的目的是为了更快地实现共同富裕。实践已经开始并将充分证明：先富带后富以实现共同富裕，是一条正确的道路。

第三，在社会主义市场经济条件下，由于社会主义公有制占主体地位，以及政府是由共产党领导的，因而政府对宏观经济的调控可能而且必须基于人民的利益和意志。这与资本主义市场经济条件下政府对宏观经济调控基于资本家的利益，也有原则区别。当然，由于多种因素的制约，当前我国宏观经济调控还很不完善，在充分体现人民利益和意志方面也有许多不足。但随着经济体制和民主法制的完善，以及宏观经济调控经验的积累，这方面的缺陷是可以而且必须逐步得到克服的。

依据改革经验的总结，中国社会主义市场经济的基本框架可以确定为：公有制为主体、多种所有制经济共同发展，是社会主义初级阶段的基本经济制度。以此为基石，由现代企业制度、现代市场体系、宏观调控体系、现代分配制度、社会保障体系、开放型经济及市场中介组织这样七根主要支柱构成。这一块基石和七根支柱共同构成社会主义市场经济的大厦。

二、从计划经济向社会主义市场经济过渡的客观必然性

中国由计划经济向社会主义市场经济的过渡，并不只是由中国改革总设计师邓小平个人意志决定的（尽管他在这方面起了非常重要的作用），从根本上说来，这是一个不以人们意志为转移的客观过程。这可以从以下两个重要方面来说明。

在中国现代经济史上，这是中国人民依据历史发展规律做出的一次关系中华民族存亡和中国现代化事业成败的历史性选择。计划经济的主要特点是：以单一的公有制为基础，实行高度集中的、以行政指令为主的排斥市场机制的计划。这种行政指令计划是配置社会生产资源的主要方式。

计划经济的建立和发展过程。总的来说，这种体制是1949年10月中华人民共和国成立以后开始建立的，到1956年就基本上建立起来，以后一直到1978年又得到了进一步强化。表6-1和表6-2中1949—1978年的数字可以从总体上说明这一点。当然，这只表明了工业的情况。但在1956年对个体农业的社会主义改造基本完成以后，国家对农业也是实行准计划经济体制。

表6-1　　　　　　　　各种所有制工业在工业总值中的比重

（工业总产值=100%，单位:%）

年份	国有工业	集体工业	非公有工业
1949	27.8	0.5	71.7
1952	45.5	3.3	51.2
1957	80.1	19.0	0.9
1978	77.6	22.4	0

资料来源；《中国统计年鉴》（有关各年），中国统计出版社。

表6-2　　　　　　　　国家指令性计划在工业总产值中所占比重

（工业总产值=100%，单位:%）

年份	所占比重
1949	26.2
1952	41.5
1957	60.0
1978	70.0

资料来源：汪海波：《中华人民共和国工业经济史》（1949.10—1998），第27、171页，山西经济出版社1999年版。

高度集中的计划经济体制形成的历史背景。①受以往几千年封建社会形成的自然经济思想的影响。②受过去 20 多年革命根据地和解放区处于被包围、被分割的农村情况下形成的自给自足、各自为战的管理制度，以及战时共产主义供给制的影响。③在缺乏社会主义建设经验的情况下，基本上学习了苏联斯大林时期实行的计划经济体制。这些因素都是重要的，但都是历史的或外在的因素，而不是现实的和内在的因素。④这种体制适应了"一五"时期集中主要力量进行以重工业为主的重点建设需要。这是现实的和内在的因素。

这种高度集中的计划经济体制有一个很大的优点，就是能够把社会的资金、物质和技术力量集中起来，用于有关国计民生的重点项目、国民经济发展中的薄弱环节和经济落后地区，从而比较迅速地形成新的生产力，克服国民经济各个部门之间和各个地区之间的发展不平衡状态，促进国民经济的迅速发展。这一点，不仅正好适应了恢复国民经济的需要，而且正好适应了实现"一五"计划基本任务的需要。

历史经验已经证明，"一五"时期建立起来的高度集中的计划经济体制，对"一五"计划各项任务的实现，起了重要的促进作用。这种体制有利于集中主要力量建立我国的社会主义工业化的初步基础；有利于克服半殖民地半封建中国留下的农业、轻工业和重工业之间的比例失调状态，以及沿海和内地之间的经济发展的严重不平衡情况；有利于保证国家财政收入的增长、市场价格的稳定和人民生活水平的提高。

历史经验还表明，高度集中的计划经济体制固有的弊病，在"一五"时期也已经有所暴露。这包括：这种体制不适合公有企业作为商品生产者的要求，束缚了企业的积极性；由这种体制造成的条块分割状态，割断了发展商品经济要求的部门之间和地区之间的经济联系；这种体制内含的投资膨胀机制会造成基本建设投资膨胀，引发国民经济比例关系的失调；这些又会导致经济效益低下的后果等。

高度集中的计划经济体制虽然既有积极作用，也有消极作用，但二者并不是平分秋色的关系。在"一五"时期具体条件下，其积极作用得到了较充分的发挥，是主要的方面；其消极作用受到了限制，是次要的方面。半殖民地半封建中国产业结构是畸形的，农业比重过大，工业比重过小，轻工业落后，重工业尤其薄弱。新中国成立以来，经过国民经济恢复时期的建设，这种畸形状态有了一定程度的改善，但并没有得到根本的改变。

所以，在第一个五年计划期间继续优先发展重工业，是一个正确的战略决定。这个时候我国工业基础仍然是很薄弱的，外延的扩大再生产形式，即主要依靠新建企业来进行的形式占有特别重要的地位。但相对于发展轻工业和进行内涵的扩大再生产形式（即通过对原有企业的技术改造实现扩大再生产）来说，发展重工业和进行外延的扩大再生产，均需要较多的资金。这就需要把社会有限的财力集中于国家手中，用于建设有关国计民生的重点项目，以加速工业和整个国民经济的发展。高度集中的计划经济体制，正好适应了经济发展的这一客观要求，并促进了生产的发展。

以行政管理为主的计划经济体制，它的运行机制是国家各级机关对下级机关以及国家行政机关对企业的行政命令，是国家各级下级机关对各级上级机关以及企业领导人对国家行政机关的行政责任，是维护行政命令和行政责任的行政纪律，是国家各级行政干部和企业领导人的责任心，是党的思想政治工作。而在第一个五年计划期间，党和政府的威信很高，党的作风正派，党的干部队伍比较年轻，官僚主义比较少，广大干部的政治激情高涨，党的思想政治工作也很有力。这一切就使得计划经济体制的运行机制是比较灵敏的，行政管理的效率也是比较高的。

第一个五年计划期间党和国家的宏观经济决策是正确的。在各种经济管理体制下，党和国家的宏观经济决策都是重要的。而在高度集中的、以行政管理为主的计划经济体制下，党和国家的宏观经济决策的正确与否，其意义尤为巨大。因为只有宏观决策正确了，才能从根本上保证行政管理的效率；否则，就根本谈不上行政管理的效率。所以，第一个五年计划期间正确的宏观经济决策，是充分发挥高度集中的计划经济体制积极作用的一个十分重要的条件。上面分析的仅仅是问题的一方面，即由于第一个五年计划期间的各种具体条件，使得高度集中的计划经济体制的积极作用得到了较充分的发挥；另一方面，在此期间，这种经济管理体制的消极作用却受到了很大的限制。（1）我国生产资料私有制的社会主义改造基本上是在1956年完成的。在此之前，社会主义经济虽然已经居于领导地位，但还存在着大量的资本主义经济以及个体经济。而且，在此期间，党和政府比较成功地通过运用价值规律，对这些私有经济实行了计划指导。所以，由这种计划经济体制产生的管理过于集中，管得过死，否定市场调节的作用等缺陷，这个期间首先在范围上受到了限制。（2）在这个期间，生产社会化和商品经济都还不发展；由于美国等资本主义国家对我国实行封锁禁运，对外贸易也受到了很大的限制。这样，由这种经济管理体制带来的否定公有企业的商品生产者的地位以及阻碍商品生产等消极作用，这个期间也受到了限制。

上述情况表明：高度集中的计划经济体制，适应了"一五"时期社会生产力发展的要求，并符合"一五"时期的具体情况，从而使它的积极作用成为主要方面。

这是把"一五"时期作为一个整体说的，它并不意味着这种体制的积极作用和消极作用在"一五"前期和后期都是同等的。实际上，在"一五"前期，这种体制的积极作用更大些，消极作用要小些；而在"一五"后期，虽然还有主要的积极作用，但消极作用明显地增长了。

但是，在"一五"时期以后，由于社会生产力的发展，由于上述充分发挥计划经济体制积极作用以及限制其消极作用的有利条件都发生了变化，计划经济体制的弊病越来越严重，越来越不适应社会生产力的发展。这时本应推行市场取向的经济改革（即以建立社会主义市场经济体制为目标的改革），以适应社会生产力发展的要求。

然而，这时人们对经济体制改革的认识还只是停留在行政性分权的水平，即主要是中央政府向地方政府下放经济管理权限，并向企业管理人员下放企业管理权力。1957年10月党中央通过的《关于改进工业管理体制的规定（草案）》、《关于改进商业管理体制的规定（草案）》和《关于改进财政管理体制的规定（草案）》，就具体体现了上述思想。依据这些规定和其他有关规定，1958年和1970年分别进行了两次经济体制改革，都没有成功。其原因不仅是因为这两次改革方法根本是错误的。这种改革要求在较长的时间用渐进的方法来进行，而这两次改革都采取了短促的群众运动的方法；也不仅因为这两次改革根本缺乏应有的经济、政治环境。这种改革要求有相对宽松的经济环境和相对稳定的政治环境，而1958年的改革是在"大跃进"运动中进行的，1970年的改革是在"文化大革命"中进行的。但从根本上说来，是由于这两次改革取向是完全错误的。它不是进行市场取向的改革，而是行政性分权。这样，这种越来越不适合生产力发展的计划经济体制又在我国延续了20多年。

不仅如此，毛泽东"左"的思想在"大跃进"中，尤其在"文化大革命"中发展到了顶端。在经济方面，这种"左"的思想最突出的表现就是盲目追求单一的公有制（主要是国有制），彻底否定按劳分配（甚至把按劳分配说成是同资本主义差不多的东西）。这样，本来已经僵化的计划经济体制又得到了进一步强化，弊病更趋严重，以致成为社会生产力发展的严重桎梏。

所以，总的来说，计划经济体制在 1949—1952 年国民经济恢复时期和 1953—1957 年"一五"时期曾经起过重要的积极作用，大大促进了国民经济的恢复和社会主义工业化初步基础的建立。但在此后，直到 1978 年，这种体制越来越不适合社会生产力的发展。详见表 6 – 3 中 1953—1957 年和 1958—1978 年的数字。

表 6 – 3　　　　　　　　　　国内生产总值总额年平均增长率

年份	年平均增长速度（％）
1953—1957	9.2
1958—1978	5.4

资料来源：《中国统计年鉴》（有关各年），中国统计出版社。

不仅如此，这种计划经济体制还成为险些给整个社会主义制度带来覆灭命运的"文化大革命"的制度性根源。我国政治体制中曾经存在的权力过分集中的现象，是同高度集中的计划经济体制相联系的。邓小平曾经中肯而又尖锐地指出："权力过分集中，越来越不适应社会主义事业的发展。对这个问题长期没有足够的认识，成为'文化大革命'的一个重要原因，使我们付出了沉重的代价。""如果不坚决改革现行制度中的弊病，过去出现过一些严重问题今后就有可能重新出现。"[①]

所以，无论从经济上来说，还是从政治上来说，都必须对计划经济体制进行根本改革。1978 年年底，党的十一届三中全会顺应历史潮流提出了改革开放的方针。1992 年党的十四大又明确提出了中国经济体制改革的目标是建立社会主义市场经济体制。市场取向的改革，大大促进了经济的发展，显示了强大的生命力，改革成为不可逆转的历史潮流。详见表 6 – 4 中 1958—1978 年和 1979—1990 年的数字。

---

① 《邓小平文选》第二卷，第 329、333 页，人民出版社 1993 年版。

表 6 - 4　　　　　中国和苏联国民收入年平均增长率　　　　单位:%

年份	中国	苏联
1950—1978	6. 0	7. 7
1979—1990 *	8. 4	2. 8

这里数字只计算到 1990 年，是因为苏联在 1991 年就解体了。

表 6 - 4 的数字又把中国改革前后中国国民收入年平均增长率与苏联做了比较。这些数据表明：改革前，中国国民收入年平均增长率比苏联低 1.7 个百分点。这是可以理解的。虽然当时中苏两国都是实行计划经济的国家，但苏联在国民经济计划管理和贯彻按劳分配原则以及工业基础、科学技术水平和人民文化素质等方面均好于中国。但在改革以后，中国国民收入年平均增长率却比苏联高出 5.6 个百分点。决定这种巨大反差的最重要因素，是这期间中国市场取向的改革取得了重大进展，显示了强大的活力；而苏联改革始终没有越出行政性分权的框框，以致经济陷于衰退的境地。

这里还要提到：1991 年苏联解体的原因是多方面的。其中，包括国外敌对势力的破坏和苏共主要领导人背叛马克思主义。但按照历史唯物论的观点，其决定性的原因只能是僵化的计划经济体制长期没有得到根本改革，经济增速大幅下降，人民生活水平踏步不前，以致失去民心。

正是依据对国内外经验深刻的科学总结，邓小平多次尖锐地指出：改革是中国发展生产力的必由之路。"不开放不改革没有出路，国家现代化建设没有希望。" 在实际上成为他的政治遗嘱的 1992 年初南方谈话中又一次重申："不坚持社会主义，不改革开放，不发展经济，不改善人民生活，只能是死路一条。"① 这决不是危言耸听，而是后人应铭刻心中的警世名言。

所以，中国实现从计划经济向社会主义市场经济的过渡，是中国人民在邓小平理论指导下依据社会发展规律做出的具有重大历史意义的选择。

这里所说的社会发展规律主要就是马克思主义关于生产力决定生产关系的规律。1859 年马克思在《〈政治经济学批判〉序言》中对这个原理做经典表述时曾经指出："人民在自己生活的社会生产中发生一定的、必然的、不以他们的意志为转移的关系，即同他们物质生产力的一定发展阶段

---

① 《邓小平文选》第三卷，第 219、370 页，人民出版社 1993 年版。

相适应的生产关系。"① 诚然，马克思这里所说的生产关系，是指基本经济制度。但历史经验表明：作为社会经济运行方式的经济体制也是由社会生产力决定。所以，我们完全可以把马克思提出的这条原理引申到这方面来。

还要着重提到，党的十七大依据改革开放近 30 年来经验的科学总结，又进一步指出："事实雄辩地证明，改革开放是决定当代中国命运的关键抉择，是发展中国特色社会主义、实现中华民族伟大复兴的必由之路；只有社会主义才能救中国，只有改革开放才能发展中国、发展社会主义、发展马克思主义。改革开放作为一场新的伟大革命，不可能一帆风顺，也不可能一蹴而就。最根本的是，改革开放符合党心民心、顺应时代潮流，方向道路是完全正确的，成效和功绩不容否定，停顿和倒退没有出路。"② 这样提完全正确，非常必要，十分及时。

我们在前面主要是从历史过程方面论证了从计划经济向社会主义市场经济过渡的客观必然性。下面再着重从理论上说明这一点。

第一，在工业化和现代化生产条件下，企业作为社会生产的基本单位，在发展社会生产力方面起着极为重要的作用。但在计划经济体制下，把企业供产销和人财物等方面的权力均集中在政府手中，这就从根本上抹杀了企业的独立经济利益，否定了企业的经营自主权，使得企业成为政府机构的附属物和算盘珠。不仅如此，计划经济体制既不适应利益主体多元化的要求，也不可能完全、充分、及时掌握企业经营管理所必需的信息，再加上政府（特别是部门和地区）本身利益的局限性，以及政府工作人员素质和对客观事物认识过程的限制，政府就不仅不可能对企业实行有效的经营管理，而且必然发生诸多失误。所有这些都会挫伤在客观上作为自主经营、自负盈亏的市场主体的企业的主动性、积极性和创造性。还要提到：在我国社会主义初级阶段，必须贯彻物质利益原则，才能充分调动作为最重要生产力要素的劳动者的积极性。而在计划经济体制下，是不可能从根本上解决作为物质利益原则对立物的平均主义问题的。这就必然会挫伤劳动者的积极性。在科学技术正在成为和已经成为第一生产力的时代，企业的科技人员和经营管理人员在发展社会生产力中的作用大大加强。而计划经济体制在挫伤这些人员积极性方面显得尤为突出。所有这些都会降低企业的

---

① 《马克思恩格斯全集》第 2 卷，第 82 页，人民出版社 1972 年版。
② 《中国共产党第十七次全国代表大会文件汇编》，第 10 页，人民出版社 2007 年版。

营运效益。

第二，在商品经济条件下，企业为了避免被淘汰的命运，为了实现资本的保值和增值，展开了激烈的竞争。这种竞争是推动社会生产力发展的一个最强大的力量。而在计划经济体制下，企业既无开展竞争的冲动，也缺乏这方面的权限和空间。这样，计划经济体制不仅扼杀了企业发展生产的动力，而且扼杀了企业发展生产的压力，这就窒息了企业的活力，使得运营效益低下成为企业的通病。

第三，在商品经济条件下，发展部门之间和地区之间的经济联系，是促进各部门和各地区经济发展的重要因素。但在计划经济体制下，中央政府的集中管理在许多方面都是通过中央行政部门和地方行政部门实现的。这就形成了条条（部门）和块块（地方）的分割状态。与此相联系，又形成了部门利益和地区利益。这种分割状态和部门、地区利益的驱动，必然在很大程度上割断了部门之间和地区之间的经济联系，阻碍了经济发展。

第四，实现国民经济的持续稳定发展，是我国提高宏观经济效益的一个极重要方面。但在计划经济体制下，中央、部门、地方和企业均有旨在实现经济高速增长的动力机制。再加上盲目推行"赶超战略"，以及片面追求以经济增长为主要评价指标的政绩。这样，就会形成了强烈的投资冲动。但在投资方面又缺乏有效的约束和监督机制。由此形成的投资膨胀机制，周期地导致经济总量失衡和结构失衡。而在计划经济体制下，调整这种失衡的主要手段，又是用行政指令大幅度压缩投资。于是，经济的高速增长又迅速变成低速增长，甚至负增长。这样，经济增速大上大下，成为经济发展的常态，从而导致宏观经济效益的低下。

第五，我国社会主义初级阶段的基本经济制度是：社会主义公有制经济占主体地位（其中，国家所有制占主导地位，集体所有制占重要地位），非公有制经济是重要组成部分。但按照计划经济体制的本性，要求在全社会范围内实现国有制。因此，在1958—1976年计划经济体制强化时期，不仅把残存的非公有制经济扫荡无遗，而且对集体所有制生产的主体部分也实行指令性计划，集体所有制还有一部分实现了向国有制的过渡。这样，计划经济体制不仅根本否定了在我国社会主义初级阶段发展社会生产力方面还有重要作用的非公有制经济，而且在很大程度上否定了集体所有制经济的作用。由此也扼杀了各种所有制企业之间的竞争，在很大程度上使经济丧失了活力。这就阻碍了整个国民经济的发展。

上述理论进一步证明：实现由计划经济体制到社会主义市场经济体制的过渡，确乎是一个不以人们意志为转移的客观过程。

第四节 建立社会主义市场经济体制的任务及其主要特性

建立社会主义市场经济体制的任务，就是要根本改革计划经济体制，建成与社会主义初级阶段基本经济制度相结合的、有国家干预的市场经济体制。但这种干预是以市场机制作为配置社会经济资源的主要方式为前提的，以市场机制的作用为基础的。具体说来，就是如前述的要建立由一块基石和七根支柱构成的社会主义市场经济大厦。

这个任务具有以下主要特性：

第一，建立社会主义市场经济体制，就其性质而言，是社会主义制度的自我完善。这里要澄清两个认识误区：一是把自我完善仅仅归结为社会主义制度下经济体制改革的特征。实际上，从一般意义上说，古代社会和资本主义社会条件下的经济体制改革都是各该社会制度的自我完善。因为这些改革也都是在坚持各该社会的基本经济制度的前提下进行的，而且是由作为上层建筑核心部分的政府主动推行的。但这并不妨碍从特殊意义上把中国经济体制改革称作社会主义制度的自我完善。因为这是中国政府在坚持社会主义基本经济制度下主动推行的。二是把自我完善仅仅理解为改革经济体制，而不触动原有的基本经济制度。实际上，中国的经济改革，不仅要实现计划经济体制到社会主义市场经济体制的根本转变，而且要实现由原来的基本上单一的社会主义公有制的格局，到以社会主义公有制为主体、多种所有制共同发展格局的转变。改革的经验表明：这两种转变不是相互孤立的，而是互为条件的。后一种转变是前一种转变的基本前提，也是推动前一种转变的重要因素。

第二，建立上社会主义市场经济体制，具有客观可行性。建立社会主义市场经济体制的可行性问题涉及诸多方面。但从长期的理论争议和改革实践分歧来看，其中的关键问题是社会主义公有制同市场经济能否兼容。但在实际上，市场经济同社会主义公有制尽管有矛盾的一面，但二者不仅是可以相容的，而且具有内在的统一性。为了清楚地说明这一点，有必要分两个层次来说明。

第一个层次是从抽象的社会主义商品经济（即撇开中国社会主义初级阶段的所有制结构和公有制的实现形式）考察。因为社会主义公有制同市场经济是否兼容，是可以还原为社会主义公有制同商品经济是否相容的。按照马克思主义对简单商品生产和资本主义商品生产产生条件所做的分析，我们可以概括出商品生产一般存在的两个条件，即存在社会分工和不同的所有制（或具有独立经济利益的生产经营单位）。

在社会主义初级阶段，社会分工这个条件无疑是具备的。马克思主义认为，在共产主义社会第一阶段（即社会主义社会），劳动还只是谋生的手段。这样，各个生产单位就具有独立的经济利益。因而，社会主义社会必然存在商品生产。

在发达的商品经济（即以工业化和现代化作为物质技术基础的商品经济）条件下，必然产生作用范围覆盖全社会的价值规律。所谓价值规律就是商品价值是由社会必要劳动量决定的，商品价格是由价值决定的。而所谓市场经济就是由价格机制配置社会经济资源。所以，从这个抽象层次考察，社会主义公有制同市场经济具有内在的统一性。

但仅仅停留在这一步，这个问题并没有得到根本解决。原因在于：中国在改革以前，非公有制经济几乎完全绝迹，仅仅存在国家所有制和集体所有制这样两种社会主义公有制形式。但国家不仅对国有企业实行行政指令性计划，对集体企业的主体部分也实行行政指令性计划。而这种以实行行政指令性计划为主要特点的计划经济体制，是排斥市场机制作用的，根本谈不上同市场经济的兼容。

所以，对这个问题的分析还必须进行到第二个层次，即从中国社会主义初级阶段的所有制结构和社会主义国有制的实现形式进行具体考察。

历史经验和理论分析已经充分证明：①在中国社会主义初级阶段，要通过改革建立以社会主义公有制为主体的、多种所有制共同发展的格局。②适应国有经济发挥主导作用要求而保留下来的国有企业，还要通过改革建立以公司制为企业组织形式的现代企业制度。原来的集体企业也要适应商品经济要求进行相应的改革。至于非国有制企业天然就是适应这一要求的。这样，在社会主义初级阶段，各种所有制企业就都成为自主经营、自负盈亏的商品生产经营者。这样，商品经济的价值规律的作用，就覆盖到了全社会范围。这同时意味着市场成为社会经济资源的主要配置方式。从而，社会主义公有制同市场经济的内在统一性，就能成为活生生的现实。

现在的问题是要分析：社会主义公有制同市场经济不能相容的观念长期存在的原因。

（1）对马克思主义创始人关于社会主义社会商品经济要消亡的设想和预言采取了教条主义的态度。实践已经证明：马克思、恩格斯的这个设想是不符合实际的。但这主要是由于他们所处时代的限制。更重要的一点是：马克思在生前多次告诫当时的和后来的共产党人，他们的理论不是教条，而是行动的指南。所以，如果不是对马克思主义创始人的上述设想采取教条主义的态度，而是采取实事求是的态度，那就没有理由把社会主义公有制同市场经济对立起来。

在那些不熟悉或不相信马克思主义的人们（包括国内外的）中，也有人认为，社会主义公有制和市场经济是不相容的。对他们来说，这种观念主要是由于囿于一段期间的历史事实而造成的。因为在历史上，市场经济确实是伴随资本主义私有制经济的确立、发展而形成和发展的；而计划经济是伴随社会主义公有制的建立、发展而形成和发展的。但这种观念就像把国家的宏观经济调控（包括计划）同资本主义私有制看成不相容一样，都是不合理的。

（2）没有把作为基本经济制度的社会主义公有制和作为社会资源配置方式（或社会经济运行方式）的市场经济区别开来。但在理论上这是两个有严格区别的经济范畴。而且国内外实践的经验也表明：在发达的商品经济（包括资本主义条件下的商品经济和社会主义条件下的商品经济）条件下，都必须以市场机制作为配置社会资源的主要方式。当然，同时都需要国家的宏观经济调控。

如果从这个角度来考察，那么，社会主义公有制和市场经济不仅是可以兼容的，而且也具有内在统一性。按照邓小平理论，社会主义的根本原则是"一个公有制占主体，一个共同富裕"。"社会主义的根本任务有很多，但根本的一条就是发展生产力"。① 而党的十一届三中全会以来的改革经验证明：市场取向的经济改革，是重新焕发和激励社会主义公有制企业（特别是国有企业）活力、实现经济持续快速发展和共同富裕的唯一正确道路。当然，像任何事物一样，市场经济也有二重性，在这些方面也都有负面影响。而且，处理不当，也会冲击社会主义公有制的主体地位，在某种程度

---

① 《邓小平文选》第三卷，第 111、137 页，人民出版社 1993 年版。

上导致两极分化。但总的来说，市场经济同社会主义公有制是可以兼容的。而且，在建立社会主义市场经济体制过程中，只要坚持并丰富党的基本理论、基本路线、基本纲领和基本经验，坚持和发展中国特色社会主义道路和中国特色社会主义理论体系，就可以有效地发挥市场经济的积极作用，并限制其消极作用，较好地实现它同社会主义公有制的兼容。

第三，无论如何，在中国这样一个社会主义大国，进行市场取向的改革，实现从计划经济到社会主义市场经济的根本转变，总是一个前无古人的极其艰巨的事业。这主要表现在以下五个方面：

（1）在改革的理论前提方面。1949年10月新中国建立以后，社会主义社会不存在商品经济被看做是马克思主义的基本观点，计划经济被看做社会主义经济制度的基本特征。而在1958—1978年20年间，除了其中的1961—1965年的经济调整时期以外，"左"的路线居于主导地位。在当时的政治环境下，要根本否定马克思主义创始人这个设想和计划经济，就需要极大的革命胆识和理论勇气。而根本否定这一点，正是市场取向改革的理论前提；否则，这种改革就无从谈起。

（2）在确立改革的目标和框架方面。由于缺乏经验和理论准备，在确立市场取向的改革目标和社会主义市场经济的基本框架方面，经历了一个长期的艰苦的探索过程。但在邓小平多次倡导的解放思想、实事求是这条马克思主义思想路线指导下，中国共产党和人民都进行了成功的探索。其过程大致如下：

第一阶段：1978年12月，党的十一届三中全会指出，我国经济管理体制的一个严重缺点是权力过于集中，应该有领导地大胆下放权力，让企业在国家统一计划的指导下有更多的经营管理自主权；应当坚决按照经济规律办事，重视价值规律的作用。从历史观点来看，这可以看做是开了我国市场取向改革的先河。

第二阶段：1979年以后党的文件，特别是1982年9月党的"十二大"指出，正确贯彻计划经济为主、市场调节为辅的原则，是经济体制改革中一个根本性问题。与"文化大革命"期间"左"的路线发展到顶峰的状况相比较，这些提法无疑是巨大进步。但这些规定都还没有从根本上摆脱1956年9月召开党的八大一次会议上的有关提法。

第三阶段：1984年10日中共十二届三中全会指出，我国实行的是有计划的商品经济。这个提法向市场取向改革目标前进了一大步。

第四阶段：1987 年 10 月，党的"十三大"报告指出，国家对企业的管理应逐步转向以间接管理为主。计划和市场的作用范围都是覆盖全社会的。新的经济运行机制，总体上来说应当是"国家调节市场，市场引导企业"的机制。这个提法可以看做是向市场取向改革目标迈出了决定性的一步。

第五阶段：1992 年 10 月，党的"十四大"依据同年初邓小平重要谈话的精神明确宣布："我国经济体制改革的目标是建立社会主义市场经济体制。"1993 年党的十四届三中全会勾画了社会主义市场经济体制的基本框架。

至此，可以认为，我国市场取向改革的目标及其框架在理论上已经基本完成。可见，如果从 1978 年算起，这个过程经过了长达 15 年的时间。

需要指出：在确立市场取向改革目标及其基本框架方面经历了这样的过程，在改革的其他方面，特别是在发展非公有制经济和实现国有企业改革方面也都程度不同的经历了类似的过程。

（3）在实现改革任务方面。实现改革任务，主要也就是构筑一块基石和七根支柱（详见本书第七章）。构筑社会主义市场经济大厦，是一个极其伟大、十分艰巨、非常复杂的社会经济的系统工程。完成这项工程，不仅需要正确的理论指导，也不仅需要巨大的革命胆略和坚强毅力，而且需要高超的指挥艺术。这项改革任务的艰巨性，特别突出表现在作为改革中心环节的国有企业改革方面。由计划经济体制下的国有企业改革成为社会主义市场经济体制下的国有企业，涉及国有经济运行的全过程，是脱胎换骨的改革。而且这种改革是同国有经济战略性调整、国有企业组织结构的战略性调整以及加强企业的技术改造和管理相结合的，是同处理数以千万计的企业冗员、分离大量的企业办社会机构以及补足巨额资本金、降低资产负债率相结合的。这些就使得国有企业的改革任务变得异常复杂艰巨起来。再加上这方面的改革也存在许多失误。诸如：改革起步以后的一个长时间由于没有抓紧社会保障体系的建设，以致国有企业改革事实上难以迈出实质性步伐；20 世纪 80 年代的一刀切的拨改贷，以致后来许多国有企业长期资本金不足，成为国有企业经营状况恶化的一个重要原因；政府职能转变缓慢，大量行政性公司反复出现，甚至发生军警、公安和政法机关经商，事实上为国有企业改革设置了新的障碍；没有抓住卖方市场存在的有利时机，及时放开搞活大量的国有中小企业；在国有大中型企业公司化改造中，没有抓紧法人治理结构和企业经营管理人员的监督、激励制度的建设，以致内部人控制现象严重，等等。这些又使得深化国有企业改革仍然成为一项艰巨的任务。

（4）在实现改革的条件方面。推进市场取向的改革，需要一系列严格条件相配合。其中，主要是要有稳定的、宽松的经济环境和稳定的政治局面。我国近30年的改革经验证明：改革、发展和稳定三者之间存在相互依存、相互促进的统一关系。稳定是前提，改革是动力，发展是目的。改革以来，由于较好地处理了三者之间的关系，促使我国经济的改革和发展取得了举世瞩目的伟大成就。但在改革进程中，营造改革需要的经济环境并非易事。问题在于：由于经济转轨时期各种特有矛盾的作用，在改革过程中，有的年份经济过热。比如，1978年、1985年、1987年和1992年都发生过经济过热。而每当发生经济过热，都会延缓改革的进程，甚至在一定程度上导致改革的倒退。在这几次发生经济过热时，都及时进行了经济调整，使经济环境重新趋于宽松，从而促进了改革的深化。特别是1992—1997年制止了经济过热，实现了经济"软着陆"；1998—1999年又阻止了经济增速的过度下滑，并抑制了通货紧缩的形势；2000年经济增速出现回升，基本上走出了通货紧缩的局面。这就为深化改革创造了稳定的、宽松的经济环境。在改革进程中，创造稳定的政治局面也很困难。这一点，在当前表现得尤为明显。由于各种因素的作用，部分行政官员和国有企业领导人的贪污腐败之风并未从根本上遏制住，城乡、地区和行业之间的收入差别过大。这样，采取各种措施，维护政治稳定，就成为一个十分重要的任务。从相互联系的意义上说，市场取向改革需要的这种经济、政治环境，也使得改革的任务变得异常艰巨。

（5）在实现改革的阻力方面。我国市场取向的改革是由党和政府领导人民进行的，是社会主义制度的自我完善。它根本区别于新民主主义时期党领导人民武装推翻国民党反动派政权的革命。但市场取向改革，毕竟也是一场革命。就经济关系变革来说，主要包括两个方面：①生产资料所有制的部分变革。即实现由单一的社会主义公有制向以公有制为主体，多种所有制共同发展的格局转变。②经济体制的根本变革。即实现计划经济向社会主义市场经济的转变。这是一种经济利益关系的大调整，并且必然带来上层建筑各领域的大调整，从而产生一系列的矛盾和冲突，给改革造成多方面的阻力。诸如：市场取向改革要求根本改变社会主义制度下要消灭商品经济以及计划经济是社会主义经济基本特征的观念、由长期计划经济生活形成的习惯势力。这就会同那些思想观念和习惯转变一时难以跟上的人们发生矛盾。改革要求实现政企职责分开、打破地方保护主义以及消除行政性（或行政性与经济性相结合）的垄断。这些都会同坚持个人（或小集团、或地区的）利益的部分官员发生矛盾。改革要求通过先富带动后富，以实现共同富裕；在一定时期内，改革深化可能加剧失业状况；在改革进程中，难免发生经济过热和通货膨胀，对人民生活产生不利影响；许多改革措施在总体上是有利于人民的，但也会对部分人的利益发生不利的影响。这些都会引起同有关人群的矛盾。改革是从制度上切断腐败的根源。因此，会同腐败分子发生激烈的冲突。市场取向改革会引起上层建筑领域内深刻变革，这也会形成一系列的矛盾和冲突。需要指出：这些矛盾和冲突带有人民性（即除少数敌对分子以外，绝大多数均系人民内部矛盾）、广泛性（涉及的人很多）、复杂性（一时难以辨明是非和处理）、隐蔽性、顽固性和长期性的特点。这是形成改革艰巨性的一个很重要原因。

总之，尽管中国市场取向改革具有客观的可行性，但任务也是十分艰巨的。

第四，中国推进市场取向改革，建立社会主义市场经济体制，采取渐进方式。中国市场取向改革，无论就其整体来说，或者就其各个组成部分来说，都是采取渐进方式的。整体的渐进过程见本章第四节，这里只述其各个组成部分的渐进过程。

就建立社会主义市场经济的微观基础来说，中国经济改革首先是从农村改革开始的。在 20 世纪 70 年代末到 80 年代初，中国废除了农村人民公社制度，实行了以家庭承包经营为基础的、并与土地集体所有制相结合的双层经营制度，解除了公社制度对农民的束缚，实现了耕者有其权（农民对土地和农业生产的经营自主权）。这样，就在农村初步建立了适合市场经济要求的微观基础。但后来的实践证明：要真正使农民成为完全意义上市场主体，还要在流通、税收、土地使用权和城乡二元经济社会体制等方面进行改革。这显然是一个长期的渐进过程。

在发展非公有制经济（包括个体经济和私营经济等）方面，其进展也比国有企业改革快得多。但相对说来，个体经济在 20 世纪 70 年代末就取得了合法地位，因而首先迅速发展起来。而私营经济的合法地经迟迟不明确，开始发展就慢些，甚至戴着个体和集体经济的帽子来发展。但整个非公有制经济在社会主义市场经济中的正确定位，还是 1997 年召开的党的"十五大"以后的事。在这以前，非公有制经济一直被看做是"社会主义经济的补充"（或必要的补充，或有益的补充）。在这以后，非公有制经济才被正确定位为社会主义市场经济重要组成部分。但整个说来，非公有制经济的发展还是比国有经济快得多。

国有企业的改革更是逐步推进的。大体说来，1978—1984 年对国有企业实行以扩大企业自主权为特征的改革，1985—1992 年实行以承包经营制为特征的改革，在 1993 年以后实行以建立现代企业制度为特征的改革。

就建立社会主义市场体系来说，先发展产品市场，再发展要素市场；先实行产品价格市场化，再实现要素价格市场化。在产品价格的市场化方面，也经历了"调整价格为主，放开价格为辅"，到"调整价格与放开价格相结合"，再到"放开价格为主，调整价格为辅"的过程。

就建立包括计划、财政和金融在内的、以间接调控为主的宏观调控体系来说，也是逐步推进的。比如，在计划体制方面，就经历了从指令计划为主，到指令计划和指导计划在不同程度上相结合，再到指导计划为主的过程。

整个说来，作为市场取向改革延伸的对外开放，是快于国内改革的。但对外开放也是逐步发展的。就开放地区来说，1979 年办了深圳、珠海、汕头和厦门四个经济特区，1984 年开放了 14 个沿海城市，1985 年开放了长江三角洲、珠江三角洲和闽南三角洲，1988 年开放了山东半岛和辽东半岛，并创立了海南省这个最大的经济特区，1990 年开放了上海浦东。1992 年以来，又开放沿边城市、沿江城市和内陆省会城市。其后，开放地区还有进一步扩大。

中国经济改革采取渐进方式，不是偶然的现象，而是必然的。因为：

（1）中国虽然从 1978 年底就逐步走上了市场取向改革的道路，但由于认识过程的限制，直到 1992 年召开的党的"十四大"才明确了经济改革以建立社会主义市场经济体制为目标。从这个认识层面来说，这一点就决定了中国经济改革是不可能一蹴而就的，而必然是一个长期的渐进的过程。而且，要在全党和全国人民中就改革问题取得认识上的一致，干部在这方面经验的积累和培训，也要经过一个过程。还要提到：改革各部分的依存条件是有高低和先后之分的。比如农业改革的条件就比工业低，产品市场形成的条件就在资本市场之前。这些客观条件都决定了改革是一个渐进过程。

（2）中国 1958 年和 1970 年两次以行政性分权为主要特征的经济改革，

都因为搞短促的群众运动而失败了。这一点，对党和政府的决策层是记忆犹新的，教训也很深的。因而 1978 年年底开始的市场取向的改革，不大可能再犯这个错误。更为重要的是：1978 年年底召开的党的十一届三中全会重新恢复了被"大跃进"和"文化大革命"破坏了实事求是的思想路线。这意味着党和政府的一切工作（包括改革）都要遵循"实践、认识、再实践、再认识"的正确认识路线进行，工作方法也要依据经过试点、总结经验、再逐步推广的路线。这种工作路线也决定了中国改革是渐进性的。而且，这种工作路线可以保证改革不犯全局性的大错误。小的局部性错误虽然难以避免，但采用这种工作路线，可以及时发现和纠正，从而推动改革的顺利前进。

（3）党的十一届三中全会还着重提出要把党的工作重点转移到社会主义现代化建设上来，并强调要进一步发展安定团结的政治局面。为了适应这两方面的要求，渐进式改革是比较适宜的。这是一方面。另一方面，社会主义现代化建设的发展和安定团结政治局面的巩固，又是顺利推进改革的两个基本条件。

（4）中国渐进式改革是在党和政府领导下依据马克思主义原则主动推行的，是社会主义制度的自我完善。因而，它根本不可能受到西方某些学者"改革理论"（比如"华盛顿共识"、"休克疗法"①）的支配。而正是这一点，把中国改革与苏联和东欧的改革从根本上区分开来。这种区分不仅包括是坚持社会主义制度还是改变这种制度，而且包括是采取渐进式的方法还是采取"休克疗法"。这里之所以着重提出这一点，是因为有的论著在论述这个问题时完全忽略了这个根本前提。更有甚者有的学者竟然宣扬中国经济改革的指导思想是新自由主义。这是根本违反事实的。

上述各点说明中国改革采取渐进方式，不仅对于顺利推进改革是必要的，而且对于促进发展和维护稳定也是必要的。从一定意义上说，这种改革方式是正确处理改革与发展和稳定的关系十分重要的一环。

当然，任何事情都有二重性。改革的渐进方式也是如此，它也有负面作用。比如，它本身就会使得计划经济与市场经济这两种新旧体制并存的

---

① "华盛顿共识"曾经被有些学者归纳为自由化、私有化和稳定化，其理论基础是新自由主义。"休克疗法"不仅倡导自由化、私有化和稳定化，而且主张实行包括一次性放开价格在内的一步到位的激进方式。

时间拖得较长，为寻租活动提供了较大的空间，成为滋生贪污腐败的温床，对改革、发展和稳定都会造成不利的影响。再加上改革工作的失误，这种时间就会拖得更长，从而可能形成一种特殊的利益群体。他们既区别于坚决维护传统体制，希望实现改革倒退，重新回到旧体制的轨道的人群，也区别于坚决推进改革的人群，而是希望维持改革的现状，以维护他们的既得利益。就当前的情况来说，某些贪污腐败分子，某些因违法经营而获暴利的人，就是属于这类群体。如果这类群体壮大及其影响增强，改革就可能出现某种凝固化倾向。这样，不仅会造成改革的停滞局面，而且会对社会稳定构成严重的威胁。

第五节　建立社会主义市场经济体制的进程

为了避免与本书第七章有过多重复，这里对社会主义市场经济体制的建立过程的分析，只是从总体上做简要的描述。

第一，起步阶段（1979—1984年）。党的十一届三中全会提出改革开放方针，启动了中国经济改革的步伐，成为经济改革的起点。

这期间改革的重点在农村，完成了由队为基础、三级所有的农村人民公社制度到以家庭承包经营为基础、统分结合的双层经营体制的过渡。城市改革也开始起步。国有工业先后实行了扩大企业自主权、工业经济责任制和利改税。乡镇企业开始恢复和发展。个体企业开始恢复，"三资"企业开始发展。调放结合，以调为主的价格改革开始启动。产品市场和对外贸易迅速发展。以劳动力为代表的要素市场开始发展。这期间先后在广东、福建两省实行对外经济活动的特殊政策和灵活措施，在深圳、珠海、汕头和厦门试办经济特区。

第二，全面开展阶段（1985—1991年）。党的的十二届三中全会做出《关于经济体制改革的决定》，全面绘制了经济体制改革的蓝图，提出了"加快以城市为重点的整个经济体制改革的步伐，[①] 推动经济体制改革进入全面展开的阶段。"

这期间改革的重点已由农村转到城市，改革在微观、宏观领域全面展开。这期间国有大中型工业企业实行承包制，小型企业实行租赁制。乡镇

---

① 《中共中央关于经济体制改革的决定》，第3页，人民出版社1984年版。

企业迅速崛起。私营企业开始发展。个体企业和"三资"企业迅速发展。以放为主的价格改革全面展开。以资本为代表的要素市场开始发展。对外贸易迅速发展。这期间，先后开放了天津、上海、大连、青岛和广州等 14 个沿海城市，长江三角洲、珠江三角洲和闽南三角洲以及山东半岛和辽东半岛，设立了海南经济特区，特别是开放了上海浦东。

第三，初步完成阶段（1992—2000 年）。1992 年，党的"十四大"提出：中国经济体制改革的目标是"建立社会主义市场经济体制"。① 1995 年党的十四届五中全会提出：到 2000 年，要"初步建立社会主义市场经济体制"②。

在这期间，大部分国有大中型企业建立了现代企业制度，大部分国有小企业也实行了改制。非国有经济继续得到迅速发展。以公有制为主体、多种所有制共同发展的格局初步形成。资本和劳动力等要素市场达到巨大规模。社会主义市场体系初步形成。产品价格改革取得决定性胜利。这期间，还开放了沿边城市、沿江城市和内陆省会城市。这样，我国对外开放就形成了经济特区—沿海开放城市—内地开放城市这样一个包括不同开放层次、具有不同开放功能的梯度开放格局。

第四，完善阶段（2001—2007 年）。③ 1997 年党的"十五大"提出：到 2010 年，要"建立比较完善的社会主义市场经济体制"。④ 2002 年党的"十六大"进一步提出：在 21 世纪头 20 年，要"完善社会主义市场经济体制"。⑤

在这一阶段，以公有制为主体、多种所有制共同发展的格局得到进一步发展，现代企业制度的建设有了进一步推进，现代市场体系和宏观调控体系有了进一步完善，社会保障制度建设得到了较快的发展，"入世"以后按照世界贸易组织规则进一步推动了外向型经济的发展。总的说来，社会主义市场经济体系正在趋于完善。

---

① 《中国共产党第十四次全国代表大会文件汇编》，第 147 页，人民出版社 1992 年版。
② 《中国共产党第十四届中央委员会第五次全体会议文件》，第 3 页，人民出版社 1995 年版。
③ 到 2007 年，我国社会主义市场经济体制的完善阶段并没有完成。但本书的分析只到 2007 年为止。
④ 《中国共产党第十五次全国代表大会文件汇编》，第 20 页，人民出版社 1997 年版。
⑤ 《中国共产党第十六次全国代表大会文件汇编》，第 20 页，人民出版社 2003 年版。

第 七 章

经济体制改革的基本框架：
一块基石和七根支柱

如前所述，社会主义市场经济体制的基本框架可以为归统为一块基石和七根支柱。旨在建立社会主义市场经济体制的经济改革也就是要建立这一块基石和七根支柱。本章就是要分别论述这些问题。

第一节　实行社会主义初级阶段的基本经济制度

一、实行基本经济制度的客观依据及其在建立社会主义市场经济体制中的作用

公有制为主体、多种所有制共同发展，是中国社会主义初级阶段的基本经济制度。实行这一制度，是由中国社会主义社会的性质和初级阶段的国情决定的。

第一，中国社会是社会主义社会，公有制是其经济基础。因此，必须坚持社会主义公有制为主体。这是肯定无疑的。

第二，中国处于社会主义初级阶段。中国在 20 世纪 50 年代中期基本上完成了对生产资料私有制的社会主义改造以后，社会主义经济制度基本上建立起来。从这时起，中国实际上就进入了社会主义初级阶段，尽管当时还没有明确提出这个概念。

社会主义初级阶段，是逐步摆脱不发达状态，基本实现社会主义现代化的历史阶段；是由农业人口占很大比重、主要依靠手工劳动的农业国，逐步转变为非农业人口占多数、包含现代农业和现代服务业的工业化国家的历史阶段；是由自然经济半自然经济占很大比重，逐步转变为经济市场化程度较高的历史阶段；是由文盲半文盲人口占很大比重、科技教育文化落后，逐步转变为科技教育文化比较发达的历史阶段；是由贫困人口占很大比重、人民生活水平比较低，逐步转变为全体人民比较富裕的历史阶段；是由地区经济文化发展很不平衡，通过有先有后的发展，逐步缩小差距的历史阶段；是通过改革和探索，建立和完善比较成熟的充满活力的社会主义市场经济体制、社会主义民主政治体制和其他方面体制的历史阶段；是广大人民牢固树立建设有中国特色社会主义共同理想，自强不息，锐意进取，艰苦奋斗，勤俭建国，在建设物质文明的同时努力建设精神文明的历史阶段；是逐步缩小同世界先进水平的差距，在社会主义基础上实现中华民族伟大复兴的历史阶段。这样的历史进程，至少需要一百年的时间。至于巩固和发展社会主义制度，那还需要更长得多的时间，需要几代人、十几代人，甚至几十代人坚持不懈地努力奋斗。

诚然，从上世纪 50 年代中期中国进入社会主义初级阶段开始到 1978 年，经过近 30 年的发展，社会生产力有了很大提高，各项事业有了很大进步。中国社会主义社会仍将长期处在初级阶段。因此，2007 年召开的党的"十七大"还郑重提出：要"立足社会主义初级阶段基本国情"，并号召全党："牢记社会主义初级阶段的基本国情。"①

社会主义的根本任务是发展社会生产力。在社会主义初级阶段，尤其要把集中力量发展社会生产力摆在首要地位。中国经济、政治、文化和社会生活各方面存在着种种矛盾，阶级矛盾由于国际国内因素还将在一定范围内长期存在，但社会的主要矛盾是人民日益增长的物质文化需要同落后的社会生产之间的矛盾。这个主要矛盾贯穿中国社会主义初级阶段的整个过程和社会生活的各个方面。这就决定了我们必须把经济建设作为全党全国工作的中心，各项工作都要服从和服务于这个中心。只有牢牢抓住这个主要矛盾和工作中心，才能清醒地观察和把握社会矛盾的全局，有效地促进各种社会矛盾的解决。发展是硬道理，中国解决所有问题的关键在于依靠自己的发展。

---

① 《中国共产党第十七次全国代表大会文件汇编》，第 13、54 页，人民出版社 2007 年版。

在社会主义初级阶段，围绕发展社会生产力这个根本任务，要把改革作为推进建设中国特色社会主义事业各项工作的根本动力。改革是全面改革，是在坚持社会主义基本制度的前提下，自觉调整生产关系和上层建筑的各个方面和各个环节，来适应社会主义初级阶段生产力发展水平和实现现代化的历史要求。

在经济方面就是要根本改革计划经济体制，建立社会主义市场经济体制。建立、完善和发展公有制为主体、多种所有制共同发展、平等竞争、相互促进的格局，就是为建立社会主义市场经济体制奠定微观基础。

在这方面，不仅要坚持，而且要完善作为主体的公有制。这里所说的坚持，其含意是不言而喻的。这里所说的完善包含以下几方面的含义：一是要适应发展社会生产力和发挥国有经济的主导作用的要求，压缩国有经济中的比重，同时优化国有经济在国民经济中的布局。二是要根本改革计划经济体制，建立市场经济体制。就其中的微观基础来说，不仅要把国有企业从计划经济体制下的政府机构附属物改革成为市场主体，而且要实现形式多样化。其中特别是要实行股份制。三是根本改革国有企业的组织结构；改变企业"大而全"、"小而全"、企业规模不经济和产业集中度不高的状况。这就是在国民经济中居于主导地位的国有经济来说的。与此同时，还要推进集体企业改革，发展多种形式的集体经济。

在这方面，同时要大力发展包括个体、私营和"三资"企业在内的各种非公有制经济，提高它们在国民经济中的比重，使它们真正成为中国社会主义初级阶段基本经济制度的重要组成部分。

只有同时做到了上述两个方面，商品经济的价值规律才有赖以产生的基础，支撑社会主义市场经济大厦的各个支柱才有赖以树立的基础，从而，作为社会生产资源主要配置方式的市场经济才有赖以建立的微观基础。还要进一步指出，也只有这样，才能充分适应中国社会主义初级阶段社会生产力的发展要求，才能逐步解决这个阶段的主要矛盾，才能实现社会主义现代化，也才能巩固和发展社会主义制度。

二、坚持、完善和发展公有制经济

（一）公有制为主体的含义

要坚持和发展在国民经济中居于主体地位的公有制经济，首先要根本改变在长期的计划经济体制下形成的错误观念。诸如公有制程度越高越先进、公有制范围越大越先进等。历史经验表明：这种观念不仅不利于社会主义公有制主体地位的巩固，甚至危及社会主义制度的存在。因此，必须从发展社会生产力和适应社会主义市场经济的要求出发，重新赋予公有制为主体的正确含义。

依据中国改革的经验，这个含义包括以下几个重要方面：

第一，就公有制的范围来说，公有制经济不仅包括国有经济和集体经济，还包括混合所有制经济中的公有成分。

第二，就公有制的主体地位主要体现来说，要公有制资产在社会总资产中占优势；国有经济控制国民经济命脉，对经济发展起主导作用。这是就全国而言，有的地方、有的产业可以有所差别。

第三，就各种公有制的地位来说，国有经济要占主导地位。在社会主义市场经济条件下，国有经济在国民经济中的主导作用主要体现在控制力上。（1）国有经济的作用既要通过国有独资企业来实现，更要大力发展股份制，通过国有控股和参股企业来实现。（2）国有经济在关系国民经济命脉的重要行业和关键领域占支配地位，支撑、引导和带动整个社会经济的发展，在实现国家宏观调控目标中发挥重要作用。（3）国有经济应保持必要的数量，更要有分布的优化和质的提高；在经济发展的不同阶段，国有经济在不同产业和地区的比重可以有所差别，其布局要相应调整。但集体所有制经济也是公有制经济的重要组成部分。集体经济可以体现共同致富原则，可以广泛吸收社会分散资金，缓解就业压力，增加公共积累和国家税收，对发挥公有制经济的主体作用意义重大。集体经济也不仅要有必要的数量，更要注意质的提高。

第四，就公有制的实现形式来说，可以而且必须多样化。一切反映社会化生产规律的经营方式和组织形式都可以大胆利用。要努力寻找能够极大促进生产力发展的公有制实现形式。股份制是现代企业的一种资本组织形式，有利于所有权和经营权的分离，有利于提高企业和资本的运作效率。国家和集体控股企业，具有明显的公有性，有利于扩大公有资本的支配范围，增强公有制的主体作用。改革中大量出现的多种多样的股份合作制经济，值得重视和完善。劳动者的劳动联合和劳动者的资本联合为主的集体经济，尤其要提倡和鼓励。

（二）坚持、完善和发展国有经济

1949 年新中国成立以后不久，就确立了国有经济在国民经济中的主导地位。其后，一直坚持这种地位，并有了迅速的发展。特别是1978年以来，国有经济有了更为迅速的增长，结构也逐步趋于优化。国有资产总额1952年为370.2亿元，1957年为804.5亿元，1978年为6849亿元，2001年为109316亿元。2001年，中国基础产业占用国有资产总额为37235.7亿元，比1995年增长1.1倍，年均增长率13.5%，占国有工商企业国有资产总量的62.2%，比重较1995年年末提高7.3个百分点；国有大型工商企业占用国有资产总量为45990.7亿元，比1995年年末增长了1.5倍，年均递增16.1%，占国有工商企业国有资产总量的76.9%，比重较1995年提高16.6个百分点。

又据财政部会计决算统计，截至2002年年底，中国国有资产总量共计118299.2亿元，比上年增加8982.8亿元，增长8.2%。在全部国有资产总量中，经营性资产76937.8亿元（占65%），非经营性资产41361.4亿元（占35%）；中央占用国有资产为56594.2亿元（占47.8%），地方占用国有资产为61705亿元（占52.2%）。2002年，经营性国有资产总量比上年增长5.2%。在全部经营性国有资产中，一般工商企业（含境外企业，下同）占用65476.7亿元；金融保险企业（含境外企业，下同）占用10223.0亿元；各类建设基金占用1238.1亿元。从结构变动情况看，一般工商企业国有资产有较大幅度增长，在经营性国有资产中所占比例有所提高，金融保险业国有资产继续稳步增长。2002年，一般工商企业占用国有资产比上年增长了6.9%，占经营性国有资产的比例为85.1%，比上年提高了1.4个百分点。金融保险业占用国有资产比上年增长了8.6%，其中：中央所属金融保险企业占用国有资产比上年增长了11.4%。2002年，非经营性国有资产总量比上年增长14.4%。其中：行政事业单位占用国有资产30406.1亿元，比上年增加4242.6亿元，增长16.2%[①]。

上述数字表明：改革以来，国有资产总量比改革前有了更为快速的增长，结构（包括产业结构和企业结构）也趋于优化。

但是，由于改革以来非国有资产总量有了更为迅速的增长，因而国有资产总量在社会总资产中的比重仍大幅度下降。改革前约占80%—90%，到2001年约占60%左右。第二次全国基本单位普查资料显示，2001年中国302.6万个企业法人的实收资本总额为13.66万亿元，其中：国家资本占

①《经济日报》2003年6月5日第1版。

54.4%、集体资本占 11.3%、个人资本占 18.4%、港澳台资本占 8.1%、外商资本占 7.8%。从企业资本的构成看，国有企业资本中 99% 来自国家资本，其他资本来源仅占 1%；集体企业资本的 82.3% 来自集体资本，个人资本、国家资本等也各占一定比例；私营企业资本的 97.9% 源于个人资本，其他资本只占 2.1%；股份制企业资本中国家资本占了一半以上，为 53.6%，个人资本占 31.6%，集体资本占 12.8%，其余 2% 为港澳台及外商资本；港澳台商投资企业资本的 83.8% 来自港澳台资本，10.5% 来自国家资本；外商投资企业资本的 85% 来自外商资本，9.5% 来自国家资本；其他企业资本的主要构成依次为集体资本、国家资本和个人资本，分别占 44%、34.1% 和 19.7%[①]。然而，实践表明：国有资本比重下降，并没有改变其在国民经济中的主导作用。

但同时需要着重指出，现阶段国有经济的布局、国有企业的组织、体制、管理以及技术进步和产业升级方面存在不利于国有经济主导作用发挥的诸多重大问题。其集中表现就是经济效益相对低下状况并无根本改变。国家统计局第二次全国基本单位普查资料显示，1997—2001 年中国新开业企业（包括国有及集体企业转制、重组和各类新建企业）154.5 万家，占 2001 年年末全部企业数的 51%。按照新开企业营业收入与资本金的比率计算，私营企业资本金产出率为 224%、集体企业 216%、股份制企业 187%、港澳台投资企业 161%、外商投资企业 134%、国有企业（包括国有企业、国有联营企业、国有独资企业）129%。以上数据显示，虽然国有企业的投入产出比也表现出较高的正值增长，但与其他经济类型企业相比明显逊色许多。还有另项统计表明：2001 年，国有企业占用全国金融机构 65.4% 的短期贷款，但创造的产值仅占国内生产总值的 37.9%，而民营企业只占 21% 的短期贷款，创造的产值占国内生产总值的 47.5%。据测算，2001 年国有工业企业净资产回报率为 6.7%，而民营工业企业的净资产回报率为 12.8%。如果加上国有工业企业无偿或低成本的占用资源（如土地和贷款等），那么，国有经济和非国有经济对生产资源的运作效率的差距，会更加突出。因此，亟须继续采取以下五项战略举措，以坚持、完善和发展国有经济。

---

① 中国新闻网，2003 年 5 月 27 日。

1. 对国有经济进行战略性调整

对国有经济进行战略性调整主要包括以下两方面：一是调整即压缩国有经济在国民经济中的比重。二是调整即优化国有经济在国民经济中的布局。前者是后者的前提，我们从前者分析起。

从根本上来说，压缩国有经济的比重，是发展社会生产力的客观要求。新中国成立以后半个多世纪的情况证明：哪个时期国有经济比重适当，经济增速就快；哪个时期国有经济比重过大，经济增速就慢。表7-1和表7-2的资料清楚地说明了这一点。

表7-1　　　　　　　各种所有制经济占国内生产总值的比重　　　　　　单位:%

年份	国有经济	集体经济	非公有经济
1952	19.8	1.5	78.7
1957	40.8	56.4	2.8
1978	56.0	43.0	1.0
1999	约1/3	约1/3	约1/3

说明：1952、1957年是按国民收入计算的。

表7-2　　　　　　　各个时期国内生产总值年平均增长速度　　　　　　单位:%

年份	增长速度
1953—1957	9.2
1958—1978	5.4
1979—1999	9.6

资料来源：《中国统计年鉴》（有关年份），中国统计出版社。

需要进一步指出：尽管改革以来国有经济产值比重已有大幅下降，但当前还有进一步下降的趋势。一是当前国有经济总量仍然过大，而国家又缺乏足够的资本金和经营管理人员来维持这个庞大的框架。二是生产能力总量严重过剩，而且低水平的重复生产过多。三是企业规模不经济，企业组织"大而全"、"小而全"，企业冗员多，企业办社会，以及资产负债率高等方面情况虽有改进，但仍显著存在。四是国有企业经济效益差的状况并无根本改变。更为严重的是：由于历史的、自然的、体制的等多种因素的影响，当前已经形成了一大批扭亏无望及矿产资源枯竭的企业。这样，在深化改革和扩大开放情况下，对国有经济来说，要么在坚持国有经济占主导地位的条件下，主动地进一步压缩，要么大批国有企业在竞争中破产，别无他途。

但需要着重说明：这种压缩并不会导致国有制经济主体地位的丧失，从而不会影响中国社会的社会主义性质。一是因为它不会导致国有资产在社会总资产中优势地位的丧失。改革开放以前，国有资产在社会总资产中占绝对优势，当前还占大部分。这还没有包括国有资产中的无形资产和资源性资产，以及集体经济的资产和混合经济中的公有资产，也没有考虑到伴随社会经济发展而带来的资源性资产的增值（如由级差地租上升而导致的地价上涨）。还要提到：尽管改革以来国有资产比重大幅度下降，但它本身增长速度大大加快了。只不过其增长速度低于其他所有制经济资产的增长速度。但更重要的是，随着国有企业改制、改组、改造的进展，这种速度还会加快。二是因为它不会导致国有经济主导作用的丧失。从问题的本质来看，适当压缩国有产值比重，不仅不会削弱国有经济的控制力，而且会加强这种控制力。如果再考虑到国有经济在各部门布局的优化，国有企业改制、改组和改造，那情况更是这样了。

至于国有经济产值比重下降到多少合适，应兼顾社会生产力发展和国有经济发挥主导作用的要求，并由国家调控下的市场竞争决定。应该肯定，中国实行社会主义市场经济体制，国有经济在经济总量中比重应比一般市场经济国家高一些。当前市场经济发达的国家国有经济在国民生产总量中一般占5%左右，发展中国家一般占10%左右。中国国有经济在相当长一段时间内以占20%以上为宜。但是也不能比重过高，以免影响有效竞争的开展和资源配置效率的提高。

现在我们进一步分析调整即优化国有经济在国民经济各部门的布局。

实际上，国有经济布局不合理是传统计划经济体制的产物。这些问题在1956年中国生产资料私有制的社会主义改造基本完成和计划经济体制完全确立时已经暴露得很充分了。1958年，中共中央就提出和实施建立比较完整的工业体系的区域经济的任务。20世纪60年代中期以后更加强化了这一点。这样，改革以前，国有经济分布不合理状况，就已经发展到了很严重的地步。改革以后，政企分开一直没有得到根本解决。20世纪80年代初开始实行的财政分灶吃饭制度延续了十来年。1994年开始实行了以划分中央政府和地方政府事权为基础的分税制，但改革并没有到位。改革以来，中央政府逐步下放了投资和引进外资的权限，但有效的宏观调控并没跟上。这期间，市场虽有很大发展，但发育并不健全，行政性垄断和无序的、不平等的、过度的竞争还相当普遍。这样，原来存在的不合理状态不仅没有得到根本扭转，甚至有所加剧。在实行对外开放的条件下，还出现了盲目重复引进。在社会生产力大大发展的条件下，又出现了生产能力的相对过剩，主要是结构性过剩。所以，直到 20 世纪 90 年代下半期，国有经济布局不合理的问题，虽然有所改进，但并没有根本解决。

其主要表现如下：

（1）分布过广。国有经济几乎囊括了国民经济所有基本行业。就国有经济中占主要地位的国有工业来说，也几乎包括各个主要工业部门。

（2）国有经济不需要分布的或者要少分布的一般竞争性行业也分布了，甚至还占了很大的比重。比如，直到 2000 年国有及国有控股的食品工业和纺织业的资产分别是全部工业（指国有及规模以上的非国有工业，下同）资产的 50.8% 和 46.2%。

（3）国有经济在基础产业无疑需要占相当大的比重，但现在的问题是占的比重过大。比如，2000 年煤炭开采业、石油和天然气开采业以及电力业等的国有资产分别占了全部工业资产的 92.7%、98.9% 和 89.1%。

（4）国有经济低水平的重复建设过多。据有关部门在 20 世纪 90 年代中期对 28 个省市自治区的调查，产业结构相似系数大于 0.85 的有 8 个，小于 0.85 且大于 0.7 的有 15 个，小于 0.7 且大于 0.59 的有 5 个。问题还在于：直到目前，这种状况还没有得到根本遏制，甚至还在从一般制造业向基础设施（如高速公路和机场建设）和高新技术产业蔓延。

（5）国有经济总体上生产能力过剩。按一般标准，生产能力利用率达到 80% 的算是正常的。但 1995 年全国第三次工业普查资料表明：在 94 种主要工业产品中，生产能力利用率仅达 60% 以上的就有 59 种，占总数的 62.7%；在 50% 以下的有 18 种，占 20%。有关单位统计，到 90 年代末 900 多种工业产品中，有半数以上生产能力利用率在 60% 以下。

（6）国有资产在产业之间的分布，也有同国有经济主导地位不相适应的情况。相对说来，当前国有资产存量分布在竞争性比较强的领域过多，分布在基础产业和基础设施领域不足。

（7）国有经济一些重要产业在技术上、产量上、品种上和质量上的发展又严重不足。这涉及基础产业、支柱产业和高新技术产业等诸多方面。

比如，许多高新技术产业的核心技术并未掌握。石油因产量不足每年需要大量进口。2001年净进口5104万吨，相当于国内产量（16396万吨）的31.1%。钢材和机床因品种质量和技术上的问题在很大程度上也依赖国外供应。2001年净进口钢材1247万吨，相当于国内产量（16068万吨）的7.8%；净进口金属加工机床（特别是数控机床）5.5354万台，相当于国内产量（25.58万台）的21.6%①。

诚然，这些问题中的某些方面同非国有经济也是有关的，但同国有经济关系最大。上述各点不仅不利于社会生产力的发展，不利于市场竞争的展开，而且不利于国有经济竞争力的提高和控制力的加强。因而必须进一步进行国有经济的产业布局的调整。那么，按照什么原则进行这种调整呢？总的说来，要依据社会生产力发展和市场竞争的要求，并考虑到经济全球化和知识经济开始到来的时代特点，按照社会主义市场经济条件下国有经济的功能来确定。这些功能主要包括：一是国家和社会安全功能；二是经济稳定发展功能；三是经济主导功能；四是国际经济竞争功能；五是社会稳定功能；六是经济和社会的可持续发展。

适应上述功能的需要，国有经济可以不同方式（独资、控股和参股）和不同程度（全部介入或部分介入）主要掌握以下四大领域：（1）涉及国家安全和社会安定的行业，如重要军工、钞票印制、航空航天等；（2）自然垄断的行业，包括电信、铁路运输、电力、煤气、自来水等；（3）提供重要公共产品和服务的行业，如大型水利设施、环保设施、城市公共交通、金融、保险等；（4）支柱产业和高新技术产业中的重要骨干企业，如大型油气田、矿山、钢铁、石化、汽车和电子企业等。这些经济命脉部门必须掌握在国家手中，而其他领域的国有经济则可以逐步收缩或退出，逐步实行非国有化。

从长远发展来看，上述的国民经济命脉部门在经济发展的不同阶段会发生变化。当非国有经济有能力并愿意进入这些领域时，国家要不失时机地让出一些领域，以出售国有企业资本，投向新的命脉领域。国有资本这种不断退出旧有领域又不断进入新的领域动态发展过程，是主导国民经济发展的重要方式，是不断地提高其经济控制力的重要途径。

---

① 《中国统计年鉴》（2002），第621—625页，中国统计出版社。

2. 推进国有企业战略性改组

基于前面说过的原因，改革开放以来，国有企业组织结构发生了积极的变化，但目前仍不合理。主要是重复建设严重，企业"大而全"、"小而全"，没有形成专业化生产、社会化协作体系和规模经济，缺乏市场竞争能力。因此，要区别不同情况，继续对国有企业实施战略性改组。

具体说来，极少数必须由国家经营的企业，在努力适应市场经济要求的同时，国家给予必要支持，使其更好地发挥应有的功能；竞争性领域中具有一定实力的企业，要吸引多方投资加快发展；对产品有市场但负担过重、经营困难的企业，通过兼并、联合等形式进行资产重组和结构调整，盘活存量资产；产品没有市场、长期亏损、扭亏无望和资源枯竭的企业，以及浪费资源、技术落后、质量低劣、污染严重的小煤矿、小炼油、小水泥、小玻璃、小火电等，要实行破产、关闭。

在这方面，尤其要区分大型企业和中小企业进行改组，要坚持"抓大放小"。

首要的是抓大。这对于加强国有经济主导作用，具有决定意义。如果国有经济主要在关系国民经济命脉的重要行业和关键领域，掌握千把个甚至几百个大型企业和企业集团，就能主导国民经济的发展。近几年来的实践证明：国有企业进一步加大产业整合力度，推动了国有经济实力继续向大型企业集聚，一批具有技术创新能力和核心竞争力的大型企业和企业集团在国民经济中的骨干作用显著增强。2001年，中国0.9万户国有大型和特大型企业资产总额为109643.8亿元，占全部国有企业资产总额的65.8%；实现利润为2731亿元，占全部国有企业利润总额的97.1%。2001年，国有大型企业前50家的资产总额、利润总额、销售收入和上缴税金占全部国有企业的比重分别为37%、73.6%、34.4%和44.7%。

今后，还要着力培育实力雄厚、竞争力强的大型企业和企业集团，有的可以成为跨地区、跨行业、跨所有制和跨国经营的大企业集团。要发挥这些企业在资本营运、技术创新、市场开拓等方面的优势，使之成为国民经济的支柱和参与国际竞争的主要力量。发展企业集团，要遵循客观经济规律，以企业为主体，以资本为纽带，通过市场来形成，不能靠行政手段勉强撮合，不能盲目求大求全。要在突出主业、增强竞争优势上下工夫。

放小也是一个重要的任务。据统计，2000年，全国国有中小型企业

18.1 万户，占全部国有企业总户数的 94.8%，其中亏损企业 9.4 万户，亏损面为 52%，国有中小亏损企业占全部国有亏损工商企业户数 96.9%，亏损额 1086.8 亿元，占全部国有工商企业亏损额的 58.9%。在全部国有企业中，资不抵债（即负债大于资产）和空壳企业（即损失挂账大于所有者权益）合计为 8.5 万户，占全部国有企业总户数的 44.5%，其中绝大部分也是国有中小企业。

为了放开搞活国有中小企业，要积极扶持中小企业特别是科技型企业，使它们向"专、精、特、新"的方向发展，同大企业建立密切的协作关系，提高生产的社会化水平。要从实际出发，继续采取改组、联合、兼并、租赁、承包经营和股份合作制、出售等多种形式，放开搞活国有小企业，不搞一个模式。对这几年大量涌现的股份合作制企业，要支持、引导和逐步完善。出售要严格按照国家有关规定进行。重视发挥各种所有制中小企业在活跃城乡经济、满足社会多方面需要、吸收劳动就业、开发新产品、促进国民经济发展等方面的重要作用。培育中小企业服务体系，为中小企业提供信息咨询、市场开拓、筹资融资、贷款担保、技术支持、人才培训等服务。

需要着重指出：在国有企业战略性改组过程中，要充分发挥市场机制的作用，综合运用经济、法律和必要的行政手段，防止过多的行政干预。在涉及产权变动的企业并购中要遵循公开、公平、公正的原则，做好产权界定。要规范资产评估，防止国有资产流失，防止逃废银行债务及国家税款，妥善安置职工，保护职工合法权益。同时要遵循市场经济规律要求，正确处理有关问题。比如，一般来说，固定资产作价不能按原值价，必须按重置价。这样，才能保障买卖双方的经济利益，顺利推进产权变动。

改革以来，在抓大放小方面取得了重大进展。比如，2003 年国资委成立以来，对 196 家中央企业进行了重组，2006 年企业已减至 157 家。经过 3 年布局和结构调整，2006 年，中央企业在国防军工、石油石化、电力、电信、民用航空、航运、重要矿产资源开发等关系国家安全和国民经济命脉的重要行业和关键领域中的企业户数，占全部中央企业户数的 25%，但资产总额占到 75%，国有资产占到 82%，实现利润占到 79%。通过改组、联合、兼并、租赁、承包经营、合资、转让国有产权和股份制、股份合作制等多种形式，国有中小企业改制面达到 80%—90%。一批长期亏损、资不抵债和资源枯竭的国有企业通过政策性关闭破产退出市场。[①]

3. 在国有企业中建立和完善现代企业制度

这个问题留待本章第二节进行专门论述。

4. 加强和改善国有企业管理

这是建立现代企业制度的内在要求，也是国有企业提高竞争能力的重要途径。改革以来，企业管理趋于改善。但还有相当一部分企业存在决策随意、制度不严、纪律松弛、管理水平低下的状况，亟须改变。因此，必须切实加强和改善国有企业管理。

为此，一要加强企业发展战略研究。企业要适应市场要求，制定和实施明确的发展战略、技术创新战略和市场营销战略，并根据市场变化适时调整。实行科学决策，提高决策水平。搞好风险管理，避免出现大的失误。二要健全和完善各项规章制度。强化基础工作，彻底改变无章不循、有章不循、违章不究的现象。建立各级、各个环节的严格责任制度，加强考核和监督检查，确保各项工作有人负责。要完善劳动合同制，推行职工全员竞争上岗，严格劳动纪律，严明奖惩，充分发挥职工的积极性和创造性。要增强法制意识，依法经营管理。三要重点搞好成本管理、资金管理、质量管理，以及安全管理和资产管理。建立健全全国统一的会计制度。要及时编制资产负债表、损益表和现金流量表，真实反映企业经营状况。要切实改进和加强经济核算，堵塞各种漏洞。坚持质量第一，采用先进标准，搞好全员全过程的质量管理。坚持预防为主，落实安全措施，确保安全生产。要加强资产管理，重视企业无形资产的管理、保护和利用。加强对企业经济活动的审计和监督，坚决制止和严肃查处做假账、违反财经纪律、营私舞弊、挥霍浪费等行为。四要广泛采用现代管理方法和手段。加强现代信息技术的运用，建立灵敏、准确的信息系统。五要合理设置企业内部机构，改变管理机构庞大、管理人员过多的状况。六要加强民主管理，实行民主决策、民主管理和民主监督，推行厂务公开。七要发展以先进理念为指导的企业文化，提倡爱岗敬业、诚实守信、奉献社会的良好职业道德，加强职工队伍建设。八要建设高素质的经营管理者队伍。国有企业要适应建立现代企业制度的要求，在激烈的市场竞争中生存发展，必须建设高素质的经营管理者队伍，培育一大批优秀企业家。这是一个十分重要的

① 《中国统计年鉴》（2007），第54页，中国统计出版社。

事情，亟须解决。为此，要深化国有企业人事制度改革。积极探索适应现代企业制度要求的选人用人新机制，把组织考核推荐和引入市场机制、公开向社会招聘结合起来，把党管干部原则和董事会依法选择经营管理者以及经营管理者依法行使职权结合起来。进一步完善对国有企业领导人员管理的具体办法，避免一个班子多头管理。对企业及企业领导人不再确定行政级别。但从根本上说来，要加快培育企业经营管理者人才市场。按照公开、平等、竞争、择优原则，优化人才资源配置，打破人才部门所有、条块分割，促进人才合理流动。要加强教育培训，并营造经营管理者和企业家队伍健康成长的社会环境。还要特别关注建立和健全国有企业经营管理者的激励和约束机制。把物质鼓励同精神鼓励结合起来，既要使经营管理者获得与其责任和贡献相符的报酬，又要提倡奉献精神，宣传和表彰有突出贡献者。要积极实行经理年薪制、持有股权等分配方式。要规范经营管理者的报酬，增加透明度。加强和完善监督机制，把外部监督和内部监督结合起来。健全法人治理结构，发挥其相互制衡的作用。还要加强党内监督和职工民主监督的作用，加强对企业及经营管理者在资金运作、生产经营、收入分配、用人决策和廉洁自律等重大问题上的监督。建立企业经营业绩考核制度和决策失误追究制度，实行企业领导人员任期经济责任审计，凡是由于违法违规等人为因素给企业造成重大损失的，要依法追究其责任。

5. 加快国有企业技术进步和产业升级

改革以来，在这方面已经取得了明显进展。但又远远不能适应实现社会主义现代化第三步战略目标的需要，以及经济全球化和知识经济化时代的需要，也不利于发挥国有经济的主导作用。因此，加快国有企业技术进步和产业升级，仍然是一个十分重要而又紧迫的任务。为此：

一是要确定国有企业技术进步和产业升级的重点以及对各类企业的要求。其重点是：以市场为导向，用先进技术改造传统产业，围绕增加品种、改进质量、提高效益和扩大出口，加强现有企业的技术改造；在电子信息、生物工程、新能源、新材料、航空航天、环境保护等新兴产业和高技术产业占据重要地位，掌握核心技术，占领技术制高点，发挥先导作用。但在这方面要注意处理好提高质量和增加产量、发展技术密集型产业和劳动密集型产业、自主创新和引进技术、经济发展和环境保护的关系。其要求是：通过技术进步和产业升级，使少数大型企业和企业集团在产品质量、工艺技术、生产装备、劳动生产率等方面达到或接近世界新近水平，在国际市场上占有一定的份额；使一批企业和企业集团具有较高技术水平，能够生产高附加值产品，在国内外市场有较强竞争力；使多数企业不断进行技术改造和产品更新，并充分发挥中国劳动力充裕的优势，积极参与国内外市场竞争。

二是要确定技术进步和产业升级的主体是企业，要形成以企业为中心的技术创新体系。企业要加强技术开发力量和加大资金投入，大型企业都要建立技术开发中心，研究开发有自主知识产权的主导产品，增加技术储备，搞好技术人才培训。要推进产学研结合，鼓励科研机构和大专院校的科研力量进入企业和企业集团，强化应用技术的开发和推广，增强中间试验投入，促进科技成果向现实生产力的转化。

三是完善专利保护制度，培育风险投资基金，发展技术市场，并按人力资本理论建立对科技人员的激励机制，以进一步开拓创新的技术、资金和人才资源。

四是发展全国统一的、有序的、平等竞争的、价格机制合理的市场体系，从市场方面增强企业技术创新的压力，根本改变在地方政府保护下形成的、过多的、低水平的重复建设、重复引进和过度竞争，乃至制造和销售假冒伪劣产品以及不讲信用的行为。

五是在宏观调控方面，要建立有效的宏观调控体系，着重综合运用经济和法律手段，建立新的投资统计体系和投资导向信息发布制度，提高技术创新投资的效益，减少无效投资和低效投资，特别是要避免低水平的重复建设，并促进乃至强制淘汰落后设备。尤其是在财政方面，在建设公共财产的前提下，还要集中必要力量，对重点行业、重点企业、重点产品和重大先进装备制造加大技术改造投入，并向老工业基地和西部倾斜。对于有市场、有效益、符合国家产业政策的技术改造项目，给予贷款贴息支持；对这类技术改造项目的国产设备投资，实行税收鼓励政策。培育和发展产业投资基金和风险投资基金。充分利用国内外资本市场筹集资金，支持企业技术改造、结构调整和高新技术产业发展。实施促进科技成果转化的鼓励政策，积极发展技术市场。继续采取加速折旧、加大新产品开发费提取、减免进口先进技术与设备的关税和进口环节税等政策措施，鼓励企业进行技术改造。

由于采取上述五项战略措施，国有经济就能得到坚持、完善和发展。

其主导作用也能得到发挥。详细数据见本章第二节。

(三) 发展集体经济

现阶段中国集体经济主要包括以下三部分：一是农业集体经济；二是乡镇企业中的集体经济；三是城镇集体经济。由于三者在发展方面差别较大，需分别论述。

1. 发展农业集体经济

当前农业集体经济的主要形态就是以家庭承包经营为基础的、与作为农业主要生产资料的土地集体所有制相结合的经济，并实行农民家庭分户经营与以社会化服务为内容的集体统一经营的双层经营体制。

家庭承包经营最早萌芽于 20 世纪 50 年代上半期的合作化时代，再生于 60 年代初由"大跃进"造成的经济困难时期。但主要由于"左"的错误，在这两个时期都没能发展起来。只是在 1978 年开始改革以后，它在解放生产力方面以其极强大的生命力迅速代替了改革前存在的队为基础、三级所有的人民公社制度，到 80 年代初在农村中占了主要地位，并极大地推动了农业生产发展。当然，也要看到：改革以来，农产品价格体制和流通体制的改革，以及农业科技发展，在推动农业发展中也起了重要作用。

但是，在家庭承包经营制确立以后，又出现了很多不利于巩固农业双层经营体制的问题。主要是：农户分散经营与大市场相矛盾；农产品流通体制和价格体制的改革还未到位；农民税费负担过重；农业的产品结构和产业结构与新的市场经济不适应；农业技术进步缓慢；农业生产和农民收入增速下降等。针对这些问题，采取了一系列发展集体经济的战略措施。一是在长期稳定家庭承包经营这一基本制度的前提下，[①] 积极推进农业产业化经营。二是进一步深化农产品流通体制和价格体制的改革。三是着力推进农村税费改革，切实减轻农民的负担，以便真正做到由建国初的土地改革实现耕者有其田（土地所有权），到改革后的家庭承包经营制实现耕者有其权（土地经营权），再到税费改革实现耕者有其利（农民得到实际经济利益）。四是加大农业结构调整力度，以适应市场的需要。五是加强先进科技在农业中的推广运用。六是动用工业反哺农业政策，并在世界贸易组织的框架内，充分利用其"绿箱"政策和"黄箱"政策，加强财政对农业在各

---

① 按照 2003 年 3 月 1 日施行的《中华人民共和国农村土地承包法》的规定，耕地、草地和其他的承包期分别为 30 年、30—50 年、30—70 年（《经济日报》2002 年 8 月 30 日第 9 版）。

方面的支持力度。七是大力发展小城镇，加速分流农业中的富余劳动力（详见本书第七章第六节）。这些措施大大促进了农村集体经济的巩固和农业生产的发展。

1953—1978 年，农村增加值年均增速为 2.1%，1979—2007 年提高到 4.6%（详见附表 1、附表 3）。

但是，为了巩固和发展农村集体经济，还需继续贯彻并完善相关政策措施，特别是要着力继续研究和完善农业土地的使用权问题。

2. 发展乡镇企业中的集体经济

中国乡镇企业[①]发生于 20 世纪 50 年代农业合作化特别人民公社化时期，再生于 70 年代，并于改革以后依靠其本身具有的较为适合市场经济要求的经营机制和收入分配机制，在 80 年代和 90 年代有了突飞猛进的发展，以致乡镇企业已经发展成为农村经济的主体部分和国民经济的重要支柱。

改革以来，尽管乡镇企业成为一支异军突起的重要力量，但在发展过程中还存在许多有碍于其进一步发展的问题。诸如农村基层政权对其行政干预过多，产权不清，结构不合理，技术和管理落后，税负过重以及融资困难等方面的问题都较突出。因而采取了一系列相应措施以促进其发展。这里要着重指出：大力贯彻 1997 年 1 月开始实施的《中华人民共和国乡镇企业法》，对于进一步发展乡镇企业起了重要作用。一是它为乡镇企业的发展提供了法律保障，根除了农民在发展乡镇企业方面的顾虑，极大地调动了他们的积极性。二是规定了国家对符合条件的乡镇企业在税收、信贷、人才培训、各单位经济技术合作以及发展对外经济关系等方面的支持。三是在生产经营活动各方面都做出了明确规定，使企业可以依法规范经营。四是使乡镇企业可以依法维护自己的权益。五是使政府可以依法行政和依法监督。[②] 当然，乡镇企业本身在推进改革、调整结构、改善管理、增加投资和加强人员培训等方面也做出了努力。

---

① 需要说明：这期间乡镇企业的名称和性质都有了变化。在 1984 年以前，称"社队企业"，以后称"乡镇企业"。改革以前，乡镇企业均属集体企业。改革以后，其性质逐步发生了变化，大体包括以下四种类型：一是社队企业；二是社员联营合作企业；三是其他形式的合作企业和集体为主（或控股）的股份制企业（或企业集团）；四是个体和私营企业。只有前三类大体上可以看作集体企业。还要说明：改革以来，第四类在乡镇企业中占的比重呈加大趋势，当前已经占了大部分。2001 年，个体私营企业增加值已经达到 20420 亿元，占乡镇企业增加值的 69.7%。（《经济日报》2002 年 2 月 12 日第 4 版）。

② 详见《人民日报》1996 年 10 月 31 日第 2 版。

这样，改革以来，乡镇企业就获得了极为迅速的发展。1978—2006 年，乡镇企业增加值由 208 亿元增加到 57955 亿元，占国内生产总值的比重由 5.7% 上升到 27.5%（详见附表 22）。乡镇企业的发展在推进改革，增加税收和出口，特别是在扩大就业方面，也做出了重大贡献。但也应看到，乡镇企业在产权改革、优化结构、技术升级和改进管理等方面还面临着繁重任务。

3. 发展城镇集体经济

中国城镇集体企业是在 20 世纪 50 年代上半期对个体工商业实行社会主义改造过程中建立起来的。但在 1958 年以后，由于"左"的政策的影响，将其中不具备条件的一部分城镇集体企业转变为国营工厂；大部分城镇集体企业虽然保留下来，但劳动者个人产权被否定，股金和劳动分红制度被取消，实际上变成了"二国营"，从而严重束缚了城镇集体经济的发展。1976 年粉碎"四人帮"以后，经过拨乱反正，清除"左"的错误，恢复了城镇集体经济的原来面貌。1978 年以后也逐步走上了市场取向改革的道路，进一步增强了城镇集体经济的活力，有了迅速的发展。

但城镇集体经济在发展过程中还有不少困难。主要是许多企业改革并未真正到位，企业内部治理结构和民主管理不健全，产品结构、企业管理和技术设备不适合市场竞争的需要，人才缺乏和筹资困难等。为此，采取了以下重要措施：一是在理顺企业与政府和联社关系的前提下，依据各种具体情况采取多种方式（如改建为股份合作制，组建有限责任公司，以及联合和兼并等）把企业搞活，使企业真正成为市场主体。二是健全企业内部治理结构，加强民主管理，实行厂务公开，并推进结构调整和技术进步。三是大力贯彻 2003 年 1 月开始实行的《中华人民共和国中小企业促进法》。诚然，该法是适用于各种所有制的中小企业。但由于城镇集体企业主要是中小企业，因而尤为适用。该法明确规定"国家对中小企业实行积极扶持，加强引导，完善服务，依法规范，保障权益的方针，为中小企业的创立和发展创立有利的社会环境"，并就资金支持、创业扶持、技术创新和社会服务方面提出了具体措施[①]。

这样，改革以来城镇集体企业也有了比较迅速的发展。以在城镇集体经济中占主要地位的工业为例，1978—2006 年，集体企业产值由

---

① 《经济日报》2002 年 7 月 1 日第 8 版。

948 亿元增加到 9814 亿元，按现价计算，增长了 8.7 倍。但由于其他所有制工业增速更快，因而占工业总产值的比重由 1979 年的 23.5% 下降到 2005 年的 3.1%（详见附表 16）。但城镇集体企业在发展中也面临着上述的乡镇企业相类似的问题，特别是继续推进产权改革方面的问题还更为复杂。

三、发展非公有制经济

中国现阶段非公有制经济主要包括个体经济、私营经济和外资经济以及混合所有制经济中非公有成分。

中国在 20 世纪 50 年代中期完成了对生产资料私有制的社会主义改造以后，非公有制经济所剩无几，而且都是个体经济。在 1958 年开始的"大跃进"和 1966 年开始的"文化大革命"中由于实行"左"的政策，这些残余的非公有制经济又被扫荡无遗。但在 1978 年改革以来，逐步形成了比较完整的发展非公有的政策和法规体系。一是把非公有制经济法规范围从原来的个体经济扩大到私营经济和外资经济。二是把非公有制在国民经济中的定位由原来的"社会主义经济的必要补充"提高到社会主义市场经济基本经济制度的重要组成部分。三是把发展非公有制经济有关规定先写入政策、法规和一般法律，后又写入了宪法。这就为发展非公有制经济构造了良好的政策和法律环境，大大地调动和发挥了非公有制经济的积极性，充分利用了它们的生产资源。

由计划经济体制形成的短缺经济和卖方市场，使得本来很有限的购买力也难以充分实现。而改革以后不仅根本改变了这种状况，而且由于在经济高速增长的基础上大大提高了包括投资品和消费品在内的购买力，扩充了市场容量。这是改革以后非公有制经济得以迅速发展十分有利的市场环境。

非公有制经济天然是市场经济的微观基础。这样，在公有制经济改革一时还难以到位的情况下，非公有制以其特有的活力迅速发展壮大了自己。

改革以来，由于上述各种重要因素的作用，再加上非公有制经济的基数很低（几乎为零）。这样，它就以异乎寻常的、远远超过公有制经济的速度飞快发展，以致在国民经济中的比重迅速提高。1978 年公有经济占国内生产总值的 99%（其中国有经济和集体经济分别占 56% 和 43%），非公有制经济（主要是个体经济）仅占 1%。到 21 世纪初，公有经济比重下降到约为 3 成，非公有经济上升到约为 7 成。[①] 再以在国民经济占主导地位的工业总产值来说，1980 年，公有经济占 99.5%（其中国有经济和集体经济分别占 76.0% 和 23.5%），非公有经济（包括个体私营和外资经济等）占 0.5%。2006 年，公有经济比重下降到 42.4%（其中国有和国有控股企业与集体企业分别占 39.3% 和 3.1%），非公有经济占 57.4%（包括个体、私营和外资经济等）（详见附表 16）。

但是，当前为了进一步调动非公有制经济的积极性，充分利用两种市场和两种资源，以加快社会主义现代化建设，为了扩大就业，以维系社会稳定，为了深化改革和扩大开放，以建成社会主义市场经济体制，并提高国际竞争力，仍需在坚持国有经济占主导地位的前提下大力发展非公有制经济。

为此，从根本上和总体上说来，就是创造各类市场主体平等使用生产要素的环境；形成各种所有制经济平等竞争、相互促进的新格局。当前需要进一步取消一切限制非公有制企业的不合理规定，在市场准入、土地使用、信贷、税收、上市融资和进出口等方面，对不同所有制实行同等待遇。鉴于非公有制经济的大部分是中小企业，还要大力贯彻《中小企业促进法》规定的国家对中小企业实行积极扶持、加强引导、完善服务、依法规范、保障权益的方针，在资金支持、创业扶持、技术创新和社会服务等方面为中小企业的创立和发展创造有利的社会环境。还要完善保护私人财产的法律制度。但同时需要依法在各方面（包括产品质量、技术和生产安全等）加强对非公有制企业的监管，并加强税收征管。

以上是侧重从内资企业来说的，对外资企业来说，要在世界贸易组织的框架内，继续完善利用外资政策，改善投资环境，实行国民待遇，提高利用外资质量，扩大利用外资规模，优化外资结构。要着力引进先进技术、现代化管理经验和专门人才。鼓励和引导外商投资现代农业、高新技术产业、制造业、基础设施建设、西部开发和参与国有企业改造、重组。鼓励外商特别是跨国公司在中国境内建立研究开发中心和生产制造基地。继续推进服务领域开放，引进商贸、旅游、会计、审计等方面有信誉的境外大企业和中介组织，促进中国服务业的发展。还要积极创造条件，吸引境外中小企业投资。

---

① 《经济日报》2005 年 8 月 4 日第 5 版。

以上是从政府层面说的，就非公有制企业本身来说，要适应市场需要，积极调整产品结构，并提高技术和管理水平。对其中的规模较大的企业来说，还要积极推进现代企业制度的建设。

综上所述，经过 30 年的改革，中国已经形成了以公有制为主体、多种所有制共同发展的格局。今后仍需坚持、完善和发展这个格局。这对于建成社会主义市场经济体制以及实现社会主义现代化建设第三步战略目标，具有决定性意义。为此，今后仍然必须继续坚决贯彻党的"十六大"、"十七大"的精神。党的"十六大"提出：第一，必须毫不动摇地巩固和发展公有制经济；第二，必须毫不动摇地鼓励、支持和引导非公有制经济发展；第三，坚持公有制为主体，促进非公有制经济发展，统一于社会主义现代化的进程中，不能把这两者对立起来。党的"十七大"进一步提出：坚持和完善公有制为主体、多种所有制经济共同发展的基本经济制度，毫不动摇地巩固和发展公有制经济，毫不动摇地鼓励、支持、引导非公有制经济发展，坚持平等保护物权，形成各种所有制经济平等竞争、相互促进的新格局。[①]

第二节　建立现代企业制度

对中国各种所有制的较大规模企业来说，都有一个建立现代企业制度的问题。但旨在建立现代企业制度的国有企业改革，是整个经济体制改革的中心环节。这个问题显得十分重要，任务也极为艰巨。故在此专门论述国有企业建立现代企业制度的问题。当然，从一般意义上说，这里讲的道理，在某种程度上对其他所有制企业也是适用的。

一、建立现代企业制度的客观依据及其在建立社会主义市场经济体制中的作用

建立现代企业制度，是适应社会发展、推进中国社会主义现代化建设的要求的。

为了说明这一点，有必要简要地分析一下，由以自然人产权为特征的传统的企业制度向以法人产权为特征的现代企业制度转变的过程。

---

① 《中国共产党第十六次全国代表大会文件汇编》，第 24—25 页，人民出版社 2002 年版；《中国共产党第十七次全国代表大会文件汇编》，第 25 页，人民出版社 2007 年版。

在自由竞争的资本主义时代，传统私人企业主制度是占主要地位的企业组织形式。与这种企业组织形式相适应，自然人产权制度也成为这个时代主要的产权制度。这种产权制度的基本特征有二：一是产权占有主体是唯一的，产权边界十分明确；二是产权主体拥有完整的产权，即享有对其财产的占有、使用、处置和收益权。

自然人产权制度是在欧洲封建制度解体的过程中形成和发展起来的。自然人产权制度适应了当时社会生产力发展状况，其积极意义在于它首次塑造了近代私人企业产权主体，明确划分了不同主体之间的产权边界，为发展包括产品和各类生产要素在内的市场、发挥市场机制在配置社会生产资源和提高生产要素营运效益的作用奠定了基础。因而，成为推动当时社会生产力发展的最积极的因素。但像任何制度一样，这种制度在发展社会生产力方面自始就有它的局限性。但在资本主义自由竞争时代，这种矛盾并不尖锐。随着生产社会化的进一步发展，这种矛盾也就激化起来。因为生产社会化的发展，要求资本大规模的、迅速的集中和通晓现代企业管理的经理阶层的产生，以及加大防御经营风险的能力。而传统私人企业主与自然人产权制度同这三个要求是相矛盾的。

适应生产社会化发展的这种要求，作为现代企业组织的公司（其典型形态是股份有限公司）和法人产权制度也就产生了。在法人产权制度下，产权结构具有新的特点。一是出资者所有权和公司法人财产权的分离。由出资人组成的股东大会，是公司的最高权力机关，但股东只是以其出资额为限对公司债务承担责任。公司是独立的法人实体和市场主体，并以全部资产对公司债务承担责任。二是所有权和经营权在公司法人形态上的统一。公司法人是一个既具有所有权，又具有经营权的完整的产权统一体。这种所有权和经营权的统一性，表现在董事会的职能上。从法律意义上讲，股东大会是公司的最高权力机构，董事会是股东大会闭会期间的最高权力机构。事实上，董事会有权决定公司的一切重大经营管理活动，以及任免包括经理在内的公司高级管理人员。因此，董事会就是公司产权整体性的人格化代表。三是所有权和经营权在公司法人内部的分离。作为公司产权的代表机构的董事会把经营权授予职业化的经理，经理便拥有了公司的经营管理权。于是，统一的公司法人便分解为两部分：董事会掌握所有权，经理掌握经营权。

这样，公司在产权结构方面的创新，不仅较好地解决了上述的自然人产权下不能解决的三个矛盾，而且在出资者所有权和法人财产权之间以及公司内部的所有权与经营权之间形成了一个精巧的激励机制、制约机制和制衡机制，为提高生产要素营运效益提供了有效的微观基础。公司制度的建立，没有也不可能从根本上解决生产社会化与私人资本主义占有制度之间的矛盾。但它却在资本主义私有制的范围内大大扩展了这种经济制度对于社会生产力发展的容量，从而成为缓和资本主义社会基本矛盾的一个极重要的因素。这就能从一个重要方面说明：为什么资本主义世界在第二次世界大战以后仍然赢得了社会生产的巨大发展。当然，促进这种发展的因素是很多的，诸如新的科学技术革命，旨在缓和劳资之间矛盾的各项办法的实施（如提高工资、增加福利和吸引职工参与管理等），对第三世界廉价能源和原料掠夺，以及经济全球化的大发展等。但作为资本主义经济微观基础的公司制度的发展，显然是一个主要因素。它像市场经济一样，是资本主义制度文明几百年发展的最重要的积极成果。

需要进一步指出：现代资本主义市场经济的发展，为巩固和完善作为现代企业制度的公司制又创造了一系列的条件。重要的有：产品市场竞争的充分展开，资本市场的发展，经理市场的形成，法制的加强，独立董事的建立，作为中介组织的会计师事务所和律师事务所的发展。当然，公司制也不是完美无缺的，仍需要伴随社会经济的发展而不断完善。

从一般意义上，上述内容对中国社会主义市场经济也都是适用的。结合中国实际情况，吸收这些文明成果，是适应社会生产力发展的要求、推动社会主义现代化建设的重要因素。

不仅如此，建立现代企业制度还是适应市场取向改革的要求，为建立社会主义市场经济体制奠定最主要的微观基础。问题在于：建立社会主义市场经济体制，本质上就是实现社会主义公有制与市场经济的结合。实现结合的关键是要构建社会主义市场经济的微观基础，主要就是将原来作为政府机构附属物的国有企业改造成为市场主体。实现这种改造的最有效途径就是进行作为现代企业组织形式公司化的改造，特别是股份制的改造。这样，旨在建立现代企业制度的国有企业改革就成为市场取向改革的中心环节和最主要的基础性工程。

二、现代企业制度的主要特征

现代企业制度的主要特征有以下四方面：

第一，产权清晰。这是现代企业制度的首要特征。这是指以法律的形式明确企业的出资者与企业的基本财产关系，尤其是明确企业国有资产的直接投资主体，以彻底改变原来企业的国有资产理论上出资者明确、实践上出资者含糊、没有人格化的投资主体，哪个政府部门都可以代表国有资产出资者来行使国有资产所有者权力而又谁都可以不为国有资产负责的状况。实现产权清晰，就是要建立一套符合社会主义市场经济要求的经营性国有资产的管理、监督和运营体系，明确企业国有资产的投资主体，使所有者代表到位，进入企业行使所有者权力，从而落实国有资产保值增值的责任；并以公司制度作为企业的组织形式，形成企业法人制度和有限责任制度。

第二，责权明确。这是指出资人与企业法人之间的权力、责任关系要明确。国家作为国有资产投资主体对企业的国有资产行使所有者权利，承担所有者义务，即按投入企业的资本额，享有资产收益、重大决策和选择管理者等权利。企业破产时，国有资产投资主体只以投资企业的资本额为限对企业的债务承担有限责任。企业则拥有包括国有投资主体在内的各类投资者投资形成的企业法人财产权，并作为独立的利益主体进行各种经营活动，同时以独立的民事主体身份承担法律责任。

第三，政企分开。这是指在理顺企业国有资产产权关系、明确产权承担主体的基础上，实行政府与企业的职能分开，建立新的政府与企业的关系。一是政府的社会经济管理和国有资产所有权职能分开，同时构筑国有资产出资人与企业法人间规范的财产关系，强化国有资产的产权约束。二是政府的行政管理职能和企业的经营管理职能分开。政府主要通过经济、法律等措施，调控市场，引导企业，把企业的经营权交给企业，并取消企业与政府之间的行政隶属关系，同时把企业承担的政府和社会职能分离出去，分别由政府和社会组织来承担。三是国有资产的管理、监督与经营职能分开，并由相应的机构分别承担管理、监督和经营职能。

第四，管理科学。这是指通过建立科学的法人治理结构，形成一套相互制衡的企业治理机制，通过股东大会、董事会、监事会和经理层等公司治理机构的设置和运转，实现出资者所有权与法人财产权的有效分离。在产权清晰、政企分开、责权明确的基础上，加强企业内部管理，形成企业内部的一系列科学管理制度，包括企业领导制度、企业用工制度、企业财会制度、企业酬金制度和企业民主管理制度等。

三、建立现代企业制度的难点

改革经验表明：在国有企业中建立现代企业制度，是一项极其艰难的事业。主要有以下四方面：

第一，历史包袱难以化解。由于传统体制的弊端，国有企业的困难长期积累下来，使其背上了沉重的历史包袱。一是富余人员过多。除了已经大量的下岗人员外，到上世纪90年代下半期国有企业还有近3000万富余人员，一般企业的富余人员占全部职工的20%—30%。二是债务负担过重。到上世纪90年代下半期国有企业欠银行的债务已超过3万亿元，其中不良债务达1/3；此外，企业之间的"三角债"也十分严重。三是离退休职工过多。到上世纪90年代下半期国有企业包下来的退休职工同在职职工的比例，一般是1∶4—1∶5，有的甚至高达1∶3左右，在统一的社会保障制度还未完全建立之前，退休费是企业难以承担的重负。四是企业办社会压力过大。国有企业除了生产经营任务外，还承担安置下岗职工再就业，提供离退休职工养老保险、举办学校、医疗、福利甚至公安工作等。

第二，政企难以真正分开。实现政企分开并非易事，一是传统计划经济不可能在短期内消失；二是少数手中握有实权的政府官员不愿意放弃干预企业从而放弃为自己谋私利的机会；三是国有企业长期形成的对政府依赖关系难以扭转；四是政治体制改革没有相应到位；五是改革中的某些失误。其突出表现是反复出现行政性公司，甚至发生了政法机关、军队和武警经商的极不正常的情况。这也加重了政企分开的困难。

第三，责权难以真正明确。建立现代企业制度不仅要使国有企业成为市场竞争主体和法人实体，还要建立责权明确的国有资产管理体制。建立国有资产管理体制既要坚持国有制，又要使代理机构和代理人管理经营好国有资产，使国有资产保值增值；既要促使国有财产所有者到位，又要避免出现国有财产所有者越位；既有建立企业法人财产权，保障企业的独立性，又要防止侵犯国有资产的所有者权益，避免内部人控制。这也绝非易事。

第四，职业化的企业家队伍难以造就。现代企业制度，需要职业企业家经营。为此，就要培养具有创新力和竞争力的企业家队伍。这就要营造出尊重企业家价值的社会环境，建立经理人员有序、流动的人才市场，形成有效的激励和约束企业家行为的机制。这都是很难的事。[1]

四、现代企业制度的基本框架初步建立

1978 年改革开放以来，就展开并不断推进了国有企业的改革。到 1993 年 9 月召开的党的十四届三中全会依据党的"十四大"精神，明确提出建立现代企业制度是国有企业改革的方向。1997 年党的"十五大"以来，中央又多次提出：用三年左右的时间，力争大多数国有大中型骨干企业初步建立现代企业制度。依据上述精神，从 1994 年开始，中央政府和地方政府分别选了 100 户企业和 2343 户进行建立现代企业制度的试点。到 1997 年试点基本完成。1997 年以来，党和政府在推进政企分开，实现"三改一加强"，鼓励兼并、规范破产、下岗分流、减员增效和再就业工程，加快社会保障制度建设，以及增资减债、降低资产负债率，禁止"三乱"、减轻企业负担等方面，进一步采取了一系列措施，又进一步加快了国有大中型企业的改革，到上世纪末现代企业制度的基本框架初步建成。其主要标志如下：

第一，国有企业改制面不断扩大。据国家统计局企业调查总队对全国 4371 家重点企业进行的建立现代企业制度情况跟踪统计调查，截至 2001 年年底，所调查的 4371 家重点企业中已有 3322 家企业实行了公司制改造，改制面达到 76%。2001 年年底，国有及国有控股企业重组上市的有 406 家，到境外上市的有 22 家。据统计，自 1991—2001 年年底，中国上市公司累计募资已达 7726.74 亿元（光是 2001 年就募资 1168.11 亿元），其中通过 A 股发行募集了 3843.94 亿元，配股募集了 2040.8 亿元；B 股募集了 46.32 亿美元，配股筹集了 3.27 亿元；H 股募集了 182.27 亿美元；其他筹资 47 亿元。上市的绝大部分是国有或国有控股企业。还要提到，近几年来，国有企业改革已经扩及垄断行业。按照市场经济规律，结合垄断行业改革，大力推进企业联合重组。先后建了中国石油天然气集团、中国石油工集团、上海宝钢集团、十大军工集团、四大电信集团和六大航空集团等。此外，数量众多的国有小企业通过改组、联合、兼并、租赁、承包经营、股份合作制和出租等方式，改制面也达到了 86%。

第二，政企初步分开。为进一步转变政府职能，实现政企分开，1998 年党中央、国务院决定对政府机构进行重大改革和调整。经过改革，国务

---

① 参见《中共十五届四中全会文件学习辅导》，第 99—101 页，中共党史出版社 1999 年版。

院部委由40个减少到29个，大多数专业经济管理部门改为由国家经贸委管理的国家局，国务院各部门将200多项职能交给企业、中介组织或地方承担。到2000年年底，又撤销内贸、煤炭、机械、冶金、石化、轻工、纺织、建材、有色金属9个国家经贸委管理的国家局，相关职能并入国家经贸委。1998年年底，中央决定军队、武警、政法机关所办一切以营利为目的的经营性企业全部移交地方，党政机关与其所办经济实体必须脱钩。经过艰苦的工作，也取得明显成效。到目前共有6408户军队、武警、政法机关所办的经营性企业和297户军队保障性企业移交地方，530个中央党政机关所办的企业和经营性实体与其脱钩。1998年以来，有关部门在国务院的领导下，按照市场经济要求对9个委管国家局所属的科研院所进行了重大改革，242家科研机构转为科技型企业或进入企业集团，168所高等院校交由教育部或地方管理，101个勘察设计单位和84个地质勘察单位分别移交地方管理或进入大企业集团，这些科研院所的改革涉及职工45万多人。为进一步转变政府职能，实现政企分开，2001年下半年开始，以减少行政性审批项目为重点，深入开展了行政审批制度改革，国务院各职能部门在清理行政审批事项的基础上，提出了一批拟取消的行政审批项目。到目前为止，国务院56个部门和单位第一批取消了行政审批项目789项，这标志着中国行政审批制度改革迈出了实质性的一步。各级地方政府也先后开展了机构改革和行政审批制度改革。1998年以来，以推进政企分开、转变政府职能为核心内容的机构改革和行政审批制度改革，力度之大，范围之广，成效之显著，都是前所未有的。

第三，企业法人产权制度和法人治理结构初步建立。截至2001年年底，3322家改制企业中已有3118家企业在完成清产核资、界定产权的基础上建立了企业出资人制度。改制企业出资人到位率达到93.9%。截至2001年年底，3322家改制企业中，1987家企业成立了股东会，3196家企业成立了董事会，2786家企业成立了监事会，分别占改制企业总数的80.9%（按《公司法》规定，国有独资公司不设股东）、96.2%和83.9%。从股东会行使职权情况看，1927家企业股东会能够决定公司的经营方针和投资计划；1851家企业股东会能够决定和更换董事，决定有关董事的报酬事项；1951家企业股东会能够审议批准董事会的报告。从董事会行使职权情况看，3153家企业董事会能够决定公司的经营计划和投资方案。从监事会行使职权情况看，2714家企业监事会能够检查公司的财务；2698家企业监事会能够对董事、经理执行公司职务时违反法律、法规或者公司章程的行为进行监督。截至 2001 年年底，共有 984 家企业在董事会中设立了独立董事。在 3322 家改制企业中，1876 家总经理由董事会聘任；447 家总经理由企业主管部门任命；538 家总经理由政府部门提名，董事会聘任；59 家总经理由职代会选举，上级任命；22 家总经理由社会公开招聘；339 家总经理由上级组织部门任命。绝大多数企业总经理具有自主经营管理权和企业高层管理人员人事任免管理权。

第四，投资主体多元化有很大进展。2001 年，3322 家改制企业注册资本金合计 11437 亿元。其中，国家投入资本 7383 亿元；包括集体资本、法人资本、外商资本在内的其他各类资本 4054 亿元，分别占改制企业注册资本金总数的 64.6% 和 35.4%，"一股"独占的局面开始有所改变。这不仅增强了国有经济的控制力，而且为企业实现产权明晰、权责明确、管理科学的现代企业制度创造了前提条件。

第五，在积极探索国有资产管理的有效方式，加强对国有企业的监管方面也取得了重要进展。国家作为国有资产的出资人，在政企分开后，如何行使出资人的权力，确保国有资产保值增值，是建立现代企业制度必须解决的一个重大问题。多年来，一方面国务院批准了 27 户中央直接管理的、基础较好的国有大型企业和企业集团作为国家授权投资机构；另一方面，允许和鼓励地方进行建立国有资产管理体制的试点，探索国有资产管理的具体途径。上海、广东等省市结合本地实际进行了积极探索，建立了政府（国资委）—授权资产经营公司（企业集团）—生产经营企业三个层次国有资产监督管理体制，明确了政府对授权资产经营公司的监管方式，推进了国有产权代表重大事项报告等制度，为建立具有中国特色的国有资产管理体制积累了经验。同时，中央和各地还加强了对国有企业的监管，建立了监事会制度。中组部、国家经贸委等七部委还选择了一批在行业中具有代表性的企业进行建立总法律顾问制度的试点，以促进企业依法经营。

第六，企业内部的劳动、人事、分配制度改革已经取得成效。上述调查结果显示，2001 年已有 3216 家企业与职工通过平等协商签订劳动合同确定了劳动关系；2696 家企业改革用工制度，根据生产经营需要依法自主决定招聘职工，已经实现全员竞争上岗制度，形成职工能进能出的机制；3025 家企业能够按规定参加各项社会保险，按时足额缴纳社会保险费；2215 家企业已经打破传统的"干部"和"工人"之间的界限，变身份管理为岗位管理；2691 家企业按照精干、高效原则设置各类管理岗位，对管理人员实行公开竞聘、择优录用制度，企业内部已经形成能上能下的机制，使企业管理更加透明、科学公正。2001 年，改制企业坚持效率优先、兼顾公平的原则，鼓励资本、技术等生产要素参与收益分配。其中，2899 家企业实行以岗位工资为主的工资制；1474 家企业已经实行经营者年薪制度，689 家企业开始尝试实行经营者持有股权、股票期权分配制度；1745 家企业实行科技人员收入分配激励机制；853 家企业实行工资集体协商制度；747 家企业实行职工持股分配制度。[①]

五、继续推进现代企业制度的建立和完善

尽管上世纪末国有企业改革已经取得了重大成就，但国有企业改革并没有真正、完全到位。其主要表现是：

第一，政企、政资还未真正完全分开，有效的国有资产管理体制还有待建立：其结果，一方面难以做到出资人到位，以保证国有资产的保值和增值；另一方面也难以避免出资人越位，以致企业不能真正成为市场主体，这一点在那些国有独资或控股公司中表现得尤为明显。

第二，股权多元化还没有得到应有的发展，国有独资或一股独大的情况还相当普遍。据统计，2001 年 4 月底，全国上市公司中第一大股东持股份额占公司总股本超过 50% 的有 890 家，占全部公司总数的 79.2%。大股东中国家股东和法人股东占压倒多数，相当一部分法人股东也是国家控股的。第一股东为国家持股的公司，占全部公司总数的 65%；第一股东为法人股东的，占全部公司总数的 31%。两者之和所占比例高达 96%。这样，既不利政企分开，又不利规范法人治理结构，并严重损害了股市的健康发展。因为中国相当多的以国有股为大股东的公司是由控股母公司资产剥离包装后上市的。有的母公司原来的优良资产转到上市公司后，剩下的非主业和不良资产留在母公司。这样，有竞争力的上市公司，还得受没有竞争力的母公司控制，董事会成员还主要由母公司任命。母公司作为上市公司的大股东，就有可能通过各种方式把上市公司资产掏走。多年来，这样的事件频频出现。

---

① 参见《经济日报》2002 年 10 月 10 日第 15 版，10 月 14 日第 9 版；新华网，2002 年 11 月 10 日。

第三，法人治理结构不规范的状况还很多。尽管许多公司都成立了股东会、董事会、监事会，但是比较普遍的问题是：股东大会形同虚设，董事会不到位，不能很好地代表出资人利益，存在"内部人控制"现象。即使上市公司董事会也有不少是第一大股东控制，很难体现中小股东的参与和意愿。据调查，有国家背景的董事在董事会中占绝对优势，平均占董事人数的 75.5%。在 1135 家 A 股上市公司中，拥有人民币普通股 35.95% 的股权比率，仅占有董事会成员的 7.42%。上市公司董事在经理层担任职务的比率偏高，外部董事或独立董事数量太少。在上市公司中，有占 28.83% 的董事会成员在经理层任职，外部董事会席位数仅占 7.24%。国有母公司控股的上市公司，其董事会及主要经理人员，往往由母公司的人员兼任。所有这些必然造成"内部人控制"，以致国有资产严重流失。

第四，传统计划经济体制留下的企业劳动人事和分配制度还未根本改革，适应市场经济要求的企业内部经营机制还未真正建立，以致企业活力不强。

第五，由于企业冗员和办社会以及资产负债率高等因素的作用，特别是由于社会保障制度不健全，市场退出机制也没真正形成，以致企业效益差的状况还难以根本改观。

第六，企业改制面还有待扩大。到 2000 年年底，520 家国家重点企业（主要是国有企业）有 430 家进行了公司制改革，其中只有 282 户企业整体或部分改制为有限责任公司或股份有限公司，并有多家投资主体。①

因此，自 21 世纪初以来，又依据建立和完善现代企业制度的要求，采取了各种有力措施，进一步深化了作为经济体制改革中心环节的国有企业改革。

第一，进一步推进政企分开，同时建立和健全有效的国有资产管理、监督和运营体制，以确保出资人到位，但又不越位。

继续推进政企分开，就是政府对国家出资兴办的企业，通过出资人代表行使所有者职能，按出资额享有资产收益、重大决策和选择经营管理者等权利，对企业的债务承担有限责任，不干预企业日常经营活动；企业依法自主经营，照章纳税，对所有者的净资产承担保值增值责任，不得损害所有者权益。

---

① 《十六大辅导报告》，第 114—115 页，人民出版社 2002 年版。

为了建立和健全国有资产管理的有效形式，党的"十六大"和十六届二中全会明确了深化国有资产管理体制改革的基本原则。这些基本原则主要可以归纳为四条：一是坚持政企分开、政资分开，政府公共管理职能与国有资产出资人职能分开；二是坚持权利、义务和责任相统一，管资产与管人、管事相结合，落实国有资产保值增值责任；三是坚持所有权与经营权分离，维护企业经营自主权和法人财产权；四是在国家所有的前提下，由中央政府与地方政府分别代表国家履行出资人职责，分级代表，分级监管。[①]

实践已经证明：贯彻这些原则，就可在国有资产管理体制上推出一系列的创新。

（1）党的"十六大"以前，对国有资产管理实行的是国家统一所有，分级管理，由国务院代表国家行使所有者职能。而现在要实行的是国家所有，由中央政府和地方政府分别代表国家履行出资人职责，享有所有者权益，权利、义务和责任相统一。这样做，可以充分发挥中央和地方两个积极性，有利于企业清晰产权，形成多元投资主体和规范的法人治理结构。

但需指出，关系国民经济命脉和国家安全的大型国有企业、基础设施和重要自然资源等，仍必须由中央政府代表国家履行出资人职责，其他国有资产由地方政府代表国家履行出资人职责。2000 年经营性国有资产总量为 68612.6 亿元，中央占 59.4%，地方占 40.6%，如果加上自然资源和无形资产，中央一级所占比例更大。其余 3 万多亿元的非经营性的国有资产中，中央一级所占的比例要低于地方一级。但也不会改变国有资产总量中，中央一级占大头的状况。[②]

当然，新投资形成的资产，则可能而且必须实行谁投资谁所有的原则，即哪一级政府投资形成的资产，就归哪一级政府所有。这样有利于调动各级政府的积极性。在一般情况下，地方投资形成的资产可以由地方所有，但在特殊情况下国家可以行使最终所有权。

（2）原来国务院作为国有资产出资人的唯一代表，由多个部门分割行使出资人职能：计委管立项，经贸委管日常运营，劳动与社会保障部门管劳动与工资，财政部管资产登记和处置，组织人事部门和大型企业工委管

---

① 参见《中国经济年鉴》（2007），第 842 页，中国经济年鉴社。
② 《光明日报》2002 年 12 月 23 日第 1 版。

经营者任免等。这是管资产和管人、管事相分割的体制，易出现多个部门都是所有者的代表，对企业发号施令，而出了问题，又不负责任，这就难以对全部国有资产有效行使出资人职责。现在要实行管资产和管人、管事相结合的制度，做到权利、义务和责任相平衡。

（3）现在要建立的国有资产管理机构的监管范围会大大缩小。原来成立的国资局要监管众多的国有企业，不仅面广，而且量大。现在的国资委是在国有经济进行战略性调整的大背景下成立的，国资委所要监管的主要是国有大型企业中的国有资产。不仅如此，为了调动地方政府的积极性，实行国有资产的分级管理，即中央与地方分别代表国家行使国有企业的所有者职能，国资委负责监管中央所属企业的国有资产，地方政府的国有资产管理机构负责监管地方所属企业的国有资产。据报道，新建立的国资委只监管原来由中央企业工委管理的 196 家国企，其余的国企资产都将划归地方政府管理。但这 196 家企业虽然数量不多，却大都是效益很好、实力很雄厚的"优质资产"，占全部国有资产的 60% 左右①。由于监管范围的显著缩小，国资委就有能力代表国家履行出资人的角色。

（4）新建立的国有资产管理体制强调法制，要求在总结实践经验的基础上，先由国家制定法律法规，依法办事。多年来，一些地方创造的三个层次管理的经验，即地方政府成立国资委，专司国有资产的管理和保值，下设若干个投资公司对企业控股、参股等，虽起了积极作用，但仍有待进一步从法律法规上加以规范。依法管理国有资产，其目的不但要保证国有资产的安全，还要不断提高整个国有资产的运营效率。

（5）新建立的国有资产管理机构有可能有效的按照市场经济的要求进行运营。新建立的国资委不必建立链条很长的委托代理关系，而可以直接根据国家的授权，依据法律法规履行出资人职责，如指导国有企业的改革和重组；向所监控的企业派出监事会；通过法定程序任免企业的负责人并考核奖惩经营者；通过统计、稽查对所管国有资产的保值增值进行监管等。

显然，实行这样一种国有资产管理体制是可以通过政资分开达到政企分开的目的，进而通过所有权与经营权的分离把国有企业真正改造成为自主经营、自负盈亏的市场竞争主体，并实现国有资产的保值和增值。当然，

----

① 《经济观察报》2003 年 4 月 7 日 A4。

实行新的国有资产管理体制是一场深刻的革命，还需要做多方面艰苦的努力。特别是要着力排除由旧体制形成的习惯势力的阻力，由条块分割形成的部门利益和地区利益的阻力。为此，首先需要建立和完善相关的监管机构，依法监管。2003 年建立国务院国有资产监督管理委员会（简称国资委），正是适应了这一要求。而 2003 年以来，国资委的工作确实取得了显著成效。详细数据见本节最后。

第二，严格地推行规范的公司制改造。这有两个重要方面：

（1）大力推行股权多元化。股权多元化是现代公司制的题中应有之义，是其不可分割的内在本质，是建立作为公司制核心的法人治理结构的前提，是发挥公司制筹集资金和分散风险功能的必要条件。就中国社会主义初级阶段的具体情况来说，除了极少数必须由国家独资经营的企业以外，一般企业都要实行股权多元化。这除了适应现代公司制发展规律的要求以外，还有利于实现政企分开，有利于保证国有投资的到位，有利于企业的法人产权和法人治理结构的建立，有利于国有资本控制大量社会资本，以发挥其主导作用；特别是有利于避免改革中反复出现的行政性公司的再现。

（2）建立规范的法人治理结构。公司制是现代企业制度的一种有效组织形式。公司法人治理结构是公司制的核心。要明确股东会、董事会、监事会和经理层的职能，形成各负其责、协调运转、有效制衡的公司法人治理结构。所有者对企业拥有最终控制权。董事会要维护出资人权益，对股东会负责。董事会对公司的发展目标和重大经营活动做出决策，聘任经营者，并对经营者的业绩进行考核和评价。发挥监事会对企业财务和董事、经营者行为的监督作用。国有独资和国有控股公司的党委负责人可以通过法定程序进入董事会、监事会，董事会和监事会都要有职工代表参加；董事会、监事会、经理层及工会中的党员负责人，可依照党章及有关规定进入党委会；党委书记和董事长可由一人担任，董事长、总经理原则上分设。充分发挥董事会对重大问题统一决策、监事会有效监督的作用。党组织按照党章、工会和职代会按照有关法律履行职责。

第三，根本改革传统的劳动人事和分配制度，着力建立适应市场经济要求的企业内部经营机制。要在企业内部形成优胜劣汰、经营者能上能下、人员能进能出、收入能增能减、技术不断创新、国有资产保值增值等机制。要积极建立与现代企业制度相适应的收入分配制度，实行按劳动、资本、技术和管理等生产要素和按贡献参与分配的原则。对董事会和经理层要实行年薪制和持股制。

第四，逐步建立适应竞争要求的市场退出机制。在中国转轨时期，在企业冗员和办社会机构很多，以及资产负债率很高，而社会保障制度又很不健全的条件下，还难以完全形成同市场经济相适应的市场退出机制。需要建立一些过渡性的、带有行政色彩的市场逐步退出机制。比如，依据已有的改革经验，可以对因企业破产而失业的工人，实行"三保"（保最低工资、保退休金和保最低生活费）的办法，同时实行再就业工程。国家财政还可以逐年安排一定额度的银行呆坏账准备金，用于某些破产企业（如产品没有市场、长期亏损、扭亏无望的企业和资源枯竭的矿山）偿还债务。只有在社会保障体系比较健全和其他条件比较成熟的情况下，才能完全形成同市场经济相适应的市场退出机制。

第五，在实行上述各项措施的基础上，还要积极扩大企业改制面，以达到在国有大中型企业中全面建立现代企业制度的目的。在这方面尤其值得注意的是继续大力推进垄断行业的改革。这是国有经济最集中的领域，又是国民经济最重要的部门。这方面改革的进展，对于完成市场取向改革，加强国有经济的控制力，推动社会主义现代化建设，都有极重要的意义。

为此，首先对垄断做些区分。从理论经济学分析，可将垄断区分为三大类：

（1）自然垄断。在自由竞争的资本主义时代，自然垄断首先是与土地这样的自然资源的垄断相联系的。其典型例子就是土地所有权垄断和土地经营的资本主义垄断。前者形成绝对地租，后者形成极差地租。

但随着工业化和现代化的发展，自然垄断行业的范围被大大拓宽了。它被延伸到以输送网络系统的存在为基础以及与此相应的规模经济性和范围经济性所决定的行业。首先，输送网络（如电网、电话线、自来水和煤气管道、铁路等）业务需要大量固定资产投资，其中相当部分是沉淀成本，如果由两家或两家以上的企业进行重复生产，不仅会浪费资源，而且使每家的网络系统不能得到充分利用。规模经济要求企业生产经营规模必须足够大，以有效降低产品的固定成本，从而降低产品单位成本。范围经济则要求将密切相关的业务聚合起来，进行一体化经营，以节约市场交易费用。因此，与自由竞争能促进效率提高相区别，网络性自然垄断行业由一家经营比多家竞争，资源配置更为优化。所以，世界各国的反垄断法都承认"适用除外"原则，把自然垄断行业排除在反对之外。

但是，伴随经济专业化分工的发展和认识水平的提高，人们越来越清楚地认识到：几乎所有的自然垄断行业都包括两部分：既有自然垄断性业务（或生产环节），又有非自然垄断性业务（或生产环节）。如电力、煤气和自来水供应行业中的线路、管道等输送网络业务，电信行业中的有线通信网络业务和铁路运输行业中的铁轨网络业务，其他业务则属于非自然垄断性业务。电力行业包括电力设备供应、电力生产（供电）、高压输电、低压配电和电力供应等业务。其中只有高压输电和低压配电属于自然垄断性业务，而电力设备供应、电力生产和供应则是非自然垄断性业务。管道煤气和自来水供应业具有与电力行业基本相同的属性。铁路运输行业的主要业务领域包括铁路线路建设、铁路网络操作业务、铁路物资供应、铁路运输机车车辆生产与供应等，其中，只有铁路网络操作业务是自然垄断性业务，其他业务也都属非自然垄断性业务。电信行业，现在只有市内电话服务基本属于自然垄断性经营业务。所有自然垄断行业中的非自然垄断性业务都可以实行多家经营，开展竞争。

（2）经济垄断。随着自由竞争资本主义向垄断资本主义的过渡，垄断企业凭借其资本集中、生产集中和技术集中等经济优势，在生产经营中实行排斥竞争的垄断。其简单的和通行的形态就是价格同盟。

（3）行政垄断。这种垄断是政府凭借其行政权力由它独占某些产品的生产和经营，并限制民间企业的介入。这种垄断早在封建社会就产生了（如中国古代政府长期实行的盐铁专营）。到了资本主义社会，在某些领域内也存在这种垄断。但只有在计划经济体制下，这种垄断才得到了极大的发展。不仅如此，在这种体制下，几乎所有的自然垄断和经济垄断都与行政垄断结合在一起的，以至于很难将它们分开。

在做了上述分析以后，对不同的垄断需要区别对待。对于自然垄断行业的改革，首先是认真区分该部门自然垄断性业务和非自然垄断性业务，然后在非自然垄断性业务部分进行市场化改革，积极引入市场机制，开展竞争。这是中国当前垄断行业改革的主要内容。但同时要把这项改革与破除行政垄断结合起来。因为中国当前在这方面存在的问题，关键不是因为自然垄断妨碍市场化改革，而是自然垄断行业的一些部门运用行政手段，阻挠引入市场竞争。所以，表面上看是自然垄断，实际上主要是行政性的部门垄断。他们力图保持这种垄断地位，以谋取部门利益，使部门利益固定化。

　　对于经济垄断的改革也要坚持推行。因为在中国当前，它不仅阻碍要素运营效益和资源配置效益的提高，而且阻碍市场取向改革的深化，特别是阻碍统一开放的、平等竞争市场体系的形成。

　　现在有一种观点认为，现阶段中国经济的集中度较低。因此，经济性垄断程度还不十分突出。这种观点有其合理性。因为相对经济发达国家来说，中国经济的集中程度和经济垄断程度确实较低。但同时也应看到：中国经济某些领域的集中度并不低，特别是市场秩序混乱，再加上部分的行政官员和国有企业领导人贪污腐败严重。这诸因素的共同作用，就使得诸如操纵价格的垄断行为在某些时候和某些领域表现很突出，因而很值得警惕！

　　总的说来，对行政垄断一定要坚决破除。在中国具体条件下，行政垄断是计划经济体制的产物和重要组成部分，破除垄断是市场取向改革的题中应有之义。因此，对于一般的行政垄断，包括地方封锁、部门市场分割、政府限制贸易等，都要坚决破除。因为这类垄断只会麻痹市场机制，损害效率的提高，还会带来收入分配不公。诚然，反对行政垄断会触犯一部分人的既得利益，因而会有阻力，需要政府强力推行，并结合政府职能转换尽快解决。这是中国现阶段反垄断的重点。当然，在这方面也有例外。比如，烟草仍需国家专卖。

　　由于采取了上述一系列措施，2003年以来，国有企业改革进一步深化，现代企业制度得到发展并趋于完善。

　　第一，作为建立现代企业制度的基础工作的国有经济和国有企业的战略调整又取得新的进展。一是国有企业进一步向有关国民经济命脉和国家经济安全等领域集中。其中，国有资本向能源、原材料、交通、军工、重大装备制造和冶金等行业集中的态势明显。2006年基础行业的国有资产3.3万亿元，占全部国有企业占用国有资本总量的70.6%，比2003年提高5.1%[①]。二是加快了国有企业联合重组步伐。比如，2003年国资委所属的中央企业共有196家。经过重组，到2007年只余下150家。三是对那些生存无望的企业实行破产。截至2006年年底，全国共实施政策性关闭破产企业4251户，安置人员837万人，已完成政策性关闭破产80%的工作量。其中，煤炭、有色金属和军工三个重点行业的政策性关闭破产工作已进入收

---

① 《中国经济年鉴》（2007），第844页，中国经济年鉴社。

尾阶段。①

第二，推进了国有企业股份制的改造。一是处理了过去股份制改造中遗留下的股权分置问题。截至 2006 年年底，全国除金融机构控股的上市公司外，801 家国有控股上市公司已有 785 家完成或启动了股改程序，占 98%。其中，604 家地方国有控股上市公司有 593 家完成或启动了股改程序，占 98%；194 家中央企业控股上市公司有 191 家完成或正在启动股改程序，占 98.45%。当前国有控股上市公司股权分离改革基本完成。二是建立了一批股份制企业。其突出表现有二：（1）在国民经济中属于中枢地位的银行业股份制改造取得了历史性突破。从 2003 年开始，中国工商银行、中国建设银行和交通银行等先后完成股份制改造，并成功上市。（2）中央企业及所属子企业的公司制、股份制企业户数所占比重由 2002 年的 30.4% 提高到 2006 年的 64.2%。

第三，法人治理结构进一步发展和完善。比如，截至 2006 年年底，有 2464 家企业集团的母公司改成公司制企业，改制面达到 84.9%。在已经改制的企业集团母公司中，依照《公司法》有关规定成立股东会的母公司共 1640 家，占应成立股东会母公司的 93.7%；有 2362 家集团母公司已成立董事会，占 97.4%；有 2010 家母公司已成立监事会，占 82.9%。

第四，企业内部的激励、约束机制和决策、监督等项制度趋于完善。比如，截至 2006 年年底，在全部企业集团中，有 96.7% 的企业集团全面实行劳动合同制度，95.7% 的企业集团实行按时足额缴纳社会保险费制度，93.7% 的企业集团实行以岗位工资为主的工资制，88.4% 的企业集团内部管理人员实行公开竞聘制度，87% 的企业集团实行全员竞争上岗、职工能进能出制度，68.2% 的企业集团实行经营者年薪制，32.6% 的企业集团实行经营者持有股权、股票期权制度；94.5% 的企业集团有重大事项决策程序制度，77% 的企业集团有财务总监委派制，60.5% 的企业集团有产权代表管理制度。②

国有企业建立现代企业制度的发展，增进了国有资本的保值增值。近几年来，国有经济效益大幅度提高，大大改变了原来经济效益低下的面貌。其中，2006 年，全国国有企业累计实现销售收入 16.2 万亿元，比 2003 年

---

① 《中国经济年鉴》（2007），第 844 页，中国经济年鉴社。
② 《中国经济年鉴》（2007），第 825 页，中国经济年鉴社。

增长 50.9%，年均增长 14.7%；实现利润 1.2 万亿元，比 2003 年增长 147.3%，年均增长 35.2%；上缴税金 1.4 万亿元，比 2003 年增长 72%，年均增长 19.8%。截至 2006 年年底，全国国有企业资产总额为 29 万亿元，比 2003 年年底增长 45.7%，年均增长 13.4%。其中，中央企业 2006 年实现销售收入 8.3 万亿元，比 2003 年增长 85.3%，年均增长 22.8%；实现利润 7681.5 亿元，比 2003 年增长 155.5%，年均增长 36.7%；上缴税金 6822.5 亿元，比 2003 年增长 91.5%，年均增长 24.2%。截至 2006 年年底，中央企业资产总额为 12.2 万亿元，比 2003 年底增长 46.5%，年均增长 13.6%。国资委成立后，中央企业第一个任期的三年，资产总额平均每年增加 1.3 万亿元，销售收入平均每年增加 1.2 万亿元，实现利润平均每年增加 1500 亿元，上交税金平均每年增加 1000 亿元，国有资产保值增值率达到 144.7%。截至 2006 年年底，全国国有企业户数共计 11.9 万户，比 2003 年减少 3.1 万户，年均减少 8%；但户均资产 2.4 亿元，比 2003 年增长 84.6%，年均增长 22.7%。此外，2006 年国有资产直接支配或控制的社会资本 1.2 万亿元，比 2003 年增长 1.1 倍。[①]

2007 年，国有企业的经营状况有了进一步改善。依据财政部企业财务快报统计，2007 年国有企业累计实现销售收入增长到 18 万亿元，实现利润 1.62 万亿元。中央企业实现销售收入 11 万亿元，实现利润 1.1 万亿元。地方企业实现销售收入 7 万亿元，实现利润 0.5 万亿元。这年国有企业盈利水平进一步提高。国有企业销售利润率为 9%；成本费用利润率为 10%；净资产利润率为 14%。2007 年国有企业已交税金总额 1.57 万亿元，同比增长 21.8%。截至 2007 年年底，国有企业资产总额同比增长 23.1%，资产负债率为 57.3%，净资产收益率为 8.5%。[②]

当然，也应看到国有经济的经济效益状况的改善，是由多种因素引起的。诸如，2003 年以来，正处于新一轮经济周期的上升阶段；国有经济的许多部门居于垄断地位；多年来国有企业并不向国有资产管理部门上缴利润等。但上述各项战略措施在巩固、完善和发展国有经济方面的重要作用，也是不争的事实。

伴随国有企业改革的发展，国有经济在国民经济中的控制力得到进一

---

① 《中国经济年鉴》（2007），第 842 页，中国经济年鉴社。
② 《经济日报》2008 年 1 月 24 日第 5 版。

步增强。当前，中央企业80%以上的国有资产集中在军工、能源、交通、重大装备制造、重要矿产资源开发领域，承担着我国几乎全部的原油、天然气和乙烯生产，提供了全部的基础电信服务和大部分增值服务，发电量约占全国的55%，民航运输总周转量占全国的82%，水运货物周转量占全国的89%，汽车产量占全国的48%，生产的高附加值钢材约占全国的60%，生产的水电设备占全国的70%，火电设备占全国的75%。[①]

但同时需要着重看到：当前国有企业建立和完善现代企业制度的任务还很繁重和艰巨，仍需坚持和完善上述各项措施。

第三节　建立现代市场体系

一、现代市场体系的内容及其在建立社会主义市场经济体制中的作用

社会主义市场经济条件下的现代市场体系，是一个内容极为丰富的复合概念。

第一，现代市场体系是一个由商品市场和要素市场组成的相互联系的有机体。

一般来说，市场是市场主体交换商品的场所，是它们交换关系的总和。

商品市场包括消费品市场和生产资料市场。广义商品市场还包括服务市场，如金融、电信、交通、旅游等服务市场。

生产要素市场主要包括：（1）金融市场，包括长期运营资本的资本市场、短期资金融通的货币市场、外汇市场和黄金市场等。（2）产权市场，包括企业产权交易、股权转让市场和技术产权交易市场。（3）劳动力市场，包括体力劳动为主的市场和脑力劳动为主的市场（人才市场）。（4）土地市场，即土地所有权或使用权的交易和转让的市场。（5）技术市场，广义的技术市场是指从技术商品的开发到应用和流通的全过程；狭义的技术市场是指技术商品交换的场所。（6）信息市场，是指专门进行信息交换的场所。

商品市场和要素市场不是孤立的，而是有机联系的。一方面，商品市场是市场体系发展的主体和基础。因为，商品交换是市场交换的主要内容，要素市场发展的最终目的是为商品市场服务的。如果没有商品市场的

---

① 转引自新华网，2008年1月23日。

发展，要素市场的发展就失去了基础。另一方面，要素市场的发育程度和水平制约着商品市场的发展。特别是其中的资本市场，相对于其他要素市场和商品市场来说是核心。在知识经济到来的时代，信息、技术等已成为必要的、重要的生产要素。没有这些要素市场的发展，商品市场不可能发展起来。

第二，以市场为基础的价格形成机制是现代市场体系的本质，同时也是市场配置资源的中心环节。因为现代市场体系的运行是由价值规律、竞争规律和供求规律所决定的价格机制所支配的；市场配置资源也是要通过市场价格来调节的。

第三，统一、开放、竞争和有序是现代市场经济的相互联系的四个基本属性。这些属性既是现代市场经济内在本质的要求，又是有效发挥市场配置社会生产资源作用的基本条件。

统一是指市场体系在全国范围内是统一的。统一市场要求商品和生产要素可以在不同部门、地区之间自由流动，按照统一的规则进行组织和运作。统一市场还要求政府运用各种相关手段，克服不同部门、区域或经济主体之间由于利益不一致给商品和生产要素流通流动造成的障碍，特别是要打破条块分割和地区封锁。

开放指市场体系是一个跨行业、跨部门、跨地区、跨国界的商品和要素自由流动的体系。这里不仅包括对内开放，而且包括对外开放。

竞争指市场体系必须在一个公开、公正、公平竞争的环境下运行。竞争要求消除市场垄断、贸易壁垒和歧视措施。

有序指要有一定规则来维持市场正常秩序，保证公平竞争和商品的合理流动。这种规则既包括法律、法规，也包括正式、非正式的行业规范、国际惯例和商业信用等。在这方面，既要反对不合理的行政干预，也要反对不讲商业道德、商业信誉的欺诈行为。

第四，现代市场体系中的"现代"则是指的在知识经济时代和经济全球化条件下，商品市场和要素市场构成的现代化（如商品市场中新型服务市场的发展，要素市场中信息、技术市场的发展），商品流通组织形式的现代化（如现代物流业发展），商品交换方式的现代化（如电子商务的发展），以及商品流通和要素流通的国际化。

上述四个方面共同构成了现代市场体系不可分割的基本内容。

现代市场体系具有以下功能：

（1）经济联系的功能。市场体系为商品市场和要素市场主体之间提供了经济联系的场所。（2）信息产生和传递的功能。商品市场和要素市场都是各种经济信息的集散场所。（3）社会评价功能。商品价值的多少必须通过市场进行评判。（4）利益关系调整的功能。市场体系通过商品价格和要素价格（如物价、工资和利率等）的波动，来调节着市场主体的经济利益。（5）提高资源配置效率的功能。这是市场体系的基本功能。上述五种功能表明：建立现代市场体系，对于建立社会主义市场经济体制起着十分重要的作用。

二、现代市场体系的发展及其完善的途径

1978 年以来，由于计划、商品流通、物资、价格、劳动工资、金融、外贸、外汇、国有企业和科技、教育等方面体制的改革，实行公有制为主体、多种所有制共同发展的基本经济制度和对外开放，基本上打破了改革前存在的发展市场体系的各种束缚，提供了新的强大的动力，并促进了价格的市场化。而生产、科技和教育的持续高速发展，又为市场体系的发展奠定了雄厚的物资、技术和智力的基础。这样，中国现代市场体系就有了空前未有的大发展。

商品市场的发展。2006 年，社会消费品零售总额达到 76410 亿元；全社会生产资料销售总额达到 17.68 万亿元，二者分别相当于国内生产总值的 36.2% 和 83.8%。[①] 商品价格已基本市场化。2006 年，市场调节价的比重，在社会商品零售总额中占 95.3%，在生产资料销售总额中占 87.8%，在农副产品收购总额中占 97.3%（详见附表 21）。

金融市场的发展。2006 年，金融机构人民币存款和贷款总额分别达到 335459.8 亿元和 225347.2 亿元，分利相当于国内生产总值的 159.1% 和 106.9%（详见附表 1 和附表 13）；股票市价总值和流通市值分别达到 89403.89 亿元和 25003.64 亿元，分别相当于国内总值的 42.4% 和 11.9%[②]。货币市场价格已经部分地实现了市场化（如同行业拆借市场价格），作为资本市场的最主要组成部分的股票价格也已市场化。

劳动力市场的发展。2006 年全国就业人员 76400 万人。其中，城镇和

[①] 《中国统计年鉴》（2007），第 320、321 页，中国统计出版社。

[②] 《中国统计年鉴》（2007），第 128—129、760 页，中国统计出版社。

乡村就业人员分别为 28310 万人和 48090 万人。在城镇就业人员中，国有单位 6430 万人，其就业和工资在不同程度上实现了市场化；非国有单位为 21880 万人，其就业和工资已市场化。在乡村就业人员中，除了在农业双层经营体制中就业的 28631 万人以外，在乡镇企业和私营等单位就业的 19459 万人，其就业和工资已市场化。

此外，土地、技术和信息市场等也有很大的发展，甚至惊人的发展。这些市场价格在不同程度上也实现市场化。比如，中国互联网信息中心的数据显示，截至 2007 年 12 月 31 日，我国网民总人数达到 2.1 亿人，仅以 500 万人之差次于美国，居世界第二。预计，在 2008 年初中国将成为全球网民规模最大的国家。①

依据上述情况，特别是其中的市场发展规模和市场价格机制形成这两个基本方面，可以认为，中国商品市场已经发展到相当成熟的程度，要素市场也有很大的发展，现代市场体系的框架已经初步建成并正在进一步发展。

但是，按照建立与社会主义市场经济体制相适应的现代市场体系的要求，当前中国在这方面还存在许多亟待解决的问题。主要问题是：相对商品市场的发展来说，要素市场发展滞后，特别是要素价格改革滞后；地区封锁、市场分割，交易秩序和信用关系混乱；市场体系现代化程度较低。因此，完善现代市场体系的主要途径是：

（一）要在继续发展商品市场的同时，着力发展要素市场

如前所述，商品市场和要素市场是相互依存的。商品市场是要素市场发展的基础，而要素市场的发展水平又制约着商品市场的发展。就中国实际情况来看，商品市场改革起步较早，经过 20 多年的改革，已形成了较为健全的市场。这就为要素市场的发展奠定了坚实的基础，同时又对发展要素市场提出了迫切的要求。要素市场发展滞后状况不能适应商品市场发展的要求。因此，在继续发展商品市场的同时，需要着力发展要素市场。

在发展要素市场方面，首先又要推进资本市场的发展。从各类生产要素的稀缺程度看，资本在大多数生产领域仍是最稀缺的资源。中国劳动力资源相对丰富，普通劳动力稀缺程度不高。而且中国正处于全面建设小康社会阶段，商品需求仍集中于满足基本生活的产品和服务，相对经济发达

---

① 《中国经济时报》2008 年 1 月 18 日第 3 版。

国家来说，对高科技的需求不是特别高。这样，发展资本市场就成为建立要素市场中的核心内容。诚然，改革以来，中国资本市场也取得了巨大发展。但从整体上看，中国当前仍以银行的间接融资为主，直接融资比例偏低。而且，资本市场不够规范，市场结构单一，层次少，投资品种不足。这些情况都不利于降低金融风险，提高金融市场效率，合理配置资本资源。还要提到，中国资本市场对外开放还刚开始。但中国资本市场的逐步开放是对外开放方针的拓展，是适应经济全球化的需要，也是利用两种市场和两种资源的需要。因此，加快改革和开放，以促进资本市场的发展，是当前发展要素市场的一项首要任务。

当然，同时需要发展产权、劳动力、土地和技术等要素市场。产权市场能提供企业产权交易等各类服务。它的发展能够活跃企业产权交易，丰富企业配置要素的方式，并有利于降低重组成本，建立优胜劣汰机制，优化存量资源的配置，促进产业结构的优化和整合。劳动力市场能够促进劳动力合理流动和布局。它的发展既有利于扩大就业，也有利于经济增长。土地市场能使土地资源合理流动。土地市场通过土地价格信号，促使土地资源合理配置，有利于产业结构优化和生产力合理布局。技术市场能提供技术转让的服务。它的发展有利于促进其价值的实现，加快技术的推广和技术成果的产业化进程。产权、劳动力、土地和技术市场既有这样重要的作用，而当前中国这些市场均发展不足。因而，必须同时加快这些要素市场的发展。

还要着重指出：当前要积极推进要素价格改革。从理论上说来，要真正发挥市场机制在优化社会生产资源配置的作用，不仅需要实现产品价格改革，而且需要实现要素价格改革。而我国在 20 世纪 90 年代初基本实现产品价格改革以后，要素价格改革进展缓慢，严重滞后，以致成为当前经济总量部分失衡和经济结构（包括投资和消费关系，生产与资源和环境的关系以及经济的内外关系等）严重失衡的最重要根源。当然，在推进要素价格改革的进程中，必须正确处理改革与发展和稳定的关系。当前要完善动力资源性产品价格形成机制，逐步顺理成品油和天然气价格，适时调整各类水价标准，加快输配电价改革步伐，完善风能、生物质能等可再生能源发电价格和费用分摊政策，推进供热价格改革。[1]

---

[1] 参见《中国经济年鉴》(2007)，第 19 页，中国经济年鉴社。

（二）要构筑和完善发展市场体系的动力机制

改革以来，在增强市场体系的发展动力方面虽已取得了重大进展，但远没有达到完善的地步。就当前中国实际情况来看，值得注意的有以下四点：

第一，创造各类市场主体平等使用生产要素的环境。以公有制为主体，多种所有制共同发展是中国社会主义初级阶段的基本经济制度。在发展市场体系方面也必须实行这项基本经济制度。但实行这项基本经济制度的一个根本条件，就是要使各类市场主体能够平等使用生产要素。而当前中国在市场准入和融资等方面还存在许多不利于非国有经济市场主体发展的因素。因此，要充分调动各种所有制市场主体在发展市场体系方面的积极性，就必须清除各种障碍，为各类市场主体创造平等使用生产要素的环境。

第二，实行按照各个生产要素的贡献参与分配的原则。价值规律是市场经济的基本规律。这个规律的基本要求就是商品交换必须遵循等价交换原则。而按生产要素的贡献参与分配的原则，正是价值规律作用在分配领域的延伸，正是等价交换原则在这个领域的贯彻。如果仅仅强调按劳动贡献参与分配的原则，就是人为地限制了价值规律和等价交换原则在分配领域中的作用。其结果就是市场不能充分发挥优化配置社会生产资源的作用。问题的关键在于：在市场经济条件下，各类市场要素主体都有这样内在的客观倾向，即把自己掌握的要素流向贡献更大且收入更高之处。这样，如果生产要素所获得的收入与它做出的贡献不相匹配，那么在下一轮的生产过程中，就会导致要素流动中出现不合理的状况，从而影响资源优化配置的程度。因此，要充分调动各类市场要素主体在发展市场体系方面的积极性，并充分发挥市场在优化配置社会生产资源方面的作用，就必须实行按各个生产要素贡献参与分配的原则。

第三，加快国有企业建立现代企业制度的步伐。以上两点是对各种所有制经济说的。这一点是专门对在国民经济中居于主导地位的国有经济说的。市场是各类市场主体交换关系的总和。因此，市场体系发展的基础是各种所有制企业的发展，最重要的是国有企业的发展。而当前国有企业改革不到位的状况，不仅影响整个社会主义市场经济体制的建立，也不仅影响生产的增长，而且影响市场体系的发展。所以，加快国有企业建立现代企业制度的步伐，就会有力推动市场体系的发展。

第四，进一步扩大开放。中国改革经验证明：开放是市场取向改革的必然延伸，而开放又反过来推动国内改革，并进而促进经济的发展。在发展市场体系方面也存在这样的状况。但是，当前，世界经济在全球化，中国国内改革正趋深入，并已"入世"。扩大开放势在必行。当前正好利用这一契机，进一步扩大开放，促进包括市场体系在内的社会主义市场经济体制的发展。

以上四个方面就是推动市场体系发展的较为完善的动力机制。

（三）要大力推进统一、开放、竞争、有序的市场体系建设

改革以来，这方面的建设已经取得了重大成就。但在这方面也存在许多突出问题。主要是：（1）地区封锁仍然存在。有的地方政府的管理部门从本地利益出发，人为分割市场，限制商品和要素自由进出本地市场，阻碍了全国统一市场的形成。（2）市场开放程度总体上仍然较低。在对内开放特别是对外开放都存在这种情况。如一些商品仍然实行严格的国家专营制度，不允许其他组织经营，特别是对民营资本限制较多；资本市场对外开放还刚开始迈步。（3）公平竞争的环境有待进一步形成。当前中国市场上仍存在行业垄断和部门垄断，不同程度地影响了公正、公平、公开的市场竞争。（4）市场交易秩序和信用关系混乱。如在商品市场上，假冒伪劣商品、虚假广告等欺诈经营屡禁不止。在证券市场上，虚假招股书、虚假年报等问题也屡屡发生。

这些问题不仅直接阻碍了中国现代市场体系的形成，而且造成了巨大损失。据报道，中国每年因逃废债务造成的直接经济损失约1800亿元；由于合同欺诈造成的损失约55亿元；由于产品质量低劣或制假售假造成的各种损失2000亿元；由于"三角债"和现款交易增加的财务费用约有2000亿元；另外还有逃骗税损失以及由此引发的腐败损失等。上述损失使中国国民生产总值减少两个百分点。① 因此，推进统一、开放、竞争、有序的市场体系的建设，不仅是关系到社会主义市场体系的形成，而且关系到社会主义现代化建设的发展，是一个亟须解决的重大问题。

为此，需要采取以下重要措施：

第一，要着力培育产权明晰、自主经营、行为规范的各种经济类型的市场主体。这些市场主体的交易行为规范和自律，是市场体系健康发展的

---

① 《经济日报》2002年11月29日第13版。

基础，而且是外部监督机制无法替代的。因此，首先要在国有企业中继续大力推行"产权明晰、责权分明、政企分开、管理科学"的现代企业制度的建设，并推动企业健全内部管理制度，在内部建立起守法经营、严格监督的约束机制。同时要用各种相关手段促使非国有企业交易行为规范化。只有通过这些措施来提高各类市场主体的自身素质，才能从根本上改进市场经济秩序，促进统一、开放、竞争、有序的市场体系的发展。

第二，继续深化经济体制改革（包括计划、商品流通、物资、价格、劳动工资、财税、金融、外贸、外汇和国有企业，特别是垄断行业改革）和科技体制改革。只有通过这些改革才能进一步激发发展市场体系的各种活力，扫清其当前发展道路上的障碍（如地区封锁和行业垄断），克服其不足（如市场开放度低），消除其弊病（如无序竞争），扩展其范围（如进一步发展劳动力市场、资本和土地等市场），加快市场体系的发展。

第三，构建国家信用管理体系。国际经验表明：一国的市场经济能够正常运转，必须有一套系统、完善的国家信用管理体系。其目的在于，使失信行为产生的成本大于失信带来的收益。美国在 20 世纪六七十年代也曾爆发大规模信用危机。随后，美国建立起国家信用管理体系，进一步走上市场经济正常发展的道路。国家信用体系的建立包括三个层面的工作。一是国家立法。立法是保障信用体系建立的基础工作。二是政府管理。三是信用行业向社会提供管理服务。信用行业是国家信用管理体系中重要的一环。美国在"小政府大社会"的原则下，除国家立法外，对信用体系的建设，政府只做指导性工作，主要工作则是由信用行业完成的。这个信用行业涉及信用管理诸方面，主要包括企业资信调查、个人信用调查、商账追收和信用保险等。中国需要借鉴国际经验，结合本国情况，构建国家信用管理体系，以促进市场体系的健康发展。

第四，在进一步完善现代市场体系法律和加强市场管理队伍建设的基础上，依法从严监管市场。在这方面，当前值得注意的有以下三点：（1）在有些领域要建立严格的市场准入机制，审查各类市场主体的资质。（2）在关系国计民生的领域，要建立严格的市场退出机制，对经营产品（服务）质量差的市场主体，坚决要求其退出。（3）要建立并进一步完善行政处罚和刑事追究的机制，努力防止发生违法不究、以罚代刑的情况，依法强化对违法犯罪行为的打击力度。还要着重指出，要把依法加强市场监管与依法惩治行政官员的贪污腐败结合起来。因为贪污腐败往往是市场交易中违法行为的重要根源。

（四）要加强市场体系现代化建设

相对工业来说，中国当前商品流通方面存在的规模不经济、交易方式落后的状况还要严重得多。这种状况同全面建设小康社会、加快社会主义现代化建设的要求以及经济全球化、知识经济化和"入世"后趋于激烈的市场竞争形势很不适应。必须在市场组织、交易手段和流通方式等方面加快现代化建设。具体说来，一是要依据市场经济规则，并着重运用市场方式，整合市场资源，提高市场组织程度，实现规模化。就是要改变原来商店、农村集贸市场等分散、小型的市场组织，发展运输、仓储、加工、配送一体化的集中、大型的市场组织。二是要利用先进的信息技术，实现网络化。就是发展经销、采购和配送网络。三是要借鉴经济发达国家经验，实现连锁化。就是要注重发展连锁经营，采用统一采购、集中配送、购销分离等现代等流通方式。

第四节　建立宏观经济调控体系

一、宏观调控体系的内容及其在建立社会主义市场经济体制中的作用

在现代市场经济条件下，虽然市场是配置社会生产资源的主要方式，但必须有政府的宏观经济调控。在中国社会主义市场经济条件下尤其如此。

在社会主义市场经济条件下，宏观经济调控体系，是由计划[①]、财政和金融三大支柱构成的。计划、财政和金融在宏观经济调控方面分别起着各自独立的，但又是相互配合、相互制约的作用。

在中国的社会主义初级阶段，计划以其整体上指导性和综合协调性的特点，并凭借政府掌握大量的重要资源（包括资金、外汇、物资、土地、矿产和信息等），在宏观调控方面仍然具有重要的作用。就经济和社会发展

---

① 在中国的论著中，计划概念通常有两种含义：一是广义的，指政府宏观调控手段的总和。在计划经济体制下，计划确实起着这样的作用。二是狭义的，指政府宏观调控的一种手段。在社会主义市场经济体制下，计划就只起这种作用。这里讲的计划经济体制下的计划是广义的，讲的社会主义市场经济体制下的计划是狭义的。但相对年度计划来说，长期规划在实现宏观调控中具有更重要的作用。而且，我国已经实现了由原来的年度计划为主向长期规划为主的转变。所以，这里讲的计划主要指的是长期规划。当然，年度计划在实现宏观调控方面仍有它的重要作用。

的全局说来，国家计划提出一定时期国民经济和社会发展的基本任务和宏观调控目标，确定国民经济和社会发展的重大比例、速度，以及需要配套实施的基本经济政策。这种计划是国民经济和社会发展的总蓝图和宏观调控的总方案，是政府宏观调控部门运用经济、法律和行政手段进行调控的基本依据。就关系国民经济全局的某些重要领域和重大经济活动来说，国家计划也进行必要的、专门的指导、协调和调节。后一层次的计划内涵既在前一层次的总体计划中简明扼要地反映出来，有的还需编制专项计划。

在社会主义市场经济条件下，公共财政在宏观经济调控方面主要起着以下三方面的重要作用：一是通过财政收支活动，引导社会资金流向并为社会公共需要提供资金保障，以促进社会生产资源优化配置。二是通过实施财政政策，对宏观经济运行进行调节，促使总供求基本平衡，调整优化经济结构，以推进社会经济的稳定发展。三是通过税收、转移支付、补贴等手段调整社会成员间、地区间的收入分配格局，以实现社会公平的目标。

金融以其在现代经济中的核心地位，在宏观经济调控方面主要起着以下两方面的重要作用：一是调控宏观经济运行，即通过准备金、利率、汇率、公开市场业务等手段，调控货币供应总量，使社会总需求与社会总供给保持基本平衡，并与财政贴息等手段相结合，引导资金流向和资源配置，促进经济结构优化。二是反映经济运行信息，即通过各类金融指标综合反映企业、产业和国民经济运行状况，以便对经济运行进行监测，对经济发展趋势做出判断，为制定宏观调控政策提供依据。

上述情况表明：在国家的宏观调控体系中，计划、财政和金融各自分别起着独立的和特殊的作用。但是，三者之间又是相互配合和相互制约的。一般说来，国家计划体现国家的方针政策，成为财政、金融活动的基本依据。而财政、金融活动又成为促进国家计划实现的强有力的手段。因此，系统集成计划、财政、金融的作用，对于有效增强国家宏观调控的功能，具有十分重要的意义。

在社会主义市场经济条件下，虽然还存在由计划、财政和金融等构成的宏观调控体系，但与计划经济体制相比较，这种体系的性质及各个组成部分之间的相互关系已经发生了根本变化。

在计划经济体制下，国家通过行政指令性计划配置社会生产资源，根本排斥市场的作用。在这种体制下，企业成为国家行政机关的附属物。在这种体制下，也存在计划、财政和金融这样的宏观调控体系。但在实际上，计划对财政、金融处于支配地位。所谓"计划点菜、财政付钱、银行记账"，就是这种支配关系的生动写照。从这种实质意义上说，国家计划就是宏观调控的综合，财政和金融不过是实现计划的工具，并不具有独立的意义。

但在社会主义市场经济体制下，市场是配置社会生产资源的主要方式，国家是在发挥市场基础性作用的条件下进行宏观调控的，二者虽有矛盾，但从总体上说，是互补的，而不是相互排斥的。在这种体制下，国家计划的基本性质是指导性。就是在有些领域采取指令性计划也是对总体上实行指导性计划的补充，并不改变市场经济条件下计划的基本性质。在这种体制下，国家计划在各种宏观调控手段中发挥总体指导、综合协调的作用。但财政、金融也各自具有独立的作用，与计划既相互配合又相互制约。而且财政、金融对计划的配合，也不是按计划指令拨款、贷款，而是通过财政、金融活动来促使国家计划的实现。在这里，才存在真正意义上的由计划、财政和金融共同构成的宏观调控体系。

上述的作为构成宏观调控体系的计划、财政和金融的作用，具体表明建立这种体系是建立社会主义市场经济体制的必不可少的重要组成部分。

但在 20 世纪 70 年代末，中国现实存在的是计划经济体制下宏观经济调控体系。这样，要建立与社会主义市场经济体制相适应的宏观经济调控体系，就必须根本改革计划经济体制下由计划、财政和金融组成的宏观经济调控体系。

二、改革计划体制

如前所述，在计划经济体制下，主要通过行政指令配置社会生产资源，计划是国家宏观调控手段的综合。改革以来，这方面发生了重大变化，计划体制改革取得了重大进展。主要表现是：指令性计划大幅度缩小，指导性计划逐步成为计划的主要形式，市场逐步成为社会生产资源配置的主要方式。

第一，生产。1979 年以前，国家计划对 25 种主要农产品产量实行指令性计划管理，对这 25 种产品的播种面积和总产量下达分地区的计划指标，目前已全部取消。直到 1980 年，工业产品还有 120 种由国家计委下达指令性计划，到 21 世纪初已减少到 5 种（即只有木材、黄金、卷烟、食盐和天然气，其中木材、天然气和黄金还是部分地实行指令性计划），减少了 96%，占全国工业总产值的比重由 70% 下降到不足 4%。

第二，商品流通。国家计委负责平衡、分配的统配物资，1979 年为 256 种，到 20 世纪末，国家计委只对原油、成品油、天然气和不到 40% 的煤炭、不到 3% 的汽车实行计划配置。1979 年，国家计划收购和调度的农产品、工业消费品和农业生产资料为 65 种，21 世纪初下降至不到 10 种。

第三，价格。1978 年，绝大多数商品价格由政府决定。在社会商品零售总额、生产资料销售总额和农副产品收购总额中，政府定价的比重分别占到 97%、100% 和 92.2%。到 2006 年年底，绝大多数商品价格已由市场调节。2006 年，在社会商品零售总额中市场调节价所占的比重已达 95.3%，在生产资料销售总额中市场调节价占 92.1%，在农副产品收购总额中市场调节价占 97.3%（详见附表 21）。

第四，劳动工资。改革以前，劳动工资都实行指令性计划。目前大部分也都由市场来调节了。

第五，外贸外汇。改革前，近千种出口商品和所有进口商品都实行指令性计划管理。1994 年以后，完全取消了进出口商品的指令性计划，只对大宗商品出口总额实行指导性计划。

改革前，外汇管理实行高度集中的"统收统支"体制，即地方、部门、企业及个人的一切外汇收入和支出统一由中央掌握。1979 年以后，国家实行了贸易和非贸易的外汇收入留成制度。1994 年以后，成功地实现了计划汇率和市场汇率并轨，一切外汇收支不再上缴中央，取消外汇留成，实行银行结汇、售汇制，外汇收支的指令性计划随之取消，并进而实行了人民币经常项目下完全可兑换以及资本项目下部分可兑换的制度。

适应上述计划体制改革的需要，计划工作的内容也朝着适应社会主义市场经济的方向转变。主要是：从年度计划为主逐步转向中长期规划为主，突出宏观性、战略性；从单纯重视数量增长逐步转向在重视数量的同时，更重视结构调整，并突出产业政策的引导作用；从单纯重视实物量平衡转向重视价值量平衡，同时继续做好少数基本生产要素和重要基础性商品的总量平衡；从指标型计划转向政策型计划，并突出其信息导向功能，建立计划报告公开发布制度；从实施计划主要依靠行政手段转向主要运用经济立法手段和必要的行政手段。

　　适应上述计划体制改革的需要，还建立并逐步完善计划调控制度。主要有：一是国家订货制度。从1993年起国家对重要物资的分配管理开始采取三种形式：对关系国计民生、供求尚有一定矛盾、价格没有完全放开的重要生产资料继续实行指令性计划管理；对国家储备和重点需要试行国家订货；对价格已经放开、产需基本平衡的重要生产资料，完全取消指令性计划，但国家保留优先采购权。国家订货是由国家委托有关部门或组织用户直接向生产单位进行采购，其所需生产条件主要靠企业通过市场调节解决，供货价格原则上由供需双方协商确定，必要时由国家进行协调。迄今初步建立了包括重要农产品、农业生产资料和基础工业产品在内的统一的国家订货制度。二是建立重要商品的中央和地方两级储备体系。从1995年起，国家还对粮食、棉花、食用植物油、食糖、猪肉、化肥、农药、农膜原料、边销茶、盐、成品油、原油、钢材、有色金属、天然橡胶等15种重要基础性或特需商品编制国家储备计划，并制定相应的国家储备管理办法。三是国家建立了重要商品的价格调节基金制度和粮食、副食品风险调节基金制度。

　　但是，中国计划体制改革并没有完成，在生产、流通和分配领域指令计划还不同程度地存在着，改革的任务还很重。进一步推进计划体制改革的根本途径是：要从总体上建立以指导性计划为主的计划体制。为此，不仅要根本改革过去单纯采取指令性计划的传统计划体制，而且要突破改革初期提出的指令性计划、指导性计划和计划指导下的市场调节三种管理形式相结合的体制。这种体制作为过渡性体制有其存在的必要，并对推动改革起了很大作用。但是，这种体制并没有根本改革传统的计划体制，并不是市场经济下的计划体制。在社会主义市场经济条件下，国家计划从总体上应是指导性的。当然，对某些极少数重要的经济活动，不完全排除指令性计划。但就总体上说，国家计划职能的指导性是主要的。这种指导性计划体制，要充分考虑企业是市场的主体，市场对资源配置起基础性作用，国家计划的基本职能是宏观导向。对一切有条件让市场发挥作用的社会经济活动都应交给市场，最终基本上取消生产、流通、分配等领域的指令性计划。同时，要继续完善从年度计划为主向体现经济和社会发展战略的长期规划为主转变，从指标性计划为主管理转向预测性、政策性、诱导性计划为主管理，从行政手段为主转向经济、法律手段为主。

　　建立指导性为主的计划体制，需要进一步建立一系列的支柱系统。主要是：科学的宏观调控目标体系；现代化的经济预测、信息系统；有力的发展战略和政策研究系统；重要商品订货、采购、储备、吞吐调节市场系统；计划的决策、咨询、审议和评估系统；经济调节、经济监测和预报系统。这些重要系统是指导性为主的计划体制赖以建立和发挥作用的必要条件。①

三、改革财税体制

改革以前，适应计划经济体制的需要，财税体制实行统一领导，分级管理，统收统支。改革以来，主要是 1994 年以后，依据建立社会主义市场经济体制的要求，以建立满足社会公共需要为基本特征的公共财政为目标，对传统的财税体制进行了改革。财税体制最重要、最基本的内容是预算体制和税收体制。1994 年在这两方面都进行了重大改革。

在预算体制改革方面，建立了中央和地方分税制为基础的分级预算管理体制；② 停止财政向银行透支，中央财政赤字通过发行国债来弥补，地方

---

① 参见《20 年经济改革回顾与展望》，第 212 页，中国计划出版社 1999 年版。这里需要说明一个问题：2003 年 3 月召开的十届人大一次会议通过的国务院机构改革方案，把国家发展计划委员会改组为国家发展和改革委员会。有人误以为中国以后不要计划了。针对这个问题，国家发展和改革委员会新闻发言人做了以下说明："机构的名字里去掉'计划'两字，并不意味着不要计划。我国宪法明确规定，由国务院编制和执行国民经济和社会发展计划，全国人民代表大会审查和批准。党的十六大也提出，要'完善国家计划和财政政策、货币政策等相互配合的宏观调控体系'。这说明，计划与财政、金融一样，仍然是社会主义市场经济条件下宏观调控的重要手段。当然，社会主义市场经济条件下的计划与计划经济条件下的计划不同。从计划的性质看，总体上是指导性的而不是指令性的；从实现计划的手段看，更多地运用经济杠杆、政策引导、信息发布、法律约束等而不是主要靠行政手段。"（《经济日报》2003 年 5 月 7 日第 2 版）

② 其主要内容包括：（1）中央与地方的事权和支出划分。根据现行事权划分，中央财政主要承担国家安全、外交和中央国家机关运转所需经费，调整国民经济结构、协调地区发展、实施宏观调控所必需的支出，以及由中央直接管理的社会事业发展支出。地方财政主要承担本地区政权机关运转经费以及本地区经济、社会事业发展支出。（2）中央与地方的收入划分。根据事权与财权相结合原则，按税种划分中央与地方的收入。将维护国家权益、实施宏观调控所必需的税种划分为中央税；将同经济发展直接相关的主要税种划分为中央、地方共享税；将适合地方征管的税种划为地方税。中央税和共享税由国税局负责征收；地方税由地税局征收。（3）政府间转移支付制度。根据统一规定划分收支后，通常会产生中央与地方以及地方之间财政收支的不平衡。转移支付制度就是均衡各级预算主体之间收支不对称的预算调节制度，以实现各地公共服务趋于均等化。1994 年的分税制改革，对政府间的转移支付制度进行了适当调整。本着保证实现新体制平稳过渡、逐步规范的宗旨，除了继续保留原体制的分配格局，保持中央财政对地方的定额补助、专向补助和地方上解及有关结算事项不变外，着重建立了中央财政对地方财政的税收返还制度，返还数额以 1993 年为基期，以后按各地增值税和消费税的平均增长率一定系数逐年递增。

财政不准打赤字；并由单一预算逐步转向复式预算，开始建立中央财政向地方财政的转移支付制度，试行零基预算和国库集中统一支付制度。因而初步形成了公共财政预算制度框架。

税收体制改革的主要内容有：在商品课税方面，取消了原来的统一工商税，确立了以规范的增值税为核心，辅之以消费税、营业税的新流转税体系，原对农、林、牧、水产业征收的产品税改为征收农林特产税；在所得税方面，将过去对不同所有制企业征收不同的所得税改为实行统一的内资企业所得税，并建立了普遍适用于中、外籍人员和城乡个体工商户的统一的个人所得税；在其他工商税制方面，扩大了资源税征收范围，开征了土地增值税，取消、合并了一些小税种；在税收征管制度方面，各地税务机构分设国税局和地方税务局。由此初步构建了新的税收制度的基本框架。

1994 年以后，财税体制改革又有重大进展。

第一，深化了预算管理改革。主要是：（1）在中央和地方全面推进部门预算改革的基础上，稳步推进了行政单位实物费用定额改革，实施了项目预算滚动管理，增强了预算编制的统一性、完整性和公平性。（2）中央部门进行了"收支两条线"管理和综合预算改革试点，改变了预算内外资金分别使用和收支挂钩等不规范做法，规范了财政资金范围，预算内外资金统筹安排使用的程度不断提高。（3）在中央部门推行了国库集中收付制度改革，地方省级和许多市县也实施了国库集中收付制度改革，减少了资金缴拨的中间环节，实现了财政资金使用的"中转"变"直达"，账户管理由分散到统一，提高了预算执行透明度。（4）在各级国家机关、事业单位和团体组织中，全面推行了政府采购制度。

第二，深化了税制改革，调整了税收政策。主要包括：（1）所得税收入分享改革有了进展。从 2002 年 1 月 1 日起，实施所得税收入分享改革。除少数特殊行业或企业外，绝大部分企业所得税和全部个人所得税实行中央与地方按比例分享，分享范围和比例全国统一。改革后中央从所得税增长中多分享的收入，全部用于增加对地方，主要是中西部地区的转移支付，中央财政不留一分钱。（2）税费改革取得重大突破。20 世纪 90 年代下半期，财政部已会同有关部门取消收费 1965 项，共减轻社会负担 1332 亿元。保留下来的收费结合深化"收支两条线"管理改革，普遍实行了预算管理或财政专户管理。尤其是农村税费改革取得了历史性突破。2006 年，全国取消了农业税和农业特产税，结束了 2600 多年农民种田交税的历史。（3）

稳步推行了增值税改革试点。将生产型增值税（即对企业新购进固定资产所含税款不予抵扣）改为消费型增值税（即允许企业抵扣新购进机器设备所含税款），不仅有利于增强企业技术创新的积极性和竞争能力，也有利于提高经济自主增长能力。自 2004 年 7 月 1 日起，对东北地区的装备制造业等八大行业实行了增值税转型试点，取得了成效。（4）内外资企业所得税合并工作在经过充分准备后，于 2008 年正式推行。对消费税税目和税率进行了 1994 年以来最大规模的调整，强化了税收对节约资源、保护环境、引导消费和调节收入分配的促进作用。（5）提高个人所得税工薪所得费用扣除标准和内资企业所得税计税工资税前扣除标准。由原来的 800 元/人月提高至 2006 年的 1600 元/人月，2008 年又提高到 2000 元/人月。（6）调整了部分产品出口退税、关税和加工贸易政策，继续控制"高能耗、高污染、资源性"产品出口，支持外贸增长方式转变。（7）调整了部分地区和品目资源税政策，提出支持生物能源等发展的扶持政策。

第三，增加了公共投入。主要是有：（1）增加了对农业和农村的投入。①加大补贴力度。如 2006 年粮食直补、良种补贴和农机具购置补贴分别为 142 亿元、41.5 亿元和 6 亿元，比上年分别增加 10 亿元、2.8 亿元和 3 亿元。新增对种粮农民生产资料增支综合直补 120 亿元。②加大对新型农村合作医疗制度改革试点的支持。③支持农村基础设施建设，扶持农业产业化经营，推进农业技术和综合开发，促进农村经济长远发展。（2）支持社会事业发展。①支持就业再就业和社会保障体系建设。如 2006 年全国财政就业和社会保障支出 4338 亿元，增长 17.3%；增加 8 个省份开展做实企业职工基本养老保险个人账户试点；部分省份开展了适当扩大失业保险基金支出范围试点。②增加财政用于教育、卫生医疗、科技和文体广播事业的投入。2006 年以上领域的财政支出分别达到 4753 亿元、1312 亿元、1260 亿元和 835 亿元，分别增长 19.6%、26.5%、26.2% 和 18.6%。在教育投入增加的支持下，2007 年，全国普遍实行免费的九年义务教育。（3）支持生态建设和环境保护。建立森林生态效益补偿基金制度；启动煤炭资源有偿使用制度改革试点。（4）适当提高了部分社会保障对象收入水平。

第四，完善转移支付制度，推进基本公共服务均等化。（1）继续加大"三奖一补"政策实施力度，2006 年安排奖补资金 235 亿元，比上年增加 85 亿元。（2）继续增加转移支付规模，2006 年一般性转移支付 1527 亿元，比上年增加 407 亿元；民族地区转移支付 156 亿元。

　　第五，积极推动省以下财政管理体制改革，28 个省推行了乡财县管改革，18 个省推行了省直管县改革[①]。

　　总之，当前中国已经大体上建立了社会主义公共财政体制的基本框架，并对整个社会主义市场经济体制的建立和社会主义现代化建设的发展起了重要的促进作用。一是建立了符合社会主义市场经济要求的国家与企业、国家与个人、中央与地方的新型利益分配关系，为微观经济运行创造了一个统一的、公平竞争的市场环境，促进了社会主义市场经济体制的建立和发展。二是建立了适应社会主义市场经济要求的分税制框架，稳定了中央和地方的财政分配关系，调动了中央和地方两个积极性。三是形成了财政收入稳定增长机制，中央财政收入和地方财政收入均实现了持续、快速、稳定增长。四是增强了中央宏观调控能力。五是体现基本公共服务均等化原则的公共投入的大幅增长。

　　但是，无论是预算体制改革，或者是税收体制改革，都没有真正完成。建立与社会主义市场经济要求相适应的公共财政制度的任务还很艰巨。总的说来，要充分利用当前中央、地方财政收入大幅增长的有利时机，各级政府都要加大公共服务领域投入，逐步做到义务教育、公共卫生与基本医疗服务、基本社会保障、公共就业服务、饮用水安全、公路与公共交通、环境保护、廉租房供应、治安、法制环境等方面的基本公共服务均等化。这样，就可以真正实现由计划经济体制下经济建设型财政向社会主义市场经济条件下公共财政型根本转变。同时要紧密配合主体功能区建设，加大这方面的投入。还要把这种转变真正置于各级人民代表大会的监督之下。这些是进一步推行财税体制改革的关键。

　　就预算体制的改变来说，最重要的是：

　　第一，进一步建立健全与事权相匹配的财税体制，规范政府间财政关系。（1）按照公共性、市场化和引导性原则，进一步确定政府支出范围。即凡属于社会公共领域的事务，而市场又无法解决或解决不好的，财政就必须介入；凡是市场能够办得了的，要充分发挥市场机制作用，财政则尽快退出；对介于两者之间的，财政要发挥杠杆作用，引导社会资金投入。（2）根据支出受益范围等项原则，进一步划分各级政府支出责任。全国性公共产品和服务以及具有调节收入分配性质的支出责任，由中央政府承担，

　　[①]　《中国经济年鉴》（2007），第 47 页，中国经济年鉴社。

这包括国防、外交、国家安全等；地方性公共产品和服务的支出责任，则由地方政府承担，这包括地区性行政管理、基础设施等；对具有跨地区性质的公共产品和服务的支出责任，要分清主次责任，由中央与地方各级政府共同承担。（3）按照财力与事权相匹配的原则，进一步规范中央与地方的收入划分。在此基础上，科学界定中央与地方的税收管理权限，明确中央集中管理中央税、共享税及对宏观经济影响较大的地方主要税种的立法等。还要改变企业所得税按行政隶属关系共享的做法，按国际惯例实行分率计征或比例分享。

第二，改进财政转移支付等制度，逐步实现地区间基本公共服务均等化。在这方面，首先是要改进中央对地方的转移支付制度。（1）优化转移支付结构。严格控制专项转移支付规模和项目，增加一般性转移支付规模，重点帮助中西部地区解决财力不足问题。（2）完善激励约束机制。中央财政要继续安排一部分奖补资金与省级对下转移支付工作实际挂钩，推动完善省级对下转移支付制度。（3）建立监督评价体系。确保转移支付资金用于基础教育等基本公共服务，提高转移支付使用效益。同时还要改进省级以下财政管理体制。要进一步明确省级以下各级政府的财政支出责任，特别是在义务教育、公共卫生、社会保障、基础设施建设等基本公共服务领域，要尽快明确地方各级政府的支出责任和管理权限。按照财力与事权相匹配的原则，继续规范省级以下各级政府间收入划分。还要改革县乡财政管理体制，有条件的地方，要实行省级直接对县的管理体制，推进"乡财乡用县管"的改革。

第三，进一步建立健全包括政府预算、债务预算、国有资产经营预算和社会保障预算的完整复式制度，科学规范预算科目。

第四，继续改革财政性预算外资金的管理，把一切适宜纳入预算管理的预算外资金改为预算内资金，建立税收和非税收收入为一体的政府总财力收支预算。

第五，继续推进部门预算、政府采购和"收支两条线"的改革。

在税收方面，主要是：

第一，完善财税政策促进经济发展方式转变。（1）通过财政资金的杠杆作用，税收和采购的激励作用，以支持建立企业自主创新投入机制，加大研发投入，开发拥有自主知识产权的产品。（2）通过实施激励和约束并重的财税政策，促进资源节约和环境保护。比如，取消管理能源资源使用方面的各种优惠政策；以矿产资源有偿使用为重点，全面实行矿业权有偿取得制度；建立生态补偿机制等。

第二，推进税制改革，完善税收体系。（1）优化税源结构，由以商品课税（间接税）为主体逐步过渡到商品税和所得税（直接税）并重的双主体税制，加强财产税、行为税等辅助税种的建设，以适应改革以来国民收入分配格局的变化，充分发挥税收调节经济运行与收入分配的作用。（2）完善增值税制，由目前实行的生产型增值税逐步过渡到全面实行消费型增值税，彻底解决对企业重复征税问题，以利于鼓励投资，加快产业结构优化升级和技术进步。（3）适当扩大消费税的征收范围，合理调整征税项目和税率，以利于有效地调节、引导消费行为。（4）实施统一内外资企业所得税，贯彻"国民待遇"原则，促进公平竞争。（5）完善个人所得税，以分类综合所得税制取代现行的分类所得税制，完善、规范纳税人费用支出扣除项目，适时开征社会保障税、遗产税和赠与税，以利于更好地发挥税收调节收入分配的功能。（6）依据条件和需要，开征燃油税、物业税和资源税，并进一步调整出口关税。（7）继续理顺税费关系，将具有税收性质或适宜纳入税收体系的行政性收费并入现有税种或开征新税种，实现费改税，取消不合理收费，规范必要的收费。（8）建立健全地方税体系，确立以营业税和所得税为主体、财产税和其他税种为辅助的地方税制结构，使各级地方财政具有比较稳定、规范的税源。（9）完善税收征管制度，建立"以申报纳税和优化服务为基础，以计算机网络为依托，集中征缴，重点稽查"的新的征管模式，分清征纳双方的权力、义务和责任，提高税收征管效率，降低征税成本。

四、改革金融体制

改革以前，与高度集中的计划经济体制相适应，我国的金融组织单一，基本是大一统的国家银行体系，以及附属于国有农业银行的农村信用社，主要职能是为计划和财政承担会计、出纳作用，基本没有金融市场。经过近30年改革，尤其是1994年以后的改革，这方面的情况已经发生了巨大变化，初步建立和发展了适应社会主义市场经济要求的金融体制的基本框架。

第一，金融组织体系已经基本建立。整体说来，作为金融业的三个重要组成部分的银行业、证券业和保险业也已形成体系。2004年年末，银行业总资产（包括本外币）已达31.6万亿元，证券公司总资产达4045亿元，保险公司总资产达 1.18 万亿元。就银行业来说，已经形成了由中央银行（中国人民银行）、国有独资或控股的商业银行（包括中国工商银行、中国银行、中国建设银行、中国农业银行和交通银行）和政策性银行（包括国家开发银行、中国农业发展银行和中国进出口银行）、股份制商业银行、城市商业银行和农村银行或信用社以及外资银行构成的银行业体系。

第二，金融市场体系有了巨大发展。2006 年，在银行间市场方面，债券回购累计成交 26.59 万亿元，同比增长 67.2%，同业拆借累计成交 2.15 万亿元，同比增加 8720 亿元；在债券市场方面，国债发行 8883 亿元，增长 26.1%，企业债发行 3938 亿元（其中包括含企业短期融资券 2943 亿元），增长 92.4%。政策性金融债发行 8980 亿元，增长 53.5%；在票据市场方面，企业累计签发商业汇票 5.43 万亿元，同比增长 22%，累计贴现 8.49 万亿元，同比增长 25.8%，累计办理再贴现 39.9 亿元，同比增加 14.9 亿元；在股票市场方面，沪深股市累计成交 9.05 万亿元，同比增加 5.88 万亿元；在保险市场方面，保险业累计实现保费收入 5641.5 亿元，同比增长 14.4%；在外汇市场方面，银行间远期市场成交 140.6 亿美元，人民币掉期市场成交 508.6 亿美元，合计共成交 649.2 亿美元。银行间外汇市场八种"货币对"累计成交折合 756.9 亿美元，成交品种主要为美元/港币、美元/日元和欧元/美元，成交量合计占全部成交量的比重为 87.1%。[①]

第三，中央银行金融宏观调控体系初步建立并趋于完善。中国人民银行已确定保持人民币币值的稳定，并以此促进经济的发展，作为货币政策的目标；推出了货币供应量指标体系，将货币供应量作为货币政策的中介目标；调控方式已基本实现了信贷规模管理这种直接调控向间接调控的转变，即运用存款准备金率、利率和公开市场操作等货币政策工具，控制货币供应量，调节信贷结构。

第四，金融监管体系已经建立并趋于健全。已经形成了银监会、证监会、保监会各负其责、相互配合的三大金融监管机构。并从多方面加强了监管工作。主要是：推行了贷款五级分类制度，初步建立起银行风险评价体系；加强对上市公司、证券经营机构规范化运作监管；强化了保险市场行为监管，加强保险新产品和保险资金运用的风险防范制度建设，推动偿付能力的监管。这样，历史长期积累的金融风险逐步趋于化解。比如，截

---

① 《中国经济年鉴》(2007)，第 67—68 页，中国经济年鉴社。

至 2006 年年末，主要商业银行（含国有商业银行和股份制商业银行）不良贷款余额 1.17 万亿元，不良率 7.5%，分别比年初减少 495 亿元，下降 1.38 个百分点。

第五，推进金融企业的改革。主要是：（1）国有商业银行改革取得突破性进展。中国银行和中国工商银行于 2006 年在香港和上海两地上市，中国建设银行也于 2007 年成功上市。3 家银行进一步完善公司治理，健全内控体系，加快转变经营机制，改革分支机构组织架构和业务流程，初步建立了相对规范的公司治理构架，新体制、新机制逐步向全系统延伸，经营管理能力和市场竞争力提高，市场约束机制增强，财务状况好转。截至 2006 年年底，中国工商银行、中国银行和中国建设银行的资本充足率分别为 14.05%、13.59% 和 12.61%，不良贷款比率分别为 3.79%、4.04% 和 3.26%，税前利润分别为 715.21 亿元、670.09 亿元和 660.4 亿元。（2）农村信用社改革取得阶段性成果。按照"因地制宜、区别对待、分类指导"的原则，各地农村信用社试验了股份制、股份合作制等新的产权模式，试点了农村商业银行、农村合作银行等产权形式。截至 2006 年年末，全国共组建农村银行类机构 93 家，其中，农村商业银行 13 家，农村合作银行 80 家，组建以县（市）为单位的统一法人机构 1201 家。农村信用社的管理职责移交给省级政府，初步明确了地方政府的责任，新的管理体制框架基本形成。严格实施正向激励的资金支持政策，正式启动了专项票据兑付工作。截至 2006 年年末，共对全国农村信用社安排资金支持近 1658 亿元，占核定资金支持总额的 99%，"花钱买机制"的政策效果开始明显。2006 年年末，按"一逾两呆"口径，农村合作金融机构不良贷款比例为 11.56%（其中农村信用社为 13.73%），比 2002 年年末下降 25.37 个百分点；存、贷款余额分别比 2002 年年末增长了 95% 和 88%，农业贷款余额比 2002 年年末增长了 117%。（3）股权分置改革基本完成，A 股市场重新启动首次公开发行，中国资本市场开始进入全流通时期。截至 2006 年年底，沪深两市已完成或者进入股权分置改革程序的上市公司共 1301 家，占应改革上市公司的 97%，对应市值占比 98%。（4）继续推进了证券公司的重组工作，促进证券公司转换经营机制，建立符合现代企业制度的公司治理结构和严密的内控机制，加强证券公司的制度建设和创新。同时证券发行制度改革也进一步深化。（5）深化国有保险公司的股份制改革，推进保险公司上市。截至 2006 年年末，在境内外商事中资保险公司达到 4 家。

第六，实行并扩大了金融业的对外开放。按照"入世"的承诺，2006年年底中国金融业全面开放。主要是：（1）在银行业方面，截至2006年年底，累计已有21家中资银行金融机构引进29家境外投资者，投资总额达190亿美元；在中国注册的外资独资和合资法人银行业机构共14家，下设19家分支行及附属机构；22个国家和地区的74家外资银行在中国25个城市设立了200家分行和79家支行；42个国家和地区的186家外资银行在中国24个城市设立了242家代表处。外资银行开展的业务品种和经营规模不断扩大，截至2006年年底，外资银行经营业务品种超过100种，115家外资银行机构获准经营人民币业务。（2）在证券业方面，截至2006年年底，已批准设立24家合资基金管理公司和8家合资证券公司；上海、深圳证券交易所各有4家境外特别会员；在上海、深圳证券交易所直接从事B股交易的境外证券经营机构分别为39家和19家。（3）在保险业方面，截至2006年年底，中国保险市场上共有41家外资保险公司，来自20个国家和地区的133家外资保险公司在华设立了195家代表处。①

第七，稳步推行利率和汇率的改革，以及实行经常项目和资本项目可兑换。我国利率改革目标是建立由市场供求决定的利率形成机制，中央银行通过运用货币政策工具引导市场利率，金融机构依据市场利率确定其资产价格体系。经过多年改革，我国利率市场化取得了很大进展。当前除银行存款利率上限和贷款利率下限外，基本取消了利率管制。

有关汇率以及经常项目和资本项目可兑换的问题，留待本章第七节分析。

尽管20世纪90年代以来，我国金融体制改革已经取得了重大成就，但并不能适应完善社会主义市场经济体制和加快社会主义现代化建设的需要，继续推进这方面的改革仍然是一项重要任务。主要是：（1）加快金融企业改革，完善公司治理结构。包括：①推进国有商业银行的股份制改造。②深化政策性银行改革。③完善证券经营机构规范运作的基本制度。④建立现代保险企业制度。⑤全面推进农村金融改革。⑥稳步发展多种所有制的中小金融企业。⑦完善金融机构的公司治理结构，加强内控机制建设。（2）稳步推进金融业综合经营（即银行业、证券业和保险业跨业经营的金融制度）试点，并鼓励金融业在制度、机构和产品等方面进行创新。（3）建立

---

① 《中国经济年鉴》（2007），第66—67、69页，中国经济年鉴社。

多层次市场体系，完善市场功能。包括：①积极发展股票、债券等资本市场，稳步发展货币市场、保险市场和期货市场。②加强基础性制度建设，健全金融市场的登记、托管、交易、清算系统。（4）完善金融监管体制，防范和化解金融风险。（5）规范金融机构市场退出机制，建立相应的存款保险、投资者保护和保险保障制度。[①]（6）稳步推进对外开放，加强国际合作。（7）完善法律体系，加大执法力度，加强监管队伍建设，提高监管效率。（8）推进金融市场文化建设，建设健康的金融生态环境。

第五节　建立现代分配制度

一、现代分配制度的含义

党的"十六大"在党的文献中第一次明确提出："确立劳动、资本、技术和管理等生产要素按贡献参与分配的原则，完善按劳分配为主体、多种分配方式并存的分配制度。"[②]党的"十七大"进一步提出："要坚持和完善按劳分配为主体、多种分配方式并存的制度，健全劳动、资本、技术、管理等生产要素按贡献参与分配的制度。"[③]这是马克思主义关于社会主义初级阶段分配理论的一个历史性的重大发展。关于按劳分配为主体、多种分配方式并存的制度，是很清楚的，无须多言。需要着重分析的是确立和健全劳动、资本、技术、管理等生产要素按贡献参与分配的制度。分析这项制度，在经济的理论研究、改革和发展等方面，均具有十分重要的意义。这里也只就这项制度做些探索。

这里所说的现代分配制度的"现代"有三个重要含义：

第一，现代的社会主义市场经济条件下的分配制度。这包括两方面：一方面，现代的市场经济是与古典的市场经济相比较而言的。虽然二者都主张以市场作为配置社会生产资源的主要方式，但后者是反对国家干预经济，主张自由放任；而前者是反对自由放任，主张国家干预。另一方面，现代的社会主义是与传统的社会主义相比较而言的。在经济运行方面，后

---

① 参见《〈中共中央关于制定国民经济和社会发展第十一个五年规划的建议〉辅导读本》，第341—349页，人民出版社2005年版。

② 《中国共产党第十六次全国代表大会文件汇编》，第27页，人民出版社2002年版。

③ 《中国共产党第十七次全国代表大会文件汇编》，第37页，人民出版社2007年版。

者实行计划经济体制，前者实行市场经济体制。在基本经济制度方面，后者实行单一的社会主义公有制，前者实行社会主义公有制为主体、多种所有制共同发展的制度。就中国当前情况来看，已经初步建立和发展了社会主义市场经济体制的基本框架。当然，要完善这种体制，还需要十多年的时间。

第二，知识经济化条件下的分配制度。如果仅从社会生产力发展程度以及与之相联系的某个生产部门在社会生产中占主要地位这个角度来划分人类社会发展的历史分期，大体上经历了和经历着三个阶段：一是农业经济社会；二是工业经济社会；三是知识经济社会。当前，中国还处于工业化的中期阶段。但中国工业化是处于知识经济化已经开始到来的时代。因而工业化已经在一定程度上，并在越来越大的程度上实现与知识经济相结合。

第三，经济全球化在广度上、深度上有了空前未有大发展这一新的阶段条件下的分配制度。经济全球化萌芽于资本主义生产方式的准备时期，产生于资本主义生产方式确立时代，形成于帝国主义及其殖民体系在全世界的拓展时期，大发展于现代市场经济成为世界潮流和科学技术成为第一生产力的时代。第二次世界大战后，经济发达国家普遍实行了现代市场经济，并成为这一世界潮流的主体。此外，还有两个重要组成部分。一是第二次世界大战后在帝国主义殖民体系瓦解基础上涌现出的一大批新兴工业化国家也推行了现代市场经济。二是 20 世纪 70 年代下半期以后，原来实行社会主义计划经济的国家也纷纷实行市场经济。与此同时，新的科学技术革命又把社会生产力推到一个前所未有的高度。这样，正是在现代市场经济成为世界潮流和科学技术成为第一生产力的时代条件下，经济全球化就进入了一个空前未有的大发展的阶段。中国改革开放以来，已经在很大程度上融入了全球经济。而在 2001 年 12 月 10 日入世以后，还会在更大程度上参与国际竞争与合作。

这里所说的分配制度，就是以劳动、资本、技术和管理等生产要素按贡献参与分配的原则为基础的分配制度。即在社会主义市场经济条件下，也就是劳动力①商品按其价值分配，物资资本（或货币资本，下同）和智力

---

① 这里所说的劳动力是指以体力劳动为主的劳动力。

资本①均按其形成利润分配。

所以，概括起来说，现代分配制度就是在社会主义市场经济和知识经济化、经济全球化条件下，劳动力商品按其价值分配，物资资本和智力资本按利润分配。

二、现代分配制度赖以形成的经济条件

（一）按劳动力价值分配的经济条件：劳动力的商品化

对劳动力所有者来说，按劳动力价值分配，是同劳动力商品化相联系的；对货币资本所有者来说，按利润分配，是同货币资本化相联系的；对智力资本所有者来说，按利润分配，是同智力资本化相联系的。所以，为了说明现代分配制度赖以形成的经济条件，首先有必要简要地回顾一下马克思对劳动力商品化和货币资本化的分析，并结合当代中国的具体情况加以运用。

按照马克思的分析，劳动力商品化的条件有二：一是从封建经济制度下人身不自由的劳动者变成人身自由的劳动者；二是劳动者自由得一无所有，成为无产者。在这种条件下，劳动者不仅必须依靠出卖劳动力为生，而且有可能做到这一点。

劳动力商品是特殊商品。其价值是由维持劳动者生存培训和延续劳动力后代的费用决定的。其使用价值即是劳动。作为抽象劳动，它是价值的源泉。这就为资本（其本质是带来剩余价值的价值）的形成创造了根本条件。而且，在资本主义条件下，资本所有者是市场主体，要求实现自身利润最大化，是其内在本性。当然，按照历史唯物论的基本原理，资本这种生产关系产生的基本原因还在于它在人类社会发展的一定阶段上适合了社会生产力的要求。

诚然，马克思分析的是从封建经济制度向资本主义经济制度过渡的状况。这同当前中国从社会主义计划经济体制向社会主义市场经济体制过渡的情形是有原则区别的。但从一般的意义上说，马克思的上述分析是有指导作用的。

---

① 这里所说的智力资本是指作为现代科学技术和现代管理科学载体，并成为知识经济基本推动力的智力劳动者。现代西方经济学和当前我国学术界多用人力资本概念。这当然是有道理的。但相对说来，人力资本概念不如智力资本概念明确。

　　从理论上说，在社会主义经济制度下，劳动者在人身上是完全自由的，劳动者是有自由选择职业权力的。但在现实的计划经济体制下，劳动力这种资源的配置，是由国家用行政指令计划统包统配的。再加上在这种体制下，集就业与工资、福利分房以及医疗、劳保和养老保险于一体的。这样，对在国有企业中就业的劳动者来说，事实上是不存在选择职业的自由的。对在农村集体企业就业的劳动者来说，还要加上城乡隔离的体制（特别是其中的户籍制度）的限制，不仅在农村中没有选择职业的自由，在城乡之间也没有选择职业的自由。当然，这种不自由同封建制度下人身不自由还是有原则性区别的。

　　但在实行社会主义市场经济体制下，劳动者是市场主体之一。自由选择职业是其现实的应有权利之一。这样，随着劳动、工资、住房、保险和户籍等项制度的改革，多种所有制经济以及对外开放的发展，劳动者不仅在公有制企业中，也不仅在非公有制企业中，而且在国内和国外两种劳动力市场中都获得了选择职业的自由。但这还仅仅是社会主义市场经济条件下劳动力商品化的一个可能性条件。

　　还有一个必要性条件。按照马克思主义的观点，在社会主义初级阶段，劳动还仅仅是谋生手段。但在中国社会主义市场经济条件下，劳动不仅仅是一般意义上的谋生手段，并在这方面同计划经济体制下的情况相区别。在计划经济体制下，劳动者按照国家指令计划就业于公有制企业，并取得劳动报酬，劳动作为谋生手段就是这样实现的。但在社会主义市场经济体制下，劳动者必须以劳动力商品所有者的身份出卖劳动力给各种经济类型企业（包括公有制企业和非公有制企业）。问题在于：在社会主义市场经济条件下，虽然公有制占主要地位，但对劳动者来说，他只能以集体中的一分子实现对公有生产资料的占有。他既不能像个体劳动者那样，自主单个地实现与生产资料的结合，也不能像私营企业那样自主雇用劳动者实现同生产资料的结合，只能通过出卖劳动力才能实现同生产资料的结合。而且，在社会主义市场经济条件下，各种经济类型的企业都是自主经营、自负盈亏的独立商品生产者，在国内外市场中都是平等的竞争者。在这种经济条件下，他们都只能接受劳动力买卖的形式。这是客观存在的不以人们意志为转移的竞争的必然结果。对非公有制企业来说，自然是这样。对公有制企业也必然是这样。否则，他们就不能在竞争中生存，更谈不上在竞争中实现资本价值的保值和增值，维系公有制经济在国民经济中的主要地位。

这样，劳动者也只有通过出卖劳动力商品这种特殊形式，才能实现生存和发展。

既然在社会主义市场经济条件下，劳动力也是商品，因而也只能实现按劳动力价值分配。

在社会主义市场经济条件下，尽管劳动者的劳动力是商品，但劳动者在经济上仍是以集体中的一分子成为公有生产资料的所有者，在政治上仍是国家的主人。这种经济、政治因素在维护劳动者权益方面会起十分重要的作用。

（二）按利润分配的经济条件（1）：货币的资本化

既然在社会主义市场经济条件下，劳动力也是商品，就为货币的资本化创造了根本条件。在这里，劳动力商品化也是形成剩余价值的根本条件，从而也是货币资本化的根本条件。

这里需要进一步指出：在社会主义市场经济条件下，各种经济类型的企业都是独立地处于平等竞争地位的市场主体，追求利润最大化均是其内在本质。在国内市场和国外市场激烈竞争的情况下，这种内在冲动还转化成外在竞争能力，致使追求利润成为一种客观的必然，各种经济类型企业概莫能外。

当然，各种经济类型企业的存在是以各种所有制的存在为基础的。在中国现阶段，实行以社会主义公有制为主体的、多种所有制共同发展的基本经济制度，是由社会生产力的发展状况决定的。所以，终极说来，货币的资本化是现阶段生产力的发展要求。

（三）按利润分配的经济条件（2）：智力的资本化

如果说，我们在前面分析劳动力商品化和货币资本化时可以而且必须舍弃知识经济这个条件，那么在分析智力资本化时则可以而且必须引入这个条件。

纵观人类社会经济发展史，在社会生产力发展不同的历史阶段，各生产要素在发展社会生产力方面的作用呈现出巨大差异；与此相联系，各生产要素的分配也有不同状况；这种差异又决定着收入分配的不同状况。这是一条普遍的经济规律，是经济学中的一条基本原理。为了证明这一点，我们将在下面做一点简要的历史分析。

在原始共产主义社会，劳动力和土地是基本的生产要素。而且，这时社会生产力水平极低，只有集体劳动才能进行原始的农业生产。正是这种状况决定了这些基本生产要素必须归原始社会公有。由此又决定了收入的集体平均分配。

到了奴隶社会和封建社会，生产力有了不同程度的发展，但仍不高，农业仍是社会生产的主要部门，劳动力和土地还是基本的生产要素。这种状况决定了土地归奴隶主或封建主所有，劳动力归奴隶主完全所有或归封建主部分所有。这种生产要素分配状况决定了在奴隶社会条件下收入分配除了维持劳动力最低限度的生活以外，其余全部归奴隶主所有，封建社会条件下地主占有地租，农民只能得到必要产品。

在资本主义生产方式确立以后，实现了工业化，社会生产力有了空前未有的、突飞猛进的发展。这时农业虽然还是国民经济的基础，但工业已经上升为社会的主要生产部门。这时，劳动力和土地虽然还是社会生产的基本要素，但物资上升为最重要的最突出的生产要素。当时社会生产力构成要素的变化状况及其发展要求资本归资本家所有，土地归地主所有，劳动力归劳动者所有。资本主义社会条件下的生产要素分配的这种状况决定了利润归资本所有，作为平均利润余额的地租归地主所有，工资归劳动力所有者的劳动者所有。

但在工业化完成以后，并进入知识经济时代的条件下，资本主义社会生产要素构成及其分配状况又发生了重大变化。其主要表现是：智力资本作为独立的生产要素从原有的生产要素（包括一般劳动力、土地和物资资本）中分离出来，并且成为最重要的生产力。其主要标志是：智力劳动者在全体劳动者中的比重越来越大，甚至占了主要地位；以智力劳动为主的服务部门在国民经济中占的比重越来越大，甚至占了主要地位；智力劳动在经济增长中所占份额也越来越大，以致占了主要地位。正像一般劳动力归一般劳动者所有一样，智力劳动也归智力劳动者所有。但在这方面后者同前者又有重大的差别。如果说一般劳动者凭借劳动力商品化仅仅实现对劳动力价值的占有，那么，智力劳动者适应社会生产力发展的要求，并凭借智力资本实现对由此形成的利润的占有。在这方面，他同货币资本所有者凭借货币资本实现对利润的占有具有相同的道理。当然，也有相异之处。这不仅就事物的性质来说，前者是对货币资本的占有，后者是对智力资本的占有，而且就二者在发展生产力方面的作用来说，也不能相提并论。与智力劳动相联系的科学技术已经成为第一生产力，而物资资本在社会生产中的地位远不如工业化时代那么重要。与智力资本的这种重要地位相联系，同货币资本相比较而言，它在社会总利润中要占越来越大的份额。经济发达国家的实践已经充分证明：在工业化时代，货币资本所有者要成为位居前列的富翁需要上百年甚至更多的时间；而在知识经济时代，智力资本所有者做到这一点，则只要几十年甚至更短的时间。这绝不是偶然发生的状况，而是有深刻原因的。具体说来有以下三点：第一，一般来说，智力劳动创造的价值量大，其中包括的利润量也大。第二，与智力劳动相联系的现代科学技术的产业化，在许多场合下，至少在一定时期内处于垄断地位。由此带来的垄断利润大得惊人。第三，即使不处于垄断地位的情况下，与现代科学技术进步相联系的超额利润也大得无比。这些都使得智力资本所有者获得的利润会大大超过物资资本所得的利润。

我们在前面所做的历史分析，是为了说明前面提出的一个一般原理。显然，这个一般原理对中国现阶段也是适用的。诚然，当前中国已经处于社会主义社会的初级阶段，社会主义公有制已经占了主要地位；尽管知识经济有了一定的发展，但还处于工业化的中期阶段。在这两方面，都同当代经济发达国家有着重大的原则区别。但中国正在建立现代的市场经济，知识经济毕竟有了一定的发展。据此可以认为，智力劳动者既然也是市场主体之一，也要求实现自身利益的最大化。这样，正像货币资本所有者要求按其形成的利润分配一样，智力资本所有者也要求按其形成的利润分配。而且，从根本上说，这是适应社会生产力发展要求的。

综上所述，在社会主义市场经济条件下，劳动力所有者按劳动力价值分配，货币资本所有者按其形成的利润分配，智力资本所有者也按其形成的利润分配。这是各种生产要素分配的必然结果，并且都是适应社会生产力发展要求的。当然，这是抽象的理论，舍弃了许多具体的经济、政治因素。比如，在经济方面，舍弃了供求关系的作用；在政治方面，舍弃了政府政策的影响。

三、现代分配制度下各种收入的源泉及其性质

在社会主义市场经济条件下，各种分配关系是各种生产要素分配的结果。这是它们的共同点。但就由各种分配关系形成的各种收入源泉来说却是有差别的。

就劳动力所有者按劳动力价值分配来说，其收入源泉是劳动者的必要劳动创造必要产品价值。这部分收入可以称为归劳动者个人的劳动收入。

就货币资本所有者按其形成的利润分配来说，其收入源泉却是劳动者剩余劳动创造的剩余价值。但其性质因其企业性质的不同而又有原则差别。就社会主义公有制企业来说，这部分剩余价值是由该企业劳动者集体劳动创造的，并且是用于满足包括这些劳动者在内的集体需要（对集体所有制企业来说）或全社会需要（对国有企业来说）的。因此，收入的性质仍然可以称做归集体（或国家）所有的劳动收入。就私营企业来说，这部分剩余价值是归私人企业主所有的。但就其用途来说，与资本主义制度下的情况却有重大差别。在资本主义制度下，从总体上和根本上来说，剩余价值是用于资产者个人或资产者国家的需要的。但在社会主义市场经济条件下，剩余价值相当大的部分是通过税收形式上缴社会主义国家的，并用于全社会的公共需要。还要考虑到在中国社会主义初级阶段，私营经济的发展，在形成竞争性的市场经济，扩大就业，增加国家税收，发展生产和扩大出口等方面，都有重要的作用。当然，也有消极作用，但积极作用是主要的。所以，无论从一定的实质意义上，或者从策略意义上，都不宜把这部分剩余价值的性质称做剥削收入，而宜称做归货币资本所有者的非劳动收入。

就智力资本所有者按其形成的利润分配来说，则呈现出复杂的情况。智力资本是归智力劳动者所有的。他一方面以智力劳动者身份取得由其必要劳动创造的劳动力价值部分。这当然是归他个人所有的劳动收入；另一方面他又以智力资本所有者身份取得由其剩余劳动创造的剩余价值，其性质仍然可以称为归个人所有的劳动收入。在这里，智力资本所有者与一般劳动力所有者的区别，他不仅拥有按劳动力价值分配的部分，而且拥有按利润分配的部分；与货币资本所有者的区别，他不仅拥有按劳动力价值分配形成的归个人所有的劳动收入，而且拥有按利润分配形成的归个人所有的劳动收入。

以上所做的是一种抽象理论的分析，舍弃了许多具体情况。就一般劳动力所有者来说，主要是劳动收入。但其中部分人也有部分的非劳动收入。如他们在银行存款的利息和购买股票的分红。对一般货币资本所有者来说，其收入主要是利润，即非劳动收入。但其中许多人从事经营管理。这是一种生产劳动，可以形成劳动收入。就智力资本所有者来说，主要是劳动收入。但与一般劳动力所有者相比较，其中有更多的人有更大量的非劳动收入。如股息等。这还是一种静态分析。如果做动态考察，三者之间可以呈现某种相互换位的情况。比如，一般劳动力所有者在一定条件下可以成为货币资本或智力资本所有者，并取得相应收入。

四、建立现代分配制度的意义

第一，建立现代分配制度，是建立、巩固和发展社会主义市场经济的一个重要内容。

现代分配制度是以现代市场经济为基础的。改革开放以来，中国已经初步建立了社会主义市场经济的基本框架。与此相伴随，原来在计划经济下与单一的社会主义公有制相联系的分配制度也发生了重大变化，正在向现代分配制度转变。

中国社会主义市场经济的微观基础，是以公有制为主体的、多种所有制共同发展的基本经济制度。当前，这方面的基本格局已经大体形成。当然，其改革并未完全到位，还要进一步发展。但相对这个基本格局来说，在建立现代分配制度方面，显得相对滞后。

但建立现代分配制度，却是建立、巩固和发展社会主义市场经济的一个重要内容。只有建立现代分配制度，实现按劳动力价值分配以及按货币资本和智力资本形成的利润分配，才能体现这些市场主体经济利益的要求。而且，无论是马克思主义经济学，或者是现代西方经济学都要求做到这一点。前者认为，生产关系首先是经济利益关系。作为后者分析出发点的首先是追求自身利益最大化的经济人。从这种意义上来说，建立现代分配制度，是建立市场经济的一个重要标志。这是其一。其二，也只有建立现代分配制度，才能从根本上推动劳动力市场、资本市场和人才市场的建立和发展。因为这三种市场就是劳动力、资本和人才三者交换关系的总和，是三者的交换场所。而这三种市场正是社会主义市场经济体系的一个主要组成部分。当然，这三种市场的建立，也是现代分配关系赖以实现的重要条件。

第二，建立现代分配制度，是提高宏观上社会生产资源配置效益和微观上要素运营效益的重要动力。

在社会主义市场经济条件下，社会生产资源的优化配置和要素运营效益的提高，主要都是靠经济利益的导向。而建立现代分配制度，实现按劳动力价值以及按货币资本和人力资本形成的利润分配，正是最根本、最重要的经济利益导向。

上述两点在中国当前显得尤为重要。中国的现实情况是：一方面，中国劳动力总量极其巨大，居世界第一位，似乎劳动力资源不是很紧缺。另一方面，正因为劳动力数量大，实现按劳动力价值分配，对于发展社会主义市场经济，对于实现劳动力资源的优化配置，并提高劳动者积极性，其意义就更为重大。至于货币资本和人力资本在所有发展中国家都是最稀缺的资源。在中国，由于正处于工业化中期阶段，并在一定程度上实现了知识经济化，又处于经济高速增长时期，货币资本和人力资本的稀缺状况则尤为突出。在这方面，实现按货币资本和人力资本形成的利润分配，对于推进社会主义市场经济的发展以及提高资源配置效益和要素运营效益，其意义更为重大。但这仅仅是一种情况。另一种情况是：中国当前现代分配制度的建设状况又远远不适应这种要求。就按劳动力价值分配来说，一方面在国有企业内部的分配方面，原来计划经济体制留下的严重的平均主义虽已有所克服，但仍明显存在；另一方面在行业之间、城乡之间和地区之间又出现了收入差别过大的状况。就按资本形成的利润分配来说，在垄断与非垄断行业之间，前者利润率过高，后者过低；在各种所有制之间，相对说来，非公有制经济做得较好，而在国有经济中长期存在较多的亏损企业。这些企业的生存在很大程度上先是靠国家财政补给，后是靠银行贷款，再后靠发股票，靠固定资产的折旧费。诚然，到 21 世纪初，国有企业经济效益有了很大提高，但所得利润又不对国有资本所有者分红。就按人力资本形成的利润分配来说，相对说来，私营企业特别是外资企业做得较好，而国有企业则做得较差，甚至很差。如果仅就这方面来说，国有企业实际上处于不平等的竞争地位。上述两种情况表明：建立现代分配制度，对于建立、巩固和发展社会主义市场经济，对于提高资源配置效益和要素运营效益，以推进社会主义现代化建设，都具有十分重要的意义。

五、建立现代分配制度的条件和措施

第一，现代分配制度的建立是以现代市场经济以及与之相应的观念为前提的。但中国在 20 世纪 70 年代末改革开始时，面临的却是计划经济以及与之相应的观念。诚然，改革以来这些方面的情况已经发生了巨大变化。但在观念方面离建立现代分配制度的要求还有很大的距离。因此，要真正建立现代分配制度，还需要根本改变与建立现代分配制度不相适应的观念。

第二，进一步建立各市场主体对其拥有的劳动力商品、货币资本和智力资本所有权；以此为基础发展全国统一的、开放的、平等竞争的劳动力

市场、资本市场和人才市场。

显然，这两方面都是实现劳动力商品按其价值分配以及货币资本和智力资本按其形成的利润分配的基础和前提；否则，就是根本不可能的。

改革开放以来，这方面的改革已经有了很大的进展，但并没有到位。就劳动力商品来说，其突出表现是：作为劳动力价格的工资普遍偏低。其中，农民工尤为如此。尽管农民进城务工的人已经超过了一亿人，但由于原有计划经济体制留下的城乡分割体制（特别是其中的户籍制度）以及劳动力市场不规范，劳动力商品的流通还会受到诸多限制。已经进城务工的农民，不要说享受不到同城市工人相同的工资和福利待遇，其中不少人甚至不能按时拿到本来就已低得很多的工资。

就货币资本来说，国有资本由于所有者没有到位，法人治理结构没有真正形成，以及贪污腐败等因素的影响，许多企业不要说实现按利润分配，甚至国有资产大量流失，连老本都保不住。私营企业也因为市场准入、融资和税收等方面的限制，难以完全做到等量资本获得等量利润。还要提到：由于经济垄断和行政垄断以及地区封锁和市场分割，也使得平均利润率难以在全国形成。这些都使得货币资本按其形成的利润分配遇到重重困难。

就智力资本来说，由于计划经济体制留下的人才的单位所有和部门所有的格局还未完全打破，特别是智力资本的观念还未在全社会形成，因而，不仅人才市场远不如劳动力市场发展，智力资本实现按利润分配也就远远没有到位，而且发展得很不平衡。比如，企业经营管理人员的年薪制和股权制迟迟难以推开。科学技术人员应得的股权更是进展缓慢，甚至其应有的职务发明合法权益都得不到有效保证。但就按智力资本形成的利润分配来说，外资企业做得较好，国有企业做得较差。这样，就使得国有企业在这方面事实上处于不平等的竞争地位。其结果，不仅不利于社会主义现代化建设的发展，而且不利于国有经济主导地位的巩固。

还要提到：当前中国商品市场上假冒伪劣盛行和信用关系破坏严重的状况，也在很大程度上阻碍着按劳动力价值以及按货币资本和智力资本形成的利润分配。

可见，要建立现代分配制度，必须进一步建立各市场主体对其拥有的生产要素的所有权，以及发展社会主义市场体系。

第三，借鉴国际先进的酬金理念，建立现代企业酬金制度。适应发展社会主义市场经济的要求，要拓展和更新原有工资理念的内涵，借鉴国际先进的薪酬理念和制度。这种理念和制度与传统计划经济体制下工资理念与制度相比较，其主要特点有：一是较全面地涵盖了现代企业在薪酬制度方面所必须具有的内容，既包括一般劳动者的工资、奖金和福利等，也包括了经营管理人员和科学技术人员的年薪、职务发明报酬和股权等。如果再加上货币资本所有者的投资收益，那就比较全面地反映了现代分配制度（即按劳动力价值和货币资本与人力资本形成的利润分配）的要求。二是体现了经济的市场化、现代化和全球化的要求，从而有利于在收入分配方面逐步实现与国际薪酬制度的接轨，并有利于在世界市场竞争中争得平等地位。这里需要着重指出：伴随经济的市场化、现代化和全球化的发展，人类社会经济生活的各方面（其中包括企业薪酬制度和薪酬水平）都有国际化的趋势。比如，过去经济发达国家将劳动密集型的产业和工作转移到薪酬标准较低的发展中国家，这样就会降低蓝领工人的工资。但当前经济发达国家许多公司开始将高科技产业和白领工作也转移到发展中国家。这种白领全球化的趋势必然造成经济发达国家白领人员薪酬的下降。以美国1000 万名信息技术人员为例，在 2000 年，高级软件工程师年薪达 13 万美元，后来相同的工作薪酬为 10 万美元；初入行的电脑技术员原来可得 5.5万美元的薪酬，后来他们只有 3.5 万美元的薪酬。值得注意的是：据对美国1000 家最大公司的调查，其中 40% 在未来两年都有向海外转移白领工作的试验计划。而真正大量转移是在 2010 年以后。[①] 这个例证说的是经济全球化对经济发达国家薪酬水平的影响。但它同时启示我们：伴随经济全球化的发展，发展中国家薪酬制度必然出现与国际接轨的趋势；否则，它在世界市场竞争中就会陷入不利的地位。三是较全面地反映了各生产要素按贡献分配的原则，从而较好地兼顾了出资人、经营管理人员和科学技术人员以及体力劳动者的经济利益。这就能够充分地发挥各生产要素所有者的积极性，提高要素的运营效益。

可见，现代薪酬制度无论在内容上、形成的依据上和作用上都与传统的工资制度有重大的原则区别。这是建立现代分配制度的十分重要的形式。

第四，充分发挥政府在建立现代分配制度方面的作用。建立现代分配制度是中国市场取向改革的一个重要组成部分。它的建立也是由政府有领导地进行的。因此，充分发挥政府在这方面的作用，是推进这项制度建设

---

① 转引自搜狐网，2003 年 1 月 30 日。

的一个重要条件。

为此，政府管理需要在政企分开的前提下，实现一系列转变。一是政府在这方面的管理任务要由计划经济体制下推行和维护传统工资制度向推行和维护现代薪酬制度转变。二是管理范围由国有企业向各种所有制企业转变。三是管理目标由总量调控向水平调控转变。四是管理手段由主要依靠直接的行政手段转向主要依靠法律和经济手段。当然，必要的行政手段也不可少，在转轨时期尤其是这样。此外，思想教育和舆论手段也不可忽视。为了维护公平竞争，并调动劳动者的积极性和维系社会稳定，政府还需要继续大力加强工资指导线和最低工资等项制度的建设。

要完全建立并有效地实施上述四项条件和举措，绝非能够在短期内一蹴而就，需要经过一个长期探索和实践的过程。在这方面不抓紧积极推行是不妥的。但操之过急也行不通。

还需着重指出：当前中国居民收入的差别已经很大了。在推行现代分配制度的过程中，弄得不好，差别还会进一步扩大。但是，国际经验表明：在工业化的一定发展阶段上，都有收入差别扩大的趋势；只是到工业化后期，这种差别扩大的趋势才能稳定下来，然后再转入差别缩小的态势。我国经济发展过程中也会出现这种状态。对此，我们需要有思想准备。当然，在建立现代分配制度时，特别是对企业经营管理人员实行按智力资本形成利润分配过程中，要着力加强企业法人治理结构、民主监督和透明度；否则也会造成种种负面影响。这是其一。其二，在处理效率与公平的关系上，要坚持效率优先，兼顾公平的原则。只有这样，才能促进社会生产力的发展，才能使一部分人依靠诚实劳动和合法经营先富起来，然后用先富带后富的办法，实现共同富裕的目的；否则，在事实上就要重蹈改革前一个长时期内存在的名为实现共同富裕，实为共同守穷的覆辙。这是就生产过程中初次分配说的。它并不排除在收入再分配过程中要更多地兼顾公平原则，而且是以此为前提的。在再分配中，可以而且必须通过财政收入（如征收所得税和遗产税等）和支出（如加大社会保障体系建设的支出，以及通过转移支付加大对经济欠发达地区在生产和生活上的支持等）来促进社会公平的实现。这样，才能全面调动全社会各阶层各地区人民的积极性，才能实现社会的稳定。但这些收入和支出方面也要注意适度；否则，也会造成消极后果。同时需要明确：在社会主义市场经济条件下，所谓实现社会公平，具有决定意义的和居于首位的并不是在收入分配方面，而是要使社会成员在各个领域的就业和经营中享有均等机会，以便实现公平竞争。

第六节　建立社会保障制度

一、社会保障制度的内容及其在建立社会主义市场经济体制中的作用

从一般意义说，社会保障制度是国家和社会对其公民因生、老、病、死、伤、残和自然灾害而发生生活困难时给予的物质帮助，并以此保障其公民的基本生活需要，实现和延续劳动力再生产以及维护社会稳定的制度。

从原始形态上说，社会保障在封建社会已经开始萌芽了。比如，最常见的是封建王朝推行的救灾活动。但这时分散的个体的农业是社会生产的主要基础。这种农业是集生产与生活于一体的，农民因天灾人祸而发生生活困难主要是由家庭承担的。这时还提不出建立社会保障制度的问题。

社会保障制度是伴随资本主义工业化和现代化而建立和发展起来的。在这种条件下，集生产与生活于一身的个体农民生产逐步趋于解体，而失业和经济危机又成为资本主义的经济规律。这样，由国家来建立社会保障制度，就成为保障社会成员基本生活、保证劳动力再生产、实现社会稳定和维系资本主义制度的一个重要因素。同时，资本主义社会物质文明、政治文明和精神文明的发展，也为建立社会保障制度创造了条件。此外，社会保障制度的建立，如历史上八小时工作制一样，也是无产者反对资产者斗争的一个重要成果。第一次世界大战后社会主义国家实行的社会保障制度，第二次世界大战后社会民主主义思潮的影响（这一点在第二次世界大战后那些由社会民主党执政的国家表现得尤为明显），在这方面也起了重要的作用。

在中国实现由计划经济到社会主义市场经济的转轨时期，建立社会保障制度具有特殊重要的作用，以致成为建立社会主义市场经济体制的一个必不可少的重要支柱。

第一，就整个市场取向改革来说，竞争是推动社会生产力发展的强大动力，但它也有消极作用。其重要表现就是必然导致失业队伍和收入差别的扩大，甚至造成社会贫困阶层的出现和两极分化。而中国在改革以前就有着庞大的潜在的失业队伍。在市场取向改革的过程中，随着市场竞争的发展，不仅原来的隐性失业必然显性化，还会进一步扩大失业队伍。

这样，弄得不好，就会酿成严重的社会问题。为此，必须建立社会保障制度。

第二，就作为中国市场取向改革中心环节的国有企业改革来说，建立社会保障制度显得尤为重要。国有企业在这方面的重要特点有：一是潜在失业比重大，数量多。据估计，改革以前国有企业的富余人员不下 1/3，而且国有企业工人又占了城市工人的大部分。这样，城市中的潜在失业人口主要就集中在国有企业中。二是国有企业承担了大量的办社会的任务，占用了大量的人力和物力。据测算，国有企业拥有的社会公共基础设施以及住房和其他生活福利资产约占其总资产的 10%—15%。但市场取向的改革必须使国有企业像其他所有制企业一样成为自主经营、自负盈亏，并具有平等竞争地位的市场主体。这样，如果不建立社会保障制度，国有企业改革在事实上就难以迈出实质性的步伐。这里还要提到：国有企业改革在这方面的一些重大失误，也使得当前建立社会保障制度问题变得异常重要和尖锐起来。这些失误主要包括：一是没有在 20 世纪 80 年代初抓紧社会保障制度建设；二是没有在 90 年代下半期买方市场形成以前，抓紧把大批国有中小企业放开搞活，以致失去了良好时机。

第三，在市场取向改革中，劳动力再生产是社会再生产的必要条件；保障和提高人民生活是发展经济的根本出发点。就这两方面说，也必须建立社会保障制度。

第四，就改革、发展与稳定的整体关系看，中国实践经验已经充分表明：发展是目的，改革是手段，稳定是前提。社会不稳定，经济改革和发展都搞不成。而建立社会保障制度正是构建社会的“安全网”和“减振器”。

所有这些都说明：建立社会保障制度在实现市场取向的改革方面具有极重要的作用。

诚然，1949 年 10 月新中国成立后不久，就在国有单位中建立了包括养老、医疗和工伤等在内的保险制度，并在历史上起过重要的积极作用。但这种制度是在计划体制下建立的，不可避免地会发生以下缺陷：一是保险层次单一。如整个收入分配一样，保险费也由国家大包大揽。这不仅不可能满足社会对保险的需要，而且造成平均主义盛行和浪费严重等不良后果。二是保险范围狭窄。保险覆盖面主要限于国有单位和作为准国有单位的城市大集体单位。三是保险项目不全。作为最重要保险项目的失业保险都不在其列。四是很不平衡。在城市中，国有经济和准国有经济在保险方面差别就很大，至于农村保险主要还是依靠家庭。五是社会化程度很低。在"文化大革命"中，竟然把国有企业的保险费支出交由企业来管理，造成了社会化管理大倒退。六是由此使得保险社会互济功能很弱，企业在承担保险费支出上负担不均。这些情况表明：像整个计划经济体制一样，原有的保险制度也根本不适应市场取向的改革的要求，必须进行根本改革，重塑社会保障制度，以发挥其支撑社会主义市场经济大厦的柱石作用。

二、建立社会保障制度的依据及其目标

建立社会保障制度的主要依据是：

第一，社会保障制度既是市场经济体制的重要组成部分，又是发展市场经济的推进器和稳定器。因此，中国建立社会保障制度必须以发展社会主义市场经济的要求作为出发点。

第二，从广义上说，社会保障费用的支出是属于收入分配的范畴。而收入水平是由社会生产力发展程度决定的。因此，确定社会保障水平必须与社会生产力发展水平相适应。还要清醒地看到：社会保障具有很强的刚性，一旦确立下来，只能升不能降。在这方面，第二次世界大战后有些经济发达国家历史经验很值得注意。他们由庞大的社会保障开支造成了巨额的财政赤字，并成为经济增速下降的一个重要因素。这一点，在中国尤其要注意。因为中国现在处于社会主义初级阶段，而且是一个相当长的历史阶段，生产力水平同经济发达国家比较尚有很大差距，再加人口众多，人均国内生产总值同世界各国比较居后列。所以，如果中国社会保障水平基线定得过高，超越了社会生产力水平，事实上难以行得通，并对改革和发展都有不利的影响。

第三，中国在建立市场经济体制过程中，为了促进生产发展，在初次分配中，必须强调"效率优先、兼顾公平"的原则。但在再分配过程中，特别是实施社会保障时，必须兼顾效率与公平。使社会保障的实施，能发挥统筹共济作用，适当向低收入者倾斜，缩小高低收入差距，防止两极分化，朝着有利于最终实现共同富裕的方向发展。同时又不使享受保障的对象滋长依赖思想，也不影响提供保障的对象的积极性，有利于促进生产的发展。

第四，要从中国社会老龄化、失业和贫困群体的现状出发，在一个相

当长的时期内把养老保险、失业保险、医疗保险和对贫困群体实行最低生活保障作为建立社会保障制度的重点。

就中国老龄社会形成的特点来说，一是中国在经济发展水平较低的条件下就开始进入老龄社会。经济发达国家一般在人均国内生产总值达到了3000美元时才进入老龄社会，而中国在人均国内生产800美元情况下就进入了老龄社会。二是经济发达国家从成年型社会进入老年型社会一般需要经历半个世纪到一个世纪的时间，而中国只经历了约20年的时间。按照国际通行标准，60岁以上人口占到总人口的10%（或65岁以上人口占到总人口的6.5%）时，就算进入老龄社会。据此，中国在2000年就进入了老龄社会。依据2000年中国第五次全国人口普查数据，这时总人口数为12.6583亿人，其中60岁以上人口占总人口的比重为10.45%，65岁以上人口比重为6.96%。[①] 中国人口老龄化的发展速度之快在世界各国中是少有的。许多经济发达国家，65岁以上人口占总人口比重由5%上升到7%，一般要经历50—100年的时间。中国65岁以上人口占总人口比重由1982年人口普查时的4.9%上升到2000年的7%，只相隔18年时间。三是随着人民生活水平的提高，高龄人口数量和比重将越来越大，而且，老龄化高峰将是一个较长的过程。根据全国第四次人口普查有关资料预测，2000年全国总人口将为13亿，60岁以上老年人口将达到1.28亿人。2030—2040年，总人口将达到15亿以上，届时60岁以上人口将达到3.4亿—3.8亿人。到2050年，60岁以上老年人口还将进一步增长到4亿以上。这样，养老保险在中国社会保障中就居于十分重要的地位。

中国在失业人口的形成方面也很有特点，一是中国为世界第一人口大国，劳动力多，就业压力本来就很大。二是在实行计划经济体制时长期推行"低工资、多就业"的政策，以致企业冗员约占1/3。城市潜在的失业人口数以千万计，农村数以亿计。三是由于计划生育基本国策的推行，14岁以下人口比重逐年上升。根据第四次人口普查有关资料推算，15—59岁劳动适龄人口比重，1995年为62.92%，2000年达到63.08%，2005年增到65.07%，2010年进一步提高到66.82%，直至2030年之前，都将在60%以上，到21世纪中叶，也还在56%以上。[②] 劳动力比重大，一般说是好事，

---

① 《中国统计年鉴》（2002），第95—96页，中国统计出版社。
② 《20年经济改革回顾与展望》，第411—412页，中国计划出版社1999年版。

创造财富的劳力资源丰富。但同时也给就业带来更大压力。三是中国正在实现由计划经济到社会主义市场经济以及由粗放型生产方式到集约型生产方式的转变。这样，劳动力供大于求的状况将长期存在。社会保障制度必须适应这种形势的需要，把失业保险放在首位。

中国当前贫困群体的数量也很大。改革以来，农村贫困人口由 1978 年 2.5 亿人下降到 2002 年的 2820 万人。这是一个伟大的成就，但仍有近 3000 万贫困人口。2002 年城市有 2054 万贫困人口。① 保障这些贫困人口的最低生活需要，显然是社会保障制度建设的极重要任务。

第五，依据国家财力、各类社会群体需要、权利与义务对等以及分担风险等因素，必须构造筹集资金多渠道和多层次的社会保障体系。主要包括：一是由国家财政支撑的保障项目。主要有国家立法强制实施的社会救济、社会福利、优抚安置三项。社会救济的对象是无工资来源和低收入的社会群体。社会福利保障的对象是无依无靠的孤老残幼、精神病人等。优抚安置属于国家特殊保障，对象是对国家和人民有功的人员，一般指军烈属、伤残军人、退伍义务兵、志愿兵等。二是由国家、企业、职工三方负担的社会保险项目。这是社会保障体系的主体部分，包括养老、失业、医疗、工伤、生育保险五项。这五项中，养老保险和医疗保险实行社会统筹和个人账户相结合，失业保险，企业和职工都要缴费。这三个最重要的社会保险项目是国家、企业、职工三方负担的，工伤和生育保险职工个人不缴费。三是由企业和个人出资的企业补充保险和个人储蓄性保险。企业补充保险和个人储蓄性保险一般遵循自愿原则，国家给予一定的政策优惠。这类保险项目主要委托商业保险公司经办。此外，非营利性的社会互助保险等也是对社会保险的一种补充形式。

在上述多层次社会保险体系中，社会保险是政府强制实施的，应覆盖社会所有劳动者，并只能提供最基本的保险水平。商业保险一般遵循自愿原则，可在企业补充保险和个人储蓄性保险方面发挥重要作用。商业保险比较灵活，保险的水平可以按投保者的要求在不同的地区、行业、企业以及职工之间有所差别。

第六，中国目前城乡差距较大，在较长时期内仍会存在二元经济格局。农村主要实行以家庭承包经营为基础的双层经营制度，家庭是主要的生产

① 《经济日报》2003 年 3 月 6 日第 5 版。

单位和保障单位。城镇职工主要依靠工资生活，家庭保障作用较弱。因此，在一个相当长的时期内，城乡之间在保障形式、保障项目和保障水平等方面应有差别。这种差别只能在二元经济结构向一元经济结构转变过程中逐步统一。这是就全国来说的，并不排除少数经济发达地区可以较快地缩小和消除这种差别。

第七，依据政事分开的原则，在社会保障事业方面要实行行政管理职能与基金收缴营运相分离。政府行政职能和保障基金的营运管理要分开，执行机构和监督机构应当分设。行政管理部门主要管政策、管制度，不应直接管理和营运社会保障基金。社会保障基金的管理营运应当由社会机构依法经办，同时接受政府和社会的监督。

第八，依据基本保险（不包括商业保险和实施范围小的互助救济）的社会性、强制性、共济性、稳定可靠性以及市场主体的平等竞争性，保险资金的管理服务必须逐步实现社会化。

从上述的各项依据和相关的原则出发，中国现阶段社会保障制度的改革目标大体上可以做如下的归纳：建立以社会保险、社会救济、社会福利、优抚安置和社会互助为主要内容，独立于企业事业单位之外，资金来源多元化，保障制度规范化，管理服务社会化的社会保障体系。其主要特征是：基本保障，广泛覆盖，多个层次，逐步统一。与经济发达水平相适应，国家强制建立的基本保障主要满足人们的基本生活需要；社会保障逐步覆盖全体公民；在基本保障之外，国家积极推动其他保障形式的发展，努力形成多层次的社会保障体系；依靠经济改革和发展，逐步实行全国统一的社会保障制度。

三、社会保障制度改革的进展及其进一步推进的措施

改革以来，特别是 20 世纪 90 年代以来，中国在社会保障制度改革方面采取了一系列重要措施，并取得了重大进展。第一，经过多年的努力，有关建立社会保障制度的基本政策和法规已经陆续制定和实施。第二，20 世纪 90 年代中期以来，为加快各项社会保障制度的统一规划和社会保障基金的管理、监督，政府对社会保障管理体制进行了一系列改革。把过去由多个部门分别管理的社会保险转变为由劳动和社会保障行政部门统一管理，各级劳动和社会保障行政部门也建立了相应的社会保险经办机构，承担社会保险具体事务的管理工作。还把过去由企业承担的社会保险事务逐步转

变为由社会机构管理，即社会保险待遇实行社会化发放，社会保障对象实行社区管理。同时加强了对社会保险基金的行政管理和社会监督工作。社会保险基金被纳入财政专户，实行收支两条线管理，专款专用。各级劳动和社会保障行政部门专门设立了社会保险基金监督机构，负责对社会保险基金的征缴、管理和支付进行检查、监督，对违法违规问题进行查处。此外，还通过强化基金征缴和提高社会保障支出占财政支出的比重等一系列措施，努力拓宽社会保障资金的来源。又专门成立了全国社会保障基金理事会，负责对通过减持国有股所获资金、中央财政投入的资金及其他各种方式筹集的社会保障资金进行运营和管理。第三，对组成社会保障体系的各个项目，特别是对作为重点的养老、医疗、失业保险和社会救济以及工伤和生育保险制度进行了重大改革，并加强了社会福利制度、优抚安置制度、灾害救助制度和社会救助制度的建设。

　　总结上述情况，可以清楚看到：当前，我国的社会保障制度框架基本形成。在城镇，包括养老、医疗、失业、工伤和生育保险在内的社会保障制度基本建立，最低生活保障制度全面实施；在农村，最低生活保障制度正在全面推开，养老保险制度正在积极探索，新型合作医疗改革试点在加快推进。社会保险覆盖范围逐步扩大，筹资渠道逐步拓宽，基金支撑能力逐步增强，享受社会保障待遇的人数迅速增加。五项社会保险的参保人数以年均 7% 的速度递增，五项社会保险基金收入年均增长 20% 左右，是社会保险参保人数和基金收入增长最快的时期。到 2006 年年末，全国基本养老保险、基本医疗保险、失业保险、工伤保险和生育保险参保人数分别达到 18766 万人、15732 万人、11187 万人、10268 万人和 6459 万人，有 2241 万城市居民和 1509 万农民享受最低生活保障，5400 万人参加农村养老保险。2006 年，五项社会保险基金总收入 8626 亿元，总支出 6472 亿元，年底累计 8239 亿元。各级财政不断加大对社会保障的资金投入力度。为应对将来老龄化可能带来的资金支付压力，国家建立了具有战略储备性质的全国社会保障基金，已积累 3300 多亿元。同时，积极建立健全基金监管法规制度和组织体系，基金的运营和管理进一步规范，维护了社会保障基金的安全完整。[①] 另外，2007 年，全国已建立 3.2 万个经常性捐助工作站（点），初步形成了社会捐助网络；全年各级民政部门共接受捐赠款 42.4 亿元，接受

---

① 《中国经济年鉴》（2007），第 840 页，中国经济年鉴社。

捐赠衣被 6311 万件，其他物资折款 7973.2 万元，共有 1467.0 万人次受益。①

但是，中国社会保障制度还很不健全。有些重要社会保障项目还起步不久。就是那些发展时间较长的社会保障项目也程度不同地存在覆盖面窄、层次低等缺陷。但是，健全社会保障体系，既是全面建设小康社会和发展社会主义市场经济的要求，又是保持社会稳定的根本大计。因此，必须加快健全的社会保障制度的步伐。为此，第一，要深化社会保障体制改革。要建立可靠稳定的社会保障基金筹资机制，要依据建立公共财政的要求，调整财政支出结构，大大增加财政投入，充实保障基金，合理调整缴费率和替代水平，提高社会保障基金运营效率和投资收益率。还要健全社会保障宏观调控和监督体制，提高管理水平和工作效率，促进社会保障体系稳定、健康和有序运行。第二，要推进组成社会保障体系的各个项目的改革和建设。一是完善城镇职工基本养老保险制度。二是健全失业保险制度。三是全面落实城市居民最低生活保障。四是积极推进医疗保险体制改革。五是加快建立农村养老、医疗保险和最低生活保障制度的建设。此外，还要依靠社会各方面的力量，发挥商业性保险对社会保障的作用，发展城乡社会救济和社会福利事业，开展经常性社会捐助活动。第三，要建立行政监督、社会监督和机构内部控制相结合的社会保障基金监管体系。要探索投资管理的途径，根据不同保障项目资金的管理原则，建立与基金管理体制相配套的基金监督管理制度，努力实现基金保值增值，化解社会保障基金的运行风险，维护社会的安全与稳定。第四，要加快社会保障法制建设，完善社会保障监察制度，不断提高监察执法人员的综合素质，开展多种形式的监察活动，推进保障监察执法与社会各方面实行法律监督的有机结合。还要加强保障管理信息系统建设和科学研究成果推广工作，提高社会保障管理的科学化、规范化、法制化、信息化水平。第五，要赋予社区以社会功能，使其成为社会保障基金社会化管理和服务的基层组织。这既适应社会保障社会化管理和服务的要求，又符合社区组织的特点。为此，需要进一步加强社区的制度、组织和队伍建设，使其成为服务社会保障制度的新的有效平台。

---

① 《人民政协报》2008 年 1 月 25 日。

第七节　建立开放型经济

一、开放型经济的内容及其在建立社会主义市场经济体制中的作用

从历史上看，资本主义条件下的开放型经济是相对于封建社会自给自足、与国外经济隔绝的自然经济而言的。其主要特征是国家之间的贸易、经济和技术等方面的联系越来越广泛，越来越密切。

但就中国市场取向改革开始后提出的建立开放型经济来说，却是相对于此前由主客观多重原因而形成的封闭半封闭型经济而言的。其基本含义就是不断发展和加强对外经济联系，积极参加国际经济的竞争和合作，形成全方位、多层次、宽领域的对外开放格局，根本改变改革前存在的封闭半封闭型经济。具体说来，其主要内容就是：发展进出口贸易，引进国外的资金、先进技术、管理和人才，对外投资以及输出技术和劳务，发展国际旅游，实行地区的全方位开放（包括经济特区、沿海、沿边和内地城市的对外开放）和产业的宽领域开放（包括工业和农业，以及金融、运输、商贸、旅游和文化教育等众多服务业）。其中，发展对外贸易，引进国外的资金、先进的技术、管理和人才，以及拓展开放地区，是三个最重要方面。

在知识经济已经开始到来的时代，在经济全球化已经高度发展的条件下，在不同程度上建立开放型经济已经成为世界各国发展经济的必然选择。当然，对经济发达国家来说，依托他们在经济和科技上的优势以及业已存在的不合理的国际经济、政治旧秩序，发展开放型经济不仅是他们发展经济的强有力的杠杆，而且成为他们掠夺经济不发达国家的最重要手段。但即使是这样，建立开放型经济仍然是经济不发达国家无可避免的选择，而且只要趋利避害，仍然不失为促进经济发展的重要因素。

中国正处于社会主义初级阶段，以及从计划经济向社会主义市场经济转轨时期，建立开放型经济显得格外重要。

建立开放型经济，就其物质内涵来说，主要就是不断发展和加强对外经济联系，积极参与国际经济的竞争和合作。就其体制内涵来说，就是要在对外经济联系方面，根本改革计划经济体制，实行市场经济体制。具体说来，主要就是：在对外经济联系方面，必须取消行政指令性计划，主要依靠经济和立法等间接手段以及必要的行政手段来进行调控；必须建立由

公有制为主的、多种所有制企业共同组成的、独立的市场主体；企业组织形式必须是建立现代企业制度；必须建立包括产品市场和要素市场在内的价格机制合理的、统一的、平等有序竞争充分展开的市场体系；必须建立适合国际市场要求和中国具体情况的汇率机制和关税机制。物质和体制这两方面内涵是相互依存的、不能分割的。前者是后者的目的，后者是前者的手段。当然，后者的实施不可能一蹴而就，需要经历一个逐步改革的长过程。但为了实现前一方面的目的，后者的改革又是必须进行的。而从总体上和长期看，改革又不可能只是局限于本身的对外经济联系领域，必然要求整个国民经济体制进行改革。这样，开放型经济的发展，不仅会要求和促进对外经济关系方面的经济体制改革，而且会要求和促进整个国民经济体制的改革。

但是，建立开放型经济不仅是促进改革的重要因素，而且是推动发展的有力杠杆。在人类历史发展的长河中，作为社会生产资源有效分配方式之一的社会分工，从来就是促进社会生产力发展的最重要因素。到了以企业内部分工为主要特征的资本主义工场手工业时代，分工曾经成为提高相对剩余价值的主要手段和促进资本主义经济发展的主要动力。但这些分工主要还是限于一个国家内部的社会分工或者一个企业内部的分工。

到了以国际分工为基础的外向型经济开始有了发展以后，这种分工对发展社会生产力的作用就显得越来越重要。在现阶段经济全球化有了空前未有的大发展的条件下，国际分工在这方面的作用，也达到了前所未有的高度。这是当代社会生产力发展速度和水平大大超过以往时代的一个极重要因素。因为，这种国际分工使得各国能够利用两种市场（国内市场和国际市场）和两种资源（国内资源和国际资源）。这不仅意味着社会生产资源可以在世界范围内得到有效配置，而且会促进各国内部资源配置效益和企业内部要素运营效益的提高。

这个一般道理对中国也是适用的。但是，中国具体情况使得这一点更需要引起重视。

第一，中国改革前长期实行封闭半封闭型经济。这个历史因素为中国改革后建立开放型经济留下了巨大的发展空间和增长潜力。

第二，作为世界上人口最多的发展中大国，中国在市场、资源和资金的需求方面必须主要立足于国内。就市场来说，以内需为主，并不断扩大内需，开拓国内市场，是中国发展经济的基本立足点和长期战略。但是，相对经济发达国家来说，中国经济发展水平较低，人均国内生产总值较少。而且，由于城乡之间、地区之间、行业之间和各种所有制之间的人均收入差别较大，致使在有限的消费总量中消费倾向并不高。这些就使得市场容量有限，经济发展越来越受到市场需求的制约。1997 年，买方市场形成以及与之相关的内需不足，突出地表明了这一点。因而需要在贯彻扩大内需为主方针的同时，积极地开拓国外市场。这是就产品市场说的，在要素市场方面（包括资金、自然资源和劳动力等）也在不同程度上存在着对国外市场的依存状况。就资源来说，中国许多资源总量位居世界前列，但人均占有量排名世界后列。这样，伴随中国经济的持续高速增长，不少资源的供给处于超负荷的状态，有的资源供应已经显示出严重不足。在这方面对国际市场的依赖程度也趋于加深。资金是中国实现社会主义现代化建设中最稀缺的资源，对国外资金的需求更为紧迫。中国最近十五年来在吸收对外直接投资方面居发展中国家第 1 位，多年居世界第 2 位。其中，2002 年，在美国、日本和欧盟三大经济实体经济不景气，以及由此导致对外直接投资总量大幅下降的情况下，中国吸引国外直接投资竟然上升到了第 1 位。这一方面表明中国吸引外资具有很大的优势，另一方面也表明中国对外资的需求是很大的。这样，中国建立开放型经济，就可以利用两种市场和两种资源，从而有利于扩大需求，增加供给，并有利于实现产业结构优化升级以及地区经济的均衡发展，进而提高社会生产资源的配置效益和要素的运营效益，实现经济的持续快速发展。

第三，中国是在知识经济时代和经济全球化条件下推进工业化的，因而尽管中国当前还处于工业化的中期阶段，但在一定程度上，并在越来越大的程度上实现同知识经济化的结合。因而可能实现以信息化带动工业化的跨越式的发展战略。这是加速中国社会主义现代化建设的极重要战略。但在这方面，在自然资源和资金方面，特别是在技术、设备和人才方面需要利用国外的市场和资源。

第四，中国在 2001 年 12 月 11 日加入了世界贸易组织。"入世"为中国建立和发展开放型经济创造了极为有利的条件，标志着开放型经济发展到了一个新的阶段。主要表现是：中国已由有限范围、领域、地域内的开放，转变为全方位、多层次、宽领域的开放；由以试点为特征的政策性开放，转变为在法律框架下的制度性开放；由单方面为主的自我开放市场，转变为与世界贸易组织成员之间的双向开放市场；由被动地接受国际贸易规则，转变为主动参与国际贸易规则的制定；由只能依靠双边磋商机制协调经贸关系，转变为可以多双边机制相互结合、相互促进。这些变化必然为中国开放型经济的发展开拓新的空间，提供新的机遇，开辟新的途径。这样，"入世"可以使中国在更大范围、更广领域和更高层次上参与国际经济的竞争和合作，融入世界经济，更充分地利用两个市场和两种资源，更有效地在世界范围内实现资源配置。当然，"入世"不仅会促进中国经济的发展，而且可以形成一种倒逼机制，从转变政府职能，完善政府宏观调控，健全市场体系和促进微观基础改革等方面，进一步推进中国市场取向改革的发展。需要着重提到："入世"为改变国有企业改革滞后的局面提供了良好的条件，既有利于国有经济的战略性改组，又有利于国有企业的公司化改造。当然，无论是在发展方面，还是在改革方面，"入世"都既是巨大的机遇，又是严峻的挑战。但从总体上说，是机遇大于挑战。

五是中国开放型经济的发展已由改革初期侧重"引进来"发展到"引进来"和"走出去"相结合的阶段。这是中国开放型经济发展到新阶段的另一个重要标志。经过30的改革开放，中国已经在人才、技术、设备、外汇和管理等方面为实现"走出去"战略创造了条件。而且"入世"也在这方面提供了许多方便，并拓展了"走出去"的空间。这同时意味着外向型经济在促进中国发展方面具有更重要的作用。

综上所述，建立开放型经济，既可以促进市场取向的改革，又可以推进社会主义现代化建设，从而为推进市场取向改革创造更强的物质基础，因而在建立社会主义经济体制中具有极重要的作用。也正是从这里可以清楚看到：党的"十六大"提出的"以开放促改革促发展"[①]的方针，是一个完全正确的方针，是一个关系中国改革和发展全局的极重要的方针。

当然，伴随中国经济融入世界经济程度的加深，世界经济、金融风险对中国经济的影响也随之增大。这样，维护国家经济安全，就成为一个十分突出的问题摆在国人的面前。为此，必须从深化经济体制改革（特别是国有工商企业和金融企业改革），加快经济发展，提升自主创新能力，维护国际收支良好态势和有效运用世界贸易组织原则方面，加强国际竞争力和抗风险能力，以维护国家的经济安全。

我们在下面分别从对外贸易的改革和发展、吸引外资和对外投资，以

---

① 《中国共产党第十六次全国代表大会文件汇编》，第28页，人民出版社2002年版。

及对外开放地区的拓展这三个最重要方面，论述中国开放型经济的建立和发展。

二、对外贸易的改革和发展

（一）外贸体制改革

发展对外贸易是建立开放型经济最重要的物质基础。但在中国改革开始时，面临的却是计划经济时代留下的以行政指令为核心的外贸体制，根本不适应开放型经济的发展。这样，改革这种体制，不仅是建立开放型经济的重要内容，而且是发展对外贸易的必要前提。

这种外贸体制的主要特征是：高度集中的国营外贸总公司垄断经营，国家统负盈亏。主要是：第一，外贸计划管理体制是外贸体制的核心，包括外贸收购、调拨、出口、进口、外汇收支以及其他各项计划。出口计划的编制实行外贸行政系统和专业公司系统双轨制；进口计划以国家计委为主，外贸部门参与编制。第二，外贸财务管理体制，是外贸体制赖以维持和运转的基本支柱，由外贸部统一核算并由财政部统收统支、统负盈亏，外贸公司以及生产供货单位和使用进口物资的单位对进出口均不负责。第三，外贸经营管理体制。对外，实行国家外贸公司统一经营，其他任何机构都无权经营进出口业务。对内，实行出口收购制和进口拨交制。第四，外贸价格体制。出口商品货源按国内计划价格收购，进口商品的内销按国家调拨价供应用户；而出口商品的外销和进口商品的购进，则按国际市场价格作价。第五，外贸行政管理体制。国家通过保护关税制度、货运监管和查禁走私制度、进出口商品检验制度等，对外贸进行调控管理和监督。第六，贸易外汇管理制度。国家对进出口贸易的外汇实行集中管理、统一经营。外贸公司的出口收汇一律结缴国家；所有与进出口有关的外汇业务由国家特许的外汇专业银行——中国银行统一经营；各地方、各部门和各企业进口所需外汇，根据国家计委进口用汇计划统一拨付。

这种高度集中的外贸体制是从高度集中的计划经济体制中派生出来，并与之相适应的。在新中国成立初期，这种体制在实现国家经济独立和发展外贸等方面发挥过重要的作用。但也有重大缺陷。这种以国家垄断经营和统负盈亏为主要特征的外贸体制，压制乃至扼杀了国有企业和其他经济类型企业以及地方政府在发展外贸方面的积极性，严重阻碍了外贸的发展。伴随中国经济的发展，特别是市场取向改革的展开和中国已经入世的新形势，这种外贸体制同经济改革与外贸发展的形势越来越不适应，改革势在必行。

改革的总体目标是要建立与市场取向改革和世界贸易组织原则相适应的外贸体制。其主要特征是：变国家的垄断经营和统负盈亏为国家宏观调控下由以公有制为主体和各种所有制企业组成的、独立自主和自负盈亏的企业经营。

第一，在外贸方面，取消政府指令计划，实行间接手段为主的宏观调控。国家对外贸进出口总额、出口收汇和进口用汇等实行指导性计划，政府通过经济、法律等手段引导外贸企业完成指导性计划指标。为确保进出口贸易和国际收支基本平衡，国家采取国际贸易的通行做法对之进行宏观调节。为鼓励出口和避免出口风险，政府建立并完善有关税收和融资制度。比如，实行退税政策，设立进出口银行，建立出口商品基金和风险基金等。

第二，实行外贸经营主体多元化，授予有条件的各种经济类型企业外贸经营权。按照国际通行的外贸经营准则，外贸经营权要实现从审批制向依法登记制过渡。这样，就外贸经营主体而言，就可以在全国形成由各种所有制企业共同参与经营的格局。

第三，按照现代企业制度的要求，改革国有外贸企业，积极推行股份制，推动企业走实业化、集团化、国际化、多元化的路子。

第四，建立健全进出口商品管理体系。在出口方面，要建立和完善出口商品配额分配机制，实行优胜劣汰。配额要向出口效益好、产品附加值高、经济实力强的企业倾斜。要合理安排出口配额与许可证管理。按照抓大放小、抓重放轻的原则，减少配额许可证管理商品品种范围，为出口企业创造宽松的经营环境。还要建立和完善出口配额招标工作，扩大招标商品品种，根据出口商品属性，决定投标企业的投标资格。在进口方面，要按照世贸组织原则和已做出的承诺，逐步减少进口许可证管理的商品和降低关税。还要适应中国社会主义现代化建设和外资企业加工贸易的需要，推行某些优惠政策。比如，对外商投资项目设备，在规定的范围内，免征关税和进口环节增值税；实行加工贸易台账保证金制度等。

第五，改革外汇管理体制。一是由计划配置外汇资源的方式，转变为政府宏观调控下市场配置起基础性作用的方式。1994年，取消了实行40多年的外汇上缴制度和15年的外汇留成制度，取消了用汇的指令性计划，实行银行结售汇制。二是从人民币完全不可兑换过渡为人民币经常项目完全可兑换。1994 年以前，人民币完全不可兑换，所有用汇都必须经过行政部门审批。1994 年取消了经常项目对外付汇的大部分汇兑限制，实现了人民币经常项目有条件可兑换；1996 年又顺利实现了人民币经常项目完全可兑换。三是从外汇调剂市场发展成为全国统一的银行间外汇市场。1994 年以前，各地均设有外汇调剂中心。1994 年，建立了全国统一的银行间外汇市场，使外汇资金在全国范围内流通。四是人民币汇率由官方定价和市场调剂价并存的双重汇率制，转变为以市场供求为基础的、单一的、有管理的浮动汇率制。1988 年，外汇调剂中心公开市场业务开办以后，形成了外汇调剂市场汇率与官方汇率并存。1994 年 1 月 1 日起，成功地实现了人民币官方汇率与调剂市场汇率并轨，实行了以市场供求为基础的、单一的、有管理的浮动汇率制度。2005 年 7 月，进一步实行以市场供求为基础、参考一篮子货币进行调节的、有管理的浮动汇率制度。五是与中国扩大对外开放相适应，逐步推进资本项目基本可兑换。到 2006 年 12 月，对照国际货币基金组织确定的资本项下 43 个交易项目，中国基本可兑换的资本项目超过了 50%，严格管理的项目不到 15%。六是建立健全金融机构外汇业务监管体系。1994 年，外汇体制改革后，外汇管理由过去直接审批管理企业的外汇收支活动，逐步转变为通过金融机构对外汇收支活动实施监督管理。七是改善外汇储备管理体系和经营机制。储备经营管理遵从"安全、流动和增值"的原则，在保证国家外汇储备安全性和流动性的同时，实现一定的储备经营收益。八是逐步建立适应社会主义市场经济的外汇管理法规体系。1997 年，对新中国成立以来的各项外汇管理法规进行了全面清理和修订，初步形成了由行政法规、部门规章和规范性文件三个层次构成的法规体系。后来，为适应扩大对外开放以及加入世界贸易组织以后的新形势，再次对外汇管理法规进行清理，并以此为契机，努力建设一个科学、系统、简便、透明且符合世界贸易组织及其他相关国际组织要求的外汇管理法规体系。

中国外汇体制改革已取得积极成效。一是已经并将有力地防止国际金融危机的冲击。二是为保证经济体制（特别是外贸体制）改革创造了良好条件。三是为金融机构、企业和个人等各类涉外经济主体创造一个良好的经营环境。四是人民币长期保持了稳中趋升的走势。与 2005 年 7 月相比，2007 年年末人民币升值超过 13%，汇率弹性进一步增强。五是连续多年保持国际收支经常项目和资本项目"双顺差"，外汇储备逐年增长，截至 2007

年年末，国家外汇储备余额达 1.53 万亿美元，居世界第一位。① 但是，深化外汇管理体制改革面临着新的任务。主要是要适应加入世界贸易组织后的新形势，进一步转换职能、提高效率，适度处理"双顺差"和支持国内企业"走出去"，促进国民经济健康发展；在保持汇率基本稳定的前提下，完善人民币汇率形成机制，稳步推进人民币资本项目可兑换；健全跨境资金流动的全程监管体系，切实防范短期资本流动冲击，维护国家经济安全。

第六，建立和加强进出口商会、协会等中介组织的职能，健全与完善外贸协调服务体系。

经过 30 来年的改革，中国外贸体制发生了巨大变化。一是改革以前，中国进出口贸易由少数几家国家专业外贸公司垄断经营。改革以后，形成了由专业外贸公司、科研院所、自营进出口生产企业、商业物资企业和外商投资企业等共同经营，国有、私营、中外合资、股份制等多种所有制形式相互竞争的经营体制。二是初步建立了国有外贸企业自负盈亏、自主经营的经营机制。三是外贸宏观管理方式逐渐走上了以经济、法律手段调控为主的轨道。四是已初步建立起外汇管理体制框架，形成了以供求为基础的、一篮子货币、有管理的浮动汇率制，实现了人民币经营项目下可兑换和资本项目下部分可兑换。五是涉外法规日益健全，外贸政策的统一性和透明度进一步增强。六是外贸中介服务体系初步形成。

（二）对外贸易发展战略

外贸体制改革是推动中国外贸发展的一个根本因素。另一个重要因素是外贸发展战略。中国在外贸发展历程中，适应形势的发展和外贸发展的需要，先后实施了进口替代、出口替代的外贸发展战略。20 世纪 90 年代以来，又陆续提出了以质取胜、市场多元化、大经贸以及科技兴贸四大对外经济贸易发展战略。

进口替代战略是指一国通过发展本国制成品的生产，满足国内市场，以替代原来需要从国外进口这些产品的战略。改革前中国就实行过进口替代战略。这种战略对于中国建立独立的经济，起了积极的作用。但其缺陷也是很明显，不能充分利用国外的资源和市场，保护了国内落后的企业和产品，影响了经济的发展。

鉴于进口替代的弊端，改革后中国沿海地区逐渐由进口替代向以出口

---

① 《经济日报》2008 年 1 月 28 日第 3 版；国家统计局网，2008 年 1 月 24 日。

替代为主、进出口替代相结合的战略过渡。沿海地区经济技术水平较高、国际竞争力较强，逐步形成了出口替代发展战略。所谓出口替代战略是指一国采取各种措施扩大工业制成品的出口以替代初级产品的出口，以此带动经济增长，促进工业化的发展。

1991 年，针对出口商品质量不高、竞争力较弱和国际市场狭窄的情况，中国提出了以质取胜战略和市场多元化战略。以质取胜战略主要依靠科技进步和科学管理，不断提高出口商品、吸收外资、对外工程承包和劳务合作、对外援助的质量，增强对外经贸发展的后劲，提高对外经贸的国际竞争力。市场多元化战略主要是纵深发展欧洲、日本、北美等传统市场，恢复和发展东南亚市场，大力开拓非洲、拉美、中东、东欧和独联体等新型市场，拓展中国外经贸发展的国际回旋空间，增强对外经贸的抗风险能力。

1994 年，适应中国深化改革和扩大开放的需要，又提出并实施大经贸战略，进一步改变少数国有专业外经贸公司垄断外经贸业务的局面，实现外经贸经营主体的多元化和多种外经贸业务的相互融合，调动各方面的积极性，推动外经贸的发展。

1998 年，为贯彻科技兴国战略和适应经济全球化形势下国际经贸发展的新形势，中国又提出了科技兴贸战略，以促进科技成果向现实商品转化，提高出口商品的科技含量和附加值，扩大中国机电产品和高新技术产品出口，改善出口商品结构，增强中国出口商品的竞争力和抗风险能力。

近年来，为了提高外贸经济效益，缓解能源资源和环保压力，协调内外经济关系，还提出了转变外贸经济增长方式，优化出口和进口的产品结构（主要是支持自主品牌和高附加值产品出口，扩大服务产品和农产品出口，控制高能耗、高污染产品出口；促进加工贸易的转型升级；增加能源、原材料和先进技术装备、关键零部件的进口），并努力缓解外贸顺差过大的矛盾。

上述外贸体制改革和发展战略的实施，有效地促进了中国外贸规模、速度、质量和水平的提高，推动了中国经济的持续快速增长。

（三）对外贸易发展成就

第一，改革开放以来，中国对外贸易得到迅速发展。详细数据见本书第二章第三节。

第二，改革开放以来，中国创造了多种外贸方式。除原有的易货贸易以及现汇交易方式以外，还采用了寄售、代销、包销、代理、租赁、拍卖、招标、投标、期货、来料加工、来样加工、来件装配、补偿贸易和进料加工等灵活多样的贸易方式。20 世纪 90 年代初期，中国最主要的对外贸易方式是：一般贸易、进料加工贸易、来料加工装配贸易、外商投资进口物品、保税仓库进出境货物。在各种新型贸易方式中，加工贸易的发展十分突出。2006 年加工贸易进出口额占对外贸易总额的比重达 50.7%，超过了一般贸易的发展规模。[①]

第三，改革以来，中国进出口商品结构不断改善。20 世纪 80 年代末，中国实现了出口商品结构的第一个根本转变，从初级产品出口为主向工业制成品出口为主的转变。20 世纪 90 年代以来又在积极推动出口商品结构的第二个根本转变，从粗加工、低附加值产品出口为主向深加工、高附加值产品出口为主的转变，并取得了显著成效。1980 年，初级产品、工业制成品和机械产品占出口总额的比重分别为 50.3%、49.7% 和 4.6%；到 2006 年三者分别下降或上升为 5.5%、94.5% 和 47.1%。2007 年，机电产品出口比重又上升到 57.6%，高新技术产品出口比重也达到了 28.6%。[②]

第四，中国外贸总量迅速增长，方式多样和结构优化，有力地促进了国民经济的持续稳定快速增长。其主要表现有：一是提高了外贸依存度。二是促进了国内产业结构调整，提高了经济增长质量、效益和综合国力。三是增加了税收，扩大了就业。依据初步核算的资料计算，2007 年对外贸易依存度约达 66%。

（四）进一步发展对外贸易的措施

上述有关外贸的各项改革和发展战略并没有得到完全有效实施，而且这些改革和发展战略本身还需要依据情况的变化和经验的积累不断地加以完善。当前外贸方面还存在诸多亟须解决的问题。而在 21 世纪头 20 年实现全面建设小康社会的任务，又正需要进一步发挥外贸在促进经济发展方面的重要作用。入世为发展对外贸易方面既提供了机遇，又提出了挑战。因此外贸方面的改革和发展任务仍很艰巨，还需进一步做出艰苦的努力。

第一，深化外贸体制改革。主要是：（1）深化国有外贸企业改革，逐步实现外经贸经营权的自动登记，推动经营主体多元化，努力形成各种所

---

① 国家统计局网，2008 年 2 月 28 日。
② 《中国统计年鉴》（2007），第 724—726 页，中国统计出版社；国家统计局网，2008 年 2 月 28 日。

有制企业平等竞争、内外资企业共同发展的对外贸易新格局。（2）进一步完善外经贸法律法规，进一步改变以行政手段为主的做法，建立一套符合国际通行的外经贸法制体系，依据公开、统一的法律法规进行管理。同时，加快政府职能转变，着重解决重审批、轻服务等问题，建立健全外贸运行监控体系，以及应对贸易摩擦的快速反应机制、国际收支预警机制和产业救济及保护机制。（3）大力推进中介组织改革，强化行业自律机制，拓展中介服务功能，充分发挥中介组织在信息、服务、协调、应诉等方面的作用。

第二，进一步完善有关税收、融资制度。当前中国促进出口的各项税收和金融政策，总体上是符合世界贸易组织规定的。"入世"后，要继续保持现行政策的稳定性，同时要结合中国作为世界贸易组织成员应享受的权利，加快制定新的税收和融资政策。要完善和实施符合国际惯例的出口退税制度。但当前为了协调内外经济关系，针对外贸顺差过大的情况，急需调整业已实行的出口退税政策。还要完善出口贷款管理办法，扩大出口信贷规模和范围，积极发展买方信贷，建立健全出口信用保险制度和企业出口融资担保机制，形成完善的出口信用体系。

第三，发挥比较优势，推进市场多元化战略，以扩大商品服务和技术出口。20 世纪 90 年代以来的实践表明：市场多元化战略取得了很好效果，巩固了传统市场，开拓了新兴市场。但在世界市场不断变化的形势下，必须长期坚持这项战略，以进一步增强抗风险能力，并确保外贸的稳定增长。要进一步巩固美、日、欧等主要传统市场，继续开拓亚洲市场，大力开拓独联体、中东、拉美、非洲等富有潜力、前景广阔的市场。还要主动参与区域经济合作，研究建立中国—东盟自由贸易区的有关问题，积极发展与上海合作组织成员的贸易关系，推进 APEC 贸易投资自由化进程，促进多边经贸关系全面发展。在此基础上，大力发展商品贸易，提高服务贸易在出口中的比重，进一步发展技术贸易，带动技术装备及成套设备出口。

同时要坚持科技兴贸和以质取胜战略，提高出口商品和服务的技术含量和附加值。这是不断提高国际竞争力和对外贸易效益的有效手段。要进一步推进高新技术产品出口。为此，要加快高新技术产品出口基地建设，全面落实鼓励软件产业、集成电路产业发展的政策，力争软件和集成电路出口有较大突破。还要继续抓好机电产品出口。为此，要积极鼓励机电出口企业通过质量体系、环保及产品安全认证，加快培育一批具有自主知识产权和较强核心竞争力的骨干企业，扩大名牌机电产品、大型成套设备和通信电子等产品出口。切实抓好重要资源性商品、劳动密集型产品和农产品的深度开发，提高传统出口产品的技术含量和附加值，继续推进出口商品结构从以低技术含量、低附加值产品为主向以高新技术产品、高附加值产品为主的转变。

第四，优化进口结构。要扩大进口，特别要鼓励经济发展急需的先进技术、关键设备和短缺原材料进口，使进口更好地为技术进步、结构调整、节能环保和经济发展服务。还要按照世贸组织规则，加紧建立产业安全保障体系，加快修订和完善质量、卫生、防疫、环保、安全等方面的市场准入标准，健全和完善进口管理体制。并充分运用世界贸易组织规则、例外条款和过渡期安排，采取技术法规、标准、反倾销、反补贴、保障措施等做法，有效地调控进口。

三、吸引外资和对外投资

（一）吸引外资

吸引外资是建立开放型经济的一个最重要内容。改革以来，中国在吸引外资方面已经取得了重大成就。

第一，吸引外资总规模的迅速扩大和吸引外资方式的新变化。关于中国实际利用外资总规模迅速扩大的数据，见本书第二章第三节。

中国利用外资的方式主要有二：一是各种贷款，包括外国政府和金融组织提供的中长期、中低利率贷款，带援助性的无息贷款、商业贷款，以及开发基金等。这些贷款主要用于扩大进口，引进技术，特别是用于能源、交通、农业水利、城建环保和社会事业。二是直接投资，即通过合资经营、合作经营、独资经营、补偿贸易等方式吸引外国直接投资。另外，还通过证券市场吸收外资。

改革初期，借贷方式是中国利用外资的主要形式。1992年，外商投资首次超过对外借款，自此以后，外商投资成为利用外资的主要方式。1979—1984年，实际利用外资181.87亿美元，其中外商直接投资、对外借款和其他方式（包括对外发行股票和国际租赁等）分别占总额的22.6%、71.7%和5.7%；但在1979—2006年，实际利用外资为8826.73亿美元，三者比重分别为78.4%、16.7%和4.9%（详见附表25）。

第二，外商直接投资规模的急剧增长及其结构的新变化。在外商直接投资规模方面，一是总规模的增长。数据已见前述。二是引进的单个外资企业规模的扩大。其突出表现是：目前，世界著名跨国公司来华投资势头强劲，全球最大的 500 家跨国公司中已有 400 多家来华投资，平均单项外商直接投资规模从千万美元到上亿美元不等。

在投资结构方面，也已经并正在发生一系列的变化。一是投资产业结构。伴随中国开放领域的扩大，第一、三产业比重将继续上升，第二产业比重继续下降。二是投资地区结构。随着中国西部大开发战略的实施，西部比重会进一步上升，东部会进一步下降。三是投资主体结构。随着对外开放的进展，外资企业和股份制的比重进一步上升，其余的比重继续下降。

改革以来，吸引外资从多方面促进了中国经济的发展。一是外商直接投资大大增强了中国的投资力度。二是外商投资企业加快了中国产业结构调整和技术升级步伐。外商投资企业引进先进技术、工艺、设备和管理经验，推动相关工业的技术进步，尤其是推动了电子、通信、家电、汽车、化工、医药等行业的技术进步。三是外商投资企业已变为进出口的主力军。四是外商投资企业税收大幅增加。五是外商投资企业创造了大量就业机会，培养了大批管理、技术人才。六是外商投资企业大大促进了中国经济增长。2007 年，我国外贸、外资和劳务输出等涉及直接就业人口达到 1 亿人，海关税收达 7585 亿元，外商投资企业缴纳税收超 9900 亿元，分别占全国税收收入的 15% 和 20%[1]。

当然，吸引外资也带来诸多矛盾。主要是：外商投资企业提供的产品和服务的质量存在问题，用虚亏实盈等手段侵犯中方权益，并逃避税收，向中方输送淘汰技术，造成环境污染，投资的产业结构和地区结构偏离中国产业政策方向，以及同中国企业争夺人才等。与其积极作用相比较，这虽然是处于第二位的，但也需认真解决。

尽管中国吸引外资已经取得巨大成就，并存在不少问题；但是，积极有效地吸引外资，是中国对外开放政策的重要组成部分，是必须长期坚持的指导方针。当前正是需要依据全面建设小康社会的总体要求，特别是深化国有企业改革和调整产业结构的任务，并抓住已经"入世"以后的机遇，确定利用外资的重点要求，采取有力措施，以提高吸引外资的质量和水平，进一步促进中国的经济改革和发展。主要是：

---

[1] 《经济日报》2008 年 1 月 30 日第 1 版。

第一，要把利用外资与国有企业改革、改组、改造紧密结合起来。要鼓励跨国公司通过并购等方式与国有大中型企业合作，选择一批国有大中型企业有计划地向外商转让部分股权或资产，改善法人治理结构，推进现代企业制度建设。引导外商投资高新技术产业和用先进适用技术改造传统产业，促进国有企业的技术改造和升级，形成新的优势产业和企业。积极探索外资参与金融资产管理公司对部分不良资产处置和重组的新途径，推动国有经济的战略性调整和国有企业的战略性改组。同时，注重通过吸引外商投资引进先进技术和管理经验，吸引优秀的技术人才和企业管理人才，加强引进技术的消化吸收，不断提高国有企业的技术水平、管理水平和自主创新能力。

第二，要鼓励跨国公司投资农业、制造业和高新技术产业，兴办研究开发机构，把吸引外资与产业结构优化和升级紧密结合起来。当前，积极吸引跨国公司在中国建立面向全球的生产基地、技术开发基地、配套基地和地区性总部，已成为吸收外资的战略性步骤。鼓励跨国公司投资改造传统农业，发展现代农业。通过合资、合作等多种形式建立现代化的农业企业集团，提高农业产业化水平。吸引跨国公司投资石化、化工、建材等基础产业，提升机械、轻工、纺织等传统产业，促进中国制造业的技术升级。吸引跨国公司投资电子信息、生物工程、新材料和航空航天等高新技术产业，提高高新技术产业吸收外资的比重，加快高新技术产业的发展。放宽对投资总额及外方以技术、管理入股的比例限制，鼓励跨国公司兴办研究开发机构。积极引导外资研发机构与国内企业开展多种形式的合作，参与国内共性技术、关键技术和配套技术的联合开发，推进技术进步。

以上两点讲的是在新形势下利用外资的重点要求，以下三点是提高利用外资质量和水平的重要措施。

第三，要从法律、政策和市场三方面进一步改善投资环境，特别是软环境。这是当前中国扩大利用外资的重要条件。要根据市场取向改革的要求和世界贸易组织规则，进一步完善国内有关法律法规，形成规范、公开的外商投资准入制度，为外商投资经营提供完备的法律环境。要彻底取消对外资企业出口比例、外汇平衡、采购国产设备等限制条件，加大对外资企业的金融支持力度，统一国内企业和外资企业的税率，消除各种歧视性政策和差别待遇，为外资企业创造稳定、透明的政策环境。还要加快转变政府职能，改革项目审批制度，进一步整顿和规范市场经济秩序，打破行业垄断，加强知识产权保护，依法保护外商投资企业的权益，形成公平竞争的市场环境。

第四，要有步骤地推进金融、电信、贸易和旅游等服务领域的开放。以服务领域开放为重点，进一步提高对外开放的深度和广度，是中国入世后扩大对外开放的重要步骤。要根据世界贸易组织规则和中国对外承诺，结合不同行业的特点，逐步扩大服务领域的对外开放，重点引进国外现代的理念、经营管理经验、技术手段和市场运作方式。在金融保险领域，有步骤地取消对外资银行、保险公司在服务对象和地域等方面的限制，适时推进外资参与国内商业银行的股份制改造，鼓励有条件的各类保险公司引入外资；在商业领域，鼓励和引导外商投资物流配送、连锁经营，增加外商投资商业零售企业的数量，允许生产型的外商投资企业建立自己的销售渠道，包括专业的批发、零售和维修服务体系；稳步扩大交通运输、电信、旅游、建筑、会计、法律、咨询等行业的对外开放，试行吸收外资发展医疗、教育等社会事业。

第五，要积极试行通过收购、兼并和证券投资等形式利用国外中长期投资。适应跨国公司投资的新趋势，并借鉴国际上吸收外资的通行做法，不断开拓利用外资的新形式。利用跨国并购等新方式，吸引外商特别是跨国公司并购国内大型企业。逐步扩大证券投资的领域，允许外商投资企业在国内证券市场上市，推动国内企业到境外上市。继续扩大外商以 BOT、项目融资、基础设施经营权转让等方式投资，并试行采用风险投资、投资基金等方式吸引外资。改变财政和金融机构转贷国外贷款的单一做法，选择有条件的企业直接对外融资。还要鼓励中小企业采取多种形式对外合资、合作，发展配套产业，进入国际配套采购网络。

（二）对外投资

发展对外直接投资，是建立和发展开放型经济的一个主要途径。因为，发展对外直接投资，有利于引进外国先进技术和设备，学习国外先进管理经验，培养适应国外市场需要的人才；有利于利用外国包括信息在内的各种资源；有利于扩大出口。

改革以来，中国在实行以对外直接投资为主要内容的"走出去"战略已经初见成效，推动了开放型经济的发展。一是"走出去"的规模逐步扩大。2007 年，我国非金融类对外直接投资为 187.2 亿美元，对外工程总承包与劳务合作完成营业额分别为 406 亿美元和 67.7 亿美元；在外劳务人员 74.3 万人① （详见附表 26）。二是"走出去"的领域不断拓宽。中国已在 50 多个国家和地区参与油气、矿产、林业、渔业等资源合作开发项目 200 多个；在境外承包的工程，已涉及交通等各个行业；派出去的劳务人员，从最初的普工、技工发展到高科技与经营管理方面的人才。三是"走出去"的层次不断提升。对外投资已由早期的建点开办"窗口"，发展到投资办厂带动国产设备材料出口、跨国购并、股权置换、境外上市、设立研发中心、创办工业园区、建立国际营销网络和战略合作关系等多种形式；对外工程承包的经营方式，从初期的土建分包逐步向总承包、项目管理承包、交钥匙工程、BOT 等方式发展。

　　积极实施"走出去"战略，是以"入世"以后对外开放新时期的重大举措。改革 30 年来，中国先是以"引进来"为主，取得很大的成绩。这是符合当时的情况的。不先"引进来"，产品、技术、管理水平不高，外汇不足，想"走出去"也出不去。但在现阶段，必须而且可能实行"引进来"和"走出去"相结合。因为，第一，实施"走出去"战略是中国经济发展到一定阶段的必然产物，是进一步利用"两种市场"和"两种资源"的一个最重要手段，是提高企业国际竞争力的必由之路，也是深化与世界各国经济合作的重要途径。第二，改革 30 年来，中国已经在外贸和外汇总量、人才、技术和管理等方面为对外投资创造了一定的条件。第三，加入世贸组织后，随着中国市场的逐步开放，世贸组织其他成员也会对中国进一步开放市场，提供贸易、投资便利，这将为促进中国企业"走出去"开展跨国经营提供有利条件。

　　为了实现"走出去"，当前需要采取以下重要措施：

　　第一，建立健全管理制度，鼓励各种所有制企业，通过合资、合作、控股参股、收购兼并、技术转让等各种形式"走出去"，实行跨国经营。鼓励企业"走出去"投资办厂，开展各种经济技术合作，利用国外的资源和市场，带动技术、设备、商品和劳务出口。鼓励企业"走出去"开展对外设计咨询、工程承包与劳务合作，着重发展能带动成套设备、技术和服务出口的总承包项目、大型工程项目和"交钥匙"工程。

　　第二，形成一批有竞争力的跨国企业。在国际市场竞争的风浪中，跨

---

① 《经济日报》2008 年 1 月 27 日第 3 版。

国公司具有强大的生存和发展能力。在加入世界贸易组织以后的新形势下，要有力地开展国际竞争，实现"走出去"，必须培育一批有国际竞争能力的跨国公司。为此，一要深化企业改革，加快建立现代企业制度，并在企业内部形成适应国际市场竞争的管理机制。二要以资本为纽带，积极推动跨行业、跨区域、跨所有制的企业重组，加强技术创新，形成一批拥有自主知识产权、核心竞争力强的大企业集团，着力提高参与国际竞争的能力。三要鼓励优势企业扩大对外投资，建立海外销售网络、生产体系和融资渠道，在全球范围内进行专业化、集约化和规模化经营。

四、拓展开放地区

就中国的具体情况来看，实行对外开放，建立开放型经济，是从兴办经济特区开始的，而且开放型经济的发展总是以拓展开放地区为重要契机的。因而它在建立中国开放型经济中处于极重要的先导地位。

中国拓展开放地区经历了下列过程：

第一，1979 年开始创办经济特区。改革伊始，1979 年 7 月，国务院决定在广东和福建两省实行特殊政策和灵活措施，主要是在对外经济活动方面授予两省较多的自主权，并提出在深圳、珠海、汕头、厦门试办特区，实行特殊的经济政策和不同于内地的经济管理体制。1980 年 5 月，国务院决定把特区正式定名为经济特区。1988 年 4 月，又决定成立海南省，并作为最大的经济特区对外开放，实行更加特殊的优惠政策，使中国特区增至 5个。开办经济特区是中国对外开放的突破口，它不仅使特区经济得到迅速发展并建立起开放型经济，率先初步形成社会主义市场经济体制，而且很好地发挥了技术、管理、知识和对外政策的"窗口"作用，产生了重要的示范、辐射和带动作用，带动了全国对外开放，促进了全国社会主义市场经济体制的建立。

第二，1984 年开始开放沿海城市。1984 年年初，邓小平作了关于特区是对外开放的窗口的讲话，充分肯定了特区所取得的成绩和经验，大大促进了特区的发展。在总结对外开放实践经验的基础上，同年 5 月，国务院决定进一步开放大连、秦皇岛、天津、烟台、连云港、南通、上海、宁波、温州、福州、厦门、广州、湛江、北海 14 个沿海港口城市。在这些沿海开放城市里，有条件的地方经国家批准建立了实行经济特区某些政策的"经济技术开发区"。到 1992 年年底，在上述城市中已建立经济技术开发区 15

个，通过某些优惠政策吸引外资，开发新产品、新技术，兴办新兴工业，对于加速现有企业的技术改造，使重要行业和企业的技术和产品升级换代发挥了积极作用。同时，沿海开放城市与内地的横向经济联系，又促进了资金、技术、设备和人才的合理交流，带动了内地经济的发展。

1985 年以后又进一步扩大沿海经济开放区。开放沿海城市大大加快了中国对外开放的步伐。1985 年 2 月，国务院决定把长江三角洲、珠江三角洲和闽东南地区开辟为沿海经济开发区。1988 年年初，又把沿海经济开放区扩大到山东半岛、辽东半岛以及河北、广西等沿海其他地区的许多市、县。沿海经济开放区凭借便利的交通、广泛的对外联系、良好的工农业基础、丰富的劳动力资源以及蓬勃发展的乡镇企业力量，根据国际市场的需求，大力发展加工工业，在扩大出口创汇方面做出了巨大贡献。

1990 年 4 月，党中央做出了开发开放上海浦东新区的决策。这是中国对外开放方面具有战略意义的又一重大举措。上海浦东新区虽不叫经济特区，但实际上是按经济特区的设想而建设的，甚至实行比经济特区更为优惠的政策措施。经过十多年的艰苦创业，浦东新区开发开放取得了重大进展，一个开放型、多功能、现代化新城区的雏形在黄埔江东岸初步形成，成为上海乃至全国对外开放的重要窗口和标志，对带动长江三角洲、长江流域乃至全国的经济发展发挥了重要的作用。

第三，1992 年以后实行全方位的对外开放。1992 年年初，邓小平南方谈话发表后，全国对外开放步伐大大加速，进入了一个新阶段。在这个阶段，形成了沿周边国家的东北、西北、西南三大开放地带，一种以边贸为先导，以内地为依托，以高层次经济技术合作为重点，以开拓周边国家市场为目标的沿边开放新态势已经形成。以满洲里、黑河、绥芬河、珲春 4 个沿边开放城市为龙头，以俄罗斯、独联体其他国家、蒙古、东欧诸国为对象，由内蒙古、黑龙江、吉林等省区构成的东北开放地带正在形成一个大开放区。以独联体诸国、东欧诸国、巴基斯坦、西亚诸国为对象，以新疆为主体的西北开放带，在 5400 多公里的边境线上开通了十几个通商口岸。以印度、尼泊尔、缅甸、老挝、越南、孟加拉国为对象，以云南、广西为主体的西南开放地带，在云南、广西的边境线上设立了众多的对外开放口岸。

1992 年 8 月，党中央又决定，以上海浦东为龙头，开放重庆、岳阳、武汉、九江、芜湖 5 个沿江城市，同时开放哈尔滨、长春、呼和浩特、石家庄 4 个边境、沿海地区省会城市，以及开放太原、合肥、南昌、郑州、长沙、成都、贵阳、西安、兰州、西宁、银川 11 个内陆地区省会城市。随后几年，又陆续开放了一大批符合条件的内陆市县。上述沿江及内陆城市均实行沿海开放城市的政策。

进入 21 世纪以来，我国又建立天津滨海新区。2008 年年初，我国又迈开了建立广西北部湾新区的步伐。这是继建立上海浦东新区之后的，两个具有战略意义的、扩大开放和协调地区经济发展的重大步骤。

经过 30 年的努力，中国已经形成了多层次、宽领域、全方位的对外开放格局。拓展开放地区，不仅是促进这些地区经济改革和发展的强有力因素，而且成为带动全国经济改革和发展的极重要的契机。作为中国开放型经济重要组成部分的开放地区，需要依据新的形势进一步完善相关政策，以继续发挥其在促进中国经济改革和现代化建设中的重要作用。

第八节　建立市场中介组织

一、市场中介组织的内容及其在建立社会主义市场经济体制中的作用

在市场经济中，市场中介组织是具有独立法人地位的市场主体之一，是联系市场主体与市场之间的纽带，是为市场主体服务的组织。就市场中介组织的服务范围来划分，主要包括以下两类。一类是为各市场主体服务的中介组织。主要有：（1）行业自律性中介机构，如行业协会。（2）从事经济鉴证类业务的中介机构，如公证机构。（3）从事经纪类业务的中介组织，如商标代理机构。二类是专门为特定市场主体服务的中介组织。比如，为劳动力市场服务的职业介绍所，为技术市场服务的信息公司。

市场经济发达国家的经验表明：市场中介组织是市场经济不可分割的组成部分。它是伴随市场经济的产生发展而产生发展的，并对市场经济的发展起过重要的促进作用。

在中国由计划经济向社会主义市场经济转轨时期，建立和发展市场中介组织，具有某种特殊重要的作用。

第一，现代市场经济是在政府宏观调控条件下实现市场作为配置社会生产资源的主要方式和基础性作用的经济。而政府的宏观调控又主要依靠经济和立法这样的间接手段。在这种情况下，市场中介组织，特别是像自

律性的行业协会，在帮助政府实现间接的宏观调控方面具有独特的无可替代的重要作用。在中国经济转轨时期，这一点显得尤为重要。如果没有健全的、足够的中介组织，或者是给政府职能转变造成困难，妨碍职能的转变，或者是造成管理真空。这些都不利于社会主义市场经济的健康发展。

第二，作为与最重要市场主体的企业同时出现的市场中介组织，是社会分工的一个重要发展。因而它具有降低交易费用，提高社会生产资源的配置效益的作用，又可以增强要素运营效益。这种作用在中国表现得尤为突出。中国作为一个发展中的社会主义大国，许多生产资源（如资源、资金和技术等）都极为稀缺，而市场主体的数量又位居世界第一。2006 年，中国乡村户数达到 25223 万户，乡镇企业 2249.5 万个，国有及规模以上非国有工业企业 30.2 万个，建筑业企业 60166 个。① 可以设想，如果由这样庞大的市场主体去直接从事中介组织的业务，其交易费用会大得惊人。

第三，发展以公有制为主体的各种所有制企业，是中国建立社会主义市场经济体制的微观基础。但在这个过程中，特别是在其开始时期，非国有企业在许多方面（包括市场准入、融资和吸纳人才等）都同国有企业处于不平等的竞争地位。为此，除了政府从法律上规定各种所有制企业都有平等的经营权力以外，建立中介组织来维护各种所有制企业应有的平等权益也是一个重要方面。

第四，国有企业改革是中国市场取向改革的中心环节。这项改革涉及两个重要方面：一是国有大中型企业要进行公司化改造；二是大量的国有中小型企业要出卖（出卖给公司制、股份合作制、私营和外资企业等）。这两方面都要涉及对原有的国有资产的正确评估。恰当地做到这一点，既有利于防止国有资产的流失，又有利于国有企业顺利实现转轨。显然，要做到这一点，是离不开市场中介组织，特别是像资产评估这样的中介组织。

第五，统一开放的、平等有序竞争的市场体系是社会主义市场体系的重要组成部分。而社会主义市场经济又是法制经济和信誉经济。要做到这些，也必须有中介组织（特别是法律事务所和审计事务所）的参与。在中国当前市场交易秩序混乱和失信严重的情况下，这一点，显得尤为重要。

第六，中国是在经济全球化和知识经济化条件下推进工业化的。因而有可能实行跨越式的战略，以信息化带动工业化。这样，技术的快速发展

---

① 《中国统计年鉴》（2007），第 23、620、665 页，中国统计出版社。

就成为当前中国经济发展的一个重要特征。而这种技术进步又是巩固和加速中国市场取向改革的极重要物质基础。但加速中国技术进步的一个重要条件，就是加快发展中国技术市场。这样，市场中介组织（特别为技术市场服务的信息、咨询机构）也就显得特别重要。

第七，中国已于 2001 年 12 月 10 日正式加入世界贸易组织。从总体上说来，世界贸易组织的规则，就是市场经济原则的具体体现。这样，加快中国经济与世界贸易组织的接轨，就成为一个重要而又紧迫的任务。从这方面来说，加快发展市场中介组织，促使中国企业按照市场经济规则来运行，也是很重要的。

总起来说，建立和发展市场中介组织，在建立中国社会主义市场经济体制中，具有重要而且独特的作用。

二、市场中介组织的发展及其进一步推进的措施

改革以来，中国市场中介组织已经有了很大的发展。

第一，初步形成了种类较为齐全的市场中介组织体系。在这个体系中，既包括自律性的中介组织，主要有各种行业协会和商会；又包括鉴证类的中介组织，主要有公证机构，仲裁机构，会计师事务所，审计师事务所，律师事务所，资产评估、资信评级机构，计量认证、质量检验机构等；还包括代理性和经纪性的中介机构，主要有信息咨询机构、商标代理机构、报关行、税务代理机构、证券公司和期货经纪公司等。

第二，各种市场中介组织的发展都达到了一定的规模，业务工作量也有很大增长。21 世纪初，工商领域全国性行业协会达到 362 个，共有专职人员 3472 人，吸收了近 40 万个企业会员。到 2006 年年底，全国已设立公证处 3082 个，公证人员 31123 人，办理公证文书 980.7 万件，律师事务所达到 13096 家，工作人员达到 164516 人，其中专职律师 122242 人；各类职业介绍所 37450 家，工作人员 123203 人；各类人才服务机构 6629 家，工作人员 51095 人。[①]

第三，各种市场中介组织的改革开放已经取得了不同程度的进展。

一是多种所有制的市场中介组织的发展。比如，在 2000 年的 9381 家律

---

① 《中国统计年鉴》（2007），第 885 页，中国统计出版社；《中国经济年鉴》（2007），第 411、413 页，中国经济年鉴社。

师事务所中，国有的 5216 家，占 55.6%；非国有的 4165 家，占 44.4%。

二是市场中介组织管理体制的改革，已经取得了重大进展。这里以自律性的行业协会为例详细说明如下。经过 20 多年改革，中国不仅已经初步探索出在社会主义市场经济条件下实行行业管理的模式和道路，而且传统的部门管理体制已被基本打破，新的行业管理体制的基本框架已经初步形成。

（1）初步探索出一条适合中国社会主义初级阶段基本经济制度和社会主义市场经济的新的行业管理体制模式。这种体制模式的主要特征可以做如下的概括：①"三分开"。是指政企分开、政资分开和政社分开。政社分开是政府职能与作为社会中介组织的行业协会的职能分开。②"双主体、二为主和两结合"。双主体是指以精干的政府综合经济部门为主体行使政府的行业管理职能，以众多的行业组织对成员企业实行管理。二为主是指政府综合经济部门实行行业管理要以间接手段为主，行业组织对成员企业实行管理要以服务为主。两结合是指要把政府的行业管理与行业组织的管理紧密地结合起来。③"三跨"。是指包括政府和行业组织的行业管理，都要实行跨部门、跨地区、跨所有制的涵盖全社会同类生产的行业管理。④"一格局"。即形成由三个层次构成的统一的行业管理格局：承担宏观经济调控职能的政府综合经济部门——作为中介组织的行业组织——作为市场主体的众多企业。

（2）初步探索出体现中国国情的行业组织的模式。主要包括：①行业组织的性质。行业协会是中介服务组织，是自律性和自主性组织，是非营利性组织，是独立的经济类的社团法人。行业协会是政府与企业之间以及市场与企业之间的中介服务组织。其宗旨是为行业、企业和政府服务。在政府部门与行业协会之间以及协会与成员企业之间都没有行政隶属关系。协会是同行业企业的联合组织，会员企业通过协会建立平等、协商、合作的关系。行业协会进行行业管理不是运用行政手段，也没有行政手段，而是组织企业制定并执行行规行约，规范企业行为，进行行业自律性管理。行业协会虽然是中介服务组织，但这种服务不以盈利为目的。协会通过行业管理，既维护了行业利益，也协助政府实施宏观管理，从而成为经济类社团法人。②行业组织的体制定位。在社会主义市场经济条件下，工业管理体制基本格局是：政府负责经济宏观调控的综合经济部门；政企分开后成为市场主体的众多企业；居于政府与企业之间的中介组织是行业协会。

③行业协会的主要职能。行业协会作为企业与市场、企业与政府的社会中介组织，承担着自律性行业管理职能，为企业、行业和政府服务。据有关部门的总结，行业协会的主要职能，可以概括为两方面：一方面是行业协会本身具有的基本职能。即自律性行业管理职能。具体说来就是：制定行规行约，行业标准，组织评估与认证，协调同行业企业之间的经营行为；对本行业产品和服务质量、竞争手段、经营作风进行监督，维护行业信誉，处理违规行为；进行行业内部价格协调，制止低价倾销及价格垄断行为；调查研究本行业国内外发展情况，分析行业经济形势，提出行业发展和技术进步规划或预测；收集、分析、发布行业信息；组织科技成果鉴定和推广应用；开展国内外经济技术交流与合作；发展行业社会公益事业；协调会员企业关系，维护其合法权益；企业需要的其他服务职能，如咨询、培训、举办展览等。另一方面是政府委托的服务职能。具体内容是：受委托协助政府制定行业规划、发展战略、产业政策、法律法规；对国家投入的技术改造、技术引进、开发项目等，进行前期评估论证工作；向企业传达政府宏观调控目标和政策措施，并组织实施；组织制订、修订工业产品国家标准，并贯彻实施；办理企业生产、经营许可证和相关的资质审查工作；进行行业统计；办理行业智力引进；受理对外贸易反倾销、反补贴应诉和本行业产业损害调查工作；参与相关产品的市场建设；政府需要委托的其他职能。④建立、发展和完善行业组织的原则。一是实行政社分开原则。政府要让协会依法自主运作，不能用行政命令直接干预协会的正常活动；除了政府委托的工作以外，协会也不要去分享政府的行政管理权限。二是实行自治、自律、自养原则。这是由协会作为中介服务组织这一根本性质决定的。三是实行改革同步原则。行业协会的发展要与企业改革和政府改革同步。四是渐进原则。如同整个经济、政治体制改革一样，行业协会的建立和发展也要遵循渐进原则，以保证在正常经济秩序下建立和完善行业组织。

（3）初步构造了反映社会主义市场经济要求的政府行业管理的基本框架。经过多次政府机构重大改革，撤销了众多的工业部，将它们改组为没有政府行政管理权的总公司、集团公司或工业行业协会、工业联合会，将政府管理行业的职能都交给国家综合经济部门统一管理。因而，从组织形式上打破了传统的工业部门管理体制，使部门管理失去了赖以存在和发挥作用的制度基础，并为建立适应社会主义市场经济体制要求的新的政府行业管理提供了一个初步框架。

三是市场中介组织的对外开放也有了一定的发展。到 2000 年年底，由司法部批准的外国和香港特别行政区律师事务所在中国大陆设立的办事处已超过 120 家，设立办事处的城市已扩大到北京、上海、广州、深圳、天津、青岛、海口、苏州、大连和福州等十多个城市。在 2001 年 12 月 10 日中国入世以后，这方面的步伐进一步加快了。

第四，规范市场中介组织行为的法制建设有了初步的进展。当前已制定和颁布实施的有关市场中介组织的专门法律已有多部。如《公证法》、《仲裁法》、《律师法》、《注册会计师法》和《审计法》等。有关市场中介组织的专门法规就更多了。如《国有资产评估办法》和《专利代理条例》等。

各类市场中介组织的发展，为促进政府职能的转变和公平竞争的形成，发挥了重要的作用。

但是，当前在发展市场中介组织方面仍然存在诸多问题。主要有：一是政企不分问题仍然存在。一些由政府职能部门建立或由其转化成的市场中介组织，成为政府机构的延伸乃至准政府机构。尽管名称变了，但其职能未能实现同步转换。有些市场中介组织承担着一部分应由政府部门承担的管理职能，行政化倾向比较严重。二是政府管理力度不够。政府在对市场中介组织管理方面，缺乏统一的领导，多个部门同时插手，各自为政、政出多门；还缺乏明确的发展规划和健全的法制；许多管理工作不到位。三是市场中介组织发展过滥和不足的现象并存。一些地方和部门不管条件是否具备，把建立中介组织作为一种创收的手段，一哄而上，出现各地层层办、部门重复办的现象。市场中介组织发展过滥，导致了不正当竞争。但中介机构"缺位"现象又比较严重。特别是适应建立现代企业制度要求的资产评估机构和公证监督组织发育明显不足。此外，与经济发达地区相比，经济发展较为落后地区的市场中介组织发展更为滞后。四是有的中介组织擅自经营，没有达到国家规定的设立标准，有些连起码的条件都达不到。还有许多中介组织内部管理混乱，机构设置不合理，人员素质低，组织规模小，经济实力弱。由此不仅导致了无序竞争的混乱局面，而且造成了执业质量低，经济收入少，难以为继，甚至名存实亡。

但是，中国深化改革和扩大开放的形势，迫切需要规范市场中介组织的行为，促进其健康发展。为此，需要采取以下重要措施。

第一，进一步实现政企分开，依法对市场中介组织实行监督管理。为此，一是政府有关部门应统一认识，不仅要转变对中介组织纵向的不适应市场要求的管理方式，而且还要放弃部门利益，通过制定相应的政策，鼓励竞争，促进市场中介组织跨地区、跨部门的横向联合，打破市场中介组织垄断和割据的局面，打破业务分割和部门封锁。二是鉴于当前没有相应的法律法规对中介组织的性质、职能、当事人的权利义务等事项进行明确的法律规范，因而对市场中介组织缺乏统一的管理，监管十分薄弱。因此，政府应加紧制定有关中介机构法律法规，对中介机构的性质、中介活动的基本要素、当事人的权利、义务、责任等进行法律界定，明确市场中介组织的职责，为各类中介组织的法律地位提供基本的法律支持。此外，与原行政机构脱钩改制后的中介机构要在竞争中求发展，扩大联合已成为必然的趋势，政府有关部门亦应尽快制定或修改相应的法规，依法规范中介机构的组织形式、市场准入标准及机构合并、分立、终止等行为，为中介机构的规范发展及横向联合排除政策障碍，防止垄断和各种不正当竞争行为的发生。

第二，切实发挥自律性行业组织对中介机构的管理及服务职能。随着政府职能的转变，行业自律管理的作用日益重要。当前，中国多数行业都已建立了行业自律组织，各类市场中介组织也大都建立了自己的行业自律组织。但尚未充分发挥其应有的作用。在已"入世"的情况下，行业自律组织作用的充分发挥，对于有效地发展经济、确保国家经济安全尤为重要。由于世界贸易组织是成员国政府间的经济组织，在相当大程度上，它只对成员国政府的法律、法规和政策进行审议，并解决由于政府行为而导致的经济贸易纠纷，而对于各国国内自律性组织的规则无权干涉。因此，中国各类行业组织应借鉴国际经验，了解国外行会的职能和作用，抓紧制定有利于保护本国经济和市场的行业规则。但要充分发挥自律性行业组织对中介机构的管理和服务职能，极为重要的也是要依法办事。主要有三个方面：一是政府对自主性的行业协会的管理，只能依法主要实行间接管理，不直接干预行业协会的活动，并把行业协会所必须拥有的人事权、机构设置和财权等归还给行业协会。二是依法规范行业协会的行业管理行为。主要包括：（1）依法接受政府有关部门对行业协会的管理。（2）作为中介组织的行业协会，要依法实行为成员、为政府服务的职能，除了政府委托的任务以外，不承担行政职能。（3）作为自律性、自主性的行业协会，要依法自主决定机构设置、干部任免、人员编制和财务等方面问题，在人事和财务等方面要坚决切断同政府行政部门的联系。（4）在行业协会与成员之间以及行业协会之间也必须依法行事。三是在行业管理方面依法规范协会成员的行为。主要包括：（1）行业协会要依法做好为成员服务的工作；（2）成员也要履行对协会的义务。其中包括向协会缴纳会费，这是协会的主要经费来源。

第三，健全中介组织内部运行机制。政府除了要通过健全法律、法规来规范中介组织的经营行为，从政策上引导中介组织重视信誉和服务的质量，以及对市场中介组织实行信誉级别和资格的严格认定制度，从制度上保证中介机构崇尚信誉以外，同时要健全中介组织的内部运行机制，在中介组织内部建立自觉维护信誉的机制，强化自律管理，提高中介组织的风险责任意识，包括建立健全内部质量控制、业务培训、人事管理等制度，使中介组织的经营管理逐步纳入"以质量求生存，以信誉求发展"的良性发展轨道。

第四，要加大培训力度，提高中介服务执业人员素质。为此，有关部门和自律组织应加大培训力度，加强对执业人员的法制教育和职业道德教育以及业务培训，提高他们的执业水平和服务质量。

第四篇

政府经济职能

第 八 章

政府经济职能

正确认识中国政府在转轨时期①的经济职能，对于建立社会主义市场经济体制，实现社会主义现代化建设，具有十分重要的意义。

任何事物，其现状都是其历史的发展，其个性均寓有其共性。政府经济职能亦是如此。因此，本章第一节以马克思主义为指导，以国内外历史为依据，首先分析政府经济职能的历史发展及其一般内容，为分析中国转轨时期政府经济职能提供理论基础和方法论。第二节依据我国转轨时期具体经济情况论述这个时期的政府经济职能的主要内容。第三节分析实现政府经济职能的条件。

第一节　政府经济职能的历史发展及其一般内容

一、古代社会②的政府经济职能

人类社会历史表明：政府的经济职能，是伴随最先相继产生的两个阶级社会（即奴隶社会和封建社会）而产生和发展的。

诚然，在这两个社会，由于社会的生产力、经济制度和文化的发展水平等方面的差异，政府经济职能是有重大区别的。但是，由于这两个社会都是阶级社会（一个是奴隶主对奴隶统治的社会，另一个是封建主对农民

---

① 这里所说的转轨时期，是指从计划经济体制到社会主义市场经济体制的转变时期。
② 这里所说的古代社会，包括奴隶社会和封建社会。

统治的社会），而且社会生产力都很低，使用手工工具，农业占主要地位，因而二者的政府经济职能又有许多共同点。概括起来，并从宽泛的意义上说①，这两个社会的政府经济职能，主要有以下三个方面：

第一，作为社会上层建筑核心部分的古代社会政府必然要承担起维护该社会的经济基础（即作为基本经济制度的生产资料的奴隶主所有制和封建主所有制）的职能。这一点，已经为历史唯物主义和历史经验充分证明了。

第二，为了维护这种基本经济制度，古代社会的政府还承担过改革作为基本经济制度的实现形式的经济体制的职能。比如，中国封建社会自始至终都实行封建土地所有制这样的基本经济制度。这种经济制度的实现形式（即经济体制）却经历了由土地的领主所有制到地主私有制的变化。中国西周时期（公元前1066年至公元前770年）就开始建立了封建的领主经济制度。这种制度的基本特征是：作为农业基本生产资料的土地归领主所有，实行井田制度，农奴对领主存在人身依附关系，封建剥削的主要形态是劳役地租。到东周时期（公元前770年至公元前403年），地主经济逐渐代替了领主经济。到战国时期（公元前403年至公元前221年），地主经济占了主要地位。地主经济的基本特征是：土地归地主所有，实行土地私有制，农民对地主的关系主要是契约关系，封建剥削的主要形态是实物地租。这种变化主要是适应了社会生产力发展的要求。但当时封建政府在这方面也起了重要作用。比如，公元前594年鲁国开始实行的"初税亩"的税收制度，就是以土地私有化（即土地的领主所有制向地主私有制的转变）为前提的，同时又促进土地私有化的发展。这种经济体制的变化，曾经大大促进了中国封建社会生产力的发展。中国已故著名历史学家范文澜依据对历史资料的详细分析，对这段历史做了概括。他说："这个阶段上，束缚在宗族里的农奴得到解脱，成为广大的农民阶级。由于农民阶级的出现，生产力前所未有地提高了。以农业生产为基础，工业也跟着发展起来。"②

第三，作为全社会代表的古代社会政府还要承担人类社会发展所必需的社会公共职能，即提供某些公共产品和服务。恩格斯早就说过："政治统治到处都是以推行某种社会职能为基础，而且政治统治只有在它推行了它

---

① 这里都是从宽泛意义上讨论政府经济职能。其具体含义见后述。
② 范文澜：《中国通史》第1册，第274页，人民出版社1978年版。

的这种社会职能时才能维持下去。"① 由于物质资料的生产是人类社会生存和发展的基础，农业是古代社会最主要的生产部门。因此，政府的基本社会公共职能就是维护和促进农业生产的发展。这种职能的主要表现有：在中国封建社会的许多时期内，特别是在旧封建王朝覆灭、新王朝建立初期，都提出并在某种程度上实施过"抑制土地兼并"、"轻徭薄赋"、"重农抑商"和"兴修水利"等项政策，还实行过多次赈济受灾农民的措施。实行这些政策措施的目的，在于限制地主对农民土地的过多剥夺，减轻政府加给农民的过重税赋，以及遏止商人对农民的过度掠夺；兴建作为农业命脉的水利设施；维系作为农业基本生产要素的劳动力的再生产。这里所说的社会公共职能的某些方面（如修水利）就是后续社会政府提供的公共产品和服务的最初的形态。

第四，为了实现上述职能，古代社会的政府必须征收税收。因为这是必要的条件。这样，古代社会的政府还在一定程度上承担着国民收入再分配的职能。

第五，为了实现上述职能，古代社会的政府还在一定范围内直接经营某些产业。在这方面最突出的例子，就是中国封建社会长期实行过的盐、铁专营。当然，古代社会的国营经济并不只是限于这些方面，通常还要包括某些军事武器的生产以及供封建帝王直接享用的某些消费品的生产。②

上述情况表明：尽管古代社会政府的经济职能还很不发展，但在许多方面都展现出后续社会政府经济职能的雏形。因此，分析这一点，不仅是因为学术界的研究过去很少涉及甚至根本不提这一点，这方面研究领域亟须开拓；而且因为它对我们研究后续社会（包括中国转轨时期）政府经济职能是有启示作用的。

二、市场经济条件下的政府经济职能

如前所述，资本主义市场经济的发展经历了两个大的历史阶段。第一阶段可以称做古典的市场经济。自由放任是这个时期市场经济的特征。第二阶段可以做作现代的市场经济。其特征是有国家干预的市场经济。我们

---

① 《马克思恩格斯选集》第三卷，第219页，人民出版社1972年版。

② 可见，如果把国有经济仅仅归结为只是资本主义社会和社会主义社会的事情，并不完全符合历史事实。

在下面就依次分别考察这两个阶段的政府经济职能。

（一）古典市场经济条件下的政府经济职能

在论述这个问题之前，首先有必要澄清一个有碍我们正确认识这个问题的误区。有一种颇为流行的观点，依据亚当·斯密"看不见的手"的理论，把这个阶段的政府经济职能仅仅限定为政府提供某些公共产品和服务，甚至根本否定这时的政府具有经济职能。这是值得商榷的。

如前所述，以亚当·斯密理论为基础建立起来的市场经济体制在促进资本主义社会生产力发展方面起过重要的积极作用。不仅如此，即使在现代的市场经济条件下，亚当·斯密的市场经济理论仍有重要的作用。这是因为，现代市场经济虽然主张国家对经济生活的干预，但并没有从根本上否定市场是配置社会生产资源的主要方式。

但同时需要指出亚当·斯密观点的局限性。这里姑且不说，亚当·斯密提出的仅仅依靠"看不见的手"就可以自发地调节社会经济总量的平衡的观点是片面的，即使就他把政府经济职能仅仅归结为"建立并维持某些公共机关和公共工程"，即提供某些公共产品和服务，也远不是全面的。实际情况比这一点要宽泛得多。

第一，作为上层建筑的资产阶级政府，其基本职能必然是要维护资本主义的基本经济制度——资本主义私有制。同时还要承担维护自由放任的市场经济体制的职能。其突出表现是政府建立了一系列相关制度。这主要包括：一是摆脱以等级制为特征的封建主义产权，建立自由的私人产权制度。二是废除劳动者的人身依附，建立"自由的"劳动者制度。三是破除由封建割据形成的市场分割，建立统一的国内市场。四是破除原来对资本的重赋，建立适合资本积累要求的近代税收制度。五是适应资本发展的要求，建立以商业信用特别是银行信用为主要内容的近代信用制度。六是破除维护封建特权的法律制度，建立适应以平等竞争为特征的商品经济的法律制度（详见本书第六章第一节）。诚然，这些制度的形成是以资本主义生产方式的确立为基础的，而且在资产阶级政府建立以前就已经开始部分地形成，并带有某种自发性。但在资产阶级政府建立以后，这些制度得到了进一步发展和完善，其中有些制度还是新建的。这些制度不仅是维护资本主义基本经济制度所必需的，而且正是充分发挥市场在配置社会生产资源方面的基础作用的必要条件。

第二，世界市场既是资本主义发展的前提，又是资本主义发展的结果。

这样，开拓世界市场就成为资产阶级政府的一项全新的极重要的职能。为此，政府甚至不惜采取军事手段开拓殖民地，以开辟世界市场。

第三，工业化的发展对公共设施的要求越来越广泛，越来越高。政府在这方面承担的职能也越来越重要，越来越多。

第四，工业化的发展与科学技术的关系越来越密切，对劳动者文化素质的要求越来越高。因而政府在承担发展科学和教育方面的职能也日趋重要和广泛。

第五，工业化的发展，导致许多新的产业部门的产生。其中，有的部门一开始生产规模就很大，以致在当时条件下私人资本无力容纳，使得"资本主义社会的正式代表——国家不得不承担起对生产的领导。这种转化为国有财产的必然性首先表现在大规模的交通机构，即邮政、电报和铁路方面。"[1] 这样，掌握这些国有经济又成为资产阶级政府的一项全新的职能。诚然，如前所述，在古代社会就已经产生了国有经济。但二者在形成原因、技术基础和产业内容上都不是一个层次的。后者的产生部分地为了扩充政府财源，部分地为了减轻商业资本对农民的过度盘剥；其技术基础是手工工具；仅限于盐、铁等产业。而前者的产生是适应工业化发展的要求；技术基础是机械化生产；是属于国民经济中的基础产业。

第六，为了实现上述各项职能，政府在国民收入再分配的功能也大大增长了。这充分体现在政府财政收支的绝对量、构成及其占国民收入总量的比重等方面。

可见，在古典的市场经济条件下，尽管企业是市场主体，政府也不像现代市场经济条件下那样干预宏观经济，但仍然具有多方面的经济职能。否定这一点，是不符合历史事实的。

（二）现代市场经济条件下的政府经济职能

如前所述，由于资本主义经济内在矛盾的发展，使得古典的市场经济转变为现代的市场经济。但在现代市场经济条件下，资产阶级政府也继承了维护资本主义经济基础的职能，而且为了维护这个基础，它同时还具有改革经济体制的职能，把以自由放任为特征的古典市场经济推进到以国家干预为特征的现代市场经济。

国家干预经济只是对现代市场经济条件下政府一项基本经济职能的总

---

[1] 《马克思恩格斯选集》第三卷，第317页，人民出版社1972年版。

体概括。这个概括包含了多方面的、并不断丰富发展的、具体的经济职能。举其要者有：（1）主要运用经济手段和立法手段，调节经济总量的供需平衡。有些国家的政府还承担某些调整产业结构的职能。第二次世界大战后日本政府在有些年代实行的产业政策就属此例。（2）提供在总量和范围等方面都大大扩展了的某些公共产品和服务。（3）在不同时期有伸缩性地（有时扩大，有时缩小）掌握部分国有企业。（4）维护市场秩序，监督市场主体行为，创造公平、公正、公开并有信誉的市场竞争环境。（5）在某种限度内，遏制垄断资本。（6）创造机会平等的条件，并通过收入再分配，在兼顾效益的条件下实现社会公平。（7）建立社会保障体系，构筑社会安全网。（8）维护消费者权益。（9）适应新技术革命的要求，大力支持高科技产业和教育的发展。（10）治理环境污染，维系生态平衡，促进可持续发展。（11）与上述职能的发展相联系，财政承担的收入再分配的职能显著增长。（12）开拓国外市场（包括产品、服务市场和要素市场），提高国际竞争力。（13）维护国家经济安全。现代市场经济条件下的政府在某种范围内和某种程度上实现了上述职能。但是，这些职能的实现，都是以市场作为配置社会生产资源的主要方式为前提的，而且主要采用经济手段和立法手段，而不是采取行政手段；一般并不直接干预企业的生产经营活动，企业仍然是独立的市场主体。

三、计划经济条件下的政府经济职能

列宁依据马克思主义理论曾经设想：在社会主义社会阶段，整个社会将成为一个管理处，成为一个劳动平等、报酬平等的工厂。全体公民成了一个全民的、国家的"辛迪加"的职员和工人。社会主义各国先后建立的计划经济体制，就是源于这个马克思列宁主义理论。

计划经济体制是 1917 年俄国十月社会主义革命胜利以后，首先在苏联逐步建立起来的。第二次世界大战后，欧亚两洲建立了许多社会主义国家。于是计划经济体制在这些国家也逐步建立起来。由于社会生产力、科学文化和历史等方面的差异，各国实行的计划经济体制也有某些区别。但就主要依靠行政指令计划管理经济这个根本点来说，都是相同的。这里且以新中国为例分析计划经济条件下的政府经济职能。

新中国是在 1949 年 10 月 1 日建立的。但在完整意义上的计划经济体制并不是立即建成的，它经历了一个过程，直到 1956 年才建立起来。1949 年

新中国成立后，人民政府没收了当时掌握国民经济命脉的官僚垄断资本，建立了在国民经济中处于主导地位的社会主义的国营经济。以此为基础建立了计划经济体制的雏形。但这时广泛存在的私人资本主义经济、个体农民和手工业经济，仍然主要是由市场价格机制调节的。到 1956 年完成了对生产资料私有制的社会主义改造，私人资本主义经济转变为社会主义国营经济，个体农民和手工业经济转变为社会主义集体经济，社会主义公有制扩及到整个国民经济范围。以此为基础，完整的计划经济体制也就在全国建立起来。

作为社会主义上层建筑的政府也具有维护社会主义公有制这一经济基础的职能，同时还具有实行、强化和改进作为当时公有制实现形式的计划经济体制的职能。其实行、建立计划经济体制的职能，包括众多内容。重要的有：

第一，通过制定宪法把实行计划经济确定为政府的职能。1954 年、1975 年、1978 年这三年中国全国人民代表大会通过的三个宪法，均把"决定国民经济计划"作为全国人民代表大会的一项重要职权，把"推行国民经济计划"作为国务院的一项重要职权。

第二，构建各级政府承担计划经济职能的机构。其全国综合机构是计划委员会，代表政府执行计划经济的职能。

第三，构造实行计划经济的微观基础。这个基础的主要形态和典型形态就是社会主义的国有企业。这里以此为例进行分析。这种国有企业具有以下特征：一是在国民经济中处于主导地位。二是在国民经济各个主要领域（包括工业、建筑业、交通运输业、商业和外贸以及科学和教育等）处于垄断地位。一般都是行政性的垄断，其中有些产业还是行政性、与自然性、经济性相结合的垄断。三是企业的人、财、物的所有权以及供、产、销的经营权均属于政府，企业并不是真正的企业，而是政府机关的附属物。这是就的。就企业职工与政府的关系来说，就业由政府安排，工资由政府依据按劳分配原则确定，工伤、医疗和养老等保险由政府提供。

第四，政府通过行政指令，确定经济发展的任务和速度，并据此把社会生产资源（包括资金、物资和劳动力等）分配到国民经济各部门和各地区。

第五，企业的计划也依据政府指令计划的指标来制订，企业的供、产、销计划也分别纳入政府有关部门的计划，成为政府部门相关计划的组成部分。这样，企业内部的资源配置也是由国家行政指令计划确定的。

第六，在计划经济条件下，无论是投资品还是消费品，也无论是公共还是私人的物品和服务，其生产、运输和销售，不仅是由国家行政指令计划安排的，而且主要是国有企业和作为准国有企业的集体企业提供的。

第七，在计划经济条件下，承担国民收入初次分配职能的企业财务是国家财政的组成部分，而且财政又承担着国民收入再分配的职能。其再分配部分又占了国民收入相当大的部分。这样，财政就成为推行计划经济最得力的工具。

第八，在计划经济条件下，国有银行以及集体信用合作社都是从属于国家财政的，实际上是国家的会计机关，因而它又成为推行计划经济的另一个重要工具。

第九，在计划经济条件下，不断发展生产以及在此基础上不断提高人民的物质文化生活水平，被称为社会主义的基本经济规律。其中，发展生产是手段，提高生活水平是目的。在中国当时条件下，发展生产的最主要内容就是实现社会主义工业化。因此，推进工业化，并在此基础上不断提高人民生活水平，也是政府承担的计划经济职能的重要内容。

以上几点都是政府承担的计划经济职能。分别说来，第一、二、三点，是政府为推行计划经济创造的基础和条件，第四、五、六点是政府承担的计划经济职能最核心的内容，第七、八点是政府推行计划经济的两个最重要工具，第九点是政府承担的计划经济的两项基本任务。

总起来说，在计划经济体制下，从国民经济到部门、地区到企业到个人，从投资品到消费品，从公共物品和服务到私人物品和服务，其生产、运输、流通到分配，均是由国家指令计划安排的。如果仅从这方面来说，承担计划经济，就是政府经济职能的总称。

但是，政府不仅具有建立、实行计划经济的职能，而且具有强化它的职能。其突出表现有二：一是不断扩大计划经济赖以实行的微观基础，即扩大社会主义公有制在国民经济中的比重，特别是其中的国有经济的比重。二是扩大指令计划在国民经济中的作用范围。这里以在国民经济中占主导地位的工业为例进行说明。按照中国党和政府领导人原来的打算，中国新民主主义革命胜利以后建立起来的新民主主义社会要实行 10—20 年，但实际上只实行了三年（1949 年 10 月—1952 年）就结束了；中国从新民主主义社会到社会主义社会的过渡时期，原来计划需要用 15 年的时间，以便完成对私人资本主义的工商业以及个体农业和个体手工业的社会主义改造，但实际上只用了不到五年的时间（1953—1957 年）就完成了。这期间，社会主义工业（特别是国有工业）占工业总产值的比重就由原来占小部分上升到大部分，而非国有工业则由原来占大部分下降只占很小的比重；国家指令计划占工业总产值的比重也发生了类似的变化。以后在 1958—1960 年的"大跃进"期间和 1966—1976 年的"文化大革命"期间，又进一步提高了这两个比重。这种情况发生的原因是多方面的。其中主要是党和政府领导人的急于求成的"左"的思想（对 1949—1952 年和 1953—1957 年的情况而言）和"左"的路线（对 1958—1960 年和 1966—1976 年的情况而言）。但同时也是计划经济发展的内在本性的要求。因为公有制（特别是单一的国有制）是计划经济体制赖以生存和发展最适宜的土壤。

政府还有改进计划经济体制的职能。如前所述，计划经济体制在新中国建立初期，起过主要的积极作用。但也越来越明显地暴露出它不适应社会生产力发展的根本缺陷，需要进行根本改革。但在当时条件下，在理论上并没有把作为基本经济制度的社会主义公有制与作为其实现形式和经济运行机制的计划经济体制区分开来，而是把它们等同起来；也没有把作为基本经济制度的资本主义所有制与作为其实现形式和经济运行机制的市场经济体制区分开来，而是把它们等同起来。由于这一点，更由于"左"的思想的影响，当时根本不可能提出把计划经济体制改革成为市场经济体制的问题，而只是在保持计划经济体制的框架内，对它的某些局部性的缺陷进行改进。主要有两方面：一是针对中央集权过多，向地方政府下放某些管理权限；二是针对国家管得过多，向国有企业领导人下放某些管理权限。这是在计划经济体制框架内的行政分权。这样的分权一共进行了两次：1958 年一次，1970 年一次。但即使这样的行政性分权，两次都失败了。一是因为它根本违反了经济体制改进工作的规律。这种改进同革命战争是有原则区别的两回事，它不能是疾风暴雨式的群众运动，而必须进行和风细雨式的细微工作。而这两次改进搞的都是短促的群众运动。二是因为缺乏成功的条件。这种改进要求有稳定的经济、政治环境。而 1958 年和 1970 年的经济、政治环境都很动荡。因而这两次改进必然造成"一放就乱"、"一乱就收"的困境。即使这两次改进成功了，也只能消除计划经济体制的某些局部缺陷，而不能解决它的根本问题，仍然谈不上经济体制改革的成功。但是，仍然应该确定：政府是有改进计划经济体制的职能的。

四、政府经济职能的一般内容及其理论意义

我们分析政府经济职能的历史发展过程，是为了概括出各个历史时期政府经济职能发展的一般规律，抽象出其共同特征，阐述其一般内容，并为探讨转轨时期的政府经济职能提供可以借鉴的有益经验，特别是在方法论方面提供一些有益的启示。

依据上述的历史分析，我们可以得出以下有关政府经济职能问题的一般性结论：

第一，从古代社会到资本主义社会再到社会主义社会，政府的经济职能可以概括为五个方面：一是具有维护其经济基础（即基本经济制度）的职能；二是承担维护和改革作为基本经济制度的实现形式或经济运行机制的经济体制的职能；三是在不同程度上承担社会的公共职能，提供某些公共产品和服务。四在不同程度上参与国民收入再分配。五是在不同程度上掌握国有经济。

第二，任何社会的政府之所以必然要承担上述前三项经济职能，其主要原因有三：一是社会的上层建筑必然要维护经济基础，这是普遍规律。也是基于这一点，它也必然要维护和改革不适合生产力发展和基本经济制度要求的经济体制。二是作为全社会唯一代表的政府必然要承担社会公共职能。这也是一条普遍规律。就经济运行方面说，物质资料的生产是人类社会生存和发展的基础。因此，一般来说，任何社会的政府都具有维护和促进社会生产的职能。而且，在任何阶级社会，政府作为阶级统治的职能同政府需承担社会公共职能（其中包括促进社会生产的功能），并不是矛盾的，而是统一的。因为后者是前者的条件。但这并不是说，阶级社会在任何条件下，政府对社会生产都会起促进作用。一般说来，只是在其政策适应生产力发展的时候，政府才会对社会生产起促进作用；否则，就会走向反面，对社会生产起阻碍作用。即使在社会主义制度下，也是如此。三是与上述一、二两点原因相联系，政府财政必然会在不同程度上参与收入再分配。这也是一条普遍规律。

第三，任何社会的政府承担的上述经济职能，其产生和存在的原因，其对社会经济发展的推动作用和阻碍作用，以及作用的范围和强度，从根本上说来，都是由社会生产力的发展状况决定的。

就政府承担的第一项经济职能来说，在一定的社会生产力水平下，某

种基本经济制度是适合生产力发展的。这时，这种基本经济制度以及政府维护基本经济制度的职能，都会存在下去，而且这种维护职能还会对社会生产的发展起积极的推动作用。而当社会生产力发展到一定水平，某种基本经济制度不适应社会生产力的发展要求，这时政府维护基本经济制度的职能，就会对社会生产力的发展起阻碍作用。而当这种基本经济制度与社会生产力之间的矛盾尖锐时，政府就会被革命力量推翻。这种基本经济制度随之被消灭，政府维护这种基本经济制度的职能也就消灭了。

就政府承担的第二项经济职能来说，在某种基本经济制度下，某种经济体制是适合生产力发展的，政府维护这种经济体制，也会对社会生产的发展起积极的推动作用。而当某种基本经济制度还能适应生产力的发展，但其经济体制已经不适合生产力的发展。在这种情况下，有两种可能：一是政府继续维护这种体制，或做某些局部性改良。这样，随着它同生产力矛盾尖锐化，在其他各种不利条件（特别是不利的政治条件）配合下，这种体制连同基本经济制度和包括政府在内的上层建筑都会走向灭亡。二是在维护基本经济制度的前提下，政府对不适合生产力发展要求的经济体制进行根本改革，以形成新的经济体制，推动生产力的发展，并巩固基本经济制度和作为上层建筑的政府。

就政府承担的第三、四项经济职能来说，在一般情况下，社会生产力发展水平越高，政府承担的包括经济在内的各项社会公共职能的作用范围就越大，作用强度也越高；共同参与国民收入再分配的职能也呈现出类似的情况。

第四，政府承担的经济职能不只是决定于社会生产力的发展状况，还会受到理论的、经济的和社会的等各种因素的影响，在一定意义上甚至可以说是决定性的影响。就理论方面来说，比如，亚当·斯密的理论奠定了古典的、自由放任的市场经济体制的理论基础。凯恩斯的理论奠定了现代的、有国家干预的市场经济体制的理论基础。马克思和列宁的理论奠定了计划经济体制的理论基础。邓小平理论奠定了社会主义市场经济体制的理论基础。正是这些理论指导政府创建和改革经济体制的职能。就经济方面说，比如，到了近代和现代社会，对外经济关系显得越来越重要，于是政府就在这方面承担了经济职能。就社会方面说，比如，到了现代社会，环境保护问题变得日趋尖锐，从而政府也在这方面承担了职能。

第五，政府承担的经济职能，并不完全取决于各项外在的因素（如上述第三、四点提到的），它本身的能动性在这方面也有重要的作用。就政府承担的改革经济体制的职能来说，美国罗斯福政府在 20 世纪 30 年代推行的"新政"在实践上开创了由古典的、自由放任的市场经济到现代的、有国家干预的市场经济。中国政府在 20 世纪 70 年代末开始推行的经济改革，已经基本上成功地把计划经济体制逐步改革为社会主义市场经济体制。

第六，由政府承担的经济职能受到各种因素（如上述第三、四、五点提到的）决定和影响，而这些因素都是不断变化的。因此，其各项经济职能的具体内容也会发生变化。就其推行的改革经济体制来说更是如此。比如，中国封建社会就发生了由领主土地所有制到地主土地私有制的变化。资本主义社会就发生了由古典市场经济到现代市场经济的变化。中国社会主义社会也发生了由计划经济到社会主义市场经济的变化。

第七，基于上述第六点提到的同样原因，政府承担的经济职能即使在同一的基本经济制度下也会有差别。比如，就其推行的经济体制就很明显。第二次世界大战后西方经济发达国家普遍推行了现代的有国家干预的市场经济。这是他们的共同点。但各国也有自己的特点。如前所述，美国虽然早在 20 世纪 30 年代罗斯福时代，政府就开始对经济实行干预，但相对其他经济发达国家来说，干预还是较少的，因而被称为竞争型市场经济模式。日本政府对经济干预较强，被称为政府主导型市场经济模式。法国在计划调控经济方面比较突出，被称为有计划的资本主义市场经济模式。联邦德国对经济干预在体现社会政策和社会公平方面比较明显，被称为社会市场经济模式。

以上各点就是各个社会的政府经济职能的共同特征，也就是政府经济职能理论的一般内容。

需要着重指出的是，正确把握政府经济职能的一般内容，具有重要的理论意义。

第一，它拓展了历史唯物主义的基本范畴和基本理论。这一点在政府承担的改革经济体制职能方面表现得尤为突出和重要。原来在历史唯物主义的范畴中，最基本的有生产力和生产关系以及经济基础和上层建筑，现在增加了一个作为基本经济制度（生产关系）表现形式或经济运行机制的经济体制。

原来在历史唯物主义理论中，最基本的有生产力和生产关系以及经济基础和上层建筑的相互作用的理论，现在增加了一个经济体制与生产力和生产关系以及经济体制与经济基础和上层建筑相互关系的理论。在这方面，经济体制的产生、发展和消失，都决定于社会生产力的发展，但又反作用于生产力，既可以成为生产力的巨大动力，又可以是生产力的桎梏。经济体制既是基本经济制度（生产关系或经济基础）的表现形式，但也反作用于基本经济制度；既可以维护它，又可以导致它的灭亡。经济体制既可以受到作为上层建筑的政府的维护，但也反作用于政府。在适应生产力发展要求而进行改革的情况下，经济体制改革需要依靠政府来推动，反过来也巩固政府。在违反生产力的要求而不进行改革的情况下，也能导致政府的灭亡。

这里还要指出基本经济制度与经济体制的一些重要差别。一是前者能够容纳社会生产力的高度比后者要高得多。二是前者的延续时间比后者也要长得多。三是前者的根本变革，在阶级社会里一般都要经过一个阶级推翻另一个阶级的革命；而后者的根本变革是在政府维护基本经济制度的前提下实现自我完善。

第二，它有助于进一步具体揭示古代社会、资本主义社会和社会主义社会的发展规律。先以中国封建社会的发展而论。中国封建领主制度到封建地主制度的转变，就可以从一个方面说明下列两种历史现象。其一，依据历史资料，中国领主经济从产生到消灭，大约只经历了不到 600 年的时间；而地主经济从建立到灭亡，却经历了近 2400 年的时间。后者经历的时间约为前者的四倍。还要看到：尽管整个说来，封建社会生产力发展的重要特征是生产技术停滞，但地主经济时代社会生产力的发展比领主时代还是快得多。所以，这个历史现象证明：地主经济能够容纳的社会生产力的高度比领主经济要高得多。其二，欧洲的封建庄园制度（类似中国的领主经济制度）只绵延了 1000 年，而中国包括领主制度和地主制度在内的封建地主经济制度却延续了 3000 年。决定这个差异的，当然有多方面的因素，但地主经济比庄园经济能够容纳更高的社会生产力，也是一个重要因素。应该指出：中国许多史学论著在分析中国封建社会延续时间长的原因时，几乎还未注意到这一点。因而这个问题似乎并未得到充分的说明。在这种情况下，提到这一点是特别重要的。

再以资本主义社会的发展而论。现在看来，无论是马克思，还是列宁，他们揭示的资本主义制度和帝国主义制度灭亡规律都是正确的。但他们对资本主义社会存在的时间都估计短了，对它的灭亡时间估计早了。形成这一点的原因是多方面的。从理论上说，一个重要方面就是他们没有看到

（也不可能看到）现代的市场经济体制所能容纳的生产力的高度远远超过了古典的市场经济体制。从根本上说来，这主要是由于马克思和列宁所处的时代的限制。在他们所处的那个时代，不可能看到现代市场经济体制在发展社会生产力方面的巨大作用。这种解释既符合马克思主义认识论，也符合历史唯物论。1859 年，马克思对他创立的历史唯物论做经典表述时明确说过：“无论哪一个社会形态，在它们所能容纳的全部生产力发挥出来以前，是决不会灭亡的”①。所以，如果因为马克思和列宁对资本主义存在时间和灭亡时间估计上有误差，就怀疑马克思列宁主义的正确性，是完全没有根据的。

最后，以社会主义社会的发展而论。苏联在 1991 年解体，而中国在 1978 年以后经济得到了飞速的发展，社会主义制度得到了进一步巩固。形成这种反差的原因，涉及诸多方面。但苏联长期停留在计划经济体制，致使社会生产力发展缓慢；而中国在 1978 年以后逐步走上了市场取向改革的道路，从而极大地推动了社会生产力的发展。从历史唯物主义的观点看，这无疑是一个根本的原因。

可见，如果脱离了政府改革经济体制在发展社会生产力方面的作用，中国封建社会的发展，现代资本主义的发展，以及社会主义社会的曲折发展，都难以得到充分说明。

第三，有助于我们澄清学术界过去长期存在的甚至当前还存在的许多重要理论问题。比如，在论到阶级社会的政府经济职能时，片面强调它维护经济基础的功能，但却忽视甚至根本否定了它承担的维护和改革经济体制的功能，以及社会公共职能。在论到资本主义社会的政府经济职能时，又依据亚当·斯密的“看不见的手”的理论，把它片面地归结为“建立和维持某些公共机关和公共工程”，而忽视了其他许多方面（这些方面我们在前面已论述过）。在论到社会主义社会政府经济职能时，又片面归结为维护经济基础和承担社会公共职能，而否定它在改革经济体制方面的职能。

第四，为研究转轨时期的政府经济职能提供重要的方法论。一是对转轨时期政府经济职能的研究，要全面看到它承担的五项职能（即维护基本经济制度、改革经济体制、承担社会公共职能、参与国民收入再分配和掌握国有经济），而不能只是看到其中某一项或两项职能。二是对这五项职能

---

① 《马克思恩格斯选集》第二卷，第 83 页，人民出版社 1972 年版。

的研究，特别是改革经济体制职能的研究，要着眼于有利于社会生产力的发展，并需依据政府面临的整个经济环境，还要注意制约政府经济职能诸多因素的特殊性及其变化。三是对这些职能的研究，要着重于充分发挥政府的能动作用。

第二节　中国转轨时期的政府经济职能

第一，维护和巩固社会主义初级阶段的经济基础。这是由历史唯物论所揭示的客观规律和我国现阶段的实际情况决定的。这里所说的维护社会主义初级阶段的经济基础，最重要的就是维护社会主义初级阶段的公有制经济的主要地位，特别是社会主义国有制经济的主导地位。这是社会主义制度的生命线，在任何时候都不能有丝毫动摇。当然，在现阶段，同时也要毫不动摇地维护和发展多种所有制平等竞争的格局。这也是现阶段发展社会生产力和实现和谐社会的客观需要。而且归根结底是有利于维护社会主义公有制的主体地位的。

第二，实现社会主义现代化建设三步走的战略目标。发展是党执政兴国的第一要务。这同时意味着发展是政府首要的经济职能。就我国社会主义初级阶段来说，所谓发展最主要的就是实现社会主义现代化建设三步走的战略目标。当然，发展必须以科学发展观为指导，必须坚持以人为本，必须坚持全面协调可持续发展，必须坚持统筹兼顾；否则，就不利于社会主义现代化建设事业的发展。这一点已经为新中国成立以后的经验教训反复证明了。需要指出：从根本上说来，这项职能是第一项职能的延伸，是其在我国社会主义初级阶段的特殊表现。因为实现社会主义现代化建设，是巩固社会主义制度的最主要手段。

第三，实现以建立社会主义市场经济体制为目标的经济改革。这项职能是上述第一、二项职能的延伸。实践已经充分证明：这一点不仅是维护社会主义基本经济制度的基本保障，而且是实现社会主义现代化建设的根本动力。在这个极重要的问题上也是不能有丝毫的动摇；否则，不仅社会主义经济制度得不到巩固，社会主义现代化建设也难以实现。而我国市场取向的经济改革，主要是社会主义制度的自我完善，是由党和政府有领导地进行的。这样，实现市场取向的经济改革，也就成为政府另一项极重要的经济职能。

第四，实现第三项职能，同时就意味着看政府要承担干预经济的职能。因为如前所述，社会主义市场经济虽然是与社会主义基本经济制度结合的，但它也是有国家干预的市场经济。从广泛的意义上说，国家干预经济主要包括：调节经济；维护公平竞争的市场程序；通过建立机会平等条件和收入再分配，实现社会公平；支持教育和科技的发展；维护消费者权益；治理环境污染；发展对外经济关系，提高国际竞争力，维护国家经济安全等。

第五，实现第三项职能，还要意味政府要建立和实施公共财政。就我国当前情况来说，就是要按照基本公共服务均等化的原则，提供公共产品。主要是推进义务教育，发展公共卫生和医疗，建立社会保障体系，以及建立生产和生活方面的基础设施等。

这里需要指出，当前我国有些经济学教材，套用现代西方经济学，把中国转轨时期政府经济职能归结为实现宏观经济平衡和公平分配、解决"外部化"和提供公共品等方面。

应该肯定，这些方面确实是中国转轨时期政府的经济职能。但仅仅这样概括，又是远远不够的。它不能概括中国转轨时期特有的维护社会主义初级阶段经济基础，建立社会主义市场经济体制，推进社会主义现代化建设这三项职能，这是从总的方面说的。分别说来，第一，从本质上说来，现代西方经济学是代表经济发达国家统治者的基本经济利益的，它从根本上讳言作为上层建筑核心组成部分的政府维护经济基础的职能。但我们都必须旗帜鲜明地提出政府的这项经济职能。第二，现代西方经济学是在现代市场经济体制已经建立的情况下分析政府经济职能的。当然，经济发达国家还有不断完善现代市场经济体制的任务。但从总体上说，不存在我国转轨时期建立社会主义市场经济体制的任务。但在我国转轨时期政府却需要承担这样职能。第三，经济发达国家没有也不可能有我国转轨时期的实现社会主义现代化建设的任务。

还需进一步指出，仅仅用实现宏观经济平衡和公平分配、解决"外部化"以及提供公共品来概括当代经济发达国家政府职能，也是不全面的。因为，这些国家的政府也有维护各自的经济基础并不断完善现代市场经济体制的职能。

如何正确概括中国转轨时期的政府经济职能，绝不仅仅是一个重要理论问题，而是关系维护社会主义初级阶段的经济基础，实现社会主义现代化建设和建立社会主义市场经济体制的极重要的实践问题。

正因为转轨时期政府拥有上述多项职能，因而这个时期政府职能的转变也包含多方面的内容。第一，政府职能由计划经济体制下维护单一的社会主义公有制这一经济基础，转到维护社会主义初级阶段的经济基础，即以社会主义公有制为主体、多种所有制公共发展的格局。当然，在坚持以社会主义公有制为主体的前提下，发展多种所有制经济，归根结底是有利于社会主义公有制经济的巩固和发展的。但政府在这方面的职能已经发生了局部的变化。第二，政府职能由计划经济体制下实行计划经济体制转到建立社会主义市场经济体制。与此相联系，政府实行经济职能的手段也由以行政指令为主转到以经济、法律手段为主。当然，也应有必要行政手段。第三，在承担的社会主义建设职能方面，乍一看来似乎并无变化，但实际上，即使在这一方面也发展了重大的甚至根本的变化。建国以后，尽管也强调社会主义经济建设的重要性，但在那些"以阶级斗争为纲"的年代，社会主义经济建设在事实上并不居于中心地位。就这个意义上说，转轨时期的政府经济职能就发生了一个根本变化，即由"以阶级斗争为纲"真正转到以经济建设为中心。第四，与第二点相联系，政府还要从建立建设型财政实现到建立公共财政的转变。可见，那种流行的把政府经济职能的转变，仅仅归结为由实行计划经济到实行市场经济的转变的观点，是有失偏颇的，是值得商榷的。

第三节　实现转轨时期政府经济职能的条件

第一，推进经济体制改革。实行经济体制改革与转轨时期政府经济职能是有区别的，但又是有联系的。后者是以前者为依托的。比如，如果不实行经济体制改革，企业还是计划经济体制下的那种行政机关的附属物，政府要实现对经济的间接宏观调控，就没有作为独立的商品生产经营者这样的微观基础，这项职能也就无法实现。当然，这只是问题的一方面。另一方面，实行经济体制改革也是以政府经济职能的转变为条件的。如果政府还实行计划经济体制下那样的职能，那企业和市场等方面的改革也无法进行。所以，实现转轨时期的政府经济职能与推进经济体制改革是互为条件的。

第二，积极稳妥地推进旨在发展社会主义民主的政治体制改革。计划经济体制与这种体制下的政治体制是相互适应的，但这种政治体制与社会主义市场经济体制是不适应的。因此，经济体制改革和政治体制改革必须相互适应地进行。问题的本质在于：经济体制改革是不同人群之间的经济利益的大调整。当然这种经济利益的矛盾一般都是人民内部的矛盾，而不是对抗性的矛盾。但改革以来的经验表明：切不可轻视这种利益矛盾在阻滞经济体制改革方面的作用。当然，改革的阻力不仅来自经济利益的矛盾，而且还来自长期实行的计划经济体制的惯性作用，来自不同人群对计划经济体制和社会主义市场经济体制认识上的差异。但按照马克思主义的观点，经济关系首先体现为经济利益关系。所以从根本上说，要把改革阻力归结为经济利益上的矛盾。实际上，邓小平早在 1986 年就明确提出："我们提出改革时，就包括政治体制改革。现在经济体制改革每前进一步，都深深感到政治体制改革的必要性。不改革政治体制，就不能保障经济体制改革的成果，不能使经济体制改革继续前进，就会阻碍生产力的发展，阻碍四个现代化的实现。"[①] 他还强调："只搞经济体制改革，不搞政治体制改革，经济体制改革也搞不通，因为首先遇到人的障碍。事情要人来做，你提倡放权，他那里收权，你有什么办法？从这个角度来讲，我们所有的改革最终能不能成功，还是决定于政治体制的改革。"[②] 时间虽然过去了 20 多年，但现在重温这些教导，仍然倍感真亲切。当然，1978 年以来，伴随经济体制改革，政治体制改革也在推进。但相对经济体制改革和发展社会主义民主的要求来说，政治体制改革还很不适应。因此，必须加快政治体制改革的步伐。

需要进一步指出：现在作为改革阻力的经济利益矛盾，不仅来自于计划经济体制改革还未到位相联系的利益人群（包括某些计划部门、地区、单位的和个人的利益），而且来自在改革中形成的既得利益人群（包括通过侵吞国有资产、非法经营以及贪污而致富的人等）。这后一种人群的经济利益不在于使改革倒退（当然也不可能倒退），而在于维持改革的现状，以及继续利用新旧两种体制并存的空隙，继续发财致富。

因此，要继续推进作为转轨时期政府经济职能依托的经济体制改革，就必须继续坚定不移地推进旨在发展社会主义民主的政治体制改革。

以上的分析都是就实现转轨时期政府经济职能对政治体制改革的依存关系来说的。但当前推进政治体制改革的意义上远不止这些。值得着重指出的是：（1）正如党的"十七大"所做出的精辟概括："人民民主是社会主

---

① 《邓小平文选》第三卷，第 176 页，人民出版社 1994 年版。
② 同上书，第 164 页。

义的生命。"① 这就意味着推进政治体制改革，发展社会主义民主，是维系社会主义制度的生命所在。（2）推进政治体制改革，发展社会主义民主，是从政治方面调动各阶层群众积极性的根本手段。（3）由于各种历史的和现实的、国内的和国外的多种因素的作用，当前部分的政府行政官员和国有企业领导人的贪污腐败仍很严重。这是危害党和国家事业的一个毒瘤。而推进政治体制改革，发展社会主义民主，乃是遏制和根本治理贪污腐败的有效办法，是一个无可替代的办法。

当前，推进政治体制改革，必须紧紧把握人民当家做主这个社会主义民主政治的本质和核心。"要坚持中国特色社会主义政治发展道路，坚持党的领导、人民当家作主、依法治国有机统一，坚持和完善人民代表大会制度、中国共产党领导的多党合作和政治协商制度、民族区域自治制度以及基层群众自治制度，不断推进社会主义政治制度自我完善和发展。""深化政治体制改革，必须坚持正确政治方向，以保证人民当家作主为根本，以增强党和国家活力、调动人民积极性为目标，扩大社会主义民主，建设社会主义法治国家，发展社会主义政治文明。"②

加快行政管理体制改革，是当前深化政治体制改革的一个极重要方面。

在计划经济体制下，政企、政资和政事都是合一的。这一点在作为政治体制最重要组成部分的行政管理体制方面也充分体现出来。但在社会主义市场经济条件下，要求实现政企、政资、政事和政府与中介组织分开。这样，行政管理体制也必须发生相应的变化。这是其一。其二，在计划经济体制下，主要依靠行政指令对经济实行管理。从这方面来说，行政管理体制具有管制型的特征。再加上改革前长期实行"以阶级斗争为纲"，并受到新中国成立前长期存在的封建社会的影响，这种管制型的特征的色彩就更浓厚。当然，这种管制型的行政管理体制与阶级社会存在的管制型行政管理体制是有本质区别的。在这里，不存在统治阶级对被统治阶级的统治，存在的只是与高度集中的计划经济体制以及与之相适应的高度集权的政治体制相伴生、并为实现这种经济、政治体制服务的行政关管理体制。但在社会主义市场经济体制下，行政管理体制却必须逐步实现其固有的服务性的特征，这不仅是因为作为执政党的中国共产党是以全心全意为人民服务

---

① 《中国共产党第十七次全国代表大会文件汇编》，第 27 页，人民出版社 2007 年版。
② 同上书，第 27—28 页。

作为根本宗旨的，不仅是因为人民当家做主是社会主义民主政治的本质，不仅是因为以人为本是科学发展观的核心，而且因为是社会主义市场经济发展的基本要求。一般来说，市场经济均具有以下两个根本性特点：一是市场主体之间的权力是平等的；二是在市场主体之间通行等价交换的原则。这样，作为市场主体的一方（包括企业和居民等）向政府交税，作为市场主体的另一方（即政府）就需要为企业和居民等提供服务。

正是上述的社会主义市场经济条件下行政管理体制这两方面的特征，既揭示了这种体制改革的必要性，即伴随经济、政治体制改革的进行，这种行政管理体制也必须改革；又揭示了这项改革的两个基本方面的内容。一方面是改变计划经济体制下存在的政企、政资和政事不分，并主要依靠行政指令管理经济的管制型的行政管理体制；二是在实现政企、政资、政事和政府与中介组织分开的条件下，主要依靠经济、法律手段管理经济，建立服务型的行政管理体制。

改革以来，我国在建立服务型的行政管理体制方面已经取得重大进展。其突出表现有：一是很大范围内、在不同程度上实现了政企、政资、政事、政府与中介组织分开，大大减少了行政审批项目。2001 年 12 月"入世"以后，这两方面的改革进程进一步加快了。二是适应服务型政府要求的政府职责体系和公共服务体系有了很大发展。

但这两方面改革的任务都还没有真正全部完成。因此，党的"十七大"仍然提出："加快行政管理体制改革，建设服务型政府。"[①] 深化这项改革的两个最重要方面仍然是：第一，进一步推进计划经济体制遗留下的管理型行政管理体制改革，加快推进政企分开、政资分开、政事分开、政府与中介组织分开，减少和规范行政审批，减少政府对微观经济运行的干预。第二，继续推进服务型行政管理体制的建设，特别是需要着重健全政府职责体系，完善公共服务体系。

继续推进政府机构改革，也是当前深化政治体制改革的一项重要内容。

无论是在计划经济体制下，或是在社会主义市场经济体制下，政府机构都是政治体制赖以存在的组织基础。因此，要进行政治体制改革，就必须改革原来的计划经济体制下形成的政府机构。

事实上，改革以来，我国在 1982 年、1988 年、1993 年、1998 年和

---

① 《中国共产党第十七次全国代表大会文件汇编》，第 31 页，人民出版社 2007 年版。

2003 年先后相继进行了五次政府机构改革。由于各次改革面临的具体环境和条件不同，其任务、内容和实施结果也都有差别，并有诸多不足。但总的看来，是围绕建立社会主义市场经济体制这个目标进行的，对促进我国经济、政治体制改革和社会主义现代化建设起了积极作用。

但当前我国政府机构仍然存在诸多缺陷。主要是：政府职能转变不到位，某些方面的权力仍然过于集中，机构重叠、职能交叉、权责脱节和行政效率不高、行政成本高，以及缺乏有效的制约和监督等。显然，这种情况是不利于深化经济、政治体制改革和政府实现其经济职能。为此，第十一届全国人大一次会议依据党的"十七大"的精神提出了深化政府机构改革的任务。整体说来，这次政府机构改革要按照精简统一效能的原则和决策权、执行权、监督权既相互制约又相互协调的要求，紧紧围绕转变职能和理顺职责关系，探索实行职能有机统一的大部门体制，进一步规范机构设置，优化组织结构，完善行政运行机制。主要有四个方面的任务：一是深化国务院机构改革；二是推进地方政府机构改革；三是精简和规范各类议事协调机构及其办事机构；四是加快事业单位分类改革。此外，在深化机构改革的同时，必须严格机构编制管理，加快推进机构编制管理的法制化进程。

单就国务院的这次机构改革来说，其主要任务也要围绕转变政府职能和理顺部门职责关系，探索实行职能有机统一的大部门体制，合理配置宏观调控部门职能，加强能源环境管理机构，整合完善工业和信息化、交通运输行业管理体制，以改善民生为重点加强与整合社会管理和公共服务部门。具体说来，一是合理配置宏观调控部门（主要包括发展改革委员会、财政部和中国人民银行），形成科学权威的宏观调控体系；二是加强能源管理机构；三是组建工业和信息产业部，加快走新型工业化道路的步伐；四是组建交通运输部，加快形成综合运输体系；五是组建人力资源和社会保障部，完善就业和社会保障体系；六是组建环境保护部，加大环境保护力度；七是组建住房和城乡建设部；八是国家食品药品监督管理局改由卫生部管理，理顺食品药品监管体制。①

这次政府机构改革是在科学发展观指导下进行的，是在我国社会主义市场经济体制趋于完善和全面建设小康社会取得重大进展的条件下进行的，是在总结以往五次政府机构改革经验的基础上进行的，比较全面地体现了

---

① 参见《经济日报》2008 年 3 月 12 日第 2 版。

转轨时期政府经济职能的要求。可以预期：这次政府机构改革在促进我国政治经济改革和全面建设小康社会方面会产生巨大的积极作用。当然，像各种改革一样，这次政府机构改革也不可能做到尽善尽美，它将伴随实践的发展而不断地趋于完善。

建立公民监督、行政监督和司法监督相结合的监督体系，既是当前深化政治体制改革的又一个重要内容，也是它的一个必要条件。

实行公民监督，是实现以人民当家做主为根本特征的社会主义民主政治的题中应有之义。但这涉及众多方面，就当前的情况来看，以下几点值得注意。一是需要积极创造条件，适当地、有限度地扩大公民直接选举和罢免行政领导者的实施范围。同时还要进一步落实和健全各级人民代表大会对各级政府行政领导者的选举和罢免制度，并切实加强各级人大常委会对各级政府的监管。二是需要进一步实行政务公开，为公民实行监督创造必要先决条件。为此，除了有法律规定的涉及国家机密、商业经营秘密和个人隐私等以外，各级政府的行政活动均必须通过各种媒体及时公布，以便接受群众监督。三是要继续推行电子政务。但这里所说的电子政务，不是从技术层面上说的，即不是通过运用电子信息手段实现办公的自动化和网络化；而是从实现社会主义民主的政治局面说的，即通过运用电子信息手段，实现政府和民众在施政过程中的互动，并为公民监督提供技术手段。需要强调的是：这种技术手段在实施民众监督方面的广泛性、及时性和有效性等方面都是其他手段所无法比拟的。四是要创造更好的环境和条件，使各种新闻媒体能够依据民意强化其舆论监督的作用。就我国当前情况来看，在这方面还确实存在巨大的可以拓展的空间。

为了继续推行行政监督，在加强政府层级监督的同时，进一步发挥监察、财政、审计和统计等项专项监督的作用。还要完善和切实推行行政问责制、政府绩效考核制、述职述廉制度、民主评议制度、干部财产申报制度和离任审计制度等。对领导干部特别是主要领导干部，以及对那些易生腐败的领域（包括基本建设、金融、国有资产转让、国有土地使用权出让和干部任免制等）还要重点强化监管制度。

为了加强司法监督，当前除了要继续完善和执行相关的法律制度以外，需要切实做到从法制上保证检察机关和审判机关对行政行为独立公正地行使检察权和审判权。

第三，继续推进依法治国的基本方略。首先，应该强调：即使仅就实现政府经济职能来说，推进依法治国也是十分重要的。封建社会虽然也有一定的法律制度，但在这个以等级制为特征的社会，人治是其根本特点。与此根本不同，在市场经济条件下，市场主体都是平等的，因而需要有法律规范市场主体的行为。这样，市场经济就成为法治经济。但在新中国成立前长期存在过封建社会。这种社会留下的人治有深厚的影响，以致成为"文化大革命"的一个重要历史原因。改革以来，这种情况已经发生了重大变化。但也不能忽视这种历史影响的作用。而这种影响是有碍经济政治体制改革和政府实现转轨时期的经济职能的。这是其一。其二，建国后长期实行的计划经济，主要靠行政命令手段管理经济。这种管制型的行政管理其影响更深、更有碍于政府实现其经济职能。其三，经济发达国家实行以法治经济为重要特征的市场经济，已有两三百年的历史，在立法和司法等方面已经达到了相当完备的程度。而我国实行市场取向改革，只有近30年的时间，在立法和司法等方面的基础都较薄弱。所有这些情况都说明：必须继续推依法治国的基本方略，必须在实现政府经济职能方面加强法制。

诚然，改革以来，我国在这方面也已取得了重要进展。其主要表现有二：一是我国已经基本形成了中国特色社会主义法律体系。这个体系是以宪法为核心、法律为主干，由宪法及宪法相关法、民法商法、行政法、经济法、社会法、刑法、诉讼与非诉讼程序法七个法律部门和法律、行政法规、地方性法规三个层次规范的统一整体。① 这就为政府依法实现其经济职能提供了法律保障。二是在司法方面也已取得了重要进展。比如，在2003—2007年的五年间，司法部门在依法查办职务犯罪方面，共立案侦查贪污贿赂、渎职侵权犯罪案件179696件，209487人，比前五年分别下降13.2%和9.9%；除正在侦察、审查起诉和审判尚未终结的以外，已被判决有罪116627人，比前五年上升30.7%；2007年有罪判决数与立案数的比率比2003年提高了29.9个百分点。其中，在集中力量查办大案要案方面，立案侦查贪污受贿十万元以上、挪用公款百万元以上案件35255件，涉嫌犯罪的县处级以上国家工作人员13929人（其中厅局级930人，省部级以上35人）。大案、要案占立案的比例分别从2003年的46.8%和6.3%上升为2007年的58.3%和6.6%。完善境内外追逃追赃机制，对在逃的5724名职务犯罪嫌疑人已抓获4547名，追缴赃款赃物244.8亿多元。在依法平等保护各

① 参见《经济日报》2008年3月9日第13版。

类市场主体的合法权益方面，审结合同纠纷案件 1144 万件，同比上升 56.80%，诉讼标的额 23085 亿元，同比增长 5.59%。在保护职工和债权人的合法权益，防止国有资产流失方面，审结企业改制和破产案件 1.5 万件，同比下降 2.85%。通过审判活动防范和化解金融风险，审结借款合同、保险、证券、期货等金融纠纷案件 395 万件，同比上升 35.27%。积极推动证券公司综合治理工作，依法公正妥善审理 24 家证券公司破产案件。依法保护知识产权审结知识产权民事案件 6 万余件，同比上升 1.5 倍，诉讼标的额 133 亿元，同比增长 70.7%。其中，审结著作权侵权案件 2.5 万件，专利侵权案件 1.4 万件，商标侵权案件 9687 件，不正当竞争案件 6540 件，技术合同、植物新品种等其他知识产权案件 6259 件。① 这些数据从多方面说明，加大依法治国基本方略的实施力度，对于政府经济职能的实现，具有十分重要的意义。

当然，对这方面的严峻形势也必须有充分估计。比如，根据国务院法制办的网上问卷调查，对"所在地区依法行政现状总体评价"一题，选择"一般"的占 51.3%；对"本地区行政机关及其工作人员执法中存在的突出问题"一题，位居前列的回答是"执法不公"和"执法创收"，分别占到 69.4% 和 63.4%。② 这就说明：还需要从制度创新、队伍建设和财政投入等方面加大依法治国基本方略的实施力度，以保证政府经济职能的实现。

第四，改革政府干部管理制度，推行国家公务员法。历史表明：吏治从来都是关系社会经济发展的大事。中国古代，就有"为政在人"、"人和政兴"的古训。在社会主义社会的初级阶段亦复如此，在实现政府经济职能方面也不例外。新中国建立后，逐步建立了包括干部的吸收、录用、调配、培训、奖惩、工资、福利、退休、退职、军队转业干部的安置、大中专毕业生分配等一套比较完整的政府干部管理制度。这套制度在促进建国后的社会主义建设方面起过积极作用。

但这套适应计划经济体制要求的政府干部管理制度，并不适合市场取向改革的要求，不适合转轨时期政府实现其经济职能的要求。于是，1978 年以后，伴随经济改革的进展，也开始进行政府干部管理制度的改革。邓小平在 1980 年就提出了干部队伍的"革命化、年轻化、知识化、专业化"

---

① 《经济日报》2008 年 3 月 23 日第 2—3 版。
② 《中国剪报》2008 年 3 月 31 日第 1 版。

的四化标准。1982年党的"十二大"将这个标准作为社会主义建设新时期指导干部队伍建设的指导方针，并启动了干部制度改革的行程。主要是：建立正常的干部离退休制度，废除了领导职务实际上的终身制；改革干部的管理权限，打破干部制度高度集中管理的体制；在干部管理方式上，打破单一的委任制度，推行多种任用制度；改革工资制度，实行以职务工资为中心的结构工资制度；在党政机关和事业单位普遍建立单位责任制，并相应地建立起定期考核制度、奖惩制度和培训制度等。这些改革在促进经济改革和发展方面都起了积极作用。

但是，这些改革并不能适应经济、政治体制改革的要求。因为依据社会主义市场经济体制和社会主义民主政治的要求，我国政府干部管理制度改革的目标，是建设一支高素质的国家公务员队伍。1987年召开的党的"十三大"正式确定了这一目标[①]。1988年召开的七届人大一次会议进一步提出要抓紧建立和逐步实行国家公务员制度，要尽快制定《国家公务员条例》，研究制定《国家公务员法》[②]。经过多年实践经验的总结，1993年，国务院公布和实施了《国家公务员暂行条例》。又依据多年实施《国家公务员暂行条例》经验的总结，十届全国人大常委会于2005年4月通过了《中国人民共和国公务员法》，并于2006年1月施行。制定该法的目的，是为了规范公务员的管理，保障公务员的合法权益，加强对公务员的监督，建设高素质的公务员队伍，促进勤政廉政，提高工作效能。[③] 该法的公布实施，标志着作为我国政府干部管理制度改革目标的建设高素质的公务员队伍在法制建设方面已经完成。

但是，实施国家公务员法，当前仍面临着严峻的挑战。我国当前在这方面存在的问题较为突出。比如，在不同范围和程度上还存在着以权谋私、执法犯法等行政权力腐败和司法腐败，存在着买官卖官、行贿受贿等权力资本化，存在着乱收费、乱罚款、乱摊派等部门行业不正之风，存在着官僚主义等。所有这些都是实施国家公务员法的严重障碍。但为了实现经济、政治体制改革的要求以及转轨时期的政府经济职能，这又是必须着力予以解决的问题。

---

①　《中国共产党第十三次全国代表大会文件汇编》，第43页，人民出版社1987年版。

②　《中国经济年鉴》（1988），第2—37页，经济管理出版社。

③　《经济日报》2005年4月28日第15版。

附　表

1　国内生产总值

（当年价格）

单位：亿元

年份	国内生产总值（亿元）	第一产业	第二产业			第三产业	人均国内生产总值（元/人）
				工　业	建筑业		
1952	679.0	346.0	141.8	119.8	22.0	191.2	119.4
1953	824.2	381.4	192.5	163.5	29.0	250.3	141.8
1954	859.4	395.5	211.7	184.7	27.0	252.2	144.4
1955	910.8	424.8	222.2	191.2	31.0	263.8	149.6
1956	1029.0	447.9	280.7	224.7	56.0	300.4	165.6
1957	1069.3	433.9	317.0	271.0	46.0	318.4	167.8
1958	1308.2	449.9	483.5	414.5	69.0	374.8	200.3
1959	1440.4	387.2	615.5	538.5	77.0	437.6	216.3
1960	1457.5	343.8	648.2	568.2	80.0	465.5	218.5
1961	1220.9	445.1	388.9	362.1	26.8	387.0	184.9
1962	1151.2	457.2	359.3	325.4	33.9	334.8	172.9
1963	1236.4	502.0	407.6	365.6	42.0	326.8	181.2
1964	1455.5	564.0	513.5	461.1	52.4	378.0	208.4
1965	1717.2	656.9	602.2	546.5	55.7	458.1	240.1
1966	1873.1	708.5	709.5	648.6	60.9	455.1	254.7

年份	国内生产总值（亿元）	第一产业	第二产业	工　业	建筑业	第三产业	人均国内生产总值（元/人）
1967	1780.3	720.6	602.8	544.9	57.9	456.9	235.9
1968	1730.2	732.8	537.3	490.3	47.0	460.0	223.4
1969	1945.8	742.8	689.1	626.1	63.0	513.9	244.4
1970	2261.3	800.4	912.2	828.1	84.1	548.7	276.3
1971	2435.3	833.7	1022.8	926.6	96.2	578.7	289.5
1972	2530.2	834.8	1084.2	989.9	94.3	611.2	293.5
1973	2733.4	915.6	1173.0	1072.5	100.5	644.7	309.9
1974	2803.7	953.7	1192.0	1083.6	108.4	658.1	311.4
1975	3013.1	979.8	1370.5	1244.9	125.6	662.8	328.8
1976	2961.5	975.7	1337.2	1204.6	132.6	648.6	318.2
1977	3221.1	950.6	1509.1	1372.4	136.7	761.4	341.4
1978	3645.2	1027.5	1745.2	1607.0	138.2	872.5	381.2
1979	4062.6	1270.2	1913.5	1769.7	143.8	878.9	419.3
1980	4545.6	1371.6	2192.0	1996.5	195.5	982.0	463.3
1981	4891.6	1559.5	2255.5	2048.4	207.1	1076.6	492.2
1982	5323.4	1777.4	2383.0	2162.3	220.7	1163.0	527.8
1983	5962.7	1978.4	2646.2	2375.6	270.6	1338.1	582.7
1984	7208.1	2316.1	3105.7	2789.0	316.7	1786.3	695.2
1985	9016.0	2564.4	3866.6	3448.7	417.9	2585.0	857.8
1986	10275.2	2788.7	4492.7	3967.0	525.7	2993.8	963.2
1987	12058.6	3233.0	5251.6	4585.8	665.8	3574.0	1112.4
1988	15042.8	3865.4	6587.2	5777.2	810.0	4590.3	1365.5
1989	16992.3	4265.9	7278.0	6484.0	794.0	5448.4	1519.0
1990	18667.8	5062.0	7717.4	6858.0	859.4	5888.4	1644.5
1991	21781.5	5342.2	9102.2	8087.1	1015.1	7337.1	1892.8
1992	26923.5	5866.6	11699.5	10284.5	1415.0	9357.4	2311.1
1993	35333.9	6963.8	16454.4	14188.0	2266.5	11915.7	2998.4
1994	48197.9	9572.7	22445.4	19480.7	2964.7	16179.8	4044.0

续表

年份	国内生产 总值 （亿元）	第一产业	第二产业	工　业	建筑业	第三产业	人均国内 生产总值 （元/人）
1995	60793.7	12135.8	28679.5	24950.6	3728.8	19978.5	5045.7
1996	71176.6	14015.4	33835.0	29447.6	4387.4	23326.2	5845.9
1997	78973.0	14441.9	37543.0	32921.4	4621.6	26988.1	6420.2
1998	84402.3	14817.6	39004.2	34018.4	4985.8	30580.5	6796.0
1999	89677.1	14770.0	41033.6	35861.5	5172.1	33873.4	7158.5
2000	99214.6	14944.7	45555.9	40033.6	5522.3	38714.0	7857.7
2001	109655.2	15781.3	49512.3	43580.6	5931.7	44361.6	8621.7
2002	120332.7	16537.0	53896.8	47431.3	6465.5	49898.9	9398.1
2003	135822.8	17381.7	62436.3	54945.5	7490.8	56004.7	10542.0
2004	159878.3	21412.7	73904.3	65210.0	8694.3	64561.3	12335.6
2005	183867.9	23070.4	87364.6	77230.8	10133.8	73432.9	14103
2006	210871.0	24737.0	103162.0	91310.9	11851.1	82972.0	16084
2007	246619.0	28910.0	121381.0	107367.0	14014.0	96328.0	18665

资料来源：《中国国内生产总值核算历史资料（1952—2004）》和《中国统计年鉴》（2007），中国统计出版社；国家统计局网，2008 年 2 月 28 日。

2　国内生产总值构成

（当年价格）

单位:%

年份	国内生产 总值	第一产业	第二产业	工　业	建筑业	第三产业
1952	100.0	51.0	20.8	17.6	3.2	28.2
1953	100.0	46.3	23.3	19.8	3.5	30.4
1954	100.0	46.0	24.6	21.5	3.1	29.4
1955	100.0	46.6	24.4	21.0	3.4	29.0
1956	100.0	43.5	27.3	21.8	5.4	29.2

年份	国内生产总值	第一产业	第二产业			第三产业
				工　业	建筑业	
1957	100.0	40.6	29.6	25.3	4.3	29.8
1958	100.0	34.4	37.0	31.7	5.3	28.6
1959	100.0	26.9	42.7	37.4	5.3	30.4
1960	100.0	23.6	44.5	39.0	5.5	31.9
1961	100.0	36.4	31.9	29.7	2.2	31.7
1962	100.0	39.7	31.2	28.3	2.9	29.1
1963	100.0	40.6	33.0	29.6	3.4	26.4
1964	100.0	38.7	35.3	31.7	3.6	26.0
1965	100.0	38.3	35.0	31.8	3.2	26.7
1966	100.0	37.8	37.9	34.6	3.3	24.3
1967	100.0	40.5	33.9	30.6	3.3	25.6
1968	100.0	42.4	31.0	28.3	2.7	26.6
1969	100.0	38.2	35.4	32.2	3.2	26.4
1970	100.0	35.4	40.3	36.6	3.7	24.3
1971	100.0	34.2	42.0	38.0	4.0	23.8
1972	100.0	33.0	42.8	39.1	3.7	24.2
1973	100.0	33.5	42.9	39.2	3.7	23.6
1974	100.0	34.0	42.5	38.6	3.9	23.5
1975	100.0	32.5	45.5	41.3	4.2	22.0
1976	100.0	32.9	45.2	40.7	4.5	21.9
1977	100.0	29.5	46.9	42.6	4.2	23.6
1978	100.0	28.2	47.9	44.1	3.8	23.9
1979	100.0	31.3	47.1	43.6	3.5	21.6
1980	100.0	30.2	48.2	43.9	4.3	21.6
1981	100.0	31.9	46.1	41.9	4.2	22.0
1982	100.0	33.4	44.8	40.6	4.1	21.8
1983	100.0	33.2	44.4	39.9	4.5	22.4

续表

年份	国内生产总值	第一产业	第二产业	工 业	建筑业	第三产业
1984	100.0	32.1	43.1	38.7	4.4	24.8
1985	100.0	28.4	42.9	38.3	4.6	28.7
1986	100.0	27.2	43.7	38.6	5.1	29.1
1987	100.0	26.8	43.6	38.0	5.5	29.6
1988	100.0	25.7	43.8	38.4	5.4	30.5
1989	100.0	25.1	42.8	38.2	4.7	32.1
1990	100.0	27.1	41.3	36.7	4.6	31.6
1991	100.0	24.5	41.8	37.1	4.7	33.7
1992	100.0	21.8	43.4	38.2	5.3	34.8
1993	100.0	19.7	46.6	40.2	6.4	33.7
1994	100.0	19.8	46.6	40.4	6.2	33.6
1995	100.0	19.9	47.2	41.0	6.1	32.9
1996	100.0	19.7	47.5	41.4	6.2	32.8
1997	100.0	18.3	47.5	41.7	5.9	34.2
1998	100.0	17.6	46.2	40.3	5.9	36.2
1999	100.0	16.5	45.8	40.0	5.8	37.7
2000	100.0	15.1	45.9	40.4	5.6	39.0
2001	100.0	14.4	45.1	39.7	5.4	40.5
2002	100.0	13.7	44.8	39.4	5.4	41.5
2003	100.0	12.8	46.0	40.5	5.5	41.2
2004	100.0	13.4	46.2	40.8	5.4	40.4
2005	100.0	12.5	47.5	42.0	5.5	40.0
2006	100.0	11.7	48.9	43.3	5.6	39.4
2007	100.0	11.7	49.2	43.5	5.7	39.1

资料来源:《中国国内生产总值核算历史资料（1952—2004）》和《中国统计年鉴》（2007），中国统计出版社；国家统计局网，2008 年 2 月 28 日。

3　国内生产总值发展速度

（不变价格）

年份	国内生产总值	第一产业	第二产业	工　业	建筑业	第三产业	人均国内生产总值
1953	115.6	101.9	135.8	135.7	136.4	124.9	113.1
1954	104.2	101.7	115.7	119.3	96.7	99.6	101.8
1955	106.8	107.9	107.6	106.6	113.8	104.8	104.5
1956	115.0	104.7	134.5	128.6	170.0	113.3	112.7
1957	105.1	103.1	108.0	111.4	92.9	104.7	102.4
1958	121.3	100.4	152.9	153.4	150.0	118.1	118.3
1959	108.8	84.1	125.8	129.1	105.7	115.6	106.7
1960	99.7	83.6	105.6	106.1	101.4	105.0	99.5
1961	72.7	101.4	57.9	61.0	34.6	74.2	73.4
1962	94.4	104.5	89.2	86.7	123.8	90.7	93.6
1963	110.2	111.3	114.5	113.3	125.9	104.4	107.5
1964	118.3	112.9	125.6	125.6	125.6	115.5	115.5
1965	117.0	109.7	124.2	125.8	110.6	115.8	114.3
1966	110.7	107.2	122.4	123.8	109.4	98.1	107.7
1967	94.3	101.9	85.7	84.9	95.0	100.5	91.9
1968	95.9	98.4	90.8	91.8	81.1	100.7	93.4
1969	116.9	100.8	133.1	133.0	134.5	113.4	113.7
1970	119.4	107.7	134.8	135.2	130.4	107.1	116.1
1971	107.0	101.9	112.3	112.3	112.1	105.8	104.1
1972	103.8	99.1	106.7	107.6	97.9	105.1	101.2
1973	107.9	109.0	108.3	108.8	103.4	105.5	105.4
1974	102.3	104.1	101.4	101.0	106.2	101.5	100.2
1975	108.7	102.0	115.8	116.0	113.8	104.9	106.8
1976	98.4	98.2	97.5	96.9	104.3	100.4	96.9
1977	107.6	97.8	113.3	114.4	101.7	109.6	106.2
1978	111.7	104.1	115.0	116.4	99.4	113.8	110.2

续表

年份	国内生产总值	第一产业	第二产业			第三产业	人均国内生产总值
				工　业	建筑业		
1979	107.6	106.1	108.2	108.7	102.0	107.9	106.1
1980	107.8	98.5	113.6	112.7	126.7	106.0	106.5
1981	105.2	107.0	101.9	101.7	103.2	110.4	103.9
1982	109.1	111.5	105.6	105.8	103.4	113.0	107.5
1983	110.9	108.3	110.4	109.7	117.1	115.2	109.3
1984	115.2	112.9	114.5	114.9	110.9	119.3	113.7
1985	113.5	101.8	118.6	118.2	122.2	118.2	111.9
1986	108.8	103.3	110.2	109.6	115.9	112.0	107.2
1987	111.6	104.7	113.7	113.2	117.9	114.4	109.8
1988	111.3	102.5	114.5	115.3	108.0	113.2	109.5
1989	104.1	103.1	103.8	105.1	91.6	105.4	102.5
1990	103.8	107.3	103.2	103.4	101.2	102.3	102.3
1991	109.2	102.4	113.9	114.4	109.6	108.9	107.7
1992	114.2	104.7	121.2	121.2	121.0	112.4	112.8
1993	114.0	104.7	119.9	120.1	118.0	112.2	112.7
1994	113.1	104.0	118.4	118.9	113.7	111.1	111.8
1995	110.9	105.0	113.9	114.0	112.4	109.8	109.7
1996	110.0	105.1	112.1	112.5	108.5	109.4	108.9
1997	109.3	103.5	110.5	111.3	102.6	110.7	108.2
1998	107.8	103.5	108.9	108.9	109.0	108.4	106.8
1999	107.6	102.8	108.1	108.5	104.3	109.3	106.7
2000	108.4	102.4	109.4	109.8	105.7	109.7	107.6
2001	108.3	102.8	108.4	108.7	106.8	110.3	107.5
2002	109.1	102.9	109.8	110.0	108.8	110.4	108.4
2003	110.0	102.5	112.7	112.8	112.1	109.5	109.3
2004	110.1	106.3	111.1	111.5	108.1	110.1	109.4
2005	110.4	105.2	111.7	111.6	112.6	110.5	109.8
2006	111.1	105.0	113.0	112.9	113.7	110.8	110.5
2007	111.4	103.7	113.4	113.5	112.6	114.0	—

资料来源:《中国国内生产总值核算历史资料（1952—2004）》和《中国统计年鉴》（2007），中国统计出版社；国家统计局网，2008 年 2 月 28 日。

4 支出法国内生产总值及构成

（当年价格）

年份	国内生产总值 （亿元）	国内生产总值构成 （％）	最终消费支出	资本形成总额	货物和 服务净出口
1952	692.1	100.0	78.9	22.2	-1.1
1953	834.3	100.0	77.2	23.8	-1.0
1954	878.3	100.0	74.5	25.8	-0.3
1955	934.9	100.0	77.3	23.7	-1.0
1956	1034.2	100.0	74.7	24.9	0.4
1957	1101.9	100.0	74.1	25.4	0.5
1958	1291.1	100.0	66.0	33.5	0.5
1959	1451.4	100.0	56.6	42.8	0.6
1960	1508.0	100.0	61.8	38.1	0.1
1961	1275.1	100.0	78.0	21.5	0.5
1962	1176.4	100.0	83.8	15.1	1.1
1963	1293.1	100.0	78.4	20.5	1.1
1964	1441.8	100.0	74.8	24.3	0.9
1965	1629.2	100.0	71.1	28.4	0.5
1966	1827.2	100.0	68.5	31.2	0.3
1967	1707.7	100.0	74.7	24.9	0.4
1968	1708.7	100.0	74.3	25.3	0.4
1969	1857.7	100.0	73.2	26.2	0.6
1970	2206.9	100.0	66.1	33.8	0.1
1971	2392.5	100.0	65.1	34.2	0.7
1972	2453.8	100.0	67.0	32.2	0.8
1973	2669.6	100.0	65.6	33.8	0.6
1974	2738.8	100.0	66.1	34.2	-0.3
1975	2950.4	100.0	64.0	36.0	
1976	2968.4	100.0	66.3	33.4	0.3
1977	3166.0	100.0	65.0	34.7	0.3
1978	3605.6	100.0	62.1	38.2	-0.3

续表

年份	国内生产总值 （亿元）	国内生产总值构成 （%）	最终消费支出	资本形成总额	货物和 服务净出口
1979	4092.6	100.0	64.4	36.1	-0.5
1980	4592.9	100.0	65.5	34.8	-0.3
1981	5008.8	100.0	67.1	32.5	0.4
1982	5590.0	100.0	66.5	31.9	1.6
1983	6212.2	100.0	66.4	32.8	0.8
1984	7362.7	100.0	65.8	34.2	—
1985	9076.7	100.0	66.0	38.1	-4.1
1986	10508.5	100.0	64.9	37.5	-2.4
1987	12277.4	100.0	63.6	36.3	0.1
1988	15388.6	100.0	63.9	37.0	-0.9
1989	17311.3	100.0	64.5	36.6	-1.1
1990	19347.8	100.0	62.5	34.9	2.6
1991	22577.4	100.0	62.4	34.8	2.8
1992	27565.2	100.0	62.4	36.6	1.0
1993	36938.1	100.0	59.3	42.6	-1.9
1994	50217.4	100.0	58.2	40.5	1.3
1995	63216.9	100.0	58.1	40.3	1.6
1996	74163.6	100.0	59.2	38.8	2.0
1997	81658.5	100.0	59.0	36.7	4.3
1998	86531.5	100.0	59.6	36.2	4.2
1999	90964.1	100.0	61.2	36.2	2.6
2000	98749.0	100.0	62.3	35.3	2.4
2001	108972.4	100.0	61.4	36.5	2.1
2002	120350.3	100.0	59.6	37.9	2.5
2003	136398.8	100.0	56.8	41.0	2.2
2004	160280.4	100.0	54.3	43.2	2.5
2005	188692.1	100.0	51.8	42.7	5.5
2006	221170.5	100.0	49.9	42.5	7.6

资料来源：《中国国内生产总值核算历史资料（1952—2004）》和《中国统计年鉴》（2007），中国统计出版社。

5　最终消费支出总额及构成

（当年价格）

年份	最终消费支出（亿元）	最终消费支出＝100		居民消费支出＝100	
		居民消费支出	政府消费支出	农村居民	城镇居民
1952	546.3	82.9	17.1	68.9	31.1
1953	644.4	82.1	17.9	65.5	34.5
1954	654.1	84.1	15.9	66.0	34.0
1955	722.3	83.4	16.6	67.4	32.6
1956	772.6	83.7	16.3	64.0	36.0
1957	816.4	84.1	15.9	62.7	37.3
1958	852.6	84.9	15.1	62.7	37.3
1959	821.5	84.1	15.9	52.5	47.5
1960	932.6	79.5	20.5	49.9	50.1
1961	995.1	82.1	17.9	54.5	45.5
1962	985.7	85.1	14.9	58.0	42.0
1963	1014.3	83.2	16.8	60.8	39.2
1964	1078.6	82.5	17.5	63.3	36.7
1965	1158.6	82.1	17.9	63.9	36.1
1966	1251.3	81.6	18.4	65.1	34.9
1967	1275.7	84.8	15.2	65.7	34.3
1968	1269.1	84.8	15.2	65.4	34.6
1969	1359.4	83.0	17.0	65.7	34.3
1970	1459.7	82.7	17.3	66.5	33.5
1971	1557.9	81.0	19.0	66.8	33.2
1972	1644.3	81.1	18.9	64.8	35.2
1973	1751.3	81.8	18.2	65.4	34.6
1974	1809.6	81.1	18.9	65.1	34.9
1975	1887.4	81.0	19.0	64.6	35.4
1976	1969.5	80.7	19.3	63.7	36.3
1977	2057.8	80.1	19.9	62.0	38.0
1978	2239.1	78.6	21.4	62.1	37.9

续表

年份	最终消费支出（亿元）	最终消费支出 = 100		居民消费支出 = 100	
		居民消费支出	政府消费支出	农村居民	城镇居民
1979	2633.7	76.4	23.6	62.3	37.7
1980	3007.9	77.5	22.5	60.5	39.5
1981	3361.5	78.2	21.8	61.0	39.0
1982	3714.8	78.1	21.9	61.6	38.4
1983	4126.4	78.3	21.7	62.2	37.8
1984	4846.3	77.2	22.8	61.8	38.2
1985	5986.3	78.3	21.7	59.9	40.1
1986	6821.8	77.7	22.3	57.7	42.3
1987	7804.6	78.5	21.5	56.0	44.0
1988	9839.5	80.0	20.0	53.0	47.0
1989	11164.2	78.9	21.1	51.6	48.4
1990	12090.5	78.2	21.8	49.6	50.4
1991	14091.9	76.1	23.9	47.4	52.6
1992	17203.3	75.6	24.4	44.9	55.1
1993	21899.9	74.9	25.1	41.8	58.2
1994	29242.2	74.7	25.3	40.6	59.4
1995	36748.2	77.2	22.8	39.7	60.3
1996	43919.5	77.3	22.7	41.0	59.0
1997	48140.6	76.7	23.3	39.5	60.5
1998	51588.2	76.0	24.0	36.9	63.1
1999	55636.9	75.3	24.7	34.8	65.2
2000	61516.0	74.5	25.5	33.0	67.0
2001	66878.3	73.6	26.4	32.1	67.9
2002	71691.2	73.3	26.7	31.0	69.0
2003	77449.5	73.4	26.6	28.7	71.3
2004	87032.9	73.3	26.7	27.5	72.5
2005	97822.7	72.8	27.2	27.0	73.0
2006	110413.7	72.6	27.4	26.4	73.6

资料来源：《中国国内生产总值核算历史资料（1952—2004）》和《中国统计年鉴》（2007），中国统计出版社。

6 资本形成总额及构成

（当年价格）

年份	资本形成总额（亿元）			构成（资本形成总额＝100）	
		固定资本形成总额	存货增加	固定资本形成总额	存货增加
1952	153.7	80.7	73.0	52.5	47.5
1953	198.3	115.3	83.0	58.1	41.9
1954	226.9	140.9	86.0	62.1	37.9
1955	221.5	145.5	76.0	65.7	34.3
1956	257.6	219.6	38.0	85.2	14.8
1957	280.0	187.0	93.0	66.8	33.2
1958	432.0	333.0	99.0	77.1	22.9
1959	621.7	435.7	186.0	70.1	29.9
1960	575.0	473.0	102.0	82.3	17.7
1961	274.6	227.6	47.0	82.9	17.1
1962	178.1	175.1	3.0	98.3	1.7
1963	265.3	215.3	50.0	81.2	18.8
1964	350.3	290.3	60.0	82.9	17.1
1965	462.1	350.1	112.0	75.8	24.2
1966	569.8	406.8	163.0	71.4	28.6
1967	425.7	323.7	102.0	76.0	24.0
1968	432.2	300.2	132.0	69.5	30.5
1969	485.9	406.9	79.0	83.7	16.3
1970	744.9	545.9	199.0	73.3	26.7
1971	819.0	603.0	216.0	73.6	26.4
1972	791.1	622.1	169.0	78.6	21.4
1973	903.5	664.5	239.0	73.5	26.5
1974	936.1	748.1	188.0	79.9	20.1
1975	1062.3	880.3	182.0	82.9	17.1
1976	990.1	865.1	125.0	87.4	12.6
1977	1098.1	911.1	187.0	83.0	17.0
1978	1377.9	1073.9	304.0	77.9	22.1

续表

年份	资本形成总额（亿元）			构成（资本形成总额＝100）	
		固定资本形成总额	存货增加	固定资本形成总额	存货增加
1979	1478.9	1153.1	325.8	78.0	22.0
1980	1599.7	1322.4	277.3	82.7	17.3
1981	1630.2	1339.3	290.9	82.2	17.8
1982	1784.2	1503.2	281.0	84.3	15.7
1983	2039.0	1723.3	315.7	84.5	15.5
1984	2515.1	2147.0	368.1	85.4	14.6
1985	3457.5	2672.0	785.5	77.3	22.7
1986	3941.9	3139.7	802.2	79.6	20.4
1987	4462.0	3798.7	663.3	85.1	14.9
1988	5700.2	4701.9	998.3	82.5	17.5
1989	6332.7	4419.4	1913.3	69.8	30.2
1990	6747.0	4827.8	1919.2	71.6	28.4
1991	7868.0	6070.3	1797.7	77.2	22.8
1992	10086.3	8513.7	1572.6	84.4	15.6
1993	15717.7	13309.2	2408.5	84.7	15.3
1994	20341.1	17312.7	3028.4	85.1	14.9
1995	25470.1	20885.0	4585.1	82.0	18.0
1996	28784.9	24048.1	4736.8	83.5	16.5
1997	29968.0	25965.0	4003.0	86.6	13.4
1998	31314.2	28569.0	2745.2	91.2	8.8
1999	32951.5	30527.3	2424.2	92.6	7.4
2000	34842.8	33844.4	998.4	97.1	2.9
2001	39769.4	37754.5	2014.9	94.9	5.1
2002	45565.0	43632.1	1932.9	95.8	4.2
2003	55963.0	53490.7	2472.3	95.6	4.4
2004	69168.4	65117.7	4050.7	94.1	5.9
2005	80646.3	77304.8	3341.5	95.9	4.1
2006	94103.2	90150.8	3952.4	95.8	4.2

资料来源：《中国国内生产总值核算历史资料（1952—2004）》和《中国统计年鉴》（2007），中国统计出版社。

7　居民消费水平

（绝对数为当年价格，指数为可比价格）

| 年份 | 绝对数（元） | | | 城乡消费水平对比（农村居民 = 1） | 指数（上年 = 100） | | | 农村居民家庭恩格尔系数（％） | 城镇居民家庭恩格尔系数（％） | 城市人均建筑面积（平方米） | 农村人均住房面积（平方米） |
	全体居民	农村居民	城镇居民		全体居民	农村居民	城镇居民				
1978	184	138	405	2.9	104.1	104.3	103.3	67.7	57.5	6.7	8.1
1979	208	159	425	2.7	106.9	106.5	102.8	64.0	57.2	—	—
1980	238	178	489	2.7	109.0	108.4	107.2	61.8	56.9	7.2	9.4
1981	264	201	521	2.6	108.3	109.8	104.0	59.9	56.7	—	—
1982	288	223	536	2.4	106.8	109.1	100.7	60.7	58.7	—	—
1983	316	250	558	2.2	108.1	110.6	102.1	59.4	59.2	—	—
1984	361	287	618	2.2	112.0	112.9	107.9	59.2	58.0	—	—
1985	446	349	765	2.2	113.5	113.3	111.1	57.8	53.3	10.0	14.7
1986	497	378	872	2.3	104.7	102.3	106.7	56.4	52.4	12.4	15.3
1987	565	421	998	2.4	106.0	104.9	105.6	55.8	53.5	12.7	16.0
1988	714	509	1311	2.6	107.8	105.2	109.7	54.0	51.1	13.0	16.6
1989	788	549	1466	2.7	99.8	98.3	100.7	54.8	54.4	13.5	17.2
1990	833	560	1596	2.9	103.7	99.2	108.5	58.8	54.2	13.7	17.8
1991	932	602	1840	3.1	108.6	105.4	110.7	57.6	53.8	14.2	18.5
1992	1116	688	2262	3.3	113.3	108.5	116.1	57.6	52.9	14.8	18.9
1993	1393	805	2924	3.6	108.4	104.3	110.4	58.1	50.1	15.2	20.7
1994	1833	1038	3852	3.7	104.6	103.1	104.4	58.9	49.9	15.7	20.2
1995	2355	1313	4931	3.8	107.8	106.8	107.2	58.6	49.9	16.3	21.0
1996	2789	1626	5532	3.4	109.4	114.5	103.4	56.3	48.8	17.0	21.7
1997	3002	1722	5823	3.4	104.5	103.1	102.2	55.1	46.6	17.8	22.5
1998	3159	1730	6109	3.5	105.9	101.2	105.9	58.4	44.7	18.7	23.3
1999	3346	1766	6405	3.6	108.3	105.1	107.0	52.6	42.1	19.4	24.2
2000	3632	1860	6850	3.7	108.6	104.5	107.8	49.1	39.4	20.3	24.8
2001	3869	1969	7113	3.6	105.7	104.5	103.2	47.7	38.2	20.8	25.7
2002	4106	2062	7387	3.6	106.5	105.2	104.2	46.2	37.7	22.8	26.5

续表

年份	绝对数（元）			城乡消费水平对比（农村居民＝1）	指数（上年＝100）			农村居民家庭恩格尔系数（％）	城镇居民家庭恩格尔系数（％）	城市人均建筑面积（平方米）	农村人均住房面积（平方米）
	全体居民	农村居民	城镇居民		全体居民	农村居民	城镇居民				
2003	4411	2103	7901	3.8	106.5	100.3	106.3	45.6	37.1	23.7	27.2
2004	4925	2301	8679	3.8	107.4	103.4	106.4	47.2	37.7	25.0	27.9
2005	5463	2560	9410	3.7	107.9	107.6	105.7	45.5	36.7	26.1	29.7
2006	6111	2848	10359	3.6	109.3	108.6	107.6	43.0	35.8	27.0	30.7
2007	—	—	—	—	—	—	—	43.1	36.3	28.0	—

资料来源：《新中国五十年统计资料汇编》和《中国统计年鉴》（有关各年），中国统计出版社；《国家统计局网》2008 年 2 月 28 日；《中国建设报》2008 年 3 月 14 日第 1 版。

8 全国从业人员、失业率和社会劳动生产率

年份	从业人员（万人）	按三次产业分			职工人数（万人）	国有单位	城镇集体经济单位	城镇登记失业人员（万人）	城镇登记失业率（％）	社会劳动生产率（可比价，元/人）	社会劳动生产率增长率（上年＝100）
		第一产业	第二产业	第三产业							
1978	40152	28318	6945	4889	9499	7451	2048	530.0	5.3	907.9	—
1979	41024	28634	7214	5176	9967	7693	2274	567.6	5.4	956.1	105.3
1980	42361	29122	7707	5532	10444	8019	2425	541.5	4.9	998.1	104.4
1981	43725	29777	8013	5935	10940	8372	2568	439.5	3.8	1017.3	101.9
1982	45295	30859	8346	6090	11281	8630	2651	379.4	3.2	1071.4	105.3
1983	46436	31151	8679	6606	11515	8771	2744	271.4	2.3	1159.0	108.2
1984	48197	30868	9590	7739	11890	8637	3216	235.7	1.9	1286.3	111.0
1985	49873	31130	10384	8359	12358	8990	3324	238.5	1.8	1410.9	109.7
1986	51282	31254	11216	8812	12809	9333	3421	264.4	2.0	1492.9	105.8
1987	52783	31663	11726	9394	13214	9654	3488	276.6	2.0	1618.7	108.4
1988	54334	32249	12152	9933	13608	9984	3527	296.2	2.0	1750.2	108.1

续表

| 年份 | 从业人员（万人） | 按三次产业分 | | | 职工人数（万人） | 国有单位 | 城镇集体经济单位 | 城镇登记失业人员（万人） | 城镇登记失业率（%） | 社会劳动生产率（可比价，元/人） | 社会劳动生产率增长率（上年＝100） |
		第一产业	第二产业	第三产业							
1989	55329	33225	11976	10128	13742	10108	3502	377.9	2.6	1789.2	102.2
1990	63909	38428	13654	11827	14059	10346	3549	383.2	2.5	1587.0	88.7
1991	64799	38685	13867	12247	14508	10664	3628	252.2	2.3	1713.4	108.0
1992	65554	38349	14226	12979	14792	10889	3621	263.9	2.3	1937.1	113.1
1993	66373	37434	14868	14071	14849	10920	3393	420.1	2.6	2186.6	112.9
1994	67199	36489	15254	15456	14849	10890	3211	476.4	2.8	2449.4	112.0
1995	67947	35468	15628	16851	14908	10955	3076	519.6	2.9	2692.0	109.9
1996	68850	34769	16180	17901	14845	10949	2954	552.8	3.0	2923.2	108.6
1997	69600	34730	16495	18375	14668	10766	2817	576.8	3.1	3155.2	107.9
1998	69957	34838	16440	18679	12337	8809	1900	571.0	3.1	3362.0	106.6
1999	71394	35768	16421	19205	11773	8572	1712	575.0	3.1	3579.2	106.5
2000	71085	36043	16219	19823	11259	8100	1499	595.0	3.1	3842.6	107.4
2001	73025	36513	16284	20228	10729	7640	1291	681.0	3.6	4108.0	106.9
2002	73740	36870	15780	21090	10558	7163	1122	770.0	4.0	4438.4	108.0
2003	74432	36542	16079	21809	10492	6621	951	800.0	4.3	4836.8	109.0
2004	75200	35269	16920	23011	10576	6438	851	827.0	4.2	5270.9	109.0
2005	75825	33970	18084	23771	10850	6232	769	839.0	4.2	5771.1	109.5
2006	76400	32561	19225	26414	11713	6431	764	847.0	4.1	6363.5	110.3
2007	76990	—	—	—	—	—	—	—	4.0	—	—

资料来源：《新中国五十年统计资料汇编》和《中国统计年鉴》（有关各年），中国统计出版社；国家统计局网，2008 年 2 月 28 日。

9 全社会固定资产投资

（当年价格）

单位：亿元

年份	全社会投资	国有经济	集体经济	投资增长率（%）	投资率（%）	投资效果系数
1978	835.9	—	—	21.9	22.9	0.530
1979	874.2	—	—	4.6	21.5	0.478
1980	910.9	745.9	46.0	4.2	20.0	0.529
1981	961.0	667.5	115.2	5.5	19.6	0.361
1982	1230.4	845.6	174.3	28.0	23.1	0.350
1983	1430.1	952	156.3	16.2	24.0	0.448
1984	1832.9	1185.2	238.7	28.2	25.4	0.679
1985	2543.2	1680.5	327.5	38.8	28.2	0.711
1986	3120.6	2079.4	391.8	22.7	34.0	0.403
1987	3791.7	2448.8	547.0	21.5	31.4	0.470
1988	4753.8	3020.0	711.7	25.4	31.6	0.628
1988	4410.4	2808.1	570.0	-7.2	26.0	0.442
1990	4517.0	2986.3	529.5	2.4	24.2	0.371
1991	5594.5	3713.8	697.8	23.9	25.7	0.556
1992	8080.1	5498.7	1359.4	44.4	30.0	0.636
1993	13072.3	7925.9	2317.3	61.8	37.0	0.643
1994	17042.1	9615.0	2758.9	30.4	35.4	0.755
1995	20019.3	10898.2	3289.4	17.5	32.9	0.629
1996	22974.0	12006.2	3651.5	14.8	32.3	0.452
1997	24941.1	13091.7	3850.9	8.8	31.6	0.313
1998	28406.2	15369.3	4192.2	13.9	33.7	0.191
1999	29854.7	15947.8	4338.6	5.1	33.3	0.177
2000	32917.7	16504.4	4801.5	10.3	33.2	0.290
2001	37213.5	17607.0	5278.6	13.0	33.9	0.281
2002	43499.9	18877.4	5987.4	16.9	36.1	0.245

续表

年份	全社会投资	国有经济	集体经济	投资增长率（%）	投资率（%）	投资效果系数
2003	55566.6	21661.0	8009.5	27.7	40.9	0.279
2004	70073.0	25027.6	9965.7	26.6	43.8	0.341
2005	88773.6	29266.9	11969.6	26.0	48.3	0.270
2006	109998.2	32963.4	3604.1	23.9	52.2	0.245
2007	137239.0	—	—	24.8	—	0.260

注：①投资率＝固定资产投资额/国内生产总值。按当年价格计算。

　　②投资效果系数＝当年国内生产总值增量/当年固定资产投资额。按当年价格计算。

资料来源：《中国统计年鉴》（有关各年），中国统计出版社；国家统计局网，2008年2月28日。

10　价格指数

（上年＝100）

年份	国内生产总值矫正指数	居民消费价格指数	工业品出厂价格指数	原料、燃料、动力购进价格指数	固定资产投资价格指数
1978	101.3	100.7	100.1	—	—
1979	103.6	101.	101.5	—	—
1980	103.8	108.5	100.5	—	—
1981	102.3	102.5	100.2	—	—
1982	99.7	102.0	99.8	—	—
1983	101	102	99.9	—	—
1984	104.9	102.7	101.4	—	—
1985	110.2	109.3	108.7	118	109.5
1986	104.8	106.5	103.8	109.5	110
1987	105.2	107.3	107.9	111	108.4
1988	112	118.8	115	120.2	113.8
1989	108.5	118	118.6	126.4	112.1
1990	105.9	103.1	104.1	105.6	111.0
1991	106.9	103.4	106.2	109.1	109.5

续表

年份	国内生产总值矫正指数	居民消费价格指数	工业品出厂价格指数	原料、燃料、动力购进价格指数	固定资产投资价格指数
1992	108.2	106.4	106.8	111	115.3
1993	115.1	114.7	124	135.1	126.6
1994	120.6	124.1	119.5	118.2	110.4
1995	113.7	117.1	114.9	115.3	105.9
1996	106.5	108.3	102.9	103.9	104
1997	101.6	102.8	99.7	101.3	101.7
1998	99.2	99.2	95.9	95.8	99.8
1999	98.7	98.6	97.6	96.7	99.6
2000	101.6	100.4	102.8	105.1	101.1
2001	102	104.7	98.7	99.8	100.4
2002	100.5	99.2	97.8	97.7	100.2
2003	102.6	101.2	102.3	104.8	102
2004	106.9	103.9	106.1	111.4	105.6
2005	104.2	101.8	104.9	108.3	101.6
2006	103.2	101	103	106	101.5
2007	105.6	104.8	103.1	104.4	103.9

注：①国内生产总值矫正指数 = 名义国内生产总值/实际国内生产总值。

②1985 年以前为职工生活费用价格指数，1986—2007 年为居民消费价格指数。

资料来源：《中国国内生产总值核算历史资料》（1952—2004），《中国统计年鉴》（2007），中国统计出版社；《中国物价年鉴》（有关各年），中国物价出版社；国家统计局网，2008 年 2 月 28 日。

11 国际收支

单位：百万美元

年份	经常项目差额	资本和金融项目差额	误差与遗漏	储备资产增减额
1982	5674	338	279	−6291
1983	4240	−226	−266	3648

年份	经常项目差额	资本和金融项目差额	误差与遗漏	储备资产增减额
1984	2030	− 1003	− 932	− 95
1985	− 11417	8972	92	2353
1986	− 7034	5943	− 184	1275
1987	300	6002	− 1450	− 4852
1988	− 3802	7132	− 1094	− 2236
1989	− 4316	3720	− 17	613
1990	11996	3256	− 3126	− 12127
1991	13272	220	597	− 14089
1992	6402	− 250	− 8419	2267
1993	− 11902	23472	− 9803	− 1767
1994	7658	32644	− 9775	− 30527
1995	1618	38674	− 178.0	− 22481
1996	7242	39967	− 15559	− 31651
1997	29717	22959	− 16952	− 35724
1998	29324	6321	− 1283	− 34362
1999	15667	7642	− 14804	− 8505
2000	20519	1922	− 11893	− 10548
2001	17405	34775	− 4856	− 47325
2002	35422	32291	7794	− 75507
2003	45875	52726	18422	− 117023
2004	68659	110660	27045	− 206304
2005	160818	62964	16766	− 207016
2006	249866	10037	12877	− 247025

资料来源：《新中国五十年统计资料汇编》和《中国统计年鉴》（有关各年），中国统计出版社。

12 全国财政收支总额及增长速度

年份	财政收入（亿元）	财政支出（亿元）	收支差额（亿元）	指数（上年 = 100）	
				财政收入	财政支出
1978	1132.26	1122.09	10.17	129.5	133.0
1979	1146.38	1281.79	−135.41	101.2	114.2
1980	1159.93	1228.83	−68.90	101.2	95.9
1981	1175.79	1138.41	37.38	101.4	92.6
1982	1212.33	1229.98	−17.65	103.1	108.0
1983	1366.95	1409.52	−42.57	112.8	114.6
1984	1642.86	1701.02	−58.16	120.2	120.7
1985	2004.82	2004.25	0.57	122.0	117.8
1986	2122.01	2204.91	−82.90	105.8	110.0
1987	2199.35	2262.18	−62.83	103.6	102.6
1988	2357.24	2491.21	−133.97	107.2	110.1
1989	2664.90	2823.78	−158.88	113.1	113.3
1990	2937.10	3083.59	−146.49	110.2	109.2
1991	3149.48	3386.62	−237.14	107.2	109.8
1992	3483.37	3742.20	−253.83	110.6	110.5
1993	4348.95	4642.30	−293.35	124.8	124.1
1994	5218.10	5792.62	−574.52	120.0	124.8
1995	6242.20	6823.72	−581.52	119.6	117.8
1996	7407.99	7937.55	−529.56	118.7	116.3
1997	8651.14	9233.56	−582.42	116.8	116.3
1998	9875.95	10798.18	−922.23	114.2	116.9
1999	11444.1	13187.7	−1743.6	115.9	122.1
2000	13395.2	15886.5	−2491.3	117.0	120.5
2001	16386.0	18902.6	−2516.5	122.3	119.0
2002	18903.6	22053.2	−3149.5	115.4	116.7

续表

年份	财政收入 （亿元）	财政支出 （亿元）	收支差额 （亿元）	指数（上年＝100）	
				财政收入	财政支出
2003	21715.25	24649.95	－2934.7	114.9	111.8
2004	26394.47	28486.89	－2090.42	121.6	115.6
2005	31649.29	33930.28	－2280.99	119.9	119.1
2006	38760.20	40422.73	－2162.53	122.5	119.1
2007	51304.03	49565.40	——	132.4	122.6

注：①1985年及以前，价格补贴冲减财政收入，1985年以后改列财政支出。为统一口径，本表对1985年及以前数字做了调整。

②本表不包括国内外债务部分。

资料来源：《新中国五十年统计资料汇编》和《中国统计年鉴》（有关各年），中国统计出版社；国家统计局网，2008年2月28日。

13　全国金融机构信贷资金平衡表

（年末余额）

单位：亿元

年份	资金来源 总计	各项存款	城乡储蓄存款	货币流 通量	资金运用 总计	各项贷款	外汇占款
1978	1876.5	1134.5	154.9	212.0	1876.5	1850.0	14.3
1979	2162.6	1339.1	202.6	267.7	2162.6	2039.6	20.6
1980	2624.3	1661.2	282.5	346.2	2624.3	2414.3	－8.4
1981	3170.7	2027.4	354.2	396.3	3170.8	2860.2	89.7
1982	3618.4	2369.9	447.3	439.1	3618.4	3180.6	217.7
1983	4124.9	2788.6	572.6	529.8	4124.9	3589.9	266.1
1984	5370.3	3583.9	776.6	792.2	5370.3	4766.1	263.6
1985	6374.5	4264.9	1057.8	987.8	6374.5	5905.6	93.1
1986	8111.4	5354.7	1471.5	1218.4	8111.4	7590.8	38.1

续表

年份	资金来源总计	各项存款	城乡储蓄存款	货币流通量	资金运用总计	各项贷款	外汇占款
1987	9870.4	6517.0	2067.6	1454.5	9871.2	9032.5	132.1
1988	11485.3	7425.8	2659.2	2134.0	11485.3	10551.3	158.4
1989	15529.7	10786.2	5196.4	2344.0	15529.7	14360.1	264.5
1990	19377.0	14012.6	7119.8	2644.4	19377.0	17680.7	599.4
1991	23973.0	18079.0	9241.6	3177.8	23973.0	21337.8	1228.1
1992	29106.6	23468.0	11758.0	4336.0	29106.6	26322.9	1102.0
1993	37056.4	29627.0	15203.5	5864.7	37056.4	32943.1	1431.8
1994	49558.4	40502.6	21518.8	7288.6	49558.4	39976.0	4503.9
1995	64221.7	53882.1	29662.3	7885.3	64221.7	50544.1	6774.5
1996	79033.7	68595.6	38520.8	8802.0	79033.7	61156.6	9578.7
1997	95008.1	82390.3	46279.8	10177.6	95008.1	74914.1	13467.8
1998	110420.5	95697.9	53407.5	11204.2	110420.5	86524.1	13728.3
1999	123230.6	108778.9	59621.8	13455.5	123320.0	93734.3	14792.4
2000	135483.7	125804.4	64332.4	14652.7	135483.7	99371.1	14291.1
2001	154876.1	143617.2	73762.4	15688.8	154876.1	112314.7	17856.4
2002	184024.5	170917.4	86910.7	17278.0	184024.5	131293.9	23223.3
2003	225313.3	208055.6	103617.7	19746.0	225313.3	158996.2	34846.9
2004	262740.0	241424.3	119555.4	21468.3	262740.0	178197.8	52591.0
2005	302042.8	287169.5	141051.0	24031.7	302042.8	194690.4	71211.1
2006	365230.1	335459.8	161587.3	27072.6	365230.1	225347.2	98980.3

注：①金融机构包括人民银行、政策性银行、国有独资商业银行、邮政储蓄机构、其他商业银行、城市合作银行、农村信用社、城市信用社、信托投资公司、租赁公司、财务公司。

②1989 年以前为国家银行数字，1989 年起为金融机构数字。

资料来源：《新中国五十年统计资料汇编》和《中国统计年鉴》（有关各年），中国统计出版社。

14 货币供应量和增长率

一、货币供应量（年底余额）

单位：亿元

年份	货币和准货币（M2）	货币（M1）	流通中现金（M0）	活期存款	准货币	定期存款	储蓄存款	其他存款
1990	15293.4	6950.7	2644.4	4306.3	8342.7	—	—	—
1991	19349.9	8633.3	3177.8	5455.5	10716.6	—	—	—
1992	25402.2	11731.5	4336.0	7395.2	13670.7	—	—	—
1993	34879.8	16280.4	5864.7	10415.7	18599.4	1247.9	15203.5	2148.0
1994	46923.5	20540.7	7288.6	13252.1	26382.8	1943.1	21518.4	2921.3
1995	60750.5	23987.1	7885.3	16101.8	36763.4	3324.2	29662.2	3777.0
1996	76094.9	28514.8	8802.0	19712.8	47580.1	5041.9	38520.8	4017.4
1997	90995.3	34826.3	10177.6	24648.7	56169.0	6738.5	46279.8	3150.7
1998	104498.5	38953.7	11204.2	27749.5	65544.9	8301.9	53407.5	3835.5
1999	119897.9	45837.3	13455.5	32381.8	74060.6	9476.8	59621.8	4962.0
2000	134610.4	53147.2	14652.7	38494.5	81463.2	11261.1	64332.4	5869.7
2001	158301.9	59871.6	15688.8	44182.8	98430.3	14180.1	73762.4	10487.8
2002	185007.0	70881.8	17278.0	53603.8	114125.2	16433.8	86910.7	10780.7
2003	221222.8	84118.6	19746.0	64372.6	137104.3	20940.4	103617.7	12546.2
2004	254107.0	95969.7	21468.3	74501.4	158137.2	25382.2	119555.4	13199.7
2005	298755.7	107278.7	24031.7	83247.1	191476.9	33100.0	141051.0	17325.9
2006	345603.6	126035.1	27072.6	98962.5	219568.5	38732.1	161587.3	19249.1
2007	43000.0	153000.0	30000.0	—	—	—	—	—

二、货币供应量同比增长率

单位:%

年份	货币和准货币（M2）	货币（M1）	流通中现金（M0）	活期存款	准货币	定期存款	储蓄存款	其他存款
1991	26.5	24.2	20.2	26.7	28.5	—	—	—
1992	31.3	35.9	36.4	35.6	27.6	—	—	—
1993	—	—	—	—	—	—	—	—
1994	34.5	26.2	24.3	27.2	41.8	55.7	41.5	36.0
1995	29.5	16.8	8.2	21.5	39.3	71.1	37.9	29.3
1996	25.3	18.9	11.6	22.4	29.4	51.7	29.9	6.4
1997	19.6	22.1	15.6	25.0	18.1	33.7	20.1	-21.6
1998	14.8	11.9	10.1	12.6	16.7	23.2	15.4	21.7
1999	14.7	17.7	20.1	16.7	13.0	14.2	11.6	29.4
2000	12.3	16.0	8.9	18.9	10.0	18.8	7.9	18.3
2001	17.6	12.7	7.1	14.8	15.5	25.9	14.7	9.1
2002	16.8	16.8	10.1	19.2	16.8	21.8	17.8	2.8
2003	19.6	18.7	14.3	20.1	20.1	27.4	19.2	16.4
2004	14.7	13.6	8.7	15.1	15.3	21.2	15.4	5.2
2005	17.6	11.8	11.9	11.7	21.1	30.4	18.0	31.3
2006	17.0	17.5	12.7	18.9	16.7	17.2	14.6	36.3
2007	16.7	21.1	12.2	—	—	—	—	—

注：①同比增长率按可比口径计算。因 1992 年以前口径与 1993 年口径不一致，故 1993 年未计算增长率。

②2001 年 6 月起，已将证券公司客户保证金计入货币供应量（M2），含在其他存款内。

③1997 年年初，中国人民银行对金融统计制度进行了调整，因此自 1997 年起的数据与历史数据不完全可比。

资料来源：《中国统计年鉴》（2007），中国统计出版社；国家统计局网，2008 年 2 月 28 日。

15　全国农林牧渔业总产值、构成和指数

年份	农林牧渔业总产值（亿元）					构成（总产值＝100）				农林牧渔业总产值指数（上年＝100）				
	总产值	农业	林业	牧业	渔业	农业	林业	牧业	渔业	总产值	农业	林业	牧业	渔业
1978	1397.00	1117.50	48.06	209.37	22.07	80.0	3.4	15.0	1.6	94.9	109.8	105.5	104.9	100.0
1979	1697.60	1325.30	60.70	285.60	26.00	78.1	3.6	16.8	1.5	107.6	106.7	101.3	114.6	96.6
1980	1922.00	1454.14	81.38	353.63	32.85	75.7	4.2	18.4	1.7	101.4	99.7	112.2	107.0	107.6
1981	2080.62	1635.87	98.89	302.17	43.69	78.6	4.8	14.5	2.1	106.5	106.8	104.1	105.9	104.4
1982	2483.26	1865.30	110.04	456.70	51.22	75.1	4.4	18.4	2.1	111.3	110.9	108.5	113.4	112.3
1983	2750.00	2074.47	127.20	485.11	63.22	75.4	4.6	17.6	2.3	107.8	108.5	110.2	103.9	108.6
1984	3214.13	2380.15	161.61	587.32	85.05	74.1	5.0	18.3	2.6	112.3	111.5	119.0	113.4	117.6
1985	3619.49	2506.39	188.68	798.31	126.11	69.2	5.2	22.1	3.5	103.4	99.8	104.5	117.2	118.9
1986	4013.01	2771.75	201.19	875.71	164.36	69.1	5.0	21.8	4.1	103.4	102.7	96.4	105.6	120.6
1987	4675.70	3160.49	221.98	1068.37	224.86	67.6	4.7	22.8	4.8	105.8	106.4	99.7	103.2	118.1
1988	5865.27	3666.89	275.30	1600.61	322.47	62.5	4.7	27.3	5.5	103.9	101.3	102.3	112.6	111.6
1989	6534.73	4100.58	284.92	1800.38	348.85	62.8	4.4	27.6	5.3	103.1	102.5	100.4	105.5	107.2
1990	7662.09	4954.26	330.27	1967.00	410.56	64.7	4.3	25.7	5.4	107.6	108.0	103.1	107.0	110.0
1991	8157.03	5146.43	367.90	2159.22	483.48	63.1	4.5	26.5	5.9	103.7	101.0	108.0	108.8	107.6
1992	9084.71	5588.02	422.61	2460.52	613.56	61.5	4.7	27.1	6.8	106.2	104.2	107.7	108.8	115.3
1993	10995.53	6605.14	494.00	3014.40	881.99	60.1	4.5	27.4	8.0	108.0	105.2	108.0	110.8	118.3
1994	15750.47	9169.22	611.07	4671.99	1298.19	58.2	3.9	29.7	8.2	108.6	103.2	108.9	116.7	120.0
1995	20340.86	11884.63	709.94	6044.98	1701.31	58.4	3.5	29.7	8.4	110.9	107.9	105.0	114.8	119.4
1996	22358.16	13539.75	778.01	6019.97	2020.43	60.6	3.5	26.9	9.0	109.4	107.8	105.7	111.4	114.0
1997	23764.01	13852.54	817.76	6811.01	2282.70	58.3	3.4	28.7	9.6	106.6	104.5	103.3	109.5	111.5
1998	24516.67	14241.88	851.26	7000.65	2422.88	58.1	3.4	28.6	9.9	106.0	104.9	102.9	107.4	108.8
1999	24519.1	14106.2	886.3	6997.6	2529.0	57.5	3.6	28.5	10.4	104.6	104.3	103.2	104.6	107.2
2000	24915.8	13873.6	936.5	7393.1	2712.6	55.7	3.7	29.6	11.0	103.6	101.4	105.4	104.6	106.6
2001	26179.6	14462.8	938.8	7963.1	2815.0	55.2	3.6	30.4	10.8	104.2	103.5	100.3	106.3	103.9
2002	27390.8	14931.5	1033.5	8454.6	2971.1	54.5	3.7	30.8	11.0	104.9	103.9	103.9	106.0	106.1
2003	29691.8	14870.1	1239.9	9538.8	3137.6	50.1	4.1	32.1	13.7	103.9	100.5	106.9	107.3	105.3

续表

年份	农林牧渔业总产值（亿元）					构成（总产值＝100）				农林牧渔业总产值指数（上年＝100）				
	总产值	农业	林业	牧业	渔业	农业	林业	牧业	渔业	总产值	农业	林业	牧业	渔业
2004	36239.0	18138.4	1327.1	12173.8	3605.6	50.1	3.7	33.6	12.6	107.5	108.5	102.0	107.3	106.0
2005	39450.9	19613.4	1425.5	13310.8	4016.1	49.7	3.6	33.7	13.0	105.7	104.1	103.2	107.8	106.5
2006	42424.4	21549.1	1602.0	13640.2	4433.0	50.8	3.8	32.2	13.2	105.4	105.4	105.6	105.0	106.0

资料来源：《新中国五十年统计资料汇编》和《中国统计年鉴》（有关各年），中国统计出版社。

16 全国工业企业单位数和工业总产值

年份	工业总产值（亿元）	工业总产值指数（上年＝100）	工业总产值所有制构成（总产值＝100）		工业总产值产业构成（总产值的＝100）	
			国有工业	集体工业	轻工业	重工业
1978	4237.0	113.6	77.6	22.4	43.1	56.9
1979	4681.3	108.8	78.5	21.5	43.7	56.3
1980	5154.3	109.3	76.0	23.5	47.2	52.8
1981	5399.8	104.3	74.8	24.6	51.5	48.5
1982	5811.2	107.8	74.4	24.8	50.2	49.8
1983	6460.4	111.2	73.4	25.7	48.5	51.5
1984	7617.3	116.3	69.1	29.7	47.4	52.6
1985	9716.5	121.4	64.9	32.1	47.1	52.9
1986	11194.3	111.7	62.3	33.5	47.6	52.4
1987	13813.0	117.7	59.7	34.6	48.2	51.8
1988	18224.6	120.8	56.8	36.1	49.3	50.7
1989	22017.1	108.5	56.1	35.7	48.9	51.1
1990	23924.4	107.9	54.6	35.6	49.4	50.6
1991	26625.0	114.8	56.2	33.0	48.4	51.6
1992	34599.0	124.7	51.5	35.1	46.6	53.4
1993	484020	127.3	57.3	34.0	46.5	53.5

续表

年份	工业总产值（亿元）	工业总产值指数（上年＝100）	工业总产值所有制构成（总产值＝100）		工业总产值产业构成（总产值的＝100）	
			国有工业	集体工业	轻工业	重工业
1994	70176.0	124.2	37.3	37.7	46.3	53.7
1995	91894.0	120.3	34.0	36.6	47.3	52.7
1996	99595.4	116.6	36.3	39.4	48.1	51.9
1997	113733.0	113.1	31.6	38.1	49.0	51.0
1998	119048.2	110.8	28.2	38.4	49.3	50.7
1999	72707.0	112.5	48.9	17.1	41.9	48.1
2000	85673.6	116.8	47.3	13.8	39.8	60.2
2001	95448.9	114.6	44.4	10.5	39.4	60.6
2002	110776.4	118.2	40.7	8.6	39.1	60.9
2003	142271.2	125.5	37.5	6.6	35.5	64.5
2004	187220.7	131.6	35.2	5.6	33.3	66.5
2005	251619.5	124.7	33.3	3.4	31.3	68.7
2006	316588.9	125.8	39.3	3.1	29.9	70.1

注：①1996年及以后年份为国有工业为国有及国有控股企业。

②从1999年起为全部国有及规模以上非国有企业。

资料来源：《新中国五十年统计资料汇编》和《中国统计年鉴》（有关各年），中国统计出版社。

17　建筑业企业概况

年　份	总　计	国有企业	集体企业	港澳台商投资企业	外商投资企业	其　他
企业单位数（个）						
1980	6604	1996	4608	—	—	—
1985	11150	3385	7765	—	—	—
1990	13327	4275	9052	—	—	—
1995	24133	7531	15348	329	312	613
1996	41364	9109	29044	417	388	2406
1997	44017	9650	29872	491	454	3550

年　份	总　计	国有企业	集体企业	港澳台商投资企业	外商投资企业	其　他
企业单位数（个）						
1998	45634	9458	28410	629	337	6800
1999	47234	9394	27197	664	341	9638
2000	47518	9030	24756	635	319	12778
2001	45893	8264	19096	622	274	17637
2002	47820	7536	13177	632	279	26196
2003	48688	6638	10425	535	287	30803
2004	59018	6513	8959	511	386	42649
2005	58750	6007	8090	516	388	43749
2006	60166	5555	7051	479	370	46711
从业人员（万人）						
1980	648.0	481.8	166.2	—	—	—
1985	911.5	576.7	334.8	—	—	—
1990	1010.7	621.0	389.7	—	—	—
1995	1497.9	824.3	631.9	5.0	5.4	31.3
1996	2121.9	855.9	1171.4	8.7	8.6	77.3
1997	2101.5	828.6	1148.2	8.2	9.6	106.9
1998	2030.0	738.4	1057.3	9.3	5.1	219.9
1999	2020.1	690.6	993.1	11.5	6.1	318.9
2000	1994.3	635.6	887.5	8.2	4.4	458.6
2001	2110.7	590.7	739.9	7.7	4.3	768.1
2002	2245.2	543.8	579.2	7.4	4.5	1110.4
2003	2414.3	524.3	505.6	7.0	6.0	1371.3
2004	2500.3	467.4	386.4	6.8	8.1	1631.6
2005	2699.9	480.0	361.6	8.6	10.8	1838.9
2006	2878.2	467.6	332.0	8.9	8.1	2061.6
建筑业总产值(亿元)						
1980	286.93	220.90	66.03	—	—	—
1985	675.10	474.51	200.59	—	—	—
1990	1345.01	935.19	409.82	—	—	—

续表

年　份	总　计	国有企业	集体企业	港澳台商投资企业	外商投资企业	其　他
建筑业总产值（亿元）						
1995	5793.75	3670.25	1899.47	33.60	33.19	157.24
1996	8282.25	4160.21	3695.68	46.85	50.51	329.00
1997	9126.48	4526.52	3925.81	63.72	70.49	539.94
1998	10061.99	4571.44	4012.01	91.94	62.52	1324.08
1999	11152.86	4861.38	4081.79	91.97	64.43	2053.29
2000	12497.60	5053.79	4035.84	99.18	67.49	3241.30
2001	15361.56	5362.81	3775.89	102.55	73.06	6047.25
2002	18527.18	5582.86	3338.50	113.87	91.38	9400.57
2003	23083.87	6060.23	3270.73	123.71	129.39	13499.81
2004	29021.45	7325.61	2756.12	137.03	202.46	18600.23
2005	34552.10	8432.03	2815.20	172.54	249.03	22883.30
2006	41557.16	9218.56	2904.48	240.52	274.87	28918.73

注：①本表1980—1992年数据为全民和集体所有制建筑业企业数据；1993—1995年数据为各种经济成分的建制镇以上建筑业企业数据；1996—2001年数据为资质等级四级及四级以上建筑业企业数据；2002年及以后数据为所有具有资质等级的施工总承包、专业承包建筑业企业（不含劳务分包建筑业企业）数据，与以前各年不可比。

②从业人员数1993—1997年为年平均人数。

资料来源：《中国统计年鉴》（有关各年），中国统计出版社。

18　第三产业增加值

（当年价格）

单位：亿元

年　份	第三产业	交通运输、仓储和邮政业	批发和零售业	住宿和餐饮业	金融业	房地产业	其　他
1978	872.5	182.0	242.3	44.6	68.2	79.9	255.6
1979	878.9	193.7	200.9	44.0	66.9	86.3	287.1

续表

年 份	第三产业	交通运输、仓储和邮政业	批发和零售业	住宿和餐饮业	金融业	房地产业	其 他
1980	982.0	213.4	193.8	47.4	75.0	96.4	356.0
1981	1076.6	220.7	231.1	54.1	79.8	99.9	390.9
1982	1163.0	246.9	171.4	62.3	114.8	110.8	456.8
1983	1338.1	274.9	198.7	72.5	149.0	121.8	521.2
1984	1786.3	338.5	363.5	96.8	203.9	162.3	621.2
1985	2585.0	421.7	802.4	138.3	259.9	215.2	747.5
1986	2993.8	498.8	852.6	163.2	356.4	298.1	824.6
1987	3574.0	568.3	1059.6	187.1	450.0	382.6	926.3
1988	4590.3	685.7	1483.4	241.4	585.4	473.8	1120.6
1989	5448.4	812.7	1536.2	277.4	964.3	566.2	1291.6
1990	5888.4	1167.0	1268.9	301.9	1017.5	662.2	1470.9
1991	7337.1	1420.3	1834.6	442.3	1056.3	763.7	1819.9
1992	9357.4	1689.0	2405.0	584.6	1306.2	1101.3	2271.3
1993	11915.7	2174.0	2816.6	712.1	1669.7	1379.6	3163.7
1994	16179.8	2787.9	3773.4	1008.5	2234.8	1909.3	4465.8
1995	19978.5	3244.3	4778.6	1200.1	2798.5	2354.0	5602.9
1996	23326.2	3782.2	5599.7	1336.8	3211.7	2617.6	6778.3
1997	26988.1	4148.6	6327.4	1561.3	3606.8	2921.1	8423.0
1998	30580.5	4660.9	6913.2	1786.9	3697.7	3434.5	10087.3
1999	33873.4	5175.2	7491.1	1941.2	3816.5	3681.8	11767.7
2000	38714.0	6161.0	8158.6	2146.3	4086.7	4149.1	14012.4
2001	44361.6	6870.3	9119.4	2400.1	4353.5	4715.1	16903.3
2002	49898.9	7492.9	9995.4	2724.8	4612.8	5346.4	19726.7
2003	56004.7	7913.2	11169.5	3126.1	4989.4	6172.7	22633.9
2004	64561.3	9304.4	12453.8	3665.0	5393.0	7174.0	26571.0
2005	73432.9	10835.7	13534.5	4193.4	6307.2	8243.8	30318.1
2006	82972.0	12032.4	15158.4	4833.0	7586.6	9483.9	33877.7

资料来源:《中国统计年鉴》(2007),中国统计出版社。

19 第三产业增加值构成

（当年价格）

单位:%

年 份	第三产业	交通运输、仓储和邮政业	批发和零售业	住宿和餐饮业	金融业	房地产业	其 他
1978	100.0	20.9	27.8	5.1	7.8	9.2	29.3
1979	100.0	22.0	22.9	5.0	7.6	9.8	32.7
1980	100.0	21.7	19.7	4.8	7.6	9.8	36.3
1981	100.0	20.5	21.5	5.0	7.4	9.3	36.3
1982	100.0	21.2	14.7	5.4	9.9	9.5	39.3
1983	100.0	20.5	14.8	5.4	11.1	9.1	38.9
1984	100.0	19.0	20.3	5.4	11.4	9.1	34.8
1985	100.0	16.3	31.0	5.3	10.1	8.3	28.9
1986	100.0	16.7	28.5	5.5	11.9	10.0	27.5
1987	100.0	15.9	29.6	5.2	12.6	10.7	25.9
1988	100.0	14.9	32.3	5.3	12.8	10.3	24.4
1989	100.0	14.9	28.2	5.1	17.7	10.4	23.7
1990	100.0	19.8	21.5	5.1	17.3	11.2	25.0
1991	100.0	19.4	25.0	6.0	14.4	10.4	24.8
1992	100.0	18.0	25.7	6.2	14.0	11.8	24.3
1993	100.0	18.2	23.6	6.0	14.0	11.6	26.6
1994	100.0	17.2	23.3	6.2	13.8	11.8	27.6
1995	100.0	16.2	23.9	6.0	14.0	11.8	28.0
1996	100.0	16.2	24.0	5.7	13.8	11.2	29.1
1997	100.0	15.4	23.4	5.8	13.4	10.8	31.2
1998	100.0	15.2	22.6	5.8	12.1	11.2	33.0
1999	100.0	15.3	22.1	5.7	11.3	10.9	34.7
2000	100.0	15.9	21.1	5.5	10.6	10.7	36.2
2001	100.0	15.5	20.6	5.4	9.8	10.6	38.1
2002	100.0	15.0	20.0	5.5	9.2	10.7	39.5
2003	100.0	14.1	19.9	5.6	8.9	11.0	40.4
2004	100.0	14.4	19.3	5.7	8.4	11.1	41.2
2005	100.0	14.8	18.4	5.7	8.6	11.2	41.3
2006	100.0	14.5	18.3	5.8	9.1	11.4	40.8

资料来源:《中国统计年鉴》(2007)，中国统计出版社。

20 第三产业增加值指数

（可比价格）

上年 = 100

年份	第三产业	交通运输、仓储和邮政业	批发和零售业	住宿和餐饮业	金融业	房地产业	其他
1978	113.8	108.9	123.1	118.1	109.8	105.7	111.0
1979	107.9	108.3	108.7	111.1	97.2	104.1	110.1
1980	106.0	104.3	98.1	103.9	106.6	107.9	115.1
1981	110.4	101.9	129.5	117.5	104.3	96.5	107.6
1982	113.0	111.4	99.3	131.6	144.6	109.1	113.6
1983	115.2	109.5	121.2	119.4	127.0	105.2	112.0
1984	119.3	114.9	124.7	108.1	131.1	127.7	115.5
1985	118.2	113.8	133.5	106.3	116.9	125.0	111.7
1986	112.0	113.9	109.4	115.6	131.6	125.9	103.0
1987	114.4	109.6	114.7	109.7	123.3	129.3	110.4
1988	113.2	112.5	111.8	125.1	119.5	112.7	109.4
1989	105.4	104.2	89.3	109.9	125.9	115.9	104.9
1990	102.3	108.3	94.7	103.5	101.9	106.2	103.7
1991	108.9	110.6	105.2	108.2	102.3	112.0	115.7
1992	112.4	110.1	110.5	127.0	108.0	134.7	111.5
1993	112.2	112.5	108.6	108.2	110.9	110.8	116.9
1994	111.1	108.5	108.2	127.1	109.4	112.0	112.7
1995	109.8	111.0	108.2	110.2	108.5	112.4	110.3
1996	109.4	111.0	107.6	106.8	107.5	104.0	112.7
1997	110.7	109.2	108.8	110.9	108.5	104.1	115.9
1998	108.4	110.6	106.5	111.1	104.9	107.7	109.7
1999	109.3	112.2	108.7	107.7	104.8	105.9	111.4
2000	109.7	108.6	109.4	109.3	106.5	107.1	113.0
2001	110.3	108.8	109.1	107.6	106.4	111.0	112.9
2002	110.4	107.1	108.8	112.1	106.9	109.9	113.6
2003	109.5	106.1	109.9	112.4	107.0	109.8	110.8

年份	第三产业	交通运输、仓储和邮政业	批发和零售业	住宿和餐饮业	金融业	房地产业	其他
2004	110.1	114.5	106.6	112.3	103.7	105.9	112.6
2005	110.5	111.3	107.8	112.3	114.1	108.7	111.0
2006	110.8	108.3	110.9	113.6	118.5	109.1	110.0

资料来源：《中国统计年鉴》（2007），中国统计出版社。

21　政府定价、指导价和市场调节价的比重

单位：%

年份	社会商品零售总额			农副产品收购总额			生产资料销售总额		
	政府定价	政府指导价	市场调节价	政府定价	政府指导价	市场调节价	政府定价	政府指导价	市场调节价
1978	97.0	0	3.0	92.2	1.8	5.6	100.0	0	0
1985	47.0	19.0	34.0	37.0	23.0	40.0	60.0	0	40.0
1986	35.0	25.0	40.0	35.3	21.0	43.7	—	—	—
1987	33.7	28.0	38.3	29.4	16.8	53.8	—	—	—
1988	28.9	21.8	49.3	24.0	19.0	57.0			
1990	29.8	17.2	53.0	25.0	23.4	51.6	44.6	19.0	36.4
1991	20.9	10.3	68.8	22.2	20.0	57.8	36.0	18.3	45.7
1992	5.9	1.1	93.0	12.5	5.7	81.8	18.7	7.5	73.8
1993	4.8	1.4	93.8	10.4	2.1	87.5	13.8	5.1	81.1
1994	7.2	2.4	90.4	16.6	4.1	79.3	14.7	5.3	80.0
1995	8.8	2.4	88.8	17.0	4.4	78.6	15.6	6.5	77.9
1996	6.3	1.2	92.5	16.9	4.1	79.0	14.0	4.9	81.1
1997	5.5	1.3	93.2	16.1	3.4	80.5	13.6	4.8	81.6
1998	4.1	1.2	94.7	9.1	7.1	83.8	9.6	4.4	86.0
1999	3.7	1.5	94.8	6.7	2.9	90.4	9.6	4.8	85.6
2000	3.2	1.0	95.8	4.7	2.8	92.5	8.4	4.2	87.4
2001	2.7	1.3	96.0	2.7	3.4	93.6	9.5	2.9	97.6

续表

年份	社会商品零售总额			农副产品收购总额			生产资料销售总额		
	政府定价	政府指导价	市场调节价	政府定价	政府指导价	市场调节价	政府定价	政府指导价	市场调节价
2002	2.7	1.3	95.8	2.6	2.9	94.5	9.7	3.0	87.3
2003	3.0	1.4	95.6	1.9	1.6	96.5	9.9	2.7	87.4
2004	3.0	1.7	95.3	1.0	1.2	97.8	8.9	3.3	87.8
2005	2.7	1.7	95.6	1.2	1.1	97.7	5.9	2.2	91.9
2006	2.8	1.9	95.3	1.2	1.7	97.1	5.6	2.3	92.1

资料来源:《中国物价年鉴》(有关各年),物价出版社。

22　全国乡镇企业

年份	乡镇企业单位数（万个）	集体单位	私营企业	个体企业	第一产业	第二产业	工业	第三产业	交通运输业
1978	152.43	152.43	—	—	49.46	84.07	79.40	18.89	6.51
1980	142.47	142.47	—	—	37.83	80.86	75.78	23.77	8.94
1985	1222.50	156.90	53.30	1012.30	22.42	457.83	398.54	742.25	274.37
1989	1868.63	153.51	106.94	1608.18	22.68	829.02	736.47	1016.93	379.88
1990	1873.44	145.39	97.88	1630.17	22.36	822.50	732.04	1028.57	389.37
1991	1908.74	144.23	84.90	1679.61	23.10	831.51	742.67	1054.13	400.86
1992	2091.96	152.72	90.18	1849.06	24.92	892.31	793.82	1174.73	436.95
1993	2452.93	168.52	103.85	2180.55	27.91	1040.14	918.44	1384.88	486.40
1994	2494.47	164.10	78.64	2251.73	24.64	781.57	698.58	1688.25	369.11
1995	2202.67	162.02	96.02	1944.63	27.77	824.91	718.16	1349.99	495.17
1996	2336.33	154.89	226.42	1955.02	28.94	861.02	756.43	1446.27	546.49
1997	2014.86	129.19	233.24	1652.43	21.46	748.15	665.57	1245.25	417.08
1998	2003.94	106.58	222.20	1675.15	18.92	744.10	661.96	1240.92	414.82
1999	2070.89	94.08	207.58	1769.23	16.51	756.06	673.51	1298.31	412.66
2000	2084.66	80.21	206.06	1798.39	15.12	753.53	674.01	1316.01	412.52

续表

年份	乡镇企业单位数（万个）	集体单位	私营企业	个体企业	第一产业	第二产业	工业	第三产业	交通运输业
2001	2115.54	66.88	200.71	1847.95	12.74	748.43	672.17	1354.37	412.86
2002	2132.69	73.15	229.79	1829.74	32.17	697.43	627.68	1403.09	380.13
2003	2185.00	29.21	254.23	894.00	41.43	711.19	643.13	1432.30	383.44
2004	2213.22	24.09	277.06	859.31	41.44	705.67	640.26	1466.00	377.49
2005	2249.50	17.52	461.73	—	41.18	697.27	632.99	1510.90	379.85
2006	2314.47	—	—	—	—	—	—	—	—

年份	乡镇企业年末从业人员（人）	集体单位	私营企业	个体企业	第一产业	第二产业	工业	第三产业	交通运输业
1978	2826.56	2826.56	—	—	608.42	1969.97	1734.36	248.16	103.83
1980	2999.68	2999.68	—	—	456.07	2276.97	1942.30	266.63	113.56
1985	6979.00	4152.10	474.57	2352.33	252.38	5150.50	4103.65	1576.11	516.45
1989	9366.78	4720.13	883.75	3762.90	239.30	7027.83	5624.10	2099.65	699.37
1990	9264.75	4592.45	814.34	3857.96	236.06	6918.54	5571.69	2110.15	711.22
1991	9613.63	4769.20	726.74	4117.69	243.17	7200.29	742.67	2170.17	400.86
1992	10624.71	5175.77	771.04	4677.90	261.82	7888.82	6336.40	2474.07	799.74
1993	12345.31	5767.73	913.71	5663.87	285.36	9086.49	7259.56	2973.46	931.45
1994	12017.47	5898.88	730.14	5388.45	260.46	8583.55	6961.51	3173.46	725.59
1995	12862.06	6060.34	874.35	5927.37	313.52	9497.24	7564.72	3051.30	952.03
1996	13508.29	5952.83	2464.24	5091.22	336.00	9808.98	7860.14	3363.31	1062.32
1997	13050.42	5326.52	2625.41	5098.50	276.96	9335.58	7634.87	3437.88	922.67
1998	12536.55	4828.63	2620.40	5087.52	273.91	8967.98	7334.23	3294.65	886.34
1999	12704.09	4368.82	2851.37	5483.90	247.38	9008.78	7395.32	3447.93	885.72
2000	12819.57	3832.79	3252.54	5734.24	222.04	9047.82	7466.73	3549.71	898.49
2001	13085.58	3372.18	3693.85	6019.55	200.03	9179.52	7615.11	3706.03	902.69
2002	13287.71	3801.18	3502.23	5984.30	205.37	9127.98	7667.61	3954.36	861.62
2003	13573.00	1235.96	3870.85	2991.69	290.42	9264.67	7856.23	4017.70	847.94

续表

年份	乡镇企业年未从业人员（人）	集体单位	私营企业	个体企业	第一产业	第二产业	工业	第三产业	交通运输业
2004	13866.17	997.88	4249.09	3168.97	284.71	9536.50	8160.53	4044.80	844.46
2005	14272.35	685.46	4965.45	—	285.21	9814.75	8452.05	4172.30	846.86
2006	14680.11								

年份	乡镇企业单位数（万个）	集体单位	私营企业	个体企业	第一产业	第二产业	工业	第三产业	交通运输业
1978	208.32	208.32	—	—	15.37	172.12	159.55	20.83	9.04
1980	285.31	285.31	—	—	17.41	242.68	218.18	25.23	12.74
1985	772.31	562.67	45.33	164.31	18.62	614.00	518.08	139.69	45.20
1989	2083.16	1384.08	189.10	509.98	24.39	1767.84	1562.17	290.93	108.74
1990	2504.32	1672.89	197.84	633.59	36.72	2095.93	1855.40	371.66	166.08
1991	2972.15	2018.33	202.14	751.67	44.58	2500.59	2227.15	426.98	181.30
1992	4485.34	3007.94	304.67	1172.72	56.48	3780.32	3350.14	648.54	272.32
1993	8006.83	5138.11	469.43	2399.29	103.03	6222.64	5935.74	1681.17	480.54
1994	10928.03	7012.69	640.70	3274.65	207.63	9048.41	8086.74	1671.99	601.04
1995	14595.23	9359.31	856.23	4379.68	279.82	12085.40	10804.04	2230.01	804.17
1996	17659.30	10258.48	2968.23	4432.58	344.69	14064.77	12627.66	3249.85	1145.99
1997	20740.32	10049.37	4527.33	6163.63	321.81	16182.93	14517.99	4235.59	1272.67
1998	22186.46	9971.31	4843.00	7372.14	346.16	17311.30	15530.27	4529.00	1361.41
1999	24882.56	9913.26	6006.10	8963.19	338.65	19318.73	17374.11	5225.18	1509.45
2000	27156.23	9424.87	7445.14	10286.22	313.85	20913.20	18812.41	5929.17	1657.65
2001	29356.39	9117.76	8947.35	11291.28	286.62	22508.18	20314.66	6561.58	1821.91
2002	32385.80	12067.35	8817.98	11500.47	341.77	25060.81	22773.03	6983.22	1809.46
2003	36686.00	3791.85	11149.45	6778.57	519.03	28156.82	25745.33	8010.40	1965.17
2004	41815.36	2831.52	13655.21	7512.02	564.39	32024.57	29358.56	9227.10	2188.68
2005	50534.25	2588.95	17750.34	—	580.39	38885.8	35662.05	11167.80	2582.65
2006	57955.44	—	—	—	—	—	—	—	—

资料来源：《中国统计年鉴》（有关各年），中国统计出版社；《中国乡镇企业年鉴》、《中国乡镇企业和农产品加工业年鉴》（有关各年），农业出版社。

23　全国私营企业和个体工商户

一、私营企业

年份	户数		从业人员		注册资金		产值		消费品零售额	
	户数（户）	比上年增长%	人数（万人）	比上年增长%	金额（亿元）	比上年增长%	金额（亿元）	比上年增长%	金额（亿元）	比上年增长%
1981	183	—	183	—	183	—	—	—	—	—
1982	261	42.6	320	40.6	8	—	—	—	—	—
1983	590	126.1	746	133.4	31	—	—	—	160	—
1984	933	58.1	1304	74.6	100	—	—	—	288	80.0
1985	1171	25.5	1766	35.5	169	—	—	—	179	66.3
1986	1211	3.4	1846	4.50	180	—	—	—	585	22.1
1987	1373	13.4	2158	16.9	236	31.4	306	—	744	27.2
1988	1452	5.8	2305	6.8	312	32.2	516	68.6	1024	37.6
1989	1247	−14.2	1941	−15.8	347	11.2	559	8.3	1147	12.0
1990	1328	6.5	2093	7.8	397	14.4	642	14.8	1270	10.7
1991	1417	6.7	2258	7.9	488	22.9	782	21.8	1526	20.2
1992	1534	8.3	2468	9.3	601	23.2	926	18.4	1861	22.0
1993	1767	15.2	2939	19.1	855	42.3	1387	49.8	2710	45.6
1994	2187	23.8	3776	28.5	1319	54.3	1638	18.1	4211	55.4
1995	2528	15.6	4614	22.2	1813	37.5	2791	70.4	5355	27.2
1996	2704	7.0	5017	8.7	2165	19.4	3539	26.8	6706	25.2
1997	2851	5.4	5442	8.5	2573	18.8	4553	28.7	8074	20.4
1998	3120	9.4	6114	12.3	3120	21.2	5960	30.9	—	—
1999	3160	1.3	6241	2.1	3439	10.2	7063	18.5	—	—
2000	2571	−18.6	5070	−18.7	3315	−3.6	7162	1.4	—	—
2001	2433	−5.4	4760	−6.1	3436	3.6	7320	2.2	11499	—
2002	2377	−2.3	4743	−0.4	3782	10.1	7967	8.8	12223	6.3
2003	2353	−1.1	4637	−2.2	4187	11.0	8741	9.7	13423	9.8
2004	2350	−0.1	4587	−1.1	5058	20.1	8089	−7.9	12252	−8.8
2005	2464	4.9	4901	6.8	5809	14.8	9806	21.1	17889	46.0
2006	2596	5.3	5160	5.2	6469	11.3	—	—	—	—

二、个体工商户

年份	户数		从业人员		注册资金		产值		消费品零售额	
	户数 （户）	比上年 增长%	人数 （万人）	比上年 增长%	金额 （亿元）	比上年 增长%	金额 （亿元）	比上年 增长%	金额 （亿元）	比上年 增长%
1981	183	—	227	—	5	—	—	—	—	—
1982	261	42.6	320	40.6	8	—	—	—	—	—
1983	590	126.1	746	133.4	31	—	—	—	160	—
1984	933	58.1	1304	74.6	100	—	—	—	288	80
1985	1171	25.5	1766	35.5	169	—	—	—	179	66.3
1986	1211	3.4	1846	4.5	180	—		?	585	22.1
1987	1373	13.4	2158	16.9	236	31.4	306	—	744	27.2
1988	1452	5.8	2305	6.8	312	32.2	516	68.6	1024	37.6
1989	1247	-14.2	1941	-15.8	347	11.2	559	8.3	1147	12
1990	1328	6.5	2093	7.8	397	14.4	642	14.8	1270	10.7
1991	1417	6.7	2258	7.9	488	22.9	782	21.8	1526	20.2
1992	1534	8.3	2468	9.3	601	23.2	926	18.4	1861	22
1993	1767	15.2	2939	19.1	855	42.3	1387	49.8	2710	45.6
1994	2187	23.8	3776	28.5	1319	54.3	1638	18.1	4211	55.4
1995	2528	15.6	4614	22.2	1813	37.5	2791	70.4	5355	27.2
1996	2704	7	5017	8.7	2165	19.4	3539	26.8	6706	25.2
1997	2851	5.4	5442	8.5	2573	18.8	4553	28.7	8074	20.4
1998	3120	9.4	6114	12.3	3120	21.2	5960	30.9	—	—
1999	3160	1.3	6241	2.1	3439	10.2	7063	18.5	—	—
2000	2571	-18.6	5070	-18.7	3315	-3.6	7162	1.4	—	—
2001	2433	-5.4	4760	-6.1	3436	3.6	7320	2.2	11499	—
2002	2377	-2.3	4743	-0.4	3782	10.1	7967	8.8	12223	6.3
2003	2353	-1.1	4637	-2.2	4187	11	8741	9.7	13423	9.8
2004	2350	-0.1	4587	-1.1	5058	20.1	8089	-7.9	12252	-8.8
2005	2464	4.9	4901	6.8	5809	14.8	9806	21.1	17889	46
2006	2596	5.3	5160	5.2	6469	11.3	—	—	—	—

资料来源：《中国市场统计年鉴》（有关各年），中国统计出版社；《中国经济年鉴》（有关年份），中国经济年鉴社。

24　全国进出口贸易总额

年份	人民币（亿元）				美元（亿元）			
	进出口总额	出口总额	进口总额	差额	进出口总额	出口总额	进口总额	差额
1978	355.0	167.6	187.4	-19.8	206.4	97.5	108.9	-11.4
1979	454.6	211.7	242.9	-31.2	293.3	136.6	156.7	-20.1
1980	570.0	271.2	298.8	-27.6	381.4	181.2	200.2	-19.0
1981	735.3	367.6	367.7	-0.1	440.3	220.1	220.2	-0.1
1982	771.3	413.8	357.5	56.3	416.1	223.2	192.9	30.3
1983	860.1	438.3	421.3	16.5	436.2	222.3	213.9	8.4
1984	1201.0	580.5	620.5	-40.0	535.5	261.4	274.1	-12.7
1985	2066.7	808.9	1257.3	-448.9	696.0	273.5	422.5	-149.0
1986	2580.4	1082.1	1498.3	-416.2	738.5	309.4	429.1	-119.7
1987	3034.2	1470.0	1614.2	-144.2	826.5	394.4	432.1	-37.7
1988	3821.3	1766.7	2055.1	-288.4	1027.9	475.2	552.7	-77.5
1989	4155.9	1956.0	2199.9	-243.9	1116.8	525.4	591.4	-66.0
1990	5560.1	2985.8	2574.3	411.5	1154.4	620.9	533.5	87.4
1991	7225.3	3827.1	3398.7	428.4	1356.3	718.4	637.9	80.5
1992	9119.6	4676.3	4443.3	233.0	1655.3	849.4	805.9	43.5
1993	11271.0	5284.8	5986.2	-701.4	1957.0	917.4	1039.6	-122.2
1994	20381.9	10421.3	9960.1	461.7	2366.2	1210.1	1156.1	54.0
1995	23499.9	12451.3	11048.1	1403.7	2808.6	1487.8	1320.8	167.0
1996	24133.8	12576.4	11557.4	1019.0	2898.8	1510.5	1388.3	122.2
1997	26967.2	15160.7	11806.5	3354.2	3251.6	1827.9	1423.7	404.2
1998	26854.1	15231.7	11622.4	3609.2	3239.3	1837.6	1401.7	435.9
1999	29896.3	16159.8	13736.5	2423.3	3606.0	1949.3	1657.0	292.3
2000	39273.2	20634.4	18638.8	1995.6	4742.9	2492.0	2250.9	241.1
2001	42183.6	22024.4	20159.2	1865.2	5096.5	2661.0	2435.5	225.5
2002	51378.2	26947.9	24430.3	2517.6	6207.7	3256.0	2951.7	304.3
2003	70483.5	36287.9	34195.6	2092.3	8509.9	4382.3	4127.6	254.7
2004	95539.1	49103.3	46435.8	3667.5	11545.5	5933.2	5612.3	320.9

续表

年份	人民币（亿元）				美元（亿元）			
	进出口总额	出口总额	进口总额	差额	进出口总额	出口总额	进口总额	差额
2005	119621.8	62648.1	54273.7	8374.4	14219.1	7619.5	6599.5	1020.0
2006	140971.4	77594.6	63376.9	14217.7	17604.0	9689.4	7914.6	1774.8
2007	—	—	—	—	21738	12180.0	9558.0	2622.0

资料来源：《新中国五十年统计资料汇编》和《中国统计年鉴》（有关各年），中国统计出版社；国家统计局网，2008 年 2 月 28 日。

25　利用外资概况

项目单位：个；金额单位：亿美元

年份	总计		对外借款		外商直接投资		外商其他投资额
	项目	金额	项目	金额	项目	金额	
合同利用外资额							
1979－1984	3841	281.26	117	169.78	3724	97.50	13.98
1985	3145	102.69	72	35.34	3073	63.33	4.02
1986	1551	122.33	53	84.07	1498	33.30	4.96
1987	2289	121.36	56	78.17	2233	37.09	6.10
1988	6063	160.04	118	98.13	5945	52.97	8.94
1989	5909	114.79	130	51.85	5779	56.00	6.94
1990	7371	120.86	98	50.99	7273	65.96	3.91
1991	13086	195.83	108	71.61	12978	119.77	4.45
1992	48858	694.39	94	107.03	48764	581.24	6.12
1993	83595	1232.73	158	113.06	83437	1114.36	5.31
1994	47646	937.56	97	106.68	47549	826.80	4.08
1995	37184	1032.05	173	112.88	37011	912.82	6.35
1996	24673	816.10	117	79.62	24556	732.76	3.71
1997	21138	610.58	137	58.72	21001	510.03	41.82
1998	19850	632.01	51	83.85	19799	521.02	27.14
1999	17022	520.09	104	83.60	16918	412.23	24.26
2000	22347	711.30	—	—	22347	623.80	87.50

续表

年份	总计		对外借款		外商直接投资		商其他 投资额
	项目	金额	项目	金额	项目	金额	
合同利用外资额							
2001	26140	719. 76	—	—	26140	691. 95	27. 81
2002	34171	847. 51	—	—	34171	827. 68	19. 82
2003	41081	1169. 01	—	—	41081	1150. 69	18. 32
2004	43664	1565. 88	—	—	43664	1534. 79	31. 09
2005	44001	1925. 93	—	—	44001	1890. 65	35. 28
2006	41485	2046. 63	—	—	41485	2001. 74	44. 89
1979—2006	596110	16680. 69	1683	1385. 38	594427	14858. 48	436. 80
实际使用外资额							
1979—1984	—	181. 87	—	130. 41	—	41. 04	10. 42
1979—1984	181. 87	130. 41	41. 04	10. 42	—	—	—
1985	—	47. 60	—	25. 06	—	19. 56	2. 98
1986	—	76. 28	—	50. 14	—	22. 44	3. 70
1987	—	84. 52	—	58. 05	—	23. 14	3. 33
1988	—	102. 26	—	64. 87	—	31. 94	5. 45
1989	—	100. 60	—	62. 86	—	33. 93	3. 81
1990	—	102. 89	—	65. 34	—	34. 87	2. 68
1991	—	115. 54	—	68. 88	—	43. 66	3. 00
1992	—	192. 03	—	79. 11	—	110. 08	2. 84
1993	—	389. 60	—	111. 89	—	275. 15	2. 56
1994	—	432. 13	—	92. 67	—	337. 67	1. 79
1995	—	481. 33	—	103. 27	—	375. 21	2. 85
1996	—	548. 05	—	126. 69	—	417. 26	4. 10
1997	—	644. 08	—	120. 21	—	452. 57	71. 30
1998	—	585. 57	—	110. 00	—	454. 63	20. 94
1999	—	526. 59	—	102. 12	—	403. 19	21. 28
2000	—	593. 56	—	100. 00	—	407. 15	86. 41
2001	—	496. 72	—	—	—	468. 78	27. 94

续表

年份	总计		对外借款		外商直接投资		商其他投资额
	项目	金额	项目	金额	项目	金额	
实际使用外资额							
2002	—	550.11	—	—	—	527.43	22.68
2003	—	561.40	—	—	—	535.05	26.35
2004	—	640.72	—	—	—	606.30	34.42
2005	—	638.05	—	—	—	603.25	34.80
2006	—	735.23	—	—	—	694.68	40.55
1979—2006	—	8826.73	—	1471.57	—	6918.97	436.19

注：①从 2000 年起不含对外借款数。

②从 2006 年起含银行、证券、保险领域数据。

资料来源：《中国统计年鉴》（有关各年），中国统计出版社。

26 对外经济合作

年份	合同数（份）	对外承包工程	对外劳务合作	对外设计咨询	合同金额（亿美元）对外承包工程	对外劳务合作	对外设计咨询	完成营业额（亿美元）对外承包工程	对外劳务合作	对外设计咨询
1976—2006	563257	66070	492505	4682	3002.50 2519.10	455.93	27.47	2084.98 1658.11	409.55	17.34
1976—1988	7534	3449	4085	—	105.95 89.00	16.95	—	60.91 49.70	11.21	—
1989	3100	776	2324	—	22.12 17.81	4.31	—	16.86 14.84	2.02	—
1990	5175	920	4255	—	26.04 21.25	4.78	—	18.67 16.44	2.23	—
1991	8438	1171	7267	—	36.09 25.24	10.85	—	23.63 19.70	3.93	—
1992	9405	1164	8241	—	65.85 52.51	13.35	—	30.49 24.03	6.46	—
1993	11605	1393	10212	—	68.00 51.89	16.11	—	45.38 36.68	8.70	—
1994	17491	1702	15789	—	79.88 60.28	19.60	—	59.78 48.83	10.95	—
1995	19321	1558	17397	366	96.72 74.84	20.07	1.81	65.88 51.08	13.47	1.33

年份	合同数（份）	对外承包工程	对外劳务合作	对外设计咨询	合同金额（亿美元）	对外承包工程	对外劳务合作	对外设计咨询	完成营业额（亿美元）	对外承包工程	对外劳务合作	对外设计咨询
1996	24891	1634	22723	534	102.73	77.28	22.80	2.65	76.96	58.21	17.12	1.64
1997	28442	2085	25743	614	113.56	85.16	25.50	2.90	83.83	60.36	21.65	1.82
1998	25955	2322	23191	442	117.73	92.43	23.90	1.40	101.34	77.69	22.76	0.89
1999	21126	2527	18173	426	130.02	101.99	26.32	1.71	112.35	85.22	26.23	0.90
2000	23565	2597	20474	494	149.43	117.19	29.91	2.33	113.25	83.79	28.13	1.34
2001	39400	5836	33358	206	164.55	130.39	33.28	0.88	121.39	88.99	31.77	0.63
2002	34461	4036	30163	262	178.91	150.55	27.52	0.85	143.52	111.94	30.71	0.87
2003	42059	3708	38043	308	209.30	176.67	30.87	1.76	172.34	138.37	33.09	0.88
2004	60312	6694	53271	347	276.98	238.44	35.03	3.51	213.69	174.68	37.53	1.47
2005	73233	9502	63410	321	342.16	296.14	42.45	3.57	267.76	217.63	47.86	2.27
2006	107744	12996	94386	362	716.48	660.05	52.33	4.11	356.95	299.93	53.73	3.29

资料来源：《中国统计年鉴》（2007），中国统计出版社。

27　美国国内生产总值和消费价格的增长率

（比上年增长，单位：%）

年份	国内生产总值增长率	消费价格的增长率
1950	—	—
1951	10.8	8.2
1952	1.9	3
1953	5.5	1.5
1954	-1.3	0
1955	8.8	0
1956	0	1.4
1957	1.6	2.9
1958	0	1.8
1959	6.3	1.4
1960	2.9	1.3

续表

年份	国内生产总值增长率	消费价格的增长率
1961	0	1.3
1962	7.2	1.3
1963	4.1	1.3
1964	5.2	1.3
1965	3.7	1.3
1966	7.1	2.5
1967	2.2	3.6
1968	6.5	4.7
1969	2	4.4
1970	0	6.4
1971	3	4
1972	5.8	3.8
1973	5.1	5.5
1974	− 0.7	11.4
1975	− 1	9.4
1976	4.8	5.8
1977	4.5	6.1
1978	4.8	7.7
1979	2.5	11.3
1980	− 0.4	13.4
1981	3.7	10.4
1982	− 3.2	6
1983	3.2	3.2
1984	6.3	4.3
1985	4.8	3.5
1986	3.3	1.8
1987	4.3	3.7
1988	4.9	4.1
1989	2.4	4.8
1990	− 0.2	5.4
1991	− 1	4.2

续表

年份	国内生产总值增长率	消费价格的增长率
1992	2.8	3
1993	2.5	3
1994	3.7	2.6
1995	2.4	2.8
1996	3.6	2.9
1997	4.2	2.3
1998	4.3	1.6
1999	4.1	−1.8
2000	3.7	7.5
2001	0.5	3
2002	2.2	1.6
2003	3.1	2.1
2004	4.4	2.7
2005	3.2	3.4
2006	3.3	3.3
2007	2.5	3.9

资料来源:《国际经济和社会统计资料》(1950—1982),中国财政经济出版社;《中国统计年鉴》(有关各年),中国统计出版社;转引自新华网,2008年2月12日。